编者说明

BIANZHE SHUOMING

一、《2016年中国农垦统计年鉴》是一部全面反映全国农垦经济和社会发展情况的资料性年刊。全书内容分为专载和十个部分，即：综合情况，农场组织，人口、从业人员和劳动报酬，固定资产投资，农业，工业，建筑业、交通运输、批发零售贸易、餐饮业，商品量、出口、物资，科研、教育、卫生，附录，并附有主要统计指标解释。反映了2016年全国农垦经济和社会发展情况，非国有经济资料的主要统计数据、内蒙古大兴安岭、内蒙古海拉尔、西藏国有农场情况及部分企业的经济指标资料。

二、《年鉴》中使用的度量衡单位均采用国际统一标准计量单位。亩、斤为非法定计量单位，1亩=1/15公顷，1斤=0.5千克。

三、《年鉴》中符号含义的说明：

"…"表示数据不足本指标最小单位数；

"空格"表示无指标数据；

"#"表示其中的主要项；

"–"表示数据不可比。

四、垦区经济与社会发展情况的排列以国家行政区划排序为准；农场按生产总值排序中取消农管局类型的农场。

五、《年鉴》资料来源于全国农垦2016年统计年报资料，是全国农垦广大统计工作者辛勤劳动的成果。农垦局的有关处室和各垦区统计部门及基层综合统计人员为此书的出版做了大量的工作，并提供了宝贵资料，在此表示诚挚的谢意。

六、限于编者水平，该书在编纂中难免出现疏漏之处，敬请农垦系统的同志和统计界的各位同仁提出宝贵意见，以便今后不断改进。

编　者

2017年6月

目　　录

一、领导讲话

二、垦区经济与社会发展情况

三、主要经济与社会指标

附录

一

领导讲话

韩长赋部长在深入贯彻中央文件精神深化农垦改革工作会议上的讲话

（2016年12月5日）

2015年11月27日，中共中央、国务院印发了《关于进一步推进农垦改革发展的意见》。一年来各地各部门为贯彻落实文件付出了艰辛的努力，给予了很大的支持，许多改革发展举措已经取得了实质性进展，很多政策也在逐步落地。总的来看，贯彻落实工作实现了良好开局、取得了显著成效，同时需要进一步加大落实力度。今天召开这个会议，就是要对贯彻落实中央文件精神情况进行调度、检查、总结，对深化农垦改革进行再动员、再部署。今天各有关部委主管司局的同志、各垦区的负责同志来参加会议，体现了对贯彻中央精神、中央要求的高度重视。今天的会议十分重要，这不是一次行业会，不是一般的年度工作会，而是农垦改革进展的汇报会、交流会，也是深化农垦改革的推进会、督导会。这里我先讲三点意见。

一、进一步深化认识，统一思想，坚定不移地推进农垦改革

农垦24年发一个中央文件，从根子上明确了战略定位和改革方向，彻底解决了要不要农垦、怎样改革发展农垦等重大问题。中央33号文件是指导新时期农垦工作的纲领性文件，在理论上、政策上和改革的措施上都有重大突破，都有明确要求，贯彻落实好这个文件，怎么强调都不为过。虽然文件涉及的面很广，但核心是全面深化农垦改革。农垦不深化改革没有出路，改得慢、改得不好也不行。我们必须高举改革旗帜，坚定不移地持续推进农垦改革。这是一项重大的政治任务，绝不是一般性的号召和工作要求。我们必须深化对农垦改革重要性、紧迫性的认识，决不能有丝毫含糊、迟疑和松懈，决不能拖拖拉拉搞慢动作，必须将农垦改革作为一项重要的、长期性的政治任务，坚定不移推进农垦改革取得决定性成果。

中央对贯彻落实33号文件工作极为重视，文件下发后，国务院专门召开了电视电话会议，汪洋副总理作出了明确部署，中共中央办公厅、国务院办公厅出台了重大举措分工方案，将文件分解为51项重点工作任务，明确了牵头部门和责任分工，督促督察督办也正在持续跟进。一年来，各地、各有关方面上下联动、齐心协力，深入学习领会、全面贯彻落实文件精神，取得了显著成效。在中央层面，6部委联合印发了办社会职能改革配套文件，土地确权发证等配套文件也正在紧锣密鼓地制订中，支持农垦改革发展的良好氛围逐步形成。在地方层面，10个省份贯彻中央33号文件精神的实施方案已经出台，其他绝大部分省份的实施方案也将陆续出台，重大政策举措正在纷纷落地。在垦区层面，20项改革试点任务已经在35个垦区的186个点上启动实施，有的已经取得初步成果。这些成绩的取得，确实来之不易。这是党中央国务院坚强领导的结果，也是上下各方共同努力的结果。有关部委的同志们付出了很多心血，农垦战线的同志们做出了艰辛努力，我们对这一年的改革探索工作给予充分的肯定。在此，我代表农业部向为推进农垦改革做出突出贡献的同志们和支持农垦改革的同志们表示衷心的感谢！

从督导调度情况看，全面贯彻落实中央文件精神，仍然存在很多困难和问题。有的地方和部门重视不够，对贯彻中央文件的重要性认识不到位，对中央文件精神理解得不深不透，把推进农垦改革只看成是纯粹的经济问题、局部问题、部门问题，没有认识到这是个政治问题、全局问题、战略问题，以致改革目标不明确，决心不坚定。有的地方和部门信心不强，对农垦改革有畏难情绪和“等靠要”

思想，在困难和问题面前畏首畏尾、斗志不足，迟迟下不定决心，有徘徊犹豫、等待观望的状况，有避重就轻、大而化之的倾向。有的地方和部门动力不足，认为中央文件下发就万事大吉了，对农垦改革的艰巨性和复杂性认识不透彻，以为改革可以慢慢推进，政策可以慢慢落实，缺少责任心、紧迫感、真行动，甚至坐而论道、原地踏步。有的地方和部门措施不实，出台的实施意见和政策“含金量”较少，可操作性较差，针对性不强，照搬照抄，解决问题不解渴。对于这些问题，决不能等闲视之，必须进一步提高认识、统一思想，拿出切实管用的硬措施，坚定不移沿着正确的方向加快推进农垦改革。

二、进一步突出重点，加大力度，务求在重要领域和关键环节改革上取得突破

农垦改革情况复杂，难度很大，关键是要立即行动起来，持续推进下去。明年是贯彻落实中央33号文件的第二年，十分关键，乘势而上就会柳暗花明，拖泥带水就会半途而废。在去年会上，我强调今年要重点抓好改革试点和工作督导两件大事，确保一年要有个新开端，三年要有个新局面。现在看来总的抓得不错，明年要在继续抓好这两件大事的基础上，进一步明确改革重点任务，突出制订方案，明确路线图、时间表，在“老大难”问题上取得实质性突破。还没有出台实施意见的省份要尽快出台，统一思想、明确方向、确定重点、逐步推进。

第一，垦区管理体制改革要取得新突破。习近平总书记今年5月在黑龙江视察时强调，要深化国有农垦体制改革，以垦区集团化、农场企业化为主线，推动资源资产整合、产业优化升级，建设现代农业的大基地、大企业、大产业，努力形成农业领域的航母。这是总书记的殷切希望，也是农垦人的奋斗目标。农垦改革首要的是垦区管理体制改革。要围绕集团化方向，推进体制机制整体转换，完善现代企业制度，构建以资本为纽带的母子公司体制，着力打造具有国际竞争力的现代农业企业集团。开展改组组建农垦国有资本投资、运营公司试点的垦区，要加紧制订组建方案和公司章程，明年要能够正式挂牌运行。农场归属市县管理的垦区，要在整合分散在各农场的资源资产上下功夫，争取尽快组建一批区域性、专业性农垦企业集团。

第二，办社会职能改革要取得新突破。办社会职能改革是农垦改革中难啃的“硬骨头”，但再难也得想办法去突破。不把企业沉重的办社会负担减下来，不把非经营性职能分离出去，农垦企业怎么能有竞争力？农垦经济怎么能够搞上去？用3年左右时间，将国有农场承担的社会管理和公共服务职能纳入地方政府统一管理，这是中央定的改革时间表，是必须完成的硬任务。能够整体移交的，要尽快整体移交；能够分步分项移交的，要尽快分步分项移交；远离中心城镇等不具备移交条件的，要尽快推进内部分开、管办分离，政府授权、购买服务。这里要说明一点，不移交、实行管办分离的只是少部分垦区的少部分农场及企业，这类垦区的大部分也要移交。前不久，6部委印发了《农垦国有农场办社会职能改革实施方案》，中央财政以先改后补的方式，激励各地加快改革进程，可以说这为农垦办社会职能改革开辟了“绿色通道”。各垦区必须倒排工期、加快步伐，明年要在面上全面推开，后年要坚决完成改革任务。以前，农垦没有搭上国有企业办社会职能改革的一班车，这次决不能再犹豫徘徊、贻误战机。

第三，土地确权登记要取得新突破。土地是农垦最重要的生产资料。农垦土地问题实质上就是两方面：一是严格土地管理制度，把土地保护好；二是创新土地配置方式，把土地利用好。保护农场国有土地不受侵占，关键还是要靠依法登记。当前首要任务是要加快推进土地确权发证，如果连权属都没有确定，保护和利用又从何谈起。用3年左右时间基本完成农垦土地确权登记发证任务，这也是中央33号文件提出的硬杠杠。农村集体土地承包经营权确权登记颁证工作正在如火如荼地展开，农垦土地确权登记发证也没有理由落在后面。部农垦局要抓紧与有关方面协调，力争尽快落实财政支持政策，但各地也不要等，能干起来的就立即干起来，即使不给补助也要干。确了权的土地要优先划定为永久基本农田，把这块地为子孙后代永远保护下来，为国家永远保护下去。对农垦国有土地的利用问题，中央33号文件中明确了许多突破性政策，要抓住机遇，加紧试点探索，避免走弯路。

第四，农业经营管理体制改革要取得新突破。要完善大农场统筹小农场的双层经营体制，用好人均土地多这个优势，在发展适度规模经营、培育新型经营主体等方面有更大发展，始终走在建设现代

农业产业体系、生产体系、经营体系的前列。在鼓励和引导职工子女、外来落户人员扎根农场务农兴业方面，要拿出实实在在的扶持措施和奖励办法，逐步建立以劳动合同制为核心的市场化用工制度，形成优胜劣汰的用人机制，解决国有农场“谁来种地”“谁来养猪”的问题。要着力吸引高学历、高层次、高素质人才，将国有农场打造成为农村“双创”的重要基地和示范平台。要发挥“国家队”的作用，持续推进现代农业新技术、新装备、新模式的试验示范，不断引领我国现代农业发展方向，做农业供给侧结构性改革的排头兵。明年农业农村经济工作的主线就是深入推进农业供给侧结构性改革，以此为抓手来推动现代农业建设。农垦要加快推进，走在前面。

三、进一步创新方法，狠抓落实，全力开创农垦改革新局面

农垦改革改的怎么样，改的好不好，关键要拿出实实在在的东西来，拿出方方面面认可的效果来。没有落实，不见成效，再好的文件也是空谈。我们不能把中央文件束之高阁，一定要知难而进，勇敢地担当起农垦改革重任，用我们的胆识和智慧、辛劳和汗水、策略和艺术，确保中央决策部署落地生根，全力开创农垦改革新局面，为再创农垦辉煌而拼搏进取。

一要狠抓先行先试。推进农垦改革涉及经济社会方方面面，既有传统思想观念的障碍，又有既得利益格局的阻力，既要解决面上突出问题，又要触及深层次矛盾，是一项复杂的系统工程。很多突出矛盾和问题是绕不开、躲不过的。惟有攻坚克难，才能找到出路。而试点是一个积极又稳妥的改革方法，只有搞好试点探索，才能发现问题、积累经验、找到方法。开展改革试点首先要制订试点方案，然后切实把试点推下去，一定要敢想敢干敢闯，力求体制机制有所突破、政策安排有所创新，绝不能缩手缩脚、作茧自缚。看准了的，就要下决心推进，抓住不放，一抓到底。一时看不准的，也要大胆创新、大胆实践、大胆突破，通过先行先试探索路径。要密切跟踪试点情况，认真总结、提炼、升华各地的有效做法和成功经验，形成简便易学的改革模式加以推广，实现以点带面、以点促面、以点扩面。

二要狠抓政策落实。中央 33 号文件从基建投资、财政金融、土地利用和社会保障等方面，提出了很多具有较高“含金量”的政策。我们一定要抓住机遇，加大协调争取力度，逐条逐项细化落实，真正把政策转化为支持农垦改革发展的“真金白银”。落实好这些政策，必须要加强领导、部门支持、众人拾柴、群策群力。各级农业农垦主管部门一定要主动作为、善于协调，也要换位思考，寻找最大公约数，争取各方面的支持。今天 28 个参与落实中央 33 号文件分工的部委同志都来参加了会议，大家想了很多的办法来支持农垦改革发展，也给予了大量的“真金白银”。希望继续发扬这种精神，积极参与和支持农垦改革发展。

三要狠抓责任到位。明年落实中央 33 号文件任务更重、要求更高，更需要大力弘扬真抓实干精神，更需要有抓落实的机制保障。上周四，中央改革办有关负责同志到农业部进行了专题督导，过几天还要到一些省份和部门进行专题督导。可见，中央多么重视 33 号文件的贯彻落实工作，要求是多么的严格。请大家回去后务必将中央的要求和这次会议的精神向省级党委政府和部委领导报告。中办国办分工方案明确要求，各牵头单位要及时将分解任务落实情况报农业部汇总后报党中央、国务院；农业部要会同有关部门对分工任务的落实情况进行专项督导，督查情况及时报告党中央、国务院。我们将组织有关部委开展约谈问责和督察巡查，对工作出色的予以表扬，对工作不力的予以批评。要加紧启动贯彻文件情况第三方评估工作，建立政策和资金与改革进展挂钩的机制。各垦区也要将工作任务细化实化，明确责任分工，强化跟踪检查督察，增强执行力和落实力。

农垦改革是一项复杂的系统工程，涉及人员安置、经费保障、资产债务处理等多项改革任务，必将打破现有的利益格局。各垦区一定要在改革过程中把握好改革的力度、节奏，充分考虑干部职工的承受程度，妥善处理好改革发展稳定关系，确保垦区干部职工队伍稳定、生产稳定、社会稳定。

最后，我要特别强调一下加强农垦系统党的建设问题。无论是垦区集团化，还是农场企业化，核心要义都是搞好企业。必须深入贯彻落实习近平总书记在国有企业党的建设工作会议上的重要讲话精神，加强和完善党对国有农场和农垦企业的领导，加强和改进国有农场和农垦企业党的建设工作，切实解决党的建设弱化、淡化、虚化、边缘化问题。

要把坚持党对国有农场、农垦企业的领导作为重大政治原则，把深化农垦改革与党的建设结合起来。要始终坚持党委领导下的分工负责制，使党组织发挥作用更加组织化、制度化、具体化。要充分发挥农垦党组织的领导核心和政治核心作用，切实加强基层党组织建设，为农垦改革发展提供坚强的组织保证。落实中央 33 号文件要充分发挥各级党委和各农垦管理部门党委的领导核心作用，党委先统一思想，然后分工负责抓好文件落实。要加强农垦各级领导班子思想作风建设和反腐倡廉建设，大力弘扬农垦精神，引导广大干部树立良好作风，求真务实，真抓实干，无私奉献，清正廉洁。

同志们，光荣的使命在召唤着我们，艰巨的任务在考验着我们。农垦改革焕发出来的极大活力，必将极大推动农垦事业更大发展。让我们紧密团结在以习近平同志为核心的党中央周围，坚定信心，迎难而上，努力开创农垦改革发展新局面，为经济社会发展全局做出新的更大贡献，以优异的成绩向党的十九大献礼。

杨绍品党组成员在深入贯彻中央文件精神深化农垦改革工作会议上的讲话

（2016 年 12 月 5 日）

这次会议的主要任务是：深入学习《中共中央国务院关于进一步推进农垦改革发展的意见》精神，总结交流一年来贯彻落实中央文件的情况和取得的成绩，分析存在的问题，对进一步贯彻落实文件精神进行再动员、再部署、再督促。

刚才，韩部长在讲话中要求我们要深化认识、突出重点、创新方法、加大力度，坚决把贯彻中央文件精神落到实处，取得实效。韩部长的讲话内涵深刻，要求明确，是对我们贯彻中央文件精神的再动员、再鼓励、再加油。在即将到来的新的一年里，我们一定要进一步提高认识，继续贯彻中央文件精神，按照韩部长的要求，以更加坚定的信心和勇气狠抓落实，努力完成农垦改革发展的各项任务，促进农垦事业持续健康发展。下面，根据这次会议的主题，按照韩部长刚才的讲话精神，我就贯彻落实中央文件精神再讲两点意见。

一、关于今年贯彻落实中央文件精神的基本情况

中央农垦改革发展文件是 2015 年 11 月 27 日印发的，之后国务院立即召开了电视电话会议，国务院新闻办也召开了新闻发布会，中央各大媒体都广泛地进行了宣传报道。我部和各垦区组织了一系列会议、培训和宣传活动，深入解读文件精神，引导社会舆论，使全社会对农垦在新时期的战略定位、重要作用、改革发展目标任务和重大举措等问题有了全新的认识；今年 4 月，中共中央办公厅、国务院办公厅下发了贯彻中央文件的重大举措分工方案，将文件分解成 51 项任务进行重点推进，有关部委的分工方案也陆续出台。在中央有关部委的大力支持下，在各省（自治区、直辖市）党委政府的坚强领导下，各垦区抢抓战略机遇，主动积极作为，因地制宜施策，多项改革发展举措取得实质性进展。可以说，这一年贯彻落实中央文件的各项工作开局良好、成效显著。

（一）专项试点和综合示范全面推进，改革在重要领域和关键环节取得突破。根据中央文件精神，按照汪洋副总理和韩部长的要求，2015 年年底我部即启动了农垦改革发展试点示范任务和工作机制的顶层设计工作。今年年初，经商中央 28 个部委，我部制订并发布了《深化农垦改革专项试点工作方案》，召开了农垦改革专项试点工作启动会，提出了 20 项试点任务，其中既包括中央文件明确提出的集团公司股权多元化改革、改组组建农垦国有资本投资公司或运营公司、农用地使用权抵押担保等 3 项在农垦系统没有先例、制度创新要求高的试点任务，也包括在部分垦区已有成功做法和经验、在实施区域和操作方式上需要总结推广的试点任务。这 20 项试点任务既是农垦改革的“牛鼻子”，也是农垦改革的“硬骨头”，能否在这些重点领域和关键环节取得突破，直接关系到农垦改革全局的成败。在各垦区共同努力下，试点工作正式启动，各垦区累计共有 186 项试点任务经我部确认备案；广东、安徽、海南、宁夏、湖北、河北等 6 个垦区被确定开展综合示范。目前，改革试点任务已经在 35 个垦区全面铺开并取得了阶段性成果。

（二）各地陆续出台了贯彻文件的实施意见，凝聚了改革的合力。绝大部分省（自治区、直辖市）党委政府高度重视中央文件的贯彻落实，第一时间启动了实施意见的起草工作。截至目前，海南、内蒙古、云南、江苏、青海、安徽、甘肃、西藏、辽宁、河北等 10 省（自治区）已出台实施意见；江西、贵州、重庆等省（直辖市）实施意见已经省（直辖市）深改组会议或政府常务会议通过，

近期即将印发；河南、湖北、广西等省份实施意见正按程序报批；陕西等10余个省份实施意见正在征求省直部门和地市政府意见。各地已出台和即将出台的实施意见，不仅较好落实了中央文件精神和“两办”文件提出的51项重点举措，而且结合各地实际在出实招、求实效方面有所突破。

（三）各部门支持政策陆续出台，逐步形成了促进农垦改革发展的良好氛围。目前，农业部、财政部、教育部、卫计委、民政部、人民银行等6部委已联合发布了《农垦国有农场办社会职能改革实施方案》，财政部也已先期拨付了10.5亿元农垦办社会职能改革启动资金；国家发展改革委、财政部、粮食局等将农垦集团所属企业纳入小麦、水稻等国家大宗农产品政策性收储的主体，江苏农垦、安徽农垦已经开始收储工作，黑龙江农垦还承担了国家玉米收储任务；国家旅游局、农业部已联合出台了《关于组织开展国家现代农业庄园创建工作的通知》，支持农垦依托产业和资源优势创建国家现代农业庄园，率先推动一二三产融合发展；中国农林水利气象工会出台了《关于深化农垦改革发展中充分发挥工会组织作用的意见》，要求发挥工会组织的桥梁和纽带作用，积极引领广大农垦职工投身改革发展；国土资源部已对《关于加快推进农垦国有土地确权登记发证工作的通知》征求了我部和财政部的意见，确权登记发证中央财政补助资金正在积极协调中；财政部正在加紧推动制订农垦产业发展股权投资基金设立方案，目前正在征求相关部门意见；国家工商总局将“中国农垦”图形商标注册纳入优先支持范围，并积极推动出台支持农垦品牌和商标建设的专门性文件。

（四）督察督办工作持续跟进，进一步强化了部门责任。今年，为使中央农垦改革发展文件落到实处，我们建立了中央改革办重点督导、各有关部委专项督导和我部日常督导三个层次的督察工作机制。部农垦局组成了8个专题督导组，每个督导组都组织联系垦区召开了片区交流会，共赴27个垦区进行专题督导调研，第一时间跟踪、了解、掌握垦区推进改革工作进展情况，及时发现问题，加强工作指导。与此同时，财政部、国土部和农业部都在部内建立了工作落实督察机制，把工作任务细化落实到有关司局，细化到处室和个人，共同推进农垦改革发展文件各项政策措施落实到位。近期，中央改革办还将对部分省（自治区、直辖市）贯彻落实情况进行督导。

回顾一年来贯彻落实中央农垦改革发展文件工作，成绩的取得实属不易、可喜可贺。这既是党中央、国务院及地方各级党委政府正确领导、有关部门及社会各界关心和支持的结果，也是农垦广大干部职工奋力拼搏、埋头苦干、共同努力的结果。

从一年来的工作实践中，我们更加深刻地认识到，要把中央文件精神真正贯彻落实到位，从农垦系统自身来看，一是必须把统一思想认识作为新时期推动农垦改革发展的首要前提。要充分认识到贯彻中央文件精神的重大意义，充分认识到这是推动农垦改革发展的难得机遇，充分认识到这是解决农垦多年所积累问题的最佳契机。二是必须将积极争取各级党委政府的重视和强有力领导放在重中之重的位置。农垦改革涉及多部门、多领域，更涉及深层次体制和利益调整，只有各级党委政府高度重视，将推动农垦改革发展列入党委政府的重要工作日程，才能有效协调各方力量、调动各方资源，为农垦改革发展创造良好环境。三是必须将依靠各有关部门支持作为推动工作的重要保证。中央文件已在财政、金融、投资、对外合作等多个领域明确了对农垦的支持政策，但更多的是原则性要求，真正把这些政策落实、砸实，需要我们不厌其烦、百折不挠地做好协调工作，努力形成部门间齐抓共管、合力攻坚的良好局面。四是必须将坚持不懈抓落实作为推进工作的关键举措。中央文件的出台为农垦改革发展奠定了理论基础、实践基础和政策保障，但最终还要落实在行动上，落实在推动农垦改革发展上，落实在农垦职工得实惠上，这就要求广大农垦干部职工必须付出更加艰苦的努力，用敢于担当、敢于碰硬的气魄去解决一个一个的难题、去啃下一块一块的骨头。

总的看，今年，虽然贯彻落实中央文件取得了积极进展，但也存在一些问题、困难和挑战。

一是思想认识上仍有偏差。各地落实中央文件进展不平衡，既有客观原因，也有主观因素。从主观因素看，既有认识不到位，也有认识上偏差的问题。比如，有的省份没有充分认识到贯彻落实中央文件精神的必要性和紧迫性，没有从讲政治的高度、从关系国家改革发展全局的高度来认识推动农垦改革发展的重要性；有的省份对新时期农垦的地位作用认识不到位，没有把推动农垦改革发展作为关系全局的重点工作一起谋划、共同推进；有的省份认为自己农垦规模较小、在本省农业农村经济中占比不大，农垦改革是大型垦区的事情，地方党委政府重视不够、力度不大，省内相关职能部门配合和参与意识不强；有的省份将理顺政企社企关系简单理解为“去行政化”，甚至将政企关系对立起来，造成行政和经营“两张皮”的情况；有的垦区管理部门将中央文件作为保饭碗的“定心丸”，认为中央文件发了、农垦地位作用明确了，不用再担心农场变农村、农工变农民了，不用再担心各方面对农垦的非议了，可以还像以前一样按部就班、四平八稳地推下去了，改革的压力和动力不足。

二是行动上仍有畏难情绪。比如，有的省份把困难看得过多、过重，对办社会职能改革、社会保障、土地确权发证、债务化解等难点，特别是涉及自身利益的问题绕道走；对通过深化改革、解决历史遗留问题的信心不足、决心不大、办法不多，有等靠要思想；在选择试点任务时，不愿意大胆创新，不敢触及深层次矛盾和难点问题，有避重就轻的倾向；有的省份在推动政策落实过程遇到难题时，不去积极协调，片面强调客观条件，造成政策难以落实；部分省在实施意见出台过程中，一些有突破性、实质性的改革内容多被删减，解决问题没有见实招。

三是改革节奏和力度把握得仍不够准确。比如，有的省份对新时期农垦改革的艰巨性、复杂性认识不足，对省情、垦情研究不够透彻，在改革设计和操作上存在与当地经济社会发展条件不够吻合、脱离垦区实际的倾向；有的省份在对问题和困难研究得不够透彻、解决办法尚未落实的情况下就想急于求成，存在引起垦区社会不稳的隐患；有的省份认为“一个机构、两个牌子”的改革过渡期越短越好，将取消农垦行政管理机构牌子作为农垦改革的首要任务；有的省过分强调自身的特殊性，在农垦改革的一些重大问题上，改革目标不够明确，决心不够坚定。

以上几个方面的问题既有普遍性，也有特殊性。这说明贯彻落实中央文件精神仍然困难较多，难度很大，既有机遇，更有挑战。

二、关于明年贯彻落实中央文件的主要意见

我们必须充分认识到，中央高度重视农垦改革发展，既给新时期农垦事业创造了极佳的历史发展机遇，同时也使我们肩负着重大的责任和使命。今年5月，习总书记在黑龙江视察时强调，要深化国有农垦体制改革，以垦区集团化、农场企业化为主线，推动资源资产整合、产业优化升级，建设现代农业的大基地、大企业、大产业，努力形成农业领域的航母。这就进一步指明了新时期农垦的战略地位、作用和使命。我们广大农垦人，特别是领导干部，不仅要从经济的层面看农垦，更要从政治的高度认识农垦。农垦是国有农业经济的骨干和代表，是中国特色农业经济体系不可或缺的重要组成部分。今年10月，习总书记在全国国有企业党的建设工作会议上明确指出，国有企业是中国特色社会主义的重要物质基础和政治基础，是我们党执政兴国的重要支柱和依靠力量。农垦作为农业领域的国有企业集群，有近37万平方公里的国土面积，有超过1万亿的国有资产，5 400多家国有企业。可以说，农垦搞得好不好，关系到党在“三农”领域的执政基础牢不牢靠、执政能力强不强大。

今天，农垦改革发展的政策条件正在优化，外部环境显著改善，社会力量参与农垦改革发展的积极性空前高涨，农垦自我发展能力也显著增强。越是这样越要求我们必须清醒认识并勇敢地担当起服务国家战略的重大历史使命，坚定不移地按照中央文件的要求推动农垦改革发展，在保障国家粮食安全和重要农产品有效供给、加快推进农业现代化、实施农业对外合作和安边固疆等方面发挥出更加重要的作用。

逆水行舟，不进则退。明年是贯彻落实中央文件的第二年，也是决定成败的关键一年。行百里路者半九十。乘势而上就会柳暗花明，拖泥带水就可能半途而废。我们一定要再加一把劲、以钉钉子的精神抓好工作落实。

（一）加速推进已出台的各项支持政策落地生根。改革争在朝夕，落实难在方寸。对已经出台的政策，当务之急就是要抓紧落实。我们一定要鼓起精神，一步一步往前推，一层一层往下落，用实际行动和实干精神把实事办好、把好事办实，形成可操作的行动措施，形成可抓可干的具体事项，形成实实在在的工程项目，将这些纸上的“真金白银”转化成推进农垦改革发展的强大动力。抓政策落实，一要明确责任主体。每一项政策、每一项措施都要明确一个责任主体，哪个部门、哪个人负责什么，都要有明确的分工。二要把握时间节点。有些政策是有时效性的，过了这个时间点可能效用就

不大了；有的政策能不能落实，与内外部环境、条件是否具备也有密切联系。我们一定要对形势有准确的判断和全面的把握，及时抓住机遇推动政策落实。三要积极主动进取。同样的政策、同样的体制、同样的资源，有的人就能落实好，换个人可能就干不好，关键就是有条件时要积极抓住机会去推动，没条件时要主动想办法创造条件去推动。四要注重创新方法。充分发挥市场在资源配置中的决定性作用，注重创新思维和方法，调动企业和社会机构参与农垦改革发展的积极性，共同推动政策落实。

（二）积极推动实施意见和配套文件尽快出台。今年，已经有10个省（自治区）出台了实施意见，中央层面和省级各有关部门，包括部农垦局和各省（自治区、直辖市）农垦管理部门都为出台各层面配套文件付出了艰苦的努力，也取得了可喜的成果，但离构建上下贯通、体系完整的农垦改革发展制度框架体系还有一段很长的距离。明年，我们一定要以锲而不舍的精神，加快推动各层次的实施意见和配套文件出台。已经出台本省（自治区）实施意见的垦区，要针对当前垦区改革面临的关键问题，争取再出台更具操作性的实施细则或工作方案；尚未出台本省（自治区、直辖市）实施意见的垦区，要加大协调力度，争取尽快推动文件出台。当然，我们也不能为出台文件而出台文件，要秉承时间服从质量的原则，宁愿文件出得慢一点，也要内容实一些、政策优一些。要争取在全面贯彻落实中央文件的基础上，提出更有针对性和操作性的政策措施，并明确责任主体、完成时限、考核督察等保障机制，为推进农垦改革发展创造更好的外部环境。可以预期，中央层面有关农垦改革发展的配套文件还将陆续出台，政策将进一步细化、路径将进一步明确。各地要准确把握有关文件的精神实质，研究细化具体实施方案，确保中央的有关要求不被打折，政策不被缩水。

（三）扎实开展专项试点和综合示范。试点是贯彻落实文件的重要抓手。明年是继续开展专项试点和综合示范的承前启后之年。各垦区申报的186项专项试点任务、6个垦区的综合示范工作，能不能实现质的飞跃，关键就看明年的努力。在今年的试点启动会上我就说过，只要这20项改革任务完成得好，中央文件部署的最为重要、最为关键的改革任务就能取得实质性进展；只有这20项改革任务抓出成效，才能说中央文件得到了有效落实。部农垦局和部内有关司局要加强对改革试点单位和综合示范垦区的面上统筹和点上指导，帮助垦区协调政策、完善办法、解决问题。试点单位要按照试点工作要求，勇于担当、大胆探索，及时发现问题，总结试点的有效做法和成功经验，该完善的要尽快完善，可推广的要及时推广，让更多地方分享改革经验。综合示范垦区要加快全面落实各项任务，认真打造样板，确保试点和示范同步推进。目前，部农垦局正在积极组织改革试点和综合示范工作的总结评估，这将是向党中央、国务院汇报的重要内容，大家一定要高度重视和密切配合。

（四）大力推进重点改革任务取得突破。农垦既面临着“三农”改革和国企改革的一些共性问题，又有许多特有的问题，必须抓住关键环节重点推动，从而带动深化农垦改革全面协调推进。在垦区集团化方面，无论是已经整建制转为集团公司的垦区，还是国有农场归属市县管理的垦区，都要按照集团化改革这一主导方向推进垦区管理体制改革。集团化垦区要重点完善集团母子公司管理体制，完善现代企业制度，优化资源要素配置，壮大主导优势产业，提升垦区管理效率。国有农场归属市县管理的垦区要结合自身区位、资源、组织和技术优势，增强农场经济实力，组建一批产业化公司和区域性农垦企业集团，积极探索垦区集团化的有效路径。要用好“一个机构、两个牌子”的制度安排，为推进垦区集团化改革、推动垦区发展提供体制机制保障。在农场企业化方面，要坚定不移地按照社企分开改革方向，加快推进生产经营企业化和社会管理属地化，不断增强农场经济功能和经营能力，发挥规模化、组织化优势，积极培育主导产业，加快做大做强农场经济。各垦区要按照中央文件和《农垦国有农场办社会职能改革实施方案》的要求，做好办社会职能改革省级方案的制订落实、改革成本的测算和财政保障的落地，多措并举推进改革，确保在2018年底实现国有农场承担的社会管理和服务职能纳入地方政府统一管理。创新农业经营管理体制的关键是建立与农垦土地性质和现代农业发展需求相适应的土地经营管理制度和劳动用工制度。针对垦区劳动人员构成复杂、土地诉求多样的问题，要建立能进能出的市场化劳动用工制度，改革完善职工承包租赁经营制度，明晰农垦土地承包租赁的债权关系，强化农场的统一经营和服务职能，积极与市场对接，增强农场的经营功能。在盘活资源要素方面，关键是做好土地确权工作。土地确权是创新土地管理、体现土地价值的基础和前提，中央文件明确要求用3年左右时间，基本完成农垦国有土地使用权确权登记发证任务，明年将是完成这一任务的第二年，也是最关键的一年。各垦区要在今年对垦区土地使用状况和确权登记情况进行摸底的基础上，会同不动产登记机构组织开展农垦农场土地权属调查、勘界，及时提出登记申请，争取到明年底基本完成权属无争议的农场土地确权登记发证任务。对于已经明确权属的土地，要根据垦区发展需要，按照中央文件精神，积极探索土地资源资产化、资本化的有效实现形式，推动垦区土地资源的有效利用。在优化自身资源配置的同时，各垦区也要发挥组织化、规模化优势，创新农业社会化服务的组织形式，充实服务内容，提高服务质量，带动农村现代农业发展。中央直属垦区是垦区的中坚力量，直属垦区的改革发展事关新时期农垦在国家全局中的战略定位和功能作用，要加快推进直属垦区管理体制改革，完善“省部共管、以省为主”的管理体制。

（五）继续强化改革督察评估指导力度。开展改革督察评估指导工作，关键是明确工作重点、盯住重要环节。明年，改革督察评估指导工作绝不能有丝毫放松，要排出优先顺序，聚焦重点难点，既要努力解决共性问题，也要解决群众反映强烈的热点难点问题，通过督察打通关节、疏通堵点、提高质量。对改革抓得实、成效显著的要表扬褒奖，对执行不力、落实不到位的要问责追责。按照要求，对文件方向把握不准、存在问题较多、工作开展不力的垦区进行约谈，督促其解决问题。督察改革，既要督任务、督进度、督成效，也要察认识、察责任、察作风。督任务，就是要根据中央文件精神，看各垦区各部门谋划改革任务方向准不准、任务实不实，是不是结合实际、分类施策。督进度，就是要根据改革目标和时间表、路线图，看改革方案是否及时出台，配套政策是否有效跟进。督成效，就是要看改革措施是否落实、方法是否得当、政策是否有效，是不是真正解决问题。察认识，就是要看有没有真的学习好、理解好、领会好中央文件精神，有没有从党和国家工作全局出发推进改革。察责任，就是要看改革主体责任是不是划分清楚，是不是做到了各司其职、各负其责又相互协作。察作风，就是要看是不是坚持实事求是、求真务实，以严和实的作风谋划改革、推动改革。

（六）切实加强农垦管理部门能力建设。推动中央文件精神落地，关键在人。各级农垦管理部门要从党的事业和农垦改革发展全局出发，加强自身能力建设，自觉运用创新思维谋划和推动工作，不断提高领导、谋划、推动、落实改革的能力和水平。要敢于直面农垦改革发展工作中的矛盾和挑战，对准瓶颈和短板，精准对焦、协同发力，努力取得新突破。要在加强农垦企业特别是国有农场治理结构建设中，发挥党组织的领导核心和政治核心作用，把加强党的领导和完善公司治理统一起来，把党的政治优势、组织优势和群众工作优势转化为农垦企业的竞争优势。

展望明年，机遇与挑战并存，希望与困难同在，让我们紧密团结在以习近平同志为核心的党中央周围，在各级党委和政府的领导下，大力弘扬农垦精神，统一思想共识，加强宣传引导，凝聚各方合力，努力开创农垦改革发展新局面，以卓越的成绩迎接党的十九大胜利召开！

二

垦区经济与社会发展情况

2016年全国农垦经济和社会发展统计公报

农业部农垦局

2017年5月31日

2016年以来，全国农垦深入贯彻落实中央1号文件、中央农村工作会议及全国农业工作会议精神，紧紧围绕贯彻落实中央农垦改革发展文件和培育农垦国际大粮商中心工作，全面深化农垦改革，加强资源整合，调整优化结构，转变发展方式，着力改善和发展民生，农垦经济和社会保持了平稳健康发展。

一、综合

全年农垦经济实现生产总值7 365.49亿元，比上年增长6.9%（图1）。其中，第一产业增加值1 800.87亿元，比上年增长1.9%；第二产业增加值3 338.82亿元，增长6.9%；第三产业增加值2 225.80亿元，增长11.4%。第一、第二、第三产业增加值占农垦生产总值的比重分别为24.5%、45.3%和30.2%。人均生产总值52 608元，同比增长7.9%；人均纯收入持续增长，达到15 488元，扣除物价上涨因素，比上年实际增长5.9%（图2）。

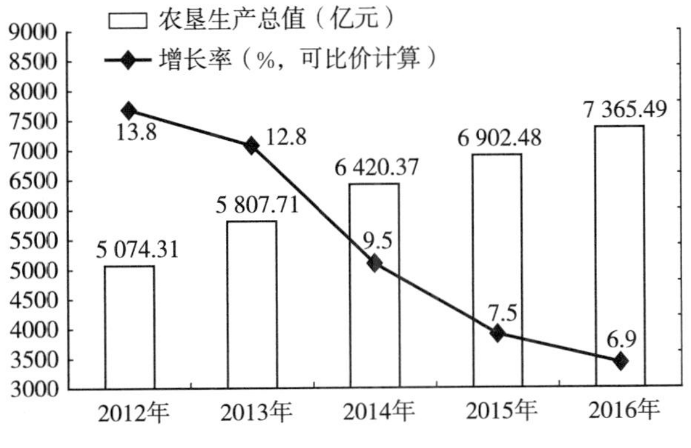

图1　2012—2016年农垦生产总值及增长速度

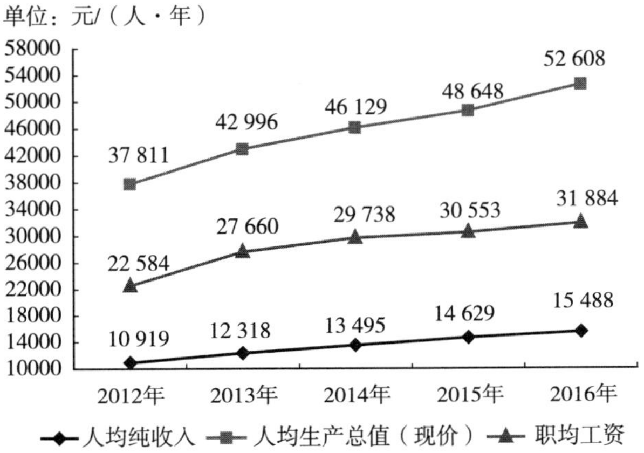

图2　2012—2016年农垦人均指标情况

二、农业

全年实现农林牧渔业总产值3 457.79亿元，比上年增长0.2%。其中：农业产值2 294.20亿元，林业产值129.03亿元，牧业产值831.31亿元，渔业产值203.25亿元。

全年农作物播种面积为6 930.12千公顷，比上年增加5.77千公顷，增长0.1%。其中：粮食播种面积4 996.33千公顷，比上年减少41.66千公顷，减少0.8%，占农作物播种面积的72.1%；棉花面积732.07千公顷，减少30.9千公顷，减少4.0%；油料面积361.22千公顷，增加5.04千公顷，增长1.4%；糖料面积85.88千公顷，比上年增加4.48千公顷，增长5.5%。

粮食总产量达到3 483.15万吨，比上年减产184.32万吨，减少5.0%（图3）；可供商品粮3 220.04万吨，比上年减少123.1万吨，商品率为92.4%。

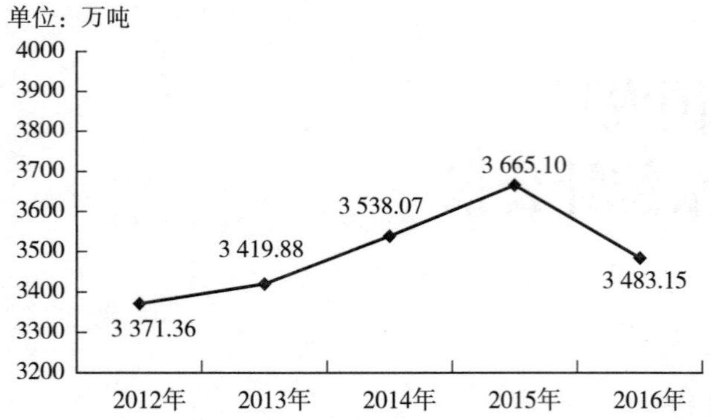

图 3 2012—2016 年农垦粮食总产量

主要农产品产量见表 1。

表 1 2016 年主要农产品产量

产品名称	产量（万吨）	比上年增长（%）
粮食	3 483.15	−5.0
棉花	187.69	7.2
油料	81.71	1.1
糖料	734.53	2.3
水果	677.49	4.4
茶叶	5.09	1.6

畜牧业生产总体平稳，畜产品产量有升有降。牧业产值占农林牧渔业总产值比重为 24.0%，比上年下降 1.1 个百分点；牲畜年末存栏总数及主要畜产品产量见表 2。

表 2 2016 年牲畜年末存栏总数及主要畜产品产量

产品名称	单位	产量与年末数	比上年增长（%）
大牲畜总头数	万头	292.02	3.6
其中：奶牛	万头	137.60	−6.0
猪存栏	万头	1 239.02	1.0
羊存栏	万只	1 437.23	−3.7
肉类总产量	万吨	250.98	−1.4
牛奶	万吨	378.95	2.7
禽蛋	万吨	50.48	4.6

全年水产品产量 148.39 万吨，比上年减少 2.7%。其中：淡水产品产量 120.95 万吨，比上年减少 3.6%；海水产品产量 27.44 万吨，增长 1.7%。对虾产量 5.95 万吨，增长 31.3%。

全年植树造林面积 73.56 千公顷，退耕还林 2.18 千公顷，退耕还草 3.38 千公顷。

年末农业机械总动力 2 965.41 万千瓦，比上年增长 4.5%；大中型农用拖拉机 21.62 万台，增长 9.6%；农用小型及手扶拖拉机 26.78 万台，减少 13.2%；联合收获机 9.41 万台，比上年增长 65.4%。

三、工业和建筑业

工业发展继续呈现良好态势，增长速度较快，结构调整成效显著。全年完成工业增加值 2 911.57 亿元，比上年增长 19.8%。实现工业总产值 9 607.36亿元，比上年增长 5.8%。其中：国有工业总产值 1 954.47 亿元，占工业总产值的 20.3%；非国有工业总产值 7 652.89 亿元，占工业总产值的 79.7%。其中：轻工业产值 5 861.79 亿元，占工业总产值的 61.0%。产值 100 亿元以上的农垦工业主要产业创产值 8 056.43 亿元，占工业总产值的 83.9%。其中产值前十位的行业是农副食品加工业 2 105.63 亿元，食品制造业 728.10 亿元，石油加工、炼焦及核燃料加工业 672.90 亿元，非金属矿物制品业 531.65 亿元，化学原料及化学制品制造业 471.54 亿元，有色金属冶炼和压延加工业 413.77 亿元，纺织服装、服饰业 370.50 亿元，纺织业 318.56 亿元，电力、热力生产和供应业 316.68 亿元，酒、饮料和精制茶制造业 277.89 亿元。

主要工业产品产量见表 3。

表 3 2016 年主要工业产品产量

产品名称	单位	产量	比上年增长（%）
混配合饲料	万吨	1 032.44	12.7
食用植物油	万吨	410.93	−11.3
成品糖	万吨	252.30	−14.0
乳制品	万吨	403.80	6.2
＃液体乳	万吨	371.15	5.6
饮料酒	万千升	126.36	−21.3
水泥	万吨	2 016.47	−6.6
砖	亿块	164.31	−8.7
发电量	亿千瓦时	793.86	7.5

年末建筑企业 4 236 个，从业人员 37.75 万人，全年实现增加值 727.22 亿元；年末固定资产原值 344.83 亿元；全年施工房屋建筑面积达 17 718万米^2。

四、运输业、批发零售贸易业、服务业及出口商品

全年共完成货运量 28.45 亿吨，客运量 5.18 亿人，实现营业收入 594.84 亿元。

年末批发零售贸易业、住宿餐饮业、服务业营业单位总数 13.23 万个，拥有固定资产原值 933.28 亿元，营业用房总面积 3 185.91 万米^2，从业人员 99.20 万人，全年完成商品销售额或营业收入 7 808.15 亿元。

全年出口供货商品总金额 665.43 亿元（图 4），比上年减少 157.18 亿元，减少 19.1%。出口商品供货总额超过 10 亿元的垦区分别是：新疆兵团 434.55 亿元、广东 76.44 亿元、湖北 44.84 亿元、江西 36.78 亿元、河北 17.01 亿元、广西 10.63 亿元、浙江 10.62 亿元，上述 7 个垦区出口金额合计达 630.87 亿元，占全国农垦出口商品总金额的 94.8%。

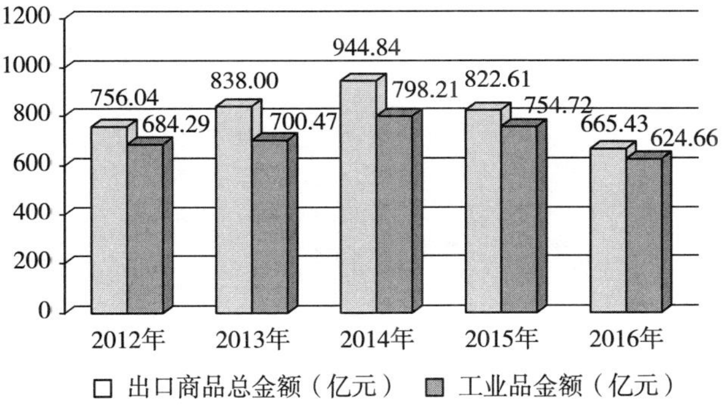

图 4　2012—2016 年农垦出口情况

五、科技、教育、卫生

年末全系统拥有科研单位 330 个，职工 3.39 万人，其中，科技人员 2.62 万人。全年科研经费 36.84 亿元，比上年减少 24.8%；其中，国家拨款 5.10 亿元，占科研经费 13.9%；企业自筹 20.50 亿元，占科研经费 55.6%。

各类学校 1 280 所，教职工 9.01 万人，在校学生 98.39 万人，当年毕业生 24.87 万人。其中：普通中学 312 所，在校学生 18.93 万人，当年毕业生 5.68 万人；小学 646 所，在校学生 41.51 万人，当年毕业生 7.00 万人。

医疗单位 4 351 个，其中：医院 989 所，疗养院 8 所；医务人员 6.22 万人，其中：医生 2.53 万人，病床 6.66 万张。

六、固定资产投资

全年固定资产投资总额 4 820.80 亿元（图 5），比上年增加 227.63 亿元，增幅为 5.0%；当年新增固定资产 3 059.69 亿元。其中：第一产业投资额 506.04 亿元，占投资总额的 10.5%；第二产业投资额 2 327.18 亿元，占投资总额的 48.3%；第三产业投资额 1 987.57 亿元，占投资总额的 41.2%。全年国有固定资产投资总额 1 823.08 亿元，占投资总额的 37.8%。

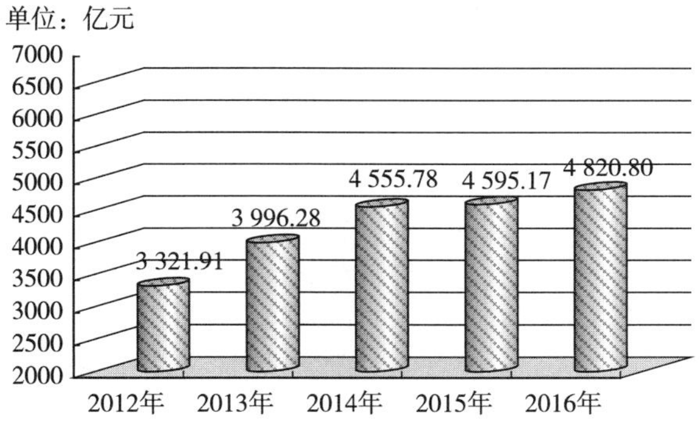

图 5　2012—2016 年农垦固定资产投资情况

新增固定资产主要是：大中型拖拉机 11 148 台，小型及手扶拖拉机 6 756 台，联合收割机 6 631台，农用运输车 3 281 辆，水库 6 座，仓库 977 座，输电线路 10 323 千米，学校用房 10.67 万米^2，住房 599.80 万米^2。

七、人口、就业和劳动工资

年末农垦系统总人口 1 442.71 万人，比上年减少 3.24 万人，减少 0.2%；全年人口出生率为 8.1‰，人口死亡率为 4.9‰，人口自然增长率为 3.2‰。

年末社会从业人员 683.10 万人。其中：第一产业 323.83 万人，第二产业 156.53 万人，第三产业 202.74 万人，分别占社会劳动者总数的 47.4%、22.9%和 29.7%。

年末职工 276.67 万人，其中：在岗职工 261.75 万人。全年职工工资总额 881.04 亿元，职工年平均工资 31 844 元，比上年增长 5.2%。

八、无公害农产品、绿色食品、有机食品生产

年末全系统种植业无公害农产品、绿色食品、有机农产品认证数达到 1 265 个，带动种植农户数

达到 8.27 万户。其中：绿色 A 级农作物种植面积 7.42 千公顷，产量 94.62 万吨；无公害、绿色、有机茶叶认证数 72 个，从事种植农户数达到 4.59 万户。其中：绿色 A 级面积 5.12 千公顷，产量 2 373吨；无公害、绿色、有机水果认证数达到 138 个，从事种植农户数达到 5.59 万户。其中：绿色 A 级面积 2.06 千公顷，产量 31.21 万吨。

九、资源消费

主要资源消费量中：钢材 430.10 万吨，比上年增长 6.5%；木材 257.26 万米^3，减少 15.8%；水泥 1 708.43 万吨，减少 9.9%；煤炭 6 787.90 万吨，增长 13.8%；成品油 321.87 万吨，增长 1.2%；电 1 028.94 亿千瓦时，增长 5.6%。万元生产总值消费钢材 0.058 吨，比上年减少 1.7%；万元生产总值消费木材 0.035 米^3，比上年减少 20.6%；万元生产总值消费水泥 0.232 吨，比上年减少 15.7%；万元生产总值消费煤炭 0.922 吨，比上年增长 6.7%；万元生产总值消费电力1 397 千瓦时，比上年减少 1.0%；万元生产总值消费成品油 0.044 吨，比上年减少 5.0%。

注：

1. 农垦生产总值、各产业增加值、工农业总产值等价值指标均按现价计算，增长速度按可比价计算。
2. 公报数据如有出入，以《中国农垦统计年鉴》为准。
3. 新疆生产建设兵团数据为快报数。

北京农垦2016年经济和社会发展统计公报

北京首都农业集团有限公司

北京农垦成立于1949年，历经67年改革、改制、发展、壮大，现已成为在畜禽良种繁育、养殖、食品加工、生物制药、物产物流等方面具有领先或明显行业优势的大型农业企业。

北京农垦下辖9个农场（二级企业，含5个三级农场），25个国有及国有控股二级公司，2016年年末总人口52 612人。

2016年，北京农垦资产总额646.0亿元，负债总额452.8亿元，所有者权益193.2亿元。实现营业收入401.1亿元，实现利润总额10.1亿元。

一、综合情况

2016年北京农垦在推动转型升级中保持经济稳中有进，在抓好重点项目中增强发展后劲，在创新发展方式中激发经济活力，在防范经营风险中提升管控水平。全年经济运营形势平稳，经济总量稳步增长，综合实力进一步增强，经济效益、职工收入不断提高。

（1）2016年北京农垦生产总值70.91亿元，比上年的56.16亿元增加14.75亿元，营业盈余10.06亿元。

第一产业增加值14.68亿元，比上年的8.96亿元增加5.72亿元。

第二产业增加值23.51亿元，比上年的16.98亿元增加6.53亿元。

第三产业增加值32.73亿元，比上年的30.22亿元增加2.51亿元。

（2）2016年年末国有企业从业人员36 679人，其中在岗职工33 910人；从业人员人均劳动报酬64 321元，其中在岗职工人均劳动报酬65 185元。

（3）北京农垦土地总面积6 943.7公顷，其中耕地面积1 438.5公顷。

二、产业布局

（一）第一产业

1. 农牧渔业总产值

北京农垦拥有14个农场，其中5个降为三级企业。2016年实现农牧渔业总产值47.85亿元，比上年的71.76亿元减少23.91亿元，减少33.32%。其中农业产值7 228.48万元、林业产值1 686.40万元、牧业产值46.92亿元。

2. 农牧业生产情况

（1）本年末奶牛牛群存栏8万头，与上年持平；牛奶总产量403 453吨，比上年的371 317吨增加32 136吨，增长8.65%。

（2）本年末生猪存栏6万头，与上年持平；猪肉产量5 173吨，比上年的5 288吨略有减少。肉猪出栏头数减少是由于有部分猪场清场和搬迁。

（3）本年末家禽存栏357万只，比上年的445万只减少88万只；禽蛋产量40 468吨，比上年的48 700吨减少8 232吨；禽肉产量81 380吨，比上年的178 641吨减少97 261吨。家禽数量和产量的降低除了由于首都疏解造成的养殖规模降低外，还与产业调整有关。

（4）本年度粮食作物播种面积411公顷，比上年的439公顷减少28公顷；粮食总产量2 343吨，比上年的2 673吨减少330吨。

（5）本年度蔬菜播种面积56公顷，比上年的65公顷减少9公顷；产量713吨，比上年的1 018吨，减少305吨。主要是自然灾害所致。

（6）本年末果园实有面积155公顷，比上年的271.6公顷减少116.6公顷；果品产量739.9吨，比上年的861.1吨减少121.2吨。

（二）第二产业

（1）工业企业37个，运营企业相对稳定。工业总产值全年完成78.39亿元，比上年的79.90亿元减少1.52亿元，减少1.90%。其中：食品制造、加工业总产值 76.06 亿元，占工业总产值的 97.03%。

工业企业全年实现主营收入 85.00 亿元，比上年的 79.44 亿元增加 5.56 亿元；利润总额 25 963.24万元，比上年的 16 311.41 万元增加 9 651.83万元。

（2）建筑企业 4 个；年末从业人员 67 人，劳动报酬 623.83 万元；本年竣工项目 1 个；房屋建筑竣工面积 3.10 万米^2。

（三）第三产业

（1）运输业 2016 年业绩较平稳，全年实现营业收入 2.20 亿元，与上年 2.17 亿元基本持平。

（2）批发零售业全年实现营业收入 53.06 亿元，比上年的 48.12 亿元增加 4.94 亿元，增长 10.27%。

（3）住宿餐饮业全年实现营业收入 32.69 亿元，与上年的 31.35 亿元变化不大。

（4）服务业全年实现营业收入 72.28 亿元，比上年的 29.17 亿元增加 43.11 亿元，增长 147.79%。

（5）全年外贸出口供货商品金额 3.36 亿元，比上年的 5.54 亿元减少 2.18 亿元，降幅 39.35%，主要是华都出口业务减少。

三、固定资产投资

2016 年全年固定资产投资总额 23.15 亿元，与上年的 22.53 亿元投资规模变化不大，其中：国有固定资产投资总额 20.89 亿元，占投资总额的 90.24%。

投资总额中用于第一产业的投资为 4.59 亿元，比上年的 5.72 亿元减少 1.13 亿元。用于第二产业的投资为 5.27 亿元，比上年的 5.35 亿元减少 0.08 亿元。用于第三产业的投资为 13.29 亿元，比上年的 11.46 亿元增长 1.83 亿元。

2016 年当年新增固定资产 17.22 亿元。

四、非国有经济

2016 年非国有经济生产总值完成 19.03 亿元，比上年的 28.39 亿元减少 9.36 亿元，降幅 32.97%；非国有经济全年共实现利润总额 4.79 亿元，比上年的 1.18 亿元增加 3.61 亿元，增幅 305.93%。非国有经济从业人员 10 424 人。

五、2016 年统计培训工作

北京农垦是中华人民共和国成立初期成立的老国有企业，长期以来，从业人员素质和管理水平相对较低，统计工作普遍不被重视。绝大部分企业不设统计专职岗位，统计工作由其他岗位的人员代管，对于统计工作的持证上岗也形同虚设，致使统计岗位人员流动频繁、更迭不休，统计工作没有正规的交接手续和交接清单，统计数据和资料得不到完整、连续的保存和存档，严重影响统计工作的质量。

面对上述问题，北京农垦有针对性地多次组织基层统计人员，认真学习农业部农垦局、北京市统计局有关统计数据的上报要求、编制方法和填报注意事项，为及时、准确地完成各类统计报表的上报工作做好充分的准备。

其次，根据统计工作填报中经常出错的相关问题，分业务板块举办统计专题培训班，请农业部农垦局的统计专家和北京市统计局的专职人员到北京农垦现场进行报表填报指标讲解和系统操作指导，加深、强化和巩固了统计人员对各项统计报表指标的理解及填报要求，为顺利完成统计年报工作打下良好的基础。

天津农垦2016年经济和社会发展统计公报

天津食品集团有限公司

天津食品集团有限公司于2015年3月经市委、市政府批准，是由天津农垦集团有限公司、天津市第二商业集团有限公司、天津市粮油集团有限公司和天津市立达集团有限公司整合重组的国有法人独资公司，由天津市国有资产监督管理委员会直接监管，注册资金18.8亿元，是天津市重点发展的产业集团之一，承担国有资产保值增值的责任。

天津食品集团有限公司聚焦天津食品产业优势资源，以民需为本，以市场为导向，重点以现代农牧业、食品加工业、商贸物流及房地产业为发展方向，承担全市及周边地区“菜篮子”、肉禽蛋奶、粮油等食品供应，从源头保障食品品质，全力打造“从田头到餐桌”，纵贯三次产业的食品全产业链和农工商科一体化的发展新模式，为大众提供健康、优质、安全、放心食品，成为政府信赖、百姓放心、保障有力的民心工程企业。

集团全力打造一批核心骨干企业，现代农牧业以嘉立荷牧业集团、渤海农业集团等为基地，大力发展奶牛、肉牛、肉驴、生猪、蛋鸡和观赏鱼、甲鱼养殖，加快生鲜绿色有机果蔬种植和观光休闲农业建设；食品加工业以海河乳业、肉联厂、利民调料、利达粮油、立达食品等企业为龙头，做优做强海河牛奶、迎宾放心肉、副食调料、利达粮油、山海关豆制品等主副食品，满足市场需求，扩大市场占有率；商贸物流及房地产业以商贸公司、壳牌石油、农垦房地产、龙呈嘉益、中储物流等商贸物流企业为核心，拓展农产品贸易，发展冷链物流和连锁零售终端建设，进一步做大石油零售业务规模和效益，发挥土地资源优势，做强房地产业。

2016年集团共有160个经营单位，其中农林牧渔业34个，工业27个，建筑业2个，商业23个，社会服务业及其他行业74个，分布在天津市郊区县和市内各区。2016年集团总人口3.6万人，其中职工1.1万人，土地7 328公顷，其中耕地2 917公顷。2016年全体干部职工认真按照集团公司的工作思路和具体部署，认真履行岗位职责，经过农垦广大干部职工的齐心努力完成了预期经济指标。

一、2016年度全系统主要经济指标完成情况

1. 经济总量情况

2016年天津食品集团资产总额343亿元。集团实现生产总值29.9亿元，第一产业3.4亿元，第二产业6.2亿元，第三产业20.3亿元。集团比上年生产总值的25.4亿元，增长17.6%，其中第一产业比上年的3.2亿元增长4.2%、第二产业比上年的7.3亿元降低15.1%、第三产业比上年的14.9亿元增长36.6%。集团营业收入233亿元，比上年的205亿元增加28亿元，同比增长14%；集团全年实现利润总额8.6亿元，比上年的7.2亿元增加1.4亿元，同比增长19%；固定资产投资完成额8.45亿元，比上年的0.3亿元增长8.15亿元，同比增加28倍；集团年人均纯收入6万元，比上年的5.6万元增加4 000元，比上年增长7.1%。

2. 农牧业生产情况

进一步推进农牧业结构优化调整。农垦年末耕地面积2 917公顷，由于调整种植结构，改善农田水利设施，采用优良品种和先进科学技术，加大农业设施建设投入，使种植业生产得以稳步发展。农作物总播种面积2 450公顷，比上年的2 154公顷增加了296公顷，其中粮食播种面积2 069公顷，比上年的2 013公顷增加了56公顷；棉花播种面积13公顷，比上年的40公顷减少了27公顷；粮食总产14 845吨，比上年11 589吨增长了3 256吨；棉花产量40吨，比上年111吨减少了71吨。草坪种植面积27.7公顷，提供商品草皮45万米^2。果园面积313公顷，比上年的311公顷增长了2公顷；水果总产量3 665吨，比上年的5 485吨减少

1 820 吨，同比减少了 33.2%。

天津农垦奶牛饲养业自组建了嘉立荷牧业有限公司八年来，各国有农场下属的奶牛场归嘉立荷牧业有限公司统一管理，由各农场分散管理到搞专业化奶牛场统一集中管理，由奶牛平均单产只有 6 000千克，通过科学管理之后，平均单产 1 万千克。从此，天津农垦的奶牛业在调整改革中壮大发展，奶牛年末存栏达到 3.2 万头，比上年的 2.68 万头增加了 5 200 头；成母牛 1.5 万头，比上年的 1.4 万头增加了 1 000 头；全年牛奶总产量 14.9 万吨，比上年的 14.1 万吨增加了 0.8 万吨，比上年增长 5.7%。

水面养殖面积 917 公顷，比上年的 791 公顷增加了 126 公顷；水产品总产量 10 607 吨，比上年的 14 537 吨减少了 3 930 吨，减少了 27%，其中甲鱼产量 0.4 吨，比上年的 7 吨减少了 6.6 吨，减少了 94.3%，创产值 3 万元。

3. 工业企业情况

集团实现工业总产值 32.5 亿元，比上年的 28.6 亿元，增加了 3.9 亿元。全年工业外贸出口额 14 013 万元，比上年的 14 838 万元减少了 825 万元，减少了 5.6%。葡萄酒产量 1.4 万吨，其中出口葡萄酒 2 吨，中法合营王朝葡萄酿酒有限公司生产的葡萄酒仍为全国规模最大的全汁高档葡萄酒生产企业之一。为保持葡萄酒生产优势，企业将继续增加投入，为更高、更大的跨越奠定坚实基础。农垦乳品加工业在保障产品质量和开发新产品上下功夫，在市场上深受消费者的欢迎，扩大了市场占有率。全年生产乳制品 6.1 万吨，比上年的 6.2 万吨减少了 0.1 万吨，减少了 1.6%，农垦包装业全年完成纸箱 16 812 吨、塑料包装 10 058 吨，全年生产塑料电线 5.5 万千米。

4. 第三产业情况

集团第三产业实现生产总值 20.3 亿元，比上年的 14.9 亿元增加了 5.4 亿元，同比增长了 36.6%。壳牌机动石油服务有限公司在继续扩大规模的基础上，全年营业额为 54.3 亿元，实现利润 4.25 亿元。农垦出租汽车公司现有出租汽车 498 辆。天津市第二商业学校和天津市经济贸易学校在扩大招生的同时，不断加强学生思想和品质教育，使学员在德智体等方面得到良好的教育，为社会提供素质高技能强的中等技术人才。二商集团、粮油集团仓储库作为国家粮、肉、糖等物资的储备库，为国家和社会的物资供给提供了保障。农场办医院 3 个，病床 40 张，医务人员 25 人，其中医生 16 人，为农场职工解决了看病远、就医难的问题。

5. 固定资产投资完成情况

2016 年集团完成固定资产投资 84 460 万元，比上年的 3 166 万元增加了 81 294 万元。其中，第一产业天津农垦红光有限公司苗木种植及红光生态园改造投资 416 万元、天津市农工商津港公司滨海北大港生态循环农业示范园区精品果树项目投资 1 815万元、天津市农工商津港公司生猪养殖基地项目投资 3 887 万元、天津农垦渤海农业集团有限公司下属天津市广源畜禽养殖有限公司投资 9 310 万元；第二产业天津市利民调料有限公司辣酱深加工及酱腌菜生产基地项目投资 3 259 万元、天津利金粮油股份有限公司静海分公司道口桥梁改造投资 140 万元；第三产业天津农垦宏达有限公司下属天津燊辉电力科技股份有限公司新建厂房项目投资 10 000万元、华北城盈发创建（天津）有限公司美亿家广场项目投资 14 714 万元、利达粮油科技（天津）有限公司临港经济区利达粮油生产基地项目投资 40 569 万元、天津西营门国家粮食储备库东丽分库高大平房仓功能提升改造项目投资 350 万元。

6. 职工收入情况

2016 年年末集团从业人员 11 603 人，在岗职工 9 567 人，不在岗职工 1 479 人。年末从业人员比上年的 11 681 人减少了 78 人，减少了 0.7%。全年从业人员人均年收入 7.7 万元，在岗职工人均年收入 8.5 万元，不在岗职工人均年收入 1.5 万元。集团系统离、退休、退职人员 2.29 万人，发放离、退休、退职人员生活费总额 7.9 亿元。目前，在确保下岗职工基本生活费的基础上，继续做好企业富余职工的分流安置和再就业工作。

二、2016 年统计工作思路

1. 认真贯彻执行《统计法》

《统计法》规定："统计的基本任务是对国民经济和社会发展情况进行统计调查、统计分析、提供统计资料和统计咨询意见，实行统计监督。"因此有必要组织全系统统计人员认真学习《统计法》，要让每个统计人员树立良好的统计职业道德，坚持实事求是的精神，与弄虚作假的现象做坚决斗争，使统计工作规范化、科学化、制度化。

2. 抓好业务培训，提高统计人员业务素质

2016年集团组织系统内企事业单位综合统计人员进行了统计从业人员培训。主要学习统计基础知识和讲解新统计专业知识，搞好国有和非国有经济的统计工作，提高和完善各种统计工作和任务，从而提高全系统统计人员整体业务水平。

河北农垦 2016 年经济和社会发展统计公报

河北省农垦局

2016 年，河北垦区在省委、省政府和农业部的正确领导下，坚持以邓小平理论、“三个代表”重要思想和科学发展观为指导，按照“四个全面”战略布局，认真贯彻落实全国农垦工作会议精神，围绕全年发展目标，积极发展现代农业，推进垦区经济发展。坚持以人为本，推进农场改革，突出科技创新，加快结构调整，全面提高经济总量。垦区社会事业全面稳定发展，经济实力进一步提升，实现了年初确定的预期目标。

一、综合

农垦经济平稳增长，经济总量又上新台阶。全年实现农垦生产总值达到 486.82 亿元，比上年增长 6.84%（图 1）。其中，第一产业增加值 52.17 亿元，比上年增长 9.10%；第二产业增加值 248.56 亿元，增长 5.73%；第三产业增加值 186.10 亿元，增长 7.73%。2016 年人均国内生产总值（GDP）净增加 5 523 元，达到 105 228 元，比上年增长 5.57%。人均纯收入 14 514元，比上年增长 7.55%。

图 1　农垦生产总值

2016 年各农场发挥自身优势，积极调整产业结构，特色主导产业对经济发展起到了龙头拉动作用。一、二、三产业增加值在农垦生产总值中的比重分别为 12.70%、56.25%、31.05%，第一产业比重比上年上升了 2.21 个百分点，第二产业比重比上年上升了 4.66 个百分点，第三产业比重比上年下降了 0.86 个百分点（图 2）。

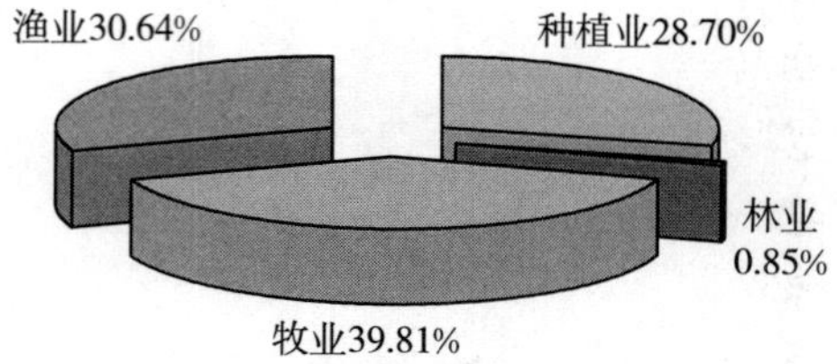

图 2　农林牧渔业产值比例结构

二、农业

2016 年，垦区切实贯彻落实强农惠农政策，加快农业科技推广，加强现代农业建设，农业综合生产能力平稳增强。全年实现农林牧渔业总产值 95.40 亿元，比上年上升 7.20%。其中：农业产值 27.38 亿元，比上年下降 8.30%；林业产值 0.81 亿元，下降 8.69%；牧业产值 37.98 亿元，增长 15.68%；渔业产值 29.23 亿元，增长 15.60%；服务业产值 9.07 亿元，增长 1.50%。

全年农作物总播种面积为 97.27 千公顷，比上年减少 3.48 千公顷，减少 3.45%。其中：粮食作物播种面积 76.44 千公顷，比上年减少 1.20 千公顷，减少 2.30%，占农作物总播种面积的 78.59%；棉花面积 5.39 千公顷，减少 2.57 千公顷，减少 33.59%；油料面积 1.47 千公顷，增长 0.21 千公顷，增长 16.24%；蔬菜、瓜类面积 6.58 千公顷，增加 0.67 千公顷，增长 11.41%。其他作物 7.02 千公顷，减少 0.36 千公顷，减少 4.83%。

垦区全年农作物总用种量 16 664 吨，其中，杂交水稻 5 224 吨，杂交玉米 2 203 吨，棉花 531

吨。种子基地种子播种面积 7 759 公顷，生产量合计 16 408 吨；加工厂 7 个，加工生产能力 15 375 吨；种子公司 8 个；年末从业人员 355 人，其中技术人员 62 人；种子质量检验室 7 个，种子检验人员 20 人。

2016 年粮食总产量 62.25 万吨，比上年增加 9.02 万吨，增长 16.94%。为国家提供商品粮 44.88 万吨，比上年增加 2.67 万吨，增长 6.32%，商品率为 72.09%，比上年降低 7.2%（图 3、表 1）。

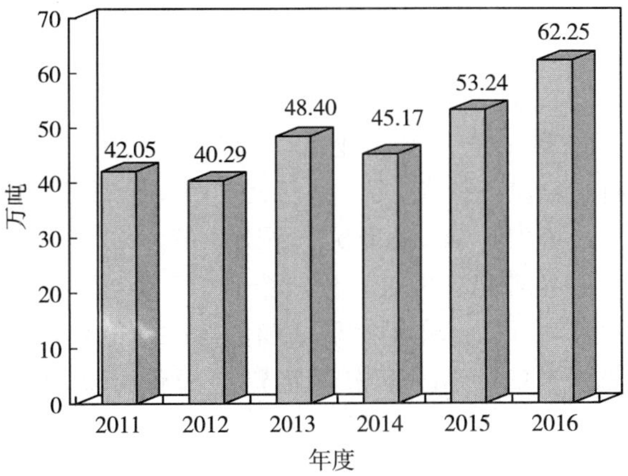

图 3　粮食产量

表 1　主要农产品产量

农作物名称	2016 年产量（吨）	比上年增长（%）
一、粮食	622 544	16.94
其中：稻谷	231 792	9.48
小麦	76 966	2.39
玉米	130 007	14.45
二、油料	1 898	43.35
其中：花生	641	−26.41
油菜籽	770	492.31
三、棉花	6 831	−27.41
四、糖料	15 888	57.63
五、蔬菜、瓜类	337 843	14.55
六、其他作物	260 015	0.72
其中：青饲料	258 785	0.24

畜牧业保持健康发展。2016 年年末大牲畜存栏 18.98 万头。奶牛数量达到 17.19 万头，比上年减少 1.28 万头，减少 6.93%；牛奶总产量 55.92 万吨，增加 2.05 万吨，增长 3.80%。察北、沽源、大曹庄三个农场牛奶产量分别达到 24.51 万吨、14.99 万吨和 9.20 万吨，占全垦区牛奶总产量的 87.08%（表 2、图 4）。

表 2　牲畜年末存栏及畜产品产量

牲畜种类	2016 年产量	比上年增长（%）
大牲畜总头数（万头）	18.98	−6.41
其中：奶牛（万头）	17.19	−6.93
猪存栏（万头）	33.06	0.70
羊存栏（万只）	11.47	−10.39
其中：绵羊（万只）	11.13	−10.53
家禽（万只）	373.59	30.71
肉类总产量（万吨）	6.74	10.49
其中：猪肉（万吨）	4.07	7.11
禽肉（万吨）	2.22	22.65
牛奶（万吨）	55.92	3.81
禽蛋（万吨）	1.91	54.03

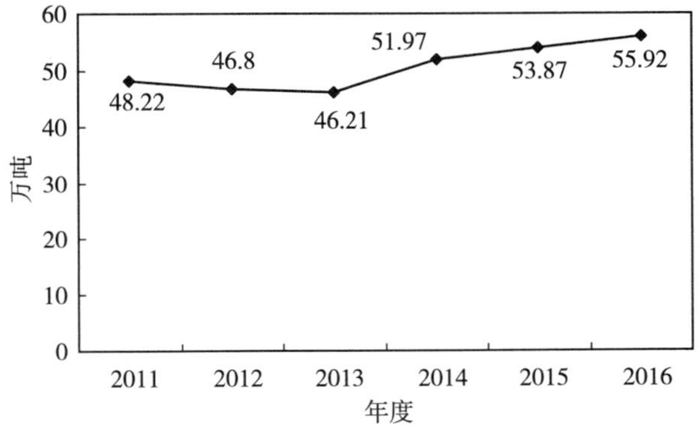

图 4　农垦牛奶产量

水产养殖业保持平稳发展。2016 年年末水产品养殖面积 19 928 公顷，比上年增长 14.07%。养殖面积中淡水 9 961 公顷，海水 9 967 公顷。全年水产品总产量 150 337 吨，比上年增加 13 430 吨，增长 9.81%。其中：淡水产品产量 114 136 吨，比上年增长 10.7%；海水产品产量 36 201 吨，增长 7.10%。对虾产量 27 132 吨，比上年增长 28.33%。

全年植树造林面积 6.23 千公顷，其中用材林 1.51 千公顷，经济林 0.39 千公顷，防护林 4.14 千公顷。年末林地面积 79.53 千公顷。

农业基础设施建设得到加强，农业生产机械化水平进一步提高。年末农业机械总动力 116.27 万千瓦，比上年减少 3.16%。农用排灌动力机械13 369 台（套），动力 14.89 万千瓦，大中型农用拖拉机 5 953台，小型拖拉机 17 876 台，播种机 3 582 台，联合收获机 952 台，机动割晒机 1 217 台，机动脱粒机 6 055 台，农用运输车辆 9 452 辆。水稻工厂化育秧设备 79 套，温室 899 万米^2，大棚 599 万米^2。实际机耕面积 90.63 千公顷，占年末耕地面积的比重达 93.70%；当年机播面积 93.27 千公顷，占农作物总播种面积的比重达 98.97%；机械收获面积 75.52 千公顷，占农作物总播种面积的 77.64%。

三、工业和建筑业

2016 年第二产业实现增加值 248.56 亿元，比上年增长 13.47%，增加值占农垦生产总值的 51.06%，其中工业增加值 218.34 亿元，比上年增长 4.83%；建筑业增加值 30.22 亿元，比上年增长 14.17%（图 5）。

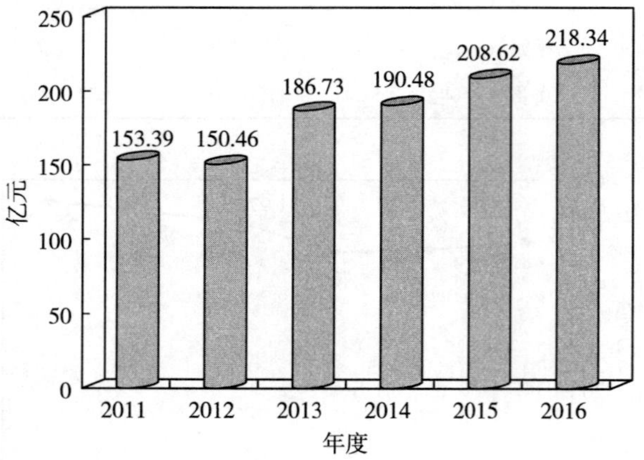

图 5 工业增加值

工业保持平稳发展。2016 年工业企业总数为 1 141个，其中国有工业企业及规模以上的非国有工业企业 233 个，销售产值 776.97 亿元，比上年增长 6.13%。乳制品产量 69.35 万吨，比上年增长 10.27%；液体乳产量 62.09 万吨，比上年增长 14.80%（表 3）。

表 3 2016 年主要工业产品产量

产品名称	绝对数（吨）	比上年增长（%）
原盐	30 000	−71.19
大米	70 821	454.02
混、配合饲料	511 389	22.58
乳制品	693 490	10.27
#液体乳	620 937	−14.80
饮料酒（千升）	5 901	2.91
#白酒	5 901	2.91
柴油	281 412	73.41
燃料油	195 231	−76.64
水泥	309 684	5.19
机制纸及纸板	31 895	−1.71
钢材	1 599 008	6.92

2016 年实现工业总产值 839.66 亿元，比上年增长 5.40%。国有工业总产值 163.39 亿元，比上年下降 23.86%；轻工业总产值 496.20 亿元，下降 27.93%；规模以上工业企业总产值 789.16 亿元，增长 5.77%。主要工业产品总产值为：农副食品加工业 45.75 亿元，比上年增长 39.23%；食品制造业 77.63 亿元（主要为乳制品制造业），下降 6.97%；纺织业 4.21 亿元，下降 0.47%；纺织服装、服饰业 3.69 亿元，增长 20.98%；家具制造业 28.56 亿元，增长 26.82%；化学原料及化学制品制造业 23.52 亿元，增长 17.6%；造纸及纸制品业 8.89 亿元，增长 7.50%；黑色金属冶炼及压延加工业 87.02 亿元，增长 54.32%；金属制品业 20.99 亿元，增长 13.03%；交通运输设备制造业 82.83 亿元，增长 4.28%；石油加工及炼焦业 343.23 亿元，下降 3.67%。

建筑业稳步发展。建筑企业 107 个，年末从业人员 7 306 人。全年实现增加值 30.22 亿元，比上年增长 14.17%。年末固定资产原值 2.90 亿元，全年施工房屋建筑面积 210.59 万米^2，房屋竣工面积 93.57 万米^2。

四、固定资产投资

固定资产投资增速较快。固定资产投资对垦区经济持续增长起着较强推动作用。2016 年全垦区完成固定资产投资总额 536.57 亿元，比上年增加 55.90 亿元，增长 11.63%（图 6）。国有固定资产投资 48.64 亿元，比上年下降 25.17%；非国有固定资产投资 487.93 亿元，比上年增长 17.38%。

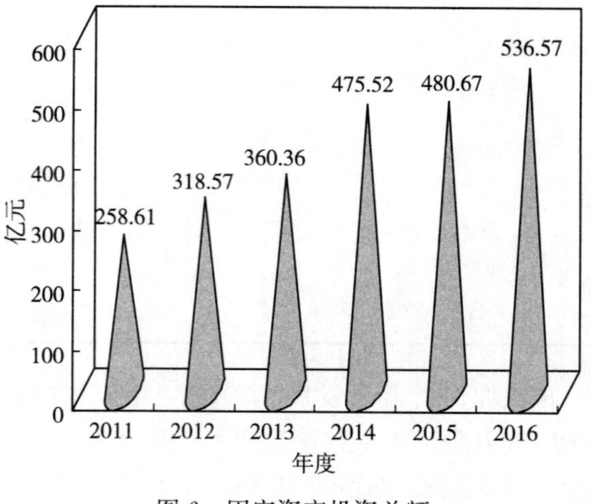

图 6 固定资产投资总额

二、三产业投资额增加显著。第一产业投资 37.60 亿元，比上年下降 41.86%；第二产业投资

351.24亿元，比上年增长29.55%；第三产业投资147.74亿元，比上年增长1.96%。一、二、三产业在固定资产投资中比重为7∶65∶28。

固定资产投资中，国家预算内资金9.51亿元，国内贷款13.48亿元，自筹资金505.43亿元，其他资金8.20亿元。当年新增固定资产320.05亿元。

当年新增生产能力主要有：喷灌面积177公顷，造林1 713公顷，大中型拖拉机87台，联合收割机2台，输电线路21千米，变电设备7台，住房3.8万米^2，公路6千米，机制纸及纸板600吨/年。

五、运输业、批发零售贸易业、服务业及出口商品

交通运输业全年完成货运量61 609万吨，客运994万人次；年末单位5 988个，从业人员17 845人，运输工具10 536台；营业总收入22.17亿元，比上年下降1.34%。

批发零售业、餐饮业、服务业年末单位13 380个，固定资产原值30.50亿元，比上年增长1.23%，营业用房面积53.27万米^2，增长3.86%；营业总收入279.92亿元，比上年增长0.26%，其中批发零售业205.27亿元，比上年下降0.36%；餐饮业21.07亿元，比上年增长2.33%；服务业53.58亿元，比上年增长1.88%；批发零售业、餐饮业、服务业营业网点数8 285个，年末从业人员2.09万人。

全年出口商品总金额17.01亿元，比上年增长3.40%。其中：农产品49万元，比上年下降78.60%；水产品7 420万元，下降20.00%；工业品161 934万元，增长4.47%。

六、科研、教育、卫生

2016年年末全垦区拥有科研单位5个，其中省、地属科研单位1个，场属4个；从业人员98人，其中科技人员64人。科研经费2 549万元，其中国家拨款2 433万元，省地局自筹63万元，企业自筹53万元。

教育事业健康发展。2016年年末全垦区拥有学校97所，教职工4 428人，其中教师4 051人；在校学生48 602人，当年毕业生12 934人。其中：普通中等专业学校2所，成人中等专业学校1所，普通中学18所，职业中学2所，小学73所。

卫生服务体系建设得到加强。2016年年末全垦区共有分场以上医疗单位92个，病床1 760张，其中医院39个；从业人员1 872人，其中医生760人。

七、人口、职工、收入与社会保障

2016年年末垦区总人口46.26万人，全年出生人口5 378人，出生率为11.62‰；死亡人口2 931人，死亡率为6.34‰；自然增长率为5.28‰。

年末全垦区从业人员28.70万人。其中第一产业11.20万人，比上年增长1.91%；第二产业9.25万人，增长0.65%；第三产业8.25万人，增长4.04%。

职工生活水平稳步提高。2016年全垦区实现人均纯收入14 514元，比上年增长7.55%。垦区危房改造工作自2011年开展以来，职工居住条件得到改善，年末职工实有住房面积1 581万米^2，比上年增长2.80%，人均住房面积34.17米^2。

八、绿色、有机食品、无公害农产品

截至2016年年末，垦区认证了26个绿色、有机食品、无公害农产品，带动26 012个农户。其中：种植业8个，含水稻5个、蔬菜3个；已认证的绿色食品A级面积1 818公顷，产量17 848吨；已认证的有机食品面积279公顷，产量2 553吨；已认证的无公害农产品面积6 279公顷，产量72 553吨。渔业3个，含淡水鱼1个、海水鱼1个、蟹1个；已认证的绿色食品A级面积2 500公顷，产量2 625吨；已认证的无公害农产品面积1 775公顷，产量1 366吨。畜牧业14个，其中生猪5个、奶牛养殖7个、蛋鸡1个、肉鸡1个；已认证有机食品数量70万头，产量150 788吨；已认证的加工品类1个，为酒类。

九、非国有经济

非国有经济在河北农垦经济总量中起着决定性的作用。2016年，非国有经济全年实现农垦生产总值338.30亿元，比上年下降6.66%，占全社会经济总量的82.33%（图7）。其中第一产业增加值20.43亿元，下降0.68%；第二产业增加值203.94亿元，增长15.96%；第三产业增加值113.94亿元，下降31.36%。各产业在非国有经济农垦生产总值中所占比重分别为6.04%、60.28%、33.68%。

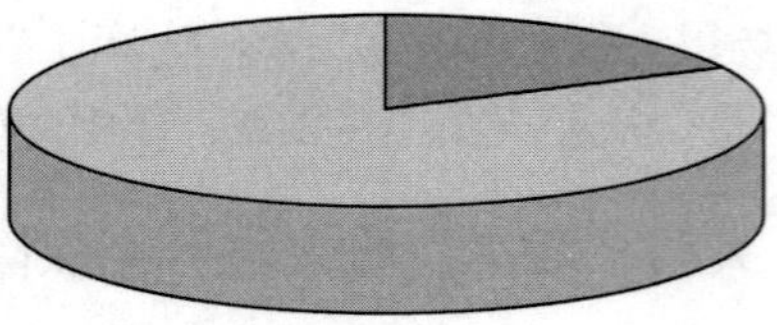

图 7　GDP—国有与非国有经济比例

年末非国有经营单位 22 387 个。其中集体经济 104 个，个体企业 19 509 个，私营企业 2 638 个，港澳台及外商企业 23 个。从业人员 17.55 万人，其中第一产业 4.22 万人，第二产业 6.65 万人，第三产业 6.68 万人。从业人员报酬总额 49.98 亿元，人均收入 28 482 元，比上年增长 24.03%；全年共实现利税 71.23 亿元，减少 18.81%。

十、其他

全垦区 33 个农牧场中，生产总值超过 1 亿元的有 11 个。这 11 个农牧场共有职工 6.44 万人，耕地 83.49 千公顷。2016 年实现生产总值 482.87 亿元，占垦区生产总值的 99.19%。其中农业增加值 50.83 亿元，工业增加值 216.14 亿元，利润总额 29.40 亿元，销售税金 33.90 亿元。生产总值列前三位的分别是柏各庄农场、南大港农场、中捷农场，生产总值分别为 110 亿元、93 亿元、60 亿元。

2016 年年末全垦区拥有大中型工业企业、龙头企业 26 家，全年完成总产值 541.39 亿元，销售产值 462.34 亿元。完成增加值 72.51 亿元。年末资产总额 383.74 亿元，固定资产原值 164.46 亿元，从业人员 8 575 人，实现利税总额 27.41 亿元。

截至 2016 年年底，全垦区共有“三资”企业 25 家。企业投资总额约 3.78 亿元，其中外方投资总额 3.39 亿元，中方投资总额 0.39 亿元。

山西农垦2016年经济和社会发展统计公报

山西省农业厅农垦局

2016年，山西省农垦系统认真学习贯彻党的十八届五中、六中全会、全省农业工作会议和全国农垦工作会议精神，根据省委、省政府以及农业部农垦局和省农业厅的工作部署，结合全省农垦的实际，着力推动农垦改革和发展进程，加强国有贫困农场扶贫开发工作，认真落实国家优惠政策，努力加快转变经济发展方式，不断增强农场经济发展的内生动力，促进垦区经济社会持续稳定健康发展。

一、农垦综合情况

2016年，山西省农垦实现生产总值58 194万元，比上年增长1.78%，其中：第一产业增加值13 130万元，比上年减少2.03%；第二产业增加值24 215万元，比上年增长2.78%；第三产业增加值20 849万元，比上年增长3.13%，三次产业结构在农垦生产总值中的比重为23∶41∶36，第一产业比重比上年略有下降。人均农垦生产总值达18 034元，比上年增长0.56%。全系统在职职工年均纯收入17 258元，比上年增长0.88%，垦区居民人均纯收入8 902元，比上年增长5.83%。

垦区经济和社会发展存在的主要困难和问题是：垦区产业发展的总体水平不高，经济总量仍然偏小，区域发展不平衡，抵御自然灾害能力薄弱，承担社会负担较重，部分单位生产经营仍较困难。

二、农牧业

近几年，垦区粮食生产稳定发展，为职工增收发挥了积极的作用。随着国内粮食供求形势的变化，粮食生产结构性矛盾日益突出，尤其是玉米市场供大于求，价格大幅下跌，产值和纯收益减少。职工种植意向明显改变，对调整粮食结构的认识进一步提高。

2016年，谷牧类播种面积减幅较大，谷物类种植面积4 539公顷，比上年减少616公顷，减少11.95%；在谷物中，玉米、小麦、谷子面积减少，高粱面积增加，2016年占据垦区粮食作物半壁江山的玉米播种面积减势明显。

蔬菜种植面积增长，一是蔬菜多茬种植周期短，见效快；二是山西省农垦利用扶贫资金建设的设施蔬菜园区的发展带动；三是种植蔬菜比较效益好于其他作物，从而带动了职工种植蔬菜的积极性。其他作物增长幅度较大。随着规模化养殖奶牛及周边标准化奶牛示范园区的建成，垦区青饲料面积增加。

2016年，垦区实现农林牧渔业总产值26 660万元，比上年增长0.11%；农业产值按现行价计算达12 717万元，比上年增长11.18%；牧业产值按现行价计算达13 489万元，比上年减少9.21%。农业商品产值为18 695万元，农业商品率为91%。

2016年，实现农作物总播种面积5 984公顷，比上年减少2.05%，其中：粮食播种面积4 800公顷，比上年减少10.86%（玉米播种面积3 956公顷，比上年减少14.11%）；油料播种面积96公顷，比上年增长71.43%；蔬菜播种面积588公顷，比上年增长89.68%；其他作物播种面积402公顷，比上年增长26.42%。2016年忻定农牧场还增加了58公顷的中药材种植面积。

全年粮食产量31 872吨，比上年增长5.72%，其中：玉米产量28 461吨，比上年减少6.29%；蔬菜瓜果产量13 232吨，比上年增长89.67%。

水果年末实有面积与上年相比略有下降，其中：苹果50公顷；梨13公顷，比上年增85.71%，其原因是垦区利用扶贫资金在襄垣农牧场建成20公顷梨果树扶贫项目，种植优质梨树20公顷，预计3年挂果；桃年末实有面积4公顷，实际产量1 306吨，比上年增加1 252吨，主要原因是2014年种植的桃树2016年全部挂果，且产量丰收。

2016年山西奶牛业进入动荡期，牛奶收购价格持续走低，加上饲养的局限性，近几年都要求奶牛进入园区集中饲养，成本加大，牛奶收购企业规定1个月

3～4天不收牛奶，这样就造成一部分职工养殖奶牛的积极性下滑，连续出现卖牛杀牛现象。

垦区年末大牲畜存栏1.07万头，比上年减少14.4%。其中良种及改良乳牛0.88万头，比上年减少17.76%；年末猪存栏1.04万头，比上年增长13.04%；年末羊存栏9.00万只，比上年增长0.33%；家禽存栏14.05万只，比上年增长1.59%；全年肉类总产量3 300.69吨，比上年减少13.10%。其中：猪肉产量1 049.30吨，比上年减少33.61%；牛肉产量180吨，比上年增长14.05%；牛奶产量28 366吨，比上年减少10.23%；禽蛋产量2 096吨，比上年增长0.43%。

垦区农业生产条件进一步完善，主要种植业基本实现了机械化，全系统年末农业机械总动力为27 204千瓦，比上年增长1.88%。农用排灌机械717台，农用运输车190辆，全年农用化肥施用量4 370吨；农场用电量2 274万千瓦时；有效灌溉面积达3 850公顷。

三、工业

受国内外市场变化、产业政策调整等多种因素的影响，工业生产在成本提高和销售价格下降的双重压力下，一些民营企业订单减少，资金趋紧，停产、半停产企业增加。2016年，垦区拥有国有及非国有工业企业54家，实现工业生产总值48 477万元，比上年减少14.48%；国有及规模以上的非国有工业企业实现销售产值39 954万元，比上年减少19.01%；实现产品销售收入32 532万元，比上年减少26.04%。实现工业利润5 705万元，比上年减少21.36%。其中国有工业企业2个，1个停产，共亏损9万元，受安全整顿，环境治理政策的影响，一家蛭石采矿业停业整顿，一家铁合金生产企业因原材料短缺也处于停产状态。主要工业产品产量见表1。

表1 主要工业产品产量

名称	计量单位	产量	比上年增长（%）
饲料	吨	18 720	200
家具	件	700	持平
化学农药原药	吨	2 900	2.40
花岗石板材	吨	65 000	1.56
鲜、冷藏肉	吨	10 900	−43.76
其他钢材	吨	6 500	−5.80
农用化肥	吨	1 300	持平
白酒	吨	520	146.45

四、固定资产投资

在宏观经济进入调整阶段，严格控制各项固定资产投资，规避市场风险。2016年，全年全社会固定资产投资总额1 861万元，较上年同期减少3 273万元，其中国有固定资产投资完成733万元，主要投资在第一产业标准化奶牛园区建设；第二产业投资934万元，主要是非国有经济完成工业技能改造项目，占固定资产投资完成总额的50%。

五、交通运输业、批零贸易业、餐饮业、服务业

2016年，交通运输业45个，从业人员100人，实现营业总收入637万元，比上年增长15.39%，其中：货运收入403万元，比上年增长11.02%。

2016年年末，批零贸易业、餐饮业、居民服务业营业单位总数达1 098个，从业人员3 925人，年末固定资产原值3 834万元，营业用房46 858米^2，销售和营业总额44.85亿元，比上年增长2.96%；利润总额4 170万元，上缴税金56万元。

六、人口、职工与垦区居民收入

2016年，全垦区年末总人口32 829人，全年出生人口126人，年内死亡人口81人。

年末从业人员16 192人，其中：从事第一产业6 990人，第二产业4 490人，第三产业4 712人，分别占社会劳动从业人员总数的43%、28%、29%。

国有单位从业人员劳动报酬继续提高。年末职工4 032人，其中：在岗职工3 062人，其他从业人员970人。全年从业人员劳动报酬6 034万元，比上年增长2.97%。其中：在岗职工4 924万元，较上年增长5.12%。

七、非国有经济

垦区非国有经济生产保持良好的增长态势，继续实现盈利。2016年非国有经济完成生产总值45 927万元，比上年增长2.29%，占垦区经济总量的78.9%。其中第一产业增加值2 680万元，第二产业增加值23 992万元，第三产业增加值19 255万元，各产业占非国有经济总量的比重分别

为6%、52%、42%。非国有经营单位1 440个，从业人员达9 164人，其中第一产业949人，第二产业4 018人，第三产业4 197人。从业人员劳动报酬19 946万元。全年共实现利税11 818万元，比上年增长2.43%，其中：利润总额9 908万元，比上年增长3.85%。

内蒙古农垦2016年经济和社会发展统计公报

内蒙古农牧业厅农牧场管理局

2016年，内蒙古农垦深入学习中央、自治区农垦改革发展文件精神，落实全国农垦工作会议部署，抓住改革发展的机遇，不断完善思路，强化措施，狠抓落实，积极推动垦区经济和社会事业平稳健康发展。

一、综合情况

2016年，全垦区实现生产总值119.7亿元，同比下降7.1%。其中，第一产业增加值69.1亿元，下降8.2%；第二产业增加值24.2亿元，下降14.8%；第三产业增加值26.4亿元，增长4.7%。第一、第二、第三产业增加值占生产总值的比重分别为58∶20∶22。人均纯收入13 628元，同比增长8.4%。

二、农业

2016年，全垦区实现农林牧渔总产值1 263 740万元（现行价，下同），同比下降10.3%。其中：农业产值679 631万元，林业产值13 026万元，牧业产值560 331万元，渔业产值10 752万元。

农作物播种面积719 450公顷（含租赁面积），与上年基本持平。其中：粮食作物播种面积528 897公顷，同比减少2%；油料作物播种面积139 569公顷，同比减少8.6%。

农产品结构调整稳步推进。小麦播种面积减少了6 575公顷，同比减少4.52%；玉米播种面积减少了48 761公顷，同比减少21.21%；大豆播种面积增加了29 364公顷，同比增长24.23%；杂粮的播种面积增加了9 375公顷，同比增长27%。主要农产品产量见表1。

2016年，内蒙古垦区遭受了严重的旱灾，经过多方努力，粮食产量稳定在178万吨，商品率为87%。

表1　主要农产品产量

产品名称	2016年实际产量（吨）	同比增长（%）
粮食	1 789 837	－15.5
其中：小麦	407 347	8.9
玉米	1 076 310	－22.6
大豆	117 006	－43.1
油料作物	215 422	－21.0

畜牧业生产保持稳定增长。年末大小畜禽存栏324万头（只），肉类产量9.6万吨，同比增长5%。受市场波动的影响，牛奶产量下降幅度较大（表2）。

表2　牲畜年末存栏及主要产品产量

产品名称	2016年实际数量	同比增长（%）
大牲畜（万头）	36	－2.3
羊	288	－12.6
猪	15	－15.4
肉类总产量（吨）	95 955	5.0
其中：牛肉	22 796	2.7
羊肉	47 565	19.6
猪肉	22 037	－7.3
牛奶（吨）	267 724	－24.3

农业生产条件进一步得到改善，综合机械化率为93%，同比增长3%。年末机械总动力203万千瓦，同比增长3.73%。其中：柴油发动机动力180万千瓦，汽油发动机动力13万千瓦，电动机动力9万千瓦。大中型拖拉机14 655台，同比增长10.5%；小型拖拉机43 771台，同比下降7.45%。农用排灌机械11 544台（套），农用水泵13 220台。

农业基础设施建设进一步加强，年末拥有机电井22 750眼，其中：已配套15 357眼。

农用化肥施用总量（折纯量）170 700吨，同比下降8.5%。其中：施用于农作物的数量为142 997吨，同比下降1.51%；生物肥施用量6 229吨，同比提高85.7%；测土配方施肥面积98 157公顷。

有效灌溉面积189 995公顷，同比增长2.2%。其中：喷灌面积39 517公顷，同比增长32.7%；漫灌面积39 949公顷，同比下降47.45%。节水灌溉面积84 441公顷，同比增长14.26%。

农用塑料薄膜使用量2 460吨，其中：地膜用量2 223吨；地膜覆盖面积31 590公顷。

三、工业和建筑业

2016年，实现工业总产值（现行价）272 827万元，同比下降19%。煤炭开采和洗选业实现产值72 931万元，食品制造业50 372万元，非金属矿物制品业81 446万元。主要工业产品产量见表3。

表3　主要工业产品产量

产品名称	实际数量	同比增长（%）
原煤（吨）	42 920 000	−72.4
饲料（吨）	29 298	−6.8
发电量（万千瓦时）	8 400	1.2
水泥（吨）	460 000	12.5

建筑业发展平稳，年末拥有建筑企业259个，固定资产原值33 353万元。全年施工房屋建筑面积54万米^2。

四、交通运输业

交通运输业实现营业总收入53 205万元。现有主要运输工具3 210台，其中：载客汽车590台，载货汽车1 642台。全年完成客货运输量分别为377万人和1 647万吨。

五、批发和零售贸易、餐饮业

批发零售业实现销售总额或营业收入284 583万元。年末拥有固定资产原值69 400万元。

批发和零售业、餐饮业、服务业年末营业单位6 789个，从业人员20 072人。

六、科研、教育和卫生

年末拥有科研机构7个，科技人员33人。全年科研经费131万元，全部来自企业自筹。

年末垦区拥有各类学校23所。其中：普通中学3所，小学19所。教职员工857人，其中：教师724人。在校学生3 754人，其中：当年新招生920人，当年毕业生776人。

年末垦区拥有各类医疗机构309个，其中：医院74个，病床1 619张。医务人员1 758人，其中：医生949人。

七、固定资产投资

年末完成固定资产投资312 232万元，同比下降26.43%。总投资额中，用于第一产业181 756万元，第二产业41 357万元，第三产业89 119万元。当年新增固定资产285 566万元。

八、新增生产能力及主要物资消费量

当年新增生产能力：有效灌溉面积19 856公顷，联合收割机142台，大中型拖拉机705台，小型拖拉机2 513台，公路建设429千米，输电线路101千米，住房77万米^2。全年主要物资消费：钢材31 683吨，木材40 877米^3，水泥298 616吨。

年末农垦社会从业人员23.8万人，其中：第一产业18.5万人，第二产业1.6万人，第三产业3.7万人。

2016年内蒙古农垦经济总体上是比较困难的一年，增长速度明显放缓，经济运行呈现缓中趋稳或下滑的态势，喜忧参半。但是，垦区上下团结一致，扎实工作，整体上仍然保持了良好的发展态势，农牧场的生产生活得到了提高。

辽宁农垦 2016 年经济和社会发展统计公报

辽宁省农垦局

2016 年辽宁农垦在省委、省政府的正确领导下，在农业部农垦局的支持指导下全面贯彻落实党的各项方针政策，积极应对严峻复杂的国内外形势，主动适应经济发展新常态，求真务实，攻坚克难，着力推进改革开放，着力实施创新驱动，统筹抓好促改革、调结构、惠民生等各项工作，生态环境有所改善，职工生活水平持续提高，社会保持和谐稳定。但不容忽视的问题是受“三期叠加”和数据水分挤压的影响，导致部分数据指标未能完成预期目标且有的下滑幅度较大。

一、综合

2016 年，辽宁垦区拥有国有农场 106 个，比上年减少 3 个（划出 4 个，划入 1 个），年内平均总人口 92.97 万人，其中从业人员 43.54 万人，其中第一产业 22.03 万人，第二产业 10.35 万人，第三产业 11.16 万人，三次产业人员所占比重为 52∶23∶25，上年为 50∶24∶26。年末国有单位从业人员 29.42 万人，其中在岗职工 21.19 万人，其他从业人员 8.23 万人，从业人员年劳动报酬为 20 225元/人。

土地总面积 522 746 公顷，其中耕地 157 662 公顷，占 30%，其中水田 95 051 公顷，占耕地的 60%，旱田 62 611 公顷，占耕地的 40%；林地 76 908公顷，占土地总面积的 15%；牧草地 18 075 公顷，占 3%；水面 83 346 公顷，占 16%；果园 11 981 公顷，占 2%；可垦荒地和宜林地 9 452 公顷，占 2%；居民点及工矿用地 52 744 公顷，占 10%，其他 112 578 公顷，占 22%。

小城镇 38 个，比上年减少 1 个，小城镇人口 178 768 人，占总人口数的 19%，小城镇占地面积 10 761 公顷，占土地总面积的 2%。

全年实现生产总值 3 232 402 万元，比上年下降 3%，其中第一产业 1 069 766 万元，比上年增长 3%，第二产业 1 503 137 万元，比上年下降 10%，第三产业 659 499 万元，比上年增长 4.7%。一、二、三产业比重为 33∶47∶20。人均生产总值 34 768 元，比上年减少 1 141 元。全年以增加值计算的全社会劳动生产率为 72 573 元/人，比上年减少 2 261 元。人均纯收入 16 318 元，比上年增加 981 元，增长 6%，年末实有住房面积 3 090 万$米^2$，人均住房 33.24 $米^2$。

非国有经济发展速度放缓。年末经营单位 54 328个，比上年增加 1 274 个，其中集体经济 2 186个，个体经济 48 054 个，私营经济 4 074 个，港澳台及外商经济 20 个。按三次产业划分，第一产业 25 347 个，比上年增加 792 个，第二产业 6 346个，减少 263 个，第三产业 22 635 个，增加 745 个。年末从业人员 25.02 万人，占全部从业人员的 56%，从业人员劳动报酬为 502 512 万元，平均每人每年为 20 084 元。全年实现生产总值 2 057 730万元，占全部生产总值的 64%，比上年下降 5%，其中第一产业 342 644 万元，第二产业 1 190 934万元，第三产业 524 152 万元，一、二、三产业所占比重为 17∶58∶25。当年固定资产投资额为2 232 361万元，比上年下降 24%，占总投资额的 95%。资产总额为 4 642 539 万元，固定资产原值 5 071 456 万元。实现税金为 305 666 万元，实现利润 318 926 万元。

固定资产投入大幅下降。其下降原因：一是挤水分；二是新建项目少，投入乏力；三是投资环境差，投资受阻。全年固定资产投资额为 2 350 409万元，比上年下降 28%，其中非国有 2 232 361 万元，占总投资额的 95%；国有 118 048 万元，占 5%。按工程用途分，第一产业 348 277 万元，比上年下降 30%；第二产业 1 093 826 万元，下降 15%；第三产业 908 306 万元，下降 38%。一、二、三产业投资比为 15∶46∶39。按资金来源划分，国家预算内资金 63 187 万元，比上年增长 166%，占 2%；国内贷款 509 673 万元，增长 18%，占 22%；自筹资金 1 758 072 万元，下降 35%，占 75%；其他资金 19 477 万元，占 1%。

外贸出口额锐减。主要原因是挤水分和出口受阻。年末外贸出口供货商品金额 62 368 万元，比上年下降 77%，其中直接出口 15 596 万元。出口额中，农产品 3 377 万元，占 5%；水产品 9 400 万元，占 15%；工业品 49 591 万元，占 80%。出口的主要品种有水产品、家具、药材、调料、工业品等。

农林牧渔业商品的产值为 1 392 188 万元，比上年下降 2%，占农业总产值的 80%。粮豆商品量为 1 173 095 吨，粮食商品率为 82%；油料商品量为 12 629 吨，商品率为 88%；肉类商品量为 265 340吨，商品率为 77%。

实现生产总值超 1 亿元的农场 27 个，超 1 亿元的农场实现生产总值 2 500 523 万元，占全省农垦生产总值的 77%。

二、农业

农业生产继续保持平稳的发展态势，但大宗农产品量增价低，导致增速下降。全年实现农业产值 1 740 235 万元，比上年下降 2%。其中种植业产值 835 355 万元，与上年持平；林业产值 53 834 万元，比上年增长 93%；牧业产值 398 682 万元，比上年下降 6%；渔业产值 452 361万元，比上年下降 21%。各业在农业总产值中的比重为 48∶3∶23∶26。农林牧渔服务业产值57 843万元，比上年下降 21%。农业总产值按经济类型分国有 504 981 万元，个体 1 164 598 万元，其他 66 609 万元，所占比重为 29∶67∶4，其中集体所占比重忽略不计。

粮食产量达到 1 423 840 吨，比上年增长 1%。农作物播种面积 172 000 公顷，比上年增加 895 公顷，其中粮食作物播种面积 150 807 公顷，比上年减少 1 728 公顷，占总播种面积的 88%；油料作物 4 307 公顷，占 3%；蔬菜、瓜类 15 411 公顷，占 9%。在粮食作物中，水稻播种面积 96 994 公顷，占粮食作物播种面积的 64%；玉米 45 120 公顷，占 30%；高粱 438 公顷，谷子2 317公顷，占 2%。在粮食总产量中，水稻总产1 016 271吨，占 71%；玉米 377 554 吨，占总产量的 27%；豆类 15 132 吨，占 1%。

年末大牲畜存栏 8.8 万头，比上年增加 0.13 万头。其中牛 8 万头，比上年增加 0.85 万头，马 0.07 万头，比上年减少 0.08 万头。年末生猪存栏 101 万头，比上年减少 4.25 万头，家禽存栏 6 445 万只。肉类总产量 342 986 吨，增加11 212吨，增长 3%，其中猪肉 148 198 吨，增长 9%；牛肉 13 463吨，下降 10%；羊肉2 613吨，下降 5%；禽肉 178 573 吨，增长 1%。牛奶产量 131 370 吨，下降 6%。禽蛋 100 100 吨，增加 1 817 吨，增长 2%。

年末水果种植面积 11 981 公顷，其中苹果种植面积 7 263 公顷，占水果面积的 61%；梨 1 474 公顷，占 12%；桃 1 199 公顷，占 10%；葡萄 740 公顷，占 6%。水果总产量达到 169 120 吨，比上年下降 3%。水果总产量中苹果 106 888 吨，占水果总产量的 63%；梨 15 800 吨，占 9%；桃20 943 吨，占 12%；葡萄 13 082 吨，占 8%。

全年植树造林 2 151 公顷，其中用材林 227 公顷，经济林 1 229 公顷，防护林 631 公顷，薪炭林 64 公顷。当年零星植树 114.54 万株，年末实有育苗面积 417 公顷，幼林抚育 1 030 公顷，成林抚育 1 141 公顷，木材采伐量 30 272 米^3。

农业生产机械化水平逐年提高。年末农业机械总动力 1 249 411 千瓦，比上年增加 48 276 千瓦，增长 4%，其中柴油机发动机动力 909 917 千瓦，汽油发动机动力 97 011 千瓦，电动机动力190 879 千瓦，其他机械动力 51 604 千瓦。拥有大中型拖拉机 5 516 台，比上年增加 465 台，小型及手扶拖拉机 10 404 台，比上年减少 1 181 台，农用排灌动力机械 15 142 台，联合收获机1 183台，农用运输车 15 626辆。当年实际机耕面积 136 256 公顷，占年末耕地面积的 86%；当年实际机播面积 121 325 公顷，占农作物播种面积 71%；当年机械收割面积 97 734 公顷，占收获面积 59%。农场用电量 124 576 万千瓦时。农药施用量 3 495 吨，增加 687 吨。农用化肥施用量128 614吨，比上年增加 13 020 吨。生物肥施用量 7 203 吨，比上年增加 727 吨。有机肥施用量 39 710 吨。有效灌溉面积132 049公顷。沼气池2 931 个，比上年增加 301 个，机电井 4 993 眼，排灌站 214 个。

三、第二产业

(一) 工业

由于受“三期叠加”的影响，企业陷入困境，产品价格持续走低，生产要素成本不断上升，企业经营困难。2016年年末国有及非国有规模以上工业企业278个，比上年减少40个，实现工业销售产值5 949 386万元，比上年下降10%，实现销售收入5 703 682万元，比上年下降10%。实现产值5 659 688万元，比上年下降8%。产值超10亿元的产业为农副食品加工业1 352 771万元，石油加工、炼焦及核燃料加工业1 325 131万元，化学原料和化学制品制造业556 168万元，专用设备制造业404 571万元，橡胶和塑料制品业292 445万元，非金属矿物制品业240 945万元，金属制品业231 419万元，其他制造业207 985万元，化学纤维制造业148 689万元，汽车制造业142 563万元，食品制造业106 067万元。有色金属冶炼及压延加工业100 972万元。大中型及龙头企业14个，实现产值351 916万元。

主要工业产品中，饮料酒142 864千升，比上年下降54%（主要是鞍山啤酒厂划归地方，2015年该厂啤酒产量146 904千升），乳制品49 810吨，服装304万件，水泥11万吨，红砖8 461万块。

（二）建筑业

年末建筑企业354个，比上年增加40个，从业人员17 791人，年末固定资产原值154 259万元，年末拥有机械设备3 197台，全年施工房屋建筑面积365.65万米^2，竣工房屋面积236.95万米^2。

四、交通运输、批发零售业、餐饮业、服务业

年末运输单位5 539个，比上年减少679个，年末从业人员17 096人，固定资产总值101 815万元，主要运输工具11 741台，实现营业总收入158 394万元，全年货运量28 623万吨，客运量3 177万人。

批发零售业年末单位9 733个，比上年增加1 135个，从业人员36 187人，从业人员劳动报酬86 342万元，固定资产总值265 604万元，销售额645 000万元。

住宿餐饮业2 168个，比上年增加145个，从业人员17 585人，从业人员劳动报酬43 206万元，年末固定资产总值84 815万元，营业收入143 049万元。

服务业年末单位3 651个，从业人员22 151人，从业人员劳动报酬47 996万元，年末固定资产原值66 506万元，营业收入137 101万元。

五、其他

年末医疗单位440个，其中医院53个，病床2 927张，职工2 523人，其中医生902人。

年末科研单位32个，比上年减少2个，其中省属1个，场属31个，职工487人，科技经费570万元，实验地面积43公顷。

吉林农垦2016年经济和社会发展统计公报

吉林省农垦局

2016年是“十三五”的开篇之年，是农垦改革的开局之年，在农业部农垦局和吉林省农委党组正确领导下，吉林农垦认真学习贯彻习近平总书记系列讲话精神，深入落实各项决策部署，坚持以“五大发展”理念为统领，进一步深化农垦改革，着力推进农业产业升级和结构调整，全年垦区经济社会各项事业实现平稳健康发展。

一、综合情况

吉林农垦系统现有独立核算企业92个和4个乡镇，比上年增加企业4个。全垦区总人口29.9万人，其中从业人员年末人数14.84万人，第一产业10.23万人，第二产业0.79万人，第三产业3.82万人，各业人员所占比为69∶5∶26。年末国有单位从业人员6.22万人，其中在岗职工3.67万人，其他从业人员2.55万人。职工年平均工资13 140元，同比上涨8.5%。人均纯收入11 389元，同比增长21.6%。年末实有住房面积655万米^2，人均住房21.87米^2。

土地总面积331.21千公顷，比上年增加15.89千公顷。耕地面积130.14千公顷，比上年增加4.81千公顷。牧草地面积73.18千公顷，林地面积38.22千公顷，水面面积4.13千公顷，果园面积2.8千公顷，居民点及工矿用地面积23.59千公顷，其他面积50.93千公顷。

2016年全垦区实现生产总值57.85亿元，比上年增长30.2%，新增4户企业使生产总值实现较大增幅。一、二、三产业增加值占国民生产总值的比重分别为37∶29∶34。其中：一产增加值21.62亿元，同比增长20.65%；二产增加值16.75亿元，增长5.7%；三产增加值19.48亿元，增长82.57%，由于四平市孤家子镇第一产业和第三产业发展优势明显，使一产、三产的增加值大幅增长。人均生产总值19 302元，比上年增长28.2%。实现工农业总产值89.28亿元。农林牧渔业商品产值为29.66亿元；粮豆商品量为79.53万吨，商品率为93.7%；油料商品量为1.43万吨，商品率为65.9%；肉类商品量为4.58万吨，商品率为96.6%。

全年固定资产投资额4.3亿元，比上年增长26%，其中非国有投入3.87亿元，占总投资额的90%；国有投入4 303万元，占10%。第一、二、三产业投资额分别为11 239万元、31 310万元、472万元，比例为26∶73∶1。在资金投入来源中，国家预算内资金3 190万元，占比7.4%；自筹资金30 974万元，占比72%。当年新增固定资产14 837万元。

二、农业

（1）强化支柱产业，提高农业生产水平。全年实现农林牧渔业总产值38.65亿元，比上年增长3.48%。其中：农业产值23亿元，牧业产值14.59亿元，林业产值与渔业产值分别为946万元、2 205万元。

全年农作物总播种面积为128.9千公顷，比上年增加3 337公顷。其中：粮豆播种面积116.6千公顷，比上年减少1 849公顷，占农作物总播种面积的90.45%。油料作物播种面积11.19千公顷，比上年增加5 665公顷。其他作物播种面积1.11千公顷，比上年减少479公顷。

（2）全年粮豆产量84.85万吨，同比减少0.31万吨，主要农产品产量见表1。

表1　主要农产品产量

农作物名称	产量（吨）	比上年增长（%）
粮食	848 521	−0.4
其中：稻谷	377 207	5.7
玉米	441 772	−5.9
高粱	16 651	38.0

（续）

农作物名称	产量（吨）	比上年增长（%）
大豆	6 127	24.9
杂豆	3 004	−20.2
油料	21 718	118.9
其中：花生	13 170	139.2
向日葵	7 538	71.1
药材类	489	−2.2

（3）2016 年大牲畜存栏 4.95 万头，同比增加 0.39 万头，其中黄牛 3.98 万头，良种及改良种乳牛 0.64 万头（表 2）。

表 2　牲畜年末存栏及畜产品产量

种　类	计量单位	产量	比上年增长（%）
大牲畜总头数	万头	4.95	8.6
其中：黄牛	万头	3.98	3.7
猪存栏	万头	20.50	3.8
羊存栏	万只	22.46	11.6
家禽	万只	401.13	2.2
肉类总产量	吨	47 411	−2.9
其中：猪肉	吨	19 273	−7.4
禽肉	吨	17 860	0.6
牛奶	吨	9 370	−1.2
禽蛋	吨	47 838	−5.9
鹿茸	千克	17 254	9.0

（4）农业生产机械化水平均衡发展，机收机械化率提高显著。2016 年年末农业机械总动力 117.15 万千瓦，同比增长 5.8%。大中型农用拖拉机5 599台，增加 64 台，小型及手扶拖拉机 22 297 台。当年实际机耕面积 121.26 千公顷，占年末耕地面积的 93.2%，同比提高 1.1 个百分点；实际机播面积 117.30 千公顷，占农作物播种面积的 90.3%；机械收获面积 97.35 千公顷，占农作物播种面积的 74.8%，同比提高 5 个百分点。

三、工业

2016 年垦区工业平稳发展，实现工业总产值 50.64 亿元。主要产品产量：碾米 30.18 万吨，增加 4.6 万吨；饲料 7.7 万吨；乳制品 0.65 万吨；服装 53 万件；机制纸及纸板 3.69 万吨；中成药 1 500吨，增加 208 吨；水泥 67.83 万吨，增加 22.59 万吨；塑料制品 1.42 万吨；发电量 30 000 万千瓦时。

四、交通运输、批发零售业、餐饮业、服务业

垦区第三产业快速发展，各行业均有提高。

交通运输业年末单位 357 个，从业人员 3 289 人，固定资产原值 9 622 万元，拥有载货汽车 3 105辆，载客汽车 191 辆，全年货运量 90.75 万吨，客运量 172.90 万人，营业总收入 5 469 万元。

批发零售业年末单位 3 785 个，年末从业人员 2.67 万人，从业人员报酬 7.85 亿元。固定资产原值 3.45 亿元，销售总额 26.59 亿元。

住宿餐饮业年末单位 720 个，年末从业人员 3 292人，从业人员报酬 6 942 万元。固定资产原值 2.56 亿元，全年营业收入 2.51 亿元。

服务业年末单位 685 个，年末从业人员 2 517 人，从业人员报酬 6 406 万元。固定资产原值 9 279万元，全年营业收入 1.98 亿元。

黑龙江农垦总局2016年经济和社会发展统计公报

黑龙江省农垦总局统计局

2016年，垦区各级在总局党委的正确领导下，主动适应经济发展新常态，创新实施“五大规划”，深入推进“龙江丝路带”建设，提质增效转方式，粮食增收可持续，着力推进供给侧结构性改革，垦区经济保持平稳发展，社会事业不断进步，民生保障持续增强。

一、综合

经济实力进一步增强。初步核算，垦区全年实现地区生产总值（GDP）1 193.7亿元，按可比价格计算，比上年增长6.1%（图1）。人均地区生产总值达到71 286元，增长6.7%，以当年平均汇率折算达到10 732美元，比上年减少444美元。全年实现公有经济增加值715.0亿元，比上年增长3.9%；非公有经济增加值478.7亿元，增长9.6%。

三次产业稳步增长。第一产业增加值518.9亿元，比上年增长1.4%；第二产业增加值247.6亿元，增长3.9%；第三产业增加值427.2亿元，增长10.9%。一、二、三产业对垦区当年经济增长的贡献率分别为11.2%、13.4%和75.4%。

经济结构调整步伐加快。三次产业结构为43.5∶20.7∶35.8，第三产业比重比上年提高3.8个百分点，第二产业比重与上年持平，第一产业比重比上年下降3.8个百分点；公有和非公有经济结构为59.9∶40.1，非公有经济比重比上年提高1.3个百分点。

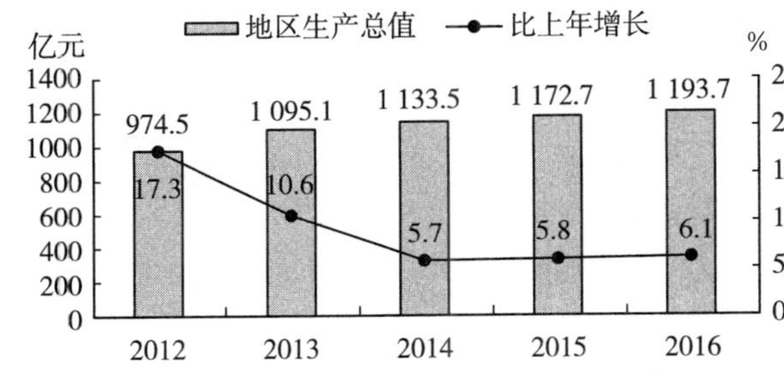

图1　2012—2016年全垦区地区生产总值及其增长速度

二、农、林、牧、渔业

农业生产再夺丰收。2016年垦区农作物总播种面积286.0万公顷，比上年下降0.1%，实现农业增加值446.3亿元，增长1.1%。今年针对粮食品种供需矛盾，垦区各级积极落实“压玉、扩豆、增稻、强经饲”等种植结构调整措施，在玉米种植面积调减27.5万公顷情况下，粮食种植面积达281.4万公顷，比上年下降0.4%。其中“三大主产”作物水稻、玉米、大豆分别为1 487千公顷、621千公顷和635千公顷，其占粮食作物面积的比重达97.4%，为垦区粮食产能的稳固奠定了基础（图2、表1）。粮食综合单产实现7 318千克/公顷，比上年下降7.4%。农业生产战胜多种自然灾害，实现“十三连丰”，粮食综合生产能力连续6年稳定在200亿千克以上，总产量达到205.95亿千克，比上年下降4.7%。粮食产量占全省和全国的比重分别为34.0%和3.3%，当年为国家提供商品粮194.42亿千克，粮食商品率达94.4%。

历经69年的开发建设，垦区已累计生产粮食3 705.5亿千克，累计向国家交售商品粮3 030.1亿千克。在保障国家粮食安全和推动农业现代化建设做出了积极贡献。

“三品一标”工作成果进一步强化，质量追溯工作质量进一步优化，检测体系工作任务进一步细化。2016年，垦区全年绿色食品作物种植面积2 200千公顷，占垦区种植面积78.5%；有机作物认证面积164千公顷，占垦区农作物种植面积5.9%。绿色食品获证企业112家，有效使用绿色食品标志产品数292个；有机农产品企业67家，有机农产品达到323个；无公害农产品产地认定面积220万公顷，无公害农产品326个，认定产地285个。到2016年年末，垦区累计获得国家地理标志农产品9个，累计获得全国农业标准化示范场25个，创建全国绿色食品原料标准化基地63个。

垦区农产品质量追溯系统覆盖规模逐年扩大。2016年垦区全程建立农垦农产品质量追溯企业数量累计达到70家，分布在垦区9个管理局农牧场和总局直属企业，种植业产品可追溯规模达到226.7千公顷、畜禽产品规模达到316万头（只）。追溯产品种类涵盖谷物、蔬菜、水果、畜禽肉、奶粉、种子、豆酱等9大类100余个农产品加工品种。垦区农产品检验检测体系建设全面展开，建成了部级质检中心3个，6个重点县级和3个县级农产品质检站项目稳步推进。

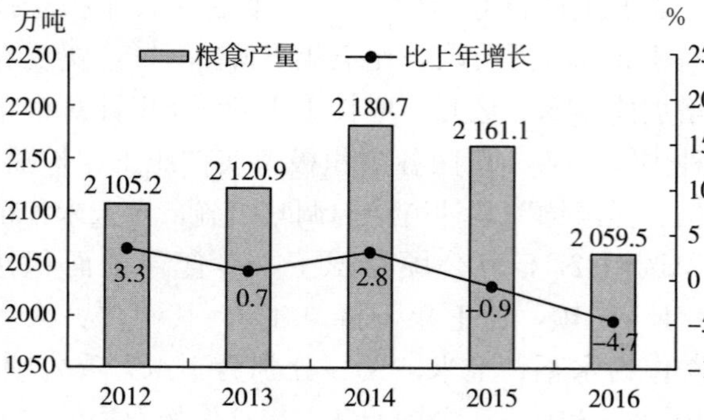

图2　2012—2016年粮食产量及其增长速度

表1　2016年主要农产品产量

产品名称	产量（万吨）	比上年增长（%）
粮食	2 059.5	−4.7
其中：水稻	1 336.8	3.5
小麦	2.1	35.9
玉米	557.6	−24.8
大豆	141.3	26.3
杂豆	8.5	82.5
马铃薯（折粮）	9.1	−6.2
油料	1.9	160
亚麻	1.4	420
蔬菜	8.9	−51.4
瓜类	12.7	4.3
饲料作物	69.2	−7.9

森林垦区建设持续推进。2016年垦区林业围绕“优化林业产业结构，科学合理利用森林资源”为目标，加快垦区林业发展，使垦区园林化档次明显提高，林业产业得到稳步发展。全年实现林业增加值5.0亿元，比上年增长3.2%。当年完成造林绿化4.2千公顷，新建义务植树基地365块，义务植树1 739万株；绿化管理区134个，绿化景观道路115条总长度538千米；完成农牧田防护林1.1千公顷。城镇绿化覆盖率达到39.3%，区域森林覆盖率达17.1%。全年未发生大的森林、草原火灾，森林过火面积控制在0.5‰以下，林业有害生物成灾率控制在2.8‰以下，森林无公害防治率达85%以上。严厉查处毁林、毁湿案件，有效地控制、打击了毁林、毁湿高发势头，较好地保护了森林、湿地安全。

畜牧业生产稳步回升，垦区绿色健康养殖基地的建设步伐加快。全年实现增加值63.8亿元，比上年增长3.9%。年末垦区“两牛一猪一禽”存栏分别达到黄牛4.5万头、奶牛15.5万头、生猪76.8万头和家禽828.6万只；全年肉蛋奶产量分别为26万吨、3万吨和42.7万吨，分别比上年增长13.4%、−10.4%和13.9%。

渔业平稳发展。全年实现渔业增加值3.8亿元，比上年增长3.3%。

农业基础设施继续强化，现代化水平显著提高。年末垦区有效灌溉面积达1 561千公顷，增长1.3%，其中节水灌溉面积396千公顷，增长26.4%；机电井8.9万眼，下降1.2%。现有粮食处理中心430座，种子加工厂74个，金属粮仓2 634座，水泥晒场3 499万米^2，农用飞机场68处。粮食仓储能力达到2 249万吨，比上年增长2.2%。农机装备能力显著提升。截至2016年年末，垦区农业综合机械化水平提高到99.4%，农用机械总动力达1 045.1万千瓦，比上年增长6.6%；农用大中型拖拉机8.1万台，增长5.8%，其中100马力①以上拖拉机9 710台，增加1 421台；机动水稻插秧机7.9万台，增长4.1%；联合收获机3.6万台，增长12.6%。现有飞机98架，其中农用飞机76架，航化作业面积142.1万公顷（图3）。

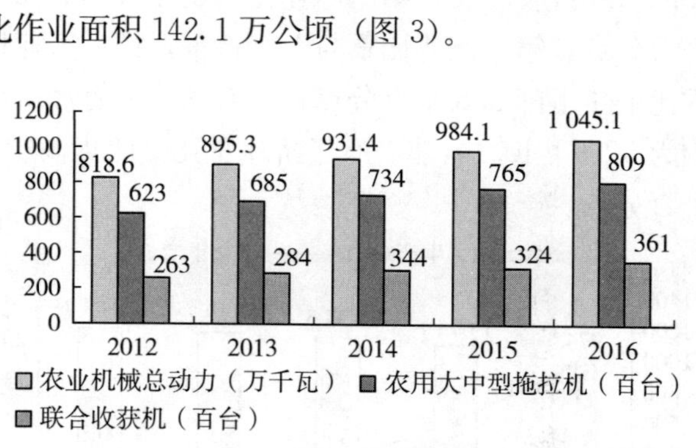

图3　2012—2016年农业机械情况

① 马力为非法定计量单位，1马力=735.50瓦。

三、工业和建筑业

工业生产低速增长。2016 年实现工业增加值 187.8 亿元，比上年增长 2.9%（图 4）。其中，食品工业实现增加值 127.1 亿元，下降 0.2%，占全口径增加值的比重达 67.7%；其中，规模以上企业实现增加值 71.6 亿元，下降 0.3%。在全部工业增加值中，轻工业增加值 135.4 亿元，比上年增长 0.4%；重工业增加值 52.4 亿元，增长 9.7%。其中国有及国有控股企业增加值 63.7 亿元，增长 0.2%；非公有企业增加值 124.1 亿元，增长 4.1%。

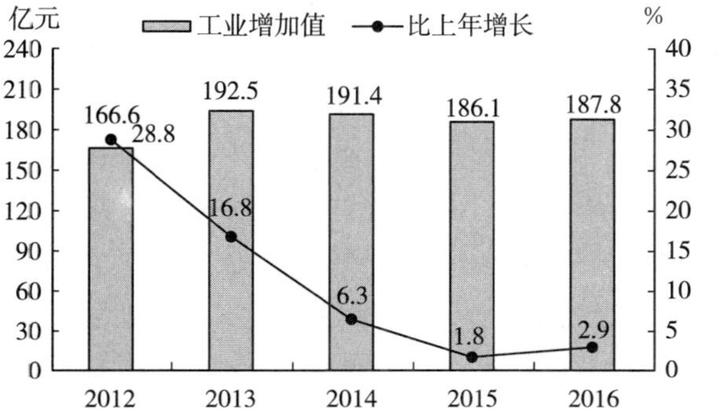

图 4　2012—2016 年工业增加值及其增长速度

表 2　2016 年主要工业产品产量

指标名称	计量单位	产量	比上年增长（%）
小麦粉	万吨	8.9	15.6
大米	万吨	387.1	−3.8
食用植物油	万吨	176.6	1.4
乳制品	万吨	30.4	12.2
其中：乳粉	万吨	4.5	2.3
鲜冷藏冻肉	万吨	21.0	24.3
白酒	千升	59 050	−3.7
配混合饲料	万吨	37.1	2.8
豆粕	万吨	593.9	−3.2
中成药	吨	1 796	−10.9
化肥（实物量）	万吨	22.7	−19.2
水泥	万吨	40.7	20.8
发电量	亿度	15.5	27.0
豆制品	万吨	3.0	30.4
淀粉	万吨	5.3	76.7

工业企业效益明显回落。全部工业企业（不含个体）全年实现主营业务收入 830.3 亿元，比上年下降 3.5%，其中国有及国有控股企业主营业务收入 554.7 亿元，下降 4.8%；实现利润 10.8 亿元，下降 16.3%，其中国有及国有控股企业利润−0.7 亿元，比上年减少 2.3 亿元。

建筑业稳步发展。全年实现建筑业增加值 59.8 亿元，比上年增长 7.5%，其中国有及国有控股企业增加值 14.3 亿元，比上年下降 1.3%。当年新开工的单位工程施工个数 4 148 个，比上年减少 2 个。当年单位工程竣工个数 4 023 个，比上年减少 10 个。年内房屋建筑施工面积和竣工面积分别达到 339.7 万米^2 和 212.6 万米^2，分别比上年下降 1.0%、3.7%。实现利税 18.5 亿元，增长 14.2%，其中国有及国有控股企业利税 4.9 亿元，增长 6.8%，实现利润总额 12.4 亿元，增长 15.9%，其中国有及国有控股企业利润总额 2.4 亿元，增长 11.5%。

四、固定资产投资

固定资产投资持续负增长。全年完成固定资产投资总额 148.1 亿元，比上年下降 20.5%（图 5）。从用途上看，生产性建设投资 88.9 亿元，下降 27.7%；非生产性建设投资 59.2 亿元，下降 6.4%。从产业投向上看，第一产业 58.9 亿元，下降 4.5%，占 39.8%；第二产业 18.6 亿元，增长 28.7%，占 12.6%，其中工业 18.0 亿元，增长 30.9%；第三产业 70.6 亿元，下降 35.9%，占 47.6%。从投资主体看，公有控股经济投资 101.6 亿元，下降 22.1%；非公有控股经济投资 46.5 亿元，下降 16.7%。在投资总额中 500 万元及以上项目完成投资 99.0 亿元，下降 21.9%；亿元以上项目完成投资 39.8 亿元，下降 28.1%。

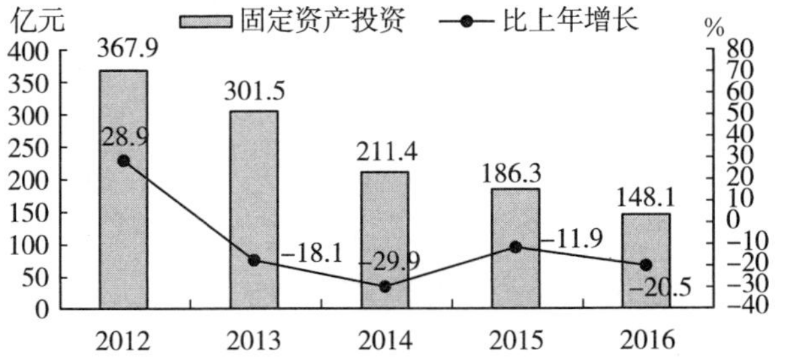

图 5　2012—2016 年固定资产投资及其增长速度

五、交通运输、通信和旅游业

交通运输能力增强。全年垦区完成运输场站、公路养护等投资 3.1 亿元，增长 47.6%。改建农场客运站 3 个；购置公路养护设备 415 台（套）；购置行李安检设备 89 台（套），设置公交亭 23 个、站牌 447 个、安全标志牌 1.3 万块。全年共完成道路客运量 0.1 亿人次，客运周转量 4.7 亿人公里，货运量 0.2 亿吨，货运周转量 16.1 亿吨公里，分别比上年增长－15.8%、－22.5%、22.1% 和 8.5%。

公路建设扎实推进。2016 年年末，全年完成公路建设投资 5.7 亿元，下降 67.9%，其中新建、续建农村通畅和通达公路 420.3 千米，使垦区农村公路硬化里程达到 11 558 千米，为垦区新农村建设做出了突出贡献。

通信事业持续发展。年末农垦通信拥有通信线路 26 573 千米，比上年下降 1.3%。其中，光缆线路总长度 19 573 皮长公里，增加 187 皮长公里。垦网固定电话达到 23.4 万部，比上年下降 8.2%，垦网户均固定电话普及率达到 46%。宽带用户达到 18.5 万户，比上年减少 1.2 万户，下降 6%。

旅游业加快发展。全年累计接待国内外旅游者 682.4 万人次，实现旅游收入 32.4 亿元，比上年分别增长 7.6% 和 12.9%。年末，垦区拥有 A 级以上景区 45 个，其中，AAAA 级景区 6 个，AAA 级景区 19 个，AA 级景区 20 个。

六、国内贸易和对外经济

消费品市场稳定活跃。全年垦区实现社会消费品零售总额 241.9 亿元，比上年增长 11.0%，其中，农场及农场以下消费品零售额 186.6 亿元，增长 11.7%；批发零售贸易业消费品零售额 199.9 亿元，增长 10.6%；住宿和餐饮业零售额 42.0 亿元，增长 13.2%；食品类商品零售额 94.5 亿元，增长 10.5%，占全部零售额的比重为 39.1%。

对外贸易总额高速增长。全年实现自营进出口总额 23.3 亿美元，比上年增长 20.7%，其中，出口总额实现 0.8 亿美元，比上年增长 3.1%；进口总额实现 22.5 亿美元，比上年增长 21.6%。

招商引资和对外经济贸易合作持续发展。全年签订国内外经济技术合作项目 213 项，其中利用外资项目 10 项。实际利用国内外资金 33.1 亿元，其中合同利用外资到位资金 650.1 万美元。

“走出去”工作稳步推进。2016 年垦区已在俄罗斯、澳大利亚、泰国、安哥拉、莫桑比克、老挝及我国香港等 10 多个国家和地区开展对外投资合作业务。境外各类公司和企业共计 21 家。境外农业开发面积 206.7 千公顷，土地种植面积 95.3 千公顷，生产粮豆 23 万吨，境外就业中方人数 866 人。项目累计投资 2.5 亿美元。

七、科技、教育、卫生、文化和体育

科技事业成果丰硕。2016 年年末，垦区拥有专业科研机构 19 个，技术推广中心（站）113 个，省级科技成果推广示范基地 11 个，国家级农业科技园区 1 个，省级农业科技园区 3 个，国家级工程技术中心 1 个，省级工程技术中心 5 个，生产力促进中心 2 个，全国青少年农业科普示范基地 16 个。科技进步贡献率达到 68.2%。全年垦区各级科技投入 7.4 亿元，比上年减少 0.3%。垦区科技自主创新取得新进展，全年总局科技计划项目 7 个，课题 62 个，通过鉴定科技成果 20 项。获全国农牧渔业丰收奖 17 项，获黑龙江省科技奖励 8 项，获得总局科技进步奖 31 项。在 48 个农场开展农机深松作业信息化监管服务技术应用与示范，安装各型农机具监测设备 663 台（套），开发建设监管系统管理平台 1 套。新增专利 72 个，累计 1 832 个。

教育事业健康发展。学前教育保教质量稳步提升，学前三年毛入园率达到 80% 以上；义务教育均衡发展取得突破性进展，高中教育办学水平稳步提高。年末垦区共有各级各类学校（含幼儿园）282 所。其中，普通高等院校 3 所，招生 0.9 万人，在校生 3.1 万人，毕业生 0.8 万人；成人高等院校 1 所，招生 0.03 万人，在校生 0.15 万人，毕业生 0.16 万人；中等职业教育学校 9 所，招生 0.24 万人，在校生 0.94 万人，毕业生 0.54 万人；普通中小学 150 所（十二年一贯制学校 2 所，高级中学 17 所，初级中学 19 所，九年一贯制学校 86 所，普通小学 26 所），普通中学招生 2.1 万人，在校生 7.0 万人，毕业生 2.2 万人；小学（含十二年一贯制学校小学部和九年一贯制学校小学部）招生 1.0 万人，在校生 5.8 万人，毕业生 1.1 万人；幼儿园 119 所，在园幼儿 2.0 万人。2016 年垦区高考再创新高，垦区高考考生 9 255 人，共录取 8 934人，其中本科 6 522 人，其中一本学校录取人数为 1 765 人，比上年增加了 338 人，全垦区高考录取率为 96.5%。

医疗卫生服务体系不断完善。2016 年垦区以提高居民健康质量为中心，全面加强基本医疗服务和基本公共卫生服务，稳步提升各项服务能力，建设标准化健康小屋 33 个。年末，垦区共有各级各类卫生机构 1 239 个。其中综合医院 125 所，总局总医院 1 所，管理局中心医院 7 所，神经精神病专科医院 1 所，疗养院 1 所，农场级医院（挂社区卫生服务中心牌子，承担社区卫生服务功能）115 所；卫生监督所（挂疾病预防控制中心牌子）113 所。垦区拥有卫生技术人员 12 719 人，其中，执业医师和执业助理医师 5 999 人，注册护士 4 965 人。拥有住院床位和观察床位 10 627 张。2016 年，报告国家法定乙类、丙类传染病 14 种，报告发病人数 1 853 例，其中乙类传染病 9 种 1 719 例，丙类传染病 5 种 134 例，报告发病率 133.23/10 万，与上年同期相比下降了 0.72%。

文化事业全面发展。年末垦区共有对外开放的博物馆（场史纪念馆）29 个，文化馆 53 个，体育馆 42 个，图书馆（室）224 个，社区、管理区综合文化活动室 388 个，文化广场、主题文化公园 213 个。现有一报四刊，《北大荒日报》全年总印数 1 758 万份，杂志 4 种，全年总印数 20.6 万册。举办了垦区 2016 年领导干部“宝泉杯”、成年组“旗帜杯”、少年组“双合杯”乒乓球比赛，共有来自各管理局、总局机关各部门及总局直属企事业单位的 17 个代表队 220 余人参加了比赛；2016 年全国钓鱼锦标赛（北大荒站），在八五二农场蛤蟆通水库举行。央视媒体、龙视媒体以及垦区主流媒体、国家各大网站对赛事进行了全方位的报道，向全国人民充分宣传展示了现代北大荒、绿色北大荒、幸福北大荒，提升了北大荒文化的影响力。2016 年垦区继续实施文化信息资源共享工程，为农场采购 LED 室内全彩展示屏 9 套、文化广场灯光音响设备 16 套。

广播电视事业稳步发展。各级广播电视台站共开办专栏 130 余个，累计播出 1 600 余期。农垦广播电视台开辟电视栏目 9 个，播出 1 437 期，农垦广播电视台和网络电视台共播出新闻 1.7 万余条，其中省级以上媒体播发新闻 200 余条。“龙广北大荒之声”实现了 24 个频点覆盖，自办栏目《北大荒新闻》《农科天地》《北大荒文化》3 个，共计播出 600 余期。继续推进垦区数字化改造工程建设。

体育事业平稳发展。年末垦区拥有体育场馆 157 个，全年组织各类体育运动会及体育比赛 1 065次，有 16.2 万人参加了各种类型的体育运动项目。继续加大全民健身工程投入力度，积极争取上级扶持资金，新建社区多功能运动场 5 个，乡镇农民体育健身工程 2 个，公共体育场田径跑道和足球场建设项目 3 个，全民健身中心建设项目 4 个；垦区本级体育彩票公益金支持建设多功能运动场（室）55 个，全民健身路径 104 个。在全国第十三届冬季运动会上，垦区共获得 19 个冠军、16 个亚军、13 个季军的成绩。

八、社会保障和环境保护

社会保障制度运行平稳。年末垦区参加企业基本养老保险 90.1 万人，其中：在职参保 46.2 万人，离退休人员 43.9 万人，全年累计发放养老金 107.9 亿元，比上年增长 10.8%；参加机关事业养老保险 5.5 万人，其中参保职工 3.1 万人，离退休人员 2.4 万人；参加城镇社会养老保险 0.8 万人，其中享受待遇 0.6 万人。参加基本医疗保险 134.7 万人，其中参加职工医疗保险 76.0 万人，参加居民医疗保险 58.7 万人，全年支付医疗保险基金 23.1 亿元，比上年增长 13.6%。参加失业保险 36.4 万人，全年支付失业金 1 156.7 万元。参加工伤保险 37.2 万人，全年支付工伤保险基金6 944万元。参加生育保险 35.7 万人，支付生育保险基金 6 930 万元。

保险事业加快发展。全年保费收入 31.3 亿元，比上年增长 11.6%，其中，农险保费收入 26.8 亿元，比上年增长 12.2%，农业保险承保面积 8 553.7万亩。全年赔付额 34.6 亿元，比上年增长 91.9%，其中，农险赔付金额 32.2 亿元，比上年增长 99.1%。

资源环境保护力度加大。年末垦区已建各级各类自然保护区 21 个，总面积 515 千公顷，占垦区土地总面积的 9.1%。继续加强农村环境保护和自然生态保护工作，2016 年垦区完成国家级生态乡镇 3 个，省级生态乡镇 1 个，生态系列创建工作走在全省前列。认真做好污染减排工作，全垦区新建生活污水处理项目 12 个，大气脱硫脱硝项目 7 个，严格控制污染物排放量，如期完成年度减排目标。

九、人口与人民生活

人口保持低速增长。全年垦区人口出生率为 5.9‰，比上年提高 2.35 个千分点，人口自然增长率为 0.66‰，比上年上升 2.63 个千分点。年末垦区常住总人口 167.7 万人，比年初增加 0.5 万人，增长 0.3%。其中，农场人口 147.1 万人，占总人口的 87.7%。

职工工资水平稳步增长。年末全部在岗职工 36.2 万人，在岗职工年平均工资为 33 806 元/人，比上年增长 4%。

居民生活水平稳步提高。全年垦区居民人均可支配收入达到 25 421 元，同比增长 6.6%。其中，工资性收入、经营性净收入、财产性净收入和转移性净收入同比分别增长 4.0%、－9.0%、31.6% 和 30.8%。垦区居民人均生活消费支出 13 108 元，比上年增长 7.6%，其中食品消费支出所占比重即恩格尔系数为 26.5%。耐用消费品数量与上年同期基本持平，年末平均每百户居民拥有彩色电视机 100.5 台、洗衣机 89.3 台、电冰箱 85.9 台、空调 1.6 台、摩托车 38.3 辆、热水器 56.2 台、微波炉 18.3 台、照相机 19.8 台、家用计算机 47.7 台、移动电话 204.6 部、生活用汽车 17.0 辆。

居民居住条件和环境得到持续改善。垦区继续加快城镇居民住宅基础设施、公共设施建设步伐。到年末，垦区居民住房面积达到 5 391.8 万米^2，比上年增长 0.1%，人均住房面积 32.2 米^2，与上年持平。城镇集中供热面积 3 825 万米^2，比上年增长 4.3%；城镇硬化道路长度 2 538 千米，城镇主次干道硬化率 100%；城镇人均绿地面积 47.6 米^2，增长 4.6%；城镇化率达到 85.8%，与上年持平。

注：1. 地区生产总值、各产业增加值、人均地区生产总值及其构成项目绝对数按现价计算，增长速度按可比价格计算。

2. 公报数据为初步统计数据，最终数据以《2017 年黑龙江垦区统计年鉴》为准。

上海农垦2016年经济和社会发展统计公报

光明食品（集团）有限公司

2016年光明食品集团确立了集团新一轮战略愿景和目标，着力化解各种经营风险，经济运行整体情况良好，质量光明、效益光明正在体现。

一、综合

2016年，光明食品集团全年实现增加值190.3亿元，比上年增长16.3%。其中：

第一产业增加值19.5亿元，比上年增长20.9%，占总增加值的10.2%。

第二产业增加值68.7亿元，比上年增长5.0%，占总增加值的36.1%。第二产业的增加值中，工业增加值64.9亿元，建筑业增加值3.8亿元。

第三产业增加值102.1亿元，比上年增长24.4%，占总增加值的53.7%。

2016年，光明食品集团工农业总产值（按现行价）396亿元，比上年下降1.4%。全年完成工农业出口商品额6.5亿元，比上年下降34.9%。其中：工业出口6.4亿元，比上年下降33.2%；农业出口0.2亿元，与上年下降21.1%。

2016年，光明食品集团固定资产投资完成额31.8亿元，比上年增长9.3%。

2016年，光明食品集团年末从业人员12.5万人，比上年下降11.5%。

二、第一产业

2016年光明食品集团扎实地投入殷实农场主战场，农业生产稳定发展。种植业粮食产量略有下降，但食用菌、西瓜、草坪产量增长较大。畜牧业产量产值同步增长。

2016年完成农业总产值72.2亿元，比上年增长20%。其中：种植业21.1亿元，比上年增长3.5%；林业0.7亿元，比上年增长10.4%；牧业43.9亿元，比上年增长30.1%；渔业6.5亿元，比上年增长20.6%。

2016年，种植业生产情况：粮食播种面积37 194公顷，比上年下降9.5%，粮食总产量26.9万吨，比上年下降15.6%；蔬菜及食用菌产量28.1万吨，比上年增长13.8%；西瓜产量5.4万吨，比上年增长40.9%；鲜切花685万枝；盆栽花卉925万盆；草坪销售量140万米^2。全年新增造林面积496公顷。

2016年，畜牧业生产情况：生奶产量、生猪上市量、禽蛋产量、水产品产量增长。全年牛奶产量42.3万吨，比上年增长16.9%；生猪上市量118.4万头，比上年增长24.5%；家禽上市量57.1万只，比上年下降1.1%；禽蛋产量1.3万吨，比上年增长55.8%；鸽子上市量64.2万羽，比上年增长27%。

全年水产品产量4.6万吨，比上年增长10.5%，其中：鱼类产量4.4万吨、虾蟹类产量0.2万吨。

三、第二产业

2016年光明食品集团的工业、农副食品加工业巩固上年发展成果，饮料制造业渐现起色。

2016年，全年完成工业总产值323.8亿元，比上年下降5.2%，工业销售产值为324亿元，比上年下降4.5%，产销率100.1%。大中型企业总产值257.8亿元，占79.6%；农副食品加工业、食品制造业和饮料制造业企业总产值为298.5亿元，占总产值的92.2%。

全年工业企业亿元以上工业产值的主要食品产量见表1。

表1　全年工业企业亿元以上工业产值的主要食品产量

产品名称	计量单位	产量	比上年增长（%）
小麦粉	吨	362 732	3.4
大米	吨	249 177	3.4
精制食用植物油	吨	97 989	9.2
成品糖	吨	1 273 334	－15.0

（续）

产品名称	计量单位	产量	比上年增长（%）
鲜、冷藏肉	吨	113 779	−31.5
熟肉制品	吨	10 451	2.3
糖果	吨	22 679	8.3
乳制品	吨	1 121 764	−0.5
其中：液体乳	吨	1 116 311	−0.2
罐头	吨	51 723	−5.7
味精（谷氨酸钠）	吨	25 523	3.5
蜂蜜营养制品	吨	14 565	−1.1
冷冻饮品	吨	15 982	17.3
饮料酒	千升	120 463	4.9
软饮料	吨	347 419	1.5

建筑业生产情况：全年完成建筑业施工产值18.1亿元，比上年下降34.2%。施工面积137.2万米^2，竣工面积117.9万米^2。

四、第三产业

2016年，光明食品集团的商业、住宿餐饮业、服务业稳步发展。房地产业销售比上年增幅较大。

年末，批发零售贸易业的营业网点有4 988个，比上年增长12.7%，营业面积102.9万米^2，比上年下降5%。

营运的出租车辆10 680辆，比上年下降3.2%。

全年房地产销售面积231.5万米^2，比上年增长100%；销售额223.1亿元，比上年增长61.7%。

五、固定资产投资

2016年，光明食品集团完成固定资产投资31.8亿元，比上年增长9.3%，其中：本年完成投资5 000万元以上项目占87%，比上年增长81%。固定资产投资总额中，第一产业5.5亿元，比上年下降41.9%；第二产业11.7亿元，比上年增长29.4%；第三产业14.6亿元，比上年增长37.9%。一、二、三产业的投资比重分别为17.3%、36.7%和46%。当年新增固定资产28.1亿元。

六、职工和工资

2016年，光明食品集团年末从业人员12.5万人，比上年下降11.5%。其中：第一产业1.1万人，第二产业3.6万人，第三产业7.8万人。一、二、三产业的从业人员比重分别为9.1%、28.3%和62.6%。第三产业中批发和零售业的从业人员4.6万人，占全部从业人员的36.5%。

2016年，从业人员年平均报酬58 613元，比上年增长11.5%。

说明：一、公报中提到的增加值按现行价格计算。

二、公报中的统计数据口径是集团控股企业财务合并、事业单位和控股财务不合并的单位。

江苏农垦2016年经济和社会发展统计公报

江苏省农垦集团有限公司

2016年，面对复杂形势和多重挑战，在省委、省政府的坚强领导下，江苏农垦认真贯彻省委、省政府决策部署和省国资委、农业部农垦局工作要求，全面落实集团党委决定和董事会决策，扎实做好提价值、降成本、补短板、防风险、强执行各项工作，集团经济发展稳中有进、稳中提质，实现了“十三五”良好开局。

一、综合

2016年，垦区实现生产总值156.83亿元，比上年增长13.20%。其中，第一产业增加值24.59亿元，比上年增长0.57%；第二产业增加值88.23亿元，比上年增长16.89%；第三产业增加值44.01亿元，比上年增长13.98%。三次产业比重为16∶56∶28，非农产业比重较上年提高2个百分点。人均生产总值净增加13 383元，达到82 047元，比上年增长19.49%。

集团经济健康发展。全年实现营业收入232.56亿元，比上年增长6%；利润总额37.86亿元，增长23.14%；归属集团母公司净利润12.84亿元，增长18.36%；经济增加值24.68亿元，增加4.26亿元；净资产收益率15.33%，提高0.57个百分点。截至上年末，集团净资产147.8亿元，比上年增长25.82%；归属集团母公司所有者权益迈上百亿元台阶，达到102.31亿元，增长30.60%。同时，经济发展出现更多积极的变化。

二、农业

供给水平不断提高，设施装备更强。新增旱涝保收田、高标准农田、节水灌溉面积17千公顷，设施栽培面积占经济作物比重提高1.3个百分点，改造升级塘口642公顷，新增奶牛存栏能力2 000头。购置农机（具）2 227台（套），新增全国农垦农机标准化农场3个。新建维修晒场14.4万米^2，新增烘干能力3 100吨/天。

一体化效应更大。农发公司试验推广稻麦自主品种种植面积14.9千公顷，示范推广先进适用技术作业面积约53.3千公顷，为大灾之年夺取粮食稳产发挥了重要作用，引领示范了全省现代农业建设。实现全年粮食总产12.01亿千克，其中入库良种3.4亿千克，淮海、新洋、新曹、临海4家分公司的入库小麦单产超450千克，新洋、滨淮、新曹、黄海、临海、江心沙、东坝头7家分公司的水稻单产超600千克，30个拓展基地的粮食总产1.99亿千克、增加0.37亿千克。

产业结构更优。垦区种植经饲作物5.8千公顷，饲料作物面积增长较快。水产品总产量4.7万吨，增长6.80%。东辛、临海、岗埠、白马湖4个农场和金鲤渔业的水产养殖都取得了较好业绩。奶牛存栏5 115头，产销鲜奶2.3万吨，分别增长7.40%和30.20%。肉牛存栏1 510头，增长24.30%。绿化苗木面积0.93千公顷，增长4.50%。

产品质量更好。农发公司落实种植优质水稻品种5个，面积达17.9千公顷；有7家分公司加强稻麦绿色高效模式创建，12.7千公顷示范攻关田的各项指标均达到省部级标准以上。东辛农场通过农业部农垦局现代化牧场创建的评审验收。垦区有7个农产品实施了全程质量追溯管理，规模分别达到水稻48.4千公顷、稳居全国第一，西瓜500公顷，莲藕和韭菜100公顷，肉鸡816万羽，蛋鸡15万羽，南美白对虾0.8千公顷。大华种业完成种子质量追溯系统技术平台升级、实现自主品种质量追溯全覆盖。

功能业态更多。汤泉绿谷国家级农业公园项目已初步完成规划编制工作。云台农场的云水湾湿地公园全年接待游客8万余人次。三河农场被评为省三星级乡村旅游示范区。

主要农产品产量见表1，牲畜年末存栏总数及主要畜产品产量见表2。

表 1　主要农产品产量

指标	计量单位	数量	比上年增长（%）
稻谷	万吨	68.92	4.59
小麦	万吨	46.56	13.87
大豆	万吨	0.07	

表 2　牲畜年末存栏总数及主要畜产品产量

指　标	计量单位	数量	比上年增长（%）
肉类总产量	万吨	4.53	－17.63
猪牛羊肉	万吨	1.64	0.61
禽肉	万吨	2.88	－25.39
生猪年末存栏	万头	9.29	37.63
牛年末存栏	万头	0.79	5.33
羊年末存栏	万只	1.31	20.18
家禽年末存栏	万只	594.00	15.16
肉猪出栏数	万头	19.76	7.04
禽蛋产量	吨	17 970	1.53
牛奶产量	吨	31 516	20.11

三、工业和建筑业

2016 年，垦区拥有工业企业 330 个，其中规模以上 45 个。全年实现工业总产值（现行价）231.41 亿元，比上年下降 7.71%。产品销售收入 228.03 亿元，比上年下降 6.87%。主要工业产品产量见表 3。

产业发展后劲不断增强。科技创新在提档。江苏正大天晴药业集团股份有限公司建成江苏省抗病毒靶向药物研究重点实验室，新增化药一类临床批件 7 个，获批重大新药创制专项 2 个、省部级科技奖 3 个、国外授权公告专利 11 项。

表 3　主要工业产品产量

指　标	计量单位	数量	比上年增长（%）
大米	吨	398 768	0.68
食用植物油	吨	8 327	－6.93
棉纱	万吨	2.6	－1.52
针织服装	万件	3 826	－0.59
电子元件	万只	46 326	－2.02

建筑业平稳发展。2016 年建筑业实现产值 155 275 万元，比上年增长 4.07%；实现增加值 58 945万元，比上年增长 4.72%；实现利润总额 14 963 万元，比上年增长 4.28%；上缴税金 3 595 万元，比上年增长 16.23%。

四、第三产业

2016 年，垦区第三产业完成营业收入 114.94 亿元，比上年下降 6.16%。其中批发零售贸易业 74.14 亿元，比上年下降 11.72%；餐饮业 3.74 亿元，比上年增长 6.25%。服务业 37.06 亿元，比上年增长 5.92%。

五、固定资产投资

项目投资在加速。完成固定资产投资 59.34 亿元、股权投资 9.3 亿元，分别比上年增长 68%和 7.9%。正大天晴江宁一期、海州肿瘤车间，南京正大天晴新厂一期生产区、勤奋药业异地重建等一批重大项目进展顺利。通宇公司新增储备土地 50 亩。参股投资了苏美达资本、伊犁苏新投资基金、华泰大健康基金。苏垦置业大厦完成主体封顶。

2016 年，全垦区完成固定资产总投资 59.34 亿元，比上年增长 71.06%，基本建设投资完成 46.01 亿元，占固定资产总投资的 77.54%。在整个固定资产投资中，生产性固定资产完成 54.76 亿元，占整个固定资产总投资的 92.28%。

在全部固定投资中，第一产业完成 4.97 亿元，第二产投资完成 18.52 亿元，第三产业投资完成 35.85 亿元，分别占总投资的 8.38%、31.21%、60.41%，其中通宇房地产公司投资 30.8 亿元。

在全部固定资产投资中，国有固定资产投资完成 51.46 亿元，占整个投资的 86.72%。

六、科技、卫生

2016 年，全垦区共有各级各类科技专业技术人员 757 人。全年投入科研经费 136 653 万元。

2016 年，卫生事业继续改善，全垦区共有医疗单位 17 个，其中，医院 17 个，病床 1 087 张，各类卫生技术人员 998 人，其中医生 584 人。全年医疗卫生经费支出 17 216 万元，比上年增长 5.99%。

七、人口和职工收入

2016 年，全垦区总人口 189 274 人。其中，农场人口 164 204 人。全垦区人口出生率 8.09‰，人口死亡率 6.47‰，人口自然增长率为 1.63‰。2016 年，全系统平均社会从业人员 84 144 人，其中第一产业 25 128 人，第二产业 29 514 人，第三产业 29 502 人，分别占全部从业人数的 29.86%、35.08%、35.06%。职工收入继续提高，垦区职工全年平均收入 58 186 元，比上年增长 8.93%。2016 年垦区农场居民人均纯收入 26 261 元，较上年增长 7.88%。

八、非国有经济

2016 年，全垦区非国有增加值 625 999 万元，比上年增长 9.54%，其中，第一产业增加值 119 527万元，第二产业增加值 242 632 万元，第三产业增加值 263 840 万元，分别比上年增长 18.62%、3.99%、11.12%。三次产业比重为 19.09 ∶ 38.76 ∶ 42.15。年末非国有经营单位 19 502个。其中，私营企业 1 040 个，个体经济 18 446个。从业人员 59 998 人，其中，第一产业 16 553 人，第二产业 19 178 人，第三产业 24 267 人。从业人员收入总额 300 748 万元。全年共实现利税 204 226 万元，其中，利润 174 068 万元。当年非国有经济完成固定资产投资额 78 825 万元。

浙江农垦2016年经济和社会发展统计公报

浙江省农业厅农场管理局

2016年是“十三五”开局之年，浙江农垦认真贯彻落实党的十八届三中、四中、五中、六中全会精神和中央农垦改革文件精神，树立“创新、协调、绿色、开放、共享”发展理念，按照中央和省委、省政府决策部署，主动适应经济发展新常态，深化国有农场改革，创新体制机制，加快推进现代农场建设，着力改善农场民生，提升农场综合生产能力，农垦经济较快增长，农场社区和谐稳定。

一、综合

全系统现有农垦企业场50个，土地总面积13千公顷，与上年基本一致，总人口5.2万人。全系统实现生产总值18.05亿元，比上年增长11.4%，其中：第一产业增加值1.55亿元，比上年增长9.1%；第二产业增加值16.24亿元，比上年增长12%；第三产业增加值0.26亿元，比上年减少7.1%。三次产业增加值比重为8.6∶89.9∶1.5，第二产业对GDP的增长贡献率为93.5%。人均GDP为19 391元。

二、第一产业

全年实现农林牧渔业总产值44 896万元，比上年增长3.4%，其中：农业产值26 195万元，林业产值1 621万元，牧业产值9 928万元，渔业产值7 152万元，农、林、牧、渔比重为58.3∶3.6∶22.1∶15.9。

全年农作物播种面积4 436公顷，比上年减少0.3%，其中：粮食播种面积1 697公顷，减少6.8%；粮食单产5 098千克/公顷，增长5.4%。油料播种面积56公顷，减少29%；蔬菜、瓜类播种面积1 729公顷，增长7.7%。

畜牧业加快推进转型升级，部分中小型猪场、禽类养殖场关停拆迁，猪肉、禽蛋产量均有所下降。生猪年末存栏3.7万头，年内出栏7.1万头，分别比上年下降31.4%、59.1%；肉类总产量5 346吨，减少9.4%；禽蛋产量28吨，减少54.8%。

渔业增长较多，水产品总产量3 384吨，增长13%，其中海水产品产量901吨，增长1.6%，淡水产品产量2 483吨，增长17.8%。

2016年主要农产品产量见表1。

表1　2016年主要农产品产量

指　标	产量（吨）	比上年增长（%）
粮食	8 652	−1.7
#早稻	2 548	41.0
茶叶	4 731	9.2
果用瓜	15 369	1.2

三、工业和第三产业

规模以上工业企业稳定增长，库存产品销售加快。全年工业增加值16.2亿元，比上年增长11.7%；工业总产值94.2亿元，减少11%；工业销售产值461.5亿元，大幅增长（杭州萧山红山农场销售大量库存产品）；利润总额4.1亿元，增长41%，其中，规模以上工业企业利润3.9亿元，大幅增长。2016年主要工业产品产量见表2。

表2　2016年主要工业产品产量

产品名称	计量单位	产量	比上年增长（%）
印染布	万米	22 264.5	0.5
速冻蔬菜	吨	5 771	−16.4
镀锌板	吨	817 118	4.2
铜棒	吨	3 590	94.0
精制茶	吨	1 800	0
砖	万块	1 260	0.8
发电量	万千瓦时	45 462.58	32.5

第三产业发展有所减缓。第三产业实现增加值0.26亿元，比上年减少7.1%。批发零售、餐饮、服务业年末营业单位数70个，比上年增长7.6%；年末

固定资产原值1 702万元，比上年增长7.5%，实现销售总额1 345万元，比上年增长3.7%，但个别农场租赁业务减少，一定程度影响了第三产业发展。

四、固定资产投资

固定资产投资有所下降。全年完成固定资产投资22 631万元，比上年减少8%，非国有经济单位是投资的主体，占96.8%，其中，第一产业投资657万元，占投资总额的2.9%；第二产业投资21 707万元，占投资总额的95.9%；第三产业投资267万元，占投资总额的1.2%。

五、对外经济

全年供货商品总金额10.6亿元，比上年增长较多，工业品出口9.2亿元，占87.4%，主要包括童车、磁钢、染料及镀锌板等产品。

六、人民生活和社会保障情况

全系统年末人均纯收入19 391元，年末实有住房面积138万米^2，比上年增长7.8%。社会年末从业人数14 056人，其中第一产业4 019人，第二产业8 556人，第三产业1 481人，国有在岗职工2 303人，国有经济从业人员劳动报酬5 271万元，比上年增长2.3%。

年末职工基本养老保险率100%，医疗保险率98%，最低生活保障等覆盖面进一步扩大，部分农场家属工、精简人员等社会保障问题已基本解决，困难家庭基本纳入城镇居民最低生活保障。

七、无公害农产品、绿色食品、有机食品生产

年末全系统有效使用无公害农产品、绿色食品、有机农产品认证标志产品37个，带动种植农户数23 146户。其中：无公害、绿色、有机茶叶认证20个；无公害、绿色水果认证6个；无公害蔬菜认证1个；无公害水产品认证10个。

安徽农垦 2016 年经济和社会发展统计公报

安徽省农垦集团有限公司

2016 年是"十三五"开局之年，是全面推进农垦改革发展的启动之年，也是安徽农垦破难奋进的极其艰难之年。我们不断加强党的建设，全面开展"争上行、调转促、强管理、增效益"活动，战胜多重严重自然灾害，抗住经济下行压力，破解各类发展难题，持续增进民生福祉，积极打造具有安徽农垦特色的现代农业企业集团航母，经济运行出现了触底回升、企稳向好的发展态势，基本完成全年目标任务。安徽农垦的总体发展战略是按照"一体两翼"的发展格局，全力打造全省现代农业企业集团航母。"一体"即现代农业，"两翼"即投资金融业和房地产业。要进一步增强农垦在全省现代农业发展中的核心地位，为全省现代农业建设起骨干引领作用，根据市场需求提供绿色优质安全农产品供应，探索效益高的现代农业生产经营服务体系。要按照一二三产融合发展，接二连三做大做活投资金融业，为现代农业与房地产发展搭建桥梁。

一、主要经济指标完成情况

垦区主要经济指标完成情况见表 1。

表 1　垦区主要经济指标完成情况

指标名称	单位	2016 年	2015 年	增长（%）	指标名称	单位	2016 年	2015 年	增长（%）
农垦生产总量	亿元	23.85	24.73	−3.6	第三产业比重	%	35.27	34.79	1.4
其中：国有部分	亿元	14.94	16.51	−8.4	人均生产总值	万元/（年·人）	1.95	1.93	4.0
国有部分比重	%	62.60	66.80	−6.3	全员劳动生产率	万元/（年·人）	4.16	4.13	0.9
第一产业增加值	亿元	10.36	11.31	−8.4	工农业总产值	亿元	44.43	39.12	13.6
第二产业增加值	亿元	5.07	4.81	5.4	农业总产值	亿元	19.07	20.46	−6.8
第三产业增加值	亿元	8.41	8.60	−2.3	工业总产值	亿元	25.36	18.67	35.9
第一产业比重	%	43.46	45.74	−5.0	在岗职工年均收入	万元/（年·人）	3.13	3.18	−1.7
第二产业比重	%	21.27	19.47	9.2	垦区人均年纯收入	万元/（年·人）	2.04	1.98	3.2

二、第一产业

第一产业经济指标完成情况见表 2。

表 2　第一产业经济指标完成情况

指标名称	单位	2016 年	2015 年	增长（%）	指标名称	单位	2016 年	2015 年	增长（%）
粮食总产	万吨	31.64	34.19	−7.4	蔬菜瓜类	万公顷	0.18	0.19	−4.8
其中：小麦	万吨	16.69	16.92	−1.4	干毛茶产量	万吨	1.28	1.28	−0.2
水稻	万吨	12.06	12.58	−4.2	其中：精制茶产量	万吨	0.03	0.03	1.0
大豆	万吨	2.06	3.32	−37.8	茶园面积	千公顷	2.26	2.36	−4.5
粮食亩产	千克	386	413	−6.5	农业自然灾害受灾面积	万公顷	1.66	0.28	497.4
农作物总播种面积	万公顷	5.84	5.93	−1.6	园林水果合计产量	万吨	3.64	1.36	167.4
粮食播种面积	万公顷	5.48	5.48	0.0	园林水果合计面积	千公顷	1.34	1.35	−0.8
油料播种面积	万公顷	0.06	0.08	−34.7	高标准农田	千公顷	5.20	5.30	−0.1
棉花播种面积	万公顷	0.01	0.03	−71.6	农业机械总动力	万千瓦	46.55	43.74	6.4

农业生产遇到严重自然灾害，粮食总产量减产，在稳定粮食种植面积的同时，优化品种结构，大力发展现代农业、高效农业及养殖业。

畜牧业渔业方面，肉类总产量 15 164 吨，同比下降 2%；水产品产量 5 953 吨，同比上升 3.7%。

全年农业固定资产投资 1.72 亿元，其中国有投资 1.47 亿元，主要项目为农业综合开发、现代农业、农田水利基本建设、土地复垦、农机购置等项目。全系统家庭农场纯收入 7.49 亿元，比上年下降 8%。

三、第二产业

第二产业经济指标完成情况见表 3。

表 3　第二产业经济指标完成情况

指标名称	单位	2016 年	2015 年	增长（%）	指标名称	单位	2016 年	2015 年	增长（%）
工业企业个数	个	140	144	−2.8	工业产销率	%	90.66	88.75	2.2
工业总产值	亿元	25.36	18.67	35.9	工业增加值率	%	13.21	16.48	−19.9
其中：国有部分	亿元	2.79	2.76	0.8	建筑业总产值	亿元	5.91	5.49	7.7

四、第三产业

第三产业经济指标完成情况见表 4。

表 4　第三产业经济指标完成情况

指标名称	单位	2016 年	2015 年	增长（%）	指标名称	单位	2016 年	2015 年	增长（%）
批发零售营业额	亿元	17.21	11.90	44.6	第三产业增加值	亿元	8.41	8.60	−2.3
其中：国有部分	亿元	5.24	0.25	1 956.6	其中：交通运输及仓储	亿元	0.63	0.58	8.4
批发零售利润总额	亿元	0.49	0.40	23.9	批发和零售业	亿元	2.29	1.63	40.3
其中：国有部分	亿元	0.12	0.03	324.1	住宿和餐饮业	亿元	0.93	1.73	−46.3
住宿餐饮营业额	亿元	2.06	4.03	−48.8	房地产业	亿元	2.52	2.55	−1.4
其中：国有部分	亿元	0.57	2.71	−78.9	租赁和商务服务业	亿元	0.50	0.20	155.3
住宿餐饮利润总额	亿元	0.01	0.16	−94.1	科学研究和综合技术服务业	亿元	0.05	0.05	−11.0
其中：国有部分	亿元	−0.07	0.08	−183.7	居民服务修理和其他服务业	亿元	0.92	0.93	−1.1
服务业营业额	亿元	1.65	1.65	−0.1	教育	亿元	0.03	0.02	12.0
服务业利润总额	亿元	0.30	0.33	−8.9	其他	亿元	0.27	0.26	2.2
其中：国有部分	亿元	0.24	0.27	−11.3					

住宿餐饮业面对严峻的市场挑战，主动适应消费变化，积极调整股权结构，经营模式进一步创新，推动了主体酒店托管模式改革。房地产业战略性调整取得积极成效，增强政策和市场的应对能力；新的经济增长点快速发展，类金融业逐步成长为集团三大主业之外的主要经营业态；皖垦小贷、创投公司、参保国元农业保险等经营取得良好绩效，集团公司参股发起中垦融资租赁、中垦流通，参与中垦农场联盟；银企合作不断加强，成功发行中票，有力保障了集团发展的资金需求。

五、对外经济

农业“走出去”步伐加快，着力打造穗喜示范农场，循序渐进，适度拓展新农场。

六、固定资产投资

全社会固定资产投资总额 4.52 亿元，同比下降 23.3%；其中国有投资完成 2.1 亿元，同比下降 46.4%，非国有投资 2.42 亿元，上升 133.7%，二者比重为 46.5%、53.5%。

在全部投资中，投资于第一产业 1.72 亿元，第二产业 1.50 亿元，第三产业 0.57 亿元，住宅建设 0.74 亿元；第一产业同比下降 16.5%，第二产业上升 15.3%，第三产业同比下降 38.7%，住宅建设同比下降 54.3%。

七、人口、生活及从业人员情况

农场基础设施条件进一步提高，辖区内长途通信线路 1 413 千米，同比增加 10 千米；沙石及以上等级公路 1 459 千米，同比增加 79 千米；水泥晒场 110.2 万米^2，同比增加 2.1 万米^2。生活条件进一步改善，农场人均住房面积 40.3 米^2，比上年增加 2.6 米^2；自来水管线长度、使用管道水、电视、电话、互联网用户均比上年增加。

垦区年末总人口 12.40 万人，比上年减少 0.3 万人。

全社会年末从业人数 56 669 人，其中第一产业 33 012 人，第二产业 8 819 人，第三产业 14 838 人，其比重分别为 58.2%、15.6%和 26.1%；年末从业人数第二、三产业略有下降，第一产业同比上升。

国有单位年末从业人数 35 075 人，其中第一产业 30 584 人，第二产业 2 797 人，第三产业 1 694人，其比重分别为 87.2%、7.9%和 4.8%，年末从业人数与上年同期比略有下降。

劳动者年总收入 16.73 亿元，比上年下降 4.6%。国有从业人员总收入 10.17 亿元，同比下降 10.4%；承包家庭农场人员平均收入 25 305 元，比上年下降 4.8%。全系统在岗职工平均工资 31 287元，比上年下降 1.6%；人均纯收入 20 414 元，同比增长 3.2%。

福建农垦2016年经济和社会发展统计公报

福建省农业厅农垦处

2016年，福建农垦系统认真贯彻党的十八大、十八届四中、五中、六中全会精神，根据中央和省委、省政府以及农业部农垦局和厅里的工作部署，结合全省农垦的实际，重点开展贯彻落实中发[2015] 33号文件精神工作，同时继续加快民生建设，加强现代农业建设，不断推进南亚热作产业发展，维护垦区和谐稳定，农场扶贫开发等各项工作都取得一定成效。

一、概况

福建农垦系统现有独立核算企业123个，其中农场112个，工业企业5个，商业6个，比上年减少1个农场。土地总面积105千公顷，比上年减少9.4%，耕地面积9.36千公顷，比上年减少12.6%。全省农垦系统总人口24.23万人，比上年增长2.42%，从业人员10.72万人，比上年增长0.43%。全垦区完成国民生产总值67.72亿元，扣除价格因素（下同），比上年增长6.97%，人均国民生产总值33 407元，比上年增长20.39%。一、二、三产的比例为14∶77∶9，比上年15∶76∶9，第一产业所占的比例下降了1个百分点，第二产业所占的比例上升了1个百分点，第三产业所占的比例持平。出口商品总金额4.80亿元，比上年增长14.22%。人均纯收入10 464元，比上年减少5.23%。福建省农垦经济是多种经济成分并存，国有、集体、个体、私营、三资经济成分在国民生产总值中所占比例分别为12∶4∶22∶51∶11，非国有经济所占比例达84%，比上年增加2个百分点。非公经济占绝对比例，继续得到迅速发展。

二、第一产业

农业生产受旱灾、冻害、台风、暴雨等自然灾害影响，各种惠农政策得到较好落实，农业发展水平有所下降。第一产业增加值9.27亿元，比上年减少10.4%。农业总产值24.48亿元，比上年减少1.31%。农业总产值中国有、集体、个体、私营、三资经济所占比例分别为54∶9∶24∶11∶2。国有经济仍保持优势，占63%，非国有经济所占比例达37%，比上年减少5个百分点，农业的非国有经济虽有所发展，但所占比例偏小，发展速度慢，需要继续积极鼓励发展。农林牧渔结构为52∶4∶34∶10。农业产业结构有所调整，但还不尽合理，需进一步加大力度进行调整，发展畜牧业、渔业。

种植业生产受市场经济、自然灾害、各种惠农政策等影响，结构继续进一步调整，农产品产量有增有减。农作物总播种面积21 715公顷，与上年基本持平，复种指数达2.32，比上年有大幅度提高，其中粮食种植面积10 564公顷，比上年减少4.89%。水果种植面积12 094公顷，比上年增长0.47%。茶叶种植面积4 839公顷，比上年减少10.36%。种植业结构有所调整，但仍需进一步完善。主要农产品产量见表1。

表1　主要农产品产量

指标名称	产量（吨）	比上年增长（%）
粮食	52 715	−13.58
油料	3 988	1.04
甘蔗	23 119	−3.53
水果	115 822	2.90
茶叶	6 304	−10.52

造林绿化面积保持稳步发展。全垦区现有林地总面积48 249公顷，比上年减少12.01%。森林覆盖率达46%，比上年减少1个百分点。2016年全垦区共完成造林面积1 381公顷，比上年减少5.48%。木材采伐29 952米^3，比上年增长16.76%，多采伐4 299米^3；毛竹采伐303.629 5.4万根，比上年增长2.78%，多砍8.2万根。森林面积下降，采伐量比上年虽有所增加，但不利于促进保护森林资源，要继续加强保持生态平衡。

畜牧业生产全面下滑，因各种主客观因素影响，2016年畜牧业大幅下降。主要畜产品产量和牲畜存栏见表2。

表2 主要畜产品产量和牲畜存栏

指标名称	计量单位	产量	比上年增长（%）
肉类总产量	吨	35 635	−4.58
其中：猪肉	吨	29 474	−8.46
禽蛋	吨	5 484	−13.31
牛奶	吨	4 298	−2.12
牛年末存栏	头	11 226	−5.29
猪年末存栏	头	483 390	20.97
猪全年出栏	头	401 333	−9.36

全年水产品产量22 947吨，比上年减少24.99%，养殖面积1 950公顷，比上年减少1.96%。主要受气候与市场价格因素的影响，渔业生产大幅度下降。

橡胶生产。福建省诏安县建设农场种植橡胶达74公顷，总计5万株，还未开割。

农业现代化水平没有得到改善、生产条件有所下降。年末全垦区拥有农业机械总动力71 188千瓦，比上年减少7.09%。全年化肥施用量（折纯量）36 292吨，比上年减少5.24%，比上年少施2 005吨。全年农药施用量达1 117吨，比上年增长8.34%，多施86吨。农业生产应大力提倡施用有机肥，少用化肥、农药，提高农业现代化水平，生产条件没有得到改善，农产品生产的无公害问题应引起各级有关部门和企业高度重视。

三、第二产业

工业生产高速发展。工业增加值达50.95亿元，比上年增长15.22%，工业产值162.87亿元，比上年增长12.02%，其中非国有经济占98%以上，占绝对主导地位，私营企业经济占比例大大提高，主要原因是大力发展、完善工业园区、开发区的建设，积极鼓励发展非公经济，新引进一批非公的工业企业，迁入、新建一批企业，更新改造提高产品的档次以提高企业经济效益。主要工业产品产量见表3。

表3 主要工业产品产量

指标名称	计量单位	产量	比上年增长（%）
原煤	吨	13 600	−48.68
液体奶	吨	1 158	持平
罐头	吨	7 860	6.07
饮料酒	千升	10 413	−24.10
软饮料	吨	5 989	117.47
精制茶	吨	3 989	−11.90
机制纸	吨	3 520	−10.20
水泥	吨	833 457	3.01
砖	万块	10 226	−44.52
发电量	万千瓦时	15 151	38.83

建筑业增加值达1.61亿元，比上年减少18.82%。年末固定资产原值953万元，比上年减少10.68%。全年施工房屋建筑面积45.45万米^2，与上年基本持平。年末拥有机械设备总台数323台，比上年减少1台。

四、第三产业

第三产业保持平稳发展。第三产业增加值达5.88亿元，与上年基本持平，占国民生产总值比重达9%，与上年持平，所占比例较小，应继续大力鼓励发展。

运输业保持发展。营业总收入15 784万元，比上年增长4.62%。其中：货运收入13 520万元，比上年增长5.20%。年末拥有主要运输工具1 203台，比上年减少9台。

商业、餐饮业、服务业年末营业单位数3 447个，比上年增加56个，增长1.65%。商品销售总额或营业收入达13.93亿元，比上年减少12.33%。年末固定资产原值4.19亿元，比上年减少4.99%。

五、市场经济

农业商品产值、商品量及出口供货商品量有增有减。农业商品产值达17.95亿元，比上年增长2.75%，商品率达73%，比上年下降了3个百分点。出口供货商品金额4.8亿元，比上年增长14.22%。

六、农垦从业人员生活

福建省农垦系统人均纯收入 10 918 元，比上年减少 1.11%，职工收入没有得到改善。人均住房面积达到 36.11 米^2，比上年增长 14.6%，职工生活水平改善不大。

江西农垦2016年经济和社会发展统计公报

江西省农垦事业管理办公室

2016年，对江西农垦来说，是昂首阔步、满怀信心书写“十三五”辉煌篇章的起始年，是逢山开路、遇河架桥开创农垦改革崭新局面的奠基年，是众志成城、各显神通展示绿色崛起丰硕成果的喜庆年。

一年来，按照省委、省政府的决策部署，在省农业厅党委的坚强领导和农业部农垦局的精心指导下，全省农垦深入贯彻《中共中央 国务院关于进一步推进农垦改革发展的意见》精神，全面落实“创新强垦增动力、协调惠垦补短板、绿色兴垦定方向、开放助垦拓空间、共享富民谋福祉”的发展理念，“快乐农业、幸福农工、美丽农场”以农垦视角诠释了“富裕美丽幸福江西”的宏伟蓝图，“人口向总部集中、产业向园区聚集、农业向现代化转变，新型城区、现代园区、旅游景区交相辉映的新三元结构”以农垦样板演绎了创新、协调、绿色、开放、共享的发展理念，“兴垦富民、再度辉煌”的农垦愿景以农垦速度解读了“实现中华民族伟大复兴”中国梦的丰富内涵。现将2016年江西垦区经济建设和社会发展情况报告如下。

一、基本情况

1. 全垦区独立核算企业个数统计 2016年，垦区现有独立核算农垦农工商公司5个，即乐平市农垦农工商公司、景德镇市农垦农工商公司、鹰潭市独立核算农垦农工商公司、贵溪市农垦农工商联合公司、九江市农垦农工商公司（表1）。

表1 全垦区独立核算企业统计

指标名称	计量单位	2016年实际	上年同期
独立核算企业合计	个	163	163
垦殖场、企业集团	个	156	156
其中：企业集团	个	9	9
其中：场办工业	个	1 054	1 034
场办商业	个	2 347	2 272
场办建筑业	个	82	82
场办运输业	个	283	289
独立核算的工业企业	个	2	2
独立核算的农垦农工商公司	个	5	5

全年农垦年末总户数343 433户，较上年增长1.24%；总人口1 309 160人，较上年增长0.75%；人口自然增长率为4.38‰；年内出生人口10 373人；年内死亡人口4 865人，死亡率3.87‰；土地总面积692 276.59公顷，较上年增长0.08%。

2. 主要经济指标平稳发展 经济保持全面持续健康发展（表2）。

表2 主要经济指标

指标名称	计量单位	2016年实际	上年同期	增长率（%）
生产总值	万元	2 282 152	2 106 153	8.36
其中：第一产业增加值	万元	278 852	260 371	7.10
第二产业增加值	万元	1 514 688	1 384 019	9.44
第三产业增加值	万元	488 612	461 763	5.81
工农业总产值	万元	8 050 354	7 174 131	12.21
其中：工业产值	万元	7 475 617	6 637 587	12.63

（续）

指标名称	计量单位	2016年实际	上年同期	增长率（%）
农业产值	万元	574 373	536 544	7.12
全垦区固定资产总投入	亿元	289.35	253.41	14.18
人均纯收入	元/年	13 031	11 373	14.58

2016年，一、二、三产业结构比例是12∶66∶22。

3. 农场按工农业总产值大小排序　2016年，全省农垦工农业总产值达到上亿元的场（企业集团、厂）53家，比上年增加了5家，即萍乡万龙山垦殖场、萍乡五陂下垦殖场、萍乡广寒寨垦殖场、九江新洲垦殖场、九江永丰垦殖场。具体见表3。

表3　农场按工农业总产值大小顺序

排序	农场名称	工农业总产值（万元）	人均年纯收入（元）
1	共青场	4 626 732	17 795
2	云山集团	342 568	15 690
3	梅岩	267 107	11 359
4	桑海场	203 220	18 000
5	恒丰场	197 766	11 940
6	芙蓉场	177 997	10 600
7	新岗山场	149 688	11 560
8	大茅山场	146 869	13 200
9	黄岗山场	130 716	11 280
10	墨山场	122 324	11 740
11	罗家场	87 881	13 146
12	南英场	75 803	13 600
13	阁山场	75 727	11 886
14	鸡冠山场	74 009	12 816
15	红星场	72 150	9 010
16	花亭场	68 808	15 200
17	西郊场	57 931	18 462
18	介桥场	56 820	14 865
19	上十岭场	50 200	12 826
20	九龙山场	47 100	12 260
21	五府山场	44 596	16 300
22	赛湖场	43 127	12 995
23	洋峰场	42 003	4 936
24	武夷山场	40 383	16 200
25	旭光场	39 192	12 000
26	万龙山场	38 608	9 500
27	长红场	34 540	8 670

（续）

排序	农场名称	工农业总产值（万元）	人均年纯收入（元）
28	刘家站场	34 453	12 980
29	五陂下场	33 005	18 990
30	万埠场	28 291	9 837
31	饶丰场	22 550	11 500
32	乐丰场	20 652	12 000
33	千州场	20 128	11 070
34	怀玉山场	19 902	13 200
35	五星场	19 803	9 980
36	永平场	18 438	15 800
37	恒湖场	18 384	11 270
38	东风场	18 073	11 460
39	广寒寨场	17 792	14 282
40	扬子洲场	16 206	12 500
41	鸦鹊湖场	13 912	11 200
42	金坪场	13 590	10 680
43	武山场	12 948	12 291
44	石花尖场	12 486	11 500
45	荷塘场	11 901	14 333
46	新洲场	11 360	10 420
47	十里岗	11 332	11 471
48	高家岭场	11 175	10 000
49	永丰场	10 980	14 842
50	华山场	10 653	8 215
51	七里岗场	10 556	7 268
52	银山场	10 319	12 450
53	相城场	10 156	11 176

二、工业方面

2016 年，全垦区实现工业产值 747.56 亿元，比上年增长 12.63%；工业企业实现增加值 135.94 亿元，比上年增长 8.38%。

其中规模较大的上 5 亿元的行业有 21 个，较上年增加 1 个，累计完成工业产值 725.5 亿元，占工业总产值 97.05%，比上年同期增长 13.78%。其中，纺织服装、服饰业产值 237.95 亿元，较上年增长 20.17%；计算机、通信和其他电子设备制造业产值 161.27 亿元，较上年增长 6.55%；化学原料和化学制品制造业产值 39.8 亿元，较上年增长 17.59%。

这些上5亿元的行业见表4（按产值大小顺序　排列）。

表4　产值5亿元以上行业合计

排序	指标名称	企业个数（个）	工业产值（万元）	占工业总产值（%）
	5亿元以上行业　合计	960	7 255 010	97.05
1	纺织服装、服饰业	175	2 379 540	31.83
2	计算机、通信和其他电子设备制造业	97	1 612 737	21.57
3	化学原料和化学制品制造业	55	398 018	5.32
4	非金属矿物制品业	117	393 977	5.27
5	纺织业	23	298 757	4.00
6	医药制造业	21	285 814	3.82
7	电气机械和器材制造业	21	217 241	2.91
8	农副食品加工业	67	208 572	2.79
9	木材加工和木、竹、藤、棕、草制品业	92	183 399	2.45
10	造纸及纸制品业	22	164 193	2.20
11	有色金属矿采选业	2	139 698	1.87
12	食品制造业	31	128 621	1.72
13	金属制造业	20	123 751	1.66
14	酒、饮料和精制茶制造业	26	113 109	1.51
15	电力、热力生产和供应业	43	103 154	1.38
16	家具制品业	22	102 431	1.37
17	其他制造业	64	101 937	1.36
18	橡胶和塑料制品业	14	101 276	1.35
19	煤炭开采和洗选业	12	79 442	1.06
20	石油加工、炼焦和核燃料加工业	2	69 079	0.92
21	通用设备制造业	34	50 264	0.67

从轻重工业方面看，江西农垦工业发展还是以轻工业为主，轻工业产值582.4亿元，占工业总产值的77.91%。

从工业产品产量看，几个主要工业产品产量分别为：原煤786 424吨；大米1 366 982吨；饮料酒139 268千升；纱39 101吨；人造板241 282米^3；机制纸及纸板71 854吨；中成药16 547吨；手机3 410万台；黄金4 012千克；发电量73 709万千瓦时。

三、农业方面

2016年，江西垦区粮食产量达73.46万吨，实现“十三连丰”。产业结构调整成效显著。一是以农业技术示范试验带动产业结构调整。通过农垦农业技术推广专项项目和现代农业水稻新品种展示项目，在水稻种植、农业机械化和生猪养殖等方面推广新品种、新技术、新装备，着力推进水稻“籼改粳”、农机标准化、畜牧高产攻关、稻虾共作等项目实施。二是以“延伸产业链、提升价值链”促进一二三产业融合发展。共青城市农垦集团公司整合266.7公顷国有土地和水面资源参股30%，与今日景艺生物科技有限公司合作，实施总投资10亿元的台湾现代农业示范园区项目——今日百花大世界项目，已全面开工建设。

2016年实现农业增加值278 852万元，比上年增长7.10%，完成农业产值574 737万元，其中包含服务业35 614.9万元，占工农业总产值的6.20%，其中：种植业产值287 388.9万元，占农业总产值的50%；林业产值48 517万元，占农业总产值的8.44%；牧业产值149 814.2万元，占农业总产值的26.07%；渔业产值53 402万元，占农业总产值的9.29%。农作物方面情况见表5。

表 5 农作物情况

指 标	播种面积（公顷）		比 2015 年增长（%）	产量（吨）		比 2015 年增长（%）
	2016 年	2015 年		2016 年	2015 年	
农作物合计	138 749	138 999	−0.18	—	—	—
其中：粮豆	105 601	105 643	−0.04	734 557	729 840	0.65
油料	14 408	14 695	−1.95	28 698	29 666	−3.26
棉花	1 551	1 985	−21.87	3 511	4 253	−17.44
茶叶	5 865	5 953	−1.48	4 387	4 346	0.94
水果	9 181	8 955	2.53	78 925	79 678	−0.95

畜牧业方面情况见表 6。

表 6 畜牧业情况

指 标	单位	2016 年	2015 年	比 2015 年增长（%）
大牲畜存栏	万头	4.06	4.01	1.25
其中：奶牛	万头	0.41	0.41	0.00
牛奶产量	吨	12 402	12 407	−0.04
生猪出栏	万头	92.03	89.57	2.75
肉类总产量	吨	91 505	89 931	1.75
其中：肉类交售量	吨	84 865	82 405	2.99
商品率	%	84.12	91.63	−8.20

水产业方面：2016 年，全垦区水产品养殖面积 19 936 公顷，其中：精养鱼池 962 公顷。全年水产品产量 51 500 吨，其中：养殖产量36 612吨，占水产品总产量的 71.1%。

土地总面积情况见表 7。

表 7 土地总面积情况

指 标	2016 年	占土地总面积（%）	2015 年	占土地总面积（%）
土地总面积（公顷）	692 148	—	691 744	—
其中：耕地	83 360	12.04	83 153	12.02
林地	476 394	68.83	475 856	68.79
水面	29 947	4.33	29 865	4.32
宜林荒山	6 680	0.97	6 676	0.97
茶桑、果园	15 281	2.21	15 143	2.19

林地面积情况见表 8。

表 8　林地面积情况

指　标	2016 年	占林地总面积（%）	2015 年	占林地总面积（%）
林地总面积（公顷）	476 394	—	475 856	—
其中：用材林	301 773	63.35	299 285	62.89
经济林	40 089	8.42	39 836	8.37
防护林	94 604	19.86	96 509	20.28
薪炭林	17 821	3.74	17 739	3.73
特种用材林	22 107	4.64	22 487	4.73
当年造林面积	5 139	—	5 087	—
当年幼林抚育面积	13 610	—	23 630	—

四、农业商品产值及出口商品总金额方面

农产品商品量情况见表 9。

表 9　农产品商品量情况

指　标	计量单位	2016 年	2015 年	比 2015 年增长（%）
农业商品产值	万元	484 908	463 196	4.69
粮豆	吨	617 945	619 619	−0.27
棉花	吨	3 072	3 868	−20.58
肉类	吨	84 865	82 405	2.99
其中：猪肉	吨	76 844	74 369	3.33

出口商品情况见表 10。

表 10　出口商品情况

指　标	计量单位	2016 年	2015 年	比上年增长（%）
出口商品总金额	万元	367 814	339 962	8.19
其中：水产品	万元	1 032	983	4.98
工业产品	万元	366 782	338 971	8.20
其中：纺织品	万元	22 506	16 435	36.94
出口的主要产品	—	—	—	—
其中：手机	万台	2 772	2 200	−26
活性炭	吨	5 215	5 215	0
羽绒制品及服装	万件	579	298	94.30
瓷砖	万米^2	110	108	1.85
异抗坏血酸钠	吨	15 001	15 001	0
龙虾	吨	1 187	1 130	5.04

五、固定资产投资方面

2016 年，江西垦区共完成固定资产投资总额 2 893 548万元，较上年增长 14.18%，其中：第一产业 86 780 万元，占投资总额的 2.93%；第二产业 1 861 440 万元，占投资总额的 64.33%；第三产业 947 191 万元，占投资总额的 32.73%。

六、科技、教育、卫生事业方面

2016 年，全垦区科研单位 7 个，职工 700 人，其中科研人员 412 人，占职工人数的 58.86%，科研经费 3 288 万元。

医疗卫生单位 36 个，其中医院 26 个，病床 307 张，从业人员 286 人，其中医务人员 244 人，占职工人数的 85.31%。

各类学校 52 所，教职工人数 1 067 人，其中教师 912 人，在校学生 12 953 人，其中新招收的学生 3 761 人，当年毕业生 2 461 人。学校总数中，普通中等学校 1 所（即江西省通用技术工程学校），教职员工 116 人，其中教师 90 人，在校学生 2 630 人，当年新招收学生 981 人，当年毕业生 754 人；普通中学 4 所；职业中学 1 所；小学 46 所。

七、劳动工资与人口方面

2016 年，省农垦年末从业人员数 321 290 人，离开本单位仍保留劳动关系的职工有 42 242 人，其中内部退养职工 2 271 人，全年从业人员劳动报酬和生活费 563 396 万元，年平均收入 17 535 元，较上年增加 554 元。

八、非国有经济方面

2016 年，江西垦区 14 036 户非国有经营单位拉动了区域经济跨越发展，从分类情况看，其中：集体经济 39 个，私有经济 2 244 个，港澳台经济 10 个，个体经济 11 743 个。现有从业人员143 536 人，从业人员收入 292 078 万元，年平均收入 20 349元，较上年增加 807 元。实现生产总值 1 134 660万元，资产总额 884 657 万元，固定资产原值 529 868 万元，全年实现利润 60 760 万元，税金 38 578 万元。

山东农垦2016年经济和社会发展统计公报

山东省农业厅农垦局

2016年，在山东省委、省政府的正确领导和农业部的关心指导下，紧紧围绕推进农垦改革发展这一主线，解放思想，大胆创新，加快转变经济发展方式，积极调整产业结构，着力保障和改善民生，农垦经济和各项社会事业均呈现出平稳发展的良好局面。

一、综合

截至2016年年底，山东省共有国有农场14个，土地总面积37 478公顷，耕地面积14 022公顷，总人口22 776人。垦区实现国民生产总值212 951万元（现价，下同），与2015年基本持平。其中第一产业增加值63 826万元，第二产业增加值135 177万元，第三产业增加值13 948万元。一、二、三产业增加值分别占生产总值的31%、62%、7%。人均纯收入14 190元。

二、第一产业

2016年，垦区农作物播种面积16 684公顷，其中粮食播种面积13 935公顷，粮食总产83 987吨，分别增长9.3%、7.6%。其中，小麦、水稻、玉米的播种面积分别达到4 747公顷、3 658公顷、4 749公顷，产量达到31 219吨、25 449吨、30 470吨，分别增加68吨、2 049吨、3 962吨。棉花总产1 692吨，比上年减少420吨。蔬菜16 779吨，瓜果8 825吨，瓜菜产量同比增长14%。

畜牧水产业平稳发展。大牲畜年末存栏8 300头，猪年末存栏1.83万头，增加0.33万头；羊年末存栏0.44万只，家禽14.12万只。肉类总产量8 209吨，减少2 474吨，其中当年猪出栏1.37万头，产量1 852吨；牛奶产量9 155吨，禽蛋产量360吨。水产品总产量7 436吨，其中海水水产品产量4 841吨，淡水水产品产量2 595吨；养殖面积5 706公顷，其中海水养殖面积5 057公顷。

植树造林工作扎实开展。当年造林面积464公顷，其中防护林407公顷，零星植树17.26万株，当年幼林抚育面积413公顷，成林抚育面积400公顷。

农业机械化水平不断提升。全年拥有农业机械总动力48 868千瓦。其中，拖拉机及配套机械方面：拥有大中型拖拉机508台，小型及手扶拖拉机1 605台，大中型拖拉机配套农具380部，小型农具313部，播种机573台，排灌机械862台，农用水泵812台，滴喷灌溉机械64套，植保机动喷雾机390台，联合收割机111台，脱粒机27台，粮食加工机械20台。农田基本建设机械方面：拥有推土机17台，挖掘机12台，开沟机22台。当年机播面积达到14 014公顷，机械收割面积11 572公顷。全年农用化肥施用总量9 456吨，生物肥施用量2 000吨，有机肥施用量1 552吨，农药施用量215吨。农田水利建设方面：有效灌溉面积11 766公顷，其中机灌面积7 524公顷，电灌面积2 488公顷，节水灌溉面积1 904公顷。

全年完成农林牧渔业总产值105 442万元，与上年基本持平。其中，农业总产值43 310万元，林业总产值1 918万元，牧业总产值17 584万元，渔业总产值42 630万元。为社会提供商品粮豆87 709吨，提供棉花商品1 688吨，提供肉类商品8 204吨，商品率均接近100%。

三、第二产业

2016年，山东省垦区国有及规模以上非国有工业企业16家，工业销售产值1 297 906万元，利润总额58 674万元，固定资产原值142 492万元，固定资产净值96 192万元，从业人员年平均人数2 203人，年报酬总额9 117万元。累计发展工业企业27个，国有企业6个。其中：非金属矿采选业4家，农副食品加工业5家，食品制造业1家，石油加工及炼焦业2家，化学原料制造业7家，非金属矿制品业 4 家，通用设备制造业 2 家，金属制品业 1 家，实现工业总产值 1 315 289 万元。

主要工业产品完成原盐 376 193 吨，小麦粉 155 吨，饲料 257 吨，乳制品 8 534 吨，砖 18 805 万块。

年末建筑业单位 6 个，从业人员 388 人，从业人员年报酬总额 1 546 万元。建筑业单位固定资产原值 6 106 万元，拥有机械设备 163 台。全年施工房屋建筑面积 1.90 万米^2，建筑竣工面积 1.70 万米^2。

四、第三产业

年末交通运输业单位 2 个，从业人员 224 人，从业人员年报酬 1 464 万元，拥有固定资产原值 5 106万元，实现营业总收入 11 104 万元。

年末批发零售业单位 154 个，从业人员 689 人，从业人员报酬 1 207 万元，实现营业收入 11 286万元；住宿餐饮业单位 59 个，从业人员 286 人，从业人员报酬 366 万元，实现营业收入 1 850 万元；服务业单位 16 个，从业人员 335 人，从业人员报酬 924 万元，实现营业收入 820 万元。

五、固定资产投资和新增生产能力

2016 年，固定资产投资总额 274 140 万元，其中第一产业投资额 47 886 万元，第二产业投资额 138 254 万元，第三产业投资额 88 000 万元。国有固定资产投资总额 137 482 万元，第一、第二、第三产业投资额分别为 6 403 万元、61 969 万元、69 110 万元。当年新增固定资产总额 273 259 万元，其中国有 137 482 万元。

六、生产总值及从业人员

2016 年，山东垦区实现生产总值 212 951 万元，劳动者报酬共 52 578 万元，固定资产折旧 30 135万元，生产税净额 21 823 万元，营业盈余 108 415 万元。

社会年末从业人数 10 244 人，其中：第一产业 5 920 人，第二产业 2 991 人，第三产业 1 333 人。国有单位在岗职工 4 106 人，在岗职工劳动报酬 11 412 万元，职均年收入 2.78 万元。国有单位年末从业人员 4 751 人，报酬总额12 569万元。

七、非国有经济基本情况

2016 年，山东农垦非国有经营单位 472 个，其中集体经济 5 个，个体经济 179 个，私营经济 286 个，港澳台及外商经济 2 个。拥有从业人员 6 491人，从业人员劳动报酬 36 780 万元。实现生产总值183 594万元，当年固定资产投资额 136 658 万元，资产总额 622 033 万元，固定资产原值 162 260万元，上缴税金 21 942 万元，实现利润总额 101 714 万元。

河南农垦2016年经济和社会发展统计公报

河南省农业厅农场管理局

2016年是“十三五”开局之年，是深入推进农垦改革发展的重要一年，河南农垦按照农业部农垦局、省委、省政府和省农业厅的总体工作部署，深入学习贯彻党的十八大和十八届四中、五中、六中全会精神，以加快农垦改革发展为工作重心，推进垦区集团化、农场企业化改革进程，加快转变发展方式，着力推进现代农业建设，着力改善民生，扎实推进各项工作的开展，河南农垦经济社会保持平稳健康发展。

一、综合

2016年河南农垦经济保持健康发展，全年实现生产总值209 016万元，比2015年的199 892万元增长4.6%。其中：第一产业增加值104 179万元，比2015年的97 285万元增长7.1%；第二产业增加值64 229万元，比2015年的63 732万元增长0.8%；第三产业增加值40 608万元，比2015年的38 875万元增长4.5%。一、二、三产业增加值在生产总值中的比重分别为49.8∶30.8∶19.4。职工群众生活条件进一步提高，人均年纯收入12 000元，与上年持平。

二、农业

2016年实现农、林、牧、渔业总产值252 700万元，比2015年的234 795万元增长7.6%。其中：种植业产值123 415万元，比2015年的125 092万元减少1.3%；林业产值1 064万元，比2015年的1 358万元减少21.6%；牧业产值120 848万元，比2015年的100 576万元增长20.2%；渔业产值7 373万元，比2015年的7 769万元减少5.1%。农、林、牧、渔比重为48.8∶0.4∶47.9∶2.9。

全年农作物播种面积为55 762公顷，比2015年的56 563公顷减少801公顷，减少1.4%。其中，粮食播种面积44 285公顷，比2015的44 872公顷减少587公顷，减少1.3%，占农作物播种面积的79.4%，其中受市场价格因素影响，2016年玉米种植面积较2015年减少2 183公顷，而豆类种植面积较2015年增加1 684公顷；油料面积6 393公顷，与2015年的6 449公顷基本持平；棉花面积413公顷，比2015年的676公顷减少263公顷，减少38.9%。水果面积1 970公顷，比2015年的2 070公顷减少100公顷。

粮食总产量达到297 673吨，比2015年的321 041吨减少23 368吨，减少7.3%，其中小麦由于在生长期遭受自然灾害，2016年产量171 951吨，比上年的178 035吨减少了6 084吨，减少3.4%；由于种植结构稍有调整，玉米种植面积减少而豆类种植面积增加，玉米亩产较豆类亩产高，从而玉米产量较2015年减少20 437吨，豆类产量较2015年增加5 187吨，粮食总产量随之减少。商品粮275 170吨，商品率达到92.4%。油料产量24 653吨，比2015年的21 824吨增加2 829吨，增长13%；棉花产量484吨，比2015年的755吨减少271吨，减少35.9%；水果产量较2015年略有增加。主要农产品产量见表1。

表1　主要农产品产量

产品名称	2016年（吨）	比2015年增长（%）
粮食	297 673	−7.3
＃大豆	19 914	35.2
棉花	484	−35.9
油料	24 653	13.0
水果	60 858	2.8

畜牧业生产继续保持较快增长势头，生猪养殖量增长较快，奶牛、家禽养殖量有所增加。全年实现牧业总产值120 848万元，占全系统农林牧渔业总产值的比重为47.9%，较上年增长20.2%，畜牧业生产效益增长明显。牲畜年末存栏总数及主要

畜产品产量见表 2。

表 2　牲畜年末存栏总数及主要畜产品产量

指标名称	计量单位	2016 年产量	比 2015 年增长（%）
大牲畜存栏	万头	1.15	−0.8
奶牛	万头	0.69	−1.5
猪年末存栏	万头	46.7	3.2
猪年末出栏	万头	65.8	12.5
肉类总产量	万吨	4.9	12.8
牛奶	吨	17 382	−2.0
水产品	吨	7 370	−0.1

农业生产机械化程度略有提高，年末农业机械总动力 29.8 万千瓦，比 2015 年的 29.6 万千瓦增长 0.7%；大中型农用拖拉机 1 281 台，与 2015 年的 1 306 台基本持平；农用小型及手扶拖拉机 7 680台，比 2015 年的 7 582 台增加 98 台，较上年增长 1.3%；播种机 3 944 台，比 2015 年的 3 966 台略有减少；联合收获机 685 台，比 2015 年的 700 台减少 15 台。发展设施农业温室 23.3 万米²，大棚 44 万米²。当年实际机耕面积 27 845 公顷，占当年耕地面积的 94%，当年实际机播面积 38 988公顷，占农作物播种面积的 70%。

三、工业和建筑业

2016 年垦区工业平稳发展，河南农垦现有工业企业 51 个，全年实现工业总产值 37 亿元，与 2015 年的 35.2 亿元增长 5%，完成工业增加值 5.8亿元，与 2015 年的 5.8 亿元持平。其中国有及规模以上非国有工业企业 33 个，全年实现工业销售产值 35.9 亿元。工业总产值前三位的行业是农副食品加工业 10.8 亿元，酒、饮料和精制茶制造业 9 亿元，食品制造业 7.3 亿元。主要工业企业的主要产品稳定增长，产品产量见表 3。

表 3　主要工业产品产量

产品名称	计量单位	2016 年产量	比 2015 年增长（%）
方便面	吨	92 113	5.2
中西药	吨	2 125	0
酒精	千升	96 000	20.0
饮料酒	千升	2 792	6.1
乳制品	吨	14 761	3.0
面粉	吨	84 140	−0.6
饲料	吨	186 432	17.0
农用磷肥	吨	3 290	−34.9

年末建筑企业 10 个，从业人员 1 100 人，全年实现增加值 5 987 万元。年末固定资产原值 1 173万元，全年施工房屋建筑面积达 29.7 万米²。

四、人口、就业和劳动工资

2016 年年末总人口 183 259 人，比 2015 年的 182 916 人增长 0.2%。其中：农场人口 140 246 人；场带农村人口 43 013 人。农垦年末社会从业人员 65 954 人，其中：第一产业 50 218 人，第二产业 8 658 人，第三产业 7 078 人，第一产业从业人员数较上年增加 0.5%，第二产业从业人员数较上年减少 5.1%，第三产业从业人员数较上年增长 1.2%。国有经济从业人员 48 385 人，其中在岗职工 30 707 人，在岗职工全年劳动工资 5.7 亿元，职工年人均工资 18 567 元，比 2015 年的 17 152 元增长 1 415 元，增幅为 8.3%。

湖北农垦2016年经济和社会发展统计公报

湖北省农垦事业管理局

2016年，是“十三五”规划实施第一年，也是谋划农垦改革发展的关键之年。湖北农垦在省委、省政府的坚强领导下，在农业部农垦局及相关部门的大力支持下，按照“五位一体”总体布局和“四个全面”战略布局的总要求，牢固树立和贯彻落实创新、协调、绿色、开放、共享的发展理念，强化“四个意识”，适应经济发展新常态，坚持积极稳妥推进农垦改革，坚持稳中求进工作总基调，坚持稳增长、调结构、树标杆、惠民生，推动了垦区经济社会持续协调发展，完成了年初的目标任务，形成了经济和社会事业全面发展的良好局面。

一、综合

2016年，全年实现农垦生产总值1 076亿元，比上年增加91亿元，按可比价计算增长8.2%。其中：第一产业完成增加值105.9亿元，增长5.1%；第二产业完成增加值747.3亿元，增长8.3%；第三产业完成增加值222.8亿元，增长9.7%。三次产业结构由2015年的10.1∶69.3∶20.6调整为9.8∶69.5∶20.7，产业结构进一步优化。

全系统人均纯收入17 450元，比上年增加1 800元，增长11.5%；实现工农业总产值2 287.5亿元，比上年增长4.3%；垦区国有经济实现利润1.3亿元，上缴税金（全社会口径）175.3亿元，增长8.6%。

全省农垦国有农场中，生产总值超过1亿元的农场有46家，总值达1 072亿元，占全省农垦生产总值的99.6%，排名靠前的单位有：①东西湖农管局666.8亿元；②汉南农管局137.9亿元；③武湖农场38.5亿元；④总口农场23.2亿元；⑤龙感湖农场23.1亿元；⑥五三农场19.5亿元；⑦后湖农场15.4亿元。

2016年年末，湖北农垦拥有国土面积347.3千公顷，与上年相比略减，其中耕地面积132千公顷，比上年减少3千公顷。年末国有及国有控股工业企业84家，国有商业企业15家，分场203个，农业渔业生产队2 128个。

二、农业

全年实现农林牧渔业总产值219.1亿元，比上年增长3.8%。其中农业产值100.5亿元，渔业产值58.1亿元，牧业产值53亿元，林业产值3.2亿元，农林牧渔服务业产值4.3亿元。

全年农作物播种总面积275千公顷，比上年减少10千公顷，其中粮食种植面积168千公顷，比上年减少10千公顷；棉花种植面积9千公顷，比上年减少4千公顷；油料种植面积27千公顷，比上年减少4千公顷；蔬菜瓜类种植面积59千公顷，比上年增加9千公顷。粮食总产量100万吨，棉花总产量1.1万吨，油料产量7.9万吨。主要农产品产量见表1。

全省农垦系统大牲畜年末存栏3.8万头，生猪出栏195.2万头，下降3.5%；禽蛋总产量5.44万吨，增长5%；水产品产量达到44.5万吨，增长0.7%。

表1 主要农产品产量

产品名称	2016年产量（万吨）	2015年产量（万吨）	比上年增长（%）
粮食	100	110	−9.1
棉花	1.15	1.78	−35.4
油料	7.89	8.97	−12.1
＃花生	2.84	2.80	1.4
油菜籽	4.33	5.38	−18.4
肉类	18.70	19.10	−2.7
水产品	44.50	44.20	0.7
水果	11.23	10.97	2.4
蔬菜	193.60	182.80	5.9

全系统年末拥有农业机械总动力192万千瓦，

其中大中型拖拉机 8 767 台，机械总动力 33.6 万千瓦；小型拖拉机 4.85 万台，机械总动力 35.2 万千瓦；排灌机械 2.59 万台，机械总动力 36.2 万千瓦；农用运输车 9 344 台，机械总动力 22.7 万千瓦。农业用电量 5.03 亿千瓦时，农业化肥施用折纯量 15.7 万吨，当年机械播种面积 73.8 千公顷，机械收割面积 147 千公顷。2016 年新增造林面积 4 千公顷，新增输电线路 220 千米。

三、工业和建筑业

2016 年，湖北农垦工业顶住经济下行压力，实现了平稳发展。全垦区实现工业增加值 616.2 亿元，增长 8%。年末全系统规模以上工业企业达到 833 家，比上年净增 26 家，增长 3.2%。垦区实现工业总产值 2 068 亿元，国有及规模以上的非国有工业企业实现主营业务收入 1 451 亿元，实现工业利润 82 亿元。

2016 年年末，垦区拥有大中型工业企业 65 家，其中大型企业 7 家，中型企业 58 家，实现工业总产值 676.5 亿元，实现工业增加值 163.21 亿元，实现利税 46.6 亿元。主要工业产品产量见表 2。

表 2　主要工业产品产量

产品名称	单位	产量	比上年增长（%）
棉纱	万吨	28.2	1.4
布	万米	30 207	−16.7
衬衫	万件	24	84.6
人造板	万米^3	34.6	33.0
家具	万件	107.5	7.5
纸制品	万吨	33.3	4.4
塑料制品	万吨	34.3	11.7
商品混凝土	万米^3	188.8	49.5
砖	亿块	29.9	−7.2
玻璃	万箱	1 094	−6.7
铜材	吨	7 155	−0.7
发电量	亿千瓦时	4	−6.7
乳制品	万吨	46.8	25.4
软饮料	万吨	202	−6.5

2016 年，农垦建筑业平稳增长，全年农垦系统建筑企业实现增加值 131 亿元，增长 9.7%。年末拥有各类建筑单位 778 个，从业人员 14.56 万人，年末固定资产原值 60.6 亿元，各类机械总台数 2.6 万台，全年完成施工建筑面积 9 197 万米^2，建筑工程造价 750.3 亿元，新开工房屋建筑施工面积 2 961 万米^2。

四、第三产业

2016 年，农垦系统第三产业得到进一步发展，经营领域不断拓宽，结构更趋合理，服务水平进一步提高。全省系统拥有批发零售贸易单位 3.5 万个，从业人员 8.3 万人，营业收入 715 亿元；服务业单位 5 032 个，从业人员 1.4 万人，营业收入 8.6 亿元；住宿餐饮业单位 6 884 个，从业人员 2.4 万人，营业收入 48 亿元。个体运输户 1.13 万个，各类运输工具 2.51 万台，全年运输总收入 42.7 亿元。

五、固定资产投资

全年完成固定资产投资 1 053 亿元，比上年增加 172 亿元，增长 19.5%。其中第一产业 54 亿元，第二产业 674 亿元，第三产业 325 亿元。全年固定资产投资超过 1 亿元的农场有 39 家，全年改造危旧房 2.6 万套。

六、对外贸易

全年垦区外贸出口供货商品金额为 44.8 亿元，比上年减少 1.4 亿元，下降 3.1%。出口生猪 4.7 万头，再制蛋 821 万枚，冷冻食品 4 116 吨，服装 119 万件。出口金额靠前的单位有：东西湖农管局 23.9 亿元，后湖农场 12.7 亿元，龙王咀农场 1.4 亿元，华严农场 1.2 亿元。

七、科研、教育、卫生

全省农垦坚持“科教兴垦”战略，加大教育和科研投入，农垦系统教育、卫生基础设施得到进一步改善。2016 年垦区拥有科研单位 31 个，从业人员 1 104 人，其中科技人员 411 人，增长 43.7%；投入科研经费 1 802 万元，增长 9.7%。垦区年末各类学校 262 所；教职工 1.12 万人，在校学生 13 万人，当年毕业生 2.9 万人。2016 年年末拥有医疗单位 664 个，其中医院 84 所，医生 3 224 人，病床 8 865 张。

八、人口、职工生活和社会保障

2016 年年末，垦区拥有 47.77 万户家庭，144.99 万人，比上年减少 0.38 万人，人口出生率为 10.4‰，人口死亡率为 4.9‰，人口自然增长率为 5.5‰。

2016 年，垦区社会平均从业人数为 84.5 万人，比上年增加 1.1 万人，其中第一产业 34.2 万人，第二产业 27.9 万人，第三产业 22.4 万人；农垦从业人员劳平收入 25 179 元，增长 9.2%；人均纯收入 17 450 元，增长 11.5%。

2016 年年末，垦区国有单位从业人员 39.1 万人，其中国有职工 37 万人，比上年增加 0.2 万人。垦区国有单位从业人员劳动报酬及生活费 101.9 亿元，增长 5.6%。

2016 年年末，垦区有 26.8 万退休人员和 33.9 万在职人员进入社保；退休农工月平均工资 1 459 元，月增资 91 元，退休非农工月平均工资 2 080 元，月增资 108 元；全系统当年发放退休人员养老金 53.2 亿元，解决了农垦职工老有所养的问题。全系统年末住房面积 5 403 万米^2，户均面积 113 米^2。

湖南农垦2016年经济和社会发展统计公报

湖南省农垦局

2016年，面对复杂多变的国内外经济运行环境，湖南农垦在农业部农垦局和省农业委员会的正确领导下，继续坚持稳中求进的工作总基调，主动适应新常态，积极作为，全面深化农垦改革，大力推进小康社会建设。农垦经济社会发展呈现稳中求进、稳中求质的良好局面。

一、综合

经济持续发展势态良好。2016年，全垦区总人口数为72.8万人，农场人口60.9万人。人均生产总值为22 000元，比上年增加1 200元，增幅为5.7%。实现国民生产总值为160.2亿元，其中第一产业增加值0.7亿元，比上年增长1.9%；第二产业增加值5.6亿元，比上年增长15%；第三产业增加值5.59亿元，比上年增长18%。人均纯收入10 228元，比上年增加850元，增幅达8.3%。

危房改造年度任务全面完成。湖南农垦从2011年起连续搞了五年危房改造，累计下达任务20.07万套。面对这项时间紧、配套少、底子薄、任务重、要求高的民生工程，垦区在省农委党组的领导和省直相关部门以及垦区当地党委、政府的大力支持下，从省局到各项项目实施单位，上下一盘棋，强化领导，统筹安排、精心组织，扎实工作，战胜困难，全面完成了危房改造目标任务。全年危房改造任务为28 559套，实际开工28 559套，开工率达100%，基本建成17 920套，实现了按时、保质、保量、零事故的工作目标。

二、农业

农业生产稳定增长。2016年，全省农作物播种面积152 988公顷，比上年增加721公顷，其中粮食播种面积96 769公顷，比上年增加108公顷。油料种植面积23 737公顷，比上年增长0.07%。棉花种植面积7 001公顷，比上年略有减少。蔬菜种植面积20 962公顷，比上年增长3%。粮食总产量63.78万吨，与上年略平，其中稻谷产量58.62万吨，与上年略平。

现代农业示范迈出重大步伐。示范区建设成效显著，大通湖水稻高产示范区，君山、西洞庭棉花高产示范区，西湖油菜高产示范区，屈原生猪高产示范区等示范区建设，都取得较好成效；西湖、西洞庭和大通湖管理区继屈原管理区之后，又被农业部认定为第二批国家现代农业示范区，自此，湖南省垦区国家级现代农业示范区实际已有4家。

农业综合生产能力继续提高。全垦区新增农田有效灌溉面积60 888公顷，新增造林面积1 546公顷，新增果树定植14公顷，新增茶树定植21公顷，受国家农机补贴政策影响，新增大中型拖拉机86台，小型及手扶拖拉机12台。

2016年4～6月湖南北部及中部遭受了严重的洪灾，造成受灾面积9 434公顷。受灾面积中：旱灾面积6 998公顷；病虫灾面积1 008公顷，其中绝收85公顷；霜冻灾869公顷，其中绝收9公顷。成灾人口7 200人，减产粮食6 438吨、棉花998吨、油料10 001吨，直接经济损失8 001万元。

三、工业和建筑业

工业生产进入稳定期。2016年，垦区工业经济出现一定增长，第二产业完成总产值85.82亿元，比上年增长15%，完成增加值5.6亿元。同时，工业园区建设态势良好，常德农垦办和西洞庭管理区通过积极争取，落户的大型食品加工企业达50多家，2015年园区投入建设的资金逾2亿多元，园区加工业产值达12.6亿元，增长30%。通过结构调整，淘汰落后工艺和产能，龙型经济产业链基本形成，并引导带动了周边地区的快速发展。

建筑业稳步发展。全垦区建筑企业291个，与上年持平。年末从业人数13 101人，与上年持平。年末固定资产原值369 366万元，比上年增长0.12%。

四、固定资产投资

固定资产投资总量有所增加。受国家宏观经济影响，在国家经济刺激政策的影响下，2016 年全省全社会固定资产投资 106.8 亿元，比上年增长 0.19%。第一产业固定资产投资 29.93 亿元，其中国有 28.7 亿元，分别比上年增长 0.16%和 0.12%。

五、科学技术和教育

年末垦区拥有各类科研单位 22 家，与上年持平，科研人员和技术工人人数保持稳定，总人数为 761 人，与上年持平。因贯彻省里相关文件精神，农场办教育、医疗卫生等职能进行了剥离，以往因教育遗留下来的债务也在进一步化解当中。

六、资源与环境保护

2016 年垦区继续把粮食生产放在重要位置，确保粮食生产不动摇。全年未出现建设违规占用耕地的现象，农作物播种面积逐步增加。农工环保意识得到加强，全年未发生重大面源污染事件。全年新增造林面积 13 公顷，新增果树定植 16 公顷，少砍伐树木 2 680 $米^3$，荒山变了青山，生态环境得到明显改善。

七、人口与社会保障

2016 年年末，全省农垦总人口为 72.83 万人，比上年增加 1.54 万人。其中农场人口 60.87 万人，城镇人口 16.05 万人，小城镇化进程得到发展，人口进一步集中。

社会保障工作全面发展。全省农垦职工参加基本养老保险人数 26.85 万人，企业参加基本养老保险的离退休人员 12.28 万人，参加失业保险人数 7.8 万人，参加医疗保险人数 32 万人，全年发放企业离退休人员基本养老金 15.98 亿元，社会化发放基本养老金 16.55 亿元，社会化发放人数 13.21 万人，企事业参保离退休人员人均养老金 1 158 元/月，离退休职工的生活待遇进一步提高。

广东农垦 2016 年经济和社会发展统计公报

广东省农垦总局

2016 年，广东农垦全面贯彻党的十八大和十八届三中、四中、五中、六中全会精神，深入学习贯彻习近平总书记系列重要讲话精神，按照中央、农业部和省委、省政府的决策部署，深入贯彻落实中央农垦改革文件，紧紧抓住胶、糖等大宗物资市场行情由多年低迷转向逐渐复苏的机遇，持续推进垦区改革发展，供给侧结构性改革取得初步成果，为顺利完成“十三五”规划目标，争创全国农垦改革发展先行示范区，打造国际化的大型现代农业企业集团夯实了基础。一年来，垦区经济社会保持了平稳健康发展，各项经济指标稳中向好，主产品产量增速明显，总体经济发展指标好于预期，实现了“十三五”的良好开局。

一、综合

2016 年，广东农垦实现生产总值 161.32 亿元，比上年增长 6.6%，其中：第一产业增加值 53.73 亿元，增长 9.9%，对 GDP 增长的贡献率为 48.5%；第二产业增加值 63.31 亿元，增长 1.5%，对 GDP 增长的贡献率为 9.3%；第三产业增加值 44.28 亿元，增长 10.6%，对 GDP 增长的贡献率为 42.2%；三次产业结构由上年的 32.30∶41.23∶26.47 变为 33.31∶39.24∶27.45。人均农垦生产总值达 42 182 元，比上年增长 5.5%。国有在岗职工年均纯收入 49 178 元，比上年增长 6.2%，垦区居民人均纯收入 22 955 元，增长 6.0%。全年国有企业营业总收入达 231.9 亿元，减少 3.21%，实现利润 3.3 亿元，比上年减少 5.95%（图 1、图 2）。

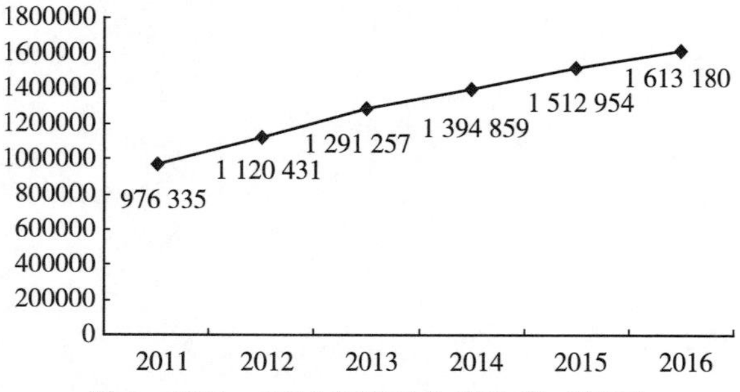

图 1　2011—2016 年农垦生产总值（万元）

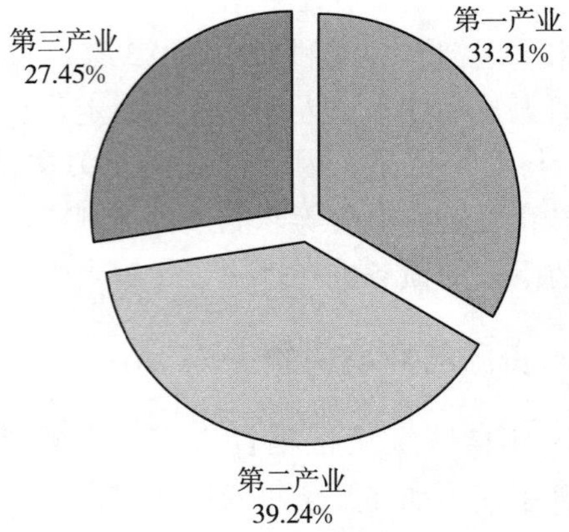

图 2　2016 年农垦生产总值构成

2016 年，在“三期叠加、转型升级”关键时期，垦区经济和社会发展实现了“十三五”开门红，成绩来之不易，但同时也要清醒地看到面临的问题：一是农业生产处于产业链末端的弱势地位没有根本改善，应对自然灾害和市场波动的能力不足。二是部分主产业规模增速较快，但盈利能力不高，大而不强、多而不优、快而不稳的问题比较突出。三是新兴产业板块仍处孵化培育阶段，部分企业减亏扭亏压力较大，混合所有制企业的运营管控有待优化加强。四是符合垦区实际的办社会事业模式得到省部、地方政府的支持认可，但社企分离的大趋势不可逆转，需要更多的智慧和勇气去面对和解决。五是人力资源与经济发展不相适应的矛盾突出，垦区人才结构不合理，梯队断层现象普遍存在；适应国际化经营的复合型中高端人才更显不足。

二、农业

2016 年，广东农垦实现第一产业增加值 53.73 亿元，比上年增长 9.9%，占生产总值的 33.3%。农业总产值按现行价计算达 99.45 亿元，比上年增长 8.9%，农业商品产值为 94.54 亿元，农业商品率为 95.1%。

2016年，实现农作物总播种面积43千公顷，比上年增长3.1%，其中：粮食播种面积8.1千公顷，减少6.3%；糖蔗种植面积22.6千公顷，增长1.2%；油料播种面积2.8千公顷，减少3.9%；蔬菜播种面积8.2千公顷，增长24.8%。

垦区国内外橡胶年末实有面积59.3千公顷，其中：国内基地橡胶年末实有面积43.5千公顷，减少2.0%，其中当年新定植、更新定植6 663亩；油茶年末实有7 507公顷，其中当年新种8 017亩；水果年末实有面积32.5千公顷，减少0.6%；剑麻2 689公顷，增长26.6%；茶叶534.3公顷，增长11.4%。

全年生猪饲养量180.93万头，比上年增长3.3%，其中年末存栏70.44万头；牛年末存栏2.73万头，其中奶牛1.03万头；家禽饲养量1 917.35万只，增长2.8%；全年水产养殖面积0.41万公顷。

全年粮食产量5.56万吨，减少8.0%；糖蔗产量185.61万吨，增长10.1%；油料产量0.75万吨，减少7.0%；蔬菜产量17.47万吨，减少1.8%；干胶产量19.31万吨（包含海外、海南和云南），增长8.2%；水果产量89.68万吨，增长2.4%；剑麻直纤维产量3 279吨，减少58.6%；茶叶产量685吨，增长11.0%。

全年肉类总产量11.98万吨，比上年增长0.5%，其中猪肉产量9.54万吨，增长4.1%；禽肉产量2.3万吨，减少3.5%。禽蛋产量3 212吨，减少11.3%。全年水产品产量3.89万吨，比上年增长5.8%，其中海水养殖1.21万吨，淡水养殖2.66万吨。鲜牛奶产量4.82万吨，比上年增长5.7%。

全年农业固定资产投入9.72亿元，比上年增长10.4%。年末农业机械总动力为42.94万千瓦，比上年增长12.5%。全年农用化肥施用量（折纯）6.23万吨，农用塑料薄膜用量820吨，农药施用量6 242吨，农场用电量47 004万千瓦时，有效灌溉面积达18 699公顷。

三、工业和建筑业

2016年，实现第二产业增加值63.31亿元，比上年增长1.5%，占生产总值的39.2%。

2016年，垦区各类工业企业573家，其中：国有及非国有规模以上工业企业107家，全年实现工业增加值56.01亿元，比上年增长0.9%，其中：国有及非国有规模以上工业增加值40.09亿元，占71.6%。全年实现工业总产值按现行价计算（下同）为178.79亿元，减少3.2%，其中：轻工业产值160.19亿元，占工业总产值的89.6%；重工业产值18.6亿元，占工业总产值的10.4%；国有及非国有规模以上工业总产值135.62亿元，占工业总产值的75.9%。工业产品销售率为96.7%。全年实现工业利润18.4亿元，应缴税金6.81亿元。

2016年垦区二十二大类工业产品中，产值排前十位的行业是：其他制造业67.97亿元，占38.0%；食品加工业产值37.84亿元，占21.2%；食品制造业产值26.6亿元，占14.9%；金属制品业10.08亿元，占5.6%；塑料制品业9.8亿元，占5.5%；家具制造业5.67亿元，占3.2%；建筑材料及其他非金属矿物制造品业产值4.14亿元，占2.3%；服装及其他纤维制品制造业2.85亿元，占1.6%；木材加工及竹藤、棕草制造业2.61亿元，占1.5%；建筑材料及非金属矿采选业2.33亿元，占1.3%。这十大产业总产值169.91亿元，占工业总产值的95.0%（表1、图3）。

表1 2016年垦区工业主要产品产量及其增减情况

产品名称	计量单位	产量	比上年增长（%）
机制糖	吨	350 028	−4.0
罐头	吨	2 265	…
酒精	吨	33 969	278.7
乳制品	吨	118 967	−3.1
食用油	吨	188 174	−60.2
有机复混肥	吨	71 587	−13.8
剑麻（绳、布、条）	吨	6 891	15.1
地毯	万米^2	16.4	8.6
水泥	吨	293 584	−5.1
家具	万件	393.3	−0.2

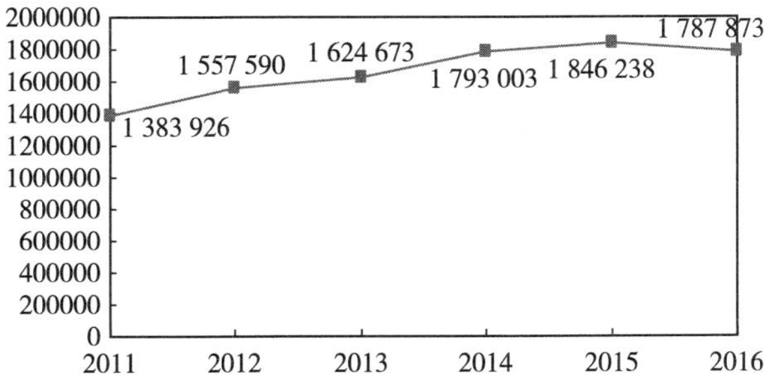

图3 2011—2016年工业总产值（万元）

2016 年，全年完成建筑业产值 19.05 亿元，比上年增长 5.4%，房屋施工面积 69.64 万米^2，房屋竣工面积 63.47 万米^2。建筑业增加值达 7.30 亿元，比上年增长 6.0%，实现利润总额 16 503 万元，应缴税金 8 096 万元。

四、固定资产投资

2016 年，全年全社会固定资产投资总额 29.45 亿元，比上年增长 7.4%，其中国有固定资产投资完成 15.54 亿元，减少 13.6%，非国有投资完成 13.92 亿元，增长 47.2%。在国有固定资产投资额中，基本建设投资 14.16 亿元，占 91.1%；更改措施投资 1.38 亿元，占 8.9%（图 4）。

分三次产业看，第一产业投资 9.72 亿元，比上年增长 10.4%；第二产业投资 5.5 亿元，减少 9.6%；第三产业投资 14.23 亿元，增长 13.5%。主要投向两大主产业、六大支柱产业和公益民生工程。

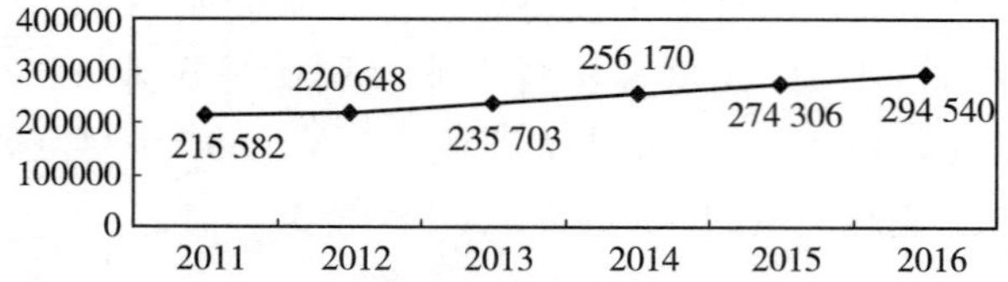

图 4　2011—2016 年固定资产投资（万元）

五、交通运输业、批零贸易业、餐饮业、服务业、房地产业及出口商品

2016 年，全年完成交通运输业总产值 7.92 亿元，比上年减少 13.4%，全年盈利 9 378 万元，应缴税金 4 079 万元。全年完成交通运输业增加值 4.49 亿元，比上年增长 4.0%。现有载货汽车 1 205辆，载客汽车 1 507 辆；全年货运量3 096.33 万吨，货运周转量 777 826 万吨公里；客运量 713.10 万人，旅客周转量 151 924 万人公里。

2016 年，全年实现社会消费品零售额 19.65 亿元，比上年增长 3.2%。年末批零贸易业、餐饮业、居民服务业营业单位总数达 4 734 个，从业人员19 232人，年末固定资产原值 25.46 亿元，营业用房 67.74 万米^2，销售和营业总额 202.08 亿元，比上年增长 3.4%；利润总额 64 407 万元，应缴税金27 572万元。

2016 年，垦区房地产开发企业 2 个，从业人员 132 人，年内销售商品房 35 874 米^2，利润总额为一480 万元，缴纳税金 1 039 万元。

2016 年，年末共有物业管理公司 12 个，物业管理人员达 909 人，年末实有可出租房屋面积 73.76 万米^2，已出租房屋面积 71.80 万米^2，出租率达 97.3%，物业管理公司营业或服务收入达 17 051万元，比上年增长 3.9%，其中物业管理费收入 5 043 万元，占总收入的 29.6%；出租写字楼及宿舍收入达 4 742 万元，占总收入的 27.8%；出租厂房收入 3 991 万元，占总收入的 23.4%。

2016 年，出口商品总金额达到 76.44 亿元，比上年增长 10.3%。出口创汇金额 111 204 万美元，比上年增长 2.9%。其中：工业品出口达 72.27 亿元，占出口总额的 94.5%（图 5）。

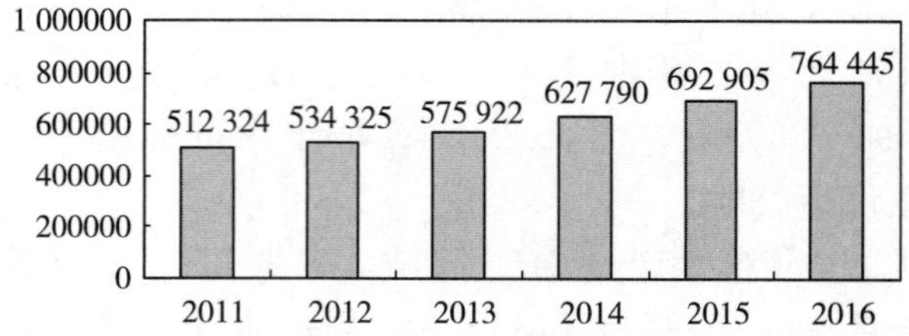

图 5　2011—2016 年出口商品总金额（万元）

六、科技生产、土地

2016 年，垦区共有科研单位 49 家，其中省地级 4 家，共有科研从业人员 265 人。2016 年年末垦区农技推广站 46 个，共投入科研经费 2 669 万元。2016 年，垦区农业综合机械化水平、农业科技贡献率和良种覆盖率分别达到 71%、65% 和 100%。

科技试验与推广应用。抓好高产高抗品种引进筛选、绿色高产农业技术、低频高效采胶、测土配方施肥、土壤改良、生物覆盖、水肥一体化、病虫害监测与绿色防控、有机农产品生产、机械化耕作、健康养殖等 20 多项技术的试验示范工作。一是推进主产业在机耕、机管、机收各生产环节上的机械化进程。据统计，全年主产业机械耕作推广面积达到 120 万亩次，其中甘蔗机管率达 76%。二是抓好橡胶产业创新管理，提高市场竞争能力。继续推进生态胶园的建设，在 2016 年新植 460 公顷橡胶园推行葛藤覆盖技术。抓科学投入，推岗经营，促减员增效，1～4 龄苗人均抚管株数从 2015 年的5 115株提高到 6 111 株，4 龄苗以上不设岗，全垦区抚管工人由原来的 3 750 人减到 1 228 人，比上年减少 67%，提高了劳动生产率。三是进一步加快推进割制改革。在垦区全面开展五天一刀以上割制，继续扩大七天一刀割制示范，推广面积达 29 803 亩，人均割株为 2 580 株。四是抓好林下经济作物的试验示范推广。在橡胶林下种植益智、金花茶和套种菠萝、甘蔗、瓜菜等作物，效益显著。

标准化、品牌建设。一是农业标准化体系建设，完善农产品生产、加工技术标准和规程，建设一批省级国家级农业标准示范区。二是农产品质量追溯系统建设。推进广垦畜牧生猪优势产业追溯体系、红江橙质量追溯系统、广垦绿色农产品质量追溯展示与电商平台建设，促进产品转型提质。三是农业品牌建设。华煌牌红茶、绿茶通过了有机转换认证；华煌牌红茶、燕塘牌鲜牛奶及原味酸奶饮品、红江牌红江橙 4 个产品被评为广东省名牌农产品，蜂泉牌白砂糖、雄鸥/勇士蒸青绿茶通过广东省名牌农产品复审。组团参加了安徽徐州“中国农垦名优特农产品推介会”、昆明“第十四届中国国际农产品交易会”、广州“第七届广东现代农业博览会”等重要展会活动，全面展示广东农垦的品牌。广垦糖业的“银月牌”白砂糖荣获“第十四届中国国际农产品交易会参展农产品金奖”；雄鸥/勇士牌蒸青绿茶、华煌牌红茶、燕塘牌鲜牛奶、红江牌红江橙、名富牌番石榴分别获广东省第二届“十大名牌”系列农产品、“广东名茶”“广东名奶”“广东名果”称号。

项目建设。一是农机补贴项目，落实 2016 年中央财政农机购置补贴资金 1 558 万元，其中预算内 708 万元，转移支付 850 万元，项目实施单位 17 个。二是水利建设项目，2016 年度水利建设项目共 3 类 34 个。其中小型农田水利建设项目资金 3 210.19万元，项目实施单位 16 个；小型农田水利设施建设补助资金计划安排 4 250 万元，项目实施单位 10 个；中央水利建设基金项目资金计划安排 900 万元，项目实施单位 8 个。

产学研合作取得新成果。参与广东省农业科技创新联盟新平台建设，与中国热带农业科学院等科研院所合建广垦橡胶加工创新研发中心和广垦农产品质量安全检验检测中心，提升了产学研合作水平；与广东省农业科学院合作成立广垦畜牧工程研究院；加快水稻、花生、茶叶、蔬菜、种业、红江橙等产业合作；与中国空间技术研究院的合作引进各类航天果蔬系列品种 45 个，在国家现代农业示范区广前核心区试种航天萝卜、辣椒、豆角、茄子、香蕉共计 26.7 公顷，启动了航空搭载甘蔗、剑麻组培品种选育工作。2016 年获省部级以上奖励 4 项，获地市级奖励 2 项。

安全生产。2016 年，全面落实以安全生产“一岗双责”为核心的安全生产责任制，全年各级签订的安全生产责任书达 2 600 多份。全年发生各种生产安全事故及造成的直接经济损失均比上年有所下降，杜绝了重伤以上安全生产事故的发生，整体本质安全水平得到提升，为持续推进垦区深化改革发展提供了安全保障。

一是落实安全生产主体责任。制定了《广东农垦健全落实安全生产工作责任制规定》，进一步落实安全生产“一岗双责”制度，推进企业安全生产标准化建设。垦区 15 家企业通过了安全生产标准化认证，在红江农场等 7 个单位开展安全社区建设工作。二是加强安全生产监督管理。垦区各级全年组织各种安全生产检查 1 000 多次，其中由总局牵头组织的全局性安全生产大检查 3 次。三是抓安全隐患排查治理，促进重大事故隐患治理责任、措施、资金、期限和应急预案五落实。四是加强应急管理，制定了《广东农垦突发事件应急预案》，完善了应急救援机制。五是组织开展“安全生产月”等活动，开展安全发展主题宣讲活动 60 多次，组织观看《筑基》《伤逝》等安全生产宣传片 350 多次，举办安全知识大赛 20 多场，组织事故警示教育活动 80 多次。六是夯实安全生产基础。10 月举办了 1 期应急管理培训班，垦区 90 多名应急管理人员参加；抓好“三项岗位”人员等培训工作，垦区持证上岗率达到 100%。

2016 年，垦区年末土地总面积 228 834 公顷，其中：已开垦利用地 216 252 公顷，占 94.3%，内有耕地 37 866 公顷。截至 2016 年年底，垦区累计完成农场土地确权发证 207.1 千公顷（其中包含与国土证不相覆盖的 7 千公顷林权证），已发证占应发证比率约达 95%，居全国农垦系统前列。加强土地管理，加大力度追收土地租金、补偿金等土地收益。结合地籍管理工作，强化垦区农场土地权益保护，实现当年被占土地全部收回。加快推进农光互补项目，督促示范带动项目建设。与粤电集团合作共建的 13.3 千公顷农光互补项目落户织箦农场，实现光伏发电和种养同步发展，土地综合利用效益大幅提升。创新土地开发管理，紧抓城镇化快速发展机遇，加大农场城镇化土地规划和开发力度。铜锣湖农场土地转用开发地产，土地收益每亩由 3 万元提升到近 20 万元。

七、教育和卫生

教育事业。粤东两垦区的义务教育“创强”和“两免一补”纳入地方政府预算，解决了学校基础建设投入和生均经费差额的问题。垦区中小学教师培训与地方对接有新突破，强师工程“南粤名师大讲堂”首次走进广东农垦。农工商学院通过第二批“广东省示范性高等职业院校”验收，被确定为“广东省一流高职院校建设计划”立项单位。推进了“一场一校”的并校提质工作，截至 2016 年已有 6 所中小学通过示范性学校验收，湛江垦区华海公司海鸥三小已完成撤并。新型职业农工培育取得新突破，增设广东农垦茂名技工学校为省广校茂名分校及若干田间学校和实训基地，2016 年垦区培训新型职业农工 372 人。

2016 年年末，垦区有各类学校 143 所，教职工4 697人，在校学生 80 969 人，当年毕业生22 929人。其中：普通高等学校 1 所，在校学生19 682 人，当年新招生人数 6 169 人，当年毕业生7 112 人；中专 1 所，在校学生 7 118 人，当年毕业生2 237人；技工学校 2 所，在校学生 3 565 人，当年毕业生 1 800 人；普通中学 43 所，在校学生16 571人，当年毕业生 5 938 人；小学 96 所，在校学生 34 033 人，当年毕业生 5 842 人；幼儿园 60 所，入园儿童 10 488 人，当年毕业儿童 3 676 人。

卫生事业。垦区医疗卫生事业稳步推进。燕岭医院医保资格由基层社区医院（小点）恢复为大型综合医院（大点）；垦区医疗卫生基础设施项目建设进度加快，长山等一批农场医院门诊综合大楼先后竣工使用，大幅提升了垦区职工的就医环境和医疗水平。

2016 年年末，垦区现有医疗单位 60 个，其中：省地级医院 4 个，场级医院 54 个，分场级 2 个，病床 6 096 张，卫生技术人员 4 069 人，其中医生 1 537 人。平均每个医生承担服务人口量为 249 人。

八、公路、小城镇和安居工程建设

2016 年，投入一事一议、税改、公路建设、水库移民等项目资金近 4 亿元，用于改善生产生活环境，农场面貌进一步改善，城镇化率达到 70%。基本实现职工安全饮水和生活垃圾、生活污水的无害化处理；以 6 个“美丽乡村”建设示范点为抓手，突出农垦特色，完成农场卫生净化、环境绿化、道路亮化等 800 多个工程建设；完成农场公路硬底化改造 60 千米，农场公路“队队通”建设进入扫尾阶段；水库移民危房改造项目的收尾工作加快，累计完成移民安居工程建设 19 531 户、62 902 人，基本完成目标任务。

九、扶贫攻坚

修订垦区“十三五”贫困农场扶贫开发规划，以提升农场造血功能为抓手，将扶贫项目主动融入垦区主产业布局和发展，拓展光伏农业、特色种养、旅游观光等扶贫计划。2016 年在 10 个贫困农场安排了 22 个财政扶贫项目，落实财政资金 3 410 万元；建立了 10 个重点扶持贫困农场的项目库，统筹各类财政资金向贫困农场倾斜。全面落实湛江雷州市水标村的对口帮扶工作，编制了《广东省农垦集团公司对口帮扶雷州市客路镇水标村精准扶贫规划(2016—2018)》。2016 年垦区投入 88.09 万元用于水标村基础设施改造项目和产业发展项目，争取了地方财政 140 多万元用于环境改造和产业扶贫，将水标村 8 名贫困户子女送到垦区农工商职业技术学校就读。积极配合农业部开展援藏扶贫工作。

十、人口、职工与垦区居民收入

2016 年，全垦区年末总人口 38.29 万人，全年出生人口 4 082 人，年内死亡人口 1 983 人。

2016 年年末，垦区国有职工总数 4.70 万人，其中：国有在岗职工为 4.61 万人，其中长期职工为 3.7 万人。全年国有在岗职工纯收入合计 227 502 万元，国有在岗职工年均纯收入 49 178 元，比上年增长 6.2%。

2016 年年末从业人员 119 864 人，其中：从事第一产业 53 079 人，占从业人员总数的44.28%；从事第二产业 30 877 人，占从业人员总数的 25.76%；从事第三产业 35 908 人，占从业人员总数的 29.96%。从业人员年平均收入 39 568 元，比上年增长 5.5%。

2016 年垦区居民人均纯收入 22 955 元，比上年增长 6.0%。

十一、农综、农业产业化重点龙头企业和境外企业基本情况

2016 年，投入财政资金 2 400 万元，实施一批农业综合开发项目；建设 1 067 公顷高标准农田和 45 个小型农田水利设施，改良土壤 1 067 公顷。新增农机具 16 多台（套）。

2016 年，完成龙头企业的申报和监测工作，至 2016 年年末，新增广东广垦绿色食品有限公司为省级龙头企业，垦区共有 11 家省级以上龙头企业，其中 4 家为国家级龙头企业。

2016 年年末，垦区境外企业达 22 家，并表单位境外企业从业人员 2 125 人，境外企业全年总收入 32.73 亿元。

十二、财务状况

1. 资产负债情况 由于畜牧、粮油等产业的迅速发展，垦区国有资产规模进一步扩大。2016 年年末垦区资产总额为 362.0 亿元，比年初增加 45.4 亿元，负债总额 206.7 亿元，比年初增加 34.0 亿元，资产负债率为 57.1%，与上年 54.5% 相比略有上升，处于财务安全值的有效范围内。

2. 所有者权益增减变动情况 2016 年年末垦区所有者权益 155.4 亿元，比年初增加 11.3 亿元，增加的主要原因：一是垦区实现盈利未分配利润增加 1.7 亿元，资本公积金增加 2.2 亿元；二是少数股东投入增加 6.1 亿元。

3. 资产运营效率及债务风险情况 2016 年垦区资产负债率为 57.08%，处于较低的水平，有效地控制了企业的债务风险；流动比率 105.79%，比上年下降 17.98 个百分点，短期偿债能力有所减弱；应收账款周转率 14.08%，垦区企业正常资金周转效率较高，资金运营情况较好；净资产利润率和总资产报酬率分别为 1.61% 和 1.91%，企业资产的运营效率较好。

4. 国有营业总收入、利润情况 2016 年垦区实现营业收入 231.9 亿元，同比减少 7.7 亿元，减幅 3.21%。主要是根据会计准则要求的实质控制原则，今年不再合并茂名长晟公司报表，改按权益法核算。实现利润总额 32 572 万元，减少 14.4%（图 6）。

5. 税金缴纳情况 2016 年垦区共实现各项税费 46 724 万元。

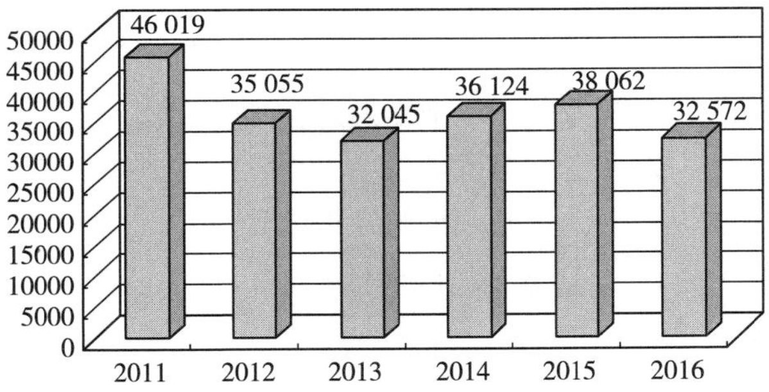

图 6 2011—2016 年利润总额（万元）

十三、非国有经济

2016 年，垦区实现非国有经济生产总值 77.17 亿元，比上年增长 6.3%，占垦区经济总量的 47.8%。其中第一产业增加值 10.13 亿元，第二产业增加值 45.64 亿元，第三产业增加值 21.39 亿元，各产业占非国有经济总量的比重分别为 13.1%、59.1%、27.8%。非国有经营单位个数 6 142个，从业人员达 5.76 万人，其中第一产业 1.89 万人，第二产业 2.04 万人，第三产业 1.83 万人。从业人员总收入 25.07 亿元，从业人员年平均报酬 43 530 元。全年共实现利税 35.14 亿元，比上年增长 16.87%，其中：利润 28.68 亿元，增长 19.59%。

广西农垦 2016 年经济和社会发展统计公报

广西壮族自治区农垦局

2016 年，面对复杂严峻的国内外经济环境和经济持续下行的压力，广西农垦在自治区党委、政府的正确领导下，牢牢把握稳中求进工作总基调，牢固树立和贯彻落实新发展理念，坚持以提高发展质量和效益为中心，全面做好稳增长、促改革、调结构、惠民生、防风险各项工作，着力推进农垦改革，统筹推进“五大板块经济”建设，圆满完成全年经济社会发展主要目标任务，实现了“十三五”良好开局。

一、综合

全年管区实现全社会经营总收入[1] 1 409.2 亿元，比上年增长 8.5%；实现地区生产总值[2] 494.0 亿元，按可比价[3]计算比上年增长 8.0%。其中，第一产业增加值 57.3 亿元，比上年增长 5.3%；第二产业增加值 305.0 亿元，增长 8.2%；第三产业增加值 131.7 亿元，增长 8.7%。三次产业对经济增长的贡献率分别为 16.6%、54.3% 和 29.1%。三次产业结构由上年的 11.1%、62.5%、26.4%，调整为 11.6%、61.7%、26.7%（表 1、图 1 至图 3）。

全年管区民营经济增加值 418.1 亿元，比上年增长 8.9%，占 GDP 的比重为 84.6%，对 GDP 增长的贡献率为 91.9%。

图 1　2009—2016 年广西农垦全社会经营总收入及其增长速度

表 1　2016 年广西农垦主要经济指标与 2010 年对比

指标名称	计量单位	2010 年	2016 年	2016 年比 2010 年增长（倍）
地区生产总值	亿元	236.9	494.0	0.9
全社会经营总收入	亿元	605.0	1 409.2	1.3
全部工业增加值	亿元	113.5	234.2	1.1
全社会固定资产投资	亿元	131.3	343.9	1.6
招商引资到位资金	亿元	90.3	275.8	2.1
居民人均纯收入	元/（人·年）	13 310	25 331	0.9

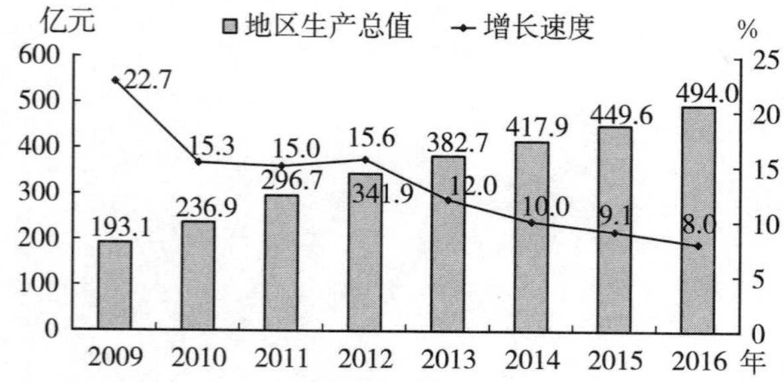

图 2　2009—2016 年广西农垦地区生产总值及其增长速度

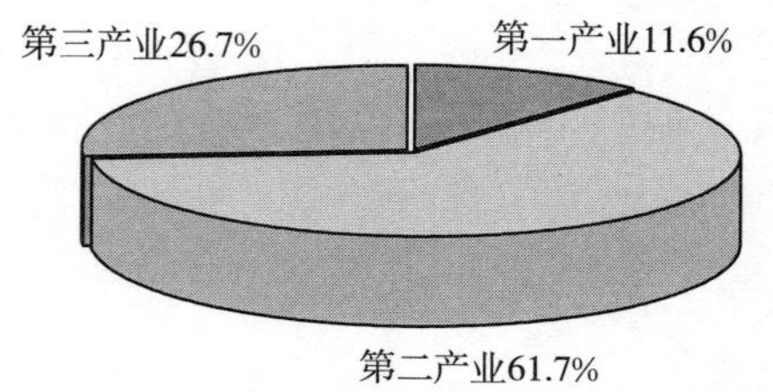

图 3　2016 年广西农垦地区生产总值构成

二、农业

管区全年完成农林牧渔业总产值94.8亿元，比上年增长9.6%。其中，种植业产值37.6亿元，比上年增长8.4%；林业产值3.3亿元，减少1.6%；畜牧业产值51.1亿元，增长11.7%；渔业产值2.7亿元，增长2.4%（图4）。

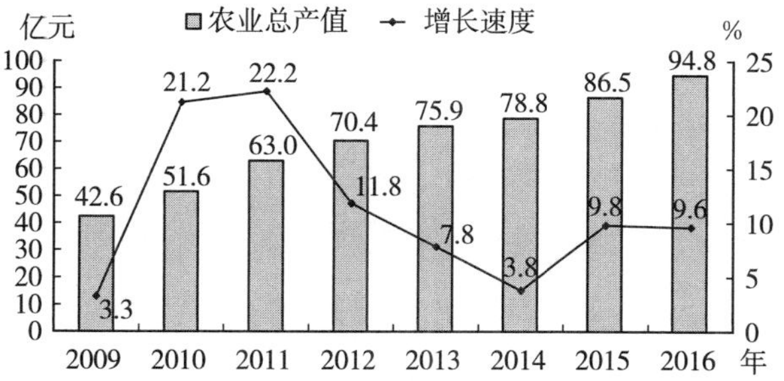

图4　2009—2016年广西农垦农业总产值及其增长速度

管区甘蔗种植面积21 601公顷，比上年减少571公顷。剑麻种植面积3 371公顷，增加36公顷。茶叶种植面积600公顷，增加13公顷。水果种植面积11 175公顷，增加443公顷。蔬菜种植面积2 870公顷，增加129公顷（表2）。

表2　2016年广西农垦主要农作物种植面积情况

指标名称	年末种植面积（公顷）	比上年增长（%）
甘蔗	21 601	−2.6
剑麻	3 371	1.1
茶叶	600	2.1
水果	11 175	4.1
其中：柑橙	3 821	5.3
蔬菜	2 870	4.7

管区全年甘蔗产量226.8万吨，比上年减少2.6%；剑麻纤维产量1.9万吨，比上年增长7.3%；干毛茶产量664吨，减少13.8%；水果产量31.9万吨，增长3.9%；蔬菜产量15.4万吨，增长7.2%（表3）。

管区全年肉类总产量15.9万吨，比上年下降3.8%。年末生猪存栏145.1万头，比上年增长2.6%。全年肉猪出栏207.0万头，比上年下降4.1%；出售仔猪144.0万头，比上年增长3.8%；出售种猪8.4万头，增长8.5%。水产品产量1.7万吨，比上年下降0.6%，其中钦州公司对虾产量1 015吨。永新畜牧集团（国有部分）全年生猪饲养量93.1万头，比上年增长2.4%；出栏肉猪37.3万头，下降6.7%；出售仔猪10.9万头，下降2.8%；出售种猪5.5万头，增长33.3%。全年实现利润2.47亿元，比上年增长1.67倍。

表3　2016年广西农垦主要农产品产量情况

指标名称	计量单位	产量	比上年增长（%）
甘蔗	万吨	226.8	−2.6
剑麻纤维	万吨	1.9	7.3
木薯（干片）	万吨	1.5	1.2
干毛茶	吨	664	−13.8
水果	万吨	31.9	3.9
蔬菜	万吨	15.4	7.2
肉类总产量	万吨	15.9	−3.8
生猪出栏头数	万头	207.0	−4.1
水产品	万吨	1.7	−0.6

农业现代化建设取得新成果。一是全力推进“双高”糖料蔗基地建设，累计投入8.54亿元，其中23万亩土地整治全部通过验收。二是全力推进垦区16个现代农业示范区建设，获认定自治区级示范区4个、县级示范区7个。三是各农场以创建农业示范区为契机，积极调整产业结构，种植沃柑、葡萄、澳洲坚果等精品果蔬，休闲农业、观光农业成为农场新的经济增长点。年末管区有效灌溉面积15 806公顷，比上年增加434公顷；农业机械总动力33.2万千瓦，增长4.3%。

三、工业

2016年，管区实现全社会工业总产值687.7亿元，比上年增长6.9%，其中，规模以上工业总产值635.5亿元，增长8.0%。实现全社会工业增加值234.2亿元，比上年增长7.8%，其中，国有工业增加值增长3.1%，民营工业增长8.5%。民营工业增加值占管区的87.2%，对工业经济增长贡献率为95.3%，拉动工业经济增长7.4个百分点。年末共有规模以上工业企业384家（图5至图7）。

从产品产量看，机制糖产量比上年下降18.5%，酒精下降11.2%，剑麻制品下降10.3%，成品茶下降6.9%，淀粉下降1.1%，软饮料下降

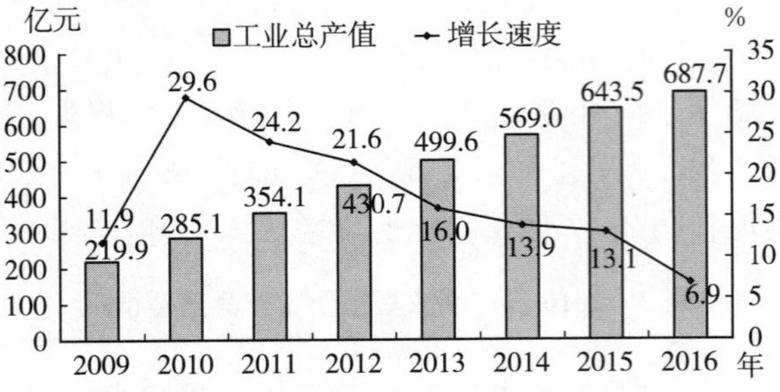

图 5　2009—2016 年广西农垦全社会工业总产值及其增长速度

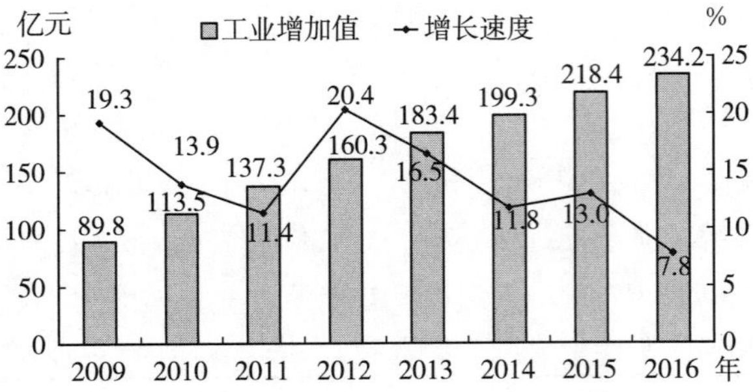

图 6　2009—2016 年广西农垦全社会工业增加值及其增长速度

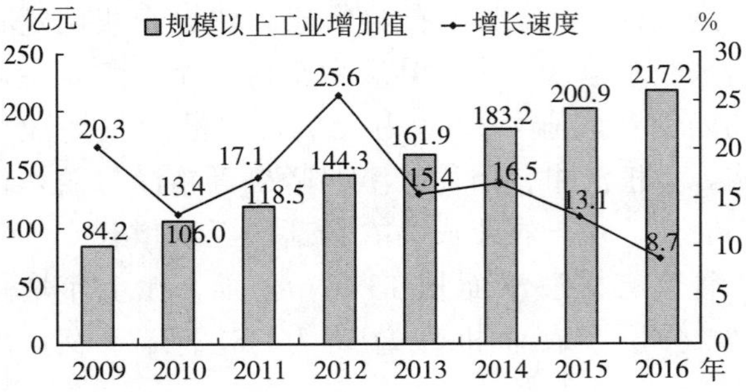

图 7　2009—2016 年广西农垦规模以上工业增加值及其增长速度

0.9%，乳制品增长 1.0%，人造板增长 3.9%，水泥下降 55.4%，砖增长 13.4%，饲料增长 2.4%（表 4）。

分行业看，在涉及的 34 个行业大类中，有 25 个行业产值增长。其中，电气机械和器材制造业增长 32.8%，木材加工和木、竹、藤、棕、草制品业增长 13.1%，橡胶和塑料制品业增长 10.6%，专用设备制造业增长 10.3%，非金属矿物制品业增长 8.9%，造纸和纸制品业增长 2.8%，化学原料和化学制品制造业增长 2.1%。酒、饮料和精制茶制造业下降 16.7%，农副食品加工业下降 0.4%。

表 4　2016 年广西农垦主要工业产品产量情况

指标名称	计量单位	产量	比上年增长（%）
机制糖	万吨	65.6	−18.5
酒精	万吨	18.1	−11.2
剑麻制品	万吨	4.4	−10.3
成品茶	吨	2 292	−6.9
淀粉	万吨	27.4	−1.1
软饮料	万吨	16.7	−0.9
乳制品	吨	2 000	1.0
人造板	万米^3	166.2	3.9
水泥	万吨	20.2	−55.4
砖	亿块	15.4	13.4
饲料	万吨	84.2	2.4

从农垦专业集团看，农垦糖业集团成品糖产量 65.6 万吨，酒精产量 22 041 吨，朗姆酒产量 488 吨，分别比上年下降 37.8%、60.9%、78.2%；实现利润 1.18 亿元，增长 3.83 倍。明阳生化集团淀粉产量 13.8 万吨，酒精产量 1 257 吨，分别比上年下降 9.1%、86.5%。剑麻集团剑麻制品产量 6 432 吨，比上年下降 26.4%。茶业集团成品茶产量 431 吨，比上年下降 3.4%。十万大山天然食品公司饮用水产量 14.9 万吨，比上年增长 1.5%。

四、固定资产投资

管区全年完成全社会固定资产投资 343.9 亿元，比上年增长 14.4%（图 8）。其中，第一产业投资 23.9 亿元，比上年增长 45.9%；第二产业投资 131.5 亿元，增长 10.5%；第三产业投资 188.5 亿元，增长 14.1%。国有投资 72.3 亿元，比上年增长 20.9%；民间投资 271.6 亿元，增长 12.8%，占管区的比重为 79.0%。

图 8　2009—2016 年广西农垦全社会固定资产投资及其增长速度

全年管区组织实施总投资 1 000 万元以上的在建项目 514 个，比上年增加 91 个，完成投资 337.8 亿元，占管区的比重为 98.2%。其中，明阳工业区完成投资 43.9 亿元、九曲湾农场完成投资 43.7 亿元、新兴产业园完成投资 40.7 亿元、良丰产业园（含良丰农场）完成投资 32.5 亿元、西江产业园（含西江农场）完成投资 31.0 亿元、北部湾产业园完成投资 31.0 亿元、新兴农场完成投资 12.6 亿元、新光农场完成投资 11.1 亿元，上述 8 个责任单位完成投资占管区的比重为 71.7%。

五、产业园区

全年管区 14 个产业园区（工业集中区）完成地区生产总值 369.6 亿元，比上年增长 8.7%，占管区的比重为 74.8%，拉动管区经济增长 6.4 个百分点。完成全社会经营总收入 1 029.7 亿元，比上年增长 9.3%，占管区的比重为 73.1%。完成规模以上工业增加值 187.7 亿元，比上年增长 10.7%，占管区的比重为 86.4%。完成全社会固定资产投资 284.0 亿元，比上年增长 12.7%，占管区的比重为 82.6%。招商引资到位资金 247.4 亿元，比上年增长 12.9%，占管区的比重为 89.7%（图 9 至图 11）。

图 9　2009—2016 年广西农垦产业园地区生产总值及其增长速度

图 10　2009—2016 年广西农垦产业园区固定资产投资及其增长速度

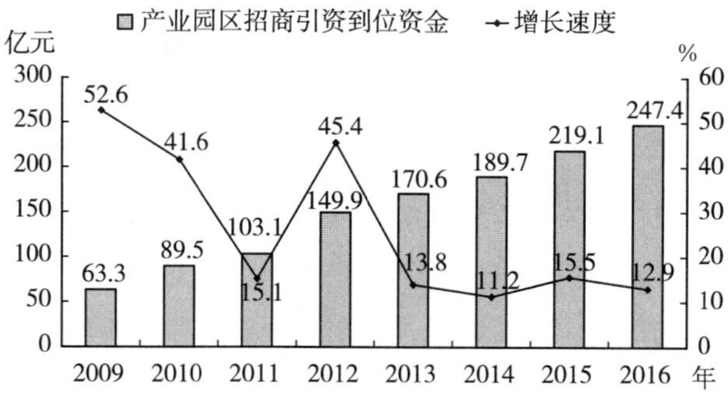

图 11　2009—2016 年广西农垦产业园区招商引资到位资金及其增长速度

六、对外经济

中国·印度尼西亚经贸合作区通过商务部、财政部确认考核，荣获由中国-东盟商务理事会颁发的"2016 年度中国走进东盟成功企业"荣誉，累计完成投资 1.6 亿美元；已引进 34 个中外企业投资项目落户，其中 24 个建成投产。明阳生化集团越南归仁公司累计生产变性淀粉 8 231 吨，该集团承建了越南 2 家糖厂的"生物能源热电联产"项目。

全年管区出口总额 10.6 亿元，比上年增长 13.4%。其中，农产品出口 1.45 亿元，比上年增长 21.1%；工业品出口 9.2 亿元，增长 12.3%；

图 12　2009—2016 年广西农垦招商引资到位资金及其增长速度

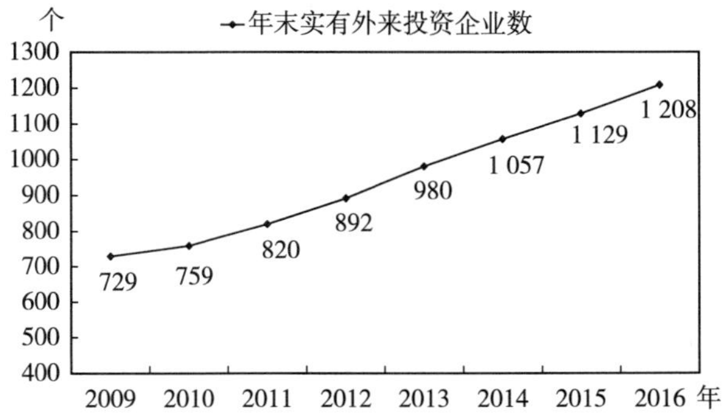

图 13　2009—2016 年广西农垦外来投资企业

出口柑橙 2.2 万吨、生猪 1.8 万头。进口总额 3.5 亿元，比上年下降 68.3%。其中，农垦糖业集团防城精制糖公司进口原糖 4.8 万吨、进口额 1.5 亿元；明阳生化集团进口原淀粉 5.3 万吨、进口额 1.3 亿元（图 12、图 13）。

七、科研

年末，管区有科研单位 3 家，从业人员 628 人，其中科技人员 295 人。管区年内荣获国家科技进步奖二等奖 1 项、全国农牧渔业丰收奖二等奖 1 项、广西科技进步奖二等奖 2 项、三等奖 5 项，获国家授权专利 183 项，新品种审定 3 项，新产品开发 32 个，地方标准审定 13 项，新增 2 个广西工程技术研究中心，朗姆酒工程院正式挂牌成立，非粮生物质酶解国家重点实验室建设通过科技部验收。

八、人口、就业和民生建设

2016 年年末，管区总人口 41.5 万人，比上年增长 4.7%。社会从业人员 22.7 万人，比上年增长 4.8%。其中外来就业 19.9 万人，比上年增长 6.5%。农垦在册职工 2.8 万人，离退休（含退职）人员 4.2 万人。全年管区居民人均纯收入 25 331 元，比上年增长 8.0%。农垦在岗职工人均纯收入 42 267 元，比上年增加 4 879 元，增长 13.1%（图 14、图 15）。

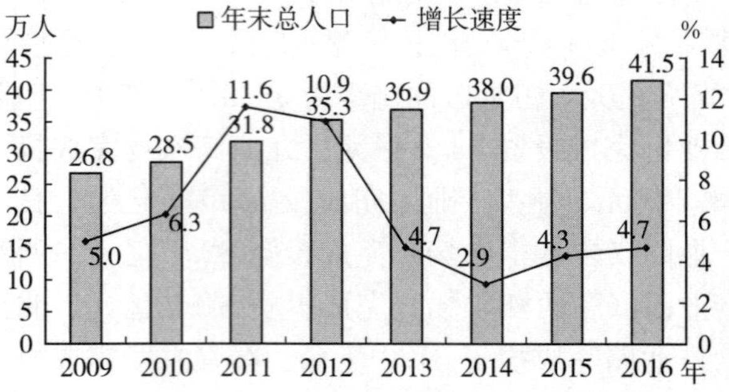

图 14　2009—2016 年广西农垦总人口及其增长速度

图 15　2009—2016 年广西农垦居民人均纯收入及其增长速度

全年管区完成农场道路、危房改造、饮水安全、美丽农垦等民生项目建设 96 项，总投资 13.65 亿元，职工群众生产生活环境条件明显改善。其中，完成职工危房改造 756 户（套），总投资 5 510 万元；完成农场及产业园区道路建设 600 多千米，总投资 8.5 亿元，惠及农场和周边农村 16 万人。

注释：[1] 广西农垦全社会经营总收入：是指管区所有国有企事业单位、非公企业、个体家庭年内从事生产经营、提供劳务所得的全部收入。该项指标是 2002 年自治区农垦局创立、报自治区统计局备案并开展统计至今。其计算公式如下：

广西农垦全社会经营总收入＝现价农业总产值＋工业营业收入（主营业务收入＋其他业务收入）＋工业应上缴的增值税＋建筑业营业收入＋交通运输业营业收入＋仓储业营业收入＋批发零售业＋住宿餐饮业＋居民服务业＋修理业的销售总额或营业收入＋房地产业主营业收入＋科学研究 5 专业技术服务总收入＋教育总收入＋卫生总收入＋其他行业营业收入

[2] 地区生产总值（GDP）：是指一个国家（地区）所有常住单位在一定时期内生产活动的最终成果。本公报是按收入法计算，它等于劳动者报酬、生产税净额、固定资产折旧和营业盈余之和。

[3] 本公报中，地区生产总值、各产业增加值绝对数按现价计算，增长速度按不变价格计算。

[4] 本公报中，规模以上工业的统计口径：2006—2010 年为“年主营业务收入 500 万元及以上的工业法人企业”，2011—2016 年为“年主营业务收入 2 000 万元及以上的工业法人企业”。

海南农垦2016年经济和社会发展统计公报

海南省农垦局

2016年，是海南农垦改革发展攻坚之年，是实施农垦“十三五”规划的关键之年。在省委、省政府的关心和支持下，在总局党委和总局的坚强领导下，垦区上下认真贯彻党的十八大和十八届五中、六中全会以及习近平总书记系列重要讲话精神，继续深化农垦改革，勇于应对各种挑战，锐意开拓进取，努力适应经济发展新常态，加快经济发展步伐，促进了农垦经济和社会的稳定发展。

一、综合及主要指标

（1）农垦系统经营总收入298.6亿元，比上年下降8.5%（与上年对比，下同），其中：农垦集团公司的营业总收入157亿元，下降6%；农场国有经济收入4.6亿元，下降14%；农垦自营经济总收入137亿元，增长0.8%。

（2）工农业总产值（当年价）132.80亿元，按可比价计算下降2.6%。

（3）固定资产投资29亿元，比上年下降52.6%。

（4）社会消费品零售总额26亿元，比上年下降8.3%。

（5）天然橡胶干胶总产12万吨，比上年下降20.1%。

（6）农垦劳动者人均报酬46 045万元，比上年下降10.9%；农垦人均纯收入15 421万元，增长6.5%。

二、农林牧渔业

全年完成农林牧渔业总产值（现价）116.59亿元，按可比价计算比上年下降1%。产值构成：农业71.88亿元，林业15.67亿元，畜牧业26.14亿元，渔业2.89亿元（表1）。

表1　主要农产品产量及增长

项　目	计量单位	产量	比上年增长（%）	项　目	计量单位	产量	比上年增长（%）
粮食	万吨	14.29	−3.9	胡椒	万吨	0.88	15.3
糖料	万吨	23.45	−10.6	槟榔干果	万吨	2.80	−8.8
蔬菜	万吨	21.60	−5.8	椰子	万个	1 012.25	−8.4
水果	万吨	46.21	−1.8	干毛茶	吨	520	19.0
#荔枝	万吨	5.50	9.4	肉类总产量	万吨	7.80	−7.3
龙眼	万吨	1.82	−11.7	#猪牛	万吨	7.51	−7.8
芒果	万吨	17.63	−6.5	禽肉	万吨	1.61	−4.2
香蕉	万吨	11.61	−6.6	禽蛋	万吨	0.31	−13.7
柑橘橙柚	万吨	0.74	−6.2	水产品总产值	万吨	3.05	6.7
橡胶干胶	万吨	12	−20.1				

全年天然橡胶当年新定植和更新定植面积5.64万亩，比上年下降13.5%；胡椒种植面积9.16万亩，增长9.6%；槟榔种植面积28万亩，下降0.1%；水果种植面积53.5万亩，增长1.5%（表2）。

表 2 主要农业作物年末到达面积及增长

项 目	计量单位	面积	比 2015 年增长（%）
天然橡胶	万亩	36.30	−2.3
热带作物	万亩	47.79	0.1
＃胡椒	万亩	9.16	9.6
槟榔	万亩	28.07	−0.1
椰子	万亩	1.89	−4.5
茶叶	万亩	1.17	39.3
水果	万亩	53.50	1.5
＃荔枝	万亩	10.04	−1.7
芒果	万亩	22.62	2.2
香蕉	万亩	6.77	2.4
林地（含自然林）	万亩	44.84	14.5
＃人造林	万亩	205.00	3.3
水产品养殖	万亩	5.52	2.0
农作物播种	万亩	63.01	−2.1
＃粮食	万亩	36.44	−1.1
糖料	万亩	5.45	−11.1
瓜菜	万亩	17.36	−2.9

三、工业及建筑工业

全年完成工业总产值（当年价）13.28 亿元，按可比价计算比上年下降 2.6%。分轻重工业看，轻工业产值 7.03 亿元，比上年增长 49.89%；重工业产值 6.24 亿元，下降 30.27%；分经济类型看，国有经济产值 5.25 亿元，增长 12.3%；非国有经济产值 8.02 亿元，增长 74.3%。工业产品产销率 97.4%，同上年基本持平（表 3）。

表 3 主要工业产品产量及增长

项 目	计量单位	产量	比 2015 年增长（%）
发电量	万千瓦时	10 861	−7.0
水泥	万吨	65.90	19.8
成品糖	万吨	2.07	−20.0
人造板	万米^3	33.70	−3.5
锯材	万米^3	22.43	15.7
木制家具	万件	2.80	−76.7
塑料制品	吨	511	−0.4
汽车大中修	辆	86	−7.5
橡胶初加工设备	台	134	0
花岗岩板材	万米^3	1.82	−77.2

全年建筑业完成产值 6.67 亿元，按可比价计算比上年下降 108.9%。全年房屋施工面积 169.52 万米^2，比上年下降 35.9%；房屋竣工面积 95.41 万米^2，下降 38.5%，其中住宅面积 85.79 万米^2，下降 35.7%。

四、社会消费品零售总额

全年社会消费品零售总额 26.29 亿元，比上年下降 0.8%，其中：批发零售业 28.83 亿元，餐饮业 5.4 亿元，分别增长 3%和增长 31%。

五、交通运输业

全年完成运营收入 2.0 亿元，比上年下降 66.7%；货物量 6 788 425 吨，增长 34%；客运量 6 726 576人，增长 0.6%。

六、外贸出口

全年完成出口总额 2 378 万元，比上年下降 48.9%，创汇 343 万美元，下降 52%。

七、固定资产投资

全年完成固定资产投资总额 29.88 亿元，比上年下降 52.6%。投资构成为：第一产业投资 5.3 亿元，比上年下降 45.7%；第二产业投资 0.52 亿元，增长 13%；第三产业投资 24.02 亿元，下降 54%。资金来源为：国家投资 2.4 亿元，比上年下降 47.3%；国内贷款 0.77 亿元；企事业单位自筹 6.2 亿元。

八、职工群众收入和家庭生活水平

全年劳动者报酬总额 80.96 亿元，比上年下降 5.8%。其中：在岗职工工资 14.57 亿元，下降 44.3%；自营经济纯收入 59.68 亿元，增长 4.4%。劳动者人均报酬 46 045 元，下降 10.9%，其中在岗职工平均工资 25 260 元，下降 20.4%；自营经济纯收入 20 789 元，增长 4.1%。农垦人均纯收入 15 421 元，增长 6.5%。

九、人口与职工

农垦户籍总人口 88.28 万人，比上年下降 3.4%。农垦常住总人口 84.19 万人，下降 6.6%。全部职工人数 8.2 万人，下降 26.3%，其中在岗职工 5.71 万人，下降 30.8%。离退休及病退人员 20.42 万人，下降 8.8%。

垦区人口出生率 11.2‰，自然增长率 5.9‰。

重庆农垦2016年经济和社会发展统计公报

重庆市农业投资集团有限公司

2016年，重庆农垦按照“立足重庆，辐射周边、放眼全国、走向世界”的战略定位，创新思维，继续加强现代农业建设，不断推进产业升级发展，努力建设具有国际竞争力的全国一流大型企业，垦区经济和社会发展和谐稳定，各项工作都取得一定成效。

一、综合指标

（一）垦区GDP继续保持较快增长

垦区全年实现生产总值（GDP）20.8亿元，比上年增长12.9%，高于全年重庆地区生产总值2.3个百分点。按产业划分，第一产业增加值1.9亿元，同比增长14.4%；第二产业增加值13.1亿元，同比增长13.9%；第三产业增加值5.8亿元，同比增长9.7%（图1）。三次产业结构比为9.1∶63∶27.9。非公有制经济实现增加值4.1亿元，增长11.3%，占垦区经济的20%。人均生产总值95 961元，较2015年增长11.6%。

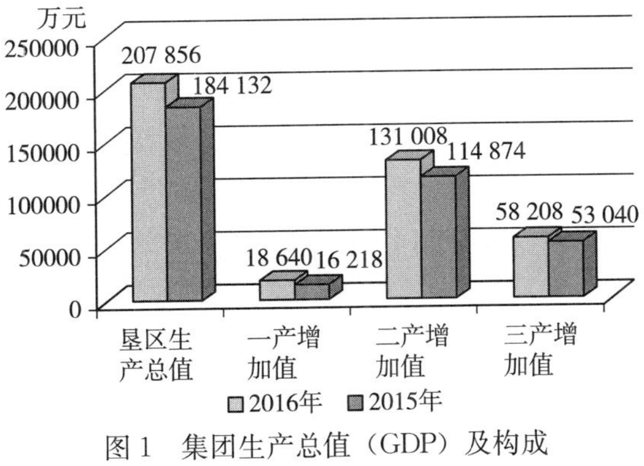

图1 集团生产总值（GDP）及构成

（二）集团发展规模迈上新台阶

截至2016年年底，重庆农投集团资产总额达到150亿元，其中控股企业达到138亿元，较上年同期分别增长13.6%、20%；营业收入实现110亿元，其中控股企业实现营业收入50亿元，较上年同期均增长3.8%；利润总额实现5.8亿元，其中控股企业实现4.3亿元，较上年同期分别增长10.5%、5%；归属于母公司净利润实现1.8亿元，较上年同期增长5.9%。

（三）职工收入稳定增长

垦区职工收入保持增长，集团发展氛围和谐稳定。2016年，集团控股企业职工人均工资增幅11.1%，连续6年保持10%以上的增长，“五险一金”全覆盖；年末实有住房面积67.5万$米^2$；企业离退休干部和困难群体得到普遍帮扶慰问，帮扶慰问金额达198万元，较上年同期增长9.9%；全年垦区无较大集访群访事件发生。

二、第一产业

农业经济快速发展。2016年垦区实现农林牧渔业总产值12.2亿元，较上年增长14.7%，其中畜牧业产值9.48亿元，同比增长14.4%，占农业总产值的77.8%；农业产值2.25亿元，同比增长15.3%，占农业总产值的18.4%；渔业产值4 680万元，同比增长14.7%，占农业总产值的3.8%（图2）。垦区年末存栏奶牛3.1万头，同比增长4.7%；年末生猪存栏8.6万头，同比增长12.6%；全年猪肉产量1.2万吨，同比增长10.8%；年末家禽存栏115万只，禽蛋产量8 680吨，均较2015年翻一番；牛奶产量10.4万吨，同比增长6.1%；鱼类产量4 002吨，同比增长10.6%，其中有机鱼2 300吨。

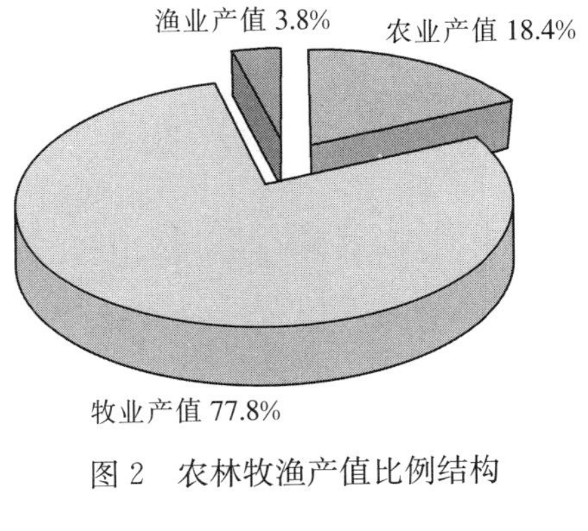

图2 农林牧渔产值比例结构

三、第二产业

工业经济平稳发展。2016 年年末垦区实现工业总产值 88.4 亿元，全年实现工业利润总额 2.3 亿元，均较 2015 年实现小幅增长；产品销售收入 88.01 亿元，产销率达到 99.6%；工业增加值 12.6 亿元，同比增长 13.5%。

四、第三产业

（一）冷链物流实现新发展

冷链物流产业逐步向仓配一体化、供应链一体化转型发展，做强做优以用户为中心的冷链配送网络体系，建立起“城市冷链配送＋干线运输网络”的经营新格局，并积极寻求农业部农垦局支持，探索整合农垦、全国、重庆冷链资源，适时推进中垦冷链平台筹建。

（二）商业地产实现强势增长

宏帆公司 2016 年营业收入突破 15 亿元，利润总额 2.87 亿元，较上年同期分别增长 50%、27.6%。四川宣汉“宏帆巴人广场”开业运营，开业首日客流量超过 10 万人，刷新当地人气新纪录。四川南江“宏帆广场”完成项目拆迁，储备项目重庆垫江、四川富顺积极推进前期工作。

（三）产业金融新增全国性经营平台

在农业部农垦局的直接领导和大力支持下，由重庆市农业投资集团有限公司作为主要发起人的中垦融资租赁公司在重庆成立，2016 年按照“立足农垦、面向全国”的经营思路，确定并实施了一批租赁项目，成立仅 4 个月，租赁规模达 2 亿元、利润总额达 1 000 万元。

（四）存量资产盘活取得新进展

一方面全力盘活房屋土地资产，采用出租、自售、自用、自营、联合经营等方式，实现资产总体效益收益最大化，全年物业资产出租率达 90%以上，租金收取率达 98%，农垦大厦建设完成，力争爱尔眼科尽早入场装修。另一方面注销空壳企业，清除僵尸企业，完成华永种猪、长江化工搪瓷厂、四号肉业、华美养殖四户企业工商注销，绿叶公司破产。

五、固定资产投资

全年固定资产投资 5.4 亿元，较上年同期增加投资 1.7 亿元，主要投资于第一产业畜牧业、渔业发展，第二产业工业加工基地建设、技术改造及第三产业存量资产盘活。其中，中垦乳业 30 万吨乳制品加工基地建设项目总投资 2.4 亿元，2016 年投资 2.2 亿元，已建成投产；天友乳业科创中心建设项目总投资 5 500 万元，2016 年投资 1 800 万元，已完成土建工程建设；乐邦公司重庆市生态水产品仓储配送中心建设项目总投资 6 000 万元，2016 年投资 5 027 万元，已建成投产。其他重点投资项目包括重庆市水产科学研究所长寿湖大鳍鳠良种繁育场改扩建项目、三峡渔业忠县三峡库区规模化生态渔业示范项目、甘肃经禾种业公司种子种苗选育加工中心建设项目、农投资产农垦大厦续建及裙房改造工程等。

四川农垦2016年经济和社会发展统计公报

四川省农业厅农垦局

2016年是“十三五”开局之年，四川省农场系统在各级党委、政府和省农业厅党组的领导下，在农业部农垦局的指导下，在全省国有农场系统共同努力下，贯彻落实《中共中央国务院关于进一步推进农垦改革发展的意见》，深入调研，结合四川农场实际情况，编制了《关于推进农垦（农场）改革发展的实施意见》。通过实行结构调整，大力发展民生工程，场区社会继续保持稳定，生产安全，农场经济得到平稳发展，实现了职工收入连续多年增加，推进了农场经济社会全面协调可持续发展。

一、综合

四川农垦统计报表汇总企业数39个，较上年减少1个（系阿坝藏族羌族自治州黑水县牧兴公司改制为民营企业，不再是农垦企业，不纳入农垦场统计范畴），分布在11个市州，涉及一、二、三产业，以种植业、畜牧业为主。2016年四川农垦实现了农场经济效益平稳发展，职工收入、生活水平不断提高的良好态势，经济总量因经济发展结构调整较上年有所减少，全年农垦实现生产总值14 835万元，扣除减少一个农场的因素影响，较上年同比减少2 692万元，减少15.3%。其中，第一产业增加值6 536万元，较上年增加719万元，同比增长12.4%；第二产业增加值7 965万元，较上年减少3 380万元，同比减少29.8%；第三产业增加值334万元，较上年减少141万元，同比减少29.7%。第一、第二、第三产业增加值占农垦生产总值的比重分别为44%、53.7%、2.3%，第一产业比重较上年上升11%，第二产业比重下降10.6%，第三产业比重下降0.4%。第二产业比重下降主要因素是，产业增加值占比重的一个农垦企业2016年生产总值较上年减少3 408万元。人均农垦生产总值11 298元，较上年减少1 008元，主要是因一企业2015年盈利1 454万元，2016年亏损608万元所致。

土地总面积488 542公顷，比上年减少10 789公顷（一是统计农场减少1个，减少8 667公顷，二是有4个农场土地重新核实勘察减少了2 122公顷）。其中：耕地873公顷，与上年相同；牧草地344 445公顷，较上年减少8 519公顷；林地27 445公顷，较上年减少86公顷；水面60公顷，与上年相同；茶果桑园1 048公顷，较上年减少108公顷；宜林地面积6公顷，较上年减少961公顷；可垦荒地面积103公顷，较上年减少333公顷；居民点及工矿用地面积和其他面积114 562公顷，较上年减少782公顷。

二、第一产业

切实抓好农产品生产，在“稳面积、优结构、增单产、提质量”上下功夫。为了保护生态环境，农场响应“退耕还林、退耕还草”的国家政策，2016年四川农垦全年农作物总播种面积为727公顷，较上年减少7公顷，主要是粮食播种面积和油料、蔬菜、瓜类播种面积各减少5公顷和2公顷。其中：粮食播种面积432公顷，占农作物总播种面积59.4%；油料、蔬菜、瓜类、烟叶面积90公顷，占农作物总播种面积12.4%；其他作物面积205公顷，占农作物总播种面积28.2%。农作物总产量9 148吨，较上年减少477吨。其中：粮食产量3 803吨，较上年减少440吨；油料、蔬菜、瓜类等产量601吨，较上年减少4吨；其他作物（主要是青饲料）4 743吨，较上年减少33吨。

茶、果、桑等经济作物产量有升有降。茶叶产量1 100吨，较上年增加72吨，主要是回乡务工人员增多，采茶零工增加，增加了采茶量；水果产量1 398吨，较上年减少292吨，是因水果生产大小年和调整栽种水果品种；桑产量11吨，与上年持平。

保护长江水源，防止草原沙漠化，发展绿色畜牧业。牲畜年末存栏总数10.13万头（只），扣除减少一个农牧企业的因素，较上年减少 0.17 万头。其中大牲畜年末存栏数 7.26 万头，较上年减少 0.16 万头；年末奶牛规模化养殖场 1 个；肉类总产量 1 748 吨，较上年减少 273 吨；牛奶产量4 939 吨，较上年较少 293 吨，主要是畜牧场淘汰奶牛品种。

全年淡水养殖面积 33 公顷，水产品产量 11 吨，与上年持平。

全年实现农林牧渔业总产值 9 116 万元，扣除农垦企业减少因素与上年持平。其中：农业产值 3 333万元，林业产值 24 万元，牧业产值 5 735 万元，渔业产值 24 万元。

全年植树造林 1 公顷；木材采伐 250 米^3，较上年增加 130 米^3。森林覆盖率 8.4%。

提高农业机械化程度，加快四川农垦现代农业进程。2016 年四川农垦保有农业机械总动力 2 104 千瓦，较上年略增，拥有农牧业机械 113 台（套）。发展设施农业，保有大棚 3.3 万米^2。保护环境、休养土壤，全年使用化肥 613 吨，较上年减少 60 吨，同比减少 9.8%。

三、第二产业

发展环境友好型产业，加大第二产业的转型升级，积极配合地方政府环境保护政策执行。对污染当地环境的重工业企业关停并转，引导、支持企业发展清洁能源产业和利用农场地理区位优势发展养老产业。全年农垦实现工业总值 28 563 万元，较上年增加 3 052 万元，同比增长 7.5%；实现利润 752 万元，较上年减少 2 134 万元，同比减少 73.9%，主要是一企业 2016 年转型生产，较上年亏损 2 062 万元。从工业主要行业划分看：食品制造业 33 万元；酒、饮料和精茶制造业 25 901 万元，较上年增加 2 937 万元；纺织业 529 万元，较上年增加 51 万元；电力生产 2 100 万元，较上年增加 64 万元。从所有制形式划分看：国有工业总产值 642 万元，占工业总产值 2.3%，较上年下降 1.8 个百分点；非国有工业总产值 27 921 万元，占工业总产值 97.7%。轻工业产值 26 463 万元，占工业总产值 92.6%，与上年持平。

全年工业企业 8 家，较上年减少 1 家。其中：国有 3 家，轻工业 7 家，重工业 1 家。全省农垦规模以上企业 1 家，较上年减少 1 家，2016 年该企业工业增加值为 6 982 万元，工业总产值 21 036 万元，实现利税 3 171 万元。

因企业改制四川全省农垦已无建筑企业和运输业。

四、第三产业

调整产业结构，加强第三产业的发展，促进农场增收。2016 年年末餐饮业、服务业营业单位 3 家（与上年相同），其中：从事住宿餐饮业 1 家，从事服务业 2 家；从业人员 71 人；拥有固定资产原值 508 万元，较上年增加 346 万元；营业用房总面积 3 600 米^2，较上年增加 846 米^2；实现销售或营业收入 342 万元。

四川农垦企业无批发零售企业。

五、固定资产投资

继续完成农垦企业技术升级换代、更新设备、宾馆改造，四川农垦全年完成固定资产投资 326 万元，其中：第一产业投资额 242 万元，占总投资额 74.2%，主要投资于马铃薯脱毒基地建设；第二产业投资额 84 万元，占总投资额 25.8%，主要投资于酿酒设备更新。争取多渠道融资，从资金来源看，其中：国内贷款 84 万元，占总投资额的 25.7%；自筹资金 242 万元，占总投资额的 74.3%，农垦场自筹资金能力较强。因 2015 年固定资产投资 3 899 万元，工程还未竣工验收，2016 年无新增固定资产。

六、人口、职工和劳动报酬

年末全垦区总人口 13 131 人，其中少数民族人口 7 075 人，全年出生人口 53 人，年内死亡人口 41 人，年内农垦平均人口 12 781 人。年末全垦区总人口较上年减少 1 202 人，一是统计农场减少一个的因素，二是四川达州万源草坝茶场将农场职工分户承包经营方式改变为由合作社和引进企业承包形式，将过去户口不在农场的常驻临聘人员和季节工 1 079 人错误统计 。

年末社会从业人员 6 184 人，扣除减少农场因素的影响，较上年实际减少 74 人。其中，第一产业 5 317 人，第二产业 691 人，第三产业 176 人，分别占社会劳动从业人员总数的 86%、11.2%、2.8%。第一、二产业从业人员占比较上年有所上升，第三产业从业人员占比较上年有所下降。

分享改革红利，从业人员劳动报酬、农场职工社会保障继续得到提高。年末职工 6 151 人，其中：在岗职工 2 370 人，其他人员 3 781 人。全年从业人员劳动报酬 8 755 万元，较上年增加 124.5 万元。其中在岗职工劳动报酬 6 752.1 万元，其他从业人员劳动报酬 2 002.9 万元。人均年收入 6 667元，较上年增加 646 元，增长 10.7%；职均年收入 28 490 元，较上年增加 2 977 元，增长 11.66%。

棚户区改造极大改善了农场职工的居住和生活条件，职工生活环境得到进一步提高。年末职工实有住房面积 40 万米^2，较上年增加 4.1 万米^2，比上年增长 11.6%。

七、非国有经济

适应市场经济，非国有农垦企业转型发展，经济效益盈亏不均。2016 年非国有经济实现生产总值 9 589 万元，较上年减少 921 万元，其中：第一产业增加值 747 万元，第二产业增加值 8 842 万元，分别占非国有经济总量的 7.8 %和 92.2%，与上年比较第二产业占比增加 4.9 个百分点；无第三产业。年末非国有经济从业人员 903 人，较上年减少 102 人，主要是企业转型减人。其中：第一产业 246 人，第二产业 657 人。从业人员劳动报酬 3 280万元，较上年增加 96 万元；非国有从业人员年均收入 36 323 元，较上年增加 4 641 元。全年实现利税 3 424 万元，较上年减少 1 874 万元，其中：税金 2 577 万元，较上年增加 268 万元；利润 847 万元，较上年减少 2 143 万元。主要是企业转型产业模式，由高耗能、污染型向清洁能源型发展过程中，较上年利润减少 2 062 万元。

八、农垦科研、教育、农产品认证情况

2016 年年末有场直属科研单位 1 个，进行酿酒研发，从业人员 86 人，其中科技人员 75 人。科研经费 280 万元，其中省地局自筹 30 万元，企业自筹 250 万元。

发展少数民族教育，解决高原地区读书难问题。2016 年有凉山彝族自治州木里县藏族小学 2 所，教职工 4 人，在校学生 30 人。

截至 2016 年年末，垦区认证了 6 个茶叶类绿色、有机食品、无公害食品，带动农户 3 350 户。已认证 A 级绿色食品面积 167 公顷，产量 120 吨；已认证有机食品面积 282.2 公顷，产量 228 吨；已认证无公害食品面积 113 公顷，产量 125 吨。

贵州农垦 2016 年经济和社会发展统计公报

贵州省农业厅农垦局

2016 年，贵州农垦系统在各级党委政府的领导和支持下，基本完成垦区危房改造工作进度，产业上调整和优化种植业、养殖业结构。经过全系统广大干部职工的共同努力，艰苦奋斗，克服了种种困难，2016 年保持了经济增长的好势头，人均收入水平得到大幅提高，农场竞争力得到较大提高，经济和社会发展取得了较好的成绩，全垦区生产总值 4.3 亿元，比上年增加 1 000 万元，实现盈利 720 万元，实现贵州垦区连续 14 年盈利。

一、基本情况

2016 年贵州垦区农垦企业 37 个，和 2015 年持平；农垦年末总人口为 23 845 人，比上年减少 262 人，年末在职职工总数为 4 374 人，比上年减少 253 人；人均纯收入 7 830 元，比上年增加 817 元，增长 11.5%。

二、农业情况

农牧渔业总产值 46 537 万元（现价），比上年增加 11 882 万元，增加 34.3%，原因：一是贵州省垦区奶牛场近两年来大规模更新奶牛种群，牛奶产量和质量大幅增加；二是贵阳市垦区合并成立集团公司后，统计口径变化，2017 年预计还将以两位数幅度增长。垦区总面积 17 208 公顷，与上年没有变化；农作物播种面积 2 655 公顷；粮食产量 6 268吨，比上年均有小幅减少；茶叶产量 5 120 吨，比上年增加 360 吨；水果产量 12 965 吨，比上年增加 795 吨，连续两年贵州垦区水果产量突破万吨；牛奶产量 50 112 吨，比上年增加 2 277 吨，也是贵州垦区牛奶产量首次突破 5 万吨；奶牛存栏数 1.71 万头，比上年减少 0.62 万头，原因为 2016 年淘汰了大量的低产奶牛。

三、工业情况

工业总产值 70 934 万元（现价），比上年增加 4 510 万元，增幅 6.4%。原煤产量为 0，原因为贵州垦区唯一煤矿 2015 年 5 月再次冒顶停工至今，预计 2017 年仍难以恢复生产；混合饲料产量 23 810吨，比上年增加 10 倍，原因是饲料厂年产能 4 万吨改造工程第一期完工投产，2017 年还将有较大幅度增加；名优茶产量超过 1 400 吨；水电发电量 120 万千瓦时，与上年持平。

四、评价

1. 主要问题

2016 年，贵州农垦总体形势保持良好势头，自然灾害的影响较 2015 年小，其中水果获得历史上最大丰产，全垦区继续保持盈利，为历史最高水平。在农垦系统进入社会养老统筹后，虽然保障了退休职工的养老金，但企业缴费负担仍然十分沉重，部分企业不能按时缴纳社保基金现象仍然存在，特别是职工医疗保险方面，因没有统一政策，各农垦农场入保方式、补贴水平不一，职工困难较大；各地区企业办社会职能因为各方面原因暂时不能剥离，企业负担仍然严重；垦区危房改造全面推进后，职工出现大面积借债建房，负债较高，这些已成为制约贵州省农垦企业进一步发展的主要因素。

2. 发展形势

2016 年，贵州省垦区在加大企业改革力度的情况下，通过经济转向，着重加大了效益明显的产业投入，特别是乳业、茶业和水果业有较大的发展，茶叶生产由以往的生产普通茶重点转向生产名优茶为主，质量得到提高，因而增加了产品的附加值，提高了经济效益；乳业在得到地方政府支持后，2016 年淘汰了老弱种牛 0.7 万头，新增的优质品种奶牛 0.4 万头已全面投产，单产明显超过原有牛群，2017 年计划再增加 0.3 万头高产奶牛。

云南农垦2016年经济和社会发展统计公报

云南农垦集团有限责任公司

2016年，云南农垦系统深入贯彻落实习近平总书记系列重要讲话和考察云南重要讲话精神，全面贯彻落实党中央、国务院和省委、省政府关于农垦工作的决策部署，在省委、省政府的正确领导和农业部农垦局的关心支持下，垦区广大干部职工凝心聚力、攻坚克难、开拓创新、扎实工作，农垦改革不断深化，经济保持持续增长，职工收入增加，社会和谐稳定，实现了“十三五”的良好开局。

一、垦区生产总值保持持续增长态势，整体经济形势良好

第一、二、三产业同比均有不同程度增长。

表1　云南农垦2016年生产总值

指标名称	计量单位	2016年	2015年	同比增加量	同比增长（%）
垦区生产总值	万元	584 530	520 265	64 265	12.4
第一产业	万元	300 475	282 589	17 886	6.3
第二产业	万元	42 781	41 056	1 725	4.2
其中：工业	万元	40 229	37 141	3 088	8.3
建筑业	万元	2 552	3 915	−1 363	−34.8
第三产业	万元	241 274	196 620	44 654	22.7
第一产业比重	%	51.4	54.3	−2.9	
第二产业比重	%	7.3	7.9	−0.6	
第三产业比重	%	41.3	37.8	3.5	

2016年云南农垦实现生产总值（现价，下同）58.45亿元，同比增长12.4%。其中第一产业增加值30.05亿元，同比增长6.3%；第二产业增加值4.28亿元，同比增长4.2%；第三产业增加值24.12亿元，同比增长22.7%（表1）。

2016年云南农垦一、二、三产业比重为51.4∶7.3∶41.3。

全年共完成工农业总产值76.6亿元，其中工业总产值18.9亿元，农业总产值57.7亿元，同比分别增长11.2%、32.3%、5.6%。

二、农业生产在橡胶价格长期处于低谷的情况下，垦区主要农作物种植规模稳定、农产品产量不同程度增长，但甘蔗和咖啡不同程度减产

2016年云南农垦实现农业总产值57.70亿元（现价，下同），同比增长5.6%。其中种植业产值15.14亿元，同比增长7.3%；林业产值36.95亿元，同比增长2.5%；牧业产值4.40亿元，同比增长31.7%；渔业产值1.16亿元，同比增长4.1%（表2）。

表 2　云南农垦 2016 年农业产值情况

指标名称	计量单位	2016 年	2015 年	同比增加量	同比增长（%）
农业总产值	万元	576 955.4	546 124.4	30 831.0	5.6
一、种植业产值	万元	151 359.8	141 123.0	10 236.8	7.3
二、林业产值	万元	369 461.5	360 359.1	9 102.4	2.5
其中：橡胶产值	万元	354 373.3	344 382.5	9 990.8	2.9
三、牧业产值	万元	43 958.0	33 371.0	10 587.0	31.7
四、渔业产值	万元	11 572.9	11 115.0	457.9	4.1
五、农林牧渔服务业产值	万元	602.8	156.3	446.5	285.7

橡胶、茶叶、水果、蔬菜瓜果、粮食、肉类、水产品等主要农产品产量有不同幅度的增长。面对天然橡胶价格持续走低的状态，垦区各级、各单位在稳定传统优势产业的基础上，着力调整优化农业产业结构，积极加快热带特色农业发展步伐，反季节蔬菜、茶叶、热带水果、畜牧业、渔业、农林牧渔服务业等特色产业呈现良好的发展态势。

1. 橡胶种植面积、投产面积保持稳定，橡胶产量有所增长

2016 年年末，垦区共种植橡胶 148 605 公顷（含农垦非公经济及农垦控制的境外胶园面积），基本保持上年水平，其中国有橡胶 118 641 公顷。橡胶投产面积同比基本持平，2016 年橡胶平均开割面积 104 355 公顷，同比增长 0.2%。

2016 年垦区生产橡胶 15.18 万吨，同比增产 0.62 万吨，同比增长 4.2%；其中国有橡胶产量 12.18 万吨，同比增产 0.61 万吨，增幅 5.3%。全垦区橡胶平均亩产 97.1 千克，平均株产 4.4 千克，同比分别增长 4.2%、4.8%（表 3）。

表 3　云南农垦 2016 年橡胶生产情况

指标名称	计量单位	2016 年	2015 年	同比增加量	同比增长（%）
年末橡胶面积	公顷	148 605	149 492	−887	−0.6
其中：国有橡胶	公顷	118 641	119 201	−560	−0.5
年末橡胶株数	万株	5 541	5 801.7	−260.7	−4.5
橡胶年均开割面积	公顷	104 355	104 176	179	0.2
橡胶总产量	吨	151 883	145 713	6 170	4.2
其中：国有橡胶	吨	121 766	115 644	6 122	5.3
橡胶平均亩产	千克	97.1	93.2	3.9	4.2
橡胶平均株产	千克	4.4	4.2	0.2	4.8
收购加工橡胶	吨	164 763	175 617	−10 854	−6.2

2016 年全年收购加工橡胶 16.48 万吨，同比下降 6.2%。生产成本居高不下，2016 年垦区橡胶平均生产成本为 1.75 万元/吨，高于年平均销售价格。

橡胶销售价格连年下滑，2013 年橡胶销售均价为 18 300 元，2014 年为 12 725 元，2015 年为 11 266 元，2016 年为 11 029 元。

2. 茶叶种植面积稳定，茶叶产量、产值同比增加

2016 年年末垦区茶叶种植面积 4 655 公顷，与上年基本持平。全年生产干毛茶 10 919 吨，同比增加 700 吨，增幅为 6.8%。实现产值 1.86 亿元，同比增长16.5%。

3. 水果种植面积、产量、产值不同程度增加

垦区各级、各农场积极调整产业结构，扎实推动热作示范园建设，水果产业发展迅猛。东风农场东试早柚子、河口四农场的香蕉、弥勒东风农场的葡萄、堂上农场的柑橘、勐底农场的芒果已成为农垦优质水果的龙头。

2016年垦区水果种植面积达到12 528公顷，同比增加766公顷，增长6.5%。水果产量25.21万吨（其中：香蕉15.26万吨、柑橘橙柚1.41万吨、葡萄4.31万吨、菠萝2.09万吨、芒果1.39万吨），同比增加0.26万吨，增长1.1%。实现产值7.28亿元，同比增长3.1%。

4. 粮食种植面积下降，由于单产提高粮食产量增加、产值增长

2016年垦区粮食种植面积10 393公顷，同比下降4.9%，生产粮食64 152吨，同比增长8.1%。实现产值1.82亿元，同比增长9.8%。

5. 糖料（甘蔗）的种植面积、产量、产值不同程度下降

2015/16榨季垦区种植甘蔗4 135公顷，同比下降8.2%，整个榨季产甘蔗40.61万吨，同比下降18.1%。实现产值1.77亿元，同比下降17.2%。

6. 畜牧业、渔业生产与上年相比不同程度增长

由于畜牧业、渔业增收效果显著，垦区各单位加大畜牧业、渔业扶持力度。2016年垦区肉类总产量为12 443吨，同比增长27.7%。实现牧业产值4.40亿元，同比增长31.7%。

全年生产水产品8 991吨，同比增长6.5%；实现渔业产值1.16亿元，同比增长4.1%。

云南农垦主要农业生产情况见表4。

表4 云南农垦2016年主要农业生产情况

指标名称	计量单位	2016年	2015年	同比增加量	同比增长（%）
粮食作物播种	公顷	10 393	10 924	−531	−4.9
粮食总产量	吨	64 152	59 358	4 794	8.1
粮食产值	万元	18 246	16 621	1 625	9.8
甘蔗种植面积	公顷	4 135	4 502	−367	−8.2
甘蔗产量	吨	406 107	495 874	−89 767	−18.1
甘蔗产值	万元	17 732	21 420	−3 688	−17.2
蔬菜瓜果种植面积	公顷	1 962	1 610	352	21.9
蔬菜瓜果产量	吨	42 218	28 590	13 628	47.7
蔬菜瓜果产值	万元	15 283	7 566	7 717	102.0
茶叶种植面积	公顷	4 655	4 646	9	0.2
茶叶产量	吨	10 919	10 219	700	6.8
茶叶产值	万元	18 578	15 941	2 637	16.5
水果种植面积	公顷	12 528	11 762	766	6.5
水果总产量	吨	252 093	249 464	2 629	1.1
水果产值	万元	72 782	70 600	2 182	3.1
咖啡种植面积	公顷	1 015	1 035	−20	−1.9
咖啡产量	吨	1 446	1 557	−111	−7.1
热带亚热带作物产值	万元	7 887	8 094	−207	−2.6
肉类总产量	吨	12 443	9 741	2 702	27.7
牧业产值	万元	43 958	33 371	10 587	31.7
水产品产量	吨	8 991	8 440	551	6.5
渔业产值	万元	11 573	11 115	458	4.1

三、第二产业保持了增长，但增幅下降

工业增加值、工业总产值同比均保持了增长，但企业盈利能力不及上年。建筑业同比下降。

2016 年垦区共完成第二产业增加值 4.28 亿元，同比增长 4.2%，其中工业增加值 4.02 亿元，同比增长 8.3%。2016 年垦区共实现工业总产值 18.91 亿元，比上年增长 4.62 亿元，同比增长 32.3%，其中国有企业完成工业总产值 11.10 亿元，比上年增加 0.21 亿元，同比增长 1.9%。

发电、锯材及人造板材、精制茶、马铃薯片、水泥、钢模板、热作机械等工业品产量均保持了增长（表 5）。

表 5　云南农垦 2016 年主要工业产品产量

指标名称	计量单位	2016 年	2015 年	同比增加量	同比增长（%）
食糖	吨	56 754	71 137	−14 383	−20.2
酒精	吨	1 143	5 451	−4 308	−79.0
发电量	万千瓦时	40 517	34 984	5 533	15.8
各种胶鞋	万双	360	412	−52	−12.6
锯材及人造板材	米^3	61 695	53 224	8 471	15.9
精制茶	吨	9 401	7 396	2 005	27.1
马铃薯片	吨	1 326	1 074	252	23.5
咖啡粉	吨	149	359	−210	−58.5
水泥	吨	238 405	183 732	54 673	29.8
钢模板	吨	8 022	6 050	1 972	32.6
汽车配件	套	8 784	9 351	−567	−6.1
热作机械	台	210	109	101	92.7

2016 年垦区各工业企业加大销售力度，产品销售率好于上年。各工业企业全年完成工业销售产值 19.55 亿元，同比增长 39.9%。工业品产销率为 103.3%，比 2015 年提高 5.6 个百分点。但由于由于综合成本的上升，垦区各类工业企业全年实现利润呈减少态势。垦区各类工业企业全年实现利润 2 795 万元，同比下降 6.6%。且亏损企业亏损额有加大的趋势，2016 年垦区亏损工业企业亏损额达 4 217 万元，同比增长 6.5%，其中国有亏损工业企业亏损额 4 197 万元，同比增长 7%。

由于农垦各类建筑业企业呈现小、散、弱的特点，2016 年垦区各类建筑业企业承揽建筑工程面积 6.86 万米^2，同比下降 29.2%。实现建筑业增加值 2 552万元，比上年减少 1 363 万元，同比下降 34.8%。

四、第三产业继续保持高速增长态势，但增速下降

2016 年全垦区第三产业实现增加值 24.13 亿元，比上年增加 4.46 亿元，同比增长 22.7%。

1. 交通运输业同比保持增长

2016 年垦区拥有各类主要运输工具 7 642 辆，交通运输业实现营业收入 36 542 万元，同比增长 8.2%。实现利润 13 689 万元，同比增长 161.7%。上缴税金 1 564 万元，同比增长 112.2%。

2. 批发零售贸易业大幅增长

2016 年垦区批发零售贸易业实现营业收入 131.19 亿元，同比增长 170.4%。实现利润 2.69 亿元，同比增长 77.8%。上缴税金 8 363 万元，同比增长 182.6%。

3. 住宿和餐饮业继续快速增长

2016 年垦区住宿和餐饮业营业收入 45 178 万元，同比增长 15.8%。实现利润 9 518 万元，同比增长 70.8%。上缴税金 2 616 万元，同比增长 13.0%。

4. 服务业保持快速增长

2016 年垦区服务业实现营业收入 50 824 万元，同比增长 43.6%。实现利润 17 608 万元，同比增长 88.3%。上缴税金 2 379 万元，同比增长 98.7%。

5. 其他三产企业同比保持增长

2016 年垦区其他三产企业实现营业收入 46 459万元，同比增长 7.1%。实现利润 16 964 万元，同比增长 487.4%。上缴税金 2 059 万元，同比增长 29.3%。

五、固定资产投资保持增长

2016年，全垦区固定资产投资总额为15.85亿元，比上年增加1.86亿元，同比增长13.3%。第一产业投资额2.21亿元，比上年增加930万元，同比增长4.4%。由于橡胶价格持续低迷，橡胶生产投资下降。2016年垦区橡胶生产投资额1.40亿元，比上年减少2 069万元，同比下降12.8%；第二产业投资额0.86亿元，同比增长14.7%；第三产业投资额12.78亿元，同比增长14.9%。

全垦区国有经济投资额为8.02亿元，比上年增加2 464万元，同比增长3.2%。

六、垦区从业人员年均收入继续增长

2016年垦区从业人员年均收入1.95万元，同比增长7.5%。2015年为1.83万元，2014年为1.46万元。

七、非公经济及管区经济继续保持快速增长态势

2016年云南垦区非公经济及管区经济实现生产总值32.81亿元，占垦区生产总值的56.1%，非公经济生产总值同比增长13.3%。

非公经济及管区经济劳动报酬17.17亿元，比上年增加0.61亿元，同比增长3.7%。

非公经济及管区经济上缴税金13 166万元，比上年增加5 958万元，同比增长82.7%。

非公经济及管区经济实现利润8.29亿元，比上年增加3.23亿元，同比增长63.8%。

陕西农垦2016年经济和社会发展统计公报

陕西省农垦集团有限责任公司

2016年是“十三五”规划的开局年，也是全面贯彻中央农垦改革发展文件的起步年。一年来，集团公司领导班子以党的十八大和十八届三中、四中、五中、六中全会精神为指导，认真贯彻落实新的发展理念和农垦改革发展文件精神，紧紧围绕率先实现农业现代化和率先全面建成农垦小康社会奋斗目标，以现代农业建设为主线，以开放办垦为抓手，主动适应引领经济新常态，推进农业供给侧结构性改革，牢牢把握经济发展的主动权，农垦经济在宏观经济增速继续回落、农产品价格持续走低和农业自然灾害频繁等复杂形势下，继续保持良好的发展势头，2016年全省农垦实现生产总值43 476万元（现价，下同），同比增加2.79%。其中：第一产业增加值30 870万元，同比增长5.6%；第二产业增加值4 931万元，同比减少12.88%；第三产业增加值7 675万元，同比增长3.66%。

全省实现农业总产值38 109万元，农林牧渔服务业总产值3 850万元，工业总产值12 782万元。

一、农业

面对农业自然灾害频繁、农产品市场复杂多变和企业贸易经营风险增大的形势，全省农垦立足于抗灾减灾夺丰收，防范风险促贸易，有针对性地采取各种应对措施，突出抓好夏粮抢收、移库防霉烂和促销，大力推进玉米粮改饲，狠抓大樱桃等果品销售，积极稳妥开展农产品贸易，实现了企业经济稳定增长。

一是粮食生产和贸易再创新高。农场自产小麦已全部销售，收入6 413万元。全年种植玉米产值2 340万元。收获青贮饲料玉米面积5万亩，销售青贮原料1亿千克，收入2 900万元。农产品贸易收入合计超过8亿元，占集团营业总收入的70%以上，贸易利润接近营业总利润的20%。

二是水果生产和贸易出现新亮点。大樱桃因花期受冻减产，但华阴农场大棚樱桃效益可观，41亩大棚樱桃产量2.94万千克，销售收入129.42万元，扣除当年生产成本和大棚折旧摊销等费用，纯利润32.95万元，平均亩产718千克，亩收入3.16万元，亩纯利润8 035元，取得较好收益，为大樱桃产业转型升级指出了方向。朝邑农场大棚冬枣挂果投产，华阴农场红提葡萄开展了新的品牌塑造和营销探索。

三是加强农业基础设施建设，农业综合生产能力和持续发展后劲稳步提高。各农场狠抓强农惠农富农政策落实，通过国家扶持的农业综合开发、扶贫、高标准农田示范、三产融合等重点项目和自筹资金，大力加强农业基础设施建设，华阴农场、大荔农场省级现代农业示范园区增加新的亮点，朝邑农场引黄灌溉工程取得重大进展，直接投资858万元，工程全部完工后可灌溉面积2 266.7公顷，有效解决了农场水利灌溉问题。

不断深化开放办垦，合作项目显现成效。

一是与重庆农垦的奶业合作已初步开花结果，现代奶业体系进一步延伸完善。2016年，在万头奶牛场的基础上投资1 100万元建设了主题为“幸福牛、智慧心”的体验式观光配套设施。截至2016年年底，奶牛存栏8 354头（因持股比例小于重庆农垦，未列入报表统计范畴），生产鲜奶41 663吨，销售生鲜奶40 901吨，牛奶蛋白含量、菌落总数等指标均优于欧盟标准，实现营业收入1.72亿元、利润总额1 667.9万元。中垦乳业30万吨乳制品加工基地项目目前已进入设备安装调试阶段。同时，奶业循环经济链不断延伸，配套建设了1 333.3公顷优质牧草基地，朝邑生物有机肥厂2015年销售有机肥8 000多吨，产品辐射陕西、山西、甘肃、河南四省50多个市县，还出口销售至朝鲜。对西安草滩牧业并购工作也在抓紧进行。

二是和江苏农垦的种业合作项目持续推进。在整合农垦种业资源、组建陕垦大华种业公司、成立农作物研究所的基础上，2016 年继续加强配套规模制种、仓储晒场、加工检验等环节。在良种研发、试验和推广方面，安排小麦杂交组合 25 个，品系比较试验 12 个，申报区试品种 5 个，引进、试验示范农作物新品种 45 个。完成小麦种子收储、销售 10 042 吨，其中农垦自有品种 2 000 吨，为省直各农场统供玉米种子 1 800 公顷。由省农业厅支持的1 000万元种子生产加工能力建设项目已建设实施。

三是华阴农场、沙苑农场赴新疆种植棉花 733.3 公顷，华阴农场赴内蒙古种植马铃薯 333.3 公顷，收效良好。

四是华阴农场现代农业生态旅游观光综合体项目已引资成功，规划投资近百亿元。目前合作方正在做整体规划和前期项目开工准备工作。

五是在省农业厅支持下，南北名优特农产品联展直销平台 2016 年 6 月揭牌运营，同时，以此平台为载体开始了陕西名优特农产品贸易经营的实践探索，与海南农垦、云南农垦就搭建农产品贸易合作平台进行了沟通协商，云南平台建设已经完成，与北京二商集团等企业进行了产销合作对接洽谈。

六是围绕“一带一路”，积极谋划布局在哈萨克斯坦、塔吉克斯坦、吉尔吉斯斯坦等中亚国家开展农业合作。

2016 年陕西农垦共产粮食 87 031 吨。主要农作物产量如下：稻谷 1 441 吨，小麦 36 812 吨，玉米 42 012 吨，大豆 1 484 吨。油料合计 1 255 吨，其中花生 618 吨，向日葵 637 吨。棉花 575 吨，水果总产量 7 819 吨，蔬菜、瓜类 33 722 吨。

2016 年农垦克服畜禽类疫病影响，共生产牛奶 3 544 吨，肉类 1 291 吨，禽蛋 51 吨，水产品 43 吨。存栏奶牛 0.1 万头，猪 1.25 万头，羊 3.96 万只。

二、工业

农垦是一个特殊的社会经济系统，具有企业性、社会性、区域性等多重特征。要准确把握农垦的这些行业特征和内在规律，在农业部农垦局的宏观指导和有关配套政策的支持下，借鉴兄弟垦区的成功经验，积极稳妥地推进工业体制改革。

2016 年全省共实现工业总产值 12 782 万元。

2016 年主要工业产品产量有：原煤 514 833 吨，液体乳 3 220 吨。

三、商贸服务业

2016 年年末商业经营单位 28 个，商品销售总额 385 万元。住宿餐饮业年末经营单位 22 个，营业收入 1 213 万元。服务业经营单位 18 个，营业收入 3 167 万元。

四、固定资产投资

全省农垦固定资产投资 13 678 万元，其中：第一产业 9 767 万元，占投资总额的 71.41%；第二产业 989 万元，占投资总额的 7.23%；第三产业 2 922 万元，占投资总额的 21.36%。

按投资来源划分，国家预算内资金 405 万元，自筹资金 13 153 万元，其他资金 120 万元。当年新增固定资产 2 552 万元。

五、劳动工资、人口

2016 年年末农垦社会从业人员 9 122 人，其中：第一产业 7 374 人，第二产业 334 人，第三产业1 414 人，分别占总数的 80.8%、3.7%、15.5%。

农垦从业人员中，国有经济从业人员 4 136 人，劳动报酬 11 276 万元。其中：在岗职工 4 028 人，劳动报酬 10 931 万元；其他从业人员 108 人，劳动报酬 235 万元。农场的国有经济从业人员有 3 828人，劳动报酬 10 088 万元。全年人均纯收入 9 450 元。

六、科研、文教、卫生

农垦现有医疗单位 12 个，医院 12 所，病床 242 张，从业人员 152 人，其中：医生 49 人。

近两年来，农垦办中小学校部分移交地方政府，农垦现有学校 1 所，教职工 24 人，其中：教师 24 人。在校生 1 766 人，当年新招生 752 人，当年毕业生 55 人。

甘肃农垦 2016 年经济和社会发展统计公报

甘肃省农垦集团有限责任公司

2016 年是农垦“十三五”规划实施的开局之年，也是改革发展的关键之年。一年来，面对复杂形势和多重挑战，甘肃农垦在省委、省政府的正确领导下，在农业部农垦局和省国资委的监管支持下，认真贯彻党的十八大、十八届三中、四中、五中、六中全会精神和习近平总书记系列重要讲话精神，以新发展理念为指导，着力推进供给侧结构性改革，坚持求真务实发展农垦事业，攻坚克难，主动作为，真抓实干，扎实推进重点工作部署落实，垦区经济运行保持了平稳、持续、健康发展的良好态势。

一、综合

2016 年，垦区上下紧紧围绕集团公司“十三五”规划，落实各项决策部署，从容应对经济形势下行压力和冻灾、风灾、干旱等农业自然灾害，以降本提质增效为抓手，坚持经营指标不降，思路措施不变，政治责任心不变，同心同德，攻坚克难，真抓实干，全面完成了本年度的经营目标任务。青岛啤酒（甘肃）农垦股份有限公司为甘肃农垦参股企业，所以 2016 年未将该企业纳入统计范围，导致垦区 2016 年各项经济指标均有下降。

垦区全年实现国内生产总值 13.66 亿元，比上年减少 2.41 亿元，降低 15%。其中：第一产业增加值 8.18 亿元，比上年减少 1.34 亿元，降低 2.03%；第二产业增加值 4.1 亿元，比上年减少 2.21 亿元，降低 35.02%；第三产业增加值 1.38 亿元，比上年减少 0.03 亿元，降低 2.13%。第一、二、三产业增加值占垦区生产总值的比重分别为 60%、30%、10%。人均国内生产总值 13 034 元，比上年减少 2 353 元，下降 15.2%。全年实现营业收入 38.99 亿元，比上年减少 6.53 亿元，降低 14.4%。

二、第一产业

2016 年垦区以“三大一化”和“三集中统一经营”为抓手的现代化建设继续推进。农业产业化、组织化、市场化水平不断提高，农业生产按照“六统一”的方式进行经营和管理，即：统一订单种植、统一农资供应、统一技术服务、统一收购结算、统一生产加工、统一对外销售，产业化生产经营方式加快转变，垦区农业现代化建设示范带动作用持续增强。垦区内“干播湿出、精量播种、配方施肥、水肥一体化”等先进农业技术大面积推广，不断总结交流和推广农业现代化实践中的成功经验，推进了农机农艺的融合，强化垦区职工及管理人员专业知识培训，持续提高广大职工的专业技术水平和管理水平。

垦区已形成葡萄酒、草业、马铃薯、食品、药业和畜牧六大产业集团。按照“形成集团公司＋产业集团＋基地农场＋家庭农户”四位一体的经营模式，实现集团公司战略管控、产业集团利润形成、基地农场、家庭农户成本控制的现代农业生产体系、产业体系和经营体系。实现人、财、物、产、供、销一体化管理，打造全产业链经营体系。垦区依托武威国际陆港的区位优势和产业集群优势，创建黄羊河国家级现代农业示范区，依托条山国家级果品示范基地优势，建设条山国家级果品机械化、信息化现代农业示范区，目前创建工作正有序开展。持续跟进甘肃农垦“一区三园”建设（即黄羊河全省现代农业示范区、条山高标准果园示范园、敦煌高标准瓜果示范园、天牧乳业高标准奶牛养殖示范园），为垦区农业现代化建成示范窗口，将在很大程度上助推垦区整体农业现代化进程。

垦区受到市场经济下滑与自然灾害的影响，积极调整种植结构，压缩粮食种植面积，多种植油料、苜蓿等经济作物，使垦区种植业能平稳发展。全年完成农作物种植面积 64.66 千公顷，比上年增加0.9千公顷，增长1.41%；粮食作物种植面积20.5千公顷，比上年减少10.24千公顷，降低33.31%；果园面积3.85千公顷，比上年减少1.33千公顷，降低25.69%；果品产量5.7万吨，比上年减少1.25万吨，降低17.99%。

主要作物种植面积见表1，主要农产品产量见表2，牲畜年末存出栏总数及主要畜产品产量见表3。

表1　2016年主要作物种植面积

指标名称	计量单位	面积	比2015年增长（%）
小麦	千公顷	0.44	—58.08
玉米	千公顷	11.17	—28.97
豆类	千公顷	0.27	—23.63
薯类	千公顷	3.70	40.54
棉花	千公顷	4.17	—40.80
油料	千公顷	7.13	32.65
啤酒花	千公顷	0.77	—9.12
药材	千公顷	4.43	—0.18
牧草	千公顷	14.53	67.61

表2　2016年主要农产品产量

指标名称	计量单位	产量	比2015年增长（%）
小麦	万吨	2.38	—60.29
玉米	万吨	10.22	—49.15
豆类	万吨	0.06	—23.90
薯类	万吨	1.16	—64.82
棉花	万吨	0.45	—59.89
油料	万吨	2.31	23.00
啤酒花	万吨	0.19	—15.57
牧草	万吨	19.92	302.15

表3　2016年牲畜年末存出栏总数及主要畜产品产量

指标名称	计量单位	产量	比2015年增长（%）
猪年末存栏	万头	1.19	—21.19
猪年末出栏	万头	1.76	—10.20
牛年末存栏	万头	1.44	9.92
牛年末出栏	万头	0.39	62.50
羊年末存栏	万头	19.65	—14.75
羊年末出栏	万头	11.52	—19.04
家禽年末存栏	万只	23.70	—0.50

（续）

指标名称	计量单位	产量	比2015年增长（%）
肉类总产量	吨	4 121	—22.60
禽蛋产量	吨	2 252	—7.48
牛奶产量	吨	20 552	32.30

三、第二产业

2016年，垦区共有工业企业45个，其中：规模以上18个。全年实现工业总产值（现价）10.16亿元，比上年减少5.93亿元，降低36.84%；工业销售产值10.53亿元，比上年减少4.53亿元，降低30.06%；主营业务收入12.47亿元，比上年减少6.06亿元，降低32.71%。利润总额为—0.16亿元。

垦区工业企业大力推行“5S”管理和精益制造，有效降低生产经营成本，提高经济运行水平。如薯业集团通过采取有力措施降成本、提品质，全粉加工每吨成本降低近1 000元；普安公司加大技改和销售力度，产品产销突破1 000万瓶，并出口吉尔吉斯斯坦，成为甘肃中成药第一个出口到国外的产品；药物碱厂和农垦药材公司通过新产品研发、新业务拓展，保持了企业经营稳定；宏远电站大力推进精细化管理，实现利润760万元；西部水泥公司加快产品结构调整，生产销售高强级和特种水泥1万吨。

垦区建筑业共有单位3个，其中国有及国有控股单位2个。受市场经济大环境影响，垦区建筑行业整体效率低、收益差、负担过重、竞争也相对激烈，全年实现增加值0.16亿元，比上年减少0.02亿元，降低54.29%，年末垦区建筑业从业人员662人，全年施工建筑房屋面积10.73万米^2，其中新开工面积8.5万米^2。

四、第三产业

全年垦区实现第三产业增加值1.38亿元，比上年减少0.03亿元，降低2.13%。

运输业保持稳定增长态势，全年实现增加值0.06亿元，比上年增加0.01亿元，增长20%。年末垦区运输业从业人员133人，拥有各种运输车辆90台，全年完成货运量81.47万吨，客运量32.06万人。

批发零售业受市场经济疲软的影响，全年实现增加值 0.38 亿元，比上年减少 0.14 亿元，降低 26.92%。年末批发零售业拥有网点数 170 个，从业人员 514 人。

住宿餐饮业继续保持稳定增长态势，全年实现增加值 0.18 亿元，比上年增加 0.04 亿元，增长 28.57%。年末住宿餐饮业营业网点 54 个，从业人员 321 人。

五、固定资产投资

固定资产投资保持稳定增长，一批经济发展新产能新动能培育形成。全年新建和续建项目 36 个，其中生产性项目 30 个，非生产性项目 6 个，完成固定资产投资 6.62 亿元。各企业基本都有大小项目投建、都有新生产线改造和新生产力提升。一批重点项目建成投产，其中重点骨干项目普安股份兰州新区项目完成投资 7 800 万元，天牧乳业奶牛养殖项目完成投资 6 500 万元，亚盛股份万吨马铃薯全粉生产线项目完成投资 9 500 万元，高效节水项目完成投资 1.3 亿元。土地整理、保障性安居工程、退耕还林、农业综合开发等项目，完成投资 1.2 亿元。

近年来，由集团公司作为投资主体，建成的宏远水电站项目投产两年内实现大幅盈利；天牧奶牛养殖、饮马肉牛养殖两个项目建成投产，项目建设层次和水平在同行业中居于先进水平；敦煌规划项目完成垦区 6 家农场、16.7 千公顷耕地的节水改造，极大地改善了农业生产条件。

六、教育、卫生、科研

2016 年，垦区共有各类学校 2 所，其中：成人高等学校 1 所，共有教职工 109 人，其中教师 83 人，在校学生 9 000 人；成人中等专业学校 1 所，共有教职工 32 人，其中教师 24 人，在校学生 1 302 人。

垦区共有医疗单位 37 个，其中：场属医疗单位 22 个，从业人员 305 人；分场属医疗单位 15 个，从业人员 29 人。

年末垦区科研单位 9 家，从业人员 146 人，其中科技人员 80 人。用于科研的经费 99.35 万元，其中：省地局自筹 5 万元，企业自筹 94.35 万元。

七、人口、社会保障

2016 年年末垦区总人口 10.48 万人，社会从业人员 31 051 人，比上年减少 714 人，降低 2.25%，其中：第一产业从业人员 23 457 人，比上年增加 971 人，增长 4.32%；第二产业从业人员 4 835 人，比上年减少 1 590 人，降低 24.75%；第三产业从业人员 2 759 人，比上年减少 95 人，降低 3.33%。

社会保障事业进一步完善。参加社会统筹养老保险的在册职工人数 13 916 人，占应参保在册职工人数的 100%，年末农垦企业职工社保关系移交全部完成，垦区在职职工和离退休人员社保关系移交地方管理，这在农垦发展中具有重大意义。

青海农垦2016年经济和社会发展统计公报

青海省农垦局

2016年青海垦区认真贯彻中央和省1号文件，牢牢坚持稳中求进的总基调，努力落实稳增长、促改革、调结构、惠民生、保稳定一系列政策措施，攻坚克难，锐意进取，垦区稳定发展，经济稳中有增，保持了平稳的发展势头。

一、综合情况

到2016年年底，农垦农牧场（企业）有20家，其中牧场9家，农场11家，垦区总人口46 858人，农场人口35 377人，社会从业人员18 718人，农场职工7 287人。2016年垦区生产总值4.01亿元，其中：第一产业3.28亿元，第二产业0.28亿元，第三产业0.45亿元，固定资产投资3 923万元，人均纯收入10 120元。

二、农业

全年农作物播种面积为35.3千公顷，其中：粮食作物15.4千公顷，粮食产量3.05万吨；油料作物10.9千公顷，油料作物产量0.80万吨。

三、畜牧

年末大牲畜11.30万头，其中牛11.16万头，羊22.53万只，肉产量3 312吨，羊毛产量592吨。

四、林业

全年造林面积2 978公顷，其中防护林2 333公顷，经济林645公顷，当年零星植树3万株，年末实有育苗面积15.7千公顷，成林抚育面积5 540千公顷。

宁夏农垦2016年经济和社会发展统计公报

宁夏回族自治区农垦事业管理局

2016年，是“十三五”开局之年，也是农垦集团深化改革、转型发展的重要一年。一年来，在自治区党委、政府的坚强领导下，宁夏农垦抢抓机遇，进一步推进改革发展，不断创新体制机制和经营管理，着力加快集团公司向现代企业转型，着力提升优势特色产业发展质量和效益，着力促进现代企业规范运营，坚持稳当前、打基础，谋长远、增后劲，努力推动企业持续健康发展，克服宏观经济下行压力，齐心协力，攻坚克难，垦区经济呈现出稳中有进、稳中向好的发展态势，实现了“十三五”的良好开局。

一、综合

2016年，宁夏农垦经济实力进一步增强。全年实现农垦生产总值（现价，下同）22.53亿元，比上年增长1.2%（图1）。其中，第一产业增加值12.41亿元，增长7.5%；第二产业增加值5.31亿元，下降15.5%；第三产业增加值4.81亿元，增长8.5%。一、二、三产业增加值构成比例为55∶24∶21（2015年比例为52∶28∶20）。

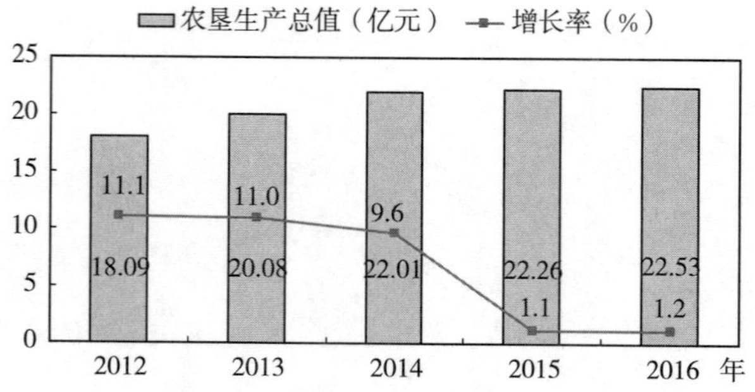

图1　2012—2016年农垦生产总值及增长速度

2016年垦区人均纯收入19 181元，比上年增加865元，增长4.7%，是全区农村居民人均可支配收入9 852元的1.9倍，是全区城镇居民人均可支配收入27 153元的70.6%。垦区职均收入32 399元，比上年增加1 524元，增长4.9%。

2016年垦区总户数45 648户，总人口148 197人，其中：达到小城镇规模农场个数14个。年末单位从业人员人数12 841人，其中：职工人数12 679人。离退休职工21 485人。年末单位从业人员工资总额50 994.01万元，职工人均工资收入37 874元，比上年增长13.5%。

二、农业

2016年，宁夏农垦聚焦现代农业主业，秉持“一特三高”理念，推动农业持续稳步发展。全年实现农林牧渔服务业总产值28.29亿元（现价，下同），比上年增长4.7%，其中：种植业15.91亿元，增长4.1%；林业0.37亿元，增长8.8%；牧业9.87亿元，增长3.9%；渔业1.19亿元，增长9.2%；服务业0.95亿元，增长17.3%（图2）。

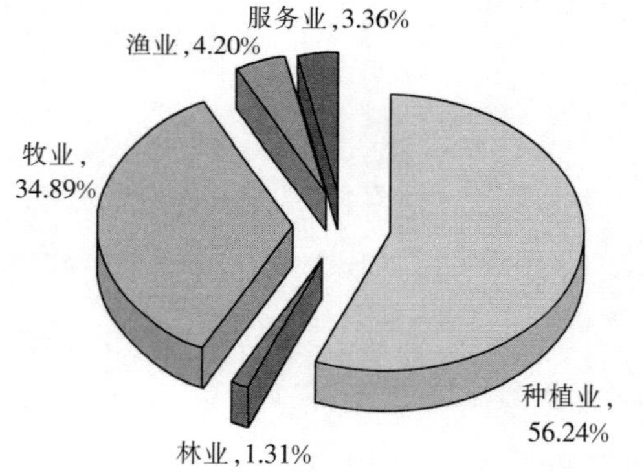

图2　农林牧渔业产值比例结构

种植业结构趋于优化。2016年农作物总播种面积42千公顷，比上年减少66.7公顷，减少0.2%。全年粮食播种面积约35千公顷，比上年减少1 133.3公顷，下降3.2%。其中：夏粮播种面积1 200公顷，增长50%，主要是受产业结构调整、限水和订单增加等影响，增长幅度较大；秋粮播种面积约34千公顷，下降4.4%，主要是受灌溉用水紧张的影响。春小麦播种面积1 120公顷，增长46.1%；冬小麦播种面积80公顷，增长71.4%；水稻播种面积9 220公顷，下降5.5%；

玉米播种面积24.18千公顷，下降4%。

全年粮食总产量35.4万吨，比上年下降2.8%，占自治区粮食总产量370.6万吨的9.6%。其中：夏粮产量0.83万吨，增长50.9%；秋粮产量34.58万吨，下降3.6%（表1）。

表1　2016年垦区种植业基本情况

产　品	计量单位	产　量	比上年增长（%）
粮食产量	吨	354 046	−2.8
其中：小麦	吨	8 281	50.2
水稻	吨	77 129	−3.3
玉米	吨	268 367	−3.7
油料	吨	2 802	−20.1
蔬菜	吨	67 560	2.8
水果	吨	53 102	−5.9
其中：葡萄	吨	30 334	−14.8

畜牧业健康发展。垦区国有奶产业实施节本增效与市场开拓双轮驱动，全年实现总产值5.42亿元，比上年增长8%，占畜牧业总产值的54.9%；年末奶牛存栏4.6万头，增长1.6%，占总存栏数的72.6%；奶产量21.1万吨，增长8.3%，占总产量的78.2%，鲜奶每千克成本降低0.54元，实现利润3 800万元，有效应对了乳品市场低迷的冲击，推动了垦区畜牧业的发展（表2）。

水产养殖业保持稳定。年末养殖面积7.2千公顷，与上年相比基本持平，全年水产品产量11 938吨，增长0.4%。

全年植树造林面积91公顷，其中：防护林91公顷。当年零星植树13.64万株。

2016年垦区不断完善农机标准体系建设，农作物综合机械化水平达到96%。年末农业机械总动力33.22万千瓦，增长4.7%；拥有大中型拖拉机2 599台，小型拖拉机1 606台，播种机533台，排灌动力机械1 406台，联合收割机517台，农用运输车2 665台。

表2　2016年垦区畜牧业基本情况

产品或存栏	计量单位	数　量	比上年增长（%）	产品或存栏	计量单位	数　量	比上年增长（%）
年末大牲畜存栏	头	52 488	2.2	羊出栏	只	55 086	13.4
年末牛存栏	头	52 373	2.2	生猪出栏	头	49 496	5.5
其中：奶牛	头	46 320	1.6	家禽出栏	百只	9 210	136.5
年末羊存栏	只	84 607	−2.4	肉类总产量	吨	8 563	27.5
其中：山羊		25 464	−6.5	其中：猪肉产量	吨	3 306	7.0
绵羊		59 143	−0.6	牛肉产量	吨	2 952	36.2
猪年末存栏	头	41 054	8.2	羊肉产量	吨	887	11.3
其中：能繁母猪	头	4 733	6.0	禽肉产量	吨	1 416	114.2
当年牲畜出栏				牛奶产量	吨	211 100	8.3
其中：牛出栏	头	19 031	34.6	禽蛋产量	吨	1 184	18.9

三、工业和建筑业

受市场及环境影响，垦区工业企业主要经济指标明显下降。年末垦区工业企业个数54个，其中：国有及年销售收入2 000万元以上的工业企业6个。全年实现工业总产值10.6亿元，比上年下降11.7%；实现工业增加值4.24亿元，下降9.4%，占第二产业增加值的79.8%，其中：西夏嘉酿啤酒有限公司实现工业增加值2亿元，下降6.5%，占工业增加值47.2%。垦区主要工业产品产量见表3。

表3　2016年垦区工业产品产量

产　品	计量单位	数　量	比上年增长（%）
鲜肉	吨	1 371	12.6
乳制品	吨	26 045	19.0
其中：酸奶	吨	1 085	10.2
饮料酒	千升	198 457	−4.6
其中：啤酒	千升	193 371	−4.7
白酒	千升	570	−16.8
葡萄酒	千升	4 504	2.3
其中：西夏王	千升	3 110	−0.3
混配合饲料	吨	29 410	−29.3
大米	吨	13 408	−20.2

受房地产市场持续低迷的影响，垦区建筑业今年无新开工面积，经济总量下降显著。年末建筑企业17个，从业人员1 663人，全年实现建筑业增加值1.07亿元，比上年下降33.6%，占第二产业增加值的20.2% 。当年房屋建筑施工面积50.7万米^2，总竣工面积0.1万米^2。

四、固定资产投资

2016年完成固定资产投资总额4.27亿元，比上年下降40.2%（图3）。其中：国有投资3.84亿元，下降43.6%，主要是2014年房地产公司开发新楼盘，2015年为后期续建，2016年没有新增开发面积，且无大的新建项目。

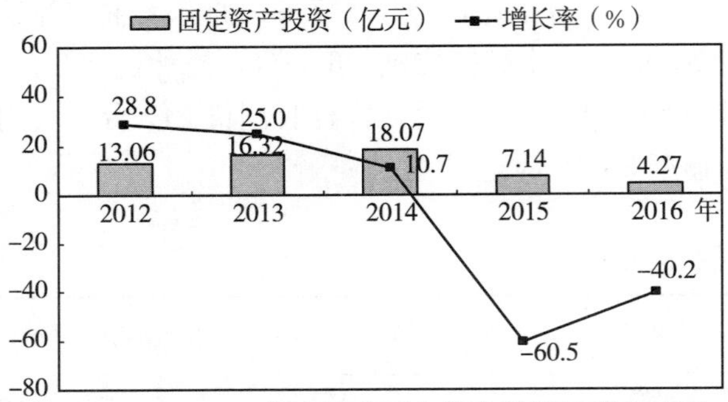

图3　2012—2016年全社会固定资产投资及增长速度

在当年固定资产投资中，基本建设完成投资4.08亿元，下降31.5%，占总投资额的95.6%；更新改造完成投资0.19亿元，下降83.9%，占总投资的4.4%。

当年固定资产投资项目中，完成奶牛场5万吨饲料厂后续配套项目0.45亿元；沙湖景区跨运河桥梁、基础设施、水环境治理及生态修复工程0.28亿元；示范园区农情监测、试点和配套等项目0.12亿元；高标准农田和小型农田水利建设项目0.57亿元；高效节水灌溉项目0.15亿元；大型泵站更新改造工程0.21亿元；巩固退耕还林项目0.1亿元；生态移民项目及库区移民项目0.3亿元；美丽场镇建设项目0.16亿元；金地大厦外装修0.41亿元。

五、交通运输业、批零贸易业、住宿和餐饮业、旅游业、房地产业及出口商品

2016年，全年拥有载货汽车348辆，载客汽车584辆，实现货运量149.5万吨，客运量375万人；实现营业收入9 047.8万元。

年末批零贸易业、住宿和餐饮业营业单位总数1 654个，从业人员4 579人，拥有固定资产原值30 334.8万元，营业用房面积9.9万米^2，实现社会消费品零售额44 587.4万元，比上年增长8.6%，其中：批发零售贸易业35 217.4万元，增长11.6%；住宿餐饮业9 370万元，下降1.5%。

垦区特色沙湖旅游业融入自治区全域旅游发展，荣获“全国顾客满意行业十大品牌”，成为全国旅游行业唯一获此殊荣的企业。全年接待游客110万人次，年末实现增加值9 923万元，实现旅游收入17 424万元，实现利润539万元，缴纳税金1 352万元，带动了垦区第三产业的发展。

垦区国有房地产开发企业加大“去库存”力度，年内销售面积5.36万米^2，收入26 164万元，利润4 663万元，缴纳税金2 560万元。

2016年垦区商品出口主要是供港蔬菜，年末商品出口总金额3 150万元，出口蔬菜3 031吨。

六、绿色、有机食品、无公害农产品

年末垦区绿色、有机、无公害农产品认证数44个，带动农户6 517人，其中：从事农作物蔬菜种植5个，带动农户1 423人，种植面积绿色A级128公顷，产量9 338吨；从事水果种植3个，带动农户470人，种植面积绿色A级684公顷，产量5 400吨；碧宝枸杞5个，带动农户450户，种植面积无公害农产品329公顷，产量1 269吨；西夏啤酒7个；西夏王葡萄酒9个，带动农户3 700人；灵农猪肉1个，带动农户265人，无公害农产品产量1 371吨；贺兰山清真羊肉系列羊肉5个；沙湖系列大米和金夏贡米4个，带动农户209人，绿色A级产量13 198吨；沙湖水产品5个。

七、科研

年末农垦科研单位1个；科研职工15人，其中：科研人员8人；争取科研经费12万元。

八、非国有经济

2016年垦区非国有经济实现生产总值7.42亿元，比上年下降1.7%，占垦区经济总量的32.9%，其中：第一产业增加值3.18亿元，第二产业增加值1.64亿元，第三产业增加值2.6亿元。各产业在非国有经济中的构成比例为43∶22∶35。年末非国有经济单位个数9 830个，从业人员27 510人，从业人员总收入47 296.4万元，实现利税16 256.2万元，其中利润14 264.8万元。

新疆生产建设兵团2016年经济和社会发展统计公报

新疆生产建设兵团统计局　国家统计局兵团调查总队

2016年，面对错综复杂的国内外经济形势，在党中央、国务院和自治区党委坚强领导下，在各支援省市的大力支持和帮助下，兵团上下认真贯彻落实党的十八届三中、四中、五中、六中全会和第二次中央新疆工作座谈会精神，紧紧围绕社会稳定和长治久安总目标，坚持“稳中求进、转型升级、提质增效”总基调，坚持新发展理念，着力推进供给侧结构性改革，统筹推进调结构、转方式、增动能、补短板、防风险各项工作，经济社会发展平稳健康，实现了“十三五”良好开局。

一、综合

全年兵团生产总值2 134.33亿元，比上年增长9.1%（图1）。其中，第一产业增加值467.87亿元，增长6.0%；第二产业增加值965.58亿元，增长10.2%；第三产业增加值700.88亿元，增长9.6%。三次产业增加值占生产总值比重分别为21.9%、45.2%、32.9%（图2）。三次产业对经济的贡献率分别为14.5%、51.4%和34.1%，分别拉动经济增长1.3、4.6和3.1个百分点。全年人均生产总值76 230元，比上年增长7.1%。

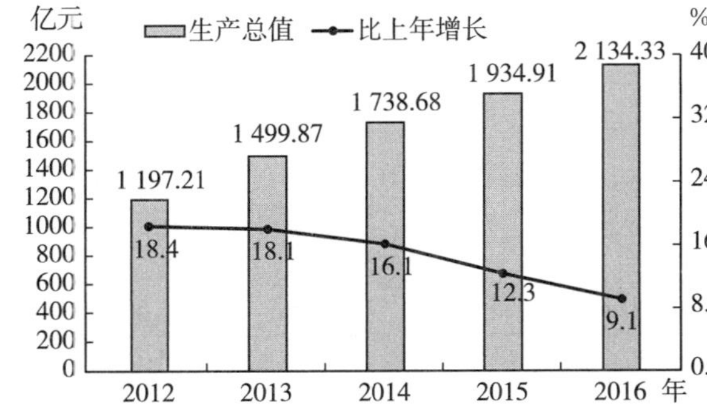

图1　2012—2016年兵团生产总值及其增长速度

兵团年末总人口283.41万人，比上年增长2.5%。其中，男性148.31万人，女性135.10万人。总人口性别比（以女性为100，男性对女性的比例）为110。全年出生人口1.96万人，出生率为7.0‰；死亡人口1.32万人，死亡率为4.7‰；人口自然增长率为2.3‰。

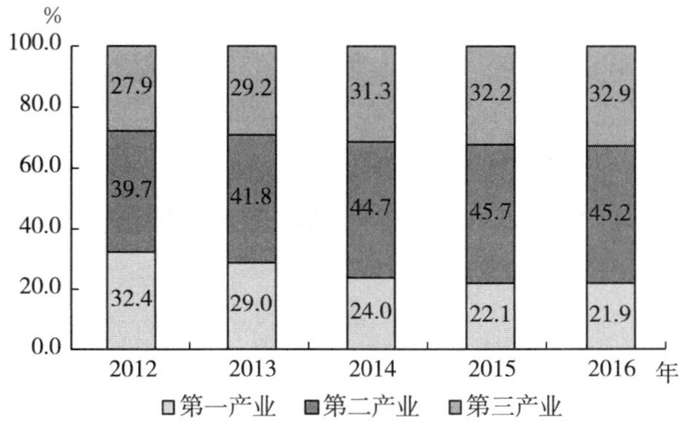

图2　2012—2016年兵团三次产业增加值占生产总值比重

年末从业人员138.10万人。年末非私营单位在岗职工70.53万人。全年城镇新增就业10.36万人，团场劳动力转移就业2.59万人次，援助就业困难人员就业1.3万人次。城镇登记失业率控制在3%以内。全年完成各类职业技能培训10.71万人次（图3）。

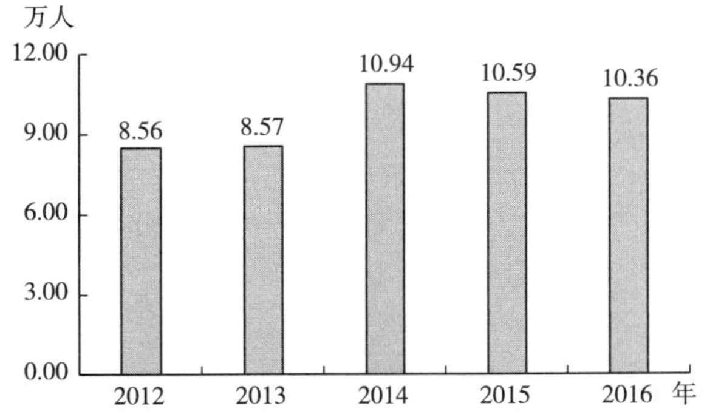

图3　2012—2016年兵团城镇新增就业人数

全年全员劳动生产率为153 856元/人，比上年提高5.3%（图4）。

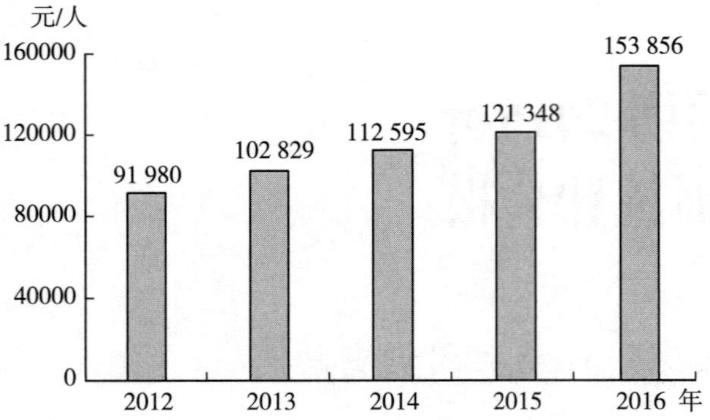

图 4 2012—2016 年全员劳动生产率

全年新疆居民消费价格比上年上涨 1.4%，其中，食品烟酒价格上涨 1.9%，居住价格上涨 1.2%（表 1）。农业生产资料价格下降 1.8%。固定资产投资价格下降 0.1%。

表 1 2016 年新疆居民消费价格增减变动情况

指　标	比上年增长（%）
居民消费价格总水平	1.4
#城　市	1.4
农　村	1.3
食品烟酒	1.9
#粮　食	1.2
鲜　菜	9.1
畜　肉	−0.1
水产品	−1.8
蛋　类	−2.9
鲜　果	0.2
衣　着	1.3
居　住	1.2
生活用品及服务	0.6
交通和通信	−0.7
教育文化和娱乐	1.6
医疗保健	2.7
其他用品和服务	3.1

全年兵团工业生产品出厂价格与上年持平，工业生产品购进价格上涨 0.7%。兵团农产品生产品价格上涨 3.0%。

初步统计，全年上缴各类税费 196.22 亿元，比上年增长 12.3%。

全年兵团国有及国有控股企业实现利润 46.76 亿元，比上年减少 15.86 亿元、下降 25.3%。

年末兵、师国资委监管企业合计资产总额 3 987.32亿元，比上年增长 16.3%；所有者权益 934.75 亿元，增长 14.0%。全年实现营业收入 1 724.09亿元，增长 6.4%；实现利润总额 27.09 亿元，下降 12.0%。

全年引进外国专家项目 20 项，引进专家 179 人次。出国（境）培训项目 7 项，培训各级各类人员 95 人次。

2 月 26 日，第十四师昆玉市挂牌成立。1 月 19 日，阿拉尔市沙河镇、双城镇挂牌成立。2 月 29 日，铁门关市博古其镇、双丰镇挂牌成立。兵团已有 9 座城市，10 个建制镇。年末城镇化率达到 66%。

二、农业

全年农作物播种面积 1 372.21 千公顷，比上年增长 1.4%。其中，粮食面积 331.71 千公顷，增长 2.9%；棉花面积 621.00 千公顷，下降 1.3%；油料面积 64.45 千公顷，增长 12.2%；甜菜面积 24.40 千公顷，增长 16.3%；蔬菜面积（含菜用瓜）90.07 千公顷，增长 2.8%。

作物精量半精量播种面积 901.93 千公顷，比上年下降 2.5%。其中，棉花精量播种面积 564.71 千公顷，下降 0.2%。测土配方施肥面积 940 千公顷，下降 3.4%。

全年粮食产量 271.30 万吨，比上年增长 2.2%；棉花产量 149.57 万吨，增长 2.1%（图 5）；油料产量 23.43 万吨，增长 21.3%；甜菜产量 208.20 万吨，增长 12.9%；蔬菜产量 675.12 万吨，下降 1.0%，其中，工业用番茄 351.80 万吨，下降 11.4%。

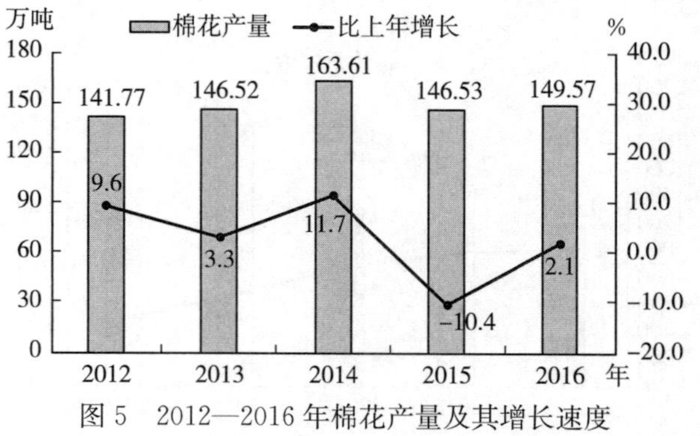

图 5 2012—2016 年棉花产量及其增长速度

年末牲畜存栏 763.85 万头（只），比上年下降 1.0%。其中，牛 47.59 万头，增长 1.7%；猪 149.64 万头，增长 1.5%；羊 561.24 万只，下降

2.0%。年内牲畜出栏832.82万头（只），增长3.7%。全年肉类总产量41.15万吨，增长5.5%。羊毛产量1.91万吨，增长10.7%。禽蛋产量9.43万吨，增长15.8%。牛奶产量62.92万吨，和上年持平。

全年水果产量365.00万吨，比上年增长4.6%。其中，红枣167.41万吨，增长3.4%；葡萄80.17万吨，下降7.6%（图6）；香梨35.33万吨，增长8.1%；苹果55.30万吨，增长18.6%。全年核桃产量2.64万吨，增长30.0%。

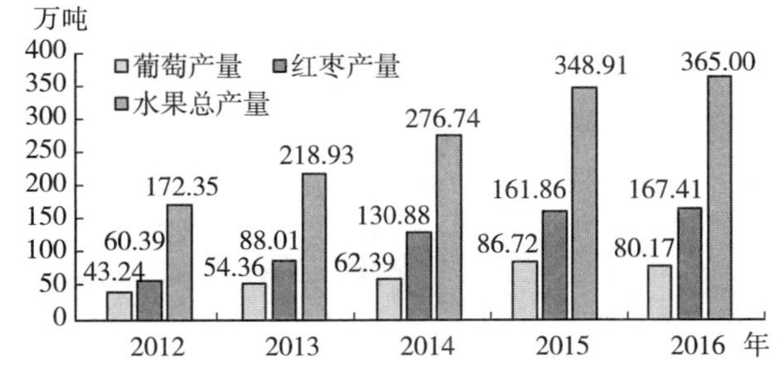

图6　2012—2016年水果、红枣、葡萄产量

全年水产品产量5.15万吨，比上年增长11.7%。

年末有效灌溉面积1 227.90千公顷，比上年增长1.3%。其中，高新节水灌溉面积1 011.80千公顷，增长3.6%。

种植业耕种收综合机械化率93.2%。采棉机2 120台，机采棉面积433千公顷，棉花机采率72.9%。畜牧业机械化水平68%。

全年新建及改扩建各类标准化规模养殖场106个，累计达标创建全国标准化示范场82个。畜禽良种推广覆盖率达到75%，养殖粪污资源化利用率达到68%。

年末农业产业化龙头企业128家。其中，国家级15家，兵团级113家、新增21家。销售收入超100亿元的企业2家，超30亿元的企业6家，超10亿元的7家。已建成2个全国农业产业化示范基地，4个全国现代农业示范区，23个国家级无公害农产品示范基地和国家级农业标准化示范农场，35个全国"一村一品"示范团场。

三、工业和建筑业

全年全部工业增加值665.79亿元，比上年增长15.5%（图7）。规模以上工业增加值增长12.9%。在规模以上工业中，分经济类型看，国有控股企业增长4.5%，股份制企业增长12.5%，外商及我国港澳台商投资企业下降10.5%，私营企业增长16.3%。分门类看，采矿业下降7.4%，制造业增长13.0%，电力、热力、燃气及水生产和供应业增长16.2%。分轻重工业看，轻工业增长16.4%，重工业增长11.0%。

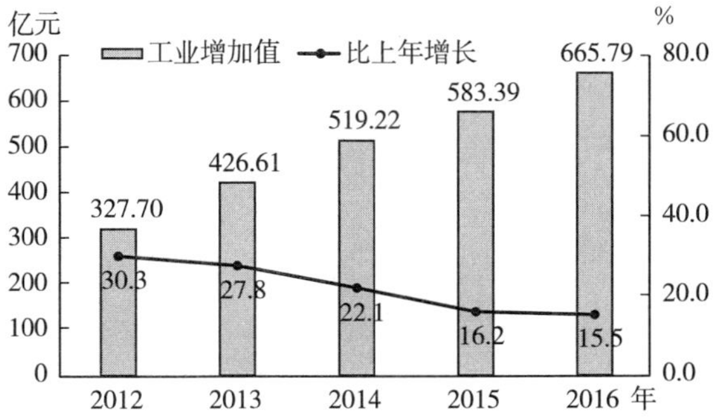

图7　2012—2016年全部工业增加值及其增长速度

全年规模以上工业中，煤炭开采和洗选业增加值比上年下降6.7%，农副食品加工业增长16.5%，食品制造业增长1.9%，酒饮料和精制茶制造业增长0.5%，纺织业增长46.2%，化学原料及化学制品制造业增长19.8%，非金属矿物制品业下降13.1%，有色金属冶炼及压延加工业增长6.2%，电力、热力生产和供应业增长15.4%。工业战略性新兴产业增加值增长19.1%，占规模以上工业增加值的比重为11.2%。高技术制造业增加值增长30.8%，占规模以上工业增加值的比重为3.5%。装备制造业增加值下降6.2%，占规模以上工业增加值的比重为2.2%。六大高耗能行业增加值比上年增长13.1%，占规模以上工业增加值的比重为55.7%。

主要工业产品产量大部分保持增长，见表2。

表2　2016年全部工业主要产品产量及其增长速度

指　标	计量单位	绝对数	比上年增长（%）
原　煤	万吨	1 085.20	27.4
发电量	亿千瓦时	751.79	13.1
#火电	亿千瓦时	695.51	12.3
水电	亿千瓦时	16.96	20.5
太阳能	亿千瓦时	12.06	−43.0
精制食用植物油	万吨	87.17	8.5
乳制品	万吨	19.94	27.4
番茄酱罐头	万吨	59.09	−3.2

（续）

指　　标	计量单位	绝对数	比上年增长（%）
饮料酒	万千升	22.10	−3.8
软饮料	万吨	87.14	21.5
纱	万吨	40.74	49.6
布	亿米	1.15	80.3
机制纸及纸板	万吨	13.03	14.4
农用氮、磷、钾化学肥料（折纯）	万吨	50.38	−9.7
初级形态的塑料	万吨	139.14	−1.9
塑料制品	万吨	77.91	−0.9
硅酸盐水泥熟料	万吨	814.64	−7.4
水　泥	万吨	1 235.32	−9.7
钢　材	万吨	80.27	12.3
原　铝	万吨	276.20	7.8

全年规模以上工业企业实现利润204.47亿元，比上年增长46.0%。分经济类型看，国有控股企业实现利润27.15亿元，比上年增长8.0%；股份制企业193.71亿元，增长46.2%，外商及我国港澳台商投资企业4.70亿元，增长85.0%；私营企业115.25亿元，增长21.1%。分门类看，采矿业实现利润0.09亿元，下降94.7%；制造业实现利润169.87亿元，增长53.9%；电力、热力、燃气及水生产和供应业实现利润34.50亿元，增长22.7%。全年规模以上工业企业每百元主营业务收入中的成本为80.6元，比上年下降3.1元。年末规模以上工业企业资产负债率为67.5%，比上年末下降2.3个百分点。

年末共有各类园区32个，其中国家级开发区6个，自治区级园区4个，兵团级园区22个。

全年全社会建筑业增加值299.97亿元，比上年下降0.1%（图8）。资质建筑业企业总产值1 247.40亿元，比上年下降0.2%。具有资质等级的总承包和专业承包建筑企业实现利润16.76亿元，下降8.7%，其中国有控股企业10.33亿元，下降7.0%。各类建筑施工单位（含十一师海外项目）签订合同额1 857.48亿元，比上年增长9.1%。全年房屋建筑施工面积5 355.54万米^2，下降7.6%。

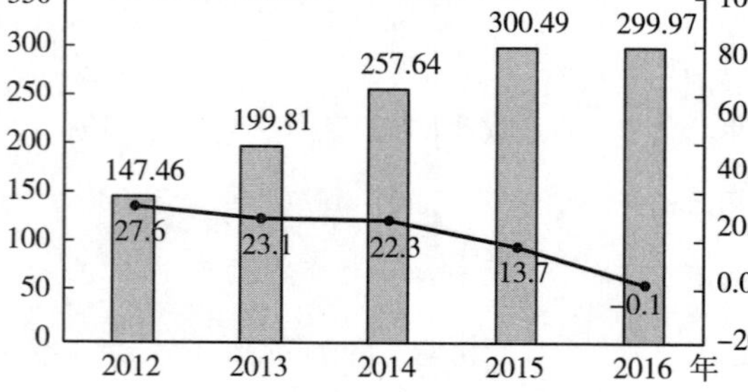

图8　2012—2016年建筑业增加值及其增长速度

四、固定资产投资

全年固定资产投资（不含农户）1 721.21亿元，比上年下降3.6%（图9）。分产业看，第一产业178.93亿元，增长19.8%；第二产业648.60亿元，下降16.9%；第三产业893.68亿元，增长4.4%（表3）。固定资产投资三次产业构成为10：38：52。分区域看，南疆垦区投资459.82亿元，下降2.6%；北疆垦区投资1 261.39亿元，下降4.0%。民间固定资产投资648.59亿元，下降17.0%，占固定资产投资的比重为37.7%。基础设施投资683.77亿元，下降9.1%，占固定资产投资的比重为39.7%。高技术产业投资59.27亿元，增长116.4%，占固定资产投资的比重为3.4%。六大高耗能行业投资396.48亿元，下降28.5%，占固定资产投资的比重为23.0%。农林牧渔业、水利、环境保护等短板领域投资快速增长，同比分别增长19.8%、45.0%和164.1%。

表3　2016年全社会固定资产投资及其增长速度

指　　标	绝对数（亿元）	比上年增长（%）
全社会固定资产投资	1 721.21	−3.6
#房地产开发投资	183.64	−12.2
按经济类型分		
#国有经济	835.60	4.1
私营个体	388.84	−16.6
其他	496.77	−3.8
按用途分		
#第一产业	178.93	19.8
第二产业	648.60	−16.9
第三产业	893.68	4.4

全年工业完成投资626.31亿元，比上年下降18.4%。其中，制造业完成投资345.72亿元，下降7.1%；电力、热力、燃气及水的生产和供应业完成投资277.40亿元，下降27.3%。道路运输业

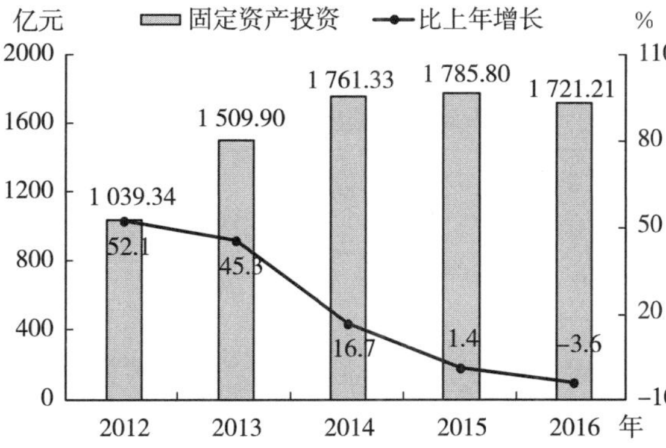

图 9　2012—2016 年固定资产投资（不含农户）及其增长速度

投资 110.33 亿元，比上年增长 18.7%。

全年房地产开发投资 183.64 亿元，比上年下降 12.2%。商品房销售面积 367.87 万米^2，下降 11.5%。其中，住宅 279.67 万米^2，下降 17.1%。商品房待售面积 225.68 万米^2，增长 25.3%。商品房销售额 167.67 亿元，下降 4.0%（图 10、表 4）。

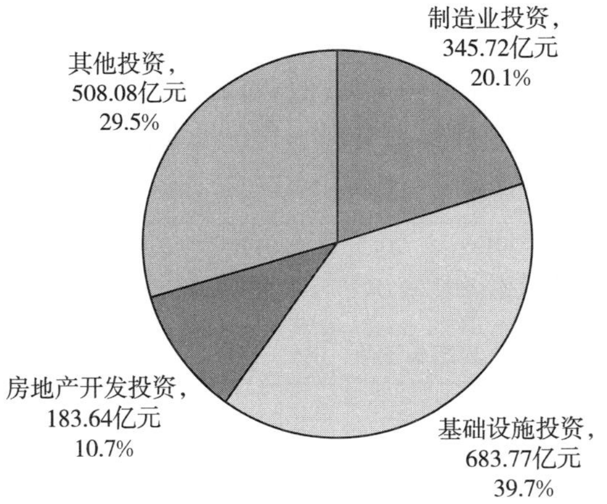

图 10　2016 年按领域分固定资产投资（不含农户）及其占比

全年兵团实施棚户区改造 12 万户。全年新开工建设公共租赁住房 2 万套，续建及新建项目基本建成 3.13 万户。

全年“十件实事”累计完成投资 375.06 亿元，其中，基本建设实事完成投资 190.6 亿元，财政补助实事完成投资 184.4 亿元。

固定资产投资建设资金来源总额 1 644.98 亿元，其中本年资金 1 558.38 亿元。本年资金来源中，国家预算内资金 260.50 亿元，国内贷款 91.97 亿元，自筹资金 1 046.50 亿元，其他资金 156.62 亿元。在自筹资金中，企事业单位自有资金 604.10 亿元，下降 16.1%。

表 4　2016 年分行业固定资产投资（不含农户）及其增长速度

指　　标	绝对数（万元）	比上年增长（%）
总计	1 721.21	−3.6
农、林、牧、渔业	178.93	19.8
采矿业	3.19	−76.7
制造业	345.72	−7.1
#农副食品加工业	24.64	18.3
食品制造业	13.18	−31.0
酒、饮料和精制茶制造业	7.48	35.6
纺织业	73.54	15.0
石油加工、炼焦及核燃料加工业	18.54	−59.4
化学原料及化学制品制造业	87.98	−16.9
非金属矿物制品业	19.98	−56.0
黑色金属冶炼及压延加工业	12.15	33.6
有色金属冶炼及压延加工业	19.85	307.3
电力、热力、燃气及水的生产和供应业	277.40	−27.3
建筑业	22.29	74.1
批发和零售业	34.42	−39.4
交通运输、仓储和邮政业	146.30	6.0
住宿和餐饮业	5.68	26.7
信息传输、软件和信息技术服务业	12.73	43.1
金融业	0.26	−81.1
房地产业	295.45	−15.2
租赁和商务服务业	21.85	324.4
科学研究和技术服务	14.90	217.7
水利、环境和公共设施管理业	247.34	10.3
居民服务、修理和其他服务业	2.63	29.2
教育	28.90	22.4
卫生和社会工作	20.22	100.9
文化、体育和娱乐业	26.75	87.6
公共管理、社会保障和社会组织	23.83	66.5

全年新增固定资产 1 219.25 亿元，比上年下降 16.7%。主要新增生产能力或效益：原煤开采 153 万吨，初级形态塑料共聚物 0.8 万吨，白酒 0.15 万吨，其他酒 0.2 万吨，棉纺锭 109.70 万锭，焦炭 116 万吨，发电装机容量 486.52 万千瓦，输电线路 1 389.45 千米，城市自来水供水能力 32.81 万吨/日，城市污水处理能力 13.05 万吨/日，新建公路 330.89 千米，改（扩）建公路1 580.88 千米。

五、国内贸易

全年批发零售业实现商品销售总额 3 341.37 亿元，比上年增长 14.2%。

全年实现社会消费品零售总额 632.29 亿元，比上年增长 14.5%，扣除价格因素，实际增长 13.9%（图 11）。按消费形态统计，实现商品零售 523.30 亿元，增长 12.8%；实现餐饮收入 108.99 亿元，增长 23.4%。

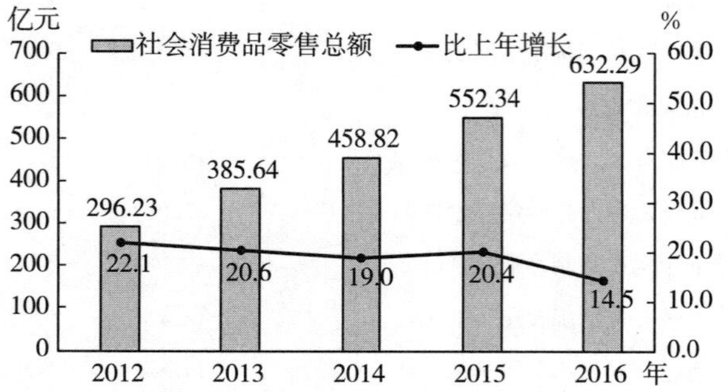

图 11　2012—2016 年社会消费品零售总额及其增长速度

六、对外经济

全年货物进出口总额 70.76 亿美元，比上年下降 30.9%。其中，货物出口 65.85 亿美元，下降 31.5%；货物进口 4.91 亿美元，下降 21.8%。货物出口中，自产品出口 6.51 亿美元，增长 21.5%。货物进出口差额（出口减进口）60.94 亿美元（表 5 至表 7、图 12）。

表 5　2016 年货物进出口总额及其增长速度

指　　标	金额（亿美元）	比上年增长（%）
货物进出口总额	70.76	−30.9
货物出口额	65.85	−31.5
其中：一般贸易	14.26	−68.0
边境小额贸易	48.49	−1.7
货物进口额	4.91	−21.8
其中：一般贸易	3.53	−23.3
边境小额贸易	1.08	16.7
货物进出口差额（出口减进口）	60.94	—

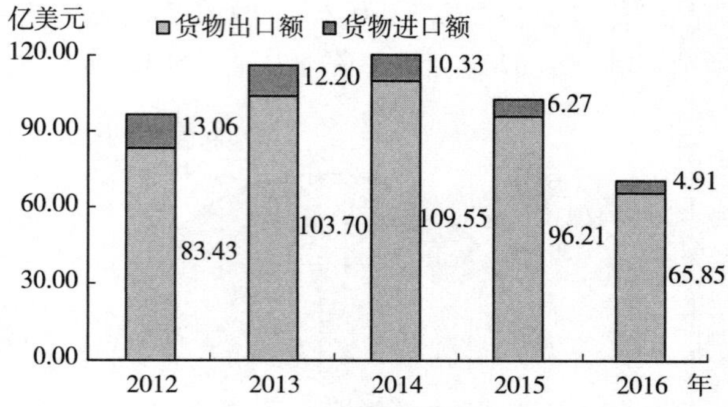

图 12　2012—2016 年货物出口、进口额情况

表 6　2016 年主要进出口商品数量、金额及其增长速度

商品名称	数量（吨）	比上年增长（%）	金额（万美元）	比上年增长（%）
主要出口商品				
番茄酱（千克）	19.02	−4.9	13 751	−21.4
鲜、干水果及坚果（千克）	3.29	−23.4	2 905	−25.2
蔬菜（千克）	1.94	−30.8	1 855	−22.9
纺织纱线、织物及制品	—	—	35 672	−13.7
服装及衣着附件	—	—	166 032	−1.5
鞋类（千克）	7.46	−14.5	114 597	−6.5
机电产品	—	—	150 439	−49.5
初级形状的聚氯乙烯（千克）	31.31	67.0	22 199	56.0
塑料制品（千克）	1.28	−30.3	11 012	−51.3
汽车零配件	—	—	22 149	−26.6
棉花（千克）	1.69	−70.0	2 822	−69.6
羊毛（千克）	1.53	82.3	1 855	61.0

（续）

商品名称	数量（吨）	比上年增长（%）	金额（万美元）	比上年增长（%）
鲜、干水果及坚果（千克）	2.18	39.5	3 184	11.3
原木（千克）	0.45	−48.2	124	−54.6
锯材（千克）	13.59	−4.3	3 224	−8.9
钢材（千克）	4.86	158.9	1 396	77.1
机电产品	—	—	12 510	−42.7
铁矿砂及其精矿（千克）	65	519.7	2 216	371.4
高新技术产品	—	—	5 087	−6.1

表 7　2016 年对主要国家和地区货物进出口额及其增长速度

国别（地区）	出口额（万美元）	比上年增长（%）	进口额（万美元）	比上年增长（%）
哈萨克斯坦	315 841	19.3	13 366	10.3
吉尔吉斯斯坦	82 978	−15.9	804	26.0
俄罗斯联邦	71 128	16.6	3 454	−15.5
美国	47 795	−69.1	3 861	−70.1
塔吉克斯坦	47 708	−32.6	25	−51.7
乌兹别克斯坦	7 757	−2.4	7 148	−38.1
印度	13 970	14.1	684	−52.6
巴基斯坦	9 131	−12.2	1 349	−26.2
德国	2 987	−83.6	3 568	35.1
荷兰	5 518	−80.3	309	−55.9
英国	4 792	−77.5	219	55.8
印度尼西亚	1 507	−59.4	2 302	428.0
意大利	2 360	−62.6	1 119	−51.5

全年实际利用外资 3.32 亿美元，比上年增长 23.9%。新设外商投资企业 7 家，投资总额 2.45 亿美元，合同外资 0.67 亿美元。

全年对外投资 7 952 万美元，比上年增长 3.6%。对外承包工程和劳务合作营业额 6.69 亿美元，增长 11.0%。对外劳务合作外派劳务人员 3 140人，下降 27.4%。

全年实施招商引资项目 2 106 个，到位资金 1 237.3亿元、比上年增长 0.1%。其中，第一产业项目 393 个、到位资金 60.9 亿元；第二产业项目 1 026 个、到位资金 697.1 亿元；第三产业项目 687 个、到位资金 479.3 亿元。实施项目中，产业援疆项目 491 个，到位资金 554.5 亿元，占招商引资项目到位资金的 44.8%。

全年实施对口援疆项目 294 个，计划总投资 36.17 亿元，其中援疆资金 20.58 亿元。截至年底，294 个援疆项目全部开工，累计完成投资 38.51 亿元，累计到位援疆资金 20.58 亿元。

七、交通运输和旅游

全年道路运输货运量 5.82 亿吨，比上年增长 17.7%。货物周转量 694.29 亿吨公里，增长 27.0%。客运量 2.27 亿人，增长 7.3%。旅客周转量 129.92 亿人公里，增长 11.4%（表 8）。

表 8　2016 年道路运输业营运情况

指　标	计量单位	绝对数	比上年增长（%）
货运量	亿吨	5.82	17.7
＃个体	亿吨	4.39	20.8
货运周转量	亿吨公里	694.29	27.0
＃个体	亿吨公里	549.27	26.2
客运量	亿人	2.27	7.3
＃个体	亿人	1.72	11.5
旅客周转量	亿人公里	129.92	11.4
＃个体	亿人公里	94.90	16.3
营运收入	亿元	269.09	22.5
个体纯收入	亿元	92.39	21.9

年末民用汽车保有量 28.80 万辆，比上年末增长 10.4%。其中，载客汽车 19.34 万辆，增长 14.8%；载货汽车 6.27 万辆，增长 4.0%；其他汽车 3.19 万辆，下降 0.6%。民用轿车保有量 15.75 万辆，增长 14.3%。

年末兵团公路通达里程 34 264 千米。其中，一级53千米、二级3 451千米、三级5 203千米、四级12 670千米。全年新改建二级以上公路512千米，改扩建通营、连公路176千米。

年末兵团航空企业管理局执管飞机41架。全年总飞行时间5 407小时，起落7 354架次。其中，用于农林牧业飞行3 284小时，作业处理土地面积329.01千公顷；工业飞行1 264小时。

年末拥有旅游企业335家，其中旅行社131家，旅游星级饭店62家（4星级9家），国家等级景区（点）52个（4A级15个），星级农家乐84个，旅游集团公司6家。全国优秀旅游城市1座，全国工农业旅游示范点12家，全国休闲农业与乡村旅游示范县4个，全国休闲农业与乡村旅游示范点8个，全国红色旅游经典景区7个，全国特色景观旅游名镇9个，兵团特色景观旅游名团（镇）共计37个，导游2 980人。

全年旅游接待总人数为1 422.4万人次，同比增长36.1%；其中接待入境旅游者19万人次，同比增长21.0%。旅游总收入为74亿元、同比增长40.2%，其中旅游外汇收入1.67亿美元，同比增长21.9%；旅游直接就业人员4.5万人，同比增长12.5%；间接就业人员18万人，同比增长12.5%。

八、金融

全年驻疆银行金融机构对兵团贷款余额2 100亿元（不含个人消费、住房、经营贷款），比上年增长3.5%。

兵团农业银行年末各项本外币存款余额1 151.97亿元，比年初增长6.2%。其中，个人存款578.92亿元，增长2.5%；单位存款573.05亿元，增长10.2%。各项贷款年末余额549.45亿元，增长6.4%。

全年兵团共有19家企业利用债券市场实现直接融资合计256.4亿元，同比增长14.0%。其中超短期融资券55亿元，短期融资券47.5亿元，中期票据31亿元，企业债20.6亿元，公司债94.3亿元，非公开定向债务融资工具8亿元。全年兵团共有4家上市公司和1家"新三板"挂牌企业利用资本市场实现再融资合计50.86亿元。

九、人民生活和社会保障

全年兵团居民人均可支配收入27 479元，比上年增长8.7%，扣除价格因素，实际增长7.2%。按常住地分，城镇居民人均可支配收入34 089元，比上年增长8.5%，扣除价格因素，实际增长7.0%；连队居民人均可支配收入16 401元，比上年增长9.0%，扣除价格因素，实际增长7.6%。兵团居民人均消费支出19 157元，比上年增长7.8%，扣除价格因素，实际增长6.3%。按常住地分，城镇居民人均消费支出22 355元，增长10.1%，扣除价格因素，实际增长8.6%；连队居民人均消费支出14 126元，增长4.3%，扣除价格因素，实际增长3.0%（图13）。

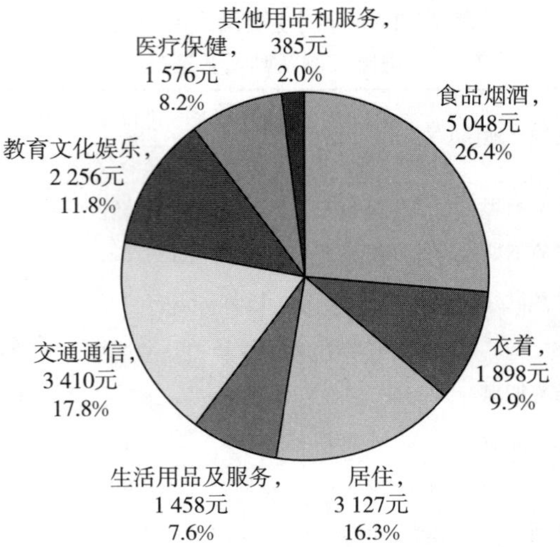

图13 2016年兵团居民人均消费性支出及构成

全年非私营单位在岗职工工资总额462.55亿元，比上年下降1.1%。非私营单位在岗职工平均工资56 345元，比上年增加1 746元、增长3.2%。

年末参加基本养老保险人数177.22万人，比上年增加7.75万人。其中，参加城镇职工基本养老保险人数161.67万人，增加7.58万人；参加城乡居民基本养老保险人数15.55万人，增加0.17万人。参加基本医疗保险人数235.67万人，增加1.54万人。其中，参加职工基本医疗保险人数131.06万人，增加1.69万人；参加城镇居民基本医疗保险人数104.61万人，减少0.15万人。参加失业保险人数65.29万人，减少0.24万人。年末兵团领取失业保险金人数1.09万人。参加工伤保险人数74.65万人，增加3.85万人。参加生育保险人数67.00万人，增加0.15万人。全年兵团发放低保资金3.29亿元，8.2万人享受最低生活保障；发放临时救助资金1.09亿元，25.5万人次得到临时救助；发放特困人员救助供养资金698万元，1 600余名特困人员得到救助供养；发放医疗救助资金1.11亿元，17.3万人次得到医疗救助。全年实现11个贫困团场、3.04万人脱贫，通过金融扶贫平台向建档立卡贫困户发放扶贫贷款7.48亿元。

全年受理人事劳动争议案件2 352起，结案2 295起，结案率97.6%。受理劳动保障监察案件1 530件，结案1 500件，结案率98%；受理行政复议案件19件，结案19件，结案率100%。

十、教育、科学技术和文化体育

年末有各类学校606所。在校学生47.11万人，教职工4.25万人。全年研究生教育招生0.14万人，在校研究生0.38万人，毕业生0.13万人。普通本专科招生1.36万人，在校生4.9万人，毕业生1.23万人。中等职业教育招生1.00万人，在校生2.84万人，毕业生0.85万人。普通高中招生1.89万人，在校生5.50万人，毕业生1.83万人。初中招生2.83万人，在校生8.37万人，毕业生2.92万人。小学招生2.64万人，在校生16.04万人，毕业生2.71万人。幼儿园招生3.12万人，在校生6.75万人，毕业生2.46万人（表9、图14）。小学学龄儿童净入学率99.93%，初中适龄少年净入学率97.10%。九年义务教育巩固率98.22%，高中阶段毛入学率91.37%。兵团中小学及幼儿园有母语为非汉语的少数民族在校（园）学生接受国家通用语言文字教学覆盖率95.35%，中小学覆盖率达到95.53%，学前教育覆盖率达到100%。主要劳动力人口（16～65岁）平均受教育年限11.39年。

表9　2016年各类学校基本情况

单位：所、人

指　标	学校数	在校生数	新招生	教职工人数	专任教师	毕业生数
合计	606	471 104	137 924	42 533	33 900	127 782
普通高等学校	6	52 843	14 959	4 654	3 219	13 604
成人高等学校	2	23 303	8 196	916	668	6 545
中等职业学校	21	28 431	9 966	1 575	1 107	8 478
普通中学	249	138 672	47 171	16 196	13 846	47 483
普通小学	54	160 350	26 398	13 179	11 598	27 106
幼儿园	274	67 505	31 234	6 013	3 462	24 566

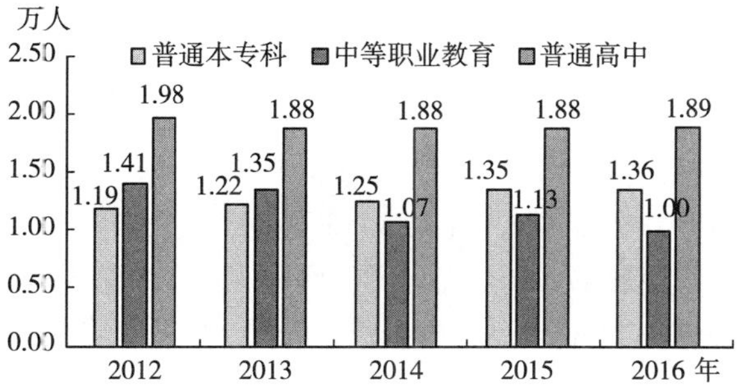

图14　2012—2016年普通本专科、中等职业教育及普通高中招生人数

年末有科学研究与技术开发机构18个。全年兵团争取各类国家科技计划项目批准立项185项，国家拨款经费到位资金1.17亿元。兵团本级科技计划项目立项320项，兵团本级财务科技拨款1.58亿元，同比增长11.3%。

全年累计建设15个兵团重点实验室（其中1家被批准为省部共建国家重点实验室），认定工程技术研究中心26个（其中1个为国家级工程技术研究中心）、9个科技企业孵化器（其中4家为国家级科技企业孵化器）、7个产业技术联盟、48个高新技术企业、47个创新型企业、38个众创空间（其中7个通过国家备案）、科技中介服务机构26个、7个双创示范基地、7个星创天地。累计支持建设31个重点领域创新团队、31个中青年科技创新领军人才；2人入选第二批国家“万人计划”科技创新领军人才，3人入选科技创业领军人才。

全年新增国家和地方联合工程研究实验室3

个，自治区级企业技术中心 8 家。截至年底，累计认定国家和地方联合工程研究中心 5 个，国家和地方联合工程研究实验室 11 个，国家级企业技术中心 5 家，自治区级企业技术中心 56 家。

全年获国家科技进步二等奖 1 项；获兵团科技进步奖 56 项，其中，一等奖 2 项、二等奖 16 项、三等奖 38 项；全年共有 5 人获兵团科学技术突出贡献奖、2 人获兵团科学技术合作奖。全年专利申请量 2 013 件、同比增长 31.0%；专利授权量 1 073件、同比增长 15.4%，其中发明专利 179 件、发明专利授权量同比增长 2.9%；每万人口发明专利拥有量 2.03 件、同比增长 29.9%。

年末兵团共有产品检测实验室 4 个。兵团现有产品质量、体系认证机构 1 个，已累计完成对 301 个企业的产品认证。兵团共有法定计量技术机构 1 个。全年制定、修订地方标准 11 项。

年末兵团共有专业文艺团体 9 个，其中兵团直属 4 个、师（市）5 个，从业人员 600 余人。各级博物馆、纪念馆 89 座，图书馆 2 座（其中国家三级图书馆 1 座），美术馆 1 座。已建成 1 个兵团文化中心、13 个师综合文化活动中心、170 个团场综合文化活动中心和 1 230 个连队综合文化活动室。年末广播节目综合人口覆盖率为 98.7%，电视节目综合人口覆盖率为 99.6%，有线电视入户率达到 75%。全年出版各类报纸 6 597 万份，各类期刊 135 万册，图书 316 种。

兵团参加全国第十三届冬季运动会，获得 2 枚金牌，代表团获得“体育道德风尚奖”。兵团 20 所中小学校被教育部命名为全国校园足球特色学校，第二师铁门关市被命名为全国青少年校园足球试点县（区）。

十一、卫生和社会服务

年末有各类卫生机构 1 226 个（含营利性卫生机构），其中，医院 209 个。各类卫生技术人员 25 850人（图 15），其中，执业医师和执业助理医师 9 122 人，注册护士 11 295 人。医疗卫生机构床位21 390张。每千人执业（助理）医师 3.26 人，每千人注册护士 4.03 人，每千人拥有床位 7.64 张。传染病报告发病率（甲乙类传染病）326.51/10 万，传染病报告死亡率（甲乙类传染病）1.19/10 万，婴儿死亡率 5.58‰，孕产妇死亡率 6.64/10 万。

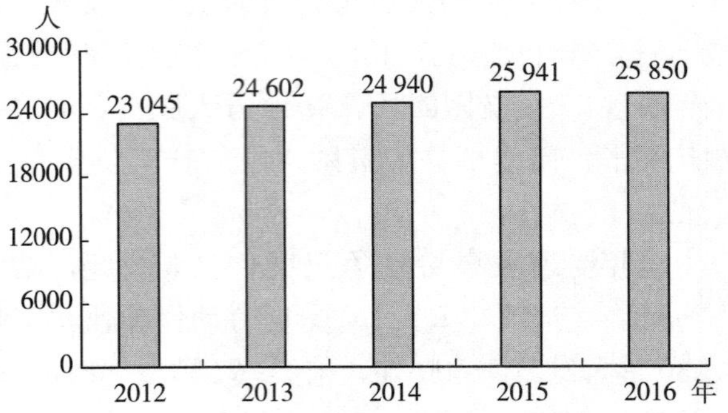

图 15　2012—2016 年卫生技术人员数

全年国家抚恤、补助各类优抚对象 2 525 人，接收安置退役士兵 950 人。年末有养老服务机构 154 个，床位数 17 300 张，收养人数 7 800 人。年末有城镇社区服务设施 742 个。

十二、资源、环境和安全生产

全年批准建设用地 3.73 千公顷，供应土地 4.63 千公顷，土地出让合同价款 33.19 亿元。

年末已建成水库 147 座，总库容 33.69 亿米^3。其中，大型水库 11 座，中型水库 32 座，小型水库 104 座。已建成水电站 99 座、泵站（含节水灌溉首部）3 916 座、水闸 5 726 座、农村集中式供水工程 1 117 处、机电井 28 100 眼（均为浅层地下水机电井）。堤防建设长度 2 054.20 千米，堤防保护人口 143.89 万人，保护耕地面积 553.88 千公顷。现有 133.33 公顷以上灌区 108 处，干、支、斗渠道总长度 38 189 千米。

全年总灌溉面积 1 524.20 千公顷，其中耕地灌溉面积 1 142.79 千公顷，林地灌溉面积 167.45 千公顷，园地灌溉面积 194.24 千公顷，牧草地灌溉面积 19.72 千公顷。

全年总用水量 128.47 亿米^3，比上年增长 5.7%。其中，农业灌溉用水 108.92 亿米^3，下降 1.1%；工业生产用水 3.46 亿米^3，下降 13.9%；城镇生活用水 1.47 亿米^3，增长 9.7%；乡村生活供水 0.63 亿米^3，与上年持平；生态环境用水 12.96 亿米^3，增长 178.1%；其他用途用水 1.03 亿米^3，增长 39.2%。

全年完成造林面积 44.05 千公顷，其中人工造林 26.72 千公顷。林业重点工程完成造林面积 38.67 千公顷。新增水土流失治理面积 597 千米^2，新增实施水土流失地区封育保护面积 343 千米^2。

全年规模以上工业企业综合能源消费量

3 129.85万吨标准煤，比上年增长 6.1%。其中，原煤消费量 5 275.08 万吨，增长 11.7%；电力消费量 699.56 亿千瓦时，增长 1.8%。

年末兵团城镇燃气普及率达到 90.5%，集中供热普及率达到 97.1%，污水处理率达到 79.5%，生活垃圾集中处理率达到 83.57%（其中无害化处理率 50.5%），自来水普及率达到 99.1%。

全年农作物受灾面积 494.4 千公顷，其中绝收 40 千公顷。全年因洪涝灾害造成直接经济损失 20 亿元，因旱灾造成直接经济损失 1.2 亿元，因风雹灾害造成直接经济损失 27.7 亿元。全年全疆共发生 5.0 级以上地震 5 次，对兵团造成较大影响的有 3 次，造成直接经济损失 6.4 亿元。

全年兵团工矿商贸企业共发生职工死亡事故 12 起，事故死亡 16 人。亿元生产总值生产安全事故死亡人数 0.007 人。工矿商贸企业就业人员 10 万人生产安全事故死亡人数 1.454 人。煤矿百万吨死亡人数为 0.092 人。

注释：

[1] 本公报中数据均为初步统计数，最终数据以《2017 年兵团统计年鉴》为准。部分数据因四舍五入原因，存在着与分项合计不等的情况。

[2] 生产总值、各产业增加值和人均生产总值绝对数按现价计算，增长速度按不变价格计算。

[3] 工业战略性新兴产业包括节能环保产业、新一代信息技术产业、生物产业、高端设备制造产业、新能源产业、新材料产业、新能源汽车产业等七大产业。

[4] 六大高耗能行业包括石油加工、炼焦和核燃料加工业，化学原料和化学制品制造业，非金属矿物制品业，黑色金属冶炼和压延加工业，有色金属冶炼和压延加工业，电力、热力生产和供应业。

[5] 高技术制造业包括医药制造业，航空、航天器及设备制造业，电子及通信设备制造业，计算机及办公设备制造业，医疗仪器设备及仪器仪表制造业，信息化学品制造业。

[6] 装备制造业包括金属制品业，通用设备制造业，专用设备制造业，汽车制造业，铁路、船舶、航空航天和其他运输设备制造业，电气机械和器材制造业，计算机、通信和其他电子设备制造业，仪器仪表制造业。

[7] 本公报中南疆垦区为一、二、三、十四师，北疆垦区为四、五、六、七、八、九、十、十一（建工师）、十二、十三师及兵团直属单位。

[8] 基础设施投资是指建造或购置为社会生产和生活提供基础性、大众性服务的工程和设施的支出。本文中的基础设施投资包括交通运输、邮政业，电信、广播电视和卫星传输服务业，互联网和相关服务业，水利、环境和公共设施管理业投资。

[9] 民间固定资产投资是指具有集体、私营、个人性质的内资企事业单位以及由其控股（包括绝对控股和相对控股）的企业单位建造或购置固定资产的投资。

[10] 高技术产业投资包括医药制造、航空航天器及设备制造等六大类高技术制造业投资和信息服务、电子商务服务等九大类高技术服务业投资。

[11] 房地产业投资除房地产开发投资外，还包括建设单位自建房屋以及物业管理、中介服务和其他房地产投资。

资料来源：

本公报中主要经济指标数据来自兵团统计局和国家统计局兵团调查总队，其他数据来源于相关部门。其中，新增就业、登记失业率、外国专家、社会保险、劳动保障监察数据来自兵团人力资源和社会保障局；新疆物价数据来自新疆统计局；税费、国有控股农工建交商企业利润数据来自兵团财务局；监管企业数据来自兵团国资委；设市建镇、低保补助、医疗救助、优抚、收养、灾害数据来自兵团民政局；农作物精量播种面积、测土配方施肥面积、机械化、良种推广、龙头企业、“三品一标”、农业示范区、造林等数据来自兵团农业局（畜牧局、林业局）；工业园区数据来自兵团工信委；公路通达里程数据来自兵团交通局；保障性住房、城镇自来水普及率、集中供热普及率、燃气普及率、污水处理率、生活垃圾集中处理率、地震等数据来自兵团建设局（环保局）；重点投资项目、“十件实事”、金融信贷、扶贫开发、工程研究中心、企业技术中心等数据来自兵团发改委；兵团农行存贷款数据来自农行兵团分行；货物进出口、利用外资、对外承包工程、劳务合作数据来自兵团商务局；招商引资、对口援疆数据来自兵团经协办（援疆办）；飞机、飞行时间数据来自兵团航空企业管理局；旅游数据来自兵团旅游局；教育、体育数据来自兵团教育局（体育局）；科技、专利数据来自兵团科技局；质量检验数据来自兵团质监局；广播、电视、出版、文化数据来自兵团党委宣传部（文广局、新闻出版局）；卫生数据来自兵团卫生局；国有建设用地、供应地、土地出让数据来自兵团国土局；水利设施、供水量、灌溉面积、水土流失等数据来自兵团水利局；安全生产数据来自兵团安监局。

新疆地方国有农场 2016 年经济和社会发展统计公报

新疆维吾尔自治区农业厅农场管理局

2016 年，新疆地方国有农场在自治区党委、人民政府及农业部的正确领导下，认真贯彻党的十八大会议精神，紧紧围绕自治区农业农村工作会议确定的各项工作任务，以实现农场增效、职工增收为目标，不断深化体制改革和机制创新，提高农场经济运行质量和效益，实现了新疆地方国有农场经济和社会又好又快发展。

一、综合

2016 年全区地方国有农场完成国民生产总值 255 141 万元，比上年减少 0.35%，其中第一产业增加值 193 877 万元，增长 5.94%，第二产业增加值 28 790 万元，减少 26.94%，第三产业增加值 32 474 万元，减少 2.35%，国民经济中三次产业比例为 76∶11∶13，人均纯收入 9 818 元，比上年增加 423 元。

二、农业

2016 年，新疆地方国有农场战胜低温、旱灾、风雹、病虫害等自然灾害的不利影响，充分发挥农业企业特有优势，继续保持了社会经济全面发展的好势头。完成农林牧渔业总产值 395 387.77 万元，其中，农业产值 226 992 万元，林业产值 114 310.11万元，牧业产值 52 960 万元，渔业产值 1 125.4 万元，农林牧渔服务业产值 5 399.4 万元。按经济类型划分，国有为 316 206.39 万元，增长 27.03%；集体为 15 443.11 万元，减少 68.07%；个体为 22 597.69 万元，减少 67.27%；其他经济类型为 41 141.27 万元，增长 954.62%。

1. 种植业

全年农作物播种面积 90 630 公顷，其中：粮食播种面积 42 767 公顷，比上年增长 2 917 公顷；棉花播种面积 24 092 公顷，较上年减少13 583公顷；糖料播种面积 1 648 公顷，较上年增加 433 公顷；油料播种面积 3 284 公顷，减少 1 865 公顷；瓜菜种植面积 9 568 公顷，较上年增加 4 368 公顷；其他作物播种面积为7 060公顷，较上年增加 5 820 公顷。主要农产品产量见表 1。

表 1　主要农产品产量

产品名称	计量单位	2016 年	比上年增长（%）
粮食	吨	406 878	37.59
棉花	吨	140 034	79.83
油料	吨	10 930	12.62
甜菜	吨	89 035	28.44
瓜菜	吨	143 056	−19.75
麻类	吨	1 497	−51.28

2016 年，新疆地方国有农场不同程度地遭受了洪涝、旱灾、病虫害、霜冻及风雹灾等自然灾害，受灾面积达 8 699 公顷，绝收面积达 560 公顷。其中：粮食受灾面积 3 018 公顷，减产粮食 700 吨；棉花受灾面积 4 452 公顷，减产棉花5 251 吨。直接经济损失 7 507.97 万元。

2. 畜牧业及水产业

2016 年新疆地方国有农场畜牧业发展总体呈下降趋势，主要牲畜和畜禽产品产量见表 2。

表 2　主要牲畜和畜禽产品产量

产品名称	计量单位	2016 年	比上年增长（%）
大牲畜	万头	6.71	−11.24
猪	万头	6.63	17.34
羊	万只	32.36	0.70
家禽饲养量	万只	161.91	12.28

（续）

产品名称	计量单位	2016 年	比上年增长（%）
肉类总产量	吨	13 214	22.29
牛奶产量	吨	17 739	13.73
禽蛋产量	吨	9 290	−8.24

2016 年新疆地方国有农场水产品养殖面积为 2 667公顷，水产品产量为 1 488 吨，比上年减少 25.6%。

3. 水果及林业

2016 年新疆地方国有农场水果生产保持平稳发展，总面积 43 833 公顷，较上年减少 3 734 公顷，总产 298 616 吨，较上年增产 77%，其主要产品产量见表 3。

表 3　主要水果产品产量

产品名称	计量单位	2016 年	比上年增长（%）
苹果	吨	153 086	227
梨	吨	46 768	14.60
葡萄	吨	66 232	−7.40
桃	吨	2 520	54.15
红枣	吨	17 324	503
其他水果	吨	12 684	147

2016 年新疆地方国有农场林地总面积 50 146 公顷。当年新造林 2 176 公顷，其中用材林1 129 公顷，经济林 444 公顷，防护林 604 公顷，薪炭林 0 公顷。当年零星植树 14.8 万株，育苗面积 65 公顷，其中当年新育面积 5 公顷。

2016 年新疆地方国有农场生产条件进一步改善，农业机械总动力为 378 979 千瓦，拥有大中型农用拖拉机 8 341 台，机械总动力 259 495 千瓦，小型拖拉机 9 922 台，机械总动力 118 797 千瓦，大中型拖拉机配套农机具 16 825 台，小型拖拉机配套农机具 12 522 台，联合收获机 150 台，推土机 109 台，挖掘机 84 台，开沟机 43 台，农用运输汽车 617 辆。农场用电量 13 987 万千瓦时，农用化肥施用总量（按折纯量计算）26 323 吨，农药施用量 836 吨，农用塑料薄膜使用量 9 053 吨。

三、工业和建筑业

2016 年新疆地方国有农场完成工业产值 70 727万元，比上年增加 33.98%。按行业划分，农副食品加工业 5 000 万元，占 7.06%；食品制造业 300 万元，占 0.42%；纺织业 48 379 万元，占 68.4%；纺织服装、服饰业 12 698 万元，占 17.95%；木材加工和木、竹、藤、棕、草制品业 900 万元，占 1.27%；肥料制造 230 万元，占 0.32%；非金属矿物制品业 650 万元，占 0.92%。其主要工业产品产量见表 4。

表 4　主要工业产品产量

产品名称	计量单位	2016 年	比上年增长（%）
原煤	吨	16 107	−81.50
小麦粉	吨	80 150	342.80
饲料	吨	1 200	
乳制品	吨	2 300	
罐头	吨	10 000	
棉纱	吨	4 867	−76.48
胶合板	米^3	1 000	−96.90
塑料制品	吨	1 500	

年末建筑业单位 10 个，其中国有 1 个，年末从业人员 686 人，拥有固定资产原值 5 575.54 万元，机械设备总数为 82 台，全年施工房屋建筑面积 15.12 万米^2。

四、固定资产完成情况及新增生产能力

2016 年，完成固定资产投资 64 625.33 万元（含国有 19 250 元），其中第一产业 45 026.76 万元，占 69.67%，第二产业 11 351.56 万元，占 17.56%，第三产业 8 247 万元，占 12.76%；按资金来源分国家预算内资金 46 407.69 万元，占 71.81%，自筹资金 13 448.28 万元，占 20.8%，当年新增固定资产 24 998.83 万元，其中国有 3 853.50万元。

全年造林面积 2 176.26 公顷，新增大中型拖拉机 222 台，21 576 千瓦，小型拖拉机 263 台，2 577千瓦，农用运输车 19 辆，新建公路 170 千米，电话线路 28 千米，住房 4.61 万米^2。

五、科研、教育和卫生

2016 年，新疆地方国有农场有科研单位 6 所，科技人员 18 人，科技经费 42.5 万元，其中企业自筹 38.5 万元。

六、人口、土地

2016 年，新疆地方国有农场年末总人口 223 703人，年末土地总面积 802 772 公顷，其中耕地面积 103 230 公顷，牧草地面积 519 000 公顷，已利用牧草地面积 336 700 公顷，林地面积 50 146公顷，水面面积 4 348 公顷，果园面积为 28 750公顷，可垦荒地面积 17 528 公顷，宜林地面积12 336公顷，居民点及工矿用地面积 28 869 公顷，其他面积 38 565 公顷。

七、非公有经济发展情况

2016 年，新疆地方国有农场年末非国有经营单位 1 260 个，其中，第一产业 1 034 个，第二产业 11 个，第三产业 215 个。年末从业人员有 3 113 人，从业人员劳动报酬 7 980 万元，生产总值35 688 万元，当年固定资产投资为 16 339 万元，年末资产总额 29 963 万元，固定资产原值为16 026万元，应缴税金 74 万元，利润总额 84 万元 。

新疆地方国有牧场
2016 年经济和社会发展统计公报

新疆维吾尔自治区畜牧厅产业发展与牧场管理局

2016 年是“十三五”开局之年，也是全面深化改革的关键之年，新疆地方国有牧场广大干部职工，在农业部农垦局及相关部门的大力支持和亲切关怀下，在畜牧厅党组的正确领导下，认真学习《中共中央　国务院关于进一步推进农垦改革发展的意见》、习近平总书记系列重要讲话精神，特别是在第二次中央新疆工作座谈会上的重要讲话精神和视察新疆时的重要讲话精神，紧紧围绕维护社会稳定和长治久安总目标，以民生工程和牧场发展为重点，突出效能建设，精心组织，强化责任，严格项目管理，在各地州、市畜牧兽医局的大力支持下，较好地完成了全年的各项工作任务。

一、综合

2016 年，新疆有 124 个地方国有牧场（新补塔城地区乌苏市马吉克牧场），其中自治区属 3 个，地州属 5 个，县属 116 个，土地总面积 1 355.67 万公顷。其中，耕地面积 24.83 万公顷，草场面积 995.00 万公顷，林地面积 12.31 万公顷，水域面积 0.69 万公顷，茶果桑园面积 0.35 万公顷，可垦荒地面积 34.38 万公顷，居民点及工矿用地面积 5.3 万公顷，其他面积 282.6 万公顷。2016 年年末总人口 48.22 万人，其中社会从业人员 23.43 万人。全年实现生产总值（按现行价计算增加值）38.13 亿元，比上年减少 28%，其中：第一产业生产总值（按现行价计算增加值，下同）30.71 亿元，比上年减少 28.33%；第二产业生产总值 3.33 亿元，比上年减少 10.9%；第三产业生产总值 4.08 亿元，比上年减少 2.12%。

二、农牧业生产

2016 年，国有牧场农作物总播种面积为 25.08 万公顷，较上年增加 0.95 万公顷，增长 4%，其中：粮食播种面积 11.03 万公顷，减少 0.58 万公顷，减少 4.9%；油料面积 2.53 万公顷，增加 0.67 万公顷，增长 36%；棉花面积 5.74 万公顷，增加 0.21 万公顷，增长 3.8%。

主要农产品产量：2016 年粮食总产量 85.89 万吨，较上年增加 3.12 万吨，增长 3.77%，其中：小麦 25.19 万吨，增加 3.04 万吨，增长 13.72%；玉米 52.39 万吨，增加 1.01 万吨，增长 2%；油料总产量 4.53 万吨，增加 1.25 万吨，增长 38.1%；棉花总产量 19.76 万吨，增加 5.21 万吨，增长 35.8%。

2016 年年末国有牧场牲畜存栏 439.52 万头（只），较上年增加 2.61 万头（只），增长 5.97%，其中：牛 44.5 万头，增加 1.11 万头，增长 2.56%；羊 373.29 万只，增加 0.2 万只，增长 0.05%。

2016 年国有牧场肉类总产量 6.60 万吨，同上年相比减少 0.98 万吨，减少 1.26%，其中：牛肉 2.54 吨，增长 0.06%；羊肉 3.67 万吨，增加 0.6 万吨，增长 19.54%。牛奶总产量 15.85 万吨，较上年增加 1.22 万吨，增长 8.3%。绵羊毛总产量 5 064 吨，较上年增加 270 吨，增长 5.6%。

2016 年完成农林牧渔业总产值 53.198 亿元，较上年减少 23.13 亿元，减少 30.3%，其中农业产值 22.34 亿元，减少 32.6%；牧业产值 30.07 亿元，减少 28.59%；林业产值 0.7 亿元，减少 31.37%；渔业产值 594 万元，增长 11.65%。

2016 年，新疆国有牧场农牧机械总动力为 793 528 千瓦，大中型农用拖拉机 6 402 台，小型拖拉机 15 792 台，国有牧场农业机械化装备程度不断提高，农用拖拉机结构变化明显，技术结构不断优化，进一步改善了农牧业生产条件。

三、固定资产投资

全年固定资产投资总额 99 470.43 万元，比上年减少 37.9%。投资总额中用于第一产业的投资 66 016 万元，占投资总额的 66.37%；第二产业投资为 3 639 万元，占投资总额的 3.65%；第三产业为 29 814 万元，占投资总额的 29.98%。其中国家预算内资金 4.16 亿元、自筹资金 4.4 亿元。

四、教育、卫生

2016 年，自治区所属牧场学校及地县牧场移交当地政府管理。

现有卫生医疗单位 29 个，病床 224 张；医务人员 268 人，其中：医生 77 人。

五、人口、就业和劳动工资

2016 年年末新疆地方国有牧场总人口 472 515 人，社会从业人员 234 348 人。其中：第一产业从业人员 219 149 人，占总从业人员 93.5%；第二产业从业人员 4 375 人，占总从业人员 1.86%；第三产业从业人员 10 824 人，占总从业人员 4.6%。从业人员劳动报酬 39.5 亿元，在岗职工劳动报酬 16.38 亿元。年人均收入 11 838 元，较上年人均增加 2 600 元，增长 26%。

中国热带农业科学院 2016 年经济和社会发展统计公报

中国热带农业科学院

一、基本概况

中国热带农业科学院（简称“热科院”）是隶属于农业部的国家级热带农业科研机构，创建于1954年，前身是设立于广州的华南特种林业研究所，1958年迁至海南儋州，1965年升格为华南热带作物科学研究院，1994年经批准更为现名。

全院现有15个独立法人单位，分别为：院本级、热带作物品种资源研究所、橡胶研究所、香料饮料研究所、南亚热带作物研究所、农产品加工研究所、热带生物技术研究所、环境与植物保护研究所、椰子研究所、农业机械研究所、科技信息研究所、分析测试中心、海口实验站、湛江实验站、广州实验站，分布在海南、广东两省的6个市。院机关现有16个处室，分别为：院办公室、科技处、人事处、财务处、计划基建处、资产处、研究生处、国际合作处、开发处、基地管理处、监察审计室、保卫处、机关党委、离退休人员工作处、南繁科技服务办公室、驻北京联络处。附属机构3个，分别为后勤服务中心、试验场、附属中小学。

2016年全院在研各级各类科研课题748项，科技经费3.17亿元，其中：稳定经费8 570万元（含基本业务费6 560万元，产业技术体系2 010万元），农业部部门预算项目约2 700万元，国家重点研发计划项目（课题）2 210万元，国家自然科学基金1 310万元，广东、海南、广西等省（自治区）科技项目4 453万元。

建设运行国家重要热带作物工程技术研究中心、海南儋州国家农业科技园区、省部共建国家重点实验室培育基地、农业部综合性重点实验室等部省级以上科技平台72个，博士后科研工作站3个，联合国粮农组织“热带农业研究培训参考中心”、国际热带农业中心合作办公室、科技部国际科技合作基地和国家创新人才培养示范基地等国际合作平台12个，建设和运行中国援刚果（布）农业技术示范中心。

2016年新获批建设农业部热带作物农业装备重点实验室1个，国家主要热带作物种质资源鉴定与种质创新等科学数据分中心3个、国家热带牧草育种创新基地和农业部儋州油棕种质资源圃；新获批建设广东省现代农业产业技术研发中心和广东省旱作节水农业工程技术研究中心；新建林下资源综合利用研究中心等6个应用技术院级平台和纳米技术及应用研究中心等2个基础研究院级平台。

在基础研究方面，构建了迄今为止最为精细的橡胶树全基因图谱，在天然橡胶树产胶生物学研究方面取得重大突破，发现了一组可能促使橡胶树进化出高产橡胶特性的基因，从源头阐明了乙烯刺激橡胶增产的原因，提出了橡胶物种进化和乙烯刺激产胶的新观点，该结果在《自然—植物》上发表，并入选《自然》杂志研究亮点。解析了香草兰微生物辅助发酵生香作用机理，香草兰豆荚的香兰素含量提高12%。

在应用技术研究方面，研发出具有调节土壤pH、高效提供作物养分、抑制土传作物病害和降低农产品重金属镉含量等功能的碱性有机液肥——酸性土壤改良降镉肥，示范应用取得良好效果。研发建立了国内第一条标准化高性能天然橡胶中试生产线，并实现批量化生产，核心技术指标超过原进口马来西亚产品。研发出电动割胶刀并示范应用，提高割胶劳动效率20%以上，增效20%以上。突破橡胶木材加工利用关键技术，提升热改性加工能力15%以上。集成创新香蕉枯萎病综合防控技术，示范区发病率控制在8%以内。改进试制甘蔗、木薯、橡胶等热作种管收机械100多台（套），示范应用33.3千公顷。成功研发了一种基于适配体和分子印迹联合识别机理的新型电化学传感器，实现兽药残留林可霉素的特异性识别和残留痕量检测分析。

二、人员情况

2016年年末常住总人口12 022人，比2015年减少66人。年内平均人口12 171人，少数民族2 414人。2016年，全院新录用人员112人，全院干部人才队伍总量达3 913人，其中在编在岗2 838人，高级专业技术人员621人，硕士及以上学历人员达到1 066人。享受政府特殊津贴专家、国家级有突出贡献专家、中央联系专家、新世纪百千万人才工程国家级人选、国家“万人计划”人选及中华农业英才奖获得者等高层次人才51人次。全年职工劳动报酬37 640.63万元，比2015年增加4 453.14万元，人均纯收入3.13万元。

三、第三产业

（1）土地情况

截至2016年12月31日，热科院共有土地52宗，总面积68 127亩，已确权取得土地证。土地面积4 542公顷，其中：耕地面积633公顷，林地面积2 112公顷（橡胶面积1 612公顷），水面面积57公顷，茶果桑园42公顷，可垦荒地面积34公顷，宜林地面积390公顷（宜植橡胶面积321公顷），居民点及工矿用地面积356公顷，其他面积917公顷。耕地面积中：水田120公顷、旱地513公顷。

（2）全年生产总值48 337.33万元，比2015年减少14 743.89万元，减少23.37%。其中：科学研究和综合技术服务业生产总值48 192.99万元，减少22.16%，减少的主要原因是2016年固定资产折旧为10 269.24万元，比2015年固定资产折旧32 036.82万元，减少了21 767.58万元；批发和零售业40.64万元，减少85.05%；住宿和餐饮业73.75万元，减少50.16%；租赁和商务服务业29.96万元，减少96%，其他产业中，从事批发零售业、住宿餐饮业的单位4个，主要分布在批发零售业、住宿餐饮业、服务业，从业人员18人，营业收入789.21万元（表1）。

表1　生产总值情况（万元）

生产总值情况	2016年	2015年	增加额	比上年增长（%）
科学研究和综合技术服务业	48 192.99	61 911.89	−13 718.90	−22.16
其中：固定资产折旧	10 269.24	32 036.82	−21 767.58	−67.95
批发和零售业	40.64	271.86	−231.22	−85.05
住宿和餐饮业	73.75	147.98	−74.23	−50.16
租赁和商务服务业	29.96	749.49	−719.53	−96.00
合计	48 337.33	63 081.22	−14 743.89	−23.37

（3）全年农林牧渔业总产值3 971.31万元，比2015年减少0.95%，其中：农业产值835.12万元，比2015年增加6.69%；林业产值1 555.39万元，比2015年减少30.19%，其中：橡胶产值1 115.22万元，比2015年减少2.26%。橡胶年末实有面积1 606公顷，比2015年减少62公顷，全年干胶总产量858吨，比2015年减少134吨，减少13.54%。年内实际到达开割面积954公顷，比2015年减少148公顷，减少13.46%，开割到达株数32.56万株。牧业产值1 429.69万元，比2015年增长65.47%，渔业产值151.10万元，比2015年增长12.48%（表2）。

表2　农林牧渔业总产值情况（万元）

指标名称	2016年	2015年	增加额	比上年增长（%）
农林牧渔业总产值	3 971.31	4 009.36	−38.05	−0.95
农业产值	835.12	782.79	52.33	6.69
林业产值	1 555.39	2 228.20	−672.81	−30.19
其中：橡胶产值	1 115.22	1 141.03	−25.81	−2.26
牧业产值	1 429.69	864.03	565.66	65.47
渔业产值	151.10	134.34	16.76	12.48

(4) 农作物播种面积 181 公顷，比 2015 年增加 6 公顷，总产量 2 276 吨，比 2015 年增加 171 吨，单产 12 543 千克。其中，粮食面积减少 10.37%，油料面积比 2015 年增长 177.11%；糖类作物比 2015 年增长 9.09%；蔬菜、瓜类比 2015 年增长 113.43%（表 3）。

表 3　农作物播种面积情况（公顷）

指标名称	2016 年	2015 年	增加额	比上年增长（%）
农作物播种面积	181	175	6	3.43
粮食作物	141	157	−16	−10.19
其中：稻谷	134	143	−9	−6.29
玉米	1	8	−7	−87.50
油料作物	13	5	8	160
糖料作物	3	3	0	0
蔬菜、瓜类	23	11	12	109.09

(5) 热带亚热带作物年末种植面积 242 公顷，分别为：剑麻 5 公顷、胡椒 5 公顷、咖啡 3 公顷、椰子 116 公顷、油棕 51 公顷、可可 12 公顷、槟榔 42 公顷、益智 1 公顷、澳洲坚果 7 公顷、木薯 1 公顷等热带作物，总产量 134 吨，比 2015 年增加 34 公顷，其中：椰子种植面积 116.01 公顷，产量 45.68 万个，比 2015 年增加 3 公顷；油棕种植面积 51 公顷，比 2015 年增加 16 公顷；槟榔种植面积 42 公顷，比 2015 年增加 10 公顷。由于实验用途改变，剑麻面积减少，椰子、油棕、可可、槟榔面积均有增加。

(6) 当年造林面积 211 公顷，比 2015 年减少 50.94%，其中：经济林 203 公顷、防护林 8 公顷；当年零星植树 2 公顷、幼林抚育面积 502 公顷、成林抚育面积 1 371 公顷，采伐木材 8 819 米^3，森林覆盖率达 145.30%。

(7) 全年水果面积 82 公顷，比 2015 年增加 5 公顷，产量约 217 吨，比 2015 年增加 30 吨，水果主要有香蕉、柑橘、菠萝、荔枝、龙眼、芒果、火龙果、番石榴和其他热带水果（毛叶枣）等。

(8) 肉类总产量 486 吨，比 2015 年增加 149 吨，其中：猪肉产量 277 吨，牛肉产量 9 吨，羊肉产量 8 吨，禽肉产量 38 吨，禽蛋产量 7 吨。

(9) 水产品总产量 252 吨，比 2015 年增加 60 吨，全部养殖淡水鱼类，养殖面积 25 公顷。

(10) 全年院属普通中学 1 所，小学 5 所。教职工数共计 158 人，其中教师 122 人。在校生 1 826人，其中新招生 484 人，当年毕业生 409 人。现有医疗单位 1 个，医务人员 12 人，其中医生 4 人。

(11) 全年各类自然灾害造成农业直接经济损失为 1 401.81 万元，农作物受灾面积 1 201 公顷，其中：绝收 10 公顷。灾害主要有霜冻灾和海南台风，台风有 2016 年 7 月 26 日在海南省万宁市东澳镇登陆的第 3 号台风“银河”和 10 月 18 日在万宁市和乐镇登陆的第 21 号台风“莎莉嘉”。

广州农垦2016年经济和社会发展统计公报

广州风行发展集团

2016年，广州风行发展集团在农业部农垦局、广州市国资委的正确领导下，以“十三五”规划为引领，以“做优主业、做大规模、做强能力”为核心，继续全面深化改革创新，进一步夯实管理基础，不断提升营运效益和管理效率，企业在经营效益、主业发展、体制机制改革、科技创新等方面均取得新成效，经济运行情况良好，主要经济指标保持稳步增长。

一、综合情况

根据产业战略布局，集团按照以突出主业与多元化发展相呼应的发展思路，集中力量加快乳业发展，积极拓展现代服务业，谋划发展健康食品产业。目前集团经营业务主要为乳业、现代服务业两大板块。集团现有二级企业5家，各级独立核算企业26家，主要子公司为广州风行乳业股份有限公司、广州新厚德商贸有限公司以及广州新厚德农工商联合公司。年末职工人数1 758人，土地总面积36公顷。

集团按照国家及省市深化国企改革，增强国企经营效率的总体思路，不断推进核心企业改革，增强发展活力，突破发展瓶颈。一是完善公司法人治理结构，健全现代企业制度，提升决策质量与效率；二是理顺内部运营机构设置，按照精简、统一、高效的原则，建立精干高效的适应市场经济的现代化企业管理体系。在不断完善内部运营体制的同时，以科技创新为驱动，激发企业内生活力，集聚资源设立风行乳业研究院以及加快建设科技平台。推进产业的科研攻关，打造乳业的科技创新主体。

在集团产业整合、结构调整及协同发展方面，一是通过整合集团乳业资源，理顺股权关系、历史遗留问题和资产的归集、划拨，完成了集团下属风行牛奶公司的股份制改造工作，成立广州风行乳业股份有限公司，为乳业增资扩股及上市迈出关键一步；二是调整物业经营思路，创新经营模式，推进物业经营的转型发展；三是加快商贸产业发展，围绕服务核心主业，积极开展乳业供应链服务，进一步夯实集团产业协同发展基础。

2016年集团实现国内生产总值31 433万元，同比增长16.47%，其中：第一产业不断提升牧业发展质量，强化标准化建设与管理，推进重点项目投资，实现生产总值5 115万元，同比增长16.73%；第二产业通过车间升级改造提升产能，不断推动营销改革、创新模式和拓展渠道，并加大品牌建设和宣传力度，继续优化产品结构等举措，在乳业大环境低迷的影响下，产销量保持增长，销售毛利同比增加，实现生产总值17 219万元，同比增长8.23%；第三产业商贸业务快速发展，实现生产总值9 099万元，增长35.52%。集团全年实现利润总额10 717万元，同比增长18.49%。人均年收入67 912元，同比增长5.12%。

二、畜牧业生产情况

集团畜牧业以奶牛饲养为主，拥有牧场3个，在建牧场1个，分布在广州市郊。2016年，集团继续推进在建牧场建设，进一步提升现代化牧场标准化管理水平。同时，继续抓好华南亚热带良种核心牛群建设，不断扩大核心牛群的数量；加强牧场技术攻关，提升管理水平。珠江牧场通过优质饲料供给、优化挤奶操作及常态化防疫管理，奶牛体细胞数下降6.25%，完成第一批8名职业奶农的基础培训与认定。华美牧场克服搬迁等不利因素，强化标准化建设与管理，全年完成产量同比增长23.5%。穗新牧场扎实推进牛舍舒适度和环保工艺的技改，成母牛单产同比增长3.3%，污水处理药剂成本同比下降37.8%，全年达标排放。

年末奶牛总存栏7 700头，比上年增加200头，增长2.67%，其中：能繁殖母畜4 700头，比上年增加1 400头；当年生仔畜3 500头，比上年减少800头。2016年实现生鲜奶产量25 848吨，比上年增加1 831吨，增长7.62%，销量25 819

吨，比上年 23 929 吨增加 1 890 吨，增长 7.90%，实现销售收入 14 350 万元，同比基本持平。生鲜奶产销的同比增长，抵消了奶价普降及牧场搬迁奶牛单产下降的影响所导致的收入减少。利润总额 427 万元，同比下降 32.33%，主要是收入没有增长，原材料成本上涨、技改后折旧及环保支出的增加，导致利润空间缩小。

三、工业生产情况

集团工业以乳制品加工为主，2016 年纳入统计范围的工业企业 2 家，1 家是乳品加工厂，1 家是筹建中的乳品加工基地。随着巴氏奶车间升级改造和一期信息管理系统升级改造的完成并投产，使产能与品质管理得到了进一步的提升，信息系统规范化标准化管理的实施促进了营运效率与管理质量的提高，门店管理系统的全覆盖保证了数据的准确性和时效性。在产品营销方面，拓展"互联网＋"销售模式，自建电商平台正式上线，新增 SSM 门店管理系统上线 156 家，通过自有电商平台及 SSM 系统可掌握货权、客户资源信息、用户购买信息和建议等，以利用大数据分析顾客的购买习惯，指导生产、研发及促销等，线上销量逐步攀升。通过互联网营销、体验营销、文化营销等模式，明星单品的业绩持续向好，乐悠及仙泉湖销量同比分别增长 13% 和 74%。在新产品开发方面，积极落实中央推动供给侧结构性改革要求，适应市场开发中高端产品，2016 年共推出乐悠果层果料酸奶、燕麦爆爆珠牛奶饮品、学生哈密瓜味牛奶等 8 款新产品，其中乐悠果层酸奶为华南地区首创。

全年实现工业总产值 59 932 万元，同比增加 2 641万元，增长 4.61%；工业销售产值59 515万元，同比增加 2 134 万元，增长 3.72%，持续保持同比增长；实现销量 59 862 吨，同比增长 4.64%；实现收入 59 138 万元，同比增长 3.65%；全年生产乳制品 59 497 吨，比上年增加 1 197 吨。全年实现利润−282 万元，同比下降较大。增减变动的主要原因：一是推进体制机制、营销和科技等改革创新，并加大营销渠道建设及促销力度，销量能够保持持续增长态势，但增长速度放缓，营销费用、人工成本等增长较大，因此改革红利暂未全面释放；二是由于受进口奶源的冲击、饲料成本的上涨以及市场、天气等不利因素的影响，国内整个行业基本零增长，毛利率及销售均价均有所下降；三是受股改会计调整影响，按股改口径增加折旧、按权责发生制计提费用、按新比例计提坏账准备造成了费用的同比增加。

四、现代服务业情况

集团 2016 年纳入统计范围批发零售、服务业企业 20 个，主要经营成品油销售、物业租赁、商贸等业务，其中：正常经营企业 10 个，拟关停企业 10 个；年末从业人员 105 人，其中：批发零售业 35 人，服务业 70 人。全年实现营业收入86 986 万元，同比增长 131.92%，其中：批发零售业营业收入 81 998 万元，同比增长 142.96%。主要原因：一是增加了大宗商品贸易业务，2016 年实现商贸收入 68 790 万元，同比增加 47 383 万元，增长 221.34%；二是成品油销售实现 13 208 万元，同比增长 7.01%。服务业通过全面摸清集团公司物业现状，根据市场发展形势制订物业经营计划，加强物业出租的统筹管理，提升物业出租效益，对于优质物业实行公开竞投，寻找潜在客户参与竞标，部分物业出租价格大幅提升，全年营业收入 4 988万元，同比增长 32.77%。年末固定资产原值3 710 万元，其中：批发零售业 75 万元，服务业3 635万元；营业用房 130 011 米^2，其中：批发零售业 642 米^2，服务业 129 369 米^2。

五、固定资产投资情况

2016 年集团继续推进重点项目建设，全年完成固定资产投资总额 11 153 万元，同比下降 9.05%。其中：第一产业完成投资 8 027 万元，主要是青龙基地项目投资支出 5 995 万元，华美牛场投资 1 806 万元；第二产业完成投资 3 085 万元，主要是巴氏奶车间改造投资支出 1 813 万元，购买生产办公设备、车辆等投资 1 002 万元，装修、改造等支出 109 万元，信息平台支出 54 万元等；第三产业完成投资 41 万元。其中：投资资金通过自筹解决 9 963 万元，地方财政性资金拨款 1 190 万元。当年新增固定资产 13 658 万元，主要是工业及牧业项目的投入。

六、农业生产、其他生产及社会负担情况

由于集团原有的农用地已全部被政府征收，目前集团已没有农业用地及农作物生产。集团没有渔业、林业、建筑业生产企业，也没有受托管理的非国有经济实体；集团原办理的教育、医疗卫生机构已全部移交地方管理。

南京农垦2016年经济和社会发展统计公报

南京农垦产业（集团）有限公司

2016年，是南京农垦落实“十三五”发展规划开局之年，是全面深化农垦改革、林场改革发展的关键之年，也是承前启后加快发展的重要之年。一年来，在农业部农垦局及市委、市政府的正确领导下，南京农垦紧密围绕“主业做精、规模做大、资产调优、整体调强”的总体目标，坚持以经济效益为中心，持续、稳步、有效地开展各项工作。

一、垦区经济持续健康发展

（一）综合

垦区全年实现生产总值6 650.29万元，较上年同期减少49.71%。其中：第一产业增加值400.29万元，比上年减少11.28%；第二产业增加值1 057万元，增长0.38%；第三产业增加值5 193万元，减少55.69%，主要是垦区在2015年实现证券市场投资收益，当年经济效益大幅提高。第一、二、三产业增加值占垦区生产总值的比重分别为6.02%、15.89%、78.09%。

垦区全年总人口2 818人，其中农场人口2 631人。国有企业从业人员273人，其中在岗职工220人；从业人员人均劳动报酬4.15万元，其中在岗职工人均劳动报酬4.46万元。

（二）农业

南京市青龙山林场是垦区唯一国有林场，土地总面积约759公顷。垦区全年实现农林牧渔总产值1 336万元，同比减少14.80%。其中，农业产值123万元，同比增长5.13%；牧业产值1 206万元，减少16.42%；渔业产值与上年基本持平。

种植业生产情况：垦区拥有优质茶园28公顷，茶叶年产量约4吨，同比增长5%；实现年销售收入220万元。

畜牧业生产情况：垦区现有一家民营禽业养殖单位，2016年养殖量约9万只，禽肉年产量87吨，同比增长27.94%；禽蛋产量950吨，同比减少21.16%。

渔业生产情况：因林场鱼塘分布零散且淤积多年，已不适宜养殖鱼类，但存塘鱼仍然存在，产值与上年基本持平。

（三）工业

垦区全年实现工业总产值6 912万元，同比减少0.6%，利润总额亏损115万元。目前，垦区无国有工业企业，多属规模较小的民营企业，由于其产品技术含量不高，创新能力不强，且人工成本增长过快，直接导致销售利润薄弱。

（四）第三产业

2016年，垦区第三产业增加值5 193万元，其中：批发零售业增加值629万元，同比增长10.07%；交通运输仓储和邮政业79.50万元，同比增长23.26%；住宿和餐饮业296.80万元，同比增长25.76%；租赁和商务服务业3 797.70万元，同比减少63.75%，主要是垦区在2015年实现证券市场投资收益，当年经济效益创历史新高；居民服务修理和其他服务业390万元，与上年基本持平。

垦区采取市场化方式运作，提高房屋出租率及租金上涨率；在严格做好风控基础上，利用部分资金进行长、短期相结合的理财产品投资，提高经济效益；成功处置低效、无效资产。垦区自开展商贸业务以来，不断探索业务发展模式，不断拓宽产品渠道，销售市场逐步打开。2016年，累计销售产品10余种，实现销售收入3 453万元。

二、垦区重点项目平稳推进

（一）抓住机遇，积极推进国有林场改革工作

根据中共中央、国务院一系列文件精神，结合林场发展现状，主要做了以下工作：一是《南京市青龙山林场改革实施方案》已经江苏省国有林场改革工作领导小组初审通过；二是针对方案中涉及的社会管理职能剥离、社区管理事务等事宜已经与市民政等相关部门进行沟通协调，将为下一步改革实

施做好充分准备；三是按照人林分离的原则，林场棚改方案及实施细则已通过青龙山林场职代会，目前棚改一期工程封顶，已进入实质性安置阶段；四是积极与省、市国土部门对接，为林场土地登记确权、领证工作做好前期准备，目前土地确权摸底调查等材料已上报省国土资源厅。

（二）攻坚克难，青龙山林场健康小镇工作有序开展

垦区围绕林场转型发展，并结合市委、市政府关于推进特色小镇建设的相关文件精神，全力打造南京青龙山林场健康小镇项目，取得了以下工作进展：一是已取得南京市、区两级国土部门核准的空间规划指标，这将为首期地块的项目启动提供有力支撑，同时，在小镇规划范围内的基本农田已全部调整；二是经与南京市、区规划部门多次沟通，健康小镇城市概念规划已编制完成，并向市规划部门进行了专项汇报；三是特色小镇申报工作圆满完成。

三

主要经济与社会指标

综合情况

1-1 主要年份全国农垦经济主要指标

指标名称	计量单位	2000 年	2005 年	2010 年	2015 年	2016 年	2016 年比 2015 年增长	
							绝对数	(%)
一、基本情况								
农垦独立核算企业	个	5 469	6 197	5 261	5 880	6 263	383	6.5
#农牧企业	个	2 026	1 923	1 807	1 785	1 781	−4	−0.2
工业企业	个	1 677	1 809	1 290	1 237	1 186	−51	−4.1
建筑企业	个	237	443	537	378	516	138	36.5
运输企业	个	67	270	290	205	191	−14	−6.8
批零贸易餐饮企业	个	1 462	1 752	1 337	2 275	2 589	314	13.8
农垦年末总人口	万人	1 198.49	1 259.53	1 332.31	1 445.95	1 442.70	−3.25	−0.2
职工总数	万人	391.88	335.93	330.75	287.64	276.67	−10.97	−3.8
耕地面积	千公顷	4 803.54	5 038.13	5 989.27	6 325.42	6 446.93	121.51	1.9
当年造林面积	千公顷	75.76	126.18	88.25	68.50	73.56	5.06	7.4
橡胶面积	千公顷	382.34	424.16	469.40	443.27	453.63	10.36	2.3
农垦生产总值（现价）	亿元	720.62	1 358.65	3 382.67	6 902.48	7 365.49	463.01	6.9
第一产业增加值	亿元	311.33	560.43	1 171.30	1 768.13	1 800.87	32.74	1.9
第二产业增加值	亿元	219.16	417.18	1 341.69	3 132.69	3 338.82	206.13	6.9
第三产业增加值	亿元	190.13	381.04	869.68	2 001.65	2 225.80	224.15	11.4
各产业占生产总值比重								
第一产业	%	43.2	41.2	34.6	25.6	24.5	−0.9	
第二产业	%	30.4	30.7	39.7	45.4	45.3	−0.1	
第三产业	%	26.4	28.1	25.7	29.0	30.2	1.2	
人均生产总值	元/人	5 991	10 851	25 669	48 648	52 965	4 317	7.9
工农业总产值（现价）	亿元	1 379.48	2 472.34	6 535.24	12 528.98	13 065.15	536.17	4.3
农林牧渔业总产值	亿元	644.04	1 118.51	2 342.34	3 449.67	3 457.79	8.12	0.2
占工农业总产值	%	46.7	45.2	35.8	27.5	26.5	−1	
工业总产值	亿元	735.44	1 353.83	4 192.90	9 079.31	9 607.36	528.05	5.8
占工农业总产值	%	53.3	54.8	64.2	72.5	73.5	1	
工资总额	亿元	210.97	277.30	546.06	878.82	881.04	2.22	0.3
职工平均工资	元/人	5 384	8 255	16 510	30 553	31 844	1 291	5.2
人均纯收入	元/(人·年)	3 036	4 195	8 232	14 629	15 488	859	5.9
固定资产投资	亿元	153.21	449.54	1 811.22	4 593.17	4 820.80	227.63	5.0
固定资产投资按来源合计	亿元	153.80	448.29	1 808.79	4 327.40	4 606.49	279.09	6.4
#国家预算内资金	亿元	22.51	47.50	169.01	480.03	535.34	55.31	11.5
利用外资	亿元	4.53	20.18	56.89	53.89	38.77	−15.12	−28.1
自筹资金	亿元	79.96	282.84	1 074.21	3 091.72	3 234.16	142.44	4.6

注：表中生产总值、总产值等价值量均按当年价格计算，增长速度按扣除统计口径变动因素的可比价格计算。

1－1 续表 1

指 标 名 称	计量单位	2000 年	2005 年	2010 年	2015 年	2016 年	2016 年比 2015 年增长	
							绝对数	（%）
二、主要农作物播种面积								
农作物播种面积	千公顷	4 755.82	5 145.25	6 310.42	6 898.25	6 930.12	31.87	0.5
粮食作物播种面积	千公顷	3 163.87	3 375.83	4 557.64	4 996.98	4 996.33	－0.65	0.0
总产量	万吨	1 465.21	1 858.99	2 953.29	3 665.10	3 483.15	－181.95	－5.0
公顷产量	千克	4 631	5 507	6 480	7 335	6 971	－364	－5.0
棉花播种面积	千公顷	527.28	649.37	665.37	834.19	732.07	－102.12	－12.2
总产量	万吨	83.16	124.69	143.93	175.04	187.69	12.65	7.2
公顷产量	千克	1 577	1 920	2 163	2 098	2 564	466	22.2
油料合计播种面积	千公顷	461.19	371.20	375.36	352.24	361.22	8.98	2.5
总产量	万吨	71.25	66.94	80.34	80.81	81.71	0.90	1.1
公顷产量	千克	1 545	1 803	2 140	2 294	2 262	－32	－1.4
糖料合计播种面积	千公顷	103.55	100.51	103.89	84.31	85.88	1.57	1.9
总产量	万吨	589.48	667.52	766.86	718.26	734.53	16.27	2.3
公顷产量	千克	56 927	66 416	73 815	85 194	85 530	336	0.4
干胶总产量	万吨	34.68	31.99	32.78	31.02	28.59	－2.43	－7.8
剑麻总产量	万吨	2.79	2.60	3.21	2.61	2.28	－0.33	－12.6
水果总产量	万吨	118.63	178.79	323.40	649.21	677.49	28.28	4.4
* 主要热带水果产量	万吨	30.79	55.32	100.00	199.34	201.98	2.64	1.3
茶叶总产量	万吨	3.90	4.64	4.63	5.01	5.09	0.08	1.6
人参总产量	吨	2 365.00	187.22	646.16	143	174.08	31.08	21.7
三、畜牧、水产情况								
年末牲畜存栏头数	万头	1 797.45	2 622.04	2 752.10	3 001.45	2 968.27	－33.18	－1.1
大牲畜年末头数	万头	214.62	305.03	319.22	281.98	292.02	10.04	3.6
牛	万头	173.12	270.69	292.01	249.80	258.10	8.30	3.3
#良种及改良种乳牛	万头	51.32	101.63	143.15	146.44	137.60	－8.84	－6.0
猪	万头	478.14	722.82	1 134.18	1 227.28	1 239.02	11.74	1.0
羊	万只	1 104.69	1 591.57	1 298.74	1 492.20	1 437.23	－54.97	－3.7
肉类总产量	万吨	84.96	145.76	256.43	254.58	250.98	－3.60	－1.4
牛奶产量	万吨	116.50	245.49	366.09	369.08	378.95	9.87	2.7
羊毛产量	万吨	2.09	2.92	2.72	3.28	3.40	0.12	3.7
禽蛋产量	万吨	20.44	22.38	39.71	48.25	50.48	2.23	4.6
鹿茸产量	吨	41.47	78.56	77.45	79.13	76.98	－2.15	－2.7
蜂蜜产量	吨	2 565	6 504	8 481	12 953	14 179	1 226	9.5
水产品总产量	万吨	49.10	79.48	115.17	152.47	148.39	－4.08	－2.7

1－1 续表 2

指 标 名 称	计量单位	2000 年	2005 年	2010 年	2015 年	2016 年	2016 年比 2015 年增长	
							绝对数	(%)
四、主要农业机械、电、化肥用量								
农业机械总动力	万千瓦	1 159.44	1 463.07	2 126.49	2 838.32	2 986.18	147.86	5.2
大中型拖拉机	万台	6.66	8.00	14.60	19.72	21.62	1.90	8.8
小型及手扶拖拉机	万台	21.35	26.98	32.97	30.85	26.78	－4.07	－15.2
农用运输车	万辆	1.25	5.73	8.33	8.36	9.07	0.71	8.5
排灌动力机械	万台	13.89	19.19	24.84	27.99	29.43	1.44	5.1
联合收获机	万台	1.49	2.03	3.92	5.69	9.41	3.72	65.4
农场用电量	亿千瓦时	57.02	72.38	174.12	142.65	173.59	30.94	21.7
农用化肥施用总量（按折纯量计算）	万吨	131.69	159.60	227.81	269.87	273.88	4.01	1.5
五、主要工业产品产量								
原煤	万吨	607.42	576.48	2 901.05	2 505.01	1 576.13	－928.88	－37.1
混配合饲料	万吨	149.54	213.63	483.13	916.22	1 032.44	116.22	12.7
食用植物油	万吨	38.99	82.06	193.08	463.32	410.93	－52.39	－11.3
成品糖	万吨	76.10	115.02	205.79	293.36	252.30	－41.06	－14.0
乳制品	万吨	10.42	15.37	283.99	380.17	403.80	23.63	6.2
液体乳	万吨	74.53	93.59	247.60	351.55	371.15	19.60	5.6
饮料酒（混合量）	万千升	117.65	141.16	144.42	160.49	126.36	－34.13	－21.3
纱	万吨	19.56	26.43	51.16	73.48	88.68	15.20	20.7
布	亿米	2.98	4.88	6.48	5.78	5.79	0.01	0.2
机制纸及纸板	万吨	74.35	100.44	61.72	56.98	57.29	0.31	0.5
农用氮、磷、钾化学肥料总计（折纯量）	万吨	15.78	23.60	35.67	90.21	81.58	－8.63	－9.6
水泥	万吨	618.37	1 046.00	2 245.07	2 158.38	2 016.47	－141.91	－6.6
砖	亿块	67.92	60.79	94.02	179.88	164.31	－15.57	－8.7
发电量	亿千瓦时	34.23	59.04	156.63	738.31	793.86	55.55	7.5
拖拉机配件	万元	2 751	8 852	4 345				
六、粮豆商品量	万吨	1 115.43	1 404.40	2 605.24	3 343.16	3 220.04	－123.12	－3.7
粮豆商品率	%	76.13	84.29	88.21	91.22	92.40	1.18	1.1
外贸出口供货商品金额	（人民币）亿元	98.26	254.22	541.50	822.61	665.43	－157.18	－19.1
其中：工业品	（人民币）亿元	71.26	215.96	468.25	754.72	624.66	－130.06	－17.2
批发零售贸易业、餐饮业销售总额	亿元	472.13	764.25	2 490.73	7 120.48	7 368.56	248.08	3.5
服务业营业收入	亿元	44.19	68.38	127.18	317.56	439.60	122.04	38.4

注：乳制品从 2009 年始含液体乳。

1－2　主要年份全国农垦主要经济指标占全国比重

计量单位：%

指　标　名　称	2010年	2011年	2012年	2013年	2014年	2015年	2016年
农垦年末总人口	0.99	1.00	1.01	1.04	1.04	1.05	1.04
生产总值	0.85	0.89	0.98	1.04	1.01	1.02	0.99
固定资产投资	0.65	0.78	0.89	0.89	0.89	0.82	0.79
农作物播种面积总计	3.93	3.95	3.98	4.05	4.17	4.15	4.16
粮食作物播种面积	4.15	4.17	4.25	4.32	4.37	4.41	4.42
粮食作物总产量	5.40	5.60	5.72	5.68	5.83	5.90	5.65
棉花播种面积	13.72	14.27	15.58	17.70	21.45	21.95	21.66
总产量	24.11	24.82	25.19	27.92	34.32	31.20	35.15
油料合计播种面积	2.70	2.74	2.71	2.53	2.59	2.50	2.56
总产量	2.49	2.52	2.25	2.28	2.35	2.28	2.26
糖料播种面积	5.41	5.77	5.52	5.59	4.41	4.84	5.11
总产量	6.37	6.54	6.30	6.15	5.27	5.73	5.97
大牲畜年末头数	2.61	2.85	2.90	2.49	2.30	2.31	2.45
肉类总产量	3.24	3.51	3.54	3.35	3.00	2.95	2.94
牛奶产量	10.25	11.10	11.62	11.39	10.07	9.83	10.52
羊毛产量	6.33	6.34	6.25	6.86	6.90	7.03	7.04
禽蛋产量	1.44	1.57	1.66	1.66	1.61	1.61	1.63
蜂蜜产量	2.11	1.57	2.43	2.55	2.14	2.73	2.95
农业机械总动力	2.29	1.69	2.40	2.57	2.52	2.54	3.05
大中型拖拉机（台）	3.72	2.34	3.59	3.36	3.39	3.25	3.35
小型及手扶拖拉机（台）	1.85	3.67	1.85	1.93	1.86	1.81	1.60
原煤	0.90	0.85	0.90	0.93	0.70	0.67	0.47
纱	1.88	1.82	2.12	2.12	1.90	2.08	2.29
布	0.81	0.83	0.69	0.71	0.54	0.65	0.64
发电量	0.37	0.48	0.72	0.91	1.10	1.27	1.29

1－3 农垦基本情况

计量单位：个

地　区	农垦国有企业个数					
	合计	农场	工业企业	建筑企业	运输企业	商业企业
全国农垦	**6 263**	**1 781**	**1 186**	**516**	**191**	**2 589**
北　京	140	9	31	3	3	94
天　津	99	13	27	2	1	56
河　北	81	33	20	5	3	20
山　西	31	26	2			3
内蒙古	177	104	23	1		49
辽　宁	221	106	4	6		105
吉　林	97	92	1			4
黑龙江	833	113	214	40	71	395
上　海	553	19	125	9	48	352
江　苏	53	18	18	6		11
浙　江	59	50	2			7
安　徽	100	20	9	3		68
福　建	175	112	32			31
江　西	286	156	84	16	4	26
山　东	27	14	6	2		5
河　南	123	96	15	1		11
湖　北	183	53	84	16	4	26
湖　南	321	69	127	88	11	26
广　东	311	48	100	11	11	141
广　西	201	41	77	29	4	50
海　南	344	40	38	187	5	74
重　庆	30	17	4	1	2	6
四　川	40	34	3			3
贵　州	42	37	5			0
云　南	215	43	29	3	11	129
陕　西	85	12	5			68
甘　肃	86	26	39	3	1	17
青　海	27	19	5			3
宁　夏	44	14	14	2		14
新疆（兵团）	773	176	21	81	10	485
新疆（农业）	315	45	11	1	2	256
新疆（畜牧）	133	124	9			
热科院	2	1				1
广　州	16		2			14
南　京	40	1				39

1-3 续表 1

地　区	出口商品总金额（万元）	耕地面积（公顷）	大中型农用拖拉机（台）	联合收割机（台）
全国农垦	**6 654 251**	**6 446 931**	**216 240**	**94 145**
北　京	33 607	1 439	73	19
天　津	13 856	2 917	84	3
河　北	170 126	96 726	6 229	952
山　西		6 588	51	13
内蒙古	330	669 128	14 655	2 486
辽　宁	62 368	157 661	5 516	1 183
吉　林	240	130 138	5 599	4 398
黑龙江	55 600	2 908 927	80 934	69 068
上　海	66 888	35 763	1 474	196
江　苏	20 228	65 526	3 538	1 571
浙　江	106 165	3 787	44	2
安　徽		30 167	2 945	1 413
福　建	47 982	9 359	115	50
江　西	367 814	83 360	1 890	1 659
山　东		14 022	508	111
河　南	8 250	29 623	1 281	685
湖　北	448 392	131 993	8 767	3 533
湖　南	26 285	67 141	3 885	1 758
广　东	764 445	37 866	595	47
广　西	106 344	33 959	1 798	36
海　南	2 378	35 798	457	
重　庆	306	306	7	
四　川		873		
贵　州		1 763	56	
云　南		13 122	918	34
陕　西		9 559	194	48
甘　肃	889	67 288	7 129	111
青　海		152 267	343	192
宁　夏	3 150	43 283	2 599	517
新疆（兵团）	4 345 509	1 254 422	49 791	3 332
新疆（农业）	3 100	103 230	8 341	150
新疆（畜牧）		248 297	6 402	578
热科院		633	9	
广　州			13	
南　京				

1-3 续表 2

地　区	农垦生产总　值（万元）	第一产业		第二产业		第三产业	
		增加值（万元）	占农垦生产总值（%）	增加值（万元）	占农垦生产总值（%）	增加值（万元）	占农垦生产总值（%）
全国农垦	**73 654 860**	**18 008 718**	**24.5**	**33 388 232**	**45.3**	**22 257 910**	**30.2**
北　京	709 121	146 759	20.7	235 110	33.2	327 252	46.1
天　津	298 897	33 574	11.2	62 241	20.8	203 082	67.9
河　北	4 868 212	521 664	10.7	2 485 572	51.1	1 860 976	38.2
山　西	58 194	13 130	22.6	24 215	41.6	20 849	35.8
内蒙古	1 197 051	690 744	57.7	242 019	20.2	264 288	22.1
辽　宁	3 232 402	1 069 766	33.1	1 503 137	46.5	659 499	20.4
吉　林	578 525	216 246	37.4	167 483	28.9	194 797	33.7
黑龙江	11 937 103	5 188 947	43.5	2 476 068	20.7	4 272 088	35.8
上　海	1 903 226	194 717	10.2	686 875	36.1	1 021 635	53.7
江　苏	1 568 296	245 945	15.7	882 298	56.3	440 053	28.1
浙　江	180 533	15 508	8.6	162 422	90.0	2 603	1.4
安　徽	238 472	103 648	43.5	50 725	21.3	84 099	35.3
福　建	677 154	92 786	13.7	525 564	77.6	58 804	8.7
江　西	2 282 152	278 852	12.2	1 514 688	66.4	488 612	21.4
山　东	212 951	63 826	30.0	135 177	63.5	13 948	6.5
河　南	209 016	104 179	49.8	64 229	30.7	40 608	19.4
湖　北	10 760 000	1 059 202	9.8	7 472 429	69.4	2 228 369	20.7
湖　南	1 602 204	375 262	23.4	858 214	53.6	368 728	23.0
广　东	1 613 180	537 274	33.3	633 110	39.2	442 796	27.4
广　西	4 940 482	572 967	11.6	3 050 429	61.7	1 317 086	26.7
海　南	1 249 187	700 195	56.1	106 762	8.5	442 230	35.4
重　庆	207 856	18 640	9.0	131 008	63.0	58 208	28.0
四　川	14 835	6 536	44.1	7 965	53.7	334	2.3
贵　州	51 241	14 687	28.7	36 554	71.3		
云　南	584 530	300 475	51.4	42 781	7.3	241 274	41.3
陕　西	43 476	30 870	71.0	4 931	11.3	7 675	17.7
甘　肃	136 619	81 778	59.9	41 048	30.0	13 793	10.1
青　海	40 099	32 834	81.9	2 827	7.1	4 438	11.1
宁　夏	225 256	124 044	55.1	53 091	23.6	48 122	21.4
新疆（兵团）	21 343 307	4 678 739	21.9	9 655 779	45.2	7 008 789	32.8
新疆（农业）	223 575	182 299	81.5	21 875	9.8	19 401	8.7
新疆（畜牧）	381 269	307 066	80.5	33 358	8.7	40 844	10.7
热科院	48 337					48 337	100.0
广　州	31 452	5 161	16.4	17 191	54.7	9 100	28.9
南　京	6 650	400	6.0	1 057	15.9	5 193	78.1

1-3续表3

地区	农垦生产总值（万元）	排序	第一产业		第二产业		第三产业	
			增加值（万元）	排序	增加值（万元）	排序	增加值（万元）	排序
全国农垦	**73 654 860**		**18 008 718**		**33 388 232**		**22 257 910**	
北京	709 121	14	146 759	18	235 110	14	327 252	13
天津	298 897	19	33 574	25	62 241	21	203 082	16
河北	4 868 212	5	521 664	9	2 485 572	4	1 860 976	4
山西	58 194	28	13 130	31	24 215	28	20 849	25
内蒙古	1 197 051	13	690 744	6	242 019	13	264 288	14
辽宁	3 232 402	6	1 069 766	3	1 503 137	7	659 499	7
吉林	578 525	17	216 246	15	167 483	15	194 797	17
黑龙江	11 937 103	2	5 188 947	1	2 476 068	5	4 272 088	2
上海	1 903 226	8	194 717	16	686 875	10	1 021 635	6
江苏	1 568 296	11	245 945	14	882 298	8	440 053	11
浙江	180 533	26	15 508	29	162 422	16	2 603	33
安徽	238 472	20	103 648	21	50 725	23	84 099	18
福建	677 154	15	92 786	22	525 564	12	58 804	19
江西	2 282 152	7	278 852	13	1 514 688	6	488 612	8
山东	212 951	23	63 826	24	135 177	17	13 948	27
河南	209 016	24	104 179	20	64 229	20	40 608	24
湖北	10 760 000	3	1 059 202	4	7 472 429	2	2 228 369	3
湖南	1 602 204	10	375 262	10	858 214	9	368 728	12
广东	1 613 180	9	537 274	8	633 110	11	442 796	9
广西	4 940 482	4	572 967	7	3 050 429	3	1 317 086	5
海南	1 249 187	12	700 195	5	106 762	19	442 230	10
重庆	207 856	25	18 640	28	131 008	18	58 208	20
四川	14 835	34	6 536	32	7 965	31	334	34
贵州	51 241	29	14 687	30	36 554	26		
云南	584 530	16	300 475	12	42 781	24	241 274	15
陕西	43 476	31	30 870	27	4 931	32	7 675	30
甘肃	136 619	27	81 778	23	41 048	25	13 793	28
青海	40 099	32	32 834	26	2 827	33	4 438	32
宁夏	225 256	21	124 044	19	53 091	22	48 122	22
新疆（兵团）	21 343 307	1	4 678 739	2	9 655 779	1	7 008 789	1
新疆（农业）	223 575	22	182 299	17	21 875	29	19 401	26
新疆（畜牧）	381 269	18	307 066	11	33 358	27	40 844	23
热科院	48 337	30					48 337	21
广州	31 452	33	5 161	33	17 191	30	9 100	29
南京	6 650	35	400	34	1 057	34	5 193	31

1-3续表4

地　　区	工农业总产值（万元）	农业总产值（万元）	占工农业总产值比重（%）	工业总产值（万元）	占工农业总产值比重（%）
全国农垦	**130 651 491**	**34 577 886**	**26.5**	**96 073 605**	**73.5**
北　　京	1 261 975	478 156	37.9	783 819	62.1
天　　津	435 819	110 499	25.4	325 320	74.6
河　　北	9 350 671	954 023	10.2	8 396 648	89.8
山　　西	75 137	26 660	35.5	48 477	64.5
内 蒙 古	1 536 568	1 263 740	82.2	272 828	17.8
辽　　宁	7 399 835	1 740 235	23.5	5 659 600	76.5
吉　　林	892 841	386 482	43.3	506 359	56.7
黑 龙 江	16 478 770	8 858 226	53.8	7 620 544	46.2
上　　海	3 960 233	722 543	18.2	3 237 690	81.8
江　　苏	2 913 338	599 149	20.6	2 314 189	79.4
浙　　江	987 132	44 896	4.5	942 236	95.5
安　　徽	444 330	190 684	42.9	253 646	57.1
福　　建	1 873 530	244 845	13.1	1 628 685	86.9
江　　西	8 014 739	539 122	6.7	7 475 617	93.3
山　　东	1 420 731	105 442	7.4	1 315 289	92.6
河　　南	622 746	252 700	40.6	370 046	59.4
湖　　北	22 917 364	2 191 727	9.6	20 725 637	90.4
湖　　南	1 737 890	570 182	32.8	1 167 708	67.2
广　　东	2 782 341	994 468	35.7	1 787 873	64.3
广　　西	7 824 368	947 569	12.1	6 876 799	87.9
海　　南	1 298 264	1 166 175	89.8	132 089	10.2
重　　庆	1 005 615	121 980	12.1	883 635	87.9
四　　川	37 679	9 116	24.2	28 563	75.8
贵　　州	117 471	46 537	39.6	70 934	60.4
云　　南	765 547	576 352	75.3	189 195	24.7
陕　　西	50 891	38 109	74.9	12 782	25.1
甘　　肃	308 496	206 901	67.1	101 595	32.9
青　　海	43 647	40 819	93.5	2 827	6.5
宁　　夏	379 224	273 326	72.1	105 898	27.9
新疆（兵团）	32 534 010	9 930 188	30.5	22 603 822	69.5
新疆（农业）	465 885	395 388	84.9	70 497	15.1
新疆（畜牧）	625 036	531 990	85.1	93 047	14.9
热 科 院	3 971	3 971	100.0		
广　　州	74 282	14 350	19.3	59 932	80.7
南　　京	11 116	1 336	12.0	9 780	88.0

1－4 各垦区主要农产品产量

计量单位：吨

地区	粮食	棉花	油料	糖料	水果
全国农垦	**34 831 537**	**1 876 946**	**817 078**	**7 345 254**	**6 774 877**
北京	2 343		7		740
天津	14 845	40			3 665
河北	622 544	6 831	1 898	15 888	24 209
山西	31 872	38	210	450	2 610
内蒙古	1 789 837		215 422	64 141	14 542
辽宁	1 423 840		14 363	2 037	169 123
吉林	848 521		21 718		20 591
黑龙江	20 594 598		18 593	7 875	18 381
上海	269 454		2 433		846
江苏	1 206 485	2	137		2 522
浙江	8 652	34	110		12 024
安徽	316 435	193	1 587	9	36 362
福建	52 715		3 988	23 119	115 822
江西	734 557	3 511	28 698	8 135	78 925
山东	90 327	1 692	169		382
河南	297 583	484	24 653		60 858
湖北	998 049	11 532	78 832	10 068	112 276
湖南	637 757	14 112	62 247	62 109	34 198
广东	55 648		7 479	1 856 101	896 783
广西	16 441		3 276	2 268 231	318 697
海南	142 932		4 532	234 541	462 164
重庆	3 580				4 778
四川	3 803		23		1 398
贵州	6 268		896		12 965
云南	64 152		91	406 107	252 093
陕西	87 031	575	1 255		7 819
甘肃	146 147	4 542	23 101	3 729	56 591
青海	30 462		7 956		
宁夏	354 046		2 802		53 102
新疆(兵团)	2 713 046	1 495 743	234 301	2 082 033	3 650 013
新疆(农业)	406 879	140 035	10 930	89 035	298 616
新疆(畜牧)	858 928	197 583	45 337	211 443	51 565
热科院	1 760		35	204	217
广州					
南京					

1-5 各垦区主要工业产品产量

地　区	发电量（万千瓦时）	原煤（吨）	农用化肥（吨）	水泥（吨）	砖（万块）	机制纸及纸板（吨）
全国农垦	**7 938 584**	**15 761 313**	**815 825**	**20 164 741**	**1 643 072**	**572 949**
北　京						
天　津						
河　北	195 337		1 820	309 684	360	31 895
山　西			1 300			
内蒙古	8 400	4 022 000		460 000	22 925	
辽　宁			4 450	826 838	8 461	54 745
吉　林	30 000			678 345		36 900
黑龙江	154 676	147 000	88 661	407 380	67 920	2 923
上　海						
江　苏			967		24 680	
浙　江	45 463			304 100	1 260	
安　徽					1 570	
福　建	15 151	13 600		833 457	10 226	3 520
江　西	73 709	786 424	8 274	156 612	62 376	71 854
山　东					18 805	
河　南			3 290		3 740	
湖　北	39 690		87 923	2 732 983	298 877	71 623
湖　南	6 893				38 998	40 332
广　东	15 715			293 584	55 275	16 990
广　西	14 110		102 745	202 000	153 670	111 865
海　南	10 861				11 858	
重　庆						
四　川	2 220					
贵　州	120					
云　南	40 517		3 260	238 406	3 489	
陕　西		514 833				
甘　肃	26		9 319	368 200		
青　海						
宁　夏					30 418	
新疆（兵团）	7 285 696	10 277 456	503 816	12 353 152	828 164	130 302
新疆（农业）						
新疆（畜牧）						
热科院						
广　州						
南　京						

1－5 续表

地　区	纱（吨）	布（万米）	成品糖（吨）	饮料酒（千升）	乳制品（吨）	食用植物油（吨）
全国农垦	**886 763**	**57 886**	**2 523 030**	**1 263 608**	**4 037 965**	**4 109 326**
北　京				20	534 735	
天　津				14 420	60 945	
河　北		10 221		5 901	693 490	1 050
山　西				520		
内蒙古			4 193	1 225	3 220	40 078
辽　宁		1 162	10 934	142 864	49 810	122 383
吉　林					6 500	
黑龙江				106 137	303 856	1 766 105
上　海			1 273 334	120 463	1 121 764	97 989
江　苏	26 024					8 327
浙　江		2 700				
安　徽	13 000			3 816		
福　建		1 450		10 413	1 158	400
江　西	39 101	261		139 268		32 590
山　东					8 534	
河　南	18 940			2 792	14 761	
湖　北	337 806	30 207		271 094	468 023	1 268 023
湖　南	39 602	348	4 501	5 032	5 602	4 092
广　东			350 028	3 359	118 967	188 174
广　西			656 013	2 241	2 000	769
海　南			20 766	61		80
重　庆					234 349	
四　川				7 381	1 681	
贵　州					52 340	
云　南			56 754	2 916		
陕　西					3 220	
甘　肃				4 253		
青　海						
宁　夏				198 457	26 045	12
新疆（兵团）	407 423	11 537	146 507	220 975	199 404	579 254
新疆（农业）	4 867				2 300	
新疆（畜牧）					65 764	
热科院						
广　州					59 497	
南　京						

1－6　主要农产品商品量

计量单位：吨

地　区	1. 粮豆合计	#大豆	2. 棉花	3. 油料	4. 肉类	#猪肉
全国农垦	**32 200 395**	**1 618 123**	**1 870 260**	**740 386**	**2 372 492**	**1 429 050**
北　京	485			7	77 330	5 713
天　津	14 845		40		2 441	1 414
河　北	448 765	136	6 812	1 708	66 279	40 279
山　西	28 974	227	32	115	3 286	1 041
内蒙古	1 569 183	94 557		184 907	76 565	16 853
辽　宁	1 173 095	12 724		12 629	265 340	119 650
吉　林	795 329	6 127		14 347	45 793	18 036
黑龙江	19 441 301	1 398 860		12 744	251 863	113 218
上　海	268 929			2 433	91 965	89 995
江　苏	974 938	251	2	121	45 182	15 640
浙　江	5 374	906	34	110	5 346	5 309
安　徽	298 658	19 820	1 194	1 117	14 270	6 237
福　建	36 119	1 644		3 737	34 937	29 375
江　西	617 945	5 516	3 072	16 470	84 865	76 844
山　东	87 709	1 319	1 688	166	8 204	1 902
河　南	275 170	16 295	430	20 432	48 689	47 549
湖　北	777 767	17 102	10 124	75 867	187 537	157 477
湖　南	624 965	2 731	14 112	62 247	164 377	154 686
广　东	44 181	263		3 631	115 193	90 752
广　西	10 500	338		2 185	157 694	143 542
海　南	122 530	736		4 532	94 830	75 129
重　庆					12 080	12 080
四　川	1 223	3		20	1 748	182
贵　州	4 290	12		610	340	116
云　南	53 171				11 358	5 989
陕　西	65 920	1 484	575	614	1 051	986
甘　肃	141 039	515	4 527	22 553	3 934	1 133
青　海	20 630			4 210	1 170	221
宁　夏	331 554	172		2 608	8 126	3 226
新疆(兵团)	2 700 000	24 000	1 490 000	234 000	411 000	185 293
新疆(农业)	406 879	1 171	140 035	10 930	13 214	6 679
新疆(畜牧)	858 927	11 214	197 583	45 336	65 973	2 107
热科院					425	398
广　州						
南　京					87	

1－7　固定资产投资完成情况

计量单位：万元

地　区	投资总额	投资总额中：			新增固定资产
		第一产业	第二产业	第三产业	
全国农垦	**48 207 969**	**5 060 418**	**23 271 803**	**19 875 748**	**30 596 884**
北　京	231 487	45 943	52 694	132 850	172 156
天　津	84 460	15 428	3 399	65 633	13 033
河　北	5 365 695	375 963	3 512 370	1 477 362	3 200 530
山　西	1 861	738	934	189	1 749
内蒙古	312 232	181 756	41 357	89 119	285 566
辽　宁	2 350 409	348 277	1 093 826	908 306	1 732 856
吉　林	43 021	11 239	31 310	472	14 837
黑龙江	1 480 816	588 970	186 242	705 604	1 783 732
上　海	317 658	54 876	116 736	146 046	280 516
江　苏	593 397	49 668	185 236	358 493	221 175
浙　江	22 631	657	21 707	267	8 922
安　徽	45 290	17 207	15 036	13 047	30 116
福　建	602 699	5 802	572 489	24 408	114 201
江　西	2 893 548	84 917	1 861 440	947 191	610 199
山　东	274 140	47 886	138 254	88 000	273 259
河　南	221 593	4 129	115 066	102 398	218 611
湖　北	10 525 609	536 247	6 738 650	3 250 712	6 579 935
湖　南	1 068 271	299 321	645 818	123 132	455 123
广　东	294 540	97 233	54 963	142 344	170 215
广　西	3 439 371	239 281	1 315 236	1 884 854	1 782 998
海　南	301 743	53 982	5 634	242 127	191 975
重　庆	54 457	6 662	34 461	13 334	35 040
四　川	326	242	84		
贵　州	3 127	990	2 137		3 127
云　南	158 525	22 083	8 569	127 873	34 034
陕　西	13 678	9 767	989	2 922	2 552
甘　肃	66 162	56 380	9 019	763	49 866
青　海	3 923	3 837		86	6 109
宁　夏	42 690	18 023	10 395	14 272	27 376
新疆（兵团）	17 212 068	1 789 322	6 485 950	8 936 796	12 192 465
新疆（农业）	35 589	18 846	5 130	11 613	24 999
新疆（畜牧）	99 471	66 016	3 640	29 815	55 211
热科院	35 703			35 703	8 821
广　州	11 763	8 730	3 033		15 564
南　京	16			16	16

1-8 各垦区粮、油产量的位次及比重

地 区	粮食总产量（吨）	排序	占全国农垦比重（%）	油料总产量（吨）	排序	占全国农垦比重（%）
全国农垦	**34 831 537**			**817 078**		
北 京	2 343	32	0.01	7	31	…
天 津	14 845	27	0.04			
河 北	622 544	11	1.79	1 898	20	0.23
山 西	31 872	24	0.09	210	24	0.03
内 蒙 古	1 789 837	3	5.14	215 422	2	26.36
辽 宁	1 423 840	4	4.09	14 363	11	1.76
吉 林	848 521	8	2.44	21 718	9	2.66
黑 龙 江	20 594 598	1	59.13	18 593	10	2.28
上 海	269 454	16	0.77	2 433	19	0.30
江 苏	1 206 485	5	3.46	137	26	0.02
浙 江	8 652	28	0.02	110	27	0.01
安 徽	316 435	14	0.91	1 587	21	0.19
福 建	52 715	23	0.15	3 988	16	0.49
江 西	734 557	9	2.11	28 698	6	3.51
山 东	90 327	19	0.26	169	25	0.02
河 南	297 583	15	0.85	24 653	7	3.02
湖 北	998 049	6	2.87	78 832	3	9.65
湖 南	637 757	10	1.83	62 247	4	7.62
广 东	55 648	22	0.16	7 479	14	0.92
广 西	16 441	26	0.05	3 276	17	0.40
海 南	142 932	18	0.41	4 532	15	0.55
重 庆	3 580	31	…			
四 川	3 803	30	0.01	23	30	…
贵 州	6 268	29	0.02	896	23	0.11
云 南	64 152	21	0.18	91	28	0.01
陕 西	87 031	20	0.25	1 255	22	0.15
甘 肃	146 147	17	0.42	23 101	8	2.83
青 海	30 462	25	0.09	7 956	13	0.97
宁 夏	354 046	13	1.02	2 802	18	0.34
新疆（兵团）	2 713 046	2	7.79	234 301	1	28.68
新疆（农业）	406 879	12	1.17	10 930	12	1.34
新疆（畜牧）	858 928	7	2.47	45 337	5	5.55
热 科 院	1 760	33	…	35	29	…
广 州						
南 京						

1-9 各垦区糖料、水果产量的位次及比重

地 区	糖料总产量（吨）	排序	占全国农垦比重（%）	水果总产量（吨）	排序	占全国农垦比重（%）
全国农垦	**7 345 254**			**6 774 877**		
北京				740	30	0.01
天津				3 665	25	0.05
河北	15 888	11	0.22	24 209	17	0.36
山西	450	17	0.01	2 610	26	0.04
内蒙古	64 141	8	0.87	14 542	20	0.21
辽宁	2 037	16	0.02	169 123	7	2.50
吉林				20 591	18	0.30
黑龙江	7 875	14	0.11	18 381	19	0.27
上海				846	29	0.01
江苏				2 522	27	0.04
浙江				12 024	22	0.18
安徽	9	19	…	36 362	15	0.54
福建	23 119	10	0.31	115 822	8	1.71
江西	8 135	13	0.11	78 925	10	1.16
山东				382	31	0.01
河南				60 858	11	0.90
湖北	10 068	12	0.14	112 276	9	1.66
湖南	62 109	9	0.85	34 198	16	0.50
广东	1 856 101	3	25.27	896 783	2	13.24
广西	2 268 231	1	30.88	318 697	4	4.70
海南	234 541	5	3.19	462 164	3	6.82
重庆				4 778	24	0.07
四川				1 398	28	0.02
贵州				12 965	21	0.19
云南	406 107	4	5.53	252 093	6	3.72
陕西				7 819	23	0.12
甘肃	3 729	15	0.05	56 591	12	0.84
青海						
宁夏				53 102	13	0.78
新疆（兵团）	2 082 033	2	28.35	3 650 013	1	53.88
新疆（农业）	89 035	7	1.21	298 616	5	4.41
新疆（畜牧）	211 443	6	2.88	51 565	14	0.76
热科院	204	18	…	217	32	…
广州						
南京						

1－10　各垦区肉类、牛奶产量的位次及比重

地　　区	肉类总产量（吨）	排序	占全国农垦比重（%）	牛奶总产量（吨）	排序	占全国农垦比重（%）
全国农垦	**2 509 817**			**3 789 476**		
北　　京	86 553	12	3.45	403 453	5	10.65
天　　津	2 441	29	0.10	149 197	9	3.94
河　　北	67 409	13	2.69	559 201	2	14.76
山　　西	3 301	28	0.13	28 366	16	0.75
内 蒙 古	95 955	8	3.82	267 724	6	7.06
辽　　宁	342 986	2	13.67	131 370	10	3.47
吉　　林	47 411	16	1.89	9 370	22	0.25
黑 龙 江	260 116	3	10.36	426 787	3	11.26
上　　海	91 965	10	3.66	423 480	4	11.18
江　　苏	45 331	17	1.81	31 516	15	0.83
浙　　江	5 346	25	0.21			
安　　徽	15 180	19	0.60	2 310	28	0.06
福　　建	35 635	18	1.42	4 294	26	0.11
江　　西	91 505	11	3.65	12 402	21	0.33
山　　东	8 209	24	0.33	9 155	23	0.24
河　　南	49 208	15	1.96	17 382	20	0.46
湖　　北	187 537	4	7.47	32 906	14	0.87
湖　　南	164 695	5	6.56	745	29	0.02
广　　东	119 812	7	4.77	48 196	13	1.27
广　　西	159 067	6	6.34	5 238	24	0.14
海　　南	94 830	9	3.78			
重　　庆	12 080	22	0.48	103 940	11	2.74
四　　川	1 748	30	0.07	4 939	25	0.13
贵　　州	530	32	0.02	50 112	12	1.32
云　　南	12 443	21	0.50	616	30	0.02
陕　　西	1 291	31	0.05	3 544	27	0.09
甘　　肃	4 121	26	0.16	20 552	18	0.54
青　　海	3 312	27	0.13	253	31	0.01
宁　　夏	8 563	23	0.34	211 100	7	5.57
新疆（兵团）	411 478	1	16.39	629 238	1	16.60
新疆（农业）	13 214	20	0.53	17 739	19	0.47
新疆（畜牧）	65 973	14	2.63	158 503	8	4.18
热 科 院	486	33	0.02			
广　　州				25 848	17	0.68
南　　京	87	34	…			

1－11 生产总值

（2016 年） 计量单位：万元

指标名称	增加值合计（按当年价格计算）	劳动者报酬	固定资产折旧	生产税净额		营业盈余
					补贴	
一、收入总值	**73 895 321**	**34 670 251**	**8 127 473**	**7 228 313**	**910 649**	**23 869 284**
二、生产总值	**73 654 860**	**34 576 561**	**8 067 622**	**7 209 519**	**910 649**	**23 801 158**
第一产业（不含农林牧渔服务业）	18 008 718	11 123 297	1 303 829	76 598	578 456	5 504 994
第二产业	33 388 232	12 186 925	4 163 522	4 780 451	127 055	12 257 334
采矿业（不含开采辅助活动）	675 549	245 158	101 699	103 234	208	225 458
制造业（不含金属制品机械和设备修理业）	23 852 727	7 308 812	3 111 065	3 608 288	65 284	9 824 562
电力热力燃气及水生产和供应业	1 587 719	438 696	291 170	414 578	6 518	443 275
建筑业	7 272 237	4 194 259	659 587	654 352	55 045	1 764 039
第三产业	22 257 910	11 266 339	2 600 271	2 352 470	205 138	6 038 830
批发和零售业	6 617 516	3 042 475	662 404	742 147	32 783	2 170 490
交通运输仓储和邮政业	2 826 940	1 348 412	405 698	294 488	93 564	778 342
住宿和餐饮业	1 771 211	882 060	205 951	161 151	30	522 049
信息传输软件和信息技术服务业	317 131	78 183	46 677	28 110	8	164 161
金融业	1 266 601	441 906	80 618	66 416	32	677 661
房地产业	2 260 324	446 480	568 002	581 705	460	664 137
租赁和商务服务业	431 808	298 091	76 002	69 047	57 196	－11 332
科学研究和技术服务业	342 634	229 678	33 685	21 837	204	57 434
水利环境和公共设施管理业	332 236	224 623	57 766	20 517	10 976	29 330
居民服务修理和其他服务业	1 339 477	810 406	119 450	80 786	557	328 835
教育	1 214 159	1 037 274	75 625	51 154	504	50 106
卫生和社会工作	901 947	677 064	51 104	37 885	240	135 894
文化体育和娱乐业	173 864	94 935	19 426	14 724	73	44 779
公共管理社会保障和社会组织	1 513 881	1 183 025	88 640	106 441	3 212	135 775
国际组织	287 963	195 204	－3 266	50 942	4 193	45 083
农林牧渔业中的服务业，采矿业中的开采辅助活动，制造业中的金属制品机械和设备修理业	660 217	276 523	112 489	25 119	1 106	246 086
三、国（地区）外净要素收入	**240 461**	**93 690**	**59 851**	**18 794**		**68 126**
国（地区）外汇回要素收入	20 659	20 659				
国（地区）内汇出要素收入	22 832	22 832				

1－12 各垦区按产业分的农垦总收入

（2016 年） 计量单位：万元

地区	农垦总收入	生产总值	第一产业（农业）	第二产业	采矿业（不含辅助业）	制造业（不含修理业）	电力热力燃气及水生产供应业	建筑业
全国农垦	**73 895 321**	**73 654 860**	**18 008 718**	**33 388 232**	**675 549**	**23 852 726**	**1 587 719**	**7 272 237**
北京	709 121	709 121	146 759	235 110	1 553	229 183	3 287	1 087
天津	298 897	298 897	33 574	62 241		61 378		863
河北	4 868 212	4 868 212	521 664	2 485 572	599	2 062 561	120 225	302 187
山西	58 194	58 194	13 130	24 215		24 215		
内蒙古	1 197 051	1 197 051	690 744	242 019	45 970	103 681	42 659	49 709
辽宁	3 232 402	3 232 402	1 069 766	1 503 137	77 160	1 055 379	72 149	298 449
吉林	579 205	578 525	216 246	167 483		125 122	38 940	3 421
黑龙江	11 937 103	11 937 103	5 188 947	2 476 068	85 221	1 616 381	176 045	598 421
上海	1 903 226	1 903 226	194 717	686 875		648 361	825	37 689
江苏	1 568 296	1 568 296	245 945	882 298		822 682		59 616
浙江	180 533	180 533	15 508	162 422		151 398	11 024	
安徽	238 472	238 472	103 648	50 725		33 499	766	16 460
福建	677 154	677 154	92 786	525 564	5 718	486 077	17 661	16 108
江西	2 282 152	2 282 152	278 852	1 514 688	104 028	1 220 153	35 195	155 312
山东	212 951	212 951	63 826	135 177	3 531	122 913		8 733
河南	209 016	209 016	104 179	64 229		58 242		5 987
湖北	10 760 000	10 760 000	1 059 202	7 472 429	31 612	6 051 523	78 909	1 310 385
湖南	1 602 204	1 602 204	375 262	858 214		334 636		523 578
广东	1 613 180	1 613 180	537 274	633 110		560 092		73 018
广西	4 940 482	4 940 482	572 967	3 050 429	147 995	2 176 970	17 475	707 989
海南	1 249 187	1 249 187	700 195	106 762	1 625	35 367	2 943	66 827
重庆	207 856	207 856	18 640	131 008		127 335		3 673
四川	14 835	14 835	6 536	7 965		7 965		
贵州	51 241	51 241	14 687	36 554		36 554		
云南	825 804	584 530	300 475	42 781		27 738	12 490	2 553
陕西	43 476	43 476	30 870	4 931	2 393	2 538		
甘肃	136 619	136 619	81 778	41 048	141	35 601	3 730	1 575
青海	29 245	40 099	32 834	2 827	1 850		977	
宁夏	225 256	225 256	124 044	53 091		42 436		10 655
新疆（兵团）	21 341 814	21 343 307	4 678 739	9 655 779	166 094	5 541 681	948 257	2 999 747
新疆（农业）	223 575	223 575	182 299	21 875		12 444	290	9 141
新疆（畜牧）	381 269	381 269	307 066	33 358	59	20 373	3 872	9 054
热科院	48 337	48 337						
广州	31 452	31 452	5 161	17 191		17 191		
南京	6 650	6 650	400	1 057		1 057		

1-12 续表 1

地　　区	第三产业	批发和零售业	交通运输及仓储业	住宿和餐饮业	信息传输、计算机服务和软件业	金融业	房地产业	租赁和商务服务业
全国农垦	**22 257 910**	**6 617 516**	**2 826 940**	**1 771 211**	**317 131**	**1 266 601**	**2 260 323**	**431 808**
北　京	327 252	42 559	22 374	110 845			103 723	24 292
天　津	203 082	104 049	14 570	1 858		939	48 692	22 481
河　北	1 860 976	531 221	335 475	232 642	129 614	115 830	102 584	43 248
山　西	20 849	16 572	247	1 165				536
内蒙古	264 288	75 526	45 330	44 552	2 673	12 531	12 062	4 627
辽　宁	659 499	207 515	139 934	93 927	5 839	14 431	74 519	12 392
吉　林	194 797	139 197	19 483	11 059	13 646			
黑龙江	4 272 088	1 200 852	568 824	281 251	36 429	298 378	267 740	35 257
上　海	1 021 635	382 975	98 376	30 302	909	8 799	445 415	3 804
江　苏	440 053	141 068	40 329	25 527	126	433	98 871	1 867
浙　江	2 603	564	148	629			4	671
安　徽	84 099	22 851	6 321	9 274			25 192	4 983
福　建	58 804	18 444	11 559	6 606	993	401	57	308
江　西	488 612	133 286	52 018	99 306	438	4 151	32 356	40 846
山　东	13 948	4 828	2 895	1 713				
河　南	40 608	14 455	4 983	3 329	71	1 985	1 090	201
湖　北	2 228 369	870 230	190 965	122 259	37 812	115 425	279 214	58 932
湖　南	368 728	90 630	96 483	22 318	7 390	11 825	45 415	2 252
广　东	442 796	102 170	44 869	48 216			2 380	
广　西	1 317 086	583 073	174 437	141 459		42 493	117 356	1 395
海　南	442 230	84 768	35 905	30 675	273	10 351	44 548	5 967
重　庆	58 208	701	5 635	3 389		1 456	40 185	6 738
四　川	334			140				31
贵　州								
云　南	241 274	59 389	26 531	38 288				
陕　西	7 675	574		1 470				152
甘　肃	13 793	3 778	624	1 828				1 463
青　海	4 438	21		320				4 097
宁　夏	48 122	10 599	7 500	4 915		32	7 004	
新疆(兵团)	7 008 789	1 758 369	866 126	394 264	80 892	627 091	511 899	145 801
新疆(农业)	19 401	7 223	4 834	3 416				
新疆(畜牧)	40 844	5 870	10 088	3 900	26	50	17	30
热科院	48 337	41		74				30
广　州	9 100	3 490						5 610
南　京	5 193	629	80	297				3 798

1-12 续表 2

地区	第三产业					
	科学研究和综合技术服务业	水利、环境和公共设施管理业	居民服务和其他服务业	教育	卫生、社会保障和社会福利业	文化、体育和娱乐业
全国农垦	**342 634**	**332 236**	**1 339 477**	**1 214 159**	**901 947**	**173 864**
北京			17 492	477	48	436
天津	1 040		4 367	4 974	112	
河北	5 062	21 107	106 061	45 267	24 769	4 237
山西			388		524	
内蒙古	682	1 586	18 935	8 722	17 251	2 034
辽宁	5 437	9 871	32 708	14 072	8 830	5 292
吉林	9		1 476	6 673	2 940	171
黑龙江	31 018	138 341	252 190	270 547	238 660	15 759
上海	6 687	6 400	10 078	14 243	10 521	−60
江苏	1 872	172	99 198	1 754	20 278	352
浙江			338	23	43	
安徽	463		9 203	271	2 677	
福建	1 699	513	7 886	1 901	544	198
江西	574	3 288	97 547	13 746	1 689	4 658
山东	4		2 473		29	
河南	−72	853	292	1 349	693	101
湖北	46 786	32 922	52 805	130 811	58 458	13 252
湖南	557	1 737	23 920	25 725	7 395	22 462
广东	2 017		81 485	46 362	54 390	
广西	9 315		139 992	22 445	11 493	1 757
海南	32	91	123 487	4 760	12 154	4 658
重庆	104					
四川			163			
贵州						
云南	6 949	155	29 554		172	
陕西			1 505	553	227	
甘肃	−1	125	1 304	2 277	575	
青海						
宁夏	1 464		14 607		95	
新疆(兵团)	172 628	115 051	202 540	594 410	424 089	98 002
新疆(农业)			2 338	165	85	
新疆(畜牧)	115	24	4 755	2 633	3 206	555
热科院	48 193					
广州						
南京			390			

1－12 续表 3

地　　区	第三产业			国（地区）外净要素收入	国（地区）外汇回要素收入	国（地区）内汇出要素收入
	公共管理和社会组织	国际组织	农林牧渔服务业采矿辅助业制造业中修理业			
全国农垦	**1 513 881**	**287 963**	**660 217**	**240 461**	**20 659**	**22 832**
北　　京	5 006					
天　　津						
河　　北	88 144		75 714			
山　　西	26		1 391			
内 蒙 古	16 677		1 100			
辽　　宁	34 732					
吉　　林	46		98	680		680
黑 龙 江	255 066		381 778			
上　　海			3 188			
江　　苏	8 206					
浙　　江	183					
安　　徽			2 863			
福　　建	2 756		4 939			
江　　西	3 189		1 520			
山　　东	1 254		752			
河　　南	8 972		2 306			
湖　　北	152 469		66 029			
湖　　南	10 619					
广　　东	60 907					
广　　西	71 518		353			
海　　南	31 602		52 959			
重　　庆						
四　　川						
贵　　州						
云　　南	22 482		57 754	241 274		
陕　　西	44		3 150			
甘　　肃	519		1 302			
青　　海						
宁　　夏	1 907					
新疆（兵团）	729 664	287 963		－1 493	20 659	22 152
新疆（农业）			1 340			
新疆（畜牧）	7 893		1 682			
热 科 院						
广　　州						
南　　京						

1-13 各垦区生产总值构成

（2016 年）　　　　生产总值=100

地　区	第一产业（不含农林牧渔服务业）	第二产业	工业	采矿业（不含辅助业）	制造业（不含修理业）	电力热力燃气及水生产供应业	建筑业	第三产业
全国农垦	**18 008 718**	**33 388 232**	**26 115 995**	**675 549**	**23 852 726**	**1 587 719**	**7 272 237**	**22 257 910**
北　京	146 759	235 110	234 023	1 553	229 183	3 287	1 087	327 252
天　津	33 574	62 241	61 378		61 378		863	203 082
河　北	521 664	2 485 572	2 183 385	599	2 062 561	120 225	302 187	1 860 976
山　西	13 130	24 215	24 215		24 215			20 849
内蒙古	690 744	242 019	192 310	45 970	103 681	42 659	49 709	264 288
辽　宁	1 069 766	1 503 137	1 204 688	77 160	1 055 379	72 149	298 449	659 499
吉　林	216 246	167 483	164 062		125 122	38 940	3 421	194 797
黑龙江	5 188 947	2 476 068	1 877 647	85 221	1 616 381	176 045	598 421	4 272 088
上　海	194 717	686 875	649 186		648 361	825	37 689	1 021 635
江　苏	245 945	882 298	822 682		822 682		59 616	440 053
浙　江	15 508	162 422	162 422		151 398	11 024		2 603
安　徽	103 648	50 725	34 265		33 499	766	16 460	84 099
福　建	92 786	525 564	509 456	5 718	486 077	17 661	16 108	58 804
江　西	278 852	1 514 688	1 359 376	104 028	1 220 153	35 195	155 312	488 612
山　东	63 826	135 177	126 444	3 531	122 913		8 733	13 948
河　南	104 179	64 229	58 242		58 242		5 987	40 608
湖　北	1 059 202	7 472 429	6 162 044	31 612	6 051 523	78 909	1 310 385	2 228 369
湖　南	375 262	858 214	334 636		334 636		523 578	368 728
广　东	537 274	633 110	560 092		560 092		73 018	442 796
广　西	572 967	3 050 429	2 342 440	147 995	2 176 970	17 475	707 989	1 317 086
海　南	700 195	106 762	39 935	1 625	35 367	2 943	66 827	442 230
重　庆	18 640	131 008	127 335		127 335		3 673	58 208
四　川	6 536	7 965	7 965		7 965			334
贵　州	14 687	36 554	36 554		36 554			
云　南	300 475	42 781	40 228		27 738	12 490	2 553	241 274
陕　西	30 870	4 931	4 931	2 393	2 538			7 675
甘　肃	81 778	41 048	39 473	141	35 601	3 730	1 575	13 793
青　海	32 834	2 827	2 827	1 850		977		4 438
宁　夏	124 044	53 091	42 436		42 436		10 655	48 122
新疆（兵团）	4 678 739	9 655 779	6 656 032	166 094	5 541 681	948 257	2 999 747	7 008 789
新疆（农业）	182 299	21 875	12 734		12 444	290	9 141	19 401
新疆（畜牧）	307 066	33 358	24 304	59	20 373	3 872	9 054	40 844
热科院								48 337
广　州	5 161	17 191	17 191		17 191			9 100
南　京	400	1 057	1 057		1 057			5 193

1－14 各垦区按要素分的生产总值

（2016年） 计量单位：万元

地　　区	合计（按当年价格计算）	劳动者报酬	固定资产折旧	生产税净额	#补贴	营业盈余
全国农垦	**73 654 860**	**34 576 561**	**8 067 622**	**7 209 519**	**910 649**	**23 801 158**
北　　京	709 121	367 489	83 516	157 475	1 175	100 641
天　　津	298 897	136 052	29 035	58 534		75 276
河　　北	4 868 212	1 767 368	691 642	563 716	3 384	1 845 486
山　　西	58 194	29 391	6 639	6 266	504	15 898
内 蒙 古	1 197 051	712 928	232 167	35 137	469	216 819
辽　　宁	3 232 402	1 411 359	557 144	312 246	3 730	951 653
吉　　林	578 525	425 798	38 975	12 222	1 596	101 530
黑 龙 江	11 937 103	4 670 711	1 658 095	－23 943	480 553	5 632 239
上　　海	1 903 226	1 020 774	231 679	478 654	230 551	172 120
江　　苏	1 568 296	518 902	183 066	233 364		632 964
浙　　江	180 533	67 959	23 553	19 567		69 454
安　　徽	238 472	148 914	22 423	19 049		48 086
福　　建	677 154	268 967	133 334	57 517	10	217 336
江　　西	2 282 152	1 294 294	267 079	275 543	1 535	445 236
山　　东	212 951	52 578	30 135	21 823	48	108 415
河　　南	209 016	114 620	18 736	12 162	623	63 498
湖　　北	10 760 000	4 466 603	993 834	1 376 141		3 923 422
湖　　南	1 602 204	671 448	169 865	148 656	61 432	612 235
广　　东	1 613 180	647 743	157 226	108 902		699 309
广　　西	4 940 482	1 863 801	247 710	369 364		2 459 607
海　　南	1 249 187	984 405	120 282	46 243		98 257
重　　庆	207 856	89 913	28 567	29 345	2 933	60 031
四　　川	14 835	9 610	1 368	2 907	82	950
贵　　州	51 241	44 386	2 945	1 780		2 130
云　　南	584 530	424 654	86 040	28 145		45 691
陕　　西	43 476	24 112	6 335	1 512	338	11 517
甘　　肃	136 619	85 175	23 423	12 179	1 502	15 841
青　　海	40 099	31 111	4 129	3 738	1 633	1 121
宁　　夏	225 256	114 296	25 878	22 117		62 966
新疆（兵团）	21 343 307	11 610 131	1 937 596	2 771 688	94 457	5 023 892
新疆（农业）	223 575	133 156	20 921	35 560	20 247	33 938
新疆（畜牧）	381 269	310 462	20 436	3 882	3 848	46 489
热 科 院	48 337	37 641	10 269	421		6
广　　州	31 452	16 847	3 078	5 327		6 200
南　　京	6 650	2 963	501	2 280		905

1－15 各垦区生产总值要素构成

（2016 年）　　生产总值＝100

地　区	劳动者报酬	固定资产折旧	生产税净额	营业盈余
全国农垦	**46.9**	**11.0**	**9.8**	**32.3**
北　京	51.8	11.8	22.2	14.2
天　津	45.5	9.7	19.6	25.2
河　北	36.3	14.2	11.6	37.9
山　西	50.5	11.4	10.8	27.3
内蒙古	59.6	19.4	2.9	18.1
辽　宁	43.7	17.2	9.7	29.4
吉　林	73.6	6.7	2.1	17.5
黑龙江	39.1	13.9	−0.2	47.2
上　海	53.6	12.2	25.1	9.0
江　苏	33.1	11.7	14.9	40.4
浙　江	37.6	13.0	10.8	38.5
安　徽	62.4	9.4	8.0	20.2
福　建	39.7	19.7	8.5	32.1
江　西	56.7	11.7	12.1	19.5
山　东	24.7	14.2	10.2	50.9
河　南	54.8	9.0	5.8	30.4
湖　北	41.5	9.2	12.8	36.5
湖　南	41.9	10.6	9.3	38.2
广　东	40.2	9.7	6.8	43.3
广　西	37.7	5.0	7.5	49.8
海　南	78.8	9.6	3.7	7.9
重　庆	43.3	13.7	14.1	28.9
四　川	64.8	9.2	19.6	6.4
贵　州	86.6	5.7	3.5	4.2
云　南	72.6	14.7	4.8	7.8
陕　西	55.5	14.6	3.5	26.5
甘　肃	62.3	17.1	8.9	11.6
青　海	77.6	10.3	9.3	2.8
宁　夏	50.7	11.5	9.8	28.0
新疆（兵团）	54.4	9.1	13.0	23.5
新疆（农业）	59.6	9.4	15.9	15.2
新疆（畜牧）	81.4	5.4	1.0	12.2
热科院	77.9	21.2	0.9	0.0
广　州	53.6	9.8	16.9	19.7
南　京	44.6	7.5	34.3	13.6

1-16 各垦区第一产业增加值

（2016 年） 计量单位：万元

地　　区	合计（按当年价格计算）	劳动者报酬	固定资产折旧	生产税净额	＃补贴	营业盈余
全国农垦	**18 008 718**	**11 123 297**	**1 303 830**	**76 598**	**578 457**	**5 504 994**
北　　京	146 759	85 269	26 714	2 138	780	32 638
天　　津	33 574	17 782	8 667	1 487		5 638
河　　北	521 664	296 338	56 646	7 547		161 133
山　　西	13 130	9 366	793	946	504	2 025
内 蒙 古	690 744	480 157	119 656	4 457	383	86 474
辽　　宁	1 069 766	574 106	123 235	45 395	2 855	327 030
吉　　林	216 246	199 539	4 319	1 726	876	10 662
黑 龙 江	5 188 946	2 171 028	546 421	－475 413	475 557	2 946 910
上　　海	194 717	103 024	41 209	1 648	31 723	48 836
江　　苏	245 945	129 417	21 680	336		94 512
浙　　江	15 508	10 256	1 213	210		3 829
安　　徽	103 648	77 020	10 835	277		15 516
福　　建	92 786	65 212	6 734	1 681	9	19 159
江　　西	278 852	216 751	16 972	8 597	1 427	36 532
山　　东	63 826	34 020	5 040	16	48	24 750
河　　南	104 179	71 349	4 488	1 581	623	26 761
湖　　北	1 059 202	759 284	51 795	8 597		239 526
湖　　南	375 262	146 132	69 243	36 976	7 617	122 911
广　　东	537 274	269 288	71 069			196 917
广　　西	572 967	455 843	28 284	1 402		87 438
海　　南	700 195	620 332	42 475	6 627		30 761
重　　庆	18 640	12 111	5 554		612	975
四　　川	6 536	5 540	697	280	82	19
贵　　州	14 687	13 660	695			332
云　　南	300 475	305 919	18 442	2 283		－26 169
陕　　西	30 870	16 924	1 601	188	150	12 157
甘　　肃	81 778	61 489	10 070	1 604	699	8 615
青　　海	32 833	27 102	3 783	1 921	1 633	27
宁　　夏	124 044	75 318	12 357	1 136		35 233
新疆(兵团)	4 678 739	3 428 767	－29 148	380 816	29 169	898 304
新疆(农业)	182 299	116 215	7 655	31 226	20 247	27 203
新疆(畜牧)	307 066	265 787	13 177	682	3 463	27 421
热 科 院						
广　　州	5 161	2 540	1 444	229		948
南　　京	400	412	15	2		－29

1－17 各垦区第二产业增加值

（2016 年） 计量单位：万元

地 区	合计（按当年价格计算）	劳动者报酬	固定资产折旧	生产税净额	＃补贴	营业盈余
全国农垦	**33 388 232**	**12 186 925**	**4 163 522**	**4 780 451**	**127 055**	**12 257 334**
北 京	235 110	135 279	30 821	47 023	31	21 987
天 津	62 241	45 897	7 951	13 517		－5 124
河 北	2 485 572	700 126	408 311	465 580		911 556
山 西	24 215	10 315	4 513	3 560		5 827
内 蒙 古	242 019	91 018	58 140	18 055	18	74 806
辽 宁	1 503 137	446 165	350 791	212 624	745	493 557
吉 林	167 483	116 048	21 680	4 799	721	24 956
黑 龙 江	2 476 068	800 972	303 052	270 049	3 407	1 101 995
上 海	686 875	283 146	85 204	168 758	20 660	149 767
江 苏	882 298	199 034	101 850	196 935		384 479
浙 江	162 422	55 850	22 129	18 966		65 477
安 徽	50 725	28 878	4 708	7 055		10 085
福 建	525 564	166 778	121 831	51 859	1	185 096
江 西	1 514 688	733 301	205 515	238 195	223	337 677
山 东	135 177	12 519	22 832	20 636		79 190
河 南	64 229	24 476	10 109	7 894		21 751
湖 北	7 472 429	2 725 151	751 943	977 972		3 017 363
湖 南	858 214	315 791	63 391	98 542	53 815	380 490
广 东	633 110	154 900	51 291	76 210		350 709
广 西	3 050 429	581 755	144 903	208 617		2 115 154
海 南	106 762	51 957	12 589	20 199		22 017
重 庆	131 008	63 967	19 996	19 915	2 321	27 130
四 川	7 965	3 844	648	2 582		891
贵 州	36 554	30 726	2 250	1 780		1 798
云 南	42 781	24 232	7 747	7 068		3 734
陕 西	4 931	2 910	1 695	1 136		－810
甘 肃	41 048	15 043	10 684	9 340	787	5 981
青 海	2 827	540	106	1 399		782
宁 夏	53 091	13 427	7 869	16 176		15 619
新疆（兵团）	9 655 779	4 313 477	1 311 954	1 584 574	44 268	2 445 774
新疆（农业）	21 875	8 552	10 286	2 897		140
新疆（畜牧）	33 358	17 436	5 315	2 675	59	7 932
热 科 院						
广 州	17 191	12 612	1 322	3 539		－282
南 京	1 057	805	96	325		－169

1－18　各垦区工业增加值

（2016年）

计量单位：万元

地　　区	采矿业合计（不含辅助业）（按当年价格计算）	劳动者报酬	固定资产折旧	生产税净额	#补贴	营业盈余
全国农垦	**675 549**	**245 158**	**101 699**	**103 234**	**208**	**225 458**
北　　京	1 553	497	330	319		407
天　　津						
河　　北	599	457	247	22		－127
山　　西						
内 蒙 古	45 970	12 835	18 803	3 086		11 246
辽　　宁	77 160	25 149	13 710	16 744		21 557
吉　　林						
黑 龙 江	85 221	25 191	6 118	8 243		45 669
上　　海						
江　　苏						
浙　　江						
安　　徽						
福　　建	5 718	4 280	275	273		890
江　　西	104 028	51 988	19 597	17 648		14 795
山　　东	3 531	2 748	34	446		303
河　　南						
湖　　北	31 612	16 530	2 697	3 367		9 018
湖　　南						
广　　东						
广　　西	147 995	24 829	5 682	9 542		107 942
海　　南	1 625	588	331	174		532
重　　庆						
四　　川						
贵　　州						
云　　南						
陕　　西	2 393	1 152	1 072	980		－811
甘　　肃	141	124	39	14		－35
青　　海	1 850	330	35	517		968
宁　　夏						
新疆（兵团）	166 094	78 402	32 729	41 859	208	13 104
新疆（农业）						
新疆（畜牧）	59	59				
热 科 院						
广　　州						
南　　京						

1-18 续表 1

地　　区	制造业合计（不含修理业）（按当年价计算）	劳动者报酬	固定资产折旧	生产税净额	#补贴	营业盈余
全国农垦	**23 852 727**	**7 308 812**	**3 111 065**	**3 608 288**	**65 285**	**9 824 562**
北　　京	229 183	131 520	30 320	46 257	31	21 086
天　　津	61 378	44 582	7 917	13 500		-4 621
河　　北	2 062 561	569 588	321 095	430 413		741 465
山　　西	24 215	10 315	4 513	3 560		5 827
内 蒙 古	103 681	37 796	18 297	6 748	18	40 840
辽　　宁	1 055 379	270 136	278 946	130 151	720	376 146
吉　　林	125 122	78 952	18 675	4 664	721	22 831
黑 龙 江	1 616 381	450 876	205 230	181 175	3 562	779 100
上　　海	648 361	267 573	84 641	161 462	20 627	134 685
江　　苏	822 682	173 567	89 258	193 340		366 517
浙　　江	151 398	53 711	18 207	17 501		61 979
安　　徽	33 499	16 991	4 283	4 719		7 506
福　　建	486 077	149 030	119 177	46 072		171 798
江　　西	1 220 153	581 386	141 999	198 704	221	298 064
山　　东	122 913	6 599	22 443	18 872		74 999
河　　南	58 242	20 352	9 865	7 644		20 381
湖　　北	6 051 523	1 939 480	683 622	720 751		2 707 670
湖　　南	334 636	169 607	40 360	41 530		83 139
广　　东	560 092	123 204	43 215	68 114		325 559
广　　西	2 176 970	365 234	83 583	140 366		1 587 787
海　　南	35 367	18 634	5 839	8 587		2 307
重　　庆	127 335	63 237	19 916	18 541	2 321	25 641
四　　川	7 965	3 844	648	2 582		891
贵　　州	36 554	30 726	2 250	1 780		1 798
云　　南	27 738	17 035	5 401	5 445		-143
陕　　西	2 538	1 758	623	156		1
甘　　肃	35 601	14 273	8 396	8 002	787	4 931
青　　海						
宁　　夏	42 436	8 845	7 355	14 871		11 365
新疆（兵团）	5 541 681	1 659 986	826 700	1 105 558	36 218	1 949 437
新疆（农业）	12 444	7 066	3 596	1 662		120
新疆（畜牧）	20 373	9 492	3 277	1 697	59	5 907
热 科 院						
广　　州	17 191	12 612	1 322	3 539		-282
南　　京	1 057	805	96	325		-169

1-18续表2

地区	电力热力燃气及水生产供应业（按当年价计算）	劳动者报酬	固定资产折旧	生产税净额	#补贴	营业盈余
全国农垦	**1 587 719**	**438 696**	**291 170**	**414 578**	**6 518**	**443 275**
北京	3 287	2 588	154	42		503
天津						
河北	120 225	25 826	43 607	10 396		40 397
山西						
内蒙古	42 659	16 285	13 488	3 632		9 254
辽宁	72 149	17 324	25 326	12 720		16 779
吉林	38 940	34 320	2 800	120		1 700
黑龙江	176 045	70 778	42 065	16 609	−155	46 593
上海	825	364	256	158		47
江苏						
浙江	11 024	2 139	3 921	1 466		3 498
安徽	766	328	215	92		131
福建	17 661	5 378	1 824	2 777	1	7 682
江西	35 195	24 620	8 326	1 262		987
山东						
河南						
湖北	78 909	42 390	10 093	9 185		17 241
湖南						
广东						
广西	17 475	2 932	671	1 127		12 745
海南	2 943	1 063	566	512		802
重庆						
四川						
贵州						
云南	12 490	5 838	2 277	1 343		3 032
陕西						
甘肃	3 730	214	1 692	1 060		764
青海	977	210	71	882		−186
宁夏						
新疆（兵团）	948 257	184 300	131 928	350 172	6 672	281 857
新疆（农业）	290	120	60	110		
新疆（畜牧）	3 872	1 679	1 830	914		−551
热科院						
广州						
南京						

1-19 各垦区建筑业增加值

（2016年） 计量单位：万元

地 区	合计（按当年价格计算）	劳动者报酬	固定资产折旧	生产税净额	#补贴	营业盈余
全国农垦	**7 272 237**	**4 194 259**	**659 587**	**654 352**	**55 045**	**1 764 039**
北 京	1 087	674	17	406		−10
天 津	863	1 315	34	17		−503
河 北	302 187	104 255	43 362	24 749		129 821
山 西						
内 蒙 古	49 709	24 102	7 552	4 589		13 466
辽 宁	298 449	133 556	32 809	53 009	25	79 075
吉 林	3 421	2 775	206	15		425
黑 龙 江	598 421	254 127	49 640	64 022		230 633
上 海	37 689	15 209	307	7 139	33	15 035
江 苏	59 616	25 467	12 592	3 595		17 962
浙 江						
安 徽	16 460	11 559	209	2 244		2 448
福 建	16 108	8 090	555	2 737		4 726
江 西	155 312	75 307	35 593	20 581	2	23 831
山 东	8 733	3 172	355	1 318		3 888
河 南	5 987	4 124	244	250		1 369
湖 北	1 310 385	726 751	55 531	244 669		283 434
湖 南	523 578	146 184	23 031	57 012	53 815	297 351
广 东	73 018	31 696	8 076	8 096		25 150
广 西	707 989	188 760	54 967	57 582		406 680
海 南	66 827	31 672	5 853	10 926		18 376
重 庆	3 673	730	80	1 374		1 489
四 川						
贵 州						
云 南	2 553	1 359	69	280		845
陕 西						
甘 肃	1 575	433	557	264		321
青 海						
宁 夏	10 655	4 582	514	1 305		4 254
新疆（兵团）	2 999 747	2 390 789	320 597	86 985	1 170	201 376
新疆（农业）	9 141	1 366	6 630	1 125		20
新疆（畜牧）	9 054	6 206	207	64		2 577
热 科 院						
广 州						
南 京						

1－20 各垦区第三产业增加值

（2016 年） 计量单位：万元

地 区	合计（按当年价格计算）	劳动者报酬	固定资产折旧	生产税净额	# 补贴	营业盈余
全国农垦	**22 257 910**	**11 266 339**	**2 600 271**	**2 352 470**	**205 138**	**6 038 830**
北 京	327 252	146 941	25 981	108 313	363	46 017
天 津	203 082	72 373	12 417	43 530		74 762
河 北	1 860 976	770 904	226 686	90 589	3 384	772 797
山 西	20 849	9 710	1 333	1 760		8 046
内蒙古	264 288	141 753	54 371	12 625	68	55 539
辽 宁	659 499	391 088	83 118	54 227	130	131 066
吉 林	194 797	110 212	12 976	5 696		65 913
黑龙江	4 272 088	1 698 712	808 621	181 421	1 589	1 583 334
上 海	1 021 635	634 604	105 265	308 249	178 168	－26 483
江 苏	440 053	190 451	59 536	36 093		153 973
浙 江	2 603	1 853	212	390		148
安 徽	84 099	43 016	6 881	11 717		22 485
福 建	58 804	36 977	4 769	3 977		13 081
江 西	488 612	344 242	44 592	28 751	－115	71 027
山 东	13 948	6 039	2 263	1 171		4 475
河 南	40 608	18 796	4 139	2 687		14 986
湖 北	2 228 369	982 168	190 096	389 572		666 533
湖 南	368 728	209 525	37 231	13 138		108 834
广 东	442 796	223 555	34 866	32 692		151 683
广 西	1 317 086	826 203	74 523	159 345		257 015
海 南	442 230	312 116	65 218	19 417		45 479
重 庆	58 208	13 835	3 017	9 430		31 926
四 川	334	226	23	45		40
贵 州						
云 南	241 274	94 503	59 851	18 794		68 126
陕 西	7 675	4 278	3 039	188	188	170
甘 肃	13 793	8 641	2 670	1 236	15	1 246
青 海	4 438	3 469	240	418		311
宁 夏	48 122	25 552	5 652	4 805		12 113
新疆（兵团）	7 008 789	3 867 887	654 790	806 298	21 020	1 679 814
新疆（农业）	19 401	8 389	2 980	1 437		6 595
新疆（畜牧）	40 844	27 239	1 944	525	327	11 136
热科院	48 337	37 641	10 269	421		6
广 州	9 100	1 695	312	1 559		5 534
南 京	5 193	1 746	390	1 954		1 103

1－21 各垦区批发和零售业增加值

(2016年)　　计量单位：万元

地　区	合计（按当年价格计算）	劳动者报酬	固定资产折旧	生产税净额	#补贴	营业盈余
全国农垦	**6 617 516**	**3 042 475**	**662 404**	**742 147**	**32 783**	**2 170 490**
北　京	42 559	9 447	2 302	14 579		16 231
天　津	104 049	33 324	6 128	21 865		42 732
河　北	531 220	194 996	49 678	37 611		248 935
山　西	16 572	6 398	1 014	1 510		7 650
内蒙古	75 526	41 781	11 573	3 634	68	18 538
辽　宁	207 515	132 654	23 151	13 652		38 058
吉　林	139 197	78 132	2 943	3 682		54 440
黑龙江	1 200 852	392 681	176 033	75 089		557 049
上　海	382 975	336 653	28 923	101 217	16 506	－83 818
江　苏	141 068	69 630	17 115	9 653		44 670
浙　江	564	352	15	43		154
安　徽	22 851	13 761	2 197	1 534		5 358
福　建	18 444	8 033	942	1 900		7 569
江　西	133 286	83 807	13 147	9 286	2	27 046
山　东	4 828	1 658	776	587		1 807
河　南	14 455	6 274	1 511	560		6 110
湖　北	870 230	262 760	33 067	231 391		343 012
湖　南	90 630	81 589	4 075	2 884		2 082
广　东	102 170	42 488	6 609	12 562		40 511
广　西	583 073	434 795	12 791	61 310		74 177
海　南	84 768	61 769	3 893	4 939		14 167
重　庆	701	133	187	151		230
四　川						
贵　州						
云　南	59 389	20 843	3 413	8 355		26 778
陕　西	574	335	89			150
甘　肃	3 778	1 750	202	576	1	1 250
青　海	21	21				
宁　夏	10 599	6 815	598	672		2 514
新疆(兵团)	1 758 369	713 177	258 315	121 091	16 206	665 786
新疆(农业)	7 223	2 644	995	992		2 592
新疆(畜牧)	5 870	3 069	638	41		2 122
热科院	41	42	－1			
广　州	3 490	408	12	613		2 457
南　京	629	256	73	167		133

1－22 各垦区交通运输、仓储和邮政业增加值

(2016年) 计量单位：万元

地区	合计（按当年价格计算）	劳动者报酬	固定资产折旧	生产税净额	#补贴	营业盈余
全国农垦	**2 826 940**	**1 348 412**	**405 698**	**294 488**	**93 564**	**778 342**
北京	22 374	12 275	3 773	1 933	235	4 392
天津	14 570	5 032	3 000	759		5 779
河北	335 475	132 840	40 709	16 646		145 280
山西	247	168	42	7		30
内蒙古	45 330	23 869	10 406	3 377		7 678
辽宁	139 934	88 800	17 571	9 645		23 918
吉林	19 483	10 563	6 147	950		1 823
黑龙江	568 824	191 338	83 749	32 274	300	261 463
上海	98 376	135 942	30 876	9 760	92 784	—78 202
江苏	40 329	18 853	9 765	3 677		8 034
浙江	148	84	6	40		18
安徽	6 321	4 018	786	417		1 100
福建	11 559	6 989	1 330	859		2 381
江西	52 018	38 564	4 694	2 839		5 921
山东	2 895	369	775	438		1 313
河南	4 983	3 249	1 006	9		719
湖北	190 965	77 691	31 450	22 239		59 585
湖南	96 483	47 863	2 728	35		45 857
广东	44 869	20 893	7 081	4 079		12 816
广西	174 437	118 609	10 334	15 142		30 352
海南	35 905	24 758	4 286	3 042		3 819
重庆	5 635	2 857	1 332	856		590
四川						
贵州						
云南	26 531	7 360	3 913	1 567		13 691
陕西						
甘肃	624	458	35	44		87
青海						
宁夏	7 500	3 984	1 272	381		1 863
新疆(兵团)	866 126	364 189	127 911	163 183	246	210 843
新疆(农业)	4 834	3 120	355	169		1 190
新疆(畜牧)	10 088	3 632	352	117		5 987
热科院						
广州						
南京	80	45	15	4		16

1－23 各垦区住宿和餐饮业增加值

（2016 年）　　　　计量单位：万元

地　区	合计（按当年价格计算）	劳动者报酬	固定资产折旧	生产税净额	#补贴	营业盈余
全国农垦	**1 771 211**	**882 060**	**205 951**	**161 151**	**30**	**522 049**
北　京	110 845	71 627	10 105	10 234		18 880
天　津	1 858	1 761	144	137		−184
河　北	232 642	84 994	18 198	7 459		121 991
山　西	1 165	862	27	37		239
内蒙古	44 552	23 445	6 703	1 874		12 530
辽　宁	93 927	57 717	9 815	6 763		19 632
吉　林	11 059	6 854	882	507		2 816
黑龙江	281 251	102 441	47 229	16 940		114 640
上　海	30 302	17 681	2 594	3 286	30	6 740
江　苏	25 527	12 382	4 858	3 166		5 121
浙　江	629	445	29	55		100
安　徽	9 274	6 246	1 748	1 061		220
福　建	6 606	4 027	773	401		1 405
江　西	99 306	58 260	10 044	8 257		22 745
山　东	1 713	888	96	67		662
河　南	3 329	1 955	245	95		1 034
湖　北	122 259	64 930	13 026	21 896		22 407
湖　南	22 318	4 790	8 697	3 942		4 889
广　东	48 216	19 190	4 625	5 812		18 589
广　西	141 459	114 447	3 892	9 377		13 743
海　南	30 675	18 724	8 038	2 127		1 786
重　庆	3 389	2 220	412	335		422
四　川	140	74	9	40		17
贵　州						
云　南	38 288	11 403	14 819	2 639		9 427
陕　西	1 470	1 210	401			−141
甘　肃	1 828	1 175	488	207		−42
青　海	320	288	32			
宁　夏	4 915	3 516	953	437		9
新疆（兵团）	394 264	184 840	35 897	53 662		119 865
新疆（农业）	3 416	1 080	665	231		1 440
新疆（畜牧）	3 900	2 442	411	34		1 012
热科院	74	47	7	20		
广　州						
南　京	297	98	91	53		55

1－24 各垦区信息传输软件和信息技术服务业增加值

（2016 年）　　　　计量单位：万元

地　　区	合计（按当年价格计算）	劳动者报酬	固定资产折旧	生产税净额	＃补贴	营业盈余
全国农垦	**317 131**	**78 183**	**46 677**	**28 110**	**8**	**164 161**
北　　京						
天　　津						
河　　北	129 614	9 883	21 171	1 026		97 534
山　　西						
内 蒙 古	2 673	746	700	41		1 186
辽　　宁	5 839	3 803	1 006	392		638
吉　　林	13 646	5 376	1 250	540		6 480
黑 龙 江	36 429	24 798	7 108	1 798		2 725
上　　海	909	397	258	23	8	231
江　　苏	126	116	10			
浙　　江						
安　　徽						
福　　建	993	380	136	315		162
江　　西	438	333	68	22		15
山　　东						
河　　南	71	7				64
湖　　北	37 812	4 801	8 589	7 703		16 719
湖　　南	7 390	6 227	83	14		1 066
广　　东						
广　　西						
海　　南	273	194	24	13		42
重　　庆						
四　　川						
贵　　州						
云　　南						
陕　　西						
甘　　肃						
青　　海						
宁　　夏						
新疆（兵团）	80 892	21 096	6 274	16 223		37 299
新疆（农业）						
新疆（畜牧）	26	26				
热 科 院						
广　　州						
南　　京						

1－25　各垦区金融业增加值

（2016 年）　　　　计量单位：万元

地　　区	合计（按当年价格计算）	劳动者报酬	固定资产折旧	生产税净额	＃补贴	营业盈余
全国农垦	**1 266 601**	**441 906**	**80 618**	**66 416**	**32**	**677 661**
北　京						
天　津	939	166	144	976		−347
河　北	115 830	33 751	2 565	4 712		74 802
山　西						
内蒙古	12 531	6 614	2 024	722		3 171
辽　宁	14 431	7 416	1 735	1 422		3 858
吉　林						
黑龙江	298 378	67 454	24 636	12 399	2	193 889
上　海	8 799	1 105	179	560	30	6 955
江　苏	433	358	43	2		30
浙　江						
安　徽						
福　建	401	293	14	9		85
江　西	4 151	3 530	114	130		377
山　东						
河　南	1 985	378	46			1 561
湖　北	115 425	44 360	6 944	10 616		53 505
湖　南	11 825	4 877	4 033	809		2 106
广　东						
广　西	42 493	2 815	285	1 480		37 913
海　南	10 351	1 065	329	1 718		7 239
重　庆	1 456	274	11			1 171
四　川						
贵　州						
云　南						
陕　西						
甘　肃						
青　海						
宁　夏	32	24	1	1		6
新疆（兵团）	627 091	267 376	37 515	30 860		291 340
新疆（农业）						
新疆（畜牧）	50	50				
热科院						
广　州						
南　京						

1－26 各垦区房地产业增加值

（2016 年）　　计量单位：万元

地区	合计（按当年价格计算）	劳动者报酬	固定资产折旧	生产税净额	#补贴	营业盈余
全国农垦	**2 260 324**	**446 480**	**568 002**	**581 705**	**460**	**664 137**
北京	103 723	20 111	3 103	70 080		10 429
天津	48 692	4 088		13 974		30 630
河北	102 584	40 598	45 972	1 941		14 073
山西						
内蒙古	12 062	2 036	3 993	1 337		4 696
辽宁	74 519	19 803	12 629	15 487		26 600
吉林						
黑龙江	267 741	7 952	231 058	13 549		15 182
上海	445 415	52 351	6 381	176 932	389	209 751
江苏	98 871	6 457	2 270	19 248		70 896
浙江	4		4			
安徽	25 192	8 837	876	7 709		7 769
福建	57	18	1	1		37
江西	32 356	17 252	8 393	3 261		3 450
山东						
河南	1 090	267	406			417
湖北	279 214	116 865	27 250	64 962		70 137
湖南	45 415	19 129	3 847	473		21 966
广东	2 380	1 767	29	1 039		－455
广西	117 356	18 107	32 570	26 102		40 577
海南	44 548	4 209	38 794	2 592		－1 047
重庆	40 185	6 670	467	7 901		25 147
四川						
贵州						
云南						
陕西						
甘肃						
青海						
宁夏	7 004	52	26	2 002		4 924
新疆（兵团）	511 899	99 893	149 933	153 115	71	108 958
新疆（农业）						
新疆（畜牧）	17	17				
热科院						
广州						
南京						

1－27 各垦区租赁和商务服务业增加值

（2016 年） 计量单位：万元

地区	合计（按当年价格计算）	劳动者报酬	固定资产折旧	生产税净额	# 补贴	营业盈余
全国农垦	**431 808**	**298 091**	**76 002**	**69 047**	**57 196**	**－11 332**
北京	24 292	11 369	2 107	3 965	127	6 852
天津	22 481	16 233	2 546	5 104		－1 402
河北	43 248	24 539	7 391	683		10 635
山西	536	293	100	91		52
内蒙古	4 627	1 693	546	391		1 997
辽宁	12 392	5 629	2 117	1 417		3 229
吉林						
黑龙江	35 257	12 395	1 782	5 411		15 669
上海	3 804	58 749	30 564	13 805	56 816	－99 314
江苏	1 867	1 605	125	7		130
浙江	671	508	80	231		－148
安徽	4 983	1 222	133	343		3 286
福建	308	151	33	63		61
江西	40 846	32 945	980	1 312		5 609
山东						
河南	201	186	8	4		4
湖北	58 932	27 407	10 875	9 975		10 675
湖南	2 252	1 898	55	77		222
广东						
广西	1 395	872	241	128		154
海南	5 967	2 112	734	391		2 730
重庆	6 738	1 577	608	187		4 366
四川	31	23				8
贵州						
云南						
陕西	152	175	100			－123
甘肃	1 463	967	213	270		12
青海	4 097	3 160	208	418		311
宁夏						
新疆（兵团）	145 801	89 939	13 997	22 123	253	19 742
新疆（农业）						
新疆（畜牧）	30	30				
热科院	30	30				
广州	5 610	1 287	300	946		3 077
南京	3 798	1 097	160	1 706		834

1－28　各垦区科学研究、技术服务业增加值

（2016 年）　　计量单位：万元

地　区	合计（按当年价格计算）	劳动者报酬	固定资产折旧	生产税净额	#补贴	营业盈余
全国农垦	**342 634**	**229 678**	**33 685**	**21 837**	**204**	**57 434**
北　京						
天　津	1 040	1 259	160	192		－571
河　北	5 062	3 476	225	124		1 237
山　西						
内蒙古	682	416	216			50
辽　宁	5 437	3 341	1 434	200		462
吉　林	9	9				
黑龙江	31 018	22 235	4 429	3 041		1 313
上　海	6 687	3 185	416	221	204	2 865
江　苏	1 872	1 381	278	13		200
浙　江						
安　徽	463	256	97	79		31
福　建	1 699	1 654	21	4		20
江　西	574	529	41			4
山　东	4	4				
河　南	－72	222	33			－327
湖　北	46 786	22 736	5 363	5 299		13 388
湖　南	557	425	31	2		99
广　东	2 017	1 438	535			44
广　西	9 315	7 892	340	195		888
海　南	32	21	2			9
重　庆	104	104				
四　川						
贵　州						
云　南	6 949	6 059	1 384	382		－876
陕　西						
甘　肃	－1	2				－3
青　海						
宁　夏	1 464	838	33	140		453
新疆（兵团）	172 628	114 559	8 383	11 544		38 142
新疆（农业）						
新疆（畜牧）	115	115				
热科院	48 193	37 522	10 264	401		6
广　州						
南　京						

1－29 各垦区水利、环境和公共设施管理业增加值

（2016 年） 计量单位：万元

地　　区	合计（按当年价格计算）	劳动者报酬	固定资产折旧	生产税净额	＃补贴	营业盈余
全国农垦	**332 236**	**224 623**	**57 766**	**20 517**	**10 976**	**29 330**
北　　京						
天　　津						
河　　北	21 107	7 077	11 467	361	251	2 203
山　　西						
内 蒙 古	1 586	808	778			
辽　　宁	9 871	4 578	1 921	1 133		2 239
吉　　林						
黑 龙 江	138 341	83 874	31 162	2 374		20 930
上　　海	6 400	3 383	2 320	1 264	10 725	－567
江　　苏	172	156	16			
浙　　江						
安　　徽						
福　　建	513	367	35	10		101
江　　西	3 288	2 321	883			84
山　　东						
河　　南	853	523	300			30
湖　　北	32 922	15 911	8 052	780		8 179
湖　　南	1 737	1 504	45	19		169
广　　东						
广　　西						
海　　南	91	80		2		9
重　　庆						
四　　川						
贵　　州						
云　　南	155	155				
陕　　西						
甘　　肃	125	407	96			－378
青　　海						
宁　　夏						
新疆（兵团）	115 051	103 456	690	14 574		－3 669
新疆（农业）						
新疆（畜牧）	24	24				
热 科 院						
广　　州						
南　　京						

1-30 各垦区居民服务和其他服务业增加值

（2016年）

计量单位：万元

地区	合计（按当年价格计算）	劳动者报酬	固定资产折旧	生产税净额	#补贴	营业盈余
全国农垦	**1 339 477**	**810 406**	**119 450**	**80 786**	**557**	**328 835**
北京	17 492	18 036	4 319	5 962	2	−10 825
天津	4 367	5 424	295	523		−1 875
河北	106 061	67 834	9 494	2 910		25 823
山西	388	272	34	16		66
内蒙古	18 935	11 647	2 588	748		3 952
辽宁	32 708	19 327	4 343	2 385		6 653
吉林	1 476	1 024	30	9		414
黑龙江	252 190	95 450	39 590	15 232		101 919
上海	10 078	7 135	467	421	228	2 054
江苏	99 198	57 296	18 906	255		22 741
浙江	338	259	64	21		−6
安徽	9 203	4 913	291	489		3 511
福建	7 886	6 398	667	274		547
江西	97 547	86 553	3 843	1 927		5 224
山东	2 473	1 486	266	79		642
河南	292	239	12	1		40
湖北	52 805	35 532	3 344	1 932		11 997
湖南	23 920	3 799	4 893	2 936		12 292
广东	81 485	36 213	4 757	9 198		31 317
广西	139 992	98 173	3 511	6 466		31 842
海南	123 487	116 095	1 116	1 764		4 512
重庆						
四川	163	129	14	5		15
贵州						
云南	29 554	9 387	731	2 258		17 178
陕西	1 505	1 485	2			18
甘肃	1 304	1 135	10	114		45
青海						
宁夏	14 607	8 505	2 584	1 172		2 346
新疆（兵团）	202 540	112 879	12 195	23 288		54 178
新疆（农业）	2 338	1 115	765	45		413
新疆（畜牧）	4 755	2 417	269	333	327	1 737
热科院						
广州						
南京	390	250	52	23		65

1－31 各垦区教育增加值

（2016 年） 计量单位：万元

地 区	合计（按当年价格计算）	劳动者报酬	固定资产折旧	生产税净额	＃补贴	营业盈余
全国农垦	**1 214 159**	**1 037 274**	**75 625**	**51 154**	**504**	**50 106**
北 京	477	697	54	2		－276
天 津	4 974	4 974				
河 北	45 267	39 781	3 743	553		1 190
山 西						
内蒙古	8 722	5 218	3 504			
辽 宁	14 072	13 095	528	72		377
吉 林	6 673	5 580	1 093			
黑龙江	270 547	229 398	30 863	－3	200	10 289
上 海	14 243	7 499	654	593	304	5 497
江 苏	1 754	1 496	236	2		20
浙 江	23	18	3			2
安 徽	271	256	15			
福 建	1 901	1 713	75	24		89
江 西	13 746	12 314	1 085	53		294
山 东						
河 南	1 349	1 230	109			10
湖 北	130 811	106 799	15 323	1 694		6 995
湖 南	25 725	18 669	4 071	446		2 539
广 东	46 362	41 985	4 051			326
广 西	22 445	9 324	8 090	82		4 949
海 南	4 760	4 055	293	26		386
重 庆						
四 川						
贵 州						
云 南						
陕 西	553	460	93			
甘 肃	2 276	800	1 473	3		
青 海						
宁 夏						
新疆（兵团）	594 410	529 150	234	47 607		17 419
新疆（农业）	165	130	35			
新疆（畜牧）	2 633	2 633				
热科院						
广 州						
南 京						

1－32 各垦区卫生、社会工作增加值

（2016 年）

计量单位：万元

地　区	合计（按当年价格计算）	劳动者报酬	固定资产折旧	生产税净额	＃补贴	营业盈余
全国农垦	**901 947**	**677 064**	**51 104**	**37 885**	**240**	**135 894**
北　京	48	48	…	…		…
天　津	112	112				
河　北	24 769	16 647	3 049	227	92	4 846
山　西	524	495	12	4		13
内蒙古	17 251	10 908	5 635	139		569
辽　宁	8 830	4 837	1 122	287	57	2 584
吉　林	2 940	2 403	521	2		14
黑龙江	238 660	136 043	24 275	235	26	78 107
上　海	10 521	8 569	1 173			779
江　苏	20 278	15 977	3 210	30		1 061
浙　江	43	30	1			12
安　徽	2 677	2 031	226	1		419
福　建	544	456	48	10		30
江　西	1 689	1 559	120	15		－5
山　东	29	39				－10
河　南	693	486	77			130
湖　北	58 458	47 835	4 616	634		5 373
湖　南	7 395	6 579	319	78		419
广　东	54 390	40 139	4 565			9 686
广　西	11 493	9 217	491	222		1 563
海　南	12 154	10 435	938	71		710
重　庆						
四　川						
贵　州						
云　南	172	170	2			
陕　西	227	175	2			50
甘　肃	575	546	11	14	14	4
青　海						
宁　夏	95	90	5			
新疆（兵团）	424 089	357 965	671	35 916	51	29 537
新疆（农业）	85	70	15			
新疆（畜牧）	3 206	3 203				3
热科院						
广　州						
南　京						

1－33 各垦区文化、体育和娱乐业增加值

（2016 年）　　　　计量单位：万元

地　　区	合计（按当年价格计算）	劳动者报酬	固定资产折旧	生产税净额	#补贴	营业盈余
全国农垦	**173 864**	**94 935**	**19 426**	**14 724**	**73**	**44 779**
北　　京	436	399	16	80		－59
天　　津						
河　　北	4 237	2 419	1 466	67		285
山　　西						
内 蒙 古	2 034	1 038	244	230		522
辽　　宁	5 292	2 468	1 048	391	73	1 385
吉　　林	171	178	99	7		－113
黑 龙 江	15 759	9 635	3 773	538		1 814
上　　海	－60					－60
江　　苏	352	301	38	1		12
浙　　江						
安　　徽						
福　　建	198	172	8	7		11
江　　西	4 658	2 731	944	829		154
山　　东						
河　　南	101	78	23			
湖　　北	13 252	7 248	1 517	1 888		2 599
湖　　南	22 462	4 249	3 262	1 300		13 651
广　　东						
广　　西	1 757	1 636	60	61		
海　　南	4 658	2 541	1 421	162		534
重　　庆						
四　　川						
贵　　州						
云　　南						
陕　　西						
甘　　肃						
青　　海						
宁　　夏						
新疆（兵团）	98 002	59 287	5 507	9 164		24 044
新疆（农业）						
新疆（畜牧）	555	555				
热 科 院						
广　　州						
南　　京						

1－34　各垦区公共管理和社会组织增加值

（2016 年）

计量单位：万元

地　　区	合计（按当年价格计算）	劳动者报酬	固定资产折旧	生产税净额	#补贴	营业盈余
全国农垦	**1 513 881**	**1 183 025**	**88 640**	**106 441**	**3 212**	**135 775**
北　　京	5 006	2 934	202	1 478		392
天　　津						
河　　北	88 144	75 161	8 182	4 085	3 041	716
山　　西	26	16	4	2		4
内 蒙 古	16 677	11 312	5 353	12		
辽　　宁	34 732	27 620	4 698	981		1 433
吉　　林	46	42	4			
黑 龙 江	255 066	180 677	40 871	1 435	101	32 084
上　　海						
江　　苏	8 206	4 443	2 666	39		1 058
浙　　江	183	157	10			16
安　　徽						
福　　建	2 756	1 790	599	26		341
江　　西	3 189	2 985	213	－103	－117	94
山　　东	1 254	1 152	87			15
河　　南	8 972	2 131	354	2 017		4 471
湖　　北	152 469	123 817	14 977	2 619		11 056
湖　　南	10 619	7 927	1 092	123		1 477
广　　东	60 907	19 442	2 614	2		38 849
广　　西	71 518	10 053	1 902	38 779		20 784
海　　南	31 602	24 077	3 928	1 737		1 860
重　　庆						
四　　川						
贵　　州						
云　　南	22 482	22 307	164	9		2
陕　　西	44	－7	2	188	188	－139
甘　　肃	519	495	3	6		15
青　　海						
宁　　夏	1 907	1 727	180			
新疆（兵团）	729 664	654 877	534	53 006		21 247
新疆（农业）						
新疆（畜牧）	7 893	7 891	2			
热 科 院						
广　　州						
南　　京						

1－35　各垦区国际组织情况

（2016 年）　　计量单位：万元

地　　区	合计（按当年价格计算）	劳动者报酬	固定资产折旧	生产税净额	#补贴	营业盈余
全国农垦	**287 963**	**195 204**	**－3 266**	**50 942**	**4 193**	**45 083**
北　　京						
天　　津						
河　　北						
山　　西						
内 蒙 古						
辽　　宁						
吉　　林						
黑 龙 江						
上　　海						
江　　苏						
浙　　江						
安　　徽						
福　　建						
江　　西						
山　　东						
河　　南						
湖　　北						
湖　　南						
广　　东						
广　　西						
海　　南						
重　　庆						
四　　川						
贵　　州						
云　　南						
陕　　西						
甘　　肃						
青　　海						
宁　　夏						
新疆（兵团）	287 963	195 204	－3 266	50 942	4 193	45 083
新疆（农业）						
新疆（畜牧）						
热 科 院						
广　　州						
南　　京						

1-36　各垦区农林牧渔服务业采矿辅助业制造业中修理业增加值

（2016年）

计量单位：万元

地　区	合计（按当年价格计算）	劳动者报酬	固定资产折旧	生产税净额	# 补贴	营业盈余
全国农垦	**660 217**	**276 523**	**112 489**	**25 119**	**1 106**	**246 086**
北　京						
天　津						
河　北	75 714	36 908	3 376	12 183		23 247
山　西	1 391	1 206	100	93		－8
内蒙古	1 100	222	108	120		650
辽　宁						
吉　林	98	49	9			40
黑龙江	381 778	142 342	62 063	1 111	962	176 263
上　海	3 188	1 955	461	167	144	605
江　苏						
浙　江						
安　徽	2 863	1 476	514	85		789
福　建	4 939	4 536	87	74		242
江　西	1 520	559	23	923		15
山　东	752	443	263			46
河　南	2 306	1 572	10	1		723
湖　北	66 029	23 476	5 703	5 944		30 906
湖　南						
广　东						
广　西	353	263	16	1		73
海　南	52 959	41 981	1 422	833		8 723
重　庆						
四　川						
贵　州						
云　南	57 754	16 819	35 425	3 584		1 926
陕　西	3 150	445	2 350			355
甘　肃	1 302	907	138			256
青　海						
宁　夏						
新疆（兵团）						
新疆（农业）	1 340	230	150			960
新疆（畜牧）	1 682	1 135	272			275
热科院						
广　州						
南　京						

1－37 各垦区非国有经济基本情况

（2016 年）

项 目	计量单位	合 计	第一产业	第二产业	＃工业	第三产业
一、经营单位个数	个	726 720	235 815	41 540	30 660	449 365
1. 集体经济	个	11 148	7 244	736	510	3 168
＃股份合作制经济	个	276	24	190	159	62
2. 个体经济	个	657 319	222 975	25 254	17 520	409 090
3. 私营经济	个	56 046	5 436	15 145	12 415	35 465
4. 港澳台及外商经济	人	353	34	290	288	29
二、从业人员	人	2 931 401	774 097	939 277	663 225	1 218 027
1. 集体经济	人	127 861	83 835	29 449	10 411	14 577
＃股份合作制经济	人	21 795	1 601	8 916	5 156	11 278
2. 个体经济	人	1 795 696	594 024	219 302	126 033	982 370
3. 私营经济	人	913 719	91 124	628 582	467 779	194 013
4. 港澳台及外商经济	人	64 071	2 380	59 504	55 826	2 187
三、从业人员劳动报酬	万元	8 378 744	1 981 601	3 213 385	2 301 437	3 183 758
1. 集体经济	万元	285 510	164 417	75 132	34 552	45 961
＃股份合作制经济	万元	43 247	5 135	31 468	20 907	6 644
2. 个体经济	万元	4 503 220	1 537 618	561 778	349 676	2 403 824
3. 私营经济	万元	3 146 880	208 199	2 276 692	1 618 549	661 989
4. 港澳台及外商经济	万元	376 700	6 281	311 508	307 243	58 911
四、生产总值	万元	35 840 107	3 887 135	20 333 392	14 868 382	11 619 580
1. 集体经济	万元	886 764	362 962	273 750	124 348	250 052
＃股份合作制经济	万元	333 124	15 157	206 737	134 203	111 230
2. 个体经济	万元	12 574 103	2 808 856	2 390 684	1 525 773	7 374 563
3. 私营经济	万元	18 502 208	634 265	14 386 903	9 923 246	3 481 040
4. 港澳台及外商经济	万元	3 467 838	16 620	3 220 545	3 181 112	230 673

1－37 续表

项　目	计量单位	合　计	第一产业	第二产业	#工业	第三产业
五、当年固定资产投资额	万元	28 557 136	1 760 214	18 693 816	16 957 058	8 103 106
1. 集体经济	万元	882 351	128 034	93 329	61 832	660 988
#股份合作制经济	万元	128 757	9 965	15 458	15 425	103 334
2. 个体经济	万元	2 714 724	529 095	994 217	593 256	1 191 412
3. 私营经济	万元	22 658 787	882 078	15 798 565	14 465 431	5 978 144
4. 港澳台及外商经济	万元	508 328	12 652	384 504	204 116	111 172
六、资产总额	万元	69 738 741	3 309 801	49 746 561	33 729 087	16 682 379
1. 集体经济	万元	2 582 867	332 383	673 184	508 186	1 577 300
#股份合作制经济	万元	422 461	52 410	300 841	209 199	69 210
2. 个体经济	万元	10 744 305	1 987 592	2 607 106	2 001 232	6 149 607
3. 私营经济	万元	50 304 765	921 772	41 984 143	26 731 345	7 398 850
4. 港澳台及外商经济	万元	5 412 497	48 682	4 184 984	4 178 596	1 178 831
七、固定资产原值	万元	35 281 511	2 513 068	23 933 115	20 988 286	8 835 328
1. 集体经济	万元	639 693	194 207	266 079	219 930	179 407
#股份合作制经济	万元	274 135	17 679	203 340	158 024	53 116
2. 个体经济	万元	9 056 265	1 513 906	2 256 149	1 689 509	5 286 210
3. 私营经济	万元	21 383 396	738 328	17 897 932	15 598 490	2 747 136
4. 港澳台及外商经济	万元	3 651 356	42 157	3 301 452	3 274 061	307 747
八、税金	万元	2 277 044	12 023	1 481 503	1 217 912	783 518
1. 集体经济	万元	66 734	2 208	32 053	27 988	32 473
2. 港澳台及外商经济	万元	308 753	1 654	263 089	258 164	44 010
九、利润总额	万元	5 009 163	710 675	2 547 730	2 197 022	1 750 758
1. 集体经济	万元	112 505	26 347	45 213	26 823	40 945
2. 港澳台及外商经济	万元	522 479	31 344	426 672	423 643	64 463

1－38 各垦区非国有经济经营单位个数

（2016 年） 计量单位：个

地区	合计	第一产业	第二产业	#工业	第三产业
全国农垦	**726 720**	**235 815**	**41 540**	**30 660**	**449 365**
北京	13		8	7	5
天津					
河北	22 387	1 087	3 543	2 924	17 757
山西	1 440	48	64	64	1 328
内蒙古	34 727	21 007	2 026	1 471	11 694
辽宁	54 328	25 347	6 346	4 819	22 635
吉林	7 499	2 086	150	94	5 263
黑龙江	89 042	31 175	4 333	3 285	53 534
上海					
江苏	19 502	11 167	593	311	7 742
浙江	219	98	55	55	66
安徽	4 550	666	275	133	3 609
福建	7 817	2 454	1 233	1 044	4 130
江西	14 036	3 066	2 528	1 193	8 442
山东	472	72	29	23	371
河南	2 257	733	70	57	1 454
湖北	70 027	2 024	7 477	6 326	60 526
湖南	17 301	8 399	1 048	711	7 854
广东	6 142	60	671	458	5 411
广西	21 060	1 259	1 127	708	18 674
海南	102 508	63 858	2 540	95	36 110
重庆	6	1	5	5	
四川	5	3	2	2	
贵州					
云南	31 279	27 029	85	51	4 165
陕西	196	34	38	38	124
甘肃	1 563	515	21	10	1 027
青海	3	2			1
宁夏	9 830	6 674	54	39	3 102
新疆（兵团）	197 328	18 819	6 985	6 665	171 524
新疆（农业）	1 260	1 034	11	1	215
新疆（畜牧）	9 779	7 097	218	66	2 464
热科院					
广州					
南京	144	1	5	5	138

1－39　各垦区非国有经济从业人员

（2016 年）　　计量单位：人

地　区	合　计	第一产业	第二产业	#工业	第三产业
全国农垦	**2 931 401**	**774 097**	**939 277**	**663 225**	**1 218 027**
北　京	10 424		1 315	1 308	9 109
天　津					
河　北	175 493	42 161	66 519	54 439	66 813
山　西	9 164	949	4 018	4 018	4 197
内蒙古	71 586	31 799	13 701	6 213	26 086
辽　宁	250 220	65 459	95 026	68 179	89 735
吉　林	41 879	2 405	8 071	6 407	31 403
黑龙江	256 616	92 380	58 916	43 628	105 320
上　海					
江　苏	59 998	16 553	19 178	16 875	24 267
浙　江	10 060	507	8 486	8 394	1 067
安　徽	21 858	2 712	6 380	4 896	12 766
福　建	66 681	18 780	35 018	31 369	12 883
江　西	143 536	18 028	84 670	53 086	40 838
山　东	6 491	2 115	3 190	2 366	1 186
河　南	8 628	2 384	2 600	2 572	3 644
湖　北	378 516	41 008	219 779	153 168	117 729
湖　南	131 195	59 589	40 251	21 402	31 355
广　东	57 588	18 850	20 400	14 886	18 338
广　西	165 929	23 840	87 397	58 627	54 692
海　南	267 343	162 474	12 691	3 806	92 178
重　庆	6 135	406	5 729	5 729	
四　川	903	246	657	657	
贵　州					
云　南	68 211	45 251	2 326	1 874	20 634
陕　西	577	57	255	255	265
甘　肃	3 175	752	1 016	1 011	1 407
青　海	183	183			
宁　夏	27 510	18 138	2 622	1 316	6 750
新疆（兵团）	487 361	52 234	136 821	95 969	298 306
新疆（农业）	11 219	8 879	130		2 210
新疆（畜牧）	192 512	45 940	1 967	628	144 605
热科院					
广　州					
南　京	410	18	148	148	244

1－40 各垦区非国有经济从业人员劳动报酬

（2016 年） 计量单位：万元

地 区	合 计	第一产业	第二产业	#工业	第三产业
全国农垦	**8 378 744**	**1 981 601**	**3 213 385**	**2 301 437**	**3 183 758**
北 京	10 409		1 300	1 293	9 109
天 津					
河 北	499 839	72 789	201 225	174 192	225 825
山 西	19 946	1 595	10 049	10 049	8 302
内 蒙 古	259 105	68 322	52 550	38 654	138 233
辽 宁	502 512	115 766	237 517	182 249	149 229
吉 林	101 542	7 200	6 310	6 199	88 032
黑 龙 江	884 360	425 581	189 411	132 762	269 368
上 海					
江 苏	300 748	61 385	111 537	87 459	127 826
浙 江	37 476	2 015	30 669	30 488	4 792
安 徽	57 262	5 999	18 718	15 685	32 544
福 建	166 370	18 315	122 650	110 675	25 405
江 西	292 078	18 034	192 714	111 452	81 330
山 东	36 780	20 677	12 191	8 659	3 912
河 南	20 391	5 830	7 015	6 591	7 546
湖 北	1 103 994	78 146	751 507	545 557	274 341
湖 南	143 621	45 282	47 885	41 260	50 454
广 东	250 683	65 568	99 534	75 787	85 581
广 西	663 022	88 067	324 469	200 766	250 486
海 南	769 058	474 049	39 948	11 210	255 061
重 庆	27 782	2 737	25 045	25 045	
四 川	3 280	537	2 743	2 743	
贵 州					
云 南	171 730	110 687	6 058	4 771	54 985
陕 西	1 016	514	180	180	322
甘 肃	12 927	2 752	6 492	6 460	3 682
青 海	1 576	1 303			273
宁 夏	47 296	26 519	4 670	2 879	16 108
新疆（兵团）	1 933 312	225 800	702 900	461 488	1 004 611
新疆（农业）	8 647	1 100	4 350	4 200	3 197
新疆（畜牧）	50 547	34 977	2 944	1 878	12 626
热 科 院					
广 州					
南 京	1 437	54	805	805	578

1－41 各垦区非国有经济生产总值

（2016 年）　　计量单位：万元

地区	合计	第一产业	第二产业	#工业	第三产业
全国农垦	**35 840 107**	**3 887 135**	**20 333 392**	**14 868 382**	**11 619 580**
北京	190 283		54 334	36 532	135 949
天津					
河北	3 383 033	204 281	2 039 398	1 822 873	1 139 354
山西	45 927	2 680	23 992	23 992	19 255
内蒙古	403 784	101 640	167 489	136 095	134 655
辽宁	2 057 730	342 644	1 190 934	571 452	524 152
吉林	214 278	10 302	186 960	184 507	17 016
黑龙江	4 787 004	720 788	1 693 826	1 238 751	2 372 390
上海					
江苏	625 999	119 527	242 631	184 154	263 841
浙江	93 979	2 233	91 729	90 720	18
安徽	89 076	5 398	35 673	30 894	48 005
福建	594 894	31 317	523 328	381 113	40 249
江西	1 146 560	36 976	932 734	671 698	176 850
山东	183 594	37 513	134 005	125 800	12 076
河南	35 701	5 959	24 478	23 925	5 264
湖北	7 848 251	165 002	5 993 315	3 749 981	1 689 934
湖南	395 400	91 114	211 742	152 795	92 544
广东	771 666	101 332	456 407	398 988	213 927
广西	4 180 833	325 972	2 666 399	2 042 478	1 188 462
海南	1 000 889	582 534	86 923	20 048	331 432
重庆	40 771	3 560	37 211	37 211	
四川	9 589	747	8 842	8 842	
贵州					
云南	328 082	126 586	12 307	9 856	189 189
陕西	3 078	920	1 130	1 130	1 028
甘肃	35 524	7 785	19 653	19 642	8 086
青海	1 796	1 491			305
宁夏	74 235	31 850	16 418	12 164	25 968
新疆（兵团）	7 152 838	726 500	3 471 475	2 889 623	2 954 863
新疆（农业）	32 466	16 952	4 453	21	11 061
新疆（畜牧）	110 333	83 201	4 549	2 041	22 583
热科院					
广州					
南京	2 513	332	1 057	1 057	1 125

1－42　各垦区非国有经济资产总额

（2016 年）　　　　计量单位：万元

地区	合计	第一产业	第二产业	#工业	第三产业
全国农垦	**69 738 741**	**3 309 801**	**49 746 561**	**33 729 087**	**16 682 379**
北京	396 543		136 150	136 150	260 393
天津					
河北	3 625 885	257 162	2 481 861	2 381 619	886 862
山西	86 334	2 727	61 480		22 127
内蒙古	1 969 655	276 038	1 154 592	1 097 704	539 025
辽宁	4 642 539	407 539	3 353 775	2 309 709	881 225
吉林					
黑龙江	5 139 502	603 710	2 655 535	2 318 695	1 880 257
上海					
江苏	862 554	96 302	551 718	481 843	214 534
浙江	670 561	2 582	667 952	667 295	27
安徽	165 922	10 609	95 034	91 798	60 279
福建	2 052 945	23 489	1 989 659	1 859 755	39 797
江西	884 657	85 368	683 695	290 747	115 594
山东	622 033	33 271	552 220	526 677	36 542
河南	196 544	23 275	166 127	165 052	7 142
湖北	19 867 682	242 260	18 536 776	7 761 510	1 088 646
湖南	654 179	76 312	421 271	291 862	156 596
广东	246 985	24 912	70 190	54 015	151 883
广西	7 669 330	332 343	4 836 530	3 203 665	2 500 457
海南	444 906	62 894	49 536	41 648	332 476
重庆	145 263	22 267	122 996	122 996	
四川	97 914	4 384	93 530	93 530	
贵州					
云南	840 876	65 773	41 870	40 732	733 233
陕西	4 527	895	1 731	1 731	1 901
甘肃	374 305	103 943	222 636	222 635	47 726
青海	45 844	45 844			
宁夏	83 441	22 409	31 200	29 618	29 832
新疆（兵团）	17 895 663	474 423	10 744 733	9 524 371	6 676 507
新疆（农业）	29 963	6 632	10 020		13 311
新疆（畜牧）	14 946	1 782	8 152	8 137	5 012
热科院					
广州					
南京	7 243	656	5 592	5 592	995

1－43　各垦区非国有经济利润总额

（2016 年）　　计量单位：万元

地　区	合　计	第一产业	第二产业	#工业	第三产业
全国农垦	**5 009 163**	**710 675**	**2 547 730**	**2 197 022**	**1 750 758**
北　京	47 869		16 173	16 173	31 696
天　津					
河　北	356 063	31 693	245 216	236 185	79 154
山　西	9 908	21	5 717		4 170
内蒙古	115 852	20 290	43 998	41 322	51 564
辽　宁	318 926	56 272	151 438	150 438	111 216
吉　林					
黑龙江	1 173 716	295 840	238 822	137 779	639 054
上　海					
江　苏	174 068	46 519	59 542	44 851	68 007
浙　江	42 201	1 913	40 048	39 803	240
安　徽	11 639		7 579	7 325	4 060
福　建	118 213	3 243	110 475	104 757	4 495
江　西	60 760	12 583	33 126	20 370	15 051
山　东	101 714	18 560	78 800	74 900	4 354
河　南	21 451	4 114	15 060	15 031	2 277
湖　北	393 896	16 500	314 469	281 106	62 927
湖　南	4 288	98	1 925	1 871	2 265
广　东	286 756	22 658	186 420	171 413	77 678
广　西	469 064	11 068	411 855	314 993	46 141
海　南	60 285	32 580	8 846	759	18 859
重　庆	12 084	2 399	9 685	9 685	
四　川	847	96	751	751	
贵　州					
云　南	82 885	13 318	2 723	1 877	66 844
陕　西	373	96			277
甘　肃	3 071	342	2 523	2 520	206
青　海	59	59			
宁　夏	14 265	5 436	2 406	1 458	6 423
新疆（兵团）	1 127 836	111 701	559 804	521 550	456 331
新疆（农业）	84	3 300	145	5	－3 361
新疆（畜牧）	981		341	259	640
热科院					
广　州					
南　京	9	－24	－157	－157	190

农场组织

2-1　农场、小城镇和农垦所属乡（镇）情况

（2016 年）　　　　计量单位：个

地　区	农场个数	小城镇情况			乡（镇）情况		
		小城镇个数	小城镇人口（人）	小城镇占地面积（公顷）	乡（镇）政权个数	村民委员会个数	乡（镇）办工业个数
全国农垦	**1 781**	**831**	**4 453 172**	**584 512**	**154**	**3 512**	**365**
北　京	9						
天　津	13						
河　北	33	47	222 325	54 368	8	92	
山　西	26	1	3 500	25			
内蒙古	104	33	102 895	6 894	3	25	6
辽　宁	106	38	178 768	10 761	48	357	
吉　林	92	7	40 390	10 854	4	29	
黑龙江	113	113	1 353 744	36 933			
上　海	19						
江　苏	18	28	135 658	2 811			
浙　江	50						
安　徽	20	10	72 176	1 300			
福　建	112	38	95 762	45 024	9	44	1
江　西	156	75	388 068	305 598		2 111	
山　东	14						
河　南	96	10	38 195	2 415		27	
湖　北	53	53	382 652	9 709	6	174	90
湖　南	69	69	160 466	403	40	419	188
广　东	48	47	148 697	6 699			
广　西	41	28	201 011	3 217			
海　南	40			10 886			
重　庆	17						
四　川	34						
贵　州	37	5	11 720	231			
云　南	43	20	73 437	3 420			
陕　西	12	7	21 684	1 274			
甘　肃	26	3	6 024	157			
青　海	19					1	
宁　夏	14	14	52 135	12 935			
新疆（兵团）	176	176	726 730		10	32	73
新疆（农业）	45	4	15 422	1 248	11	110	7
新疆（畜牧）	124	5	21 713	57 351	15	90	
热科院	1						
广　州							
南　京	1					1	

2－2 农场按生产总值排序

农场名称	生产总值（万元）	排序	工业增加值（万元）	排序	农业增加值（万元）	排序	耕地面积（公顷）	排序	年平均职工人数（人）	排序
河北省国营中捷友谊农场	1 355 200	1	540 589	2	20 293	183	6 375	192	10 500	74
河北省国营柏各庄农场	1 100 225	2	303 649	5	216 578	2	28 325	52	33 260	6
江西省共青垦殖场	994 368	3	683 250	1	28 543	134	2 995	296	58 233	1
河北省国营南大港农场	930 000	4	443 297	3	30 050	126	6 345	193	7 137	149
湖南省岳阳市君山农场	801 221	5	365 114	4	157 865	4	18 856	77	52 229	2
新疆兵团石总场	595 647	6	115 066	15	131 204	11	12 878	121	24 051	11
广西农垦国有新兴农场	430 037	7	235 812	7	10 156	291	2 555	307	12 526	56
河北省芦台农场	420 000	8	295 225	6	37 746	94	7 718	168	2 596	341
湖北省武湖农场	385 522	9	175 686	9	16 056	216	645	401	22 453	16
黑龙江省友谊农场	372 255	10	60 755	54	219 942	1	110 429	1	35 562	4
河北省汉沽农场	321 079	11	129 349	12	58 000	58	6 092	200	2 488	348
黑龙江省查哈阳农场	315 999	12	35 098	103	81 644	25	63 777	9	25 915	9
新疆兵团新湖农场	312 725	13	91 429	27	71 807	39	37 811	31	16 893	25
黑龙江省八五二农场	288 505	14	53 630	65	136 777	9	79 410	4	28 602	7
新疆兵团芳草湖农场	259 061	15	101 195	23	29 220	131	40 122	22	24 420	10
河北省察北牧场	255 000	16	161 000	10	65 000	51	9 713	143	1 320	423
黑龙江省八五三农场	254 814	17	46 691	79	137 038	8	68 000	7	19 999	19
黑龙江省七星农场	254 771	18	13 702	238	182 023	3	81 056	3	21 493	17
福建省长泰县古农农场	249 831	19	78 815	35	2 196	449	1 393	358	3 958	280
广西农垦国有西江农场	248 053	20	25 294	143	30 541	124	1 962	326	14 281	36
黑龙江省宝泉岭农场	237 736	21	9 500	276	99 601	17	38 436	26	9 462	92
新疆兵团一二团	236 200	22	102 127	21	57 207	60	13 592	113	8 668	105
湖北省总口农场	232 466	23	182 081	8	35 146	104	5 723	206	15 740	29
湖北省龙感湖农场	231 425	24	147 359	11	38 208	92	4 102	243	21 237	18
黑龙江省八五六农场	227 526	25	15 418	217	151 875	5	78 867	5	13 975	40
黑龙江省五九七农场	221 969	26	34 600	105	105 011	13	43 435	16	17 658	22
黑龙江省八五四农场	221 746	27	27 915	132	145 226	6	67 927	8	8 257	119
广西农垦国有九曲湾农场	207 537	28	7 404	308	2 467	438	190	443	8 659	106
新疆兵团一四二团	206 449	29	121 372	14	22 357	166	24 388	60	11 642	58
新疆兵团一六团	203 742	30	100 697	24	47 939	73	17 635	85	8 781	103
新疆兵团一零一团	202 869	31	15 905	214	3 459	422	4 302	236	17 396	23
新疆兵团奇台农场	202 514	32	58 789	58	63 261	53	14 587	103	14 039	39
新疆兵团十团	196 140	33	102 223	20	53 633	67	14 416	106	7 160	148
湖北省五三农场	195 692	34	70 360	42	38 537	91	9 300	148	34 902	5
黑龙江省八五九农场	193 711	35	11 830	257	143 813	7	87 200	2	13 552	45
黑龙江省前进农场	190 266	36	22 863	159	104 196	15	53 067	11	12 207	57
新疆兵团一四三团	189 369	37	66 009	47	33 405	112	17 084	87	13 959	41

2-2 续表 1

农场名称	生产总值（万元）	排序	工业增加值（万元）	排序	农业增加值（万元）	排序	耕地面积（公顷）	排序	年平均职工人数（人）	排序
广西农垦国有金光农场	132 046	76	8 097	297	29 760	127	4 663	224	6 975	157
新疆兵团四五团	131 935	77	66 571	46	22 293	167	8 109	163	10 268	76
黑龙江省红卫农场	131 625	78	2 759	402	84 860	22	38 667	25	13 635	43
黑龙江省大兴农场	130 470	79	3 442	385	102 659	16	50 585	12	6 656	163
新疆兵团一二九团	129 843	80	52 246	68	30 118	125	11 030	131	9 727	82
黑龙江省普阳农场	129 733	81	20 120	176	66 138	47	30 533	47	7 255	144
辽宁省盘锦市王家农场	129 000	82	70 754	41	37 333	95	3 919	251	12 920	50
广西农垦国有五星总场	126 029	83	86 490	31	18 890	193	289	432	5 906	184
黑龙江省胜利农场	125 887	84	9 340	278	76 108	31	46 200	13	12 697	53
黑龙江省云山农场	125 654	85	9 546	275	72 916	37	31 480	44	4 539	246
新疆兵团八团	125 065	86	57 671	59	44 831	78	9 135	151	5 097	219
辽宁省盘锦市新兴农场	125 000	87	32 500	111	41 020	86	3 104	292	13 810	42
新疆兵团一零四团	124 099	88	8 324	295	23 532	159	1 738	340	8 645	108
黑龙江省庆丰农场	122 913	89	21 620	166	75 383	33	44 431	14	11 527	60
辽宁省盘锦市城郊农场	122 515	90	61 873	51	33 955	108	941	375	6 560	165
黑龙江省二九一农场	122 501	91	6 985	316	78 125	28	37 877	30	7 886	123
湖北省沙市农场农场	120 788	92	98 178	25	15 540	223	1 001	370	14 766	34
新疆兵团红星一场	120 471	93	29 827	124	62 839	54	3 781	254	6 268	175
新疆兵团一三一团	119 279	94	50 308	71	22 127	169	9 125	152	7 378	141
黑龙江省赵光农场	118 827	95	8 400	294	38 747	90	33 838	40	11 058	69
黑龙江省新华农场	117 378	96	19 800	181	60 888	56	31 363	45	8 485	113
黑龙江省红旗岭农场	116 957	97	13 469	241	61 674	55	18 722	78	6 056	179
新疆兵团一五二团	116 068	98	20 049	177	20 671	179	1 034	368	4 035	274
新疆兵团六二团	115 244	99	30 398	120	54 163	65	4 907	220	7 663	131
黑龙江省八五一一农场	113 018	100	22 371	160	55 650	61	22 993	65	6 510	167
新疆兵团一四团	112 707	101	69 900	44	18 316	196	7 306	176	3 784	286
黑龙江省江川农场	112 663	102	13 825	235	73 994	35	19 518	75	11 225	67
新疆兵团八三团	112 241	103	40 601	89	12 481	258	8 914	154	10 369	75
新疆兵团黄田农场	112 192	104	29 459	127	66 150	46	2 561	306	8 332	117
黑龙江省铁力农场	111 149	105	19 681	182	42 563	82	15 054	101	5 076	224
新疆兵团一五零团	109 271	106	56 375	61	13 188	250	18 040	83	5 141	216
新疆兵团六六团	109 161	107	34 751	104	43 297	79	4 746	223	11 284	66
新疆兵团二二团	109 031	108	32 602	110	65 293	49	6 121	199	8 880	102
新疆兵团一二八团	108 852	109	49 601	72	36 138	98	13 081	118	7 109	150
黑龙江省北兴农场	108 545	110	13 896	233	66 908	44	33 966	39	13 088	48
黑龙江省浓江农场	108 224	111	2 529	409	85 978	21	39 065	24	3 981	278
新疆兵团十一团	108 219	112	59 490	56	26 977	145	9 770	142	6 484	169

2－2续表2

农场名称	生产总值（万元）	排序	工业增加值（万元）	排序	农业增加值（万元）	排序	耕地面积（公顷）	排序	年平均职工人数（人）	排序
新疆兵团红星二场	108 008	113	19 980	178	74 271	34	3 190	290	3 871	282
新疆兵团七三团	104 694	114	18 488	192	68 789	43	3 242	286	4 973	228
辽宁省盘锦市前进农场	104 165	115	59 101	57	19 217	192	3 673	265	22 689	15
辽宁省盘锦市太平农场	104 000	116	45 800	82	32 510	116	3 549	272	7 800	127
辽宁省凌海市大有农场	103 594	117	46 617	80	55 181	62	3 952	248	3 720	290
新疆兵团淖毛湖农场	102 682	118	5 056	351	82 502	24	1 545	352	2 337	359
新疆兵团三三团	101 936	119	50 362	69	35 536	101	4 423	232	4 363	258
湖北省草埠湖农场	101 680	120	44 111	84	33 179	113	4 600	226	23 570	13
新疆兵团四四团	101 545	121	53 238	66	28 136	138	6 225	195	9 577	88
新疆兵团一二五团	101 467	122	60 958	53	9 209	306	16 772	89	9 630	86
黑龙江省江滨农场	101 201	123	19 250	185	43 099	81	22 392	66	6 495	168
新疆兵团一八四团	100 613	124	35 810	101	27 000	144	13 040	119	3 958	280
广东省燕塘投资有限公司本部	100 517	125	38 208	92	13 208	249			1 872	386
新疆兵团一八八团	99 934	126	14 400	229	48 503	72	7 356	173	6 431	171
新疆兵团一四八团	99 527	127	43 128	86	9 236	304	16 281	93	10 198	77
黑龙江省洪河农场	97 129	128	3 425	388	76 169	30	42 666	17	9 219	96
江西云山集团有限责任公司	96 770	129	78 323	36	11 581	270	1 764	338	11 431	63
黑龙江省青龙山农场	96 520	130	4 140	373	64 530	52	37 104	32	7 236	145
新疆兵团一二三团	93 581	131	41 818	88	10 062	293	12 486	122	9 419	93
新疆兵团一四七团	92 703	132	38 307	91	19 330	190	12 281	123	4 348	260
黑龙江省二道河农场	92 388	133	3 341	390	72 744	38	36 313	33	7 079	151
黑龙江省前哨农场	92 373	134	3 855	377	60 882	57	38 333	28	6 839	161
浙江省杭州市萧山区红山农场	91 812	135	90 563	29	1 249	469	3 257	285	7 464	139
江西省国营萍乡市鸡冠山垦殖场	91 187	136	90 800	28	387	495	797	385	4 012	276
新疆兵团四九团	90 279	137	50 338	70	12 037	265	10 680	133	6 361	172
黑龙江省克山农场	89 066	138	5 770	337	36 953	96	29 607	50	11 082	68
新疆兵团红山农场	88 751	139	13 152	244	65 203	50	4 936	219	7 073	152
黑龙江省二龙山农场	88 366	140	12 683	248	27 487	142	27 286	54	6 089	178
新疆兵团一四九团	88 008	141	46 138	81	5 052	392	13 262	116	7 831	126
辽宁省抚顺市高湾种畜农场	87 941	142	11 775	258	5 509	386	721	395	1 845	390
新疆兵团六团	87 843	143	42 010	87	31 462	121	5 350	209	5 686	193
新疆兵团一三四团	87 452	144	48 270	77	4 106	412	18 950	76	9 720	83
辽宁省盘锦市平安农场	87 058	145	31 690	114	48 660	71	3 763	255	14 860	33
新疆兵团八九团	85 917	146	19 495	184	20 483	181	8 656	159	8 636	110
新疆兵团六一团	85 619	147	29 230	129	46 615	75	5 902	202	5 698	192
辽宁省盘锦市新开农场	84 773	148	52 796	67	32 577	115	3 299	282	12 658	54
新疆兵团六四团	84 592	149	33 306	109	35 968	99	8 796	156	9 563	89

2-2 续表 3

农场名称	生产总值（万元）	排序	工业增加值（万元）	排序	农业增加值（万元）	排序	耕地面积（公顷）	排序	年平均职工人数（人）	排序
新疆兵团一二四团	83 793	150	53 843	64	7 818	336	11 229	128	5 208	211
广西农垦国有龙北总场	83 403	151	9 474	277	41 375	85	3 007	295	10 840	70
广西柳州市绿达公司	83 164	152	29 976	122	6 842	359	137	451	5 431	204
新疆兵团一零三团	82 960	153	37 029	96	15 038	227	11 259	127	7 709	129
黑龙江省曙光农场	82 658	154	15 304	219	43 121	80	13 659	112	5 554	200
新疆兵团一八三团	82 195	155	25 892	138	27 842	139	9 694	145	3 164	310
新疆兵团五三团	82 067	156	38 153	93	16 783	206	9 219	150	9 086	98
辽宁省盘锦市赵圈河苇场	81 972	157			6 429	363	1 900	328	2 825	327
江苏省国营岗埠农场	81 913	158	23 068	157	17 225	201			654	473
黑龙江省八五一零农场	81 255	159	14 408	228	35 820	100	21 629	68	4 948	231
新疆兵团一四一团	80 552	160	45 192	83	5 589	385	11 129	130	3 749	289
黑龙江省海伦农场	80 248	161	5 436	345	28 504	135	16 171	95	5 374	206
湖北省张集农场	78 289	162	14 175	231	54 254	64	8 716	158	26 136	8
新疆兵团七一团	77 701	163	23 745	150	33 548	111	6 915	179	6 008	181
黑龙江省双鸭山农场	77 369	164	13 060	245	31 720	119	14 835	102	7 521	135
黑龙江省引龙河农场	76 641	165	9 890	272	29 340	128	25 122	59	5 524	202
新疆兵团一三六团	75 893	166	39 919	90	2 308	444	10 295	137	4 489	250
新疆兵团一三三团	75 519	167	48 808	74	2 214	448	21 570	69	7 512	138
河北省国营御道口牧场	75 464	168	56 638	60	7 322	351	2 120	322	1 086	441
广西农垦国有山圩农场	75 008	169	65 888	48	4 693	398	1 146	367	2 894	320
广西农垦国有良圻农场	75 004	170	24 752	145	16 196	214	2 102	323	5 748	190
新疆兵团共青团农场	74 917	171	48 748	75	4 688	400	11 410	125	4 373	257
黑龙江省梧桐河农场	74 393	172	21 277	168	35 305	103	18 624	80	4 835	237
黑龙江省鸭绿河农场	73 612	173	1 871	424	57 935	59	29 067	51	5 901	185
湖北省运粮湖农场	73 333	174	43 326	85	25 499	152	3 209	289	7 716	128
新疆兵团七七团	72 055	175	25 696	139	33 001	114	14 233	109	3 795	285
新疆兵团三四团	71 998	176	54 522	63	8 215	326	4 171	238	5 108	217
新疆兵团五一团	71 772	177	35 225	102	16 769	207	13 002	120	16 985	24
贵州省贵阳三联乳业有限公司	70 604	178	7 827	301	2 367	441			1 574	408
黑龙江省名山农场	70 509	179	17 305	199	24 050	157	17 988	84	4 061	272
辽宁省营口市西海农场	70 430	180	15 600	215	27 540	141	695	398	9 745	81
新疆兵团七零团	70 370	181	21 693	165	33 705	110	3 501	275	5 213	210
江西省国营萍乡市五陂下垦殖场	70 304	182	47 364	78	2 686	433	293	431	2 490	347
新疆兵团一八一团	70 120	183	16 061	211	26 770	149	8 415	161	4 925	232
新疆兵团三坪农场	68 522	184	16 670	205	16 408	211	4 052	244	5 276	208
新疆兵团五零团	68 301	185	37 683	94	13 022	252	11 895	124	7 526	134
新疆兵团二二二团	68 025	186	17 734	197	19 926	186	5 893	203	3 824	283

2-2 续表 4

农场名称	生产总值（万元）	排序	工业增加值（万元）	排序	农业增加值（万元）	排序	耕地面积（公顷）	排序	年平均职工人数（人）	排序
河南省黄泛区农场	67 519	187	8 575	288	31 681	120	6 191	196	8 691	104
黑龙江省八五五农场	67 296	188	2 606	407	40 017	88	30 014	49	5 413	205
新疆兵团红星四场	67 068	189	19 976	179	31 308	122	3 297	283	5 084	221
新疆兵团柳树泉农场	66 996	190	16 808	203	39 326	89	1 662	346	5 535	201
黑龙江省延军农场	66 879	191	24 001	148	28 725	133	15 182	99	4 594	245
广东省华海糖业发展有限公司	66 406	192	5 564	341	53 031	68	5 603	207	1 939	378
新疆兵团八六团	64 916	193	33 328	108	12 678	255	3 948	249	8 040	121
新疆兵团五一农场	64 781	194	21 013	170	7 597	343	2 923	299	6 225	177
黑龙江省长水河农场	64 282	195	4 521	363	26 841	148	24 067	62	3 678	295
黑龙江省襄河农场	64 010	196	6 212	332	16 081	215	18 686	79	3 779	288
广东省丰收糖业发展有限公司	63 982	197	16 392	208	32 311	118	3 625	268	2 148	367
新疆兵团三六团	63 879	198	30 020	121	21 004	177	2 951	297	4 232	264
湖北省太湖农场	63 855	199	13 443	242	19 311	191	4 355	234	23 770	12
浙江省杭州市萧山区钱江农场	63 841	200	62 852	49	636	489	793	386	1 100	439
黑龙江省逊克农场	63 555	201	1 895	422	34 074	107	44 237	15	8 261	118
新疆兵团八一团	63 499	202	31 199	117	13 334	245	6 715	183	5 203	212
广西农垦国有明阳农场	63 217	203	425	472	6 018	373	501	416	2 726	333
新疆兵团三一团	63 197	204	36 854	97	14 307	234	7 704	169	5 095	220
辽宁省盘锦市甜水农场	62 556	205	54 756	62	7 800	337	3 713	262	4 500	248
新疆兵团头屯河农场	61 797	206	12 660	249	2 162	450	1 195	364	6 442	170
黑龙江省龙镇农场	61 781	207	5 520	343	21 325	173	23 679	63	5 158	213
湖北省大沙湖农场	61 693	208	11 099	262	40 182	87	3 028	293	15 636	30
黑龙江省海林农场	61 379	209	13 000	246	25 926	150	9 228	149	4 058	273
新疆兵团七六团	61 159	210	27 424	134	23 054	162	14 498	105	5 980	182
黑龙江省鹤山农场	59 341	211	7 100	313	35 094	105	35 578	37	8 212	120
黑龙江省嘉荫农场	59 333	212	1 026	447	28 369	137	18 377	81	7 068	153
江西省桑海农场	58 614	213	30 920	118	3 618	419	1 402	356	6 859	160
新疆兵团六七团	57 569	214	31 669	115	12 084	264	10 664	134	5 144	214
新疆兵团四八团	57 539	215	37 140	95	7 856	335	3 575	271	2 417	354
江西省国营分宜介桥垦殖场	57 210	216	3 125	392	1 130	474	729	393	14 156	37
新疆兵团一零五团	56 896	217	31 552	116	5 797	382	6 697	184	5 142	215
黑龙江省七星泡农场	56 739	218	5 829	335	23 727	158	33 529	41	7 225	146
新疆兵团二二四团	56 513	219	48 881	73	325	498	5 843	204	7 626	133
新疆兵团六三团	56 453	220	21 893	163	22 178	168	6 581	188	4 256	263
湖北省人民大垸农场	56 438	221	15 202	221	28 501	136	7 282	177	17 707	21
黑龙江省和平牧场	56 361	222	12 011	254	18 157	197	7 858	167	4 837	236
黑龙江省红星农场	56 244	223	2 789	401	27 309	143	27 333	53	4 820	238

2-2 续表 5

农场名称	生产总值（万元）	排序	工业增加值（万元）	排序	农业增加值（万元）	排序	耕地面积（公顷）	排序	年平均职工人数（人）	排序
光明食品集团上海五四有限公司	56 113	224	10 664	266	23 223	160	2 685	303	4 468	251
新疆兵团一二六团	55 868	225	28 013	131	4 164	410	7 398	171	4 312	262
新疆兵团红旗农场	55 760	226	26 696	137	6 054	372	10 110	138	6 032	180
黑龙江省富裕牧场	54 454	227	2 565	408	30 713	123	13 409	115	5 645	195
黑龙江省宁安农场	53 980	228	17 803	196	21 465	171	4 589	228	3 231	307
新疆兵团二四团	53 793	229	29 459	127	13 752	237	4 388	233	4 431	255
新疆兵团三零团	53 402	230	30 918	119	15 338	224	6 400	190	4 634	242
新疆兵团一八七团	53 303	231	12 319	252	20 785	178	8 880	155	3 455	299
辽宁省锦州市小东种畜场	53 284	232	2 044	419	46 514	76	8 299	162	16 254	27
新疆兵团伽师总场	53 085	233	29 942	123	13 426	244	6 787	181	4 972	230
黑龙江省建设农场	53 041	234	1 685	428	14 623	231	20 080	74	8 393	116
湖北省阳新综合农场	52 829	235	6 738	320	7 502	347	454	419	12 995	49
新疆兵团一六三团	50 551	236	22 094	162	6 094	370	5 137	214	5 079	223
黑龙江省尖山农场	50 020	237	2 670	404	24 384	155	27 130	55	8 654	107
湖北省中洲垸农场	49 823	238	9 743	274	15 991	218	3 606	270	11 477	62
黑龙江省绥棱农场	49 460	239	770	458	24 231	156	16 091	96	2 773	329
湖北省华严农场	49 371	240	36 242	99	6 060	371	1 287	360	10 738	71
新疆兵团军户农场	49 326	241	33 530	107	1 672	461	4 972	217	5 057	225
辽宁省辽阳市首山农场	48 929	242	28 535	130	13 300	246	791	387	1 887	382
新疆兵团六九团	48 691	243	14 963	223	20 520	180	4 122	240	2 667	336
广东省广前糖业发展有限公司	48 654	244	215	479	45 540	77	6 613	186	2 051	374
广东省铜锣湖农场	48 383	245	24 626	147	9 872	297	774	390	648	474
黑龙江省香坊实验农场	47 913	246	18 706	191	1 131	473	598	402	2 969	316
湖北省大同湖农场	47 795	247	3 837	378	29 249	130	1 865	330	15 937	28
北京市北郊农场	47 595	248	639	461	2 014	453			597	478
黑龙江省大西江农场	47 551	249	4 797	360	17 395	200	20 428	72	5 594	199
江西省万龙山垦殖场	47 491	250	20 737	171	16 504	209	812	384	488	484
新疆兵团一二七团	46 891	251	24 686	146	4 473	403	7 928	164	4 448	253
广西农垦国有东风农场	46 556	252	16 205	209	16 234	213	548	411	3 485	297
江苏省国营黄海农场	46 085	253	6 440	327	9 600	301			4 537	247
新疆兵团二一团	45 880	254	17 498	198	22 578	164	6 177	198	4 189	267
新疆兵团七二团	45 122	255	15 283	220	11 245	276	6 327	194	4 973	228
黑龙江省红光农场	45 097	256	1 259	442	15 906	221	10 066	139	3 064	313
新疆兵团八四团	44 965	257	16 871	202	16 799	205	8 757	157	3 223	308
光明食品集团上海东海总公司	44 907	258	8 726	284	7 992	331	558	409	1 502	411
福建省漳浦县大南坂农场	44 802	259	32 314	112	5 985	375	525	413	4 464	252
湖北省朱湖农场	44 775	260	12 334	251	22 919	163	2 241	320	11 361	65

2－2续表6

农场名称	生产总值（万元）	排序	工业增加值（万元）	排序	农业增加值（万元）	排序	耕地面积（公顷）	排序	年平均职工人数（人）	排序
新疆兵团二七团	44 545	261	16 538	206	21 202	175	4 119	241	4 198	266
江苏省国营新曹农场	44 432	262	7 233	311	12 165	262			2 445	352
辽宁省盘锦市胡家农场	43 608	263	2 938	398	2 370	440	6 780	182	5 800	188
新疆兵团九零团	43 542	264	25 325	142	2 773	431	6 791	180	4 600	244
新疆兵团六八团	43 220	265	19 013	187	12 783	254	6 182	197	3 255	305
黑龙江省山河农场	43 196	266	3 412	389	25 073	153	26 767	57	6 301	173
广西农垦国有红河农场	43 006	267	1 430	436	6 300	364	1 285	361	4 612	243
黑龙江省尾山农场	42 864	268	5 600	339	18 840	194	15 860	97	3 316	303
黑龙江省建边农场	42 517	269	4 320	368	9 926	295	20 225	73	5 759	189
湖北省王集农场	42 113	270	6 352	328	28 752	132	4 351	235	23 378	14
黑龙江省龙门农场	41 883	271	3 856	376	8 107	328	16 828	88	2 069	372
黑龙江省嫩北农场	41 677	272	5 228	348	22 422	165	27 012	56	6 949	159
江西省江西黄岗山垦殖场	41 559	273	36 109	100	4 204	409	1 400	357	5 055	226
江西省五府山场	41 529	274	21 700	164	887	483	665	399	11 638	59
江苏省国营滨淮农场	41 067	275	514	468	1 020	478			1 231	431
新疆兵团一六八团	40 803	276	21 610	167	1 133	472	7 596	170	4 899	233
湖北省白鹭湖农场	40 425	277	23 164	156	14 452	232	2 887	300	7 016	154
湖北省蒋湖农场	40 293	278	11 939	255	11 354	273	3 328	280	8 980	101
广西农垦国有源头农场	40 061	279	4 170	372	15 995	217	230	438	2 102	370
广西农垦国有昌菱农场	40 020	280	215	479	11 672	269	2 414	311	4 871	235
黑龙江省齐齐哈尔种畜场	39 678	281	5 213	349	20 183	184	5 000	216	4 432	254
江苏省国营江心沙农场	39 363	282	25 434	140	3 568	421			993	446
黑龙江省荣军农场	39 296	283	4 025	374	12 610	256	16 408	91	4 490	249
江西省新岗山场	39 150	284	36 270	98	361	497	34	468	1 883	384
黑龙江省汤原农场	39 111	285	8 644	285	11 098	280	9 690	146	2 194	364
广东省湖光农场	39 060	286	6 560	324	21 074	176	2 320	315	1 724	396
黑龙江省红色边疆农场	38 301	287	3 506	384	11 195	277	15 621	98	4 673	241
江苏省国营白马湖农场	38 250	288	8 630	286	5 389	387			2 475	350
新疆兵团一六六团	38 053	289	23 832	149	7 273	353	13 731	111	4 015	275
黑龙江省嫩江农场	37 250	290	4 589	361	21 210	174	30 105	48	8 622	111
广西农垦国有黔江农场	37 173	291	15 910	213	7 744	339	1 860	331	1 698	400
广西农垦国有立新农场	37 166	292	18 726	190	9 100	309	106	455	2 859	324
广西农垦国有新光农场	37 002	293	6 521	326	11 135	278	590	403	2 846	326
新疆兵团西山农场	36 788	294	5 555	342	8 635	315	2 394	312	2 848	325
黑龙江省肇源农场	36 782	295	7 518	306	19 720	187	3 963	247	2 642	339
湖北省熊口农场	36 419	296	16 884	201	16 237	212	2 645	304	7 874	125
新疆兵团四一团	36 235	297	13 886	234	1 737	459	3 534	274	2 860	323

2-2续表7

农场名称	生产总值（万元）	排序	工业增加值（万元）	排序	农业增加值（万元）	排序	耕地面积（公顷）	排序	年平均职工人数（人）	排序
新疆兵团七五团	36 213	298	8 550	290	19 483	188	7 081	178	1 631	404
新疆兵团四团	36 078	299	20 613	172	6 722	360	5 180	213	4 063	271
新疆兵团一八二团	35 993	300	9 994	270	11 116	279	7 897	166	2 487	349
新疆兵团一三七团	35 845	301	14 360	230	5 386	388	3 758	257	4 335	261
上海市上海农场	35 649	302	944	450	14 961	229	14 262	108	1 715	397
黑龙江省红旗农场	35 587	303	16 093	210	7 306	352	831	383	3 798	284
黑龙江省锦河农场	35 460	304	7 520	305	9 215	305	11 279	126	3 782	287
黑龙江省依安农场	35 385	305	8 440	292	16 435	210	5 744	205	2 715	335
安徽省皖河农场	34 883	306	4 418	367	24 408	154	3 611	269	4 007	277
江西省大茅山场	34 744	307	29 756	125	4 472	404	280	434	5 102	218
内蒙古自治区拉布大林农牧场	34 605	308	580	464	25 841	151	35 957	35	1 342	422
江西省恒丰垦殖场	34 456	309	25 392	141	9 064	310	962	374	7 659	132
黑龙江省格球山农场	33 800	310	3 000	395	15 007	228	14 400	107	4 134	269
江西省武夷山场	33 743	311	17 242	200	1 700	460	916	377	1 863	388
黑龙江省庆阳农场	33 599	312	13 714	236	13 218	248	4 623	225	2 864	321
湖北省荒湖农场	33 168	313	5 280	346	16 938	203	3 700	263	9 616	87
新疆兵团七九团	32 944	314	14 094	232	13 084	251	1 785	335	2 231	363
湖北省三湖农场	32 800	315	10 740	265	17 044	202	3 126	291	9 696	84
广东省平岗农场	32 735	316			26 879	147			381	490
湖北省军垦农场	32 626	317	3 680	381	22 022	170	1 699	341	4 349	259
新疆兵团七八团	32 565	318	17 988	195	8 342	322	73	458	2 188	365
湖北省长港农场	32 531	319	7 015	315	15 878	222	1 345	359	9 650	85
江苏省国营三河农场	32 430	320	10 952	263	4 218	408			1 566	409
北京市南郊农场（汇总）	32 277	321	937	451	6 111	369	343	425	1 221	433
广西农垦国有桂北农场	32 164	322	18 468	193	4 488	402	46	464	2 039	375
湖北省南湖农场	31 555	323	24 825	144	3 994	415	416	422	3 692	293
黑龙江省闫家岗农场	30 910	324	4 986	353	4 164	410	439	421	1 550	410
湖北省万福店农场	30 694	325	7 285	310	9 681	299	1 998	325	15 023	32
新疆兵团二二三团	30 566	326	10 813	264	13 493	240	2 731	302	3 339	302
新疆兵团一零六团	30 483	327	16 700	204	3 265	428	5 930	201	2 742	331
新疆兵团皮山农场	30 282	328	18 008	194	1 987	455	2 163	321	9 325	94
广东省胜利农场	30 195	329	3 882	375	12 831	253	31	469	986	447
北京市西郊农场	29 893	330			1 536	465	65	460	907	456
新疆兵团七四团	29 582	331	12 210	253	8 450	318	4 946	218	2 052	373
湖北省周矶农场	29 297	332	18 828	189	6 977	358	786	389	7 261	143
黑龙江省绿色草原牧场	29 268	333	1 560	431	15 923	220	7 333	174	3 002	314
河南省国营博爱农场	29 249	334	19 508	183	2 757	432	885	379	2 578	343

2－2续表8

农场名称	生产总值（万元）	排序	工业增加值（万元）	排序	农业增加值（万元）	排序	耕地面积（公顷）	排序	年平均职工人数（人）	排序
黑龙江省宝山农场	29 112	335	1 886	423	20 360	182	7 385	172	2 115	368
湖南省茶盘洲镇	29 105	336	1 461	435	1 553	464	3 215	288	12 552	55
江西省饶丰场	29 077	337	4 262	369	12 124	263	3 719	261	15 326	31
黑龙江省红五月农场	28 886	338	3 700	380	12 418	259	16 487	90	5 277	207
江苏省国营弶港农场	28 845	339	6 260	329	7 434	349			1 660	402
新疆兵团四二团	28 803	340	12 741	247	10 476	285	3 864	253	1 867	387
江西省罗家垦殖场	28 306	341	27 625	133	566	490	100	456	3 213	309
江西省梅岩场	28 286	342	27 324	135	379	496	65	460	1 639	403
新疆兵团一六四团	28 250	343	19 118	186	1 903	456	10 021	141	3 144	311
新疆兵团土墩子农场	28 088	344	13 708	237	8 341	323	5 186	212	3 484	298
广东省曙光农场	27 912	345	1 388	437	16 910	204	78	457	687	471
广西农垦国有垌美农场	27 725	346	20 466	173	2 397	439	443	420	3 282	304
江苏省国营临海农场	27 359	347	11 179	261	5 799	381			1 711	398
黑龙江省哈拉海农场	27 324	348	4 824	358	14 243	235	11 174	129	2 758	330
新疆兵团四六团	27 071	349	16 450	207	1 531	466	1 692	343	1 288	429
江苏省国营宝应湖农场	27 032	350	12 483	250	2 543	436			1 447	416
新疆兵团一六一团	27 026	351	15 441	216	432	494	7 923	165	2 523	346
湖北省清河农场	26 635	352	8 048	298	15 116	226	1 762	339	6 639	164
内蒙古自治区上库力农场	26 548	353	314	478	19 418	189	40 313	20	1 499	412
江西省阁山垦殖场	25 930	354	23 569	152	2 361	443	2 478	308	556	480
江西省南英垦殖场	25 896	355	7 820	302	14 320	233	6 395	191	48 786	3
江苏省国营新洋农场	25 786	356	10 122	269	1 348	467			2 031	376
黑龙江省松花江农场	25 628	357	15 388	218	5 179	389	4 492	231	2 369	356
江西省芙蓉农场	25 605	358	20 121	175	3 756	418	854	382	5 722	191
光明食品集团上海长江总公司	25 406	359	9 976	271	2 363	442	18 055	82	2 084	371
广西农垦国有火光农场	25 287	360	9 246	279	3 270	427	15	478	2 170	366
广东省南华农场	24 928	361	1 558	432	17 532	199	1 677	345	1 215	434
广东省红峰农场	24 765	362	4 440	366	9 062	311	27	473	648	474
广东省团结农场	24 699	363	2 195	414	9 880	296	20	474	695	470
黑龙江省泰来农场	24 365	364	4 498	364	13 507	239	4 854	221	1 890	380
江西省萍乡市广寒寨垦殖场	24 103	365	4 957	354	9 674	300	281	433	6 667	162
江西省上高县墨山垦殖场	24 042	366	20 283	174	2 004	454	550	410	3 685	294
广东湛江农垦东方红农场	23 901	367	7	489	21 399	172	569	408	915	454
湖北省桐湖农场	23 790	368	7 416	307	8 604	316	518	414	2 592	342
湖北省江北农场	23 771	369	15 945	212	2 488	437			2 741	332
新疆兵团二二一团	23 749	370	7 095	314	7 570	345	724	394	2 635	340
江西省余江县刘家站垦殖场	23 654	371	6 944	318	11 376	272	1 152	366	6 520	166

2-2续表9

农场名称	生产总值（万元）	排序	工业增加值（万元）	排序	农业增加值（万元）	排序	耕地面积（公顷）	排序	年平均职工人数（人）	排序
湖北省菱角湖农场	23 652	372	5 816	336	12 569	257	2 266	319	5 869	186
内蒙古自治区谢尔塔拉种牛场	23 630	373	945	449	19 965	185	20 560	71	1 019	443
新疆兵团一六七团	23 354	374	14 928	224	822	485	10 642	135	2 947	318
安徽省寿西湖农场	23 297	375	8 404	293	9 800	298	3 737	259	2 982	315
广东省火星农场	23 136	376	842	456	10 320	289	15	479	758	465
江西省信丰场	23 006	377	22 207	161	799	487	976	373	2 367	357
广西农垦国有沙塘农场	22 753	378	6 755	319	11 807	268	204	441	1 840	391
黑龙江省四方山农场	22 679	379	2 351	411	13 492	241	7 319	175	1 836	392
内蒙古自治区三河马场	22 659	380	71	485	14 771	230	38 352	27	1 309	425
湖南省回龙圩管理区	22 523	381	7 325	309	10 885	282	1 802	334	7 880	124
辽宁省盘锦市大荒农场	21 544	382	8 450	291	7 110	355	4 550	230	8 424	115
广东省新时代农场	21 371	383	2 067	418	8 258	325	15	479	593	479
广西农垦国有东湖农场	21 051	384	3 428	387	8 691	314	385	424	2 327	360
湖南省常德市洋淘湖镇	21 005	385	11 331	260	8 411	320	1 900	328	6 988	156
江西省康山场	20 795	386	2 076	417	4 385	407	2 359	313	2 719	334
湖北省车河农场	20 789	387	6 224	330	10 014	294	1 168	365	5 628	197
山东省黄河农场	20 671	388			15 991	218	5 013	215	948	452
湖北省龙王咀农场	20 486	389	11 901	256	4 085	413	408	423	5 239	209
内蒙古自治区甘河农场	20 469	390	2 664	405	10 435	286	23 370	64	1 825	393
湖北省万丈湖农场	20 403	391	10 564	267	9 122	308	1 594	351	7 521	135
江西省旭光场	20 328	392	4 544	362	552	492	299	430	2 338	358
湖北省六合垸农场	20 205	393	7 964	300	7 082	356	1 776	336	4 385	256
湖北省小港农场	20 181	394	6 213	331	6 512	362	741	391	9 797	79
江西省赛湖农场	20 142	395	7 786	303	6 670	361	730	392	14 096	38
广西农垦国有华山农场	20 003	396	504	469	5 169	390	13	481	2 658	338
河南省扶沟县农牧场	19 970	397	14 983	222	2 046	452	926	376	822	464
黑龙江省繁荣种畜场	19 696	398	2 420	410	11 327	275	9 710	144	3 538	296
吉林省前郭灌区国营红旗农场	19 436	399	5 500	344	11 913	266	273	435	395	489
广东省五一农场	19 352	400	936	452	15 247	225	1 681	344	915	454
广东省新华农场	19 228	401	1 851	425	6 283	366	36	467	603	477
新疆兵团六运湖农场	19 214	402	9 186	280	1 815	458	3 743	258	2 810	328
吉林省四平辽河农垦管理区辽河农场	18 813	403			18 546	195	704	397	457	486
广东省幸福农场	18 709	404	1 339	439	13 481	243	2 462	310	1 110	437
福建省云霄县和平农场	18 662	405	1 674	429	3 280	426	210	440	2 938	319
黑龙江省依兰农场	18 635	406	4 202	371	5 807	380	3 632	267	1 318	424
新疆兵团一六五团	18 363	407	13 561	240	814	486	3 941	250	2 412	355
广东省建设农场	18 211	408	2 229	413	9 547	302	107	454	510	483

2-2 续表 10

农场名称	生产总值（万元）	排序	工业增加值（万元）	排序	农业增加值（万元）	排序	耕地面积（公顷）	排序	年平均职工人数（人）	排序
黑龙江省岔林河农场	18 046	409	3 821	379	8 417	319	4 272	237	1 475	414
江西省国营彭泽县上十岭综合垦殖场	17 920	410	14 760	226	2 302	445	173	446	1 881	385
内蒙古自治区特泥河牧场	17 816	411	1 712	427	12 333	261	25 521	58	1 108	438
新疆兵团八八团	17 591	412	8 032	299	3 610	420	3 996	246	1 778	394
广西农垦国有东方农场	17 507	413	5 832	334	5 090	391	304	429	3 979	279
福建省龙海市程溪农场	17 422	414	13 623	239	2 230	447	51	463	252	496
安徽省龙亢农场	17 406	415	3 332	391	7 322	350	2 280	316	1 438	417
黑龙江省青年农场	17 330	416	7 600	304	2 620	435	331	427	1 676	401
广东省火炬农场	17 277	417	2 999	396	10 092	292	1 636	348	736	467
新疆兵团北塔山牧场	17 205	418	2 029	420	7 985	332	467	418	1 707	399
湖南省常德市东山峰管理区	17 102	419	10 221	268	2 302	445	721	395	2 111	369
黑龙江省柳河农场	17 013	420	402	473	7 131	354	4 141	239	1 600	406
新疆兵团一八五团	16 899	421	5 681	338	1 125	475	3 913	252	1 474	415
宁夏农垦平吉堡农场有限公司	16 849	422	699	460	13 483	242	3 393	278	757	466
新疆兵团八七团	16 844	423	8 298	296	2 658	434	3 375	279	2 003	377
江西省九龙山垦殖场	16 650	424	9 840	273	3 281	425	6 616	185	5 080	222
黑龙江省安达牧场	16 645	425	393	474	4 048	414	997	371	1 032	442
江西省禾斛岭场	16 571	426	1 166	444	1 045	476	5 242	210	3 233	306
新疆兵团二五团	16 497	427	8 583	287	3 224	429	1 917	327	2 550	345
内蒙古自治区那吉屯农场	16 224	428	3 663	382	6 241	368	20 663	70	146	500
新疆兵团团结农场	16 199	429	9 059	282	4 400	406	2 926	298	1 621	405
辽宁省丹东市五四农场	16 160	430	3 560	383	11 436	271	1 264	362	710	468
江西省红星垦殖场	16 056	431	11 723	259	3 951	416	882	380	3 362	301
新疆兵团一七零团	16 055	432	5 591	340	6 270	367	529	412	1 858	389
江西省怀玉山场	15 983	433	6 560	324	244	500	162	449	1 431	418
宁夏农垦贺兰山实业公司	15 897	434	2 243	412	10 416	287	3 664	266	365	491
宁夏农垦沙湖实业有限公司（前进农场）	15 782	435	2 093	416	10 479	284	4 050	245	917	453
黑龙江省五大连池农场	15 717	436	850	454	8 121	327	10 352	136	4 982	227
内蒙古自治区苏沁牧场	15 557	437	54	487	13 770	236	24 213	61	700	469
江苏省国营海安农场	15 298	438	13 372	243	1 027	477			25	503
云南农垦勐满农场	15 259	439		490	10 376	288	69	459	7 214	147
广东湛江农垦金星农场	15 232	440	191	481	7 477	348	2 341	314	848	460
内蒙古自治区格尼河农场	15 100	441	621	462	11 812	267	13 200	117	236	498

2-2续表11

农场名称	生产总值（万元）	排序	工业增加值（万元）	排序	农业增加值（万元）	排序	耕地面积（公顷）	排序	年平均职工人数（人）	排序
广东省红湖农场	15 071	442	609	463	9 177	307	169	447	401	488
云南农垦陇川农场	14 962	443	4 822	359	7 026	357	3 415	277	4 736	240
安徽省华阳河农场	14 890	444	848	455	8 502	317	6 602	187	2 252	362
河北省文安县国营新桥农场	14 820	445	14 798	225			510	415	285	495
广东省和平农场	14 809	446	337	476	8 282	324	169	447	671	472
江西省花亭场	14 690	447	6 183	333	678	488	468	417	2 862	322
湖北省金水农场	14 467	448	2 028	421	7 755	338	855	381	2 667	336
广东省红星农场	14 405	449	11	488	13 254	247	1 824	332	1 014	444
广东省友好农场	14 286	450	381	475	12 353	260	1 201	363	835	462
广东省红阳农场	14 263	451	191	481	7 539	346	53	462	423	487
湖北省黄盖湖农场	14 238	452	4 465	365	7 659	342	911	378	3 703	291
广东省梅陇农场	14 110	453	1 287	440	8 075	330	575	407	950	451
宁夏农垦灵武农场有限公司	14 060	454	494	470	9 411	303	3 674	264	1 271	430
辽宁省朝阳市贾家店农场	14 048	455	1 278	441	5 598	384	1 431	355	4 773	239
黑龙江省大山种羊场	14 009	456	2 900	399	7 739	340	3 230	287	1 001	445
江苏省国营淮海农场	13 993	457	178	483	2 956	430			1 309	425
江西省鸦鹊湖场	13 821	458	6 694	321	1 891	457	1 692	342	4 883	234
湖北省八里湖农场	13 771	459	3 042	393	4 923	395	1 010	369	6 959	158
新疆兵团一八六团	13 715	460	2 610	406	3 773	417	2 564	305	1 412	419
黑龙江省阿城原种场	13 607	461	5 080	350	4 951	394	1 810	333	1 344	421
辽宁省国营建平县八家农场	13 525	462	1 778	426	5 909	378	3 759	256	5 946	183
湖北省涨渡湖农场	13 304	463	3 435	386	6 295	365	1 626	349	4 172	268
河南省开封市杏花营农场	13 250	464	2 100	415	11 000	281	2 000	324	860	459
河北省国营海兴农场	13 050	465	7 200	312	3 300	424	2 268	318	1 900	379
江西省永平场	13 014	466	6 610	323	262	499	20	475	322	494
内蒙古自治区哈达图牧场	13 009	467	135	484	10 739	283	21 893	67	839	461
新疆兵团九一团	12 997	468	8 556	289	2 112	451	3 300	281	1 886	383
新疆兵团四七团	12 992	469	9 152	281	541	493	1 656	347	2 432	353
广东省红江农场	12 405	470			8 770	313	651	400	349	492
江西省国营贵溪市河潭埠垦殖场	12 385	471	68	486	1 135	471	151	450	951	450
广西农垦国有大明山农场	12 372	472	6 967	317	1 219	470	30	470	1 230	432
江西省乐丰场	12 343	473	5 232	347	4 886	396	1 776	336	3 391	300
广东省红五月农场	12 310	474	531	466	8 986	312	20	476	348	493

2-2续表12

农场名称	生产总值（万元）	排序	工业增加值（万元）	排序	农业增加值（万元）	排序	耕地面积（公顷）	排序	年平均职工人数（人）	排序
湖北省官庄湖农场	12 151	475	1 508	433	7 578	344	2 478	308	5 438	203
广西农垦国有荣光农场	12 070	476	2 728	403	1 331	468	38	465	1 156	436
江西省银山场	12 040	477	4 252	370	993	481	582	404	1 771	395
云南农垦孟定农场	11 789	478	527	467	4 693	399	233	437	3 092	312
广东省三叶农场	11 708	479	1 376	438	5 991	374	175	445	963	449
江西省八角岭垦殖场	11 705	480	2 984	397	4 807	397	791	388	2 948	317
江西省铁河垦殖场	11 530	481			1 000	479			2 560	344
宁夏农垦暖泉农场有限公司本部	11 450	482			10 298	290	4 827	222	978	448
江西省十里岗场	11 332	483			11 332	274	1 440	354	1 295	428
辽宁省铁岭市两家子农场	11 253	484	1 487	434	－3 757	502	3 450	276	8 481	114
黑龙江省巨浪牧场	11 243	485	1 590	430	5 616	383	2 272	317	1 393	420
湖北省头墩农场	11 219	486	3 028	394	5 983	376	990	372	4 108	270
云南农垦坝洒农场	11 168	487			4 403	405			1 088	440
北京东郊农场（朝阳农场）	11 159	488					37	466	169	499
宁夏农垦连湖农场有限公司	11 131	489	328	477	5 848	379	1 607	350	905	457
江苏省国营云台农场	11 088	490	981	448	867	484			827	463
广东省水丰农场	10 850	491	795	457	5 012	393	17	477	246	497
广西农垦国有良丰农场	10 801	492			4 631	401	126	453	1 478	413
吉林省四平市双辽种羊场	10 780	493			5 915	377	579	406	620	476
江西省西郊场	10 772	494	2 844	400	554	491	29	471	2 474	351
江西省莲花山场	10 626	495	4 870	356	995	480	324	428	3 703	291
江西省石茶尖垦殖场	10 472	496	5 019	352	1 557	463	131	452	86	502
云南农垦大渡岗茶场	10 354	497	469	471	7 954	334	194	442	6 263	176
湖北省东风农场	10 330	498	859	453	7 681	341	582	405	5 663	194
吉林省前郭灌区国营红光农场	10 255	499	1 244	443	7 959	333	339	426	486	485
内蒙古自治区牙克石农场	10 136	500	726	459	8 365	321	13 871	110	517	481
广东省大池农场	10 106	501	1 128	445	3 418	423	230	439	90	501
内蒙古自治区莫拐农场	10 080	502	547	465	8 106	329	14 528	104	514	482
广西农垦国有桂丰农场	10 004	503	6 681	322	1 642	462	28	472	1 299	427

人口、从业人员和劳动报酬

3－1　农垦人口和收入情况

（2016 年）　　　　计量单位：人

地　区	年末总人口				年内平均人口	年内出生人口	年内死亡人口	人均纯收入（元/年）
		农场人口	乡镇总人口	少数民族人口				
全国农垦	**14 427 069**	**11 788 553**	**2 217 697**	**1 145 345**	**14 000 762**	**117 317**	**70 195**	**15 488**
北　京	52 621	14 139		173	52 640	171		64 322
天　津	36 099	9 970		189	36 310	49	282	59 783
河　北	462 635	305 507	157 123	10 161	460 752	5 378	2 931	14 514
山　西	32 829	28 070		20	32 268	126	81	8 902
内蒙古	497 854	437 207	27 714	108 244	475 912	2 757	1 835	13 628
辽　宁	949 535	854 310	77 151	51 117	929 706	6 697	5 577	16 318
吉　林	299 444	217 800	81 194	9 281	299 716	1 478	1 354	11 389
黑龙江	1 677 021	1 471 289		34 255	1 674 394	8 482	9 324	25 421
上　海	129 161	11 763		41	133 693	54	23	63 410
江　苏	189 274	164 204			191 146	1 547	1 236	26 260
浙　江	52 316	39 010		113	51 492	310	263	19 391
安　徽	124 061	116 587	4 166	2 278	116 989	1 542	1 687	20 414
福　建	204 788	151 795	32 914	3 803	202 698	2 602	1 194	10 918
江　西	1 309 160	1 305 784	479 287	2 689	1 257 882	10 373	4 865	13 031
山　东	22 776	18 236	4 244	22	21 801	172	168	14 190
河　南	183 259	140 246	43 013	343	164 490	1 157	482	12 000
湖　北	1 449 910	1 323 500	102 277	7 823	1 453 973	15 138	7 109	17 450
湖　南	728 326	608 668	106 006	9 920	661 256	12 890	3 866	11 078
广　东	382 887	344 371		8 109	382 433	4 082	1 983	22 955
广　西	414 569	272 884		108 971	399 703	1 785	1 939	25 331
海　南	842 116	778 640			800 588	8 970	4 352	15 488
重　庆	21 320	3 533		183	21 220	19	16	12 210
四　川	13 131	11 330		7 075	12 781	53	41	6 667
贵　州	23 845	23 845		4 286	21 334	117	262	7 830
云　南	368 561	350 752		105 927	360 036	2 752	1 995	18 095
陕　西	27 938	27 271		44	28 011	185	95	9 450
甘　肃	104 815	71 925		3 768	104 619	430	428	11 547
青　海	46 858	35 377		7 136	26 136	325	248	10 120
宁　夏	148 197	144 296		46 656	148 062	1 088	496	19 181
新疆（兵团）	2 834 099	1 848 934	985 165	409 046	2 799 854	19 610	13 182	16 041
新疆（农业）	308 551	223 703	84 848	170 586	234 641	2 225	960	9 818
新疆（畜牧）	472 515	430 716	32 595	30 672	427 370	4 611	1 846	11 838
热科院	12 022			2 414	12 171	142	75	31 310
广　州	1 758	260			1 775			67 912
南　京	2 818	2 631			2 910			25 889

3-2 农垦社会从业人员

(2016年)

计量单位：人

地区	总计		第一产业		种植业		林业	
	年末人数	平均人数	年末人数	平均人数	年末人数	平均人数	年末人数	平均人数
全国农垦	**6 830 956**	**6 794 817**	**3 237 476**	**3 141 315**	**2 450 389**	**2 403 096**	**242 159**	**210 968**
北京	38 251	38 535	11 535	11 540	8 056	8 061	134	130
天津	11 603	11 789	2 198	2 218	448	464		
河北	287 004	287 706	112 032	113 185	85 489	86 332	2 049	2 048
山西	16 192	15 706	6 990	6 964	5 574	5 547	181	176
内蒙古	238 402	231 205	185 277	178 863	146 248	142 560	1 264	879
辽宁	518 804	445 432	272 375	230 350	229 567	189 878	4 189	4 076
吉林	148 469	148 605	102 335	102 491	96 945	97 123	741	740
黑龙江	775 179	857 922	456 683	531 037	410 762	485 204	3 100	3 222
上海	125 244	131 423	11 357	11 816	5 258	5 785	63	60
江苏	84 144	86 139	25 128	26 691	20 304	21 667	758	805
浙江	14 056	13 006	4 019	3 037	3 591	2 591	139	140
安徽	56 669	57 302	33 012	33 751	31 818	32 542	302	295
福建	107 169	87 857	57 446	48 424	42 944	38 280	3 719	2 571
江西	396 260	383 552	212 583	206 006	163 056	158 003	29 124	28 450
山东	10 244	10 436	5 920	6 106	4 934	5 062	217	232
河南	65 954	64 793	50 218	48 668	47 506	46 040	100	97
湖北	847 111	845 443	343 878	342 075	271 586	269 868	4 325	4 286
湖南	388 332	320 897	208 622	173 574	193 661	160 366	5 572	5 158
广东	119 864	119 706	53 079	53 065	30 690	30 844	10 132	10 105
广西	227 259	223 286	63 900	63 817	42 444	42 503	3 415	3 415
海南	327 727	271 109	199 948	158 690	108 355	97 664	56 697	26 727
重庆	12 510	12 706	1 393	1 387	337	325		
四川	6 184	6 194	5 317	5 343	1 162	1 153	9	9
贵州	5 049	5 049	4 716	4 716	2 904	2 904	17	17
云南	159 818	154 548	125 245	122 114	33 390	32 179	90 863	89 195
陕西	9 122	9 053	7 374	7 272	7 074	7 068	20	19
甘肃	31 051	31 037	23 457	23 471	21 496	21 462	112	118
青海	19 485	9 115	17 739	8 733	15 330	6 371	687	631
宁夏	60 398	61 364	47 022	47 560	40 975	41 294	1 031	1 057
新疆(兵团)	1 381 017	1 542 352	279 736	285 742	195 662	202 915	12 882	13 155
新疆(农业)	101 683	80 222	87 383	71 961	68 070	54 268	7 958	10 308
新疆(畜牧)	234 348	224 961	219 149	210 261	114 621	106 658	2 359	2 847
热科院	3 913	3 925						
广州	1 758	1 775	260	253				
南京	683	667	150	134	132	115		

3-2续表1

地　区	牧　业		渔　业		第二产业		采矿业	
	年末人数	平均人数	年末人数	平均人数	年末人数	平均人数	年末人数	平均人数
全国农垦	**427 509**	**417 716**	**117 419**	**109 535**	**1 563 646**	**1 707 750**	**22 187**	**21 968**
北　京	3 345	3 349			10 579	10 817		
天　津	1 557	1 544	193	210	4 520	4 563		
河　北	19 991	20 215	4 503	4 590	92 532	91 628	98	95
山　西	1 235	1 241			4 490	4 027		
内蒙古	36 610	34 698	1 155	726	16 201	17 131		
辽　宁	22 318	22 084	16 301	14 312	110 473	103 500		
吉　林	3 594	3 583	1 055	1 045	7 893	8 019		
黑龙江	40 255	40 081	2 566	2 530	89 181	97 521		
上　海	5 899	5 879	137	92	35 483	36 751		
江　苏	2 524	2 662	1 542	1 557	29 514	29 843		
浙　江	174	173	115	133	8 556	8 478		
安　徽	635	656	257	258	8 819	9 178		
福　建	7 098	4 686	3 685	2 887	30 384	22 727		
江　西	12 143	12 061	8 260	7 492	126 896	124 382	9 454	9 354
山　东	389	387	380	425	2 991	2 992	298	299
河　南	2 009	1 947	603	584	8 658	9 196		
湖　北	15 434	15 553	52 533	52 368	277 623	279 248		
湖　南	2 251	2 025	7 138	6 025	98 487	80 351		
广　东	9 112	9 013	3 145	3 103	30 877	30 923		
广　西	16 304	16 198	1 737	1 701	101 616	99 556		
海　南	29 951	29 398	4 945	4 901	20 741	14 192	521	300
重　庆	925	937	131	125	9 409	9 603		
四　川	4 146	4 181			691	675		
贵　州	1 783	1 783	12	12	333	333		
云　南	305	174	687	566	5 970	6 008		
陕　西	280	185			334	351		
甘　肃	1 846	1 888	3	3	4 835	4 811		
青　海	1 722	1 731			491	113		
宁　夏	4 677	4 867	339	342	4 165	4 355		
新疆(兵团)	69 322	67 805	1 870	1 867	409 465	587 731	11 797	11 901
新疆(农业)	7 441	5 919	3 914	1 466	5 523	3 051		
新疆(畜牧)	101 956	100 541	213	215	4 375	4 132	19	19
热科院								
广　州	260	253			1 393	1 415		
南　京	18	19			148	149		

3-2续表2

地区	制造业		电力热力燃气及水生产和供应业		建筑业		第三产业	
	年末人数	平均人数	年末人数	平均人数	年末人数	平均人数	年末人数	平均人数
全国农垦	**418 809**	**404 510**	**28 977**	**27 356**	**431 188**	**604 519**	**2 029 834**	**1 945 752**
北京					67	67	16 137	16 178
天津					72	71	4 885	5 008
河北	74 520	74 035	2 884	2 259	15 030	15 239	82 440	82 893
山西							4 712	4 715
内蒙古					8 031	8 369	36 924	35 211
辽宁					27 307	23 212	135 956	111 582
吉林					1 042	1 044	38 241	38 095
黑龙江					19 349	23 867	229 315	229 364
上海					1 099	1 291	78 404	82 856
江苏					2 499	2 509	29 502	29 605
浙江					334	334	1 481	1 491
安徽					3 758	3 791	14 838	14 373
福建					3 615	2 920	19 339	16 706
江西	98 688	96 971	2 945	2 895	15 809	15 162	56 781	53 164
山东	1 239	1 239			1 454	1 454	1 333	1 338
河南					1 100	1 360	7 078	6 929
湖北					95 616	97 743	225 610	224 120
湖南					33 047	21 123	81 223	66 972
广东					5 593	5 684	35 908	35 718
广西					33 013	33 876	61 743	59 913
海南	10 043	4 221	497	405	9 680	9 266	107 038	98 227
重庆					78	80	1 708	1 716
四川							176	176
贵州								
云南					483	506	28 603	26 426
陕西							1 414	1 430
甘肃					662	643	2 759	2 755
青海					210		1 255	269
宁夏					1 663	1 755	9 211	9 449
新疆(兵团)	228 414	224 216	22 319	21 530	146 935	330 084	691 816	668 879
新疆(农业)	4 407	2 357	25	25	1 091	669	8 777	5 210
新疆(畜牧)	1 498	1 471	307	242	2 551	2 400	10 824	10 568
热科院							3 913	3 925
广州							105	107
南京							385	384

3-2 续表 3

地区	批发和零售业		交通运输及仓储业		住宿和餐饮业		信息传输、计算机服务和软件业	
	年末人数	平均人数	年末人数	平均人数	年末人数	平均人数	年末人数	平均人数
全国农垦	**599 020**	**578 144**	**254 961**	**242 084**	**223 059**	**213 724**	**20 700**	**19 179**
北京	886	914	2 622	2 685	9 096	9 069		
天津	2 239	2 325	366	361	265	264		
河北	23 224	23 585	16 384	16 288	10 024	10 301	673	679
山西	3 207	3 209	74	74	381	383		
内蒙古	12 473	11 939	4 134	3 996	7 340	6 765	159	158
辽宁	38 015	35 015	27 334	18 469	20 731	19 219	4 532	3 265
吉林	26 726	26 675	3 323	3 327	3 292	3 279		
黑龙江	49 604	49 586	19 955	20 141	23 622	24 515	3 173	3 195
上海	45 769	48 596	21 082	22 858	2 990	2 775	31	33
江苏	12 658	12 608	2 381	2 419	2 432	2 354	14	16
浙江	771	775	89	89	283	286		
安徽	6 196	6 119	922	912	2 092	2 100		
福建	6 080	5 239	2 117	1 593	2 229	1 774	399	362
江西	19 162	16 740	5 034	4 583	8 924	8 214	1 207	1 303
山东	470	473	134	134	231	228		
河南	2 644	2 521	395	465	875	870	30	30
湖北	64 932	64 914	33 316	33 213	15 720	15 659	7 110	7 085
湖南	21 664	19 012	7 695	6 535	11 093	8 901	641	505
广东	7 736	7 966	4 242	4 204	4 538	4 142		
广西	24 206	23 825	11 853	10 845	6 504	6 378		
海南	23 530	20 474	7 669	6 794	7 443	6 388	52	33
重庆	15	15	421	433	375	377		
四川					17	17		
贵州								
云南	8 520	8 443	3 104	3 177	4 294	4 374		
陕西	127	129			257	260		
甘肃	1 108	1 116	133	125	218	213	3	2
青海	469	6	223		237	69		
宁夏	2 686	2 696	1 287	1 394	1 893	1 920		
新疆(兵团)	187 608	177 988	76 484	74 652	73 091	70 148	2 478	2 472
新疆(农业)	2 223	1 291	753	553	1 114	944	173	16
新疆(畜牧)	3 940	3 819	1 417	1 748	1 403	1 486	25	25
热科院	10	10			18	18		
广州	35	35						
南京	87	86	18	17	37	34		

3－2 续表 4

地　区	金融业		房地产业		租赁和商务服务业		科学研究和综合技术服务业	
	年末人数	平均人数	年末人数	平均人数	年末人数	平均人数	年末人数	平均人数
全国农垦	**20 020**	**19 131**	**54 250**	**52 112**	**43 779**	**41 233**	**30 245**	**30 187**
北　京			1 306	1 319	660	662		
天　津	13	15	277	283	954	891	116	178
河　北	1 104	1 108	1 275	1 214	3 612	3 682	404	399
山　西					205	207		
内蒙古	125	123	52	52	425	425	126	120
辽　宁	1 067	876	3 006	2 432	3 178	3 044	1 252	1 045
吉　林							7	7
黑龙江	2 823	2 810	1 615	1 619	1 473	1 503	2 174	2 195
上　海	26	27	3 748	3 791	2 362	2 427	158	155
江　苏	35	35	411	412	322	320	211	196
浙　江					147	147		
安　徽			2 266	1 998	77	77	127	129
福　建	100	101	87	70	235	205	628	388
江　西	915	946	2 866	2 929	483	571	328	344
山　东							1	1
河　南	65	66	39	39	152	144	108	109
湖　北	3 890	3 846	13 258	13 323	7 225	6 772	6 619	6 377
湖　南	1 144	1 025	4 727	3 668	1 779	1 539	351	338
广　东			132	105			428	380
广　西	239	238	2 354	2 269	151	143	741	753
海　南	49		1 443	1 301	1 035	820	166	160
重　庆	41	44	647	639	127	127	82	81
四　川					19	19		
贵　州								
云　南							455	445
陕　西					39	39		
甘　肃					43	46	21	21
青　海					59		31	31
宁　夏	10	11	8	9			116	114
新疆（兵团）	8 355	7 841	14 648	14 555	16 682	17 185	11 685	12 300
新疆（农业）			29	29	2 110	10	95	95
新疆（畜牧）	19	19	56	56	19	19	15	15
热科院					3	3	3 800	3 811
广　州					70	72		
南　京					133	134		

3-2续表5

地　区	水利、环境和公共设施管理业		居民服务和其他服务业		教　育		卫生、社会保障和社会福利业	
	年末人数	平均人数	年末人数	平均人数	年末人数	平均人数	年末人数	平均人数
全国农垦	**46 619**	**43 031**	**240 093**	**225 294**	**124 158**	**120 547**	**87 671**	**86 310**
北　京			1 339	1 320	79	76	5	5
天　津			305	344	325	322	25	25
河　北	911	916	6 877	6 855	4 505	4 526	2 600	2 615
山　西			207	210			148	149
内蒙古	232	232	6 078	5 613	1 005	1 017	2 216	2 237
辽　宁	1 964	1 345	19 199	13 787	6 172	4 567	2 716	2 432
吉　林			2 693	2 608	1 439	1 439	722	721
黑龙江	22 163	19 615	16 005	16 271	24 106	24 300	16 449	16 442
上　海	276	277	686	680	506	497	635	611
江　苏	29	29	9 331	9 516	185	183	1 191	1 207
浙　江			122	125	8	8	4	4
安　徽			2 156	2 089			755	713
福　建	204	206	4 110	3 806	381	371	229	201
江　西	439	466	5 624	5 497	4 606	4 568	1 650	1 392
山　东			286	289			8	8
河　南	298	296	405	393	460	461	364	358
湖　北	4 232	4 220	15 806	15 777	19 510	19 395	10 432	10 237
湖　南	1 011	918	5 812	4 285	5 884	4 606	2 640	2 499
广　东			6 958	6 955	4 697	4 627	4 971	5 056
广　西			9 503	9 462	1 891	1 759	891	922
海　南	12	1	48 402	45 442	1 201	1 127	3 281	3 145
重　庆								
四　川			140	140				
贵　州								
云　南	76	77	4 351	4 090			40	47
陕　西			578	578	114	108	70	74
甘　肃	75	74	502	541	141	141	258	255
青　海	4	4	8		133	133	26	26
宁　夏			2 569	2 691			26	27
新疆(兵团)	14 475	14 137	66 993	63 562	45 901	45 298	34 243	33 836
新疆(农业)	201	201	851	501		344	597	597
新疆(畜牧)	17	17	2 087	1 754	839	604	467	456
热科院					70	70	12	13
广　州								
南　京			110	113				

3-2续表6

地区	文化、体育和娱乐业		公共管理和社会组织		国际组织		农林牧渔中的服务业采矿中的辅助活动和制造业中修理业	
	年末人数	平均人数	年末人数	平均人数	年末人数	平均人数	年末人数	平均人数
全国农垦	**22 059**	**21 561**	**144 527**	**139 810**	**22**	**22**	**78 219**	**74 685**
北京	45	32	99	96				
天津								
河北	888	905	8 605	8 498			1 354	1 322
山西			120	120				
内蒙古	437	419	1 740	1 705				
辽宁	784	654	6 006	5 432				
吉林								
黑龙江	1 146	1 246	21 779	22 188				
上海								
江苏	45	45	257	265				
浙江			18	18				
安徽								
福建	156	88	895	836				
江西	1 160	1 296	2 713	2 642			1 670	1 673
山东			146	146			57	59
河南	30	25	520	484				
湖北	3 146	3 135	15 595	15 384	22	22		
湖南	910	830	15 872	12 311				
广东			2 206	2 283				
广西	214	191	308	308				
海南	818	732	8 671	8 605			3 266	3 205
重庆								
四川								
贵州								
云南	18	15	2 316	2 392				
陕西			145	146				
甘肃			53	52				
青海			65					
宁夏			208	189				
新疆(兵团)	11 846	11 531	55 878	55 368			71 449	68 006
新疆(农业)	200	200	253	253			178	176
新疆(畜牧)	216	217	59	89			245	244
热科院								
广州								
南京								

3－3　国有经济从业人员

（2016 年）　　计量单位：人

地　区	从业人员			年平均从业人员	离开本单位仍保留劳动关系的职工	
		在岗职工	其他从业人员			内部退养职工
全国农垦	**3 824 132**	**2 617 538**	**1 192 714**	**3 651 510**	**149 148**	**49 593**
北　京	36 679	33 910	2 769	36 843	220	154
天　津	11 603	9 567	2 036	11 789	1 479	321
河　北	66 769	60 227	6 542	64 312	2 700	79
山　西	4 032	3 062	970	4 138	825	20
内蒙古	218 428	100 680	117 748	161 870	7 263	1 398
辽　宁	294 218	211 922	82 296	211 120	5 899	5 899
吉　林	62 227	36 718	25 509	61 521	1 287	41
黑龙江	473 161	290 861	182 300	481 000		
上　海	125 244	89 740	35 504	131 423	4 552	
江　苏	50 353	50 227	126	51 640	5 500	1 916
浙　江	3 996	2 303	1 693	3 996	303	25
安　徽	35 075	20 863	14 212	35 444	448	406
福　建	47 862	25 180	13 069	20 050	1 728	1 196
江　西	321 290	320 121	1 169	316 755	42 242	2 271
山　东	4 751	4 106	645	4 850	103	103
河　南	48 385	30 707	17 678	48 723	2 665	542
湖　北	390 871	338 190	52 681	382 745	32 226	3 476
湖　南	228 533	143 880	84 653	234 332	4 552	1 260
广　东	68 383	46 127	22 256	68 865	908	569
广　西	61 330	24 461	36 869	60 344	2 364	383
海　南	327 464	57 138	270 326	338 998	24 904	24 904
重　庆	6 540	6 540		6 571	12	
四　川	6 151	2 370	3 781	6 095	15	15
贵　州	4 374	4 374		4 374		
云　南	131 173	55 454	75 719	132 435	3 327	3 327
陕　西	4 136	4 028	108	4 386		
甘　肃	26 826	13 916	12 910	28 126	564	268
青　海	7 287	5 985	1 302	3 244	1 938	184
宁　夏	12 841	12 679	162	13 464	200	172
新疆（兵团）	513 240	503 318	5 655	524 790		
新疆（农业）	60 992	42 258	18 734	39 908	456	456
新疆（畜牧）	163 974	61 282	102 692	151 378	298	33
热科院	3 913	3 366	547	3 924	9	8
广　州	1 758	1 758		1 775		6
南　京	273	220	53	282	161	161

3－4 国有经济从业人员劳动报酬

（2016年）

计量单位：万元

地 区	从业人员劳动报酬			离开本单位仍保留劳动关系的职工生活费
		在岗职工劳动报酬总额	其他从业人员劳动报酬	
全国农垦	**11 547 130**	**8 724 333**	**2 714 111**	**86 085**
北 京	235 926	221 042	14 884	641
天 津	90 972	81 304	9 668	2 163
河 北	231 413	215 437	15 976	162
山 西	6 034	4 924	1 110	118
内 蒙 古	541 754	274 653	267 101	4 904
辽 宁	595 053	480 373	114 680	5 539
吉 林	77 720	47 930	29 790	1 300
黑 龙 江	1 482 943	935 344	547 599	
上 海	770 316	607 483	162 833	6 280
江 苏	237 448	236 981	459	2 112
浙 江	8 364	5 271	3 093	293
安 徽	101 740	67 733	34 008	59
福 建	58 087	36 935	19 510	214
江 西	563 396	560 823	2 573	3 701
山 东	12 569	11 412	1 157	202
河 南	76 737	57 015	19 721	1 063
湖 北	1 019 982	895 448	124 534	5 884
湖 南	371 552	192 227	179 325	27 665
广 东	381 042	227 502	75 673	1 472
广 西	192 784	99 150	93 634	583
海 南	794 828	182 284	612 544	17 470
重 庆	53 220	53 220		21
四 川	8 755	6 752	2 003	9
贵 州	16 844	16 844		
云 南	195 169	109 119	86 050	2 716
陕 西	11 276	10 931	345	
甘 肃	82 461	58 288	24 173	128
青 海	15 062	13 595	1 467	345
宁 夏	50 994	50 633	362	302
新疆（兵团）	2 781 933	2 731 557	20 576	
新疆（农业）	30 070	16 300	14 400	
新疆（畜牧）	395 215	163 862	231 353	409
热 科 院	37 641	34 972	2 669	
广 州	16 699	16 008	691	
南 京	1 132	981	151	330

3－5 农场国有经济从业人员

（2016 年）　　　　计量单位：人

地区	从业人员			年平均从业人员	离开本单位仍保留劳动关系的职工	
		在岗职工	其他从业人员			内部退养职工
全国农垦	3 208 235	2 122 758	1 083 351	2 880 388	133 641	40 277
北京	4 571	4 160	411	4 505	182	119
天津	2 376	1 945	431	2 420	425	115
河北	66 674	60 132	6 542	64 227	2 700	79
山西	3 419	3 002	417	3 479	767	20
内蒙古	206 881	94 761	112 120	153 639	6 635	749
辽宁	252 095	195 138	56 957	191 003	5 495	5 495
吉林	62 135	36 653	25 482	61 445	1 286	40
黑龙江	432 793	256 455	176 338	440 252		
上海	9 983	6 876	3 107	9 960	2 270	
江苏	26 649	26 646	3	28 118	5 465	1 841
浙江	3 996	2 303	1 693	3 996	303	25
安徽	31 552	19 682	11 870	31 984	440	402
福建	31 631	21 577	7 952	11 309	1 882	1 025
江西	320 986	319 825	1 161	316 755	42 217	2 267
山东	4 751	4 106	645	4 850	103	103
河南	48 385	30 707	17 678	48 723	2 665	542
湖北	384 578	332 521	52 057	373 726	32 210	3 411
湖南	163 255	93 955	69 300	16 200	1 778	688
广东	50 403	32 445	17 958	50 688	744	511
广西	49 284	15 135	34 149	49 909	1 910	287
海南	286 632	10 606	276 026	285 043	18 679	18 679
重庆	1 080	1 080		1 088		
四川	5 276	1 517	3 759	5 236	15	15
贵州	4 374	4 374		4 374		
云南	125 136	51 540	73 596	126 340	2 751	2 751
陕西	3 828	3 810	18	4 074		
甘肃	20 985	11 003	9 982	21 498	354	211
青海	6 784	5 491	1 293	3 106	1 365	184
宁夏	11 751	11 597	154	12 325	145	119
新疆（兵团）	361 312	360 140	1 148	358 944		
新疆（农业）	60 992	42 258	18 734	39 908	456	456
新疆（畜牧）	163 296	60 966	102 330	150 872	284	28
热科院						
广州	260	260		253		
南京	132	92	40	139	115	115

3－6　农场国有经济从业人员劳动报酬

（2016年）　　　　计量单位：万元

地　区	从业人员劳动报酬			离开本单位仍保留劳动关系的职工生活费
		在岗职工劳动报酬总额	其他从业人员劳动报酬	
全国农垦	**8 090 651**	**5 740 570**	**2 298 919**	**44 066**
北　京	42 903	40 688	2 215	509
天　津	18 991	17 190	1 801	958
河　北	230 896	214 920	15 976	162
山　西	5 612	4 816	796	118
内蒙古	490 195	237 214	252 981	4 726
辽　宁	565 733	460 929	104 804	5 517
吉　林	77 121	47 364	29 757	1 296
黑龙江	1 248 484	719 062	529 422	
上　海	76 168	60 525	15 643	1 382
江　苏	84 943	84 937	6	2 063
浙　江	8 364	5 271	3 093	293
安　徽	85 173	59 263	25 910	56
福　建	45 588	32 485	12 512	98
江　西	562 925	560 362	2 563	3 697
山　东	12 569	11 412	1 157	202
河　南	76 737	57 015	19 721	1 063
湖　北	972 458	850 609	121 849	5 857
湖　南	215 003	86 011	128 992	1 201
广　东	222 273	126 982	51 873	688
广　西	116 351	45 495	70 856	547
海　南	688 431	108 672	570 332	10 090
重　庆	6 600	6 600		
四　川	5 981	3 999	1 982	9
贵　州	16 844	16 844		
云　南	166 958	86 484	80 474	2 268
陕　西	10 088	10 059	29	
甘　肃	68 078	45 599	22 480	52
青　海	13 140	11 677	1 463	345
宁　夏	43 205	42 875	330	287
新疆（兵团）	1 511 452	1 508 639	4 457	
新疆（农业）	30 070	16 300	14 400	
新疆（畜牧）	368 420	157 423	210 997	409
热科院				
广　州	2 540	2 540		
南　京	358	310	48	173

固定资产投资

4-1 固定资产投资完成情况

(2016年)　　　　计量单位：万元

地　区	本年完成投资总额				资金来源合计	
		第一产业	第二产业	第三产业		国家预算内资金
全国农垦	**48 207 969**	**5 060 418**	**23 271 803**	**19 875 748**	**46 064 898**	**5 353 427**
北　京	231 487	45 943	52 694	132 850	231 487	1 149
天　津	84 460	15 428	3 399	65 633	84 460	
河　北	5 365 695	375 963	3 512 370	1 477 362	5 365 695	95 145
山　西	1 861	738	934	189	1 861	545
内蒙古	312 232	181 756	41 357	89 119	312 232	78 583
辽　宁	2 350 409	348 277	1 093 826	908 306	2 350 409	63 187
吉　林	43 021	11 239	31 310	472	43 021	3 190
黑龙江	1 480 816	588 970	186 242	705 604	1 506 196	561 603
上　海	317 658	54 876	116 736	146 046	380 432	10 010
江　苏	593 397	49 668	185 236	358 493	593 397	36 466
浙　江	22 631	657	21 707	267	22 721	169
安　徽	45 290	17 207	15 036	13 047	45 290	11 515
福　建	602 699	5 802	572 489	24 408	602 699	5 340
江　西	2 893 548	84 917	1 861 440	947 191	2 893 548	595 378
山　东	274 140	47 886	138 254	88 000	274 140	532
河　南	221 593	4 129	115 066	102 398	221 594	9 922
湖　北	10 525 609	536 247	6 738 650	3 250 712	10 525 609	883 202
湖　南	1 068 271	299 321	645 818	123 132	453 722	50 988
广　东	294 540	97 233	54 963	142 344	294 540	64 534
广　西	3 439 371	239 281	1 315 236	1 884 854	3 439 371	70 803
海　南	301 743	53 982	5 634	242 127	299 286	24 670
重　庆	54 457	6 662	34 461	13 334	54 457	3 362
四　川	326	242	84		326	
贵　州	3 127	990	2 137		3 127	1 170
云　南	158 525	22 083	8 569	127 873	158 525	35 460
陕　西	13 678	9 767	989	2 922	13 678	405
甘　肃	66 162	56 380	9 019	763	66 162	6 879
青　海	3 923	3 837		86	3 393	1 120
宁　夏	42 690	18 023	10 395	14 272	42 691	25 905
新疆(兵团)	17 212 068	1 789 322	6 485 950	8 936 796	15 569 251	2 600 483
新疆(农业)	35 589	18 846	5 130	11 613	64 625	46 408
新疆(畜牧)	99 471	66 016	3 640	29 815	99 472	41 646
热科院	35 703			35 703	35 703	23 658
广　州	11 763	8 730	3 033		11 763	
南　京	16			16	16	

4－1续表

地区	资金来源合计					当年新增固定资产	附记
	国内贷款	债券	利用外资	自筹资金	其他资金		年末实有住房面积（万米^2）
全国农垦	**2 709 596**	**43 779**	**387 711**	**32 341 643**	**5 228 742**	**30 596 884**	**47 855**
北京	11 429			118 452	100 457	172 156	85
天津				84 460		13 033	120
河北	134 793		334	5 053 403	82 020	3 200 530	1 581
山西				287	1 029	1 749	44
内蒙古	2 000		3 290	219 798	8 561	285 566	1 631
辽宁	509 673			1 758 072	19 477	1 732 856	3 090
吉林			7 950	30 974	907	14 837	655
黑龙江	31 860			644 024	268 709	1 783 732	5 392
上海	14 667			351 247	4 508	280 516	39
江苏				544 537	12 394	221 175	920
浙江				22 338	214	8 922	138
安徽				25 845	7 930	30 116	471
福建			184 765	387 005	25 589	114 201	732
江西	37 200		129 628	1 919 052	212 290	610 199	4 009
山东			7 611	265 777	220	273 259	118
河南	3 850			207 629	193	218 611	432
湖北	194 601	28 746	17 881	7 209 343	2 191 836	6 579 935	5 403
湖南	150 221	133	15 992	235 433	955	455 123	3 603
广东	5 600			80 407	143 999	170 215	1 290
广西	644 306		5 850	2 445 235	273 177	1 782 998	1 312
海南	7 703			62 645	204 268	191 975	2 203
重庆	9 102			41 994		35 040	68
四川	84			242			40
贵州					1 957	3 127	69
云南	10 868			46 508	65 689	34 034	922
陕西				13 153	120	2 552	72
甘肃	21 021			24 436	13 825	49 866	649
青海	880			1 393		6 109	86
宁夏	13		1 438	14 414	921	27 376	429
新疆（兵团）	919 725	14 900	12 972	10 455 018	1 566 153	12 192 465	10 344
新疆（农业）				13 449	4 769	24 999	591
新疆（畜牧）				44 073	13 752	55 211	1 177
热科院				9 221	2 824	8 821	139
广州				11 763		15 564	
南京				16		16	

4－2　国有单位固定资产投资完成情况

（2016 年）　　　　计量单位：万元

地　区	本年完成投资总额				资金来源合计	
		第一产业	第二产业	第三产业		国家预算内资金
全国农垦	**18 230 846**	**3 152 528**	**3 919 006**	**11 159 311**	**17 232 569**	**5 151 320**
北　京	208 944	45 943	47 329	115 671	208 944	1 149
天　津	84 460	15 428	3 399	65 633	84 460	
河　北	486 416	178 710	51 836	255 870	486 416	94 150
山　西	733	733			733	545
内蒙古	205 429	117 906	20 155	67 368	211 429	66 275
辽　宁	118 048	22 129	89 002	6 917	118 048	4 332
吉　林	4 303	3 075	1 022	206	4 303	3 190
黑龙江	1 015 576	415 109	115 745	484 722	1 057 085	555 449
上　海	317 659	54 876	116 736	146 046	380 432	10 010
江　苏	514 571	45 965	133 436	335 170	514 572	36 466
浙　江	721	657		64	719	169
安　徽	21 976	14 772	523	6 681	21 976	11 474
福　建	31 250	718	15 433	15 099	31 250	5 058
江　西	785 530	23 283	118 076	644 171	783 725	582 137
山　东	137 482	6 403	61 969	69 110	139 279	284
河　南	16 766	1 399	9 214	6 152	16 766	9 922
湖　北	1 739 485	81 032	146 580	1 511 873	1 739 485	853 198
湖　南	649 345	286 621	310 114	52 610	216 274	40 088
广　东	155 387	80 001	27 092	48 294	155 387	60 924
广　西	723 294	108 593	228 012	386 689	723 294	65 372
海　南	95 079	24 283	3 571	67 225	94 264	22 932
重　庆	47 844	1 071	33 439	13 334	47 844	3 362
四　川	242	242			242	
贵　州	3 127	990	2 137		3 127	1 170
云　南	80 220	19 791	8 347	52 082	80 221	33 576
陕　西	12 879	9 619	672	2 588	12 879	405
甘　肃	56 513	53 915	1 835	763	56 513	6 879
青　海	2 327	2 241		86	1 797	1 120
宁　夏	38 370	17 213	6 885	14 272	38 370	25 905
新疆（兵团）	10 549 965	1 458 907	2 358 253	6 732 805	9 875 839	2 580 150
新疆（农业）	19 250	10 850	2 800	5 600	19 250	13 360
新疆（畜牧）	60 173	41 323	2 361	16 490	60 165	38 611
热科院	35 703			35 703	35 703	23 658
广　州	11 763	8 730	3 033		11 763	
南　京	16			16	16	

4－2续表

地　区	资金来源合计					当年新增固定资产
	国内贷款	债券	利用外资	自筹资金	其他资金	
全国农垦	**1 215 267**	**15 033**	**14 390**	**9 121 027**	**1 356 181**	**13 404 257**
北　京	11 429			111 048	85 317	147 509
天　津				84 460		13 033
河　北	129 723			214 171	48 372	254 734
山　西				188		663
内蒙古	600			142 054	2 500	183 281
辽　宁	40 057			73 151	508	117 554
吉　林				206	907	2 885
黑龙江	31 726			424 219	45 691	1 501 987
上　海	14 667			351 247	4 508	280 516
江　苏				465 712	12 394	188 602
浙　江				336	214	538
安　徽				10 195	306	15 507
福　建			750	25 386	56	26 742
江　西	396			139 751	61 441	118 441
山　东				138 775	220	137 482
河　南				6 651	193	15 883
湖　北	400			557 749	328 138	1 035 083
湖　南	70 221	133	5 180	100 300	352	275 911
广　东	5 536			71 198	17 729	113 807
广　西	200 063		5 850	379 962	72 047	556 192
海　南	7 703			55 964	7 665	37 763
重　庆	9 102			35 381		35 040
四　川				242		
贵　州					1 957	3 127
云　南	10 868			34 900	877	29 624
陕　西				12 354	120	2 552
甘　肃	20 791			15 322	13 521	46 886
青　海				678		4 513
宁　夏	13		1 438	10 093	921	23 055
新疆（兵团）	661 972	14 900	1 172	5 613 360	644 934	8 178 580
新疆（农业）				5 450	440	3 854
新疆（畜牧）				19 525	2 029	28 512
热科院				9 221	2 824	8 821
广　州				11 763		15 564
南　京				16		16

4－3 新增生产能力

（2016 年）

地区	有效灌溉面积（公顷）	#喷灌面积（公顷）	造林（公顷）	果树定植（公顷）	茶树定植（公顷）	草原建设（公顷）	农用运输车（辆）	大中型拖拉机	
								台	千瓦
全国农垦	**180 739**	**40 910**	**19 566**	**12 180**	**215**	**2 467**	**3 281**	**11 148**	**633 417**
北京	160	160					2	1	225
天津	336								
河北	195	177	1 713				6	87	4 801
山西				20			4		
内蒙古	19 856	14 488	2 628	202		333	111	705	37 756
辽宁	9 312	25	929	569			276	412	10 037
吉林	1 572		10	2				261	11 035
黑龙江	22 117	22 117	2 194	605		303	958	7 481	438 600
上海			10					32	2 961
江苏	3 012		208	10				260	10 324
浙江					10				
安徽	650		56	7			11	74	5 504
福建	20	2	716	2	15		18		
江西	2 019		1 312	19	8			64	2 204
山东	1 170		407				1	9	230
河南	75		10	7			9	16	1 663
湖北	12 481	18	2 146	214	8		242	277	13 807
湖南	182		808	35	103			338	13 351
广东	33	33	1 623	4 934	62		355	75	4 726
广西	4 702	2 790	192	484			1 072	373	29 840
海南	4	4	609	2 575					
重庆							1		
四川									
贵州									
云南				767	9			154	2 983
陕西	15			2			5	3	221
甘肃	8 430	958	208	503					
青海			934			1 200		2	
宁夏	802		91				46	112	6 323
新疆（兵团）									
新疆（农业）	90 020		2 176	230		30	19	222	21 576
新疆（畜牧）	3 576	138	586	988		600	145	187	15 070
热科院				4		1			
广州								3	180
南京									

4－3续表1

地区	小型及手扶拖拉机		联合收割机		机引农具（部）	植保机械（部）	林业机械（台）	畜牧机械（台）	烘干机（台）
	台	千瓦	台	千瓦					
全国农垦	**6 756**	**102 648**	**6 631**	**324 621**	**49 115**	**18 071**	**14 285**	**1 099**	**152**
北京	4	130						11	
天津	40	511	1	315					
河北	18	237	2	226	30				
山西					1			9	
内蒙古	2 513	41 776	142	10 189	716	11		337	10
辽宁	301	2 992			69		15	1	2
吉林	38	456	788	22 561	76				1
黑龙江	1 814	23 550	5 223	264 906	42 982	15 564	14 127	17	24
上海			9	574	35	24			
江苏	10	703	30	2 602	180	6			5
浙江									
安徽	22	194	49	3 336	152	12			8
福建	19	285							
江西	145	1 015	51	1 912				24	1
山东	4	56	3	135			5	2	
河南	10	253	8	960	10	6			
湖北	708	8 508	218	11 737	3 398	324	25	62	27
湖南	378	3 108	33	504		1 101			
广东	4	60			82	73	3	381	
广西					560			205	
海南	37	379			38	445	2		
重庆									
四川	10	500						1	
贵州									
云南					53				
陕西									
甘肃	29	7 403			525	503			
青海					9			2	66
宁夏	7	81	18	1 907	95			15	
新疆（兵团）									
新疆（农业）	263	2 577	39	1 912	30		105	3	6
新疆（畜牧）	381	7 874	17	845	74	2		14	
热科院	1						3		2
广州								15	
南京									

4-3续表2

地区	水泥晒场（万米²）	水库		发电（千瓦）	输电线路（千米）	变电设备		公路（千米）	电话线路（千米）	畜禽生产用房（万米²）
		座	万米³			台	千伏安			
全国农垦	**1 265.93**	**6**	**1.55**	**56 001 522**	**10 320**	**1 358**	**739 904**	**4 407**	**759**	**1 011.54**
北京										
天津										0.54
河北	100.00			49 970 002	21	7	1 100	6		1.30
山西					7	1	300	1		0.44
内蒙古	115.68				101	93	4 746	430		16.22
辽宁		4	0.50		5	2	500	84	22	3.67
吉林	0.15							33		1.76
黑龙江	311.10			4 156	258	314	35 821	33	2	2.20
上海										4.72
江苏	45.00			120	24	36	812		10	4.00
浙江						3	1 210	6		
安徽	2.52				1	4	340	5		
福建					4			19		2.10
江西	2.67	2	1.05	1 100 000	5	1	300	549	2	0.42
山东	0.70				8	4	2 730	15	1	6.00
河南	0.78				10			18		
湖北	0.31			50 258	220	159	245 062	453	124	928.56
湖南	660.00			1 788	301			339	56	
广东				318	14			81		8.30
广西				2 000	5	23	306 442	53	450	16.23
海南										0.12
重庆										
四川										
贵州								7		
云南	11.05			12 600	7 911	706	140 320	1 322		
陕西										
甘肃	2.59				2	2	111	44		2.40
青海	0.39				6	2	10			0.34
宁夏	3.32					1	100	41		
新疆（兵团）				4 860 200	1 398			381		
新疆（农业）	8.03				19			170	28	8.00
新疆（畜牧）	1.64				1			315	64	4.22
热科院				80				3		
广州										
南京										

4-3续表3

地　区	仓库		学校（万米²）	医院（万米²）	住房（万米²）	棉纺锭（锭）	机制纸及纸板（吨）
	座	万米²					
全国农垦	**977**	**35.63**	**10.67**	**7.24**	**599.80**	**1 216 972**	**60 545**
北　京	4	1.57			6.94		
天　津							
河　北			0.07		3.80		600
山　西							
内蒙古	1	0.50		0.04	77.98		
辽　宁	6	0.20		0.05	35.60		54 745
吉　林	4	0.08			3.83		
黑龙江	5	6.20	3.70	1.50	12.60		
上　海	7	0.06		1.50			
江　苏	6	3.00			60.00		
浙　江							
安　徽				0.56			
福　建	2	0.20		0.10	8.79		
江　西					66.62		
山　东				0.06	0.43		
河　南	2	0.21		1.28	1.76		
湖　北	26	0.52	2.27	0.20	146.58	120 000	5 200
湖　南	45	15.00			8.00		
广　东	9	0.14	1.49	1.80	15.89		
广　西	838	5.21	2.66		83.99		
海　南							
重　庆	2				0.34		
四　川							
贵　州					2.40		
云　南		0.18			12.47		
陕　西					2.60		
甘　肃	2	1.01					
青　海	15	1.35					
宁　夏							
新疆(兵团)						1 096 968	
新疆(农业)					4.61	4	
新疆(畜牧)	3	0.20	0.48	0.15	42.27		
热科院					2.29		
广　州							
南　京							

农　业

5－1 按行业分的农业总产值

（2016 年）

计量单位：万元

地 区	农林牧渔业总产值	农业产值	林业产值	牧业产值	渔业产值	农业服务业产值
全国农垦	**34 577 886**	**22 942 028**	**1 290 256**	**8 313 072**	**2 032 530**	**1 748 036**
北 京	478 156	7 228	1 686	469 241		
天 津	110 499	16 087	521	79 702	14 189	
河 北	954 023	273 763	8 141	379 789	292 330	90 654
山 西	26 660	12 718	453	13 489		973
内 蒙 古	1 263 740	679 631	13 026	560 331	10 752	19 709
辽 宁	1 740 235	835 355	53 834	398 682	452 364	57 843
吉 林	386 482	228 963	9 463	145 851	2 205	370
黑 龙 江	8 858 226	7 390 540	83 854	1 317 930	65 902	628 319
上 海	722 543	210 938	7 164	439 024	65 417	16 471
江 苏	599 149	388 631	11 201	128 089	71 228	
浙 江	44 896	26 195	1 621	9 928	7 152	403
安 徽	190 684	140 675	3 673	38 932	7 405	
福 建	244 845	126 382	8 642	84 330	25 491	1 267
江 西	539 122	287 389	48 517	149 814	53 402	35 615
山 东	105 442	43 310	1 918	17 584	42 630	8 287
河 南	252 700	123 415	1 064	120 848	7 373	7 110
湖 北	2 191 727	1 004 571	75 165	530 901	581 090	42 975
湖 南	570 182	310 083	33 864	147 706	78 529	9 906
广 东	994 468	568 122	51 909	289 919	84 518	
广 西	947 569	376 111	32 638	511 341	27 479	721
海 南	1 166 175	718 898	156 728	261 601	28 948	132 236
重 庆	121 980	22 500		94 800	4 680	
四 川	9 116	3 333	24	5 735	24	
贵 州	46 537	19 662	24	26 818	33	
云 南	576 352	151 360	369 461	43 958	11 573	603
陕 西	38 109	29 072	90	8 904	43	3 850
甘 肃	206 901	183 511	1 568	21 696	125	8 332
青 海	40 819	28 373	1 004	11 442		
宁 夏	273 326	159 087	3 678	98 673	11 888	9 546
新疆（兵团）	9 930 188	8 124 702	186 290	1 535 314	83 882	662 449
新疆（农业）	395 388	226 992	114 310	52 960	1 125	5 399
新疆（畜牧）	531 990	223 472	7 168	300 755	594	4 976
热 科 院	3 971	835	1 555	1 430	151	22
广 州	14 350			14 350		
南 京	1 336	123		1 206	7	

5－2　按经济类型分的农业总产值

（2016 年）　　计量单位：万元

地　区	国有	集体	个体	其他
全国农垦	**25 430 785**	**1 231 355**	**7 296 981**	**1 281 214**
北　京	478 156			
天　津	110 499			
河　北	598 735	118 914	136 653	99 721
山　西	12 020	700	9 769	4 171
内蒙古	421 706	4 759	820 744	16 531
辽　宁	504 981	4 047	1 164 598	66 609
吉　林	183 509	179 556	21 875	1 542
黑龙江	7 225 936		1 629 612	2 678
上　海	722 543			
江　苏	321 829		277 320	
浙　江	15 961	1 137	16 948	10 850
安　徽	154 341	961	28 170	7 212
福　建	131 391	23 446	57 632	32 376
江　西	287 741	26 952	188 375	36 054
山　东	21 629	11 774	64 345	7 694
河　南	149 706	7 359	60 300	35 335
湖　北	1 818 015	171 752	77 563	124 397
湖　南	280 001	20 160	212 460	57 561
广　东	808 572		185 896	
广　西	393 527		390 352	163 690
海　南	123 627		1 002 482	40 066
重　庆	104 084			17 896
四　川	8 185			931
贵　州	31 907		14 630	
云　南	364 131		212 221	
陕　西	37 489	620		
甘　肃	195 149		8 580	3 171
青　海	36 568	3 591	660	
宁　夏	273 326			
新疆（兵团）	8 825 000	623 000	637 000	507 637
新疆（农业）	316 206	15 443	22 597	41 141
新疆（畜牧）	458 253	17 184	53 809	2 744
热科院	1 581		2 391	
广　州	14 350			
南　京	130			1 206

注：新疆（兵团）数据含有农业服务业。

5－3 土地利用情况

（2016 年） 计量单位：公顷

地 区	土地总面积	耕地面积	高标准农田面积	牧草地面积	已利用面积	新增种草面积	林地面积	橡胶面积	水面面积
全国农垦	**38 556 805**	**6 446 931**	**1 799 810**	**16 117 834**	**7 942 361**	**1 187**	**4 056 947**	**413 844**	**1 067 530**
北 京	6 944	1 439					1 352		16
天 津	7 328	2 917	613				385		983
河 北	393 146	96 726	333	93 091	61 944	4	76 156		26 464
山 西	22 534	6 588		5 944	411		6 017		10
内 蒙 古	5 348 505	669 128	54 949	2 448 955	1 483 714		245 412		79 083
辽 宁	522 745	157 661	17 599	18 075	3 952		76 908		83 346
吉 林	331 206	130 138	2 657	73 183	23 195		38 216		4 132
黑 龙 江	5 536 279	2 908 927	1 455 000	339 316	138 890		920 991		258 466
上 海	64 915	35 763					4 884		13 202
江 苏	122 031	65 526	62 182				19 837		12 719
浙 江	13 274	3 787	929				1 888		1 189
安 徽	64 000	30 167	5 245	198	62		11 773		4 876
福 建	105 426	9 359	411	2 958	218		48 249	74	2 924
江 西	692 148	83 360	8 123	9 763		395	476 394		29 947
山 东	37 478	14 022	14 022	1 218	600		1 197		8 092
河 南	47 205	29 623	581	157	147		2 859		919
湖 北	347 383	131 993	71 133	547	547		49 848		58 624
湖 南	197 558	67 141	23 525	5 502	2 012		28 656		40 850
广 东	228 834	37 866	24 038	202	202		71 670	43 484	6 128
广 西	168 188	33 959	2 833	2 267	47		44 304	2 474	2 874
海 南	670 285	35 798	5				376 448	240 200	3 693
重 庆	2 942	306	80				27		1 296
四 川	488 542	873		344 445	250 409		27 445		60
贵 州	17 208	1 763	494	2 034	717		3 120		551
云 南	223 439	13 122	325				136 526	126 000	3 553
陕 西	26 053	9 559		1 544	217		1 991		58
甘 肃	554 874	67 288	9 867	262 016	261 379		30 675		8 069
青 海	713 829	152 267	666	257 208	86 906		261 543		36
宁 夏	184 327	43 283	5 326	60 024	29 180		8 044		10 542
新疆（兵团）	7 053 397	1 254 422		1 720 165			908 338		393 465
新疆（农业）	802 772	103 230	9 210	519 000	336 700	230	50 146		4 348
新疆（畜牧）	13 556 673	248 297	29 629	9 950 021	5 260 912	558	123 102		6 958
热 科 院	4 542	633	35	1			2 112	1 612	57
广 州	36								
南 京	759						434		

5-3续表

地　区	水面面积 养殖水面面积	茶果桑园面积	可垦荒地面积	宜林地面积	居民点及工矿用地面积	其他面积
全国农垦	**251 350**	**375 298**	**707 778**	**148 043**	**902 079**	**8 734 365**
北　京		447	3		1 285	2 402
天　津	917	313	98		901	1 731
河　北	18 488	1 552	3 003	572	44 829	50 753
山　西	10	48	530	280	1 068	2 049
内蒙古	4 546	1 810	122 964	32 623	73 361	1 675 169
辽　宁	57 886	11 981	3 686	5 766	52 745	112 577
吉　林	1 179	2 798	4 737	3 479	23 591	50 932
黑龙江	25 810	3 384	145 950	15 672	227 953	715 620
上　海	3 840	636	1 536		8 192	702
江　苏	4 137	459	8		6 360	17 122
浙　江	776	2 215	157	450	1 686	1 902
安　徽	580	3 639	1 528	701	4 454	6 664
福　建	1 950	16 949	2 511	5 222	4 509	12 745
江　西	18 285	15 281	8 230	6 680	28 766	33 727
山　东	5 906	270	1 313	171	4 424	6 771
河　南	669	2 000	67	240	3 791	7 549
湖　北	50 293	8 567	3 862	2 653	51 566	39 723
湖　南	32 000	7 545	1 401	7 222	14 220	25 021
广　东	4 142	29 815	530	14 391	14 397	53 835
广　西	1 232	14 074	4 374	11 478	13 983	40 875
海　南	3 693	31 862	2 621		21 183	198 680
重　庆	1 296	227			170	916
四　川	33	1 048	103	6	31 922	82 640
贵　州	124	5 086	1 372	307	477	2 498
云　南	1 187	17 693	1 091	109	11 271	40 074
陕　西	49	860	4 208	1 368	1 775	4 690
甘　肃	460	3 388	23 544	9 490	8 255	142 149
青　海			890	6 938	1 369	33 578
宁　夏	7 179	8 719	6 092	7 680	4 575	35 368
新疆(兵团)		150 222			156 655	2 470 130
新疆(农业)	3 621	28 750	17 528	12 336	28 869	38 565
新疆(畜牧)	1 028	3 580	343 807	1 819	53 004	2 826 085
热科院	35	42	34	390	356	917
广　州					36	
南　京		38			81	206

5－4 耕地面积

（2016 年）　　计量单位：公顷

地区	年初实有耕地面积	当年增加的耕地面积	当年减少的耕地面积			
				国家基建占地	农场（集体）占地	个人建房占地
全国农垦	**6 439 511**	**80 518**	**73 098**	**6 791**	**6 567**	**180**
北京	1 439					
天津	2 574	395	52			
河北	97 763	55	1 092	89	132	
山西	6 735		147	147		
内蒙古	667 453	1 996	321	23	150	
辽宁	161 232	1 343	4 914			
吉林	125 332	4 980	174	12		
黑龙江	2 903 053	49 372	43 498	1 176	28	
上海	35 763					
江苏	70 821	4	5 299	215	5 084	
浙江	3 868	24	105	105		
安徽	29 563	741	137	85	5	
福建	10 121	119	881	675	48	
江西	83 153	220	13		9	
山东	13 923	103	3	3		
河南	29 789	210	376	94		
湖北	135 048	898	3 953	3 588	226	120
湖南	67 141					
广东	37 911	97	142	93	1	
广西	33 875	212	128		128	
海南	36 694	14	910	1		
重庆	306					
四川	873					
贵州	1 763					
云南	12 926	425	229	36	22	9
陕西	9 205	359	5		5	
甘肃	65 494	6 609	4 815	179		
青海	152 258	9				
宁夏	43 039	616	372	244		
新疆（兵团）	1 252 908	2 786	1 272			
新疆（农业）	103 230					
新疆（畜牧）	243 644	8 913	4 261	25	730	51
热科院	614	20				
广州						
南京						

5-4 续表

地 区	当年减少的耕地面积		年末实有耕地面积		
	退耕还林	退耕还草		水田	旱地
全国农垦	**2 188**	**3 384**	**6 446 931**	**2 036 773**	**4 409 220**
北京			1 439		1 439
天津	15		2 917	851	2 066
河北	5	853	96 726	25 062	71 664
山西			6 588		6 588
内蒙古			669 128	3 269	665 859
辽宁	498		157 661	95 051	62 611
吉林	162		130 138	42 163	87 975
黑龙江		413	2 908 927	1 490 785	1 418 142
上海			35 763	34 032	1 731
江苏			65 526	63 025	2 501
浙江			3 787	2 359	1 428
安徽			30 167	10 742	19 425
福建	158		9 359	6 006	3 353
江西		4	83 360	67 066	16 294
山东			14 022	3 719	10 303
河南			29 623	973	28 650
湖北			131 993	51 670	80 323
湖南			67 141	34 096	33 045
广东			37 866	3 082	34 784
广西			33 959	919	33 040
海南			35 798	11 411	24 387
重庆			306		306
四川			873	59	814
贵州			1 763	484	1 279
云南	9		13 122	4 323	8 799
陕西			9 559	180	9 379
甘肃			67 288		67 288
青海			152 267		152 267
宁夏			43 283	43 283	
新疆(兵团)			1 254 422	19 073	1 235 349
新疆(农业)			103 230	2 431	100 799
新疆(畜牧)	1 341	2 114	248 297	20 540	226 818
热科院			633	120	513
广州					
南京					

5－5　农作物播种面积和产量

（2016 年）

项　　目	播种面积（公顷）	总产量（吨）	每公顷产量（千克）
农作物播种面积总计	6 930 118		
一、粮食作物	4 996 325	34 831 537	6 971
#夏收作物	499 528	3 014 480	6 035
(一) 谷物合计	4 039 019	32 496 947	8 046
1. 稻谷	2 083 846	18 415 210	8 837
#早稻	96 377	616 514	6 397
2. 小麦	632 690	3 409 664	5 389
#春小麦	281 362	1 281 293	4 554
3. 玉米	1 222 780	10 357 902	8 471
4. 谷子	5 782	24 090	4 166
5. 高粱	17 254	98 324	5 699
6. 其他谷物	74 917	182 037	2 430
(二) 豆类合计	894 223	1 767 494	1 977
1. 大豆	836 287	1 659 523	1 984
2. 杂豆	55 947	101 375	1 812
(三) 薯类	63 083	567 097	8 990
二、油料合计	361 219	817 078	2 262
#花生	34 140	122 049	3 575
油菜籽	175 981	316 827	1 800
芝麻	5 067	8 931	1 763
胡麻子	2 496	3 872	1 551
向日葵	130 227	343 825	2 640
三、棉花	732 072	1 876 946	2 564
# 长绒棉	16 026	50 407	3 145
四、麻类合计	5 061	25 561	5 051
# 黄红麻			
苎麻	1 044	3 036	2 908
大麻（线麻）	2 075	12 625	6 084
亚麻	1 728	9 109	5 271
五、糖料合计	85 880	7 345 254	85 530
# 甘蔗	53 600	4 868 623	90 833
甜菜	32 280	2 476 631	76 723
六、烟叶合计	7 046	8 328	1 182
#烤烟叶	6 669	7 459	1 118
七、药材类合计	57 908	244 947	4 230
八、蔬菜、瓜类	325 860	15 473 625	47 485
#蔬菜	251 030	12 492 093	49 763
瓜类	74 826	2 966 820	39 650
九、其他作物	358 747		
#啤酒花	1 676	8 154	4 865
青饲料	163 722	6 942 849	42 406

5-6 各垦区农作物播种面积和产量

（2016年）

地区	农作物总播种面积（公顷）	一、粮食作物 播种面积（公顷）	一、粮食作物 总产量（吨）	一、粮食作物 公顷产量（千克）	#夏收作物 播种面积（公顷）	#夏收作物 总产量（吨）	#夏收作物 公顷产量（千克）
全国农垦	**6 930 118**	**4 996 325**	**34 831 537**	**6 971**	**499 528**	**3 014 480**	**6 035**
北京	1 214	411	2 343	5 701	135	661	4 896
天津	2 450	2 069	14 845	7 175	120	690	5 750
河北	97 265	76 439	622 544	8 144	12 772	69 444	5 437
山西	5 984	4 800	31 872	6 640	353	1 380	3 909
内蒙古	719 450	528 897	1 789 837	3 384			
辽宁	172 000	150 807	1 423 840	9 441	161	607	3 771
吉林	128 910	116 601	848 521	7 277			
黑龙江	2 859 504	2 814 323	20 594 598	7 318			
上海	53 638	37 194	269 454	7 245	15 886	90 087	5 671
江苏	155 461	151 525	1 206 485	7 962	74 500	505 556	6 786
浙江	4 436	1 697	8 652	5 098	365	1 427	3 910
安徽	58 365	54 648	316 435	5 790	27 849	186 410	6 694
福建	21 715	10 564	52 715	4 990	2 103	10 546	5 015
江西	138 749	105 600	734 557	6 956			
山东	16 684	13 935	90 327	6 482	4 747	31 219	6 577
河南	55 762	44 279	297 583	6 721	23 851	172 127	7 217
湖北	275 022	168 323	998 049	5 929	73 229	306 259	4 182
湖南	152 988	96 769	637 757	6 591	2 006	9 021	4 497
广东	43 023	8 055	55 648	6 909	2 993	18 448	6 164
广西	32 946	2 904	16 441	5 662	2 394	12 777	5 337
海南	41 316	24 294	142 932	5 883	15 533	122 267	7 871
重庆	746	746	3 580	4 799			
四川	727	432	3 803	8 803	67	352	5 254
贵州	2 655	1 127	6 268	5 562	242	1 600	6 612
云南	16 761	10 393	64 152	6 173	2 046	9 523	4 654
陕西	16 647	13 937	87 031	6 244	3 756	23 252	6 191
甘肃	64 656	20 504	146 147	7 128	4 928	23 800	4 830
青海	35 298	15 383	30 462	1 980			
宁夏	41 938	34 754	354 046	10 187	1 204	8 281	6 878
新疆（兵团）	1 372 205	331 707	2 713 046	8 179	197 571	1 321 918	6 691
新疆（农业）	90 630	42 767	406 879	9 514			
新疆（畜牧）	250 792	110 301	858 928	7 787	16 157	86 828	5 374
热科院	181	140	1 760	12 515			
广州							
南京							

5-6续表1

地区	(一)谷物			稻谷		
	播种面积(公顷)	总产量(吨)	公顷产量(千克)	播种面积(公顷)	总产量(吨)	公顷产量(千克)
全国农垦	**4 039 019**	**32 496 947**	**8 046**	**2 083 846**	**18 415 210**	**8 837**
北京	411	2 343	5 701			
天津	2 066	14 840	7 183	867	8 446	9 742
河北	67 346	443 034	6 579	25 704	231 792	9 018
山西	4 539	30 688	6 761			
内蒙古	364 477	1 571 697	4 312	3 011	18 352	6 095
辽宁	145 391	1 405 551	9 667	96 994	1 016 271	10 478
吉林	109 413	839 165	7 670	42 027	377 207	8 975
黑龙江	2 120 223	19 005 860	8 964	1 486 671	13 368 146	8 992
上海	37 085	269 142	7 258	21 198	179 055	8 447
江苏	151 181	1 205 719	7 975	74 442	689 163	9 258
浙江	1 206	6 882	5 706	844	5 603	6 639
安徽	41 812	295 091	7 058	13 893	120 569	8 678
福建	7 346	38 162	5 195	6 643	35 051	5 276
江西	100 185	709 169	7 079	98 434	699 670	7 108
山东	13 474	88 967	6 603	3 658	25 449	6 957
河南	37 224	276 743	7 435	950	7 500	7 895
湖北	158 493	968 462	6 110	57 603	501 521	8 707
湖南	92 956	624 152	6 714	84 822	586 169	6 911
广东	5 793	37 903	6 543	4 866	33 924	6 972
广西	1 986	11 930	6 007	582	3 579	6 149
海南	20 144	117 792	5 847	19 302	112 174	5 812
重庆	746	3 580	4 799	200	830	4 150
四川	254	974	3 835	59	302	5 119
贵州	895	4 466	4 990	418	2 813	6 730
云南	9 991	59 957	6 001	3 901	30 450	7 806
陕西	13 133	80 265	6 112	172	1 441	8 378
甘肃	16 540	133 993	8 101			
青海	15 362	30 005	1 953			
宁夏	34 610	353 831	10 223	9 217	77 129	8 368
新疆(兵团)	319 165	2 630 930	8 243	19 073	217 866	11 423
新疆(农业)	41 239	400 295	9 707	3 898	18 826	4 830
新疆(畜牧)	104 198	833 800	8 002	4 263	44 358	10 406
热科院	135	1 560	11 542	134	1 555	11 619
广州						
南京						

5－6 续表 2

地　　区	#早　稻			小　　麦		
	播种面积（公顷）	总产量（吨）	公顷产量（千克）	播种面积（公顷）	总产量（吨）	公顷产量（千克）
全国农垦	**96 377**	**616 514**	**6 397**	**632 690**	**3 409 664**	**5 389**
北　　京				162	758	4 679
天　　津				120	690	5 750
河　　北				15 845	76 966	4 857
山　　西				353	1 380	3 909
内 蒙 古				138 796	407 347	2 935
辽　　宁				93	565	6 075
吉　　林						
黑 龙 江				4 859	20 871	4 295
上　　海				10 668	61 152	5 732
江　　苏				68 472	465 638	6 800
浙　　江	399	2 548	6 386	251	800	3 187
安　　徽				26 415	166 864	6 317
福　　建	2 308	10 460	4 532	56	351	6 268
江　　西	37 047	245 958	6 639	604	1 833	3 036
山　　东				4 747	31 219	6 577
河　　南				23 822	171 951	7 218
湖　　北	2 394	17 532	7 323	70 715	296 692	4 196
湖　　南	36 022	227 988	6 329	2 918	10 814	3 706
广　　东	2 333	14 516	6 222			
广　　西	333	2 225	6 682			
海　　南	9 697	59 875	6 175			
重　　庆						
四　　川				50	237	4 740
贵　　州				62	109	1 758
云　　南	1 756	14 999	8 542	216	429	1 986
陕　　西				6 409	36 812	5 744
甘　　肃				4 399	23 800	5 410
青　　海				1 652	8 448	5 116
宁　　夏				1 204	8 281	6 878
新疆（兵团）				184 040	1 275 291	6 929
新疆（农业）	3 898	18 826	4 830	15 931	88 420	5 550
新疆（畜牧）	109	1 091	9 965	49 831	251 947	5 056
热 科 院	80	496	6 170			
广　　州						
南　　京						

5－6续表3

地区	#春小麦 播种面积（公顷）	#春小麦 总产量（吨）	#春小麦 公顷产量（千克）	玉米 播种面积（公顷）	玉米 总产量（吨）	玉米 公顷产量（千克）
全国农垦	**281 362**	**1 281 293**	**4 554**	**1 222 780**	**10 357 902**	**8 471**
北京				249	1 585	6 365
天津	100	570	5 700	1 079	5 704	5 286
河北	479	2 400	5 009	22 347	130 007	5 818
山西				3 956	28 461	7 194
内蒙古	138 796	407 347	2 935	181 125	1 076 310	5 942
辽宁	63	325	5 159	45 120	377 554	8 368
吉林				63 307	441 772	6 978
黑龙江	4 859	20 871	4 295	620 865	5 575 989	8 981
上海						
江苏				2 239	11 000	4 913
浙江				98	433	4 418
安徽				1 171	7 230	6 172
福建				595	2 434	4 091
江西				1 061	7 075	6 669
山东				4 749	30 470	6 416
河南				12 410	97 094	7 824
湖北				27 489	160 067	5 822
湖南				5 150	27 001	5 242
广东				851	3 706	4 355
广西				1 404	8 351	5 948
海南				804	5 491	6 825
重庆				546	2 750	5 037
四川				35	184	5 257
贵州				415	1 544	3 720
云南				5 874	29 078	
陕西				6 552	42 012	6 412
甘肃	3 772	23 010	6 100	11 168	102 200	9 151
青海	1 005	5 729	5 700			
宁夏	1 123	7 602	6 769	24 177	268 367	11 100
新疆（兵团）	99 740	655 042	6 567	110 491	1 097 525	9 933
新疆（农业）	4 248	18 477	4 350	21 202	292 591	13 800
新疆（畜牧）	27 177	139 921	5 149	46 250	523 913	11 328
热科院				1	5	3 759
广州						
南京						

5－6续表4

地　区	谷子 播种面积（公顷）	谷子 总产量（吨）	谷子 公顷产量（千克）	高粱 播种面积（公顷）	高粱 总产量（吨）	高粱 公顷产量（千克）
全国农垦	**5 791**	**24 090**	**4 167**	**17 254**	**98 324**	**5 699**
北　京						
天　津						
河　北	45	67	1 489			
山　西	26	124	4 769	53	320	6 038
内蒙古	792	3 164	4 041	3 140	11 322	3 606
辽　宁	2 317	7 199	3 107	438	2 687	6 135
吉　林	767	3 373	4 398	3 179	16 651	5 238
黑龙江	273	970	3 553	7 332	39 242	5 352
上　海						
江　苏						
浙　江						
安　徽						
福　建						
江　西						
山　东	45	190	4 222	275	1 639	5 960
河　南	5	23	4 500			
湖　北				61	330	5 409
湖　南				21	52	2 476
广　东						
广　西						
海　南						
重　庆						
四　川						
贵　州						
云　南						
陕　西						
甘　肃	187	457	2 444	211	1 778	8 427
青　海						
宁　夏						
新疆（兵团）	511	4 618	9 050	2 428	23 862	9 829
新疆（农业）				58	131	2 250
新疆（畜牧）	823	3 905	4 743	58	310	5 354
热科院						
广　州						
南　京						

5-6续表5

地区	其他谷物			(二) 豆类		
	播种面积（公顷）	总产量（吨）	公顷产量（千克）	播种面积（公顷）	总产量（吨）	公顷产量（千克）
全国农垦	**74 917**	**182 037**	**2 430**	**894 223**	**1 767 494**	**1 977**
北京						
天津						
河北	3 405	4 203	1 234	69	142	2 062
山西	151	403	2 669	218	487	2 234
内蒙古	37 613	55 202	1 468	155 957	120 770	774
辽宁	429	1 275	2 972	5 089	15 132	2 973
吉林	133	162	1 218	7 170	9 131	1 274
黑龙江	223	642	2 879	675 711	1 498 114	2 217
上海	5 219	28 935	5 545	109	312	2 850
江苏	6 028	39 918	6 622	344	766	2 227
浙江	13	46	3 538	441	1 314	2 980
安徽	333	428	1 285	12 726	20 665	1 624
福建	52	326	6 269	891	2 155	2 419
江西	86	591	6 866	3 101	7 621	2 458
山东				461	1 360	2 950
河南	37	175	4 730	6 877	19 914	2 896
湖北	2 625	9 852	3 753	7 635	18 877	2 472
湖南	45	116	2 578	2 024	3 706	1 831
广东	76	273	3 592	219	501	2 288
广西				198	1 001	5 056
海南	38	127	3 342	518	1 298	2 506
重庆						
四川	110	251	2 282	1	3	3 000
贵州				35	55	1 571
云南				67	149	2 224
陕西				580	1 829	3 153
甘肃	575	5 758	10 014	265	554	2 091
青海	13 710	21 557	1 572			
宁夏	12	54	4 500	144	215	1 493
新疆(兵团)	881	2 048	2 325	6 730	25 141	3 736
新疆(农业)	150	329	2 190	1 369	2 291	1 673
新疆(畜牧)	2 973	9 367	3 150	5 273	13 991	2 653
热科院				…	1	2 273
广州						
南京						

5－6 续表 6

地 区	大豆			杂豆		
	播种面积（公顷）	总产量（吨）	公顷产量（千克）	播种面积（公顷）	总产量（吨）	公顷产量（千克）
全国农垦	**836 287**	**1 659 523**	**1 984**	**55 947**	**101 375**	**1 812**
北京						
天津						
河北	69	142	2 062			
山西	109	245	2 248	109	242	2 220
内蒙古	150 548	117 006	777	5 409	3 764	696
辽宁	4 623	14 573	3 152	466	559	1 200
吉林	2 366	6 127	2 590	4 804	3 004	625
黑龙江	634 767	1 412 991	2 226	40 944	85 123	2 079
上海	109	312	2 850			
江苏	344	766	2 227			
浙江	340	1 038	3 053	101	276	2 733
安徽	12 712	20 639	1 624	14	26	1 844
福建	738	1 851	2 508	153	304	1 987
江西	2 356	5 998	2 546	745	1 623	2 177
山东	461	1 360	2 950			
河南	6 877	19 914	2 896			
湖北	7 523	18 595	2 472	112	282	2 518
湖南	1 425	2 731	1 916	599	975	1 628
广东	128	273	2 133	91	228	2 505
广西	123	716	5 821	75	285	3 800
海南	272	736	2 706	246	562	2 285
重庆						
四川	1	3	3 000			
贵州	12	15	1 250	23	40	1 739
云南				67	149	2 224
陕西	564	1 484	2 631	16	345	21 563
甘肃	245	515	2 102	20	39	1 950
青海						
宁夏	144	215	1 493			
新疆（兵团）	4 728	18 292	3 869	12	253	20 625
新疆（农业）	984	1 771	1 800	385	520	1 350
新疆（畜牧）	3 718	11 214	3 016	1 555	2 776	1 785
热科院				…	1	2 273
广州						
南京						

5－6续表7

地区	（三）薯类			二、油料		
	播种面积（公顷）	总产量（吨）	公顷产量（千克）	播种面积（公顷）	总产量（吨）	公顷产量（千克）
全国农垦	**63 083**	**567 097**	**8 990**	**361 219**	**817 078**	**2 262**
北京				5	7	1 400
天津	3	5	1 667			
河北	9 024	179 368	19 877	1 467	1 898	1 294
山西	43	697	16 209	96	210	2 188
内蒙古	8 462	97 370	11 507	139 569	215 422	1 543
辽宁	327	3 157	9 654	4 307	14 363	3 335
吉林	18	225	12 500	11 191	21 718	1 941
黑龙江	18 389	90 624	4 928	11 536	18 593	1 612
上海				1 202	2 433	2 024
江苏				59	137	2 322
浙江	50	456	9 120	56	110	1 964
安徽	109	679	6 224	553	1 587	2 870
福建	2 327	12 398	5 328	1 516	3 988	2 631
江西	2 315	17 767	7 674	14 408	28 698	1 992
山东				54	169	3 130
河南	178	927	5 208	6 393	24 653	3 856
湖北	2 195	10 710	4 879	26 786	78 832	2 943
湖南	1 789	9 899	5 533	23 737	62 247	2 622
广东	2 043	17 244	8 441	2 817	7 479	2 655
广西	720	3 510	4 875	860	3 276	3 809
海南	3 632	23 842	6 564	1 723	4 532	2 630
重庆						
四川	177	2 826	15 966	14	23	1 643
贵州	197	1 747	8 868	640	896	1 400
云南	335	4 046	12 078	50	91	1 820
陕西	224	4 937	22 040	207	1 255	6 063
甘肃	3 699	11 600	3 136	7 126	23 101	3 242
青海	21	458	21 692	10 859	7 956	733
宁夏				856	2 802	3 273
新疆（兵团）	5 812	56 975	9 804	64 454	234 301	3 635
新疆（农业）	159	4 293	27 000	3 285	10 930	3 327
新疆（畜牧）	830	11 138	13 419	25 380	45 337	1 786
热科院	5	200	37 736	13	35	2 743
广州						
南京						

5-6续表8

地区	花生			油菜籽		
	播种面积（公顷）	总产量（吨）	公顷产量（千克）	播种面积（公顷）	总产量（吨）	公顷产量（千克）
全国农垦	**34 140**	**122 049**	**3 575**	**175 981**	**316 827**	**1 800**
北京						
天津						
河北	164	641	3 906	667	770	1 154
山西	33	72	2 182	9	29	3 222
内蒙古	133	269	2 023	92 756	124 357	1 341
辽宁	3 672	12 409	3 379	8	20	2 500
吉林	5 055	13 170	2 605			
黑龙江	1 447	4 099	2 833			
上海				1 202	2 433	2 024
江苏	12	23	1 917	47	114	2 426
浙江	3	8	2 667	53	102	1 925
安徽	299	842	2 821	234	717	3 065
福建	1 400	3 822	2 730	93	129	1 387
江西	3 782	11 087	2 931	9 831	16 164	1 644
山东	54	169	3 130			
河南	6 017	23 948	3 980	367	696	1 896
湖北	5 078	28 459	5 604	17 742	43 308	2 441
湖南	611	1 136	1 859	23 008	60 912	2 647
广东	2 579	6 942	2 692			
广西	856	3 271	3 821			
海南	1 723	4 532	2 630			
重庆						
四川				14	23	1 643
贵州				640	896	1 400
云南	24	41	1 708	26	48	1 846
陕西	135	618	4 578			
甘肃				239	257	1 075
青海				10 859	7 956	733
宁夏						
新疆（兵团）	968	6 013	6 210	13 530	46 627	3 446
新疆（农业）	82	442	5 400	182	519	2 850
新疆（畜牧）				4 474	10 749	2 403
热科院	13	35	2 743			
广州						
南京						

5－6续表9

地　区	芝麻 播种面积（公顷）	芝麻 总产量（吨）	芝麻 公顷产量（千克）	胡麻籽 播种面积（公顷）	胡麻籽 总产量（吨）	胡麻籽 公顷产量（千克）
全国农垦	**5 067**	**8 931**	**1 763**	**2 496**	**3 872**	**1 551**
北　京						
天　津						
河　北				621	466	750
山　西				2	4	2 000
内蒙古				829	575	694
辽　宁	8	12	1 500			
吉　林	10	10	1 000			
黑龙江						
上　海						
江　苏						
浙　江						
安　徽	20	27	1 325			
福　建	23	37	1 609			
江　西	795	1 446	1 819			
山　东						
河　南	10	8	800			
湖　北	3 924	6 957	1 773			
湖　南	118	199	1 686			
广　东	135	174	1 289			
广　西	3	5	1 667			
海　南						
重　庆						
四　川						
贵　州						
云　南						
陕　西						
甘　肃				320	528	1 650
青　海						
宁　夏						
新疆(兵团)	17	51	2 965	725	2 299	3 172
新疆(农业)						
新疆(畜牧)	3	5	1 515			
热科院						
广　州						
南　京						

5-6 续表 10

地 区	向日葵			三、棉 花		
	播种面积（公顷）	总产量（吨）	公顷产量（千克）	播种面积（公顷）	总产量（吨）	公顷产量（千克）
全国农垦	**130 227**	**343 825**	**2 640**	**732 072**	**1 876 946**	**2 564**
北 京	5	7	1 400			
天 津				13	40	3 077
河 北	15	20	1 333	5 385	6 831	1 269
山 西	52	105	2 019	33	38	1 152
内 蒙 古	45 841	90 221	1 968			
辽 宁	619	1 854	2 995			
吉 林	6 126	7 538	1 230			
黑 龙 江						
上 海						
江 苏				2	2	1 000
浙 江				28	34	1 214
安 徽				90	193	2 139
福 建						
江 西				1 551	3 511	2 264
山 东				1 675	1 692	1 010
河 南				413	484	1 171
湖 北				9 031	11 532	1 276
湖 南				7 001	14 112	2 016
广 东						
广 西						
海 南						
重 庆						
四 川						
贵 州						
云 南						
陕 西	72	637	8 847	153	575	3 758
甘 肃	6 567	22 316	3 398	4 169	4 542	1 089
青 海						
宁 夏	856	2 802	3 273			
新疆（兵团）	46 180	173 800	3 764	620 998	1 495 743	2 409
新疆（农业）	3 021	9 969	3 300	24 092	140 035	5 813
新疆（畜牧）	20 874	34 556	1 656	57 438	197 583	3 440
热 科 院						
广 州						
南 京						

5－6 续表 11

地　区	# 长绒棉			四、麻　类		
	播种面积（公顷）	总产量（吨）	公顷产量（千克）	播种面积（公顷）	总产量（吨）	公顷产量（千克）
全国农垦	**16 026**	**50 407**	**3 145**	**5 061**	**25 561**	**5 051**
北　京						
天　津						
河　北						
山　西						
内蒙古				223	801	3 592
辽　宁						
吉　林						
黑龙江				2 445	14 367	5 876
上　海						
江　苏						
浙　江						
安　徽				4	2	486
福　建						
江　西						
山　东						
河　南						
湖　北				38	33	868
湖　南				1 006	3 003	2 985
广　东						
广　西						
海　南						
重　庆						
四　川						
贵　州						
云　南						
陕　西						
甘　肃						
青　海						
宁　夏						
新疆（兵团）	7 342	17 311	2 358	563	5 338	9 485
新疆（农业）	2 919	12 523	4 290	713	1 497	2 100
新疆（畜牧）	5 764	20 573	3 569	69	520	7 500
热科院						
广　州						
南　京						

5－6 续表 12

地　区	黄红麻			苎　麻		
	播种面积（公顷）	总产量（吨）	公顷产量（千克）	播种面积（公顷）	总产量（吨）	公顷产量（千克）
全国农垦				**1 044**	**3 036**	**2 908**
北　京						
天　津						
河　北						
山　西						
内蒙古						
辽　宁						
吉　林						
黑龙江						
上　海						
江　苏						
浙　江						
安　徽						
福　建						
江　西						
山　东						
河　南						
湖　北				38	33	868
湖　南				1 006	3 003	2 985
广　东						
广　西						
海　南						
重　庆						
四　川						
贵　州						
云　南						
陕　西						
甘　肃						
青　海						
宁　夏						
新疆（兵团）						
新疆（农业）						
新疆（畜牧）						
热科院						
广　州						
南　京						

5-6续表13

地区	大麻			亚麻		
	播种面积（公顷）	总产量（吨）	公顷产量（千克）	播种面积（公顷）	总产量（吨）	公顷产量（千克）
全国农垦	**2 075**	**12 625**	**6 084**	**1 728**	**9 109**	**5 271**
北京						
天津						
河北						
山西						
内蒙古	13	12	923			
辽宁						
吉林						
黑龙江	2 062	12 613	6 117	383	1 754	4 580
上海						
江苏						
浙江						
安徽						
福建						
江西						
山东						
河南						
湖北						
湖南						
广东						
广西						
海南						
重庆						
四川						
贵州						
云南						
陕西						
甘肃						
青海						
宁夏						
新疆（兵团）				563	5 338	9 485
新疆（农业）				713	1 497	2 100
新疆（畜牧）				69	520	7 500
热科院						
广州						
南京						

5－6 续表 14

地区	五、糖料			#甘蔗		
	播种面积（公顷）	总产量（吨）	公顷产量（千克）	播种面积（公顷）	总产量（吨）	公顷产量（千克）
全国农垦	**85 880**	**7 345 254**	**85 530**	**53 600**	**4 868 623**	**90 833**
北京						
天津						
河北	319	15 888	49 650			
山西	7	450	64 286			
内蒙古	2 235	64 141	28 698			
辽宁	48	2 037	42 438			
吉林						
黑龙江	184	7 875	42 799			
上海						
江苏						
浙江						
安徽	4	9	2 457	4	9	2 457
福建	321	23 119	72 022	321	23 119	72 022
江西	264	8 135	30 789	264	8 135	30 789
山东						
河南						
湖北	109	10 068	92 367	109	10 068	92 367
湖南	890	62 109	69 785	890	62 109	69 785
广东	22 643	1 856 101	81 972	22 643	1 856 101	81 972
广西	21 601	2 268 231	105 006	21 601	2 268 231	105 006
海南	3 630	234 541	64 612	3 630	234 541	64 612
重庆						
四川						
贵州						
云南	4 135	406 107	98 212	4 135	406 107	98 212
陕西						
甘肃	46	3 729	81 065			
青海						
宁夏						
新疆（兵团）	24 402	2 082 033	85 323			
新疆（农业）	1 649	89 035	54 000			
新疆（畜牧）	3 390	211 443	62 378			
热科院	3	204	67 925	3	204	67 925
广州						
南京						

5－6 续表 15

地　　区	甜　　菜			六、烟　叶		
	播种面积（公顷）	总产量（吨）	公顷产量（千克）	播种面积（公顷）	总产量（吨）	公顷产量（千克）
全国农垦	**32 280**	**2 476 631**	**76 723**	**7 046**	**8 328**	**1 182**
北　京						
天　津						
河　北	320	15 888	49 650			
山　西	7	450	64 286			
内蒙古	2 235	64 141	28 698			
辽　宁	48	2 037	42 438	141	454	3 220
吉　林						
黑龙江	184	7 875	42 799	147	347	2 361
上　海						
江　苏						
浙　江						
安　徽						
福　建				250	557	2 228
江　西				181	277	1 534
山　东						
河　南						
湖　北				33	33	1 000
湖　南				468	890	1 902
广　东						
广　西						
海　南						
重　庆						
四　川				1	1	1 000
贵　州				485	642	1 324
云　南				73	122	1 671
陕　西						
甘　肃	46	3 729	81 065			
青　海						
宁　夏						
新疆（兵团）	24 402	2 082 033	85 323			
新疆（农业）	1 649	89 035	54 000			
新疆（畜牧）	3 390	211 443	62 378	5 266	5 003	950
热科院				1	2	2 230
广　州						
南　京						

5－6 续表 16

地　区	#烤烟叶			七、药材类（公顷）	八、蔬菜、瓜类（公顷）	
	播种面积（公顷）	总产量（吨）	公顷产量（千克）			蔬菜（公顷）
全国农垦	**6 669**	**7 459**	**1 118**	**57 908**	**325 860**	**251 030**
北　京					56	55
天　津					91	88
河　北				55	6 578	4 817
山　西				58	588	428
内 蒙 古				21 691	5 386	3 127
辽　宁				226	15 411	13 982
吉　林				226	155	117
黑 龙 江	142	281	1 979	1 845	6 246	2 046
上　海				360	5 604	4 699
江　苏					3 157	1 951
浙　江					1 729	1 226
安　徽				10	1 840	1 338
福　建	235	521	2 217	51	6 047	5 416
江　西				624	10 606	8 505
山　东				88	610	373
河　南				5	4 569	2 425
湖　北				800	59 210	49 930
湖　南	468	890	1 902	123	20 962	17 956
广　东				237	8 211	7 732
广　西				110	5 857	2 870
海　南					11 574	11 242
重　庆						
四　川					75	74
贵　州	485	642	1 324		212	156
云　南	73	122	1 671	23	1 962	1 707
陕　西				83	1 820	574
甘　肃				4 428	6 096	4 860
青　海				1 461	308	305
宁　夏				1 052	1 640	1 224
新疆（兵团）				21 991	118 477	90 070
新疆（农业）				1 495	9 569	7 270
新疆（畜牧）	5 266	5 003	950	866	11 191	4 447
热 科 院					23	21
广　州						
南　京						

5－6 续表 17

地　区	八、蔬菜、瓜类 瓜　类（公顷）	九、其他作物（公顷）	啤酒花（公顷）	青饲料（公顷）
全国农垦	**74 826**	**358 747**	**1 676**	**163 722**
北　京	1	742		738
天　津	3	277		37
河　北	1 762	7 022		6 923
山　西	160	402		402
内蒙古	2 259	21 449	100	10 496
辽　宁	1 429	1 060		237
吉　林	38	737		130
黑龙江	4 200	22 778		13 007
上　海	905	9 278		4 481
江　苏	1 206	718		50
浙　江	503	926		
安　徽	503	1 216		3
福　建	631	2 966		739
江　西	2 101	5 515		1 512
山　东	237	322		322
河　南	2 143	103		97
湖　北	9 280	10 692		7 081
湖　南	3 006	2 032		2 032
广　东	479	1 060		278
广　西	2 987	1 614		76
海　南	332	95		95
重　庆				
四　川	1	205		205
贵　州	56	191		191
云　南	255	125		125
陕　西	1 246	447		447
甘　肃	1 236	22 287	133	14 532
青　海	3	7 287		7 287
宁　夏	416	3 636		3 510
新疆（兵团）	28 407	189 613	1 199	50 437
新疆（农业）	2 299	7 060	200	1 404
新疆（畜牧）	6 741	36 891	44	36 847
热科院	1	1		
广　州				
南　京				

5－7 林业生产情况

（2016 年）

地区	当年造林面积（公顷）	用材林（公顷）	经济林（公顷）	防护林（公顷）	薪炭林（公顷）	特种用材林（公顷）
全国农垦	**73 558**	**12 970**	**28 717**	**32 841**	**192**	**234**
北京	20					
天津	20			20		
河北	4 703	1 510	386	4 139		83
山西	20		20			
内蒙古	4 204	23	59	4 122		
辽宁	2 151	227	1 229	631	64	
吉林	343	96	22	225		
黑龙江	1 221	538		553	123	7
上海	496	190		306		
江苏	208	98	79	31		
浙江						
安徽	56	4	9			43
福建	1 381	720	351	310		
江西	5 139	4 162	743	231		3
山东	464	10	47	407		
河南	47	12	28	5	2	
湖北	3 974	2 470	1 114	338		52
湖南	1 546	563	921	59	3	
广东	1 623	226	1 183	214		
广西	408	145	263			
海南	609	258	327	24		
重庆						
四川	1		1			
贵州						
云南	14		13	1		
陕西						
甘肃	864	478	297	89		
青海	2 978		645	2 333		
宁夏	91			91		
新疆（兵团）	32 055		17 670	14 385		
新疆（农业）	2 179	1 129	444	604		3
新疆（畜牧）	6 532	112	2 663	3 714		43
热科院	211		203	8		
广州						
南京						

5－7续表

地　区	当年零星植树	年末实有育苗面积	#当年新育面积	幼林抚育面积	成林抚育面积	森林覆盖率
全国农垦	**405 220**	**41 004**	**10 726**	**248 915**	**104 946**	**49.6**
北　京				39	353	
天　津		20	5		41	
河　北	79	474	127	743	3 106	19.3
山　西		507		20	21	26.7
内蒙古	368	1 930	161	590	12 178	4.5
辽　宁	112	417	74	1 030	1 141	32.0
吉　林	17			622	319	62.0
黑龙江	282	2 833	1 416	11 970	23 671	17.1
上　海	2	620	4	881	2 937	
江　苏	83	1 446	110	2 353	1 694	16.3
浙　江	1	20		4	127	77.0
安　徽	22	93	85	3 016	2 862	18.4
福　建	715	914	18	910	3 753	45.8
江　西	495	591	114	10 662	11 098	68.8
山　东	17	53	53	360	100	
河　南	22	467	40	58	477	8.0
湖　北	284	2 408	351	5 648	10 509	20.0
湖　南	233	335	100	2 031	2 423	48.0
广　东	5	52	51	1 585	5 024	44.0
广　西		110	6	2 221	6 274	26.8
海　南	49			2 055	2 196	61.0
重　庆						
四　川						8.4
贵　州				184	203	16.0
云　南	1			287	884	
陕　西	1	7	1	72	338	
甘　肃	11	120	7	2 251	2 654	33.7
青　海	3	15 686		70	554	
宁　夏	14	166	38	2 115	1 354	
新疆（兵团）	538	10 739	7 745	192 247		
新疆（农业）	15	65	5	591	2 597	24.0
新疆（畜牧）	401 850	930	215	3 797	4 252	74.8
热科院	2	1	1	502	1 371	62.8
广　州						
南　京					434	57.2

5－8 林产品产量

（2016年）

地区	生漆（吨）	油茶籽（吨）	乌桕籽（吨）	棕片（吨）	松脂（吨）	竹笋干（吨）	核桃（吨）	板栗（吨）	竹木采伐	
									木材（米³）	毛竹（万根）
全国农垦	**170**	**3 180**	**26**	**181**	**1 131**	**1 852**	**15 882**	**1 168**	**1 262 353**	**3 528**
北京										
天津										
河北									6 363	
山西										
内蒙古									402	
辽宁									30 272	
吉林									5 827	
黑龙江							194		66 004	
上海									5 096	
江苏									14 200	
浙江										
安徽								97	17 616	1
福建	143			10	38	711		95	29 952	304
江西	27	2 829		158	860	733		277	102 904	1 180
山东									500	
河南							5	6	4 299	
湖北		118	26			5	2	652	83 352	64
湖南		113		13	225	233	3	6	31 900	148
广东		110			8				122 419	209
广西						77		35	286 607	561
海南		10				76			23 365	1 055
重庆										
四川									250	
贵州										4
云南						17			246 133	3
陕西							76		10	
甘肃							60			
青海										
宁夏							45			
新疆（兵团）							10 875		121 055	
新疆（农业）							1 415		4 851	
新疆（畜牧）							3 207		50 157	
热科院									8 819	
广州										
南京										

5－9 畜牧业生产情况

（2016 年）

地区	大牲畜总头数（万头）	从事农事劳役（万头）	规模化养殖场（个）	规模化养殖量（万头）	牛（万头）	能繁殖的母畜（万头）	当年生仔畜（万头）	规模化养殖场（个）	规模化养殖量（万头）
全国农垦	**292.02**	**8.30**	**1 687**	**96.87**	**258.10**	**135.62**	**79.12**	**1 635**	**87.45**
北京	8.00		38	7.00	8.00	3.00	1.00		
天津	3.20		16	3.20	2.92	1.49	0.54	15	2.92
河北	18.98	0.03	50	15.57	18.64	12.03	3.78	50	15.57
山西	1.07	0.02			1.05	0.70	0.50	14	0.60
内蒙古	36.34	0.01	61	3.52	31.77	16.35	12.28	61	3.52
辽宁	8.78		9		8.00	1.90	1.30	9	
吉林	4.95	0.11	4	0.11	4.62	2.43	1.20	4	0.11
黑龙江	20.43		157	11.10	20.05	10.42	3.92	157	11.10
上海	9.15		44	9.15	9.15	4.82	2.56	44	9.15
江苏	0.79	0.06	22	0.58	0.79	0.48	0.42		
浙江									
安徽	0.24		1		0.24	0.14	0.03	1	
福建	1.12	0.20	1	0.11	1.12	0.28	0.14	1	0.11
江西	4.06	1.23	9	0.55	4.06	1.56	0.64	9	0.55
山东	0.83		1	0.67	0.83	0.01	0.01	1	0.67
河南	1.15	…			1.15	0.62	0.22	8	0.45
湖北	3.80	1.34	13	1.20	3.80	1.83	1.16	13	1.20
湖南	5.20	0.92	2	0.30	5.20	1.38	0.40		
广东	2.73	1.19	4	1.01	2.73	1.73	0.46	4	1.01
广西	1.13	0.35	21	0.79	1.13	0.29	0.18	21	0.79
海南	4.00	1.00			4.00	2.00	0.90		
重庆	3.11		39	3.11	3.11	2.90	1.20	39	3.11
四川	7.26	0.10	1	0.05	6.93	2.87	0.79	1	0.05
贵州	1.80	0.10	4	1.71	1.78	1.40	0.43		
云南	1.33	0.07		0.10	1.32	0.20	0.10		
陕西	0.21	0.05			0.21	0.15	0.05		
甘肃	1.47		5	0.84	1.44	0.93	0.31	5	0.84
青海	11.30		1		11.16	1.91	1.12	2	
宁夏	5.25		18	4.00	5.24	2.98	1.38	18	4.00
新疆（兵团）	52.97	0.20	1 128	26.81	47.59	31.11	23.37	1 128	26.81
新疆（农业）	6.71	0.91	2	0.04	4.76	2.00	1.71	2	0.04
新疆（畜牧）	63.85	0.41	33	4.58	44.50	25.22	16.76	25	4.08
热科院	0.04	…			0.04	0.02	0.01		
广州	0.77		3	0.77	0.77	0.47	0.25	3	0.77
南京									

5-9续表1

地　区	黄　牛（万头）	能繁殖的母畜（万头）	当年生仔畜（万头）	规模化养殖场（个）	规模化养殖量（万头）
全国农垦	**113.12**	**53.41**	**36.06**	**570**	**12.61**
北　京					
天　津					
河　北	1.45	0.97	0.34	4	0.10
山　西	0.17	0.10	0.20		
内蒙古	12.23	8.52	4.71		
辽　宁	5.80	1.30	1.10		
吉　林	3.98	1.87	0.97		
黑龙江	4.55	1.96	0.97		
上　海					
江　苏	0.02				
浙　江					
安　徽	0.03	0.01	0.00		
福　建	0.67	0.16	0.11		
江　西	2.19	0.96	0.43		
山　东					
河　南	0.44	0.13	0.09		
湖　北	2.32	0.86	0.73	7	0.30
湖　南	3.30	0.73	0.20		
广　东	1.22	0.35	0.23		
广　西	0.58	0.14	0.07		
海　南	2.00	0.80	0.50		
重　庆					
四　川	6.88	2.86	0.78		
贵　州	0.04	0.02	0.01		
云　南	0.99	0.20	0.10		
陕　西	0.11	0.05	0.02		
甘　肃	0.68	0.31	0.17		
青　海	8.02	0.20	0.11		
宁　夏	0.61	0.15	0.07		
新疆（兵团）	24.28	14.55	13.22	550	11.71
新疆（农业）	2.83	0.96	0.72		
新疆（畜牧）	27.71	15.22	10.20	9	0.50
热科院	0.03	0.01	0.01		
广　州					
南　京					

5－9 续表 2

地　区	良种及改良种乳牛（万头）	能繁殖的母畜（万头）	当年生仔畜（万头）	规模化养殖场（个）	规模化养殖量（万头）
全国农垦	**137.60**	**78.46**	**45.67**	**1 018**	**76.20**
北　京	8.00	3.00	1.00	38	7.00
天　津	2.92	1.49	0.54	15	2.92
河　北	17.19	11.06	3.43	46	15.48
山　西	0.88	0.60	0.30	14	0.60
内蒙古	19.54	7.63	7.46	51	2.25
辽　宁	2.20	0.60	0.20	6	
吉　林	0.64	0.55	0.23	2	0.04
黑龙江	15.50	8.46	2.95	134	10.60
上　海	9.15	4.82	2.56	44	9.15
江　苏	0.77	0.48	0.42		
浙　江					
安　徽	0.10	0.03	0.01	1	
福　建	0.30	0.04	0.01		
江　西	0.41	0.06	0.05		
山　东	0.81	0.01	0.01	1	0.67
河　南	0.69	0.48	0.13	7	0.42
湖　北	0.87	0.60	0.21	6	0.89
湖　南					
广　东	1.03	0.90	0.13	4	1.01
广　西	0.29	0.05	0.03	4	0.14
海　南			4.00		
重　庆	3.11	2.90	1.20	39	3.11
四　川	0.05	0.01	0.01	1	0.05
贵　州	1.71	1.35	0.40	4	1.71
云　南	0.01	0.01			
陕　西	0.10	0.09	0.01		
甘　肃	0.76	0.62	0.14	2	0.72
青　海	3.14	1.71	1.00	2	
宁　夏	4.63	2.83	1.31		
新疆（兵团）	23.31	16.56	10.15	578	15.10
新疆（农业）	1.93	1.04	0.99		
新疆（畜牧）	16.79	10.01	6.56	16	3.57
热科院					
广　州	0.77	0.47	0.25	3	0.77
南　京					

5－9续表3

地　　区	水　　牛（万头）	能繁殖母畜（万头）	当年生仔畜（万头）	马（万匹）	能繁殖母畜（万匹）	当年生仔畜（万匹）
全国农垦	**7.37**	**2.83**	**1.15**	**25.09**	**12.48**	**8.07**
北　　京						
天　　津						
河　　北				0.30	0.16	0.05
山　　西				0.01		
内 蒙 古				3.01	1.39	0.95
辽　　宁				0.07	0.05	0.04
吉　　林				0.15	0.07	0.03
黑 龙 江				0.12		
上　　海						
江　　苏						
浙　　江						
安　　徽	0.11	0.10	0.01			
福　　建	0.15	0.08	0.02			
江　　西	1.46	0.54	0.17			
山　　东	0.02					
河　　南	0.02	0.01	0.00			
湖　　北	0.62	0.37	0.23			
湖　　南	1.90	0.65	0.20			
广　　东	0.48	0.13	0.10			
广　　西	0.26	0.10	0.08			
海　　南	2.00	0.80	0.30			
重　　庆						
四　　川				0.24	0.06	0.02
贵　　州	0.03	0.02	0.01	0.02	0.01	0.01
云　　南	0.32	0.04	0.02	0.01		
陕　　西						
甘　　肃						
青　　海				0.05	0.01	
宁　　夏						
新疆（兵团）				3.56	1.92	1.29
新疆（农业）				1.53	0.43	0.30
新疆（畜牧）				16.01	8.38	5.38
热 科 院	0.01					
广　　州						
南　　京						

5－9续表4

地　区	驴（万头）	能繁殖母畜（万头）	当年生仔畜（万头）	骡（万头）	当年生仔畜（万头）	骆驼（万头）	能繁殖母畜（万头）	当年生仔畜（万头）
全国农垦	**4.83**	**2.37**	**1.32**	**0.33**		**3.67**	**1.63**	**1.01**
北　京								
天　津	0.28	0.25	0.02					
河　北	0.04	0.02	0.01					
山　西	0.01							
内蒙古	1.31	0.69	0.41	0.22		0.02		
辽　宁	0.70	0.40	0.20	0.01				
吉　林	0.18	0.10	0.04					
黑龙江	0.26							
上　海								
江　苏								
浙　江								
安　徽								
福　建								
江　西								
山　东								
河　南								
湖　北								
湖　南								
广　东								
广　西								
海　南								
重　庆								
四　川				0.09				
贵　州								
云　南								
陕　西								
甘　肃	0.03	0.02	0.01					
青　海						0.09	0.06	0.01
宁　夏	0.01							
新疆（兵团）	1.29	0.64	0.38			0.53	0.23	0.21
新疆（农业）	0.18	0.01	0.05			0.24	0.10	0.06
新疆（畜牧）	0.54	0.24	0.19	0.01		2.79	1.23	0.73
热科院								
广　州								
南　京								

5－9续表5

地区	猪（万头）				羊（万只）			
		能繁殖母畜（万头）	规模化养殖场（个）	规模化养殖量（万头）		能繁殖的母畜（万只）	规模化养殖场（个）	规模化养殖量（万只）
全国农垦	**1 239.02**	**149.08**	**4 545**	**1 118.43**	**1 437.23**	**993.95**	**2 370**	**261.97**
北　京	6.00		10	5.00				
天　津	0.80	0.10	1	0.80				
河　北	33.06	3.61	52	10.74	11.47	7.08	16	1.41
山　西	1.04	0.96	3	0.41	9.00	6.35	5	8.21
内蒙古	14.90	1.88	3	1.44	288.26	192.93	37	4.58
辽　宁	101.00	10.90	12	12.00	13.00	6.70	19	1.00
吉　林	20.50	2.91			22.46	10.27		
黑龙江	76.80	9.06	28	19.00	26.17	12.48	22	1.60
上　海	71.70	5.95	47	199.48				
江　苏	9.29	1.06	70	9.00	1.31	0.16		
浙　江	3.70	0.20	9	3.70	0.01	0.00		
安　徽	4.27	0.46	12	3.00	1.00	0.13		
福　建	48.34	3.83	36	8.32	1.22	0.31		
江　西	62.48	7.19	40	20.03	1.94	0.46	2	0.03
山　东	1.83	0.67	1		1.04	0.26		
河　南	46.65	4.68	51	40.57	1.35	0.34		
湖　北	147.86	15.19	371	155.51	6.90	3.05	14	1.38
湖　南	127.00	23.00	1 588	91.00	3.00	0.67	81	1.60
广　东	70.44	10.03	107	45.06	0.51		1	0.16
广　西	145.10	15.52	541	356.53	0.20	0.08	8	0.15
海　南	62.00	8.00	17	6.00	22.00	4.00		
重　庆	8.60	0.98	8	8.60				
四　川	0.28	0.05			2.48	1.02		
贵　州	0.50	0.10			0.70	0.50		
云　南	8.79	0.80		0.60	1.60			
陕　西	1.25	0.29			3.96	1.28		
甘　肃	1.19	0.24	10	0.63	19.65	9.83	188	7.02
青　海	0.54	0.20			22.53	11.41	1	
宁　夏	4.11	0.47	14	4.00	8.46	4.72		
新疆（兵团）	149.64	19.63	1 509	115.86	561.24	438.81	1 921	223.20
新疆（农业）	6.64	0.24	5	1.15	32.36	19.26	8	2.53
新疆（畜牧）	2.38	0.81			373.29	261.80	47	9.10
热科院	0.34	0.07			0.11	0.05		
广　州								
南　京								

5-9续表6

地　　区	山　　羊（万只）	能繁殖的母畜（万只）	规模化养殖场（个）	规模化养殖量（万只）	绵　　羊（万只）	能繁殖的母畜（万只）
全国农垦	**242.27**	**136.14**	**142**	**16.65**	**1 194.95**	**859.50**
北　　京						
天　　津						
河　　北	0.34	0.03			11.13	7.05
山　　西	8.23	5.72	3	8.04	0.77	0.63
内　蒙　古	41.64	26.39			246.62	167.21
辽　　宁	6.60	3.10	5		6.40	3.60
吉　　林	3.94	1.41			18.52	8.86
黑　龙　江	5.54	2.55	22	1.60	20.63	9.93
上　　海						
江　　苏	1.31	0.16				
浙　　江	0.01	…				
安　　徽	1.00	0.13				
福　　建	1.22	0.31				
江　　西	1.94	0.46	2	0.03		
山　　东	0.44	0.06			0.60	0.20
河　　南	1.14	0.30	1	0.55	0.21	0.04
湖　　北	6.90	3.05	14	1.38		
湖　　南	3.00	0.65	81	1.60		
广　　东	0.51		1	0.16		
广　　西	0.20	0.08	8	0.15		
海　　南	22.00	4.00				
重　　庆						
四　　川	0.41	0.22			2.07	0.80
贵　　州	0.55	0.40			0.15	0.10
云　　南	1.60					
陕　　西	3.34	0.96			0.62	0.32
甘　　肃	2.51	0.81	1	0.14	17.14	9.02
青　　海	0.79	0.48			21.75	10.93
宁　　夏	2.55	1.31			5.91	3.41
新疆(兵团)	50.04	35.94			511.20	402.87
新疆(农业)	4.63	2.68			27.73	17.61
新疆(畜牧)	69.79	44.88	4	3.50	303.50	216.92
热　科　院	0.11	0.05				
广　　州						
南　　京						

5－9续表7

地　区			绒山羊（万只）			
	规模化养殖场（个）	规模化养殖量（万只）		能繁殖的母畜（万只）	规模化养殖场（个）	规模化养殖量（万只）
全国农垦	**297**	**18.47**	**28.41**	**18.56**	**2**	**2.45**
北　京						
天　津						
河　北	16	1.41				
山　西						
内蒙古	37	4.58				
辽　宁	14					
吉　林						
黑龙江						
上　海						
江　苏						
浙　江						
安　徽						
福　建						
江　西						
山　东						
河　南						
湖　北						
湖　南						
广　东						
广　西						
海　南						
重　庆						
四　川						
贵　州						
云　南						
陕　西						
甘　肃	187	6.88			1	0.05
青　海						
宁　夏						
新疆（兵团）						
新疆（农业）			1.71	0.89		
新疆（畜牧）	43	5.60	26.70	17.67	1	2.40
热科院						
广　州						
南　京						

5－9 续表 8

地　　区	家　禽（万只）			兔（万只）		
		规模化养殖场（个）	规模化养殖量（万只）		规模化养殖场（个）	规模化养殖量（万只）
全国农垦	**14 512.48**	**1 436**	**6 079.91**	**88.00**	**9**	**16.35**
北　　京	357.00	38	357.00			
天　　津	53.23	1	53.03			
河　　北	373.59	17	458.85	16.00	3	16.00
山　　西	14.05	4	9.59	0.02		
内 蒙 古	109.41	1	0.45	1.79		
辽　　宁	6 445.00	258	1 361.00	0.02		
吉　　林	401.13			0.02		
黑 龙 江	828.60	51	526.10	0.60		
上　　海	95.01	7	199.20			
江　　苏	594.00			2.78		
浙　　江	2.20					
安　　徽	114.69	17	272.00	0.13		
福　　建	210.70	8	70.73	4.64		
江　　西	243.48	12	74.12	0.51		
山　　东	14.12					
河　　南	65.46	13	28.27	0.10		
湖　　北	0.14	121	0.05	2.37		
湖　　南	363.00	55	285.00	0.14	5	0.10
广　　东	497.96	34	410.70	1.49		
广　　西	307.92	167	711.55	0.06		
海　　南	1 372.00	1	2.00	7.00		
重　　庆	115.00	11	115.00			
四　　川	0.10			0.01		
贵　　州	6.00					
云　　南	249.63		88.00	0.01		
陕　　西	0.81					
甘　　肃	23.70	3	13.44	0.20		
青　　海	6.90	1	3.00	0.68		
宁　　夏	46.15	4	17.00	0.06		
新疆（兵团）	1 331.22	588	983.88	46.08		
新疆（农业）	161.91	22	17.95	3.04	1	0.25
新疆（畜牧）	94.97	1	13.00	0.25		
热 科 院	4.40					
广　　州						
南　　京	9.00	1	9.00			

5-10 畜产品产量

(2016年)

地区	肉类总产量（吨）	当年出栏肉猪（万头）	猪肉产量（吨）	当年出售和自宰的肉用牛（万头）	牛肉产量（吨）	当年出售和自宰的肉用羊（万只）	羊肉产量（吨）
全国农垦	**2 509 817**	**1 818.25**	**1 475 360**	**114.43**	**165 466**	**1 243.55**	**213 491**
北京	86 553	6.29	5 173				
天津	2 441	1.33	1 414	0.46	923		
河北	67 409	51.32	40 665	1.65	2 765	10.57	1 619
山西	3 301	1.03	1 049	0.08	180	2.39	1 947
内蒙古	95 955	21.33	22 037	13.17	22 796	272.73	47 565
辽宁	342 986	132.58	148 198	7.52	13 463	15.26	2 613
吉林	47 411	24.65	19 273	2.77	4 295	9.10	1 402
黑龙江	260 116	153.25	116 926	8.41	15 785	29.29	5 827
上海	91 965	118.41	89 995				
江苏	45 331	19.76	15 640	0.09	314	1.72	481
浙江	5 346	7.10	5 309			0.01	1
安徽	15 180	7.41	6 553	0.19	259	1.35	302
福建	35 635	40.13	29 474	0.51	532	1.19	190
江西	91 505	92.03	83 495	2.30	2 811	1.69	245
山东	8 209	1.37	1 852	0.07	47	0.88	98
河南	49 208	65.84	47 576	0.25	526	0.89	158
湖北	187 537	195.21	156 164	2.21	4 429	8.03	1 605
湖南	164 695	185.00	151 226	11.00	3 858	4.00	710
广东	119 812	110.49	95 446	0.38	635	0.30	128
广西	159 067	207.01	144 915	0.45	673	0.12	22
海南	94 830	84.00	75 129	0.70	1 203	13.00	2 212
重庆	12 080	8.90	12 080				
四川	1 748	0.21	182	1.19	1 333	0.47	230
贵州	530	0.30	355			0.30	52
云南	12 443	8.40	6 689	0.56	688	0.63	169
陕西	1 291	1.08	967	0.04	57	1.71	246
甘肃	4 121	1.76	1 211	0.39	627	11.52	2 046
青海	3 312	0.27	205	1.24	1 075	83.07	2 020
宁夏	8 563	4.95	3 306	1.90	2 952	5.51	887
新疆（兵团）	411 478	258.04	185 293	36.80	55 726	535.41	101 813
新疆（农业）	13 214	5.70	5 179	2.20	2 121	15.32	2 187
新疆（畜牧）	65 973	2.75	2 107	17.88	25 385	216.33	36 708
热科院	486	0.34	277	0.01	9	0.77	8
广州							
南京	87						

5－10 续表 1

地　区	兔肉产量（吨）	禽肉产量（吨）	牛奶产量（吨）	山羊毛产量（吨）	绵羊毛产量（吨）		
						细羊毛（吨）	半细羊毛（吨）
全国农垦	**8 053**	**633 000**	**3 789 476**	**2 082**	**31 870**	**13 272**	**9 775**
北　京		81 380	403 453				
天　津		50	149 197				
河　北	95	22 247	559 201	5	258	75	165
山　西		124	28 366	7	15		15
内 蒙 古	32	1 983	267 724	243	5 336	1 665	1 704
辽　宁		178 573	131 370	13	255	255	
吉　林		17 860	9 370	18	398	265	133
黑 龙 江	127	120 942	426 787	4	538	103	435
上　海		1 970	423 480				
江　苏	66	28 830	31 516				
浙　江		36					
安　徽	7	8 059	2 310				
福　建	124	5 315	4 294				
江　西	23	4 931	12 402				
山　东		6 212	9 155	5	7		2
河　南	1	886	17 382				
湖　北	2 256	23 083	32 906				
湖　南	10	8 891	745	747			
广　东	94	23 044	48 196				
广　西	25	13 432	5 238				
海　南	110	16 176					
重　庆			103 940				
四　川		3	4 939		1		
贵　州		23	50 112		2		2
云　南		4 896	616				
陕　西		21	3 544	1	6		6
甘　肃	14	223	20 552	18	238	81	157
青　海		8	253	14	578	405	151
宁　夏		1 416	211 100	10	76	56	20
新疆(兵团)	4 982	58 349	629 238	458	18 610	8 598	6 040
新疆(农业)	67	2 160	17 739	37	489	352	136
新疆(畜牧)	20	1 753	158 503	501	5 065	1 417	810
热 科 院		38					
广　州			25 848				
南　京		87					

5－10续表2

地　区	羊绒产量（吨）	蜂蜜产量（吨）	禽蛋产量（吨）	蚕茧产量（吨）	桑蚕茧产量（吨）	鹿茸产量（千克）
全国农垦	**3 043**	**14 179**	**504 781**	**1 600**	**1 083**	**76 978**
北　京			40 468			
天　津			1 197			
河　北			19 050			130
山　西			2 096			
内蒙古	187	1 374	5 429	295		410
辽　宁		100	100 100			1 690
吉　林	14	19	47 838			17 254
黑龙江	33	1 852	30 114			16 737
上　海			12 568			
江　苏		41	17 970	221		
浙　江			28			
安　徽		73	3 435			
福　建		110	5 484			
江　西		479	10 001	242	242	
山　东			360			
河　南		2	3 136			
湖　北		850	54 472			11 290
湖　南		341	8 540			13
广　东		5	3 212	819	819	
广　西		190	3 629			
海　南		94	3 166			
重　庆			8 680			
四　川			2	22	22	
贵　州			44			
云　南			6 366			
陕　西	4	2	51			
甘　肃	3		2 252			
青　海	11		3			
宁　夏	8		1 184			
新疆（兵团）	81	8 577	100 261			29 446
新疆（农业）	41	67	9 291			
新疆（畜牧）	2 661	3	3 398			8
热科院			7			
广　州						
南　京			950			

5－11　渔业生产情况

（2016 年）

地　区	水产品总产量（吨）			#养殖产量（吨）		
	合　计（吨）	海　水（吨）	淡　水（吨）	合　计（吨）	海　水（吨）	淡　水（吨）
全国农垦	**1 483 945**	**274 411**	**1 209 534**	**1 272 890**	**184 414**	**1 088 476**
北　京						
天　津	10 607	403	10 204	10 607	403	10 204
河　北	150 337	36 201	114 136	131 557	17 786	113 771
山　西	11		11	11		11
内蒙古	5 172		5 172	4 359		4 359
辽　宁	395 866	218 474	177 392	284 028	148 794	135 234
吉　林	986		986	656		656
黑龙江	32 680		32 680	24 711		24 711
上　海	45 787		45 787	45 787		45 787
江　苏	53 514		53 514	26 701		26 701
浙　江	3 384	901	2 483	2 073	901	1 172
安　徽	5 953		5 953	1 581		1 581
福　建	22 947	390	22 557	17 130	390	16 740
江　西	51 500		51 500	36 612		36 612
山　东	7 436	4 841	2 595	4 380	2 939	1 441
河　南	7 370		7 370	7 370		7 370
湖　北	444 953		444 953	444 953		444 953
湖　南	81 858		81 858	68 205		68 205
广　东	38 871	12 120	26 751	38 704	12 120	26 584
广　西	16 964	1 081	15 883	16 964	1 081	15 883
海　南	29 160		29 160	29 160		29 160
重　庆	4 002		4 002	4 002		4 002
四　川	11		11	11		11
贵　州	31		31	31		31
云　南	8 991		8 991	8 991		8 991
陕　西	43		43	43		43
甘　肃	51		51	51		51
青　海						
宁　夏	11 938		11 938	11 938		11 938
新疆（兵团）	51 472		51 472	50 567		50 567
新疆（农业）	1 350		1 350	1 350		1 350
新疆（畜牧）	442		442	105		105
热科院	252		252	252		252
广　州						
南　京	6		6			

5－11续表1

地　区	在水产品产量中：					
	鱼　类（吨）			虾蟹类（吨）		
		海　水（吨）	淡　水（吨）		海　水（吨）	淡　水（吨）
全国农垦	**1 100 228**	**61 587**	**1 038 641**	**199 144**	**65 937**	**133 207**
北　京						
天　津	9 848	43	9 805	627	360	267
河　北	102 546	7 857	94 689	32 093	12 646	19 447
山　西	11		11			
内蒙古	5 126		5 126	46		46
辽　宁	172 354	50 219	122 135	94 538	39 293	55 245
吉　林	886		886	100		100
黑龙江	31 851		31 851	829		829
上　海	43 952		43 952	1 835		1 835
江　苏	50 418		50 418	2 283		2 283
浙　江	1 248	32	1 216	1 130	233	897
安　徽	5 362		5 362	472		472
福　建	20 135	94	20 041	895	120	775
江　西	51 500		51 500			
山　东	2 315	824	1 491	3 544	2 668	876
河　南	7 370		7 370			
湖　北	384 942		384 942	43 054		43 054
湖　南	63 211		63 211	1 541		1 541
广　东	24 747	2 518	22 229	13 952	9 602	4 350
广　西	15 872		15 872	1 015	1 015	
海　南	29 149		29 149			
重　庆	4 002		4 002			
四　川	11		11			
贵　州	31		31			
云　南	8 981		8 981			
陕　西	43		43			
甘　肃	51		51			
青　海						
宁　夏	11 908		11 908	30		30
新疆（兵团）	50 311		50 311	1 158		1 158
新疆（农业）	1 350		1 350			
新疆（畜牧）	440		440	2		2
热科院	252		252			
广　州						
南　京	6		6			

5-11续表2

地　区	在水产品产量中：						
	#对虾（吨）		贝　类（吨）			藻　类（吨）	
		海　水（吨）		海　水（吨）	淡　水（吨）		海　水（吨）
全国农垦	**59 473**	**22 442**	**141 479**	**127 063**	**14 416**	**66**	**66**
北　京							
天　津							
河　北	27 132	11 047	8 447	8 447			
山　西							
内 蒙 古	5						
辽　宁	2 899	2 899	117 097	117 085	12		
吉　林							
黑 龙 江							
上　海							
江　苏	1 920		120		120		
浙　江	900	115	1 006	636	370		
安　徽			3		3		
福　建	742		184	176	8		
江　西							
山　东	1 257	1 167	947	719	228		
河　南							
湖　北	13 054						
湖　南			13 675		13 675		
广　东	10 549	6 199					
广　西	1 015	1 015				66	66
海　南							
重　庆							
四　川							
贵　州							
云　南							
陕　西							
甘　肃							
青　海							
宁　夏							
新疆(兵团)							
新疆(农业)							
新疆(畜牧)							
热 科 院							
广　州							
南　京							

5－11 续表 3

地　　区	在水产品产量中：其他产量（吨）	海水（吨）	淡水（吨）	养殖面积（公顷）	海水（公顷）	淡水（公顷）	#对虾（公顷）	海水（公顷）
全国农垦	**43 027**	**19 758**	**23 269**	**844 320**	**34 693**	**809 627**	**25 656**	**15 157**
北　　京								
天　　津	132		132	917	80	837		
河　　北	7 251	7 251		19 928	9 967	9 961	15 422	7 831
山　　西				9		9		
内 蒙 古				2 943		2 943	3	
辽　　宁	11 877	11 877		57 886	17 293	40 593	2 920	2 920
吉　　林				1 179		1 179		
黑 龙 江				25 810		25 810		
上　　海				3 840		3 840		
江　　苏	693		693	4 228		4 228	531	
浙　　江				776	96	680	376	96
安　　徽	116		116	580		580		
福　　建	1 733		1 733	1 950	228	1 722	237	147
江　　西				19 936		19 936		
山　　东	630	630		5 706	5 057	649	3 210	3 200
河　　南				669		669		
湖　　北	16 957		16 957	50 293		50 293	1 740	
湖　　南	3 431		3 431	51 026		51 026		
广　　东	172		172	4 142	1 805	2 337	1 056	802
广　　西	11		11	1 280	167	1 113	161	161
海　　南	11		11	3 641		3 641		
重　　庆				2 150		2 150		
四　　川				33		33		
贵　　州				124		124		
云　　南	10		10	1 482		1 482		
陕　　西				33		33		
甘　　肃				460		460		
青　　海								
宁　　夏				7 179		7 179		
新疆（兵团）	3		3	571 929		571 929		
新疆（农业）				2 667		2 667		
新疆（畜牧）				1 493		1 493		
热 科 院				25		25		
广　　州								
南　　京				6		6		

5－12 茶、果、桑和人参生产情况

（2016 年）

地区	茶叶		水果					
					香蕉		苹果	
	年末实有面积（公顷）	实际产量（吨）	年末实有面积（公顷）	实际产量（吨）	年末实有面积（公顷）	实际产量（吨）	年末实有面积（公顷）	实际产量（吨）
全国农垦	**28 886**	**50 909**	**418 548**	**6 774 877**	**22 905**	**773 339**	**43 312**	**913 038**
北京			155	740			80	539
天津			313	3 665			57	513
河北			1 775	24 209			389	9 918
山西			71	2 610			50	1 269
内蒙古			1 886	14 542			340	2 838
辽宁			11 981	169 123			7 263	106 888
吉林			2 798	20 591			631	2 610
黑龙江			937	18 381			485	9 566
上海	15	1	157	846				
江苏			257	2 522				
浙江	1 330	4 731	663	12 024				
安徽	2 257	12 776	1 337	36 362				
福建	4 839	6 304	12 094	115 822	1 116	24 798		
江西	5 865	4 387	9 181	78 925			27	25
山东			84	382			31	177
河南	30	6	1 970	60 858			565	22 302
湖北	827	513	7 902	112 276			36	175
湖南	2 004	3 157	7 543	34 198				
广东	534	685	32 502	896 783	7 563	356 641		
广西	600	664	11 175	318 697	2 817	123 088		
海南	780	542	35 425	462 164	4 469	116 183		
重庆			1 405	4 778				
四川	1 055	1 100	192	1 398			31	324
贵州	4 057	5 120	1 142	12 965			24	40
云南	4 655	10 919	12 529	252 093	6 937	152 627		
陕西			860	7 819			102	1 141
甘肃			3 388	56 591			733	18 850
青海								
宁夏			7 991	53 102			1 470	18 721
新疆（兵团）			209 353	3 650 013			21 620	552 974
新疆（农业）			36 364	298 616			8 436	153 087
新疆（畜牧）			5 035	51 565			942	11 081
热科院			82	217	3	2		
广州								
南京	38	4						

5－12 续表 1

地　区	水　果							
	柑、橘、橙、柚		梨		桃		葡　萄	
	年末实有面积（公顷）	实际产量（吨）	年末实有面积（公顷）	实际产量（吨）	年末实有面积（公顷）	实际产量（吨）	年末实有面积（公顷）	实际产量（吨）
全国农垦	**25 548**	**345 428**	**40 268**	**688 027**	**12 104**	**185 908**	**67 381**	**1 033 838**
北　京			8	30	18	89	2	11
天　津			58	1 594	9	60	175	1 416
河　北			207	4 055	166	3 304	131	5 410
山　西			13	1	4	1 302	4	38
内蒙古			132	3 581	1	20	604	6 221
辽　宁			1 494	15 800	1 199	20 944	740	13 082
吉　林			1 901	17 363	1	5	15	5
黑龙江			79	370			107	1 952
上　海	1	5	33	99	50	264	36	358
江　苏			165	1 960			21	377
浙　江	354	9 148	40	492	56	574	96	1 690
安　徽		200	769	25 527	398	8 431	80	1 799
福　建	2 347	38 484	196	1 184	233	1 814	16	180
江　西	6 665	63 033	1 136	6 725	729	6 737	215	1 715
山　东					11	132	5	53
河　南	29	220	599	25 782	393	9 916	185	1 947
湖　北	1 793	30 646	869	15 774	4 103	46 598	595	13 657
湖　南	6 122	18 006	778	1 889	118	785	95	958
广　东	698	9 436						
广　西	3 860	140 998	10	286	33	1 117	85	2 266
海　南	873	7 464						
重　庆	1 284	4 560	15	8	30	10	76	200
四　川	83	369	11	25				
贵　州	446	6 450	34	53	41	142	597	6 280
云　南	853	14 088					1 781	43 093
陕　西			97	785	74	773	34	634
甘　肃			1 112	30 453			667	4 625
青　海								
宁　夏			76	866	37	443	6 070	30 334
新疆（兵团）			20 513	486 557	3 420	75 304	45 033	801 772
新疆（农业）			9 922	46 768	322	2 521	7 756	66 232
新疆（畜牧）	139	2 321			659	4 623	2 159	27 533
热科院	1						1	
广　州								
南　京								

5－12续表2

地　区	水　果					
	菠　萝		红　枣		柿　子	
	年末实有面积（公顷）	实际产量（吨）	年末实有面积（公顷）	实际产量（吨）	年末实有面积（公顷）	实际产量（吨）
全国农垦	**14 093**	**515 507**	**122 564**	**1 704 349**	**335**	**2 513**
北　京						
天　津						
河　北			814	1 131		
山　西						
内蒙古						
辽　宁			34	887		
吉　林						
黑龙江						
上　海						
江　苏					8	86
浙　江						
安　徽					19	373
福　建	177	5 895	33	46	156	512
江　西						
山　东			37	20		
河　南			20	138		
湖　北			15	48	152	1 542
湖　南						
广　东	11 194	448 357				
广　西	8	25				
海　南	1 740	40 294				
重　庆						
四　川						
贵　州						
云　南	972	20 933				
陕　西			275	3 794		
甘　肃			537	1 469		
青　海						
宁　夏			282	2 211		
新疆（兵团）			110 407	1 674 121		
新疆（农业）			9 640	17 324		
新疆（畜牧）			470	3 160		
热科院	2	3				
广　州						
南　京						

5－12续表3

地区	水果					
	荔枝		龙眼		芒果	
	年末实有面积（公顷）	实际产量（吨）	年末实有面积（公顷）	实际产量（吨）	年末实有面积（公顷）	实际产量（吨）
全国农垦	**16 743**	**103 338**	**9 795**	**49 781**	**17 106**	**200 007**
北京						
天津						
河北						
山西						
内蒙古						
辽宁						
吉林						
黑龙江						
上海						
江苏						
浙江						
安徽						
福建	2 070	7 526	2 685	9 719	14	1
江西						
山东						
河南						
湖北						
湖南						
广东	6 613	34 401	3 087	13 665	77	175
广西	1 199	5 589	1 346	6 862	885	9 395
海南	6 696	55 001	2 520	18 295	14 927	176 366
重庆						
四川	20	97	2	5		
贵州						
云南	136	724	152	1 235	1 171	13 920
陕西						
甘肃						
青海						
宁夏						
新疆（兵团）						
新疆（农业）						
新疆（畜牧）						
热科院	9		3		32	150
广州						
南京						

5-12续表4

地区	水果							
	杨桃		火龙果		番石榴		红毛丹	
	年末实有面积（公顷）	实际产量（吨）	年末实有面积（公顷）	实际产量（吨）	年末实有面积（公顷）	实际产量（吨）	年末实有面积（公顷）	实际产量（吨）
全国农垦	**505**	**3 162**	**584**	**18 414**	**416**	**6 591**	**518**	**3 024**
北京								
天津								
河北								
山西								
内蒙古								
辽宁								
吉林								
黑龙江								
上海								
江苏								
浙江								
安徽								
福建	28	551	8	198	18	150		
江西	1	39						
山东								
河南								
湖北								
湖南								
广东	348	1 776	396	16 904	301	4 655		
广西	4	92						
海南	123	701	35	102	94	1 741	518	3 024
重庆								
四川								
贵州								
云南			142	1 208				
陕西								
甘肃								
青海								
宁夏								
新疆（兵团）								
新疆（农业）								
新疆（畜牧）								
热科院	0	3	3	2	3	45		
广州								
南京								

5-12续表5

地区	其他		桑园年末实有面积（公顷）	人参	
	年末实有面积（公顷）	实际产量（吨）		年末实有面积（米²）	实际产量（千克）
全国农垦	**24 224**	**227 443**	**1 594**	**1 038 121**	**174 087**
北京	47	71			
天津	14	82			
河北	68	391			
山西					
内蒙古	809	1 882			
辽宁	1 251	11 522		721	520
吉林	250	608		1 037 400	173 567
黑龙江	266	6 493			
上海	38	120			
江苏	63	99	202		
浙江	117	120	222		
安徽	72	32			
福建	2 848	23 593	16		
江西	407	651	235		
山东					
河南	180	554			
湖北	339	3 836	368		
湖南	430	12 560			
广东	2 225	10 773	386		
广西	928	28 979			
海南	3 430	42 993	31		
重庆					
四川	45	578	61		
贵州			21		
云南	385	4 265			
陕西	278	692			
甘肃	339	1 194			
青海					
宁夏	56	527			
新疆（兵团）	8 360	59 285			
新疆（农业）	288	12 684	40		
新疆（畜牧）	666	2 847			
热科院	25	12	12		
广州					
南京					

5－13　全国农垦热带作物生产情况

（2016 年）

项　　目	计量单位	全国农垦	福建	广东	广西	海南	云南	热科院
总面积合计	**公顷**	**44 647**	**147**	**2 621**	**6 489**	**31 794**	**3 423**	**173**
＃当年新植	公顷	10 489	15	682	2 918	6 368	493	13
＃收获面积	公顷	35 101	67	1 841	5 904	25 488	1 706	95
1. 剑麻（按纤维计算）								
年末实有面积	公顷	5 596	130	2 123	3 336			7
当年新植面积	公顷	396		288	104			4
收获面积	公顷	4 175	50	1 363	2 759			3
每公顷产量	千克		4 000	5 817	6 509			2 456
总产量	吨	26 095	200	7 929	17 959			7
2. 香辛料								
年末实有面积	公顷	7 145		95	1 404	5 576	65	5
当年新植面积	公顷	1 482			1 404	77		1
收获面积	公顷	6 599		83	1 404	5 078	32	2
总产量	吨	9 096		237	1 174	7 651	33	1
＃胡椒（按籽计算）								
年末实有面积	公顷	5 680		95		5 576	4	5
当年新植面积	公顷	78				77		1
收获面积	公顷	5 165		83		5 078	2	2
每公顷产量	千克			2 855		1 507	1 500	
总产量	吨	7 892		237		7 651	3	1
＃肉桂（按干皮计算）								
年末实有面积	公顷	557			496		61	
当年新植面积	公顷	496			496			
收获面积	公顷	526			496		30	
每公顷产量	千克				1 722		1 000	
总产量	吨	884			854		30	
＃八角（按干果计算）								
年末实有面积	公顷	908			908			
当年新植面积	公顷	908			908			
收获面积	公顷	908			908			
每公顷产量	千克	352			352			
总产量	吨	320			320			
3. 咖啡（按干豆计产量）								
年末实有面积	公顷	1 056				18	1 035	3
当年新植面积	公顷	32				14	17	1
收获面积	公顷	965				4	959	2
每公顷产量	千克					1 750	1 624	
总产量	吨	1 566				7	1 557	2
4. 椰子（按果计产量）								
年末实有面积	公顷	1 431				1 318		113
当年新植面积	公顷	4				4		0
收获面积	公顷	1 237				1 162		75
每公顷产量	千克							218
总产量	万个	1 125				1 105		20
5. 油棕（按油计产量）								
年末实有面积	公顷	82				47		35

5－13续表

项　　目	计量单位	全国农垦	福建	广东	广西	海南	云南	热科院
当年新植面积	公顷	49				36		13
收获面积	公顷							
每公顷产量	千克							
总产量	吨							
6. 可可（按豆计产量）								
年末实有面积	公顷	6						6
当年新植面积	公顷							
收获面积	公顷	4						4
每公顷产量	千克	1 175						1 175
总产量	吨	5						5
7. 南药								
年末实有面积	公顷	19 447	2	13	58	19 127	215	32
当年新植面积	公顷	615		4		518	86	7
收获面积	公顷	13 716	2	5	58	13 489	153	9
总产量	吨	1 117	…	120	586		387	24
＃槟榔（按果计产量）								
年末实有面积	公顷	18 759				18 727		32
当年新植面积	公顷	311				304		7
收获面积	公顷	13 417				13 408		9
每公顷产量	千克							3 200
总产量	吨	31 031				31 007		24
＃益智（干果）								
年末实有面积	公顷	394				394		
当年新植面积	公顷	214				214		
收获面积	公顷	75				75		
每公顷产量	千克							
总产量	吨	105				105		
＃其它								
年末实有面积	公顷	274	2	13	58	6	195	
当年新植面积	公顷	78		4			74	
收获面积	公顷	215	2	5	58	6	144	
每公顷产量	千克							
总产量	吨	1 105	0	120	586	16	383	
8. 澳洲坚果（按干果计产量）								
年末实有面积	公顷	2 375			289		2 078	8
当年新植面积	公顷	374			8		366	
收获面积	公顷	813			281		532	
每公顷产量	千克				1 477		1 987	
总产量	吨	1 472			415		1 057	
9. 木薯（按干薯产量）								
年末实有面积	公顷	7 592	15	390	1 402	5 755	30	
当年新植面积	公顷	7 586	15	390	1 402	5 755	24	
收获面积	公顷	7 592	15	390	1 402	5 755	30	
每公顷产量	千克		28 000	21 746	10 253		25 900	
总产量	吨	58 976	420	8 481	14 375	34 923	777	

5－14 主要农业机械年末拥有量

（2016 年）　　　　计量单位：千瓦

地　区	农业机械总动力	柴油发动机动力	汽油发动机动力	电动机动力	其他机械动力
全国农垦	**29 861 832**	**24 075 457**	**1 650 855**	**3 835 836**	**299 684**
北　京	30 810	19 361	1 104	10 310	35
天　津	24 638	15 287	632	8 719	
河　北	1 162 683	815 111	11 413	298 898	37 261
山　西	27 204	11 739	5 102	8 961	1 402
内蒙古	2 030 050	1 800 499	132 767	91 564	5 220
辽　宁	1 249 411	909 917	97 011	190 879	51 604
吉　林	1 171 460	1 064 956	55 787	49 387	1 330
黑龙江	10 450 822	9 101 994	649 251	655 370	44 207
上　海	203 205	136 016	5 095	62 022	72
江　苏	517 856	458 388	5 734	52 345	1 389
浙　江	11 358	3 409	828	6 191	930
安　徽	465 475	379 300	15 786	70 389	
福　建	71 188	41 968	9 750	17 819	1 651
江　西	529 892	370 779	60 910	89 977	8 226
山　东	48 868	37 214	412	8 367	2 875
河　南	298 153	225 732	25 978	45 803	640
湖　北	1 920 364	1 404 296	129 977	366 341	19 750
湖　南	976 776	672 812	76 877	196 806	30 281
广　东	429 407	227 717	97 036	90 532	14 122
广　西	331 857	219 543	33 487	61 375	17 452
海　南	318 717	200 187	56 769	26 658	35 103
重　庆	7 350	7 350			
四　川	2 104	809	132	917	246
贵　州	19 773	18 789	527	442	15
云　南	205 256	123 539	23 955	51 615	6 147
陕　西	48 659	34 381	784	13 494	
甘　肃	342 098	241 101	25 214	69 528	6 255
青　海	56 748	51 668	3 423	933	724
宁　夏	332 232	281 484	2 002	48 651	95
新疆（兵团）	5 193 842	3 992 794	53 191	1 147 857	
新疆（农业）	378 979	320 198	11 050	46 830	901
新疆（畜牧）	1 001 234	884 217	58 717	46 569	11 731
热科院	1 798	1 627	154	17	
广　州	1 565	1 275		270	20
南　京					

5－14 续表 1

地　区	拖拉机				拖拉机配套农具	
	大中型（台）	大中型（千瓦）	小型（台）	小型（千瓦）	大中型（部）	小型（部）
全国农垦	**216 240**	**9 652 660**	**267 800**	**3 712 687**	**363 045**	**311 958**
北　京	73	3 841	101	1 300	58	10
天　津	84	3 579	40	511		1
河　北	6 229	226 048	20 856	288 951	5 953	17 876
山　西	51	2 679	332	4 710	43	122
内蒙古	14 655	584 894	43 771	677 598	22 994	45 616
辽　宁	5 516	181 900	10 404	109 124	7 072	9 154
吉　林	5 599	185 110	22 297	317 743	5 596	35 439
黑龙江	80 934	3 972 600	9 710	722 182	163 133	59 543
上　海	1 474	92 838	179	1 583	1 171	
江　苏	3 538	284 142	847	10 813	9 993	2 291
浙　江	44	914	58	328	6	18
安　徽	2 945	135 637	5 406	51 833	5 079	6 468
福　建	115	3 074	717	6 441	25	223
江　西	1 890	70 402	7 064	73 642	746	4 342
山　东	508	12 396	1 605	10 671	380	313
河　南	1 281	58 218	7 680	87 313	2 446	7 054
湖　北	8 767	336 855	48 553	352 958	16 106	48 566
湖　南	3 885	121 126	10 123	54 115	4 332	3 101
广　东	595	30 467	3 648	39 225	1 094	
广　西	1 798	83 212	5 258	60 618	2 116	5 443
海　南	457	22 341	5 427	64 900	206	878
重　庆	7	689	3	50	6	2
四　川			10	500		
贵　州	56	10 150	141	627		31
云　南	918	24 155	2 234	24 018	220	1 791
陕　西	194	10 439	815	10 012	315	303
甘　肃	7 129	144 185	2 070	32 017	4 441	8 065
青　海	343	19 617	804	7 857	427	954
宁　夏	2 599	123 487	1 606	19 155	4 757	1 249
新疆（兵团）	49 791	2 394 476	30 242	398 446	81 911	26 562
新疆（农业）	8 341	259 495	9 922	118 797	16 825	12 522
新疆（畜牧）	6 402	252 729	15 792	163 692	5 584	14 001
热科院	9	353	78	814		20
广　州	13	613	7	143	10	
南　京						

5-14续表2

地区	耕整地及种植机械					农用排灌机械	
	播种机（台）	精量半精量播种机（台）	机动水稻插秧机（台）	化肥深施机（台）	机引铺膜机（台）	排灌动力机械（台）	排灌动力机械（千瓦）
全国农垦	**123 882**	**74 962**	**97 391**	**24 318**	**17 182**	**294 260**	**3 062 633**
北京	11	3		1		63	695
天津	28					86	4 283
河北	3 582	1 244	1 054	71	711	13 369	148 939
山西	90	14		1	37	717	8 666
内蒙古	25 646	17 090	21	2 401	2 176	11 544	138 335
辽宁	3 189	2 407	5 630	368	107	15 142	184 634
吉林	10 899	5 759	8 111	80	112	14 309	140 554
黑龙江	33 781	22 745	78 528	4 018	494	102 263	135 216
上海	595	34	123	113		822	19 662
江苏	854	411	878	127		793	40 864
浙江			6			1 167	2 729
安徽	1 793	945	586	134		4 980	75 964
福建			2			3 377	15 840
江西	59	50	251	90	1	10 598	84 257
山东	573	134	97	141	134	862	9 339
河南	3 944	1 803		1 842	31	7 869	55 904
湖北	2 968	2 039	915	2 014	1 592	25 989	362 085
湖南	1 235		67		7	15 796	187 920
广东						12 027	93 168
广西	50			323		4 598	75 754
海南						10 860	52 961
重庆						6	140
四川						15	848
贵州						294	1 840
云南	81					1 049	6 592
陕西	715	45	3	22	13	879	9 839
甘肃	2 733	1 025		463	2 036	719	29 578
青海	163	1				5	198
宁夏	533	227	3	87	63	1 406	42 804
新疆（兵团）	17 545	10 543	673	9 046	4 539	27 291	1 009 597
新疆（农业）	9 416	6 238	16	2 482	4 129	3 716	67 752
新疆（畜牧）	3 374	2 205	427	494	1 000	1 643	55 629
热科院	25					6	47
广州							
南京							

5-14 续表 3

地　　区	农用排灌机械						植保机械	
	柴油机（台）	柴油机（千瓦）	电动机（台）	电动机（千瓦）	农用水泵（台）	滴喷灌溉机械（套）	机动喷雾(粉)机（台）	机动喷雾(粉)机（千瓦）
全国农垦	**142 864**	**1 652 869**	**135 432**	**2 500 638**	**305 556**	**49 606**	**138 998**	**346 600**
北　　京	4	53	63	689	87	219	12	35
天　　津	6	973	80	3 310	42	6	3	90
河　　北	5 035	54 360	8 688	95 954	12 233	1 208	1 042	4 605
山　　西	24	397	692	8 310	82	267	11	165
内 蒙 古	4 967	50 543	5 856	92 909	13 220	1 887	4 651	17 552
辽　　宁	5 644	83 391	5 193	93 645	25 300	1 579	913	8 348
吉　　林	12 491	111 195	1 500	17 884	24 842	295	947	847
黑 龙 江	60 812	806 770	41 451	545 390	94 377	11 221	28 511	78 752
上　　海	19	233	874	19 909	791	26	1 111	3 807
江　　苏	12	72	813	43 166	564	150	889	4 760
浙　　江	153	442	475	3 391	584	176	554	676
安　　徽	4 176	23 192	804	52 772	2 536	5 697	5 263	10 997
福　　建	983	7 671	2 606	9 757	1 479	86	673	2 466
江　　西	3 527	20 036	6 476	61 830	5 722	273	2 382	3 221
山　　东	503	5 485	397	4 664	812	64	390	643
河　　南	1 209	12 415	6 413	41 919	8 363	585	676	1 879
湖　　北	12 561	158 326	11 877	189 024	32 303	3 335	35 029	45 768
湖　　南	8 311	99 721	5 581	83 391	34 921		7 265	21 631
广　　东	6 155	41 144	1 575	10 948	4 053	339	14 140	28 443
广　　西	2 030	20 198	1 663	18 012	3 550	2 268	2 824	11 366
海　　南	7 336	42 447	2 538	5 769	7 034	202	7 853	30 159
重　　庆	1	12	3	9	3	3		
四　　川	2	30	13	818	2		40	119
贵　　州	86	1 346	208	3 144	267	147	129	
云　　南	616	2 896	433	3 696	2 045	41	4 705	14 154
陕　　西	101	1 271	781	8 560	1 191	98	748	1 235
甘　　肃	16	783	703	28 795	615	917	815	3 646
青　　海			14	408	298	1	7	3
宁　　夏	78	1 901	1 328	40 903	1 263	52	246	2 426
新疆（兵团）	3 017	62 819	24 274	946 778	20 294	15 105	10 136	19 220
新疆（农业）	2 267	13 668	1 825	58 665	5 306	1 751	5 942	26 017
新疆（畜牧）	720	29 066	231	6 204	1 338	1 603	1 022	3 385
热 科 院	2	13	4	15	39	5	69	186
广　　州								
南　　京								

5-14 续表 4

地　　区	收　获　机　械							
	联合收获机（台）	联合收获机（千瓦）	# 自走式（台）	# 自走式（千瓦）	机动割晒机（台）	机动割晒机（千瓦）	其他作物收获机械（台）	其他作物收获机械（千瓦）
全国农垦	**94 145**	**4 680 272**	**50 008**	**3 987 391**	**6 109**	**149 477**	**20 778**	**730 468**
北　　京	19	3 629	18	3 629			4	529
天　　津	3	726	3	726				
河　　北	952	61 852	516	39 745	1 217	8 317	743	30 733
山　　西	13	1 406	8	986			3	300
内 蒙 古	2 486	250 163	2 008	224 216	837	30 297	130	7 716
辽　　宁	1 183	61 567	594	36 991	86	2 678	1 688	20 331
吉　　林	4 398	200 867	920	59 012	8	320	173	7 815
黑 龙 江	69 068	2 802 202	34 001	2 526 137	3 165	95 309	794	69 290
上　　海	196	27 380	184	27 380	12	80	111	1 713
江　　苏	1 571	120 348	1 533	118 052	6	364	1 300	1 702
浙　　江	2	176						
安　　徽	1 413	100 012	1 174	80 523	75	799		
福　　建	50	861	37	786			579	905
江　　西	1 659	60 536	357	9 943	15	96	274	1 065
山　　东	111	5 626	39	1 401				
河　　南	685	46 781	543	39 970	15	330	197	4 296
湖　　北	3 533	205 688	2 358	154 428	31	316	808	12 577
湖　　南	1 758	58 568	1 429	48 788				
广　　东	47	4 153	6	120				
广　　西	36	5 280	28	4 633			104	2 369
海　　南					86	2 346		
重　　庆							5	1 503
四　　川								
贵　　州							49	151
云　　南	34	1 039			352	922		
陕　　西	48	3 381	20	1 184	2	132	34	2 015
甘　　肃	111	11 083	59	5 534	38	1 123	300	7 997
青　　海	192	15 358	24	1 306				
宁　　夏	517	42 076	507	40 835			35	886
新疆（兵团）	3 332	533 097	3 332	533 097	106	4 658	12 732	530 739
新疆（农业）	150	16 394	60	10 050	38	110	289	5 477
新疆（畜牧）	578	40 023	250	17 919	20	1 280	426	20 359
热 科 院								
广　　州								
南　　京								

5-14 续表 5

地区	脱粒烘干机械		种子加工设备		设施农业设备			
	机动脱粒机（台）	谷物烘干机（台）	种子包衣机（台）	种子清洗机（台）	水稻工厂化育秧设备（套）	温室（米²）	大棚（米²）	田园管理机（台）
全国农垦	**27 114**	**2 418**	**584**	**1 552**	**802**	**85 500 978**	**237 426 234**	**7 989**
北京	1					272 349		2
天津						10 000		
河北	6 055	7	2	8	79	8 989 933	5 987 872	
山西	15	2	2	2		489 911		
内蒙古	1 932	86	213	287		903 309		185
辽宁	3 302	63	3	14	258	4 414 453		8
吉林	1 404	5	16	5	10	121 943		5
黑龙江	2 212	533	140	590	143	6 766 700	206 333 300	6
上海	6	13		10	50	1 156 530		14
江苏	1 000	101	33	56	112	857 149		
浙江	1	3				43 300		
安徽	209	171	15	123		116 993		934
福建	2 258				1	63 750		4
江西	713	48	26	11	6	22 765	493 720	4
山东	27		10	18		54 707	482 127	11
河南	78	3	43	206		233 290		
湖北	1 458	225	35	41	143	956 310		1 183
湖南	2 601	1 001				3 453		
广东	463					80 099		
广西	223					160 273		25
海南							67 634	
重庆	4		3	20		21 000		
四川								
贵州						6 533		
云南	869					187 221		
陕西	120	1	6	9		254 391		3
甘肃	485	3	20	4		140 478		
青海			1	13		1 174 552		
宁夏	226	33	11	51		3 013 953		717
新疆（兵团）	1 239	90				54 592 900	19 848 100	4 117
新疆（农业）	92	14	3	17		324 746	3 672 320	771
新疆（畜牧）	120	12	2	67		57 969	541 161	
热科院	1	4				10 018		
广州								
南京								

5－14 续表 6

地　　区	农副产品加工机械（台）				畜牧业机械（台）		
	粮食加工机械	棉花加工机械	油料加工机械	橡胶加工机械	牧草播种机	牧草收割机	牧草打捆机
全国农垦	**9 885**	**2 550**	**4 153**	**5 210**	**2 650**	**21 095**	**3 716**
北　　京					3	10	7
天　　津							
河　　北	506	129	42		369	183	438
山　　西	21		6		3	1	
内 蒙 古	752		87		778	17 647	1 921
辽　　宁	1 558	39	80		4	52	4
吉　　林	346		19		1	31	4
黑 龙 江					285	440	157
上　　海	5						
江　　苏	67	1	9				
浙　　江							
安　　徽	13	4	5				
福　　建	190		10	70			
江　　西	1 388	171	2 324	12			
山　　东	20						
河　　南	251	12	13		12	5	14
湖　　北	1 452	978	615	17	3	264	
湖　　南	1 222	181	208	231			
广　　东	192		60	1 079			
广　　西	209		31	107	5	20	2
海　　南	857		71	466			
重　　庆						2	12
四　　川						45	
贵　　州	45		9				
云　　南	38			3 226			
陕　　西	7	4	5		3	7	3
甘　　肃	4	4	4			163	44
青　　海			2		35	197	43
宁　　夏	88		35		35	130	103
新疆（兵团）	327	320	230		722	721	506
新疆（农业）	289	703	250		236	202	122
新疆（畜牧）	38	4	38	2	156	975	336
热 科 院							
广　　州							
南　　京							

5-14 续表 7

地　区	畜牧业机械		林业机械		渔业机械	运输机械	
	机动剪毛机（把）	机动挤奶器（套）	挖坑机（台）	植树机（台）	渔用机动船（艘）	农用运输车（辆）	农用运输车（千瓦）
全国农垦	**1 148**	**9 056**	**1 057**	**347**	**3 111**	**90 672**	**2 434 361**
北　京		145	2			26	678
天　津		28	1			92	1 975
河　北		653	58	15	195	9 452	181 727
山　西		144				190	5 294
内蒙古	307	2 073	164	30	214	7 421	136 399
辽　宁		444	2		916	15 626	300 124
吉　林	2	13	4	6		4 088	173 970
黑龙江	126	3 877	48	11	401	6 283	410 672
上　海		200				30	751
江　苏		31			3	536	1 896
浙　江						39	1 002
安　徽					3	1 203	19 407
福　建		20			6	657	15 043
江　西			8	60	406	1 883	71 412
山　东			7	3	28	138	3 118
河　南		3				996	20 756
湖　北		1	23	2	470	9 344	227 628
湖　南			66		289	2 299	38 532
广　东		28	15	8	7	1 274	113 731
广　西		1				1 167	37 023
海　南			134		14	2 561	100 485
重　庆		220			19	5	375
四　川		1					
贵　州							
云　南						982	54 674
陕　西						705	7 076
甘　肃		3	2			1 149	21 714
青　海	69					992	23 985
宁　夏	1	173	17		8	2 665	52 840
新疆（兵团）	339	879	375	42	128	17 039	323 032
新疆（农业）	138	8	104	170	2	617	22 482
新疆（畜牧）	166	89	27		2	1 195	65 099
热科院						8	35
广　州		22				10	1 425
南　京							

5－14 续表 8

地　区	农田基本建设机械					
	推土机（台）	推土机（千瓦）	挖掘机（台）	挖掘机（千瓦）	开沟机（台）	开沟机（千瓦）
全国农垦	**6 447**	**353 239**	**4 928**	**324 080**	**3 613**	**30 661**
北　京	4	334	6	451		
天　津	7	379	15	806	1	23
河　北	829	58 111	549	12 124		
山　西	2	112	3	210		
内蒙古	1 595	38 905	876	17 311	920	2 958
辽　宁	191	18 567	381	34 794	43	1 266
吉　林	72	5 136	59	4 604	3	174
黑龙江	257	24 847	125	14 606	15	1 455
上　海	6	704	7	524	5	69
江　苏	70	6 780	49	608	830	3 820
浙　江						
安　徽	79	3 789	26	1 733	115	2 848
福　建	29	1 435	952	3 902	521	553
江　西	272	14 604	79	5 429	9	648
山　东	17	1 209	12	1 084	22	428
河　南	40	3 225	25	1 766	12	768
湖　北	1 209	78 040	737	76 070	212	10 955
湖　南	228	2 210	20	2 881		
广　东	124	6 693	15	810		
广　西	42	3 556	78	9 125		
海　南	119	11 256	65	6 546	46	3 168
重　庆						
四　川						
贵　州						
云　南	42	4 330	27	5 743		
陕　西	27	1 586	1	110	1	110
甘　肃	14	626	12	657	16	234
青　海	6	576	1	80		
宁　夏	80	6 587	52	7 784		
新疆（兵团）	828	25 491	606	24 305	797	
新疆（农业）	109	14 017	84	32 154	43	1 064
新疆（畜牧）	149	20 135	62	54 864	2	120
热科院			4	3 000		
广　州						
南　京						

5－15 农业机械化、用电、化肥和水利情况

（2016 年）　　计量单位：公顷

地区	农业机械化情况				飞机作业情况			
	当年实际机耕面积	当年实际机播面积	机械插秧面积	当年机械收割面积	飞机播种面积	飞机施肥面积	飞机病虫害防治面积	自有农用飞机（架）
全国农垦	**6 252 476**	**6 195 571**	**1 840 508**	**5 775 103**	**1 666 592**	**1 175 183**	**1 422 802**	**112**
北京	709	1 139		1 818				
天津	2 772	2 716	884	1 427				
河北	90 629	93 265	24 281	75 518				
山西	5 429	4 781		1 795				
内蒙古	672 808	706 948	2 161	644 260			300	
辽宁	136 256	121 326	74 412	97 734				
吉林	121 262	117 304	36 790	97 345				
黑龙江	2 845 806	2 802 568	1 474 134	2 816 810	1 421 642	1 170 630	1 290 900	76
上海	27 171	40 352	4 611	43 501				
江苏	65 077	154 482	74 821	161 180			3 967	
浙江	874	259	160	367				
安徽	26 708	40 046	7 672	46 718				
福建	4 041	464		1 470				
江西	61 536	25 023	5 022	56 623	740	3	41	3
山东	12 962	14 014	3 460	11 572				
河南	27 845	38 988	33	37 208			264	
湖北	169 868	73 821	20 017	147 092	10	10	310	
湖南	36 996	25 938	1 759	51 048				
广东	32 191	2 812	60	3 160				
广西	40 911	420		1 208				
海南	15 502	1 954	338	5 879				
重庆	140	69						
四川								
贵州	465	580		420				
云南	4 733	1 547		2 361				
陕西	15 831	14 593	220	13 393				
甘肃	63 583	56 483		46 780				
青海	139 419	136 758	2 690	136 047				
宁夏	40 004	39 418		38 582				
新疆（兵团）	1 280 140	1 370 380	8 540	1 059 950	244 200	4 540	126 420	33
新疆（农业）	90 630	90 200	3 584	3 493			600	
新疆（畜牧）	220 165	216 924	94 858	170 345				
热科院	13							
广州								
南京								

5-15 续表 1

地　区	农用化肥施用总量						生物肥施用量（实物量）（吨）	有机肥施用量（实物量）（吨）	测土配方施肥面积（米²）
	（按折纯量计算）（吨）	施用于农作物的数量（吨）	氮肥（吨）	磷肥（吨）	钾肥（吨）	复合肥（吨）			
全国农垦	**2 738 777**	**1 450 474**	**1 066 201**	**496 799**	**331 237**	**791 561**	**519 886**	**2 066 753**	**139 175**
北　京	2 188	2 139	96	63	64	1 965		25 590	
天　津	607	607	187	33	3	384		334	
河　北	33 767	14 102	16 242	6 379	2 982	8 784	977	711	791
山　西	4 370	3 641	1 130	810	324	2 106	73	46 479	
内蒙古	170 701	142 997	64 478	51 687	18 530	52 000	6 229	101 727	
辽　宁	128 614	46 996	56 202	20 056	15 356	37 000	7 203	39 710	
吉　林	38 944	37 216	15 324	7 959	3 663	11 996	3 616	18 073	
黑龙江	569 813	569 813	207 515	137 203	116 115	108 980	9 428	508 242	
上　海	18 673	18 673	11 001	392	196	7 103		115 611	
江　苏	71 048	71 048	47 656	11 446	2 040	9 906	9 026	74 808	
浙　江	4 546	2 965	1 230	492	457	2 367	330	2 425	
安　徽	30 151	25 285	12 913	2 759	3 527	10 952	83	17 298	
福　建	36 292					14 564	3 543	25 448	
江　西	70 568	43 939	21 089	10 142	9 306	30 031	3 716	17 018	23 457
山　东	9 456	6 629	2 347	456	216	4 221	2 000	1 505	47
河　南	27 179	26 540	11 196	4 345	2 685	8 314	230	15 675	
湖　北	157 187	117 396	59 521	29 073	19 081	49 512	127 614	163 100	
湖　南	127 734	51 015	65 457	29 216	12 533	21 620	642	9 956	
广　东	62 343	44 563	18 359	12 981	14 308	16 695	37 448	162 792	
广　西	55 854	38 118	11 640	6 520	9 848	27 846	10 788	202 787	30 483
海　南	184 402	38 553	48 135	6 939	7 480	50 355	225 414	124 131	
重　庆	35	35	9	11	6	8		998	
四　川	613	611	161	95	99	257		459	
贵　州	4 418	4 418	1 230	770	78	2 340		7 100	
云　南	71 819	71 819	15 407	7 564	11 578	37 271		46 918	
陕　西	10 256	10 191	5 681	1 921	881	1 773	5 717	3 643	
甘　肃	39 802	4 321	12 005	8 656	6 619	12 522	38 115	126 096	
青　海	5 524	5 295	3 883	3 081	424	3 148	2 124	127 839	
宁　夏	37 743	31 493	20 635	1 539	2 141	13 428	17 689	13 354	
新疆（兵团）	736 601		322 983	127 734	66 739	219 145			
新疆（农业）	26 323	18 907	12 296	6 389	3 918	3 720	1 492	45 558	69 802
新疆（畜牧）						20 836	5 702	20 575	14 596
热科院	1 199	1 149	192	87	39	405	687	743	
广　州									
南　京	7		2	1	1	7		50	

5-15续表2

地区	农药施用量			农用塑料薄膜使用量			沼气池	
	合计（吨）	化学除草剂（吨）	化学除草面积（公顷）	合计（吨）	地膜（吨）	地膜覆盖面积（公顷）	数量（个）	体积（米^3）
全国农垦	**80 206**	**30 333**	**4 433 678**	**140 282**	**92 342**	**1 284 926**	**56 576**	**723 273**
北京	36	3	303	6	1	8	3	1 290
天津	57	46	1 863	4	4	96		
河北	981	212	20 344	757	584	10 479	2 046	23 468
山西	82	81	1 502	158	158	2 336	2	32
内蒙古	3 872	2 645	678 065	2 461	2 224	31 590	152	1 250
辽宁	3 495	1 587	105 904	4 340	2 223	9 376	2 931	52 989
吉林	645	2 207	82 012	546	293	2 835	66	396
黑龙江	14 473	10 881	2 791 434	16 167	2 091	23 614	561	10 963
上海	727	243	29 407	246	27	617		
江苏	1 799	287	93 252	1 364	333	2 976		
浙江	131	3	1 577	1 456	203	898	23	3 000
安徽	1 199	121	42 976	372	145	779		
福建	1 117	305	6 587	147	160	2 928	4 072	38 079
江西	2 309	1 098	55 323	898	469	3 169	2 630	37 381
山东	215	82	9 133	135	130	2 003	19	170
河南	1 294	60	34 886	522	148	4 672	386	5 706
湖北	6 821	1 343	93 710	3 521	2 101	31 690	13 984	101 096
湖南	2 598	588	20 421	3 846	3 835	11 921	22 406	254 366
广东	6 242	2 117	42 867	820	793	16 658	340	127 975
广西	3 209	1 083	34 369	499	478	8 718	1 178	14 173
海南	11 773	2 759	151 232	563	563	2 329	3 496	32 056
重庆				0	0	0	5	620
四川	10	5	187	7	7	45	7	158
贵州	117	32	1 820	130	38	220	217	1 893
云南	2 559	1 452	39 965	344	172	3 017	407	2 634
陕西	58	31	4 139	164	152	756	256	1 838
甘肃	1 077	626	38 503	2 774	2 737	36 641		
青海	23	14	3 160	14 991	11	107		
宁夏	446	338	34 015	112	46	1 012	611	5 872
新疆(兵团)	11 988			69 092	64 641	908 304		
新疆(农业)	836	63	13 806	9 053	3 166	61 471	456	3 950
新疆(畜牧)				4 778	4 398	103 628	168	672
热科院	17	23	916	10	10	32	154	1 246
广州								
南京								

5-15 续表 3

地　区	农田水利情况						
	有效灌溉面积（公顷）	机灌面积（公顷）	电灌面积（公顷）	节水灌溉面积（公顷）	漫灌面积（公顷）	喷灌面积（公顷）	滴灌面积（公顷）
全国农垦	**4 012 762**	**1 963 630**	**1 249 442**	**1 752 368**	**83 341**	**22 430**	**86 655**
北　京	896	128	798	186			
天　津	2 917		2 917	37			
河　北	61 515	19 270	14 644	14 127	8 296	10 544	2 569
山　西	3 850	368	2 636	2 160			
内蒙古	189 995	54 100	70 981	84 441			
辽　宁	132 049	38 174	37 588	14 754			
吉　林	62 415	24 062	23 330	8 760			
黑龙江	1 560 759	717 399	742 688	395 785			
上　海	23 949	80	23 375	216			
江　苏	71 619	4 353	64 894	10 493			
浙　江	1 453	409	857	130			
安　徽	25 268	11 593	13 101				
福　建	4 272	1 000	569	126			
江　西	57 892	6 676	27 979	7 690	2 279	22	72
山　东	11 766	7 524	2 488	1 904	812	321	86
河　南	27 489	13 296	11 686	9 915			
湖　北	109 352	27 092	79 804	23 219			
湖　南	60 888	12 561	48 293				
广　东	18 699	5 358	9 327	4 014			
广　西	15 806	8 510	6 628	10 751	668	7 272	1 882
海　南	14 974	4 246	2 084			271	
重　庆	80	80		20			
四　川	356	300	36	20			
贵　州	865	865					
云　南	11 031	3 594	645	645			
陕　西	10 181	4 126	2 149	255			
甘　肃	61 266	21 847	11 035	48 425			
青　海	5 549		185	2 890			
宁　夏	41 027	14 758	6 627	2 724			
新疆（兵团）	1 227 898	885 242		1 011 795			
新疆（农业）	90 020	3 030	9 678	6 342	60 463		7 532
新疆（畜牧）	106 581	73 589	32 420	90 460	10 823	4 000	74 514
热科院	85			85			
广　州							
南　京							

5－15续表4

地　　区	农田水利情况				农业电气化情况		
	机电井数量（眼）		排灌站数量（座）	排灌能力（米^3/秒）	农场用电量（万千瓦时）	水电站（个）	水电站发电能力（千瓦）
		已配套（眼）					
全国农垦	**170 707**	**147 681**	**8 257**	**19 179**	**1 735 913**	**239**	**1 346 249**
北　　京	92	86			3 971		
天　　津	60	60	19	35	3 478		
河　　北	5 026	4 439	100	397	482 526		
山　　西	287	265	4	2	2 274	1	100
内 蒙 古	22 750	15 357	47	87	27 313		
辽　　宁	4 993	4 469	214	1 315	124 576		
吉　　林	4 224	2 245	2	130	41 982		
黑 龙 江	88 294	82 592	237	1 156	199 238		
上　　海			467	251			
江　　苏	80	30	1 050	1 160	42 694		
浙　　江	6	6	14	57	37 236	2	500
安　　徽	1 259	981	3 286	272	11 038		
福　　建	172	132	24	40	10 775	27	1 127 372
江　　西	1 358	11	431	664	58 126	120	24 804
山　　东	676	413	7	14	1 191		
河　　南	7 451	5 819	9	67	13 453		
湖　　北	1 388	1 119	1 446	3 672	50 343	4	273
湖　　南			278	3 198	33 419	6	28 987
广　　东	2 403	2 399	47	14	47 004	10	3 799
广　　西	1 012	552	319	119	52 378	4	3 920
海　　南	484	198	21	1 711	48 737	46	78 684
重　　庆					577		
四　　川	1	1	2	1	51		
贵　　州	64	64			22 750	1	120
云　　南	14	14	14	21	15 709	18	77 690
陕　　西	1 385	946	6	3	1 626		
甘　　肃	2 035	1 825			18 448		
青　　海	2	2			357		
宁　　夏	945	938	189	123	10 421		
新疆（兵团）	20 470	20 470			359 899		
新疆（农业）	2 041	868	14		13 987		
新疆（畜牧）	1 723	1 368	10	4 671			
热 科 院	12	12			125		
广　　州							
南　　京					210		

工　业

6－1 工业企业基本情况

（2016 年）

地　区	企业个数（个）		#亏损企业数（个）		工业销售产值（现价）（万元）	
		国有（个）		国有（个）		国有（万元）
全国农垦	**6 336**	**1 186**	**708**	**277**	**90 454 680**	**17 421 521**
北　京	37	31	14	13	789 995	654 909
天　津	27	27	12	12	321 758	321 758
河　北	233	20	34	2	7 769 715	1 030 206
山　西	54	2	3	1	39 954	
内蒙古	190	23	16	8	236 814	104 459
辽　宁	278	4	33	2	5 949 386	13 478
吉　林	46	1	4		731 963	2 018
黑龙江	1 243	214	69	35	7 645 317	4 648 553
上　海	125	125	31	31	3 240 242	3 240 242
江　苏	330	18	20	6	2 286 094	1 523 388
浙　江	39	2	5	1	4 615 192	440
安　徽	25	9	2	2	178 512	27 709
福　建	159	32	11	5	1 357 430	28 431
江　西	408	84	46	32	6 075 966	445 816
山　东	16	6	1		1 297 906	708
河　南	33	15	3	3	358 724	119 371
湖　北	888	84	82	5	17 358 144	1 526 201
湖　南	401	127	19	3	2 373 434	816 889
广　东	107	100	27	27	1 312 267	671 403
广　西	428	77	18	13	6 413 464	974 490
海　南	122	38	17	12	133 025	49 421
重　庆	9	4	1	1	880 100	514 000
四　川	8	3	2	1	28 554	655
贵　州	5	5			86 430	86 430
云　南	80	29	26	13	195 517	120 102
陕　西	5	5	3	3	12 767	12 767
甘　肃	45	39	24	23	105 282	64 456
青　海	5	5			1 850	1 850
宁　夏	54	14	9	7	105 016	74 051
新疆（兵团）	865	21	139	4	18 378 308	199 793
新疆（农业）	32	11	28	6	26 090	13 850
新疆（畜牧）	35	9	7	5	83 037	74 163
热科院						
广　州	2	2	1	1	59 515	59 515
南　京	2		1		6 912	

6－1续表1

地　区	主营业务收入（万元）	国有（万元）	主营业务成本（万元）	国有（万元）	主营业务费用（万元）	国有（万元）
全国农垦	**85 125 761**	**19 418 382**	**70 295 722**	**15 594 384**	**6 016 332**	**2 067 741**
北　京	849 988	703 155	611 542	509 462	187 678	164 526
天　津	353 471	353 471	322 501	322 501	33 522	33 522
河　北	7 413 512	1 008 889	6 437 083	664 854	208 659	98 458
山　西	32 532	832	16 941		4 846	748
内蒙古	230 852	100 725	175 437	82 916	25 718	16 222
辽　宁	5 703 682	13 411	5 021 815	9 446	263 081	1 664
吉　林	695 138	2 018	662 186	1 614	7 637	158
黑龙江	8 303 114	5 546 524	7 635 255	5 208 875	508 351	358 736
上　海	4 472 653	4 472 653	3 660 227	3 660 227	502 461	502 461
江　苏	2 280 273	1 522 020	1 132 401	500 438	527 198	482 153
浙　江	617 720	440	524 842	348	18 062	22
安　徽	179 361	31 166	161 775	28 733	5 703	1 781
福　建	1 309 798	27 775	1 149 923	22 837	64 388	1 292
江　西	6 315 621	432 675	5 408 319	299 213	387 480	98 658
山　东	1 307 307	686	1 210 559	467	28 523	109
河　南	335 346	118 170	286 837	93 049	15 541	8 309
湖　北	14 516 254	1 287 742	12 394 114	1 086 890	859 925	24 488
湖　南	2 116 043	572 235	1 981 534	488 800	92 377	48 650
广　东	1 421 901	785 217	1 064 470	706 741	60 289	36 772
广　西	6 464 648	1 016 863	4 403 014	842 580	396 146	39 417
海　南	120 622	48 417	115 843	59 170	5 333	3 382
重　庆	880 060	518 000	770 200	450 100	54 150	43 300
四　川	24 905	700	16 624	504	5 068	39
贵　州	91 250	91 250	64 680	64 680	22 680	22 680
云　南	195 783	120 004	171 858	104 183	6 337	4 463
陕　西	12 290	12 290	5 169	5 169	6 937	6 937
甘　肃	124 685	63 961	101 115	48 652	19 533	11 497
青　海	3 520	3 520	2 321	2 321	550	550
宁　夏	107 564	76 692	72 318	47 580	14 277	11 520
新疆（兵团）	18 282 592	198 676	14 526 648	159 186	1 658 647	21 910
新疆（农业）	202 946	143 430	62 333	10 408	850	176
新疆（畜牧）	94 066	85 260	79 484	72 239	4 488	3 917
热科院						
广　州	59 515	59 515	40 202	40 202	19 223	19 223
南　京	6 750		6 152		675	

6-1续表2

地　区	主营业务税金及附加（万元）		主营业务利润（万元）		利润总额（万元）	
		国有（万元）		国有（万元）		国有（万元）
全国农垦	**868 905**	**296 280**	**6 484 896**	**1 093 708**	**5 044 240**	**784 596**
北　京	7 650	6 665	230 796	187 027	25 963	9 606
天　津	5 300	5 300	−11 725	−11 725	−8 262	−8 262
河　北	245 580	167 640	251 066	74 040	228 153	83 571
山　西	2 797		5 983	84	5 705	75
内蒙古	6 391	2 847	23 296	−1 259	9 436	−13 760
辽　宁	80 839	1 844	337 947	457	133 564	3 858
吉　林	1 981	1	23 334	245	24 317	246
黑龙江	43 268	9 622	116 240	−30 709	107 836	−7 468
上　海	18 344	18 344	172 835	172 835	200 179	200 179
江　苏	21 729	19 461	408 751	329 572	360 518	315 667
浙　江	1 695	4	40 765	66	41 186	34
安　徽	540	128	11 343	523	4 951	39
福　建	19 913	1 431	75 574	2 215	67 542	907
江　西	58 769	15 031	461 053	19 773	364 063	11 496
山　东	9 207	64	59 018	46	58 674	33
河　南	6 880	5 096	26 088	11 716	21 134	5 183
湖　北	110 926	9 334	1 151 289	167 030	820 743	93 321
湖　南	17 512	8 765	24 620	13 004	23 903	19 990
广　东	27 779	5 621	269 363	36 083	66 738	12 549
广　西	46 746	5 306	775 758	71 180	327 784	24 225
海　南	2 511	894	−3 065	−14 025	−10 225	−12 795
重　庆	5 600	1 060	50 110	23 540	23 141	11 657
四　川	1 869	39	1 344	118	752	−91
贵　州	1 760	1 760	2 130	2 130	2 130	2 130
云　南	1 237	554	3 354	165	2 795	918
陕　西	755	755	−571	−571	−831	−831
甘　肃	551	363	3 487	3 449	−1 602	−2 605
青　海	240	240	409	409	409	409
宁　夏	6 034	5 512	11 509	8 840	9 525	7 924
新疆(兵团)	113 444	2 124	1 945 042	16 237	2 119 063	19 752
新疆(农业)	510	20	7 077	1 046	7 632	−69
新疆(畜牧)	169	96	11 045	10 438	7 723	6 991
热科院						
广　州	361	361	−271	−271	−282	−282
南　京	20		−97		−115	

6－1续表3

地　区	#亏损企业亏损额（万元）		固定资产原值（万元）		#生产经营用（万元）	
		国有（万元）		国有（万元）		国有（万元）
全国农垦	**750 680**	**234 307**	**44 306 931**	**8 834 237**	**18 589 509**	**6 594 019**
北　京	18 041	18 041	525 078	431 715	506 969	425 589
天　津	8 286	8 286	205 756	205 756	170 045	170 045
河　北	41 665	115	2 053 058	1 027 602	1 771 433	870 548
山　西	368	9	40 716	3 973	35 411	3 772
内蒙古	6 243	5 447	376 759	235 156	297 446	231 887
辽　宁	869	34	2 324 905	57 232	2 124 113	55 260
吉　林	67		352 890	432	335 236	416
黑龙江	106 285	96 070	2 977 909	2 161 111	2 709 897	875 249
上　海	32 372	32 372	1 517 325	1 517 325	1 457 210	1 457 210
江　苏	13 683	13 163	651 599	346 526	613 236	344 750
浙　江	19	19	32 111	84	354	82
安　徽	215	215	49 270	18 365	39 489	10 227
福　建	2 030	19	928 312	4 633	779 759	2 734
江　西	1 207	898	495 326	86 290	286 722	62 196
山　东	18		142 492	1 038	13 432	1 038
河　南	2 477	2 477	148 925	56 157	113 958	34 065
湖　北	45 740	3 604	4 823 292	465 311	4 193 227	400 447
湖　南	803	712	391 060	3 455	149 289	3 199
广　东	16 327	16 327	432 809	380 479	372 178	322 898
广　西	35 789	14 335	2 022 524	758 000	1 870 835	704 940
海　南	15 466	14 168	150 016	96 932	130 412	89 810
重　庆	1 476	1 476	204 802	129 494	146 454	114 381
四　川	720	112	11 117	735	9 195	414
贵　州			53 782	53 782	45 728	45 728
云　南	4 217	4 197	133 075	105 555	89 196	73 606
陕　西	831	831	11 689	11 689	11 689	11 689
甘　肃	8 515	7 201	258 982	123 708	111 460	107 836
青　海			6 746	6 746	4 637	4 637
宁　夏	2 562	2 075	141 136	113 000	123 695	98 930
新疆（兵团）	401 878	9 718	22 415 007	218 688		
新疆（农业）	147	147	336 076	136 502	1 426	1 426
新疆（畜牧）	312	312	69 366	54 982	52 802	47 660
热科院						
广　州	282	282	21 783	21 783	21 351	21 351
南　京	124		1 239		1 227	

6－1续表4

地　　区	固定资产净值（万元）	国有（万元）	本年折旧（万元）	国有（万元）	从业人员年末人数（人）	国有（人）
全国农垦	**32 793 801**	**5 641 944**	**3 567 181**	**1 131 054**	**832 113**	**159 343**
北　　京	319 464	276 817	25 729	20 557	10 646	8 767
天　　津	95 930	95 930	7 917	7 917	4 448	4 448
河　　北	1 522 057	820 168	148 716	78 522	42 388	2 148
山　　西	29 974	2 439	5 027	1 034	4 490	448
内 蒙 古	270 639	194 705	44 719	24 476	3 665	1 531
辽　　宁	2 174 250	53 890	86 134	1 321	44 278	106
吉　　林	328 508	357	14 882	11	5 958	17
黑 龙 江	1 948 163	1 354 777	1 029 746	677 972	72 538	8 147
上　　海	789 827	789 827	84 897	84 897	34 384	34 384
江　　苏	391 275	177 070	89 204	62 041	27 015	9 885
浙　　江	14 568		15 574		4 235	100
安　　徽	34 361	13 317	1 850	824	2 188	457
福　　建	671 912	2 071	76 743	336	21 015	993
江　　西	334 071	53 604	21 140	2 261	85 224	11 035
山　　东	96 192	229	25 981	57	2 194	32
河　　南	111 164	33 458	11 420	8 952	7 103	4 027
湖　　北	3 385 173	290 381	290 726	35 331	142 310	16 152
湖　　南	352 240	2 988	56 412	530	35 460	3 356
广　　东	295 390	243 734	36 804	35 325	17 994	9 939
广　　西	1 749 483	644 300	82 896	22 027	61 017	12 582
海　　南	97 540	73 044	8 234	4 988	6 255	2 816
重　　庆	104 423	67 733	16 088	5 223	9 331	3 771
四　　川	5 703	469	849	13	1 052	133
贵　　州	40 430	40 430	2 250	2 250	1 433	1 433
云　　南	51 380	40 150	7 540	5 250	5 434	3 560
陕　　西	2 737	2 737	852	852	512	512
甘　　肃	142 779	103 408	116 203	20 300	4 173	1 879
青　　海	5 634	5 634	604	604	144	144
宁　　夏	96 069	80 178	7 355	5 536	2 514	968
新疆（兵团）	17 273 838	124 399	1 240 819	13 356	161 805	3 025
新疆（农业）	2 304	1 775	173	135	6 916	4 715
新疆（畜牧）	40 640	36 875	8 316	6 834	2 483	1 440
热 科 院						
广　　州	15 053	15 053	1 322	1 322	1 393	1 393
南　　京	630		58		118	

6－1续表5

地　区	从业人员年平均人数（人）	国有（人）	从业人员年工资总额（万元）	国有（万元）	期末在用计算机数（台）	国有（台）	期末拥有网站数（个）	国有（个）
全国农垦	**829 512**	**152 281**	**5 909 840**	**1 110 724**	**101 544**	**34 907**	**1 209**	**461**
北　京	10 883	9 061	74 274	56 820	2 919	2 299	16	13
天　津	4 492	4 492	44 618	44 618	751	751	11	11
河　北	42 256	2 131	174 265	20 759	4 121	1 209	47	3
山　西	4 027	467	10 097	169	81	10		
内蒙古	4 001	1 799	30 238	11 427	491	391	6	3
辽　宁	48 765	176	109 533	383				
吉　林	5 975	17	16 867	295	201	3	5	
黑龙江	78 789	8 442	2 563 436	304 256	8 519	7 158	87	22
上　海	35 460	35 460	196 412	196 412	4 705	4 705	99	99
江　苏	27 287	9 821	173 289	84 977	2 510	902	126	14
浙　江	4 235	100	21 904	132	55		2	
安　徽	2 367	511	7 743	2 662	363	91	44	27
福　建	20 389	937	82 376	3 240	1 406	220	181	152
江　西	81 191	10 939	219 176	38 395	3 035	417	19	6
山　东	2 203	37	9 117	124	58		2	
河　南	7 120	4 039	19 398	12 904	289	248	6	5
湖　北	138 291	15 022	652 387	91 543	13 132	2 471	120	12
湖　南	32 172	2 988	73 090	6 325	23 670	5 779	20	20
广　东	16 937	8 888	92 295	47 417	1903	1 679	16	14
广　西	58 156	11 378	213 783	51 450	4 030	1 745	71	19
海　南	6 532	2 761	31 555	11 292	307	146	10	4
重　庆	9 523	3 792	55 893	28 210	1 166	751	9	5
四　川	1 057	136	3 505	194	112	15	2	
贵　州	1 433	1 433	5 867	5 867	648	648	2	2
云　南	5 158	3 466	17 413	12 642	763	703	7	4
陕　西	536	536	1 911	1 911	112	112	2	2
甘　肃	3 459	1 880	11 053	7 648	1 045	852	10	6
青　海	144	144	650	650	20	20		
宁　夏	2 593	1 006	8 845	5 065	365	327	10	3
新疆（兵团）	163 706	3 244	934 862	18 010	23 560	543	306	6
新疆（农业）	6 024	4 174	19 803	13 546	492	54	1	
新疆（畜牧）	2 817	1 589	20 958	18 773	378	351	8	7
热科院								
广　州	1 415	1 415	12 610	12 610	307	307	2	2
南　京	119		620		30		2	

6－2　各垦区分行业工业企业个数和工业总产值

（2016 年）

地　区	企业个数（个）	工业总产值（万元）	# 国有		# 轻工业		# 规模以上	
			企业个数（个）	工业总产值（万元）	企业个数（个）	工业总产值（万元）	企业个数（个）	工业总产值（万元）
全国农垦	**17 694**	**96 073 605**	**1 484**	**19 544 698**	**9 209**	**58 617 850**	**3 545**	**80 564 323**
北　京	37	783 819	31	636 012	17	186 554	7	186 213
天　津	27	325 320	27	325 320	26	321 996	16	313 054
河　北	1 141	8 396 648	20	1 633 935	720	4 962 005	193	7 891 627
山　西	54	48 477	2	188	10	16 820	2	3 921
内蒙古	229	272 828	23	123 631	40	85 424	21	185 632
辽　宁	857	5 659 600	4	13 420	60	1 446 537	274	5 334 222
吉　林	48	506 359	1	266	36	400 891	44	504 374
黑龙江	1 243	7 620 544	214	4 569 091	713	6 499 268	171	5 708 502
上　海	125	3 237 690	125	3 237 690	108	3 074 287	96	3 178 057
江　苏	330	2 314 189	18	1 524 161	142	1 731 090	44	2 045 255
浙　江	57	942 236	2	466	13	185 986	37	74 316
安　徽	140	253 646	9	27 868	109	191 116	25	194 871
福　建	1 140	1 628 685	32	29 061	481	979 740	140	1 304 092
江　西	1 054	7 475 617	84	312 110	713	5 824 020	217	5 755 340
山　东	27	1 315 289	6	708	4	227	6	1 296 320
河　南	51	370 046	15	120 229	32	328 522	25	354 957
湖　北	2 430	20 725 637	84	3 113 488	2 166	18 047 218	626	17 782 658
湖　南	393	1 167 708	127	324 012	230	502 889	166	467 032
广　东	567	1 787 873	100	709 944	384	1 601 890	107	1 356 171
广　西	785	6 876 799	77	866 245	361	2 276 528	384	6 355 354
海　南	121	132 089	38	52 584	39	70 376	4	75 969
重　庆	9	883 635	4	516 064	9	883 635	9	883 635
四　川	8	28 563	3	642	7	5 427	1	21 036
贵　州	5	70 934	5	70 934	5	70 934	5	70 934
云　南	80	189 195	29	110 981	27	71 080	17	116 177
陕　西	5	12 782	5	12 782	3	2 137	2	10 645
甘　肃	45	101 595	39	59 564	16	35 251	18	75 625
青　海	6	2 827	5	2 827				
宁　夏	54	105 898	14	74 562	38	87 021	9	90 229
新疆（兵团）	6 550	22 603 822	322	926 162	2 668	8 544 849	865	18 818 439
新疆（农业）	32	70 497	11	10 920	14	47 696	7	19 746
新疆（畜牧）	37	93 047	6	78 898	16	76 504	3	83 008
热科院								
广　州	2	59 932	2	59 932	2	59 932	2	
南　京	5	9 780					2	6 912

6－2续表1

地区	一、煤炭开采和洗选业		二、石油和天然气开采业		三、黑色金属矿采选业		四、有色金属矿采选业	
	企业个数（个）	工业总产值（万元）	企业个数（个）	工业总产值（万元）	企业个数（个）	工业总产值（万元）	企业个数（个）	工业总产值（万元）
全国农垦	**54**	**387 889**			**53**	**327 537**	**40**	**231 403**
北京								
天津								
河北					1	68		
山西								
内蒙古	4	72 932			7	472	3	2 764
辽宁					1	560	1	4 867
吉林								
黑龙江	7	31 831					2	43 434
上海								
江苏								
浙江								
安徽								
福建	1	2 397						
江西	12	79 442			9	39 750	2	139 698
山东								
河南								
湖北					6	20 900		
湖南								
广东								
广西					5	135 839	7	25 248
海南					2	2 238		
重庆								
四川								
贵州								
云南								
陕西	2	10 645						
甘肃								
青海								
宁夏	4	698						
新疆（兵团）	24	189 945			22	127 710	25	15 392
新疆（农业）								
新疆（畜牧）								
热科院								
广州								
南京								

6-2 续表 2

地区	五、非金属矿采选业		#采盐业		六、其他矿采选业		七、农副食品加工业	
	企业个数（个）	工业总产值（万元）	企业个数（个）	工业总产值（万元）	企业个数（个）	工业总产值（万元）	企业个数（个）	工业总产值（万元）
全国农垦	**364**	**538 425**	**166**	**20 007**	**82**	**136 264**	**2 560**	**21 056 346**
北京							6	84 567
天津							6	128 493
河北	2	1 331	2	1 331			81	457 493
山西					37	21 000	4	4 815
内蒙古					1	205	102	32 478
辽宁	164	17 398	158	9 200	15	18 600	183	1 352 771
吉林							26	189 244
黑龙江	43	138 315					507	5 706 608
上海							51	1 436 902
江苏							39	404 218
浙江							3	74 316
安徽							34	106 169
福建	9	6 249			5	7 204	115	87 555
江西	10	5 119			11	41 495	67	208 572
山东	4	7 132	4	7 132			5	182
河南							12	108 116
湖北					4	32 700	429	4 412 703
湖南	8	5 112					129	450 126
广东	36	23 262					77	378 411
广西	31	258 314			7	15 060	91	1 110 056
海南							10	13 299
重庆							4	278 324
四川								
贵州							2	6 580
云南	1	1 176					3	28 240
陕西							1	653
甘肃	2	493	1	493			10	22 184
青海	1	1 850	1	1 850				
宁夏	3	63			2		11	16 785
新疆（兵团）	50	72 611					527	3 923 796
新疆（农业）							9	5 000
新疆（畜牧）							15	26 831
热科院								
广州								
南京							1	860

6－2续表3

地　　区	#谷物磨制业		饲料加工业		制糖业		八、食品制造业	
	企业个数（个）	工业总产值（万元）	企业个数（个）	工业总产值（万元）	企业个数（个）	工业总产值（万元）	企业个数（个）	工业总产值（万元）
全国农垦	**941**	**3 736 416**	**411**	**3 462 950**	**65**	**1 622 311**	**633**	**7 280 974**
北　　京			2	57 185			19	675 873
天　　津			2	5 416			8	110 818
河　　北	25	51 273	14	171 661	1	5 217	27	776 288
山　　西			2	4 680			3	5 261
内 蒙 古	31	820	65	5 967			12	50 372
辽　　宁	62	536 086	31	243 178	1	39 873	45	106 067
吉　　林	25	167 103	1	22 141			3	141 200
黑 龙 江	369	1 779 760	30	66 650	2	771	41	515 929
上　　海	13	212 786	8	71 065	20	623 329	33	1 383 749
江　　苏			15	49 722			10	32 922
浙　　江			1	68 092			1	5 000
安　　徽	7	25 770	3	11 395			2	986
福　　建	22	9 204	13	9 802			56	56 591
江　　西	33	97 330	14	18 693			31	128 621
山　　东	2	53	3	129			1	5 557
河　　南	8	30 432	3	54 644			6	73 261
湖　　北	143	356 098	64	1 121 616	11	89 326	132	1 109 883
湖　　南	84	65 352	43	260 885	2	123 889	31	81 885
广　　东	19	33 931	9	25 375	11	216 655	24	266 328
广　　西	11	66 804	25	358 634	10	399 812	15	27 511
海　　南	6	360			1	11 214	2	1 930
重　　庆			3	147 348			2	366 974
四　　川							1	34
贵　　州	1	2 163	1	4 417			2	64 308
云　　南			1	3 371	2	24 869	1	3 769
陕　　西	1	653					2	1 484
甘　　肃	2	8 096					2	2 125
青　　海								
宁　　夏	5	7 400	6	9 385			3	6 129
新疆（兵团）	55	274 795	46	648 956	4	87 356	114	1 164 458
新疆（农业）	7	3 650	2	1 350				300
新疆（畜牧）	10	6 498	3	20 333			2	55 428
热 科 院								
广　　州							2	59 932
南　　京			1	860				

6-2 续表 4

地区	#液体乳及乳制品制造业		罐头制造业		九、酒、饮料和精制茶料制造业		十、烟草制品业	
	企业个数（个）	工业总产值（万元）	企业个数（个）	工业总产值（万元）	企业个数（个）	工业总产值（万元）	企业个数（个）	工业总产值（万元）
全国农垦	**98**	**4 105 592**	**71**	**694 410**	**575**	**2 778 899**	**4**	**1 508 922**
北京	13	528 487	1	9 040	1	421		
天津	2	51 356			3	32 355		
河北	11	773 436			8	9 394		
山西	1	240			1	520		
内蒙古					5	14 055		
辽宁	2	6 518	1	827	17	28 161		
吉林	1	19 206						
黑龙江	8	401 120			44	100 014		
上海	18	1 149 627	3	93 968	11	163 880		
江苏	2	8 010			6	3 171		
浙江					2	1 100		
安徽					17	14 926		
福建	2	800	3	15 155	66	66 273		
江西	2	26 016	8	3 961	26	113 109	3	920
山东	1	5 557						
河南	1	8 698			5	89 632		
湖北	4	430 905	4	91 156	123	1 065 592	1	1 508 002
湖南			3	37 950	6	27 232		
广东	4	107 935	2	10 328	29	10 007		
广西	1	2 031			56	117 948		
海南					12	9 784		
重庆	1	200 000	1	166 974				
四川	1	34			5	25 901		
贵州	2	64 308						
云南					23	32 700		
陕西	2	1 484						
甘肃			1	2 125	3	17 585		
青海								
宁夏	1	1 598			13	62 025		
新疆（兵团）	14	202 867	44	262 926	93	773 114		
新疆（农业）								
新疆（畜牧）	2	55 428						
热科院								
广州	2	59 932						
南京								

6－2续表5

地区	十一、纺织业		十二、纺织服装、鞋、帽制造业		#机织服装制造业		十三、皮革、毛皮、羽毛（绒）及其制品业	
	企业个数（个）	工业总产值（万元）	企业个数（个）	工业总产值（万元）	企业个数（个）	工业总产值（万元）	企业个数（个）	工业总产值（万元）
全国农垦	**701**	**3 185 572**	**499**	**3 705 025**	**173**	**2 330 614**	**126**	**312 558**
北京								
天津	1	6 309						
河北	21	42 063	36	36 909	8	34 619	1	1 538
山西								
内蒙古								
辽宁	4	52 117	5	75 844			1	125
吉林			1	4 000			1	
黑龙江	17	18 800	2	632			2	1 978
上海								
江苏	4	15 485	55	141 048				
浙江	9	51 081	2	86 324				
安徽	6	41 390	11	16 702			1	16
福建	33	25 113	8	17 870			47	85 859
江西	23	298 757	175	2 379 540	164	2 295 791	7	44 069
山东								
河南	3	41 664						
湖北	178	1 183 906	111	560 920			10	94 526
湖南	14	82 112	6	9 420			3	4 886
广东	24	23 046	69	28 469			42	10 438
广西	31	91 902	5	38 535	1	204	7	58 917
海南								
重庆								
四川	1	529						
贵州								
云南								
陕西								
甘肃	3	1 911	1					
青海								
宁夏								
新疆(兵团)	322	1 161 009	8	296 114			4	10 206
新疆(农业)	7	48 379	4	12 698				
新疆(畜牧)								
热科院								
广州								
南京								

6-2续表6

地　区	十四、木材加工及竹、藤、棕、草制品业		十五、家具制造业		十六、造纸及纸制品业		#造纸业	
	企业个数（个）	工业总产值（万元）	企业个数（个）	工业总产值（万元）	企业个数（个）	工业总产值（万元）	企业个数（个）	工业总产值（万元）
全国农垦	**550**	**1 494 092**	**526**	**1 998 001**	**236**	**1 150 247**	**57**	**258 331**
北　京								
天　津					2	16 537		
河　北	11	5 106	41	285 643	24	88 895	3	31 480
山　西			1	70	1		1	
内 蒙 古	7	1 707						
辽　宁	6	38 204	19	16 263	3	4 675	1	4 575
吉　林					2	20 646	1	20 563
黑 龙 江	48	106 465	6	7 257	4	1 988	4	1 988
上　海					1	13 947		
江　苏			1	322	5	24 969		
浙　江			3	30 892	2	340		
安　徽	8	2 639			1	1 115		
福　建	104	53 622	64	71 079	27	4 171	4	1 943
江　西	92	183 399	22	102 431	22	164 193	10	47 739
山　东								
河　南			3	3 902	1	881	1	881
湖　北	48	162 577	279	978 873	39	322 629	3	18 291
湖　南	8	13 523	26	152 998	13	127 233	9	32 612
广　东	45	26 133	16	56 694	7	7 635		
广　西	101	705 819	16	32 393	28	159 211	4	57 196
海　南	30	43 203	2	2 644				
重　庆			1	220 435				
四　川								
贵　州								
云　南	14	12 703						
陕　西								
甘　肃								
青　海								
宁　夏								
新疆（兵团）	24	138 085	25	36 105	53	191 105	15	40 987
新疆（农业）	3	900						
新疆（畜牧）	1	7	1		1	76	1	76
热 科 院								
广　州								
南　京								

6-2续表7

地区	十七、印刷业、记录媒介复制业		十八、文教体育娱乐用品制造业		十九、石油加工、炼焦及核燃料加工业		二十、化学原料及化学制品制造业	
	企业个数（个）	工业总产值（万元）	企业个数（个）	工业总产值（万元）	企业个数（个）	工业总产值（万元）	企业个数（个）	工业总产值（万元）
全国农垦	**118**	**921 496**	**77**	**149 200**	**150**	**6 729 018**	**595**	**4 715 441**
北京							2	1 359
天津			2					
河北	10	2 574	9	14 391	76	3 432 327	43	235 191
山西							3	5 400
内蒙古							1	
辽宁	2	10 388			40	1 325 131	46	556 168
吉林	1	3 613						
黑龙江	8	7 581	1	2 950	2	6 970	44	67 949
上海	5	40 093					6	41 669
江苏	6	803	9	12 452			3	4 498
浙江							3	12 932
安徽	4	258	3	393				
福建	7	2 770	8	2 815			29	56 728
江西	10	12 159	3	2 434	2	69 079	55	398 018
山东					2	1 275 942	7	18 308
河南	1	231					2	1 626
湖北	21	730 301	20	43 594			78	635 787
湖南	6	1 088	5	58			11	60 923
广东	1	92					7	5 988
广西	5	82 314	4	42 029	1	26 208	40	281 043
海南			1	1 100			4	809
重庆								
四川								
贵州								
云南							2	913
陕西								
甘肃							4	4 701
青海								
宁夏							3	1 130
新疆（兵团）	31	27 231	12	26 984	27	593 361	201	2 324 071
新疆（农业）							1	230
新疆（畜牧）								
热科院								
广州								
南京								

6－2 续表 8

地　　区	# 肥料制造业		日用化学产品制造业		二十一、医药制造业		# 中药饮片加工业	
	企业个数（个）	工业总产值（万元）	企业个数（个）	工业总产值（万元）	企业个数（个）	工业总产值（万元）	企业个数（个）	工业总产值（万元）
全国农垦	**235**	**1 020 365**	**41**	**421 055**	**116**	**2 460 752**	**14**	**95 440**
北　　京					2	10 555		
天　　津								
河　　北	6	13 041	1	5 885	2	18 827		
山　　西					1	3 190		
内 蒙 古	1							
辽　　宁			3	98 333	5	57 480		
吉　　林					4	45 801		
黑 龙 江	35	58 854			9	65 941	2	5 327
上　　海	5	26 500			3	4 050	1	2 177
江　　苏					5	1 248 755		
浙　　江								
安　　徽					1	2 251		
福　　建	1	320	5	48 065	1	200		
江　　西	1	2 175	12	190 853	21	285 814	2	7 908
山　　东								
河　　南	1	1 422	1	204	1	17 000		
湖　　北	15	181 996	5	47 151	34	583 459	3	71 628
湖　　南								
广　　东	5	4 677	2	1 311				
广　　西	18	125 442	1	2 566	6	18 322	1	624
海　　南	1	15	3	794				
重　　庆					1	1 129	1	1 129
四　　川								
贵　　州								
云　　南	2	476						
陕　　西								
甘　　肃	3	4 701			3	9 541		
青　　海								
宁　　夏	2	607	1	524				
新疆（兵团）	138	599 909	7	25 369	17	88 437	4	6 647
新疆（农业）	1	230						
新疆（畜牧）								
热 科 院								
广　　州								
南　　京								

6－2续表9

地　区	中成药制造业		二十二、化学纤维制造业		二十三、橡胶和塑料制品业	
	企业个数（个）	工业总产值（万元）	企业个数（个）	工业总产值（万元）	企业个数（个）	工业总产值（万元）
全国农垦	**42**	**555 668**	**63**	**407 576**	**300**	**1 516 491**
北　京						
天　津					1	14 421
河　北			5	38 242	58	109 077
山　西					1	3 200
内蒙古					1	1 308
辽　宁	4	17 872	5	148 689	19	292 445
吉　林	4	45 801			2	24 178
黑龙江	7	60 614			16	19 833
上　海					4	61 142
江　苏			2	1 635	10	5 367
浙　江			1	8 143	3	16 356
安　徽	1	2 251			1	737
福　建			34	2 246	65	56 458
江　西	9	179 954			14	101 276
山　东						
河　南	1	17 000			1	3 160
湖　北	9	177 091	6	29 640	71	614 510
湖　南					6	2 012
广　东					16	110 736
广　西	1	13 360				
海　南					2	16 995
重　庆					1	16773
四　川						
贵　州						
云　南					3	45 667
陕　西						
甘　肃	1	7 041	2	102		
青　海						
宁　夏						
新疆（兵团）	5	34 684	8	178 879		
新疆（农业）						
新疆（畜牧）					5	840
热科院						
广　州						
南　京						

6-2续表10

地区	二十四、非金属矿制品业		#水泥制造业		砖瓦、石灰和轻质建筑材料制造业		二十五、黑色金属冶炼及压延加工业	
	企业个数（个）	工业总产值（万元）	企业个数（个）	工业总产值（万元）	企业个数（个）	工业总产值（万元）	企业个数（个）	工业总产值（万元）
全国农垦	**1 491**	**5 316 523**	**163**	**855 676**	**715**	**1 246 186**	**106**	**1 860 115**
北京	2	8 855	1	8 687	1	168	1	1 233
天津	1							
河北	42	175 280	5	16 448	9	21 107	12	870 166
山西								
内蒙古	19	81 447	5	71 586	12	9 235		
辽宁	49	240 945	14	47 003	19	24 193	8	40 023
吉林	3	17 665	2	17 665	1		2	368
黑龙江	116	172 136	12	14 926	73	79 617		
上海								
江苏	23	23 408	11	14 990				
浙江	9	33 237			3	466	2	371 387
安徽	21	11 258			13	11 168		
福建	174	544 327	4	36 832	56	90 883	9	25 035
江西	117	393 977	25	80 594	45	144 817	4	5 541
山东	4	5 804			3	487		
河南	5	4 890	1	2 300	4	2 590		
湖北	210	918 487	20	104 195	122	258 569	18	104 271
湖南	70	40 223			40	15 455		
广东	50	41 367	6	16 893	44	24 474		
广西	89	424 654	11	84 880	60	231 365	15	207 472
海南	21	30 812			14	5 287		
重庆								
四川								
贵州								
云南	11	9 033	3	6 415	8	2 395		
陕西								
甘肃	6	14 110	5	14 110	1			
青海	1				1			
宁夏	6	11 205			6	11 205		
新疆（兵团）	431	2 107 382	32	312 640	175	312 197	35	234 619
新疆（农业）	3	650	3	650				
新疆（畜牧）	8	5 371	3	4 862	5	508		
热科院								
广州								
南京								

6－2续表11

地区	二十六、有色金属冶炼及压延加工业		二十七、金属制品业		#搪瓷制品制造业		不锈钢及金属制日用品制造业	
	企业个数（个）	工业总产值（万元）	企业个数（个）	工业总产值（万元）	企业个数（个）	工业总产值（万元）	企业个数（个）	工业总产值（万元）
全国农垦	**74**	**4 137 725**	**811**	**2 582 282**	**2**	**1 049**	**94**	**322 767**
北京	1							
天津								
河北	2	25 911	208	209 876	1	1 003	2	631
山西			1	2 721			1	2 721
内蒙古			1	39				
辽宁	6	100 972	45	231 419			19	6 129
吉林								
黑龙江	3	4 618	27	41 606				
上海			7	49 332			3	36 506
江苏								
浙江	2	14 345	1	580				
安徽			7	26 233				
福建			124	203 701			11	31 751
江西	6	41 102	20	123 751	1	46	6	47 904
山东			1	715				
河南								
湖北	10	69 734	154	1 111 059			16	67 366
湖南			6	9 332			5	4 412
广东			28	100 779			23	100 123
广西	10	132 107	42	183 684			3	24 568
海南			10	2 223				
重庆								
四川								
贵州								
云南			1	4 663				
陕西								
甘肃								
青海								
宁夏			9	7 863			5	656
新疆（兵团）	34	3 748 936	119	272 706				
新疆（农业）								
新疆（畜牧）								
热科院								
广州								
南京								

6－2 续表 12

地　区	二十八、通用设备制造业		二十九、专用设备制造业		# 农、林、牧、渔专用机械制造业		三十、汽车制造业		三十一、铁路、船舶、航空航天和其他运输设备制造业	
	企业个数（个）	工业总产值（万元）	企业个数（个）	工业总产值（万元）	企业个数（个）	工业总产值（万元）	企业个数（个）	工业总产值（万元）	企业个数（个）	工业总产值（万元）
全国农垦	**308**	**1 210 230**	**414**	**2 070 106**	**195**	**439 204**	**102**	**1 722 095**	**149**	**839 534**
北　　京										
天　　津	1	3 324	1	1 092						
河　　北	38	135 926	20	75 713	2	3 040	3	6 763	145	828 272
山　　西										
内 蒙 古			55	3 110	55	3 110				
辽　　宁	14	50 748	36	404 571			18	142 563		
吉　　林										
黑 龙 江	13	11 462	46	80 000	46	80 000				
上　　海	2	40 108	1		1					
江　　苏	34	42 308	11	10 706	4	8 890				
浙　　江	6	10 448								
安　　徽	3	4 565	6	6 463			2	1739		
福　　建	25	143 450	35	10			3	4 044		
江　　西	34	50 264	11	10 642	2	6 573			3	10 488
山　　东	2	49								
河　　南	3	9 252	3	11 937	1	637				
湖　　北	35	298 575	50	463 453	6	49 007	74	1 565 122		
湖　　南	8	76 102	8	5 223	4	3 132				
广　　东			10	6 778	6	6 310				
广　　西	16	187 837	28	778 043	6	113 827				
海　　南			2	183	2	183			1	774
重　　庆										
四　　川										
贵　　州										
云　　南			3	7 250	1	5 386	2	1 864		
陕　　西										
甘　　肃			1	6 613	1	6 613				
青　　海										
宁　　夏										
新疆（兵团）	74	145 882	83	189 398	58	152 496				
新疆（农业）										
新疆（畜牧）										
热 科 院										
广　　州										
南　　京			4	8 920						

6-2续表13

地　区	三十二、电气机械及器材制造业		#家用电力器具制造业		三十三、通信设备、计算机及其电子设备制造业	
	企业个数（个）	工业总产值（万元）	企业个数（个）	工业总产值（万元）	企业个数（个）	工业总产值（万元）
全国农垦	**142**	**2 421 783**	**8**	**607 993**	**152**	**1 893 172**
北　京					1	34
天　津	1	11 971				
河　北	9	85 076			1	460
山　西						
内蒙古						
辽　宁	4	28 703			3	43 138
吉　林					1	9 210
黑龙江						
上　海						
江　苏					27	20 741
浙　江	5	41 190				
安　徽	1	147				
福　建	4	1 095			3	3 948
江　西	21	217 241	1	300	97	1 612 737
山　东						
河　南						
湖　北	44	1 358 176	3	596 196	10	184 339
湖　南						
广　东						
广　西	12	328 568	1	1 997	6	12 499
海　南						
重　庆						
四　川						
贵　州						
云　南						
陕　西						
甘　肃						
青　海						
宁　夏						
新疆（兵团）	41	349 616	3	9 500	3	6 066
新疆（农业）						
新疆（畜牧）						
热科院						
广　州						
南　京						

6－2 续表 14

地　区	#家用视听设备制造业		三十四、仪器仪表及文化、办公机械制造业		三十五、其他未列明制造业		三十六、废弃资源和废旧材料回收加工业	
	企业个数（个）	工业总产值（万元）	企业个数（个）	工业总产值（万元）	企业个数（个）	工业总产值（万元）	企业个数（个）	工业总产值（万元）
全国农垦	**6**	**61 098**	**155**	**81 902**	**466**	**1 667 102**	**37**	**250 136**
北　京					1	739		
天　津								
河　北			142	35 894	15	22 619	11	106 055
山　西					1	2 300		
内蒙古								
辽　宁			2	8 691	82	207 985		
吉　林								
黑龙江					10	11 004		
上　海								
江　苏					80	321 381		
浙　江								
安　徽					4	11 773		
福　建	2	3 542	2	2 882	49	45 564	1	300
江　西	2	6 469	2	250	64	101 937	3	1 190
山　东					1	1 600		
河　南					2	744		
湖　北	2	51 087	3	17 005	87	178 914	7	104 552
湖　南							3	936
广　东					44	679 659		
广　西			4	17 180	10	54 544	7	32 601
海　南								
重　庆								
四　川								
贵　州								
云　南					5	8 203		
陕　西					7	16 237		
甘　肃								
青　海								
宁　夏								
新疆（兵团）							4	4 416
新疆（农业）					3	1 370		
新疆（畜牧）					1	529	1	86
热科院								
广　州								
南　京								

6－2续表15

地区	三十七、电力生产业		三十八、燃气生产和供应业		三十九、水的生产和供应业		#自来水生产和供应	
	企业个数（个）	工业总产值（万元）	企业个数（个）	工业总产值（万元）	企业个数（个）	工业总产值（万元）	企业个数（个）	工业总产值（万元）
全国农垦	**307**	**2 154 965**	**51**	**257 233**	**174**	**166 480**	**117**	**65 097**
北京								
天津								
河北	17	159 663	6	34 844	5	10 531	4	10 470
山西								
内蒙古	1	6 900			7	761		
辽宁	3	16 400	2	33 159	2	125	2	125
吉林	1	42 500	1	7 934				
黑龙江	13	114 012			53	30 820	53	30 820
上海								
江苏								
浙江	2	48 758						
安徽	1	3 088			6	799	6	799
福建	22	11 119	1	3 940	4	907	3	707
江西	37	92 247	3	489	9	4 959	7	3 672
山东								
河南	1	3 509			1	108	1	108
湖北	9	18 388	14	4 890	35	48 924	26	8 795
湖南	6	3 322			9	4 332	7	4 300
广东	9	5 428						
广西	3	269	3	5 956	9	11 233	4	4 497
海南	1	149						
重庆								
四川	1	2 100						
贵州	1	46						
云南	9	32 419			2	595	2	595
陕西								
甘肃	1	5 992						
青海					2	209	2	209
宁夏								
新疆（兵团）	168	1 585 912	21	166 021	29	51 727		
新疆（农业）					1	450		
新疆（畜牧）	1	2 743						
热科院								
广州								
南京								

6-3 主要工业产品产量

(2016 年)

地区	原煤(吨)	无烟煤(吨)	烟煤(吨)	炼焦烟煤(吨)	一般烟煤(吨)	褐煤(吨)	洗煤(吨)	洗精煤(吨)
全国农垦	**15 761 313**	**250 809**	**10 425 071**	**522 931**	**9 901 524**		**1 292 800**	**881 537**
北京								
天津								
河北								
山西								
内蒙古	4 022 000							
辽宁								
吉林								
黑龙江	147 000		147 000		147 000		149 464	149 464
上海								
江苏								
浙江								
安徽								
福建	13 600							
江西	786 424	250 809	615					
山东								
河南								
湖北								
湖南								
广东								
广西								
海南								
重庆								
四川								
贵州								
云南								
陕西	514 833							
甘肃								
青海								
宁夏								
新疆(兵团)	10 277 456		10 277 456	522 931	9 754 524		1 143 336	732 073
新疆(农业)								
新疆(畜牧)								
热科院								
广州								
南京								

6-3 续表 1

地　　区	铁矿石原矿（吨）	铜金属含量（吨）	锌金属含量（吨）	磷矿石（含五氧化二磷 30%）（吨）	钼精矿折合量（折纯钼 45%）（吨）	原盐（吨）
全国农垦	**2 195 924**	**773**	**3 672**	**49 120**	**1 736**	**654 254**
北　　京						
天　　津						
河　　北						30 000
山　　西						
内 蒙 古						
辽　　宁						46 000
吉　　林						
黑 龙 江						
上　　海						
江　　苏						
浙　　江						
安　　徽						
福　　建						
江　　西	1 280 000		3 672			
山　　东						376 193
河　　南						
湖　　北						
湖　　南						
广　　东						
广　　西	700 286			49 120		
海　　南						
重　　庆						
四　　川						
贵　　州						
云　　南						
陕　　西						
甘　　肃						
青　　海						185 954
宁　　夏						
新疆（兵团）	215 638	773			1 736	
新疆（农业）						16 107
新疆（畜牧）						
热 科 院						
广　　州						
南　　京						

6-3续表2

地区	大米（吨）	小麦粉（吨）	饲料（吨）	配合饲料（吨）	混合饲料（吨）	食用植物油（吨）	机制糖（吨）
全国农垦	**8 397 571**	**1 413 102**	**10 324 362**	**5 095 871**	**5 228 491**	**4 109 326**	**2 523 030**
北京			210 372	191 690	18 682		
天津		212 241	16 404	16 404			
河北	70 821		511 389	488 945	22 444	1 050	
山西			18 360	18 000	360		
内蒙古	5 402	7 280		14 981	12 225	40 078	4 193
辽宁	950 099	300	27 206	114 526	87 590	122 383	10 934
吉林	301 793						
黑龙江	3 870 971	88 892	360 345	172 794	187 551	1 766 105	
上海	249 177	362 732	295 738	123 156	172 582	97 989	1 273 334
江苏	398 768	66 028	102 303	60 123	42 180	8 327	
浙江			313 759	313 759			
安徽	53 678	32 207	19 657	19 657			
福建	52 498		29 069	11 999	17 070	400	
江西	1 366 982	1 992	32 470	21 730	10 740	32 590	
山东		155	257		257		
河南	7 900	84 140	90 432		90 432		
湖北	573 946	101 632	2 658 914	1 459 381	1 199 533	1 268 023	
湖南	81 833	2 323	1 166 229	11 898	1 154 331	4 092	4 501
广东	21 485		3 794	3 794		188 174	350 028
广西	120 137		686 266	666 458	19 808	769	656 013
海南	8 200					80	20 766
重庆			341 997	341 997			
四川							
贵州	1 460		23 810	23 810			
云南			8 020	8 020			56 754
陕西			1 700	1 700			
甘肃							
青海							
宁夏	13 408				29 410	12	
新疆（兵团）	211 536	372 938	3 196 717	944 617	2 094 264	579 254	146 507
新疆（农业）	29 656	80 150	264	263			
新疆（畜牧）	7 821	92	66 169		66 169		
热科院							
广州							
南京			3 120		3 120		

6-3 续表 3

地区	鲜、冷藏肉（吨）	冷冻水产品（吨）	糖果（吨）	速冻米面食品（吨）	方便面（吨）	乳制品（吨）		
							液体乳（吨）	#奶粉（吨）
全国农垦	**620 699**	**22 519**	**98 015**	**13 318**	**185 983**	**4 037 965**	**3 711 493**	**165 204**
北京	9 240			11 823		534 735	410 797	14 840
天津	12 342					60 945	58 269	2 676
河北		4 000		62		693 490	620 937	72 553
山西	10 900							
内蒙古	8 355					3 220		3 220
辽宁						49 810	46 000	
吉林	5 900					6 500		6 500
黑龙江	210 010				335	303 856	258 114	44 621
上海	113 779		22 679		3 422	1 121 764	1 116 311	2 425
江苏								
浙江								
安徽								
福建		3 460	300		25	1 158	1 158	
江西		1 187		475				
山东						8 534	8 534	
河南					92 113	14 761	14 761	
湖北	103 240		72 583		68 607	468 023	427 342	
湖南			2 088			5 602	5 602	
广东						118 967	118 967	
广西		12 375				2 000	2 000	
海南								
重庆	1 025					234 349	233 609	740
四川						1 681	1 681	
贵州						52 340	52 340	
云南								
陕西						3 220	3 220	
甘肃								
青海								
宁夏	1 371					26 045	26 045	
新疆（兵团）	144 339	1 497	365	958	21 481	199 404	180 644	17 530
新疆（农业）						2 300		
新疆（畜牧）	198					65 764	65 665	99
热科院								
广州						59 497	59 497	
南京								

6-3续表4

地区	罐头（吨）	番茄酱罐头（吨）	味精（吨）	酱油（吨）	冷冻饮品（吨）	食品添加剂（吨）	发酵酒精（折96度，商品量）（千升）	饮料酒（混合量）（吨）
全国农垦	**752 184**	**604 902**	**199 231**	**19 166**	**20 080**	**40 992**	**356 197**	**1 263 608**
北京	3 023							20
天津				2 383		66		14 420
河北								5 901
山西								520
内蒙古								1 225
辽宁	1 800							142 864
吉林								
黑龙江	1 985	1 985		10 738				106 137
上海	51 723		25 523	1 930	15 982	212	12 012	120 463
江苏								
浙江								
安徽								3 816
福建	7 860			200		2 647		10 413
江西	4 488		470	479	1 660			139 268
山东								
河南							96 000	2 792
湖北	39 852			3 208				271 094
湖南	9 699							5 032
广东	2 265							3 359
广西						3 569	201 895	2 241
海南					455			61
重庆	10 970							
四川								7 381
贵州								
云南							2 916	2 916
陕西								
甘肃	2 002	2 002						4 253
青海								
宁夏								198 457
新疆（兵团）	606 508	590 915	173 238	228	1 983	34 498	43 374	220 975
新疆（农业）	10 000	10 000						
新疆（畜牧）								
热科院								
广州								
南京								

6－3 续表 5

地区	＃白酒（吨）	啤酒（吨）	葡萄酒（吨）	软饮料（吨）	碳酸饮料类（汽水）（吨）	包装饮用水类（吨）	果汁和蔬菜汁饮料类（吨）	精制茶（吨）
全国农垦	**171 114**	**823 033**	**73 880**	**4 100 451**	**698 382**	**1 709 810**	**698 181**	**31 188**
北京			20	2 882			2 882	
天津			14 420	6 186		6 186		
河北	5 901							
山西	520							
内蒙古	1 225			17 519		17 519		
辽宁	1 228	141 280	356	5 900				
吉林								
黑龙江	59 050			513 426		476 375	4 228	
上海	2 667			347 419	8 845	242 819	827	445
江苏								
浙江				1 320				1 800
安徽	2 384			739				3 900
福建	43			5 989				3 989
江西	2 368	136 000		138 850		112 850	26 000	1 181
山东								
河南	232		2 510					
湖北	17 805	242 521		2 020 938	555 958	46 147	341 707	484
湖南	5 023							4 791
广东	2 833							33
广西	1 114			167 249		151 670		2 292
海南	61			455		455		658
重庆				131			131	
四川	7 381							1 213
贵州								
云南								9 401
陕西								
甘肃	20		4 233					
青海								
宁夏	570	193 371	4 504					
新疆（兵团）	60 689	109 861	47 837	871 448	54 009	655 789	161 203	1 001
新疆（农业）								
新疆（畜牧）								
热科院								
广州								
南京								

6-3 续表 6

地　　区	纱（吨）	棉纱（吨）	棉混纺纱（吨）	化学纤维纱（吨）	精梳纱（吨）	气流纺纱（吨）	布（万米）	色织布（含牛仔布）（万米）
全国农垦	**886 763**	**783 239**	**73 916**	**29 298**	**94 491**	**8 130**	**57 886**	**1 714**
北　　京								
天　　津								
河　　北		15					10 221	
山　　西								
内 蒙 古								
辽　　宁							1 162	
吉　　林								
黑 龙 江								
上　　海								
江　　苏	26 024	26 024						
浙　　江							2 700	
安　　徽	13 000	13 000						
福　　建							1 450	
江　　西	39 101	29 315		9 786	9 786		261	261
山　　东								
河　　南	18 940	18 940						
湖　　北	337 806	282 616	37 919	17 271			30 207	1 105
湖　　南	39 602	14 701	22 335	2 241	2 241		348	348
广　　东								
广　　西								
海　　南								
重　　庆								
四　　川								
贵　　州								
云　　南								
陕　　西								
甘　　肃								
青　　海								
宁　　夏								
新疆（兵团）	407 423	393 761	13 662		77 597	8 130	11 537	
新疆（农业）	4 867	4 867			4 867			
新疆（畜牧）								
热 科 院								
广　　州								
南　　京								

6-3续表7

地　区	棉布（万米）	棉混纺布（万米）	印染布（万米）	毛线（吨）	呢绒（万米）	蚕丝（吨）	无纺布（无纺织物）（吨）
全国农垦	**48 457**	**6 815**	**27 547**	**45**	**390**	**716**	**12 051**
北　京							
天　津							
河　北	10 221						
山　西							
内蒙古							
辽　宁							
吉　林							
黑龙江							
上　海							
江　苏			3 826				
浙　江			22 265				
安　徽							
福　建							
江　西	261		1 456			69	5 598
山　东							
河　南							
湖　北	27 559	5 693					3 813
湖　南							
广　东							
广　西						647	
海　南							
重　庆							
四　川							
贵　州							
云　南							
陕　西							
甘　肃							
青　海							
宁　夏							
新疆（兵团）	10 416	1 122		45	390		2 640
新疆（农业）							
新疆（畜牧）							
热科院							
广　州							
南　京							

6-3 续表 8

地　　区	帘子布（吨）	服装（万件）	梭织服装（万件）	羽绒服装（万件）	西服套装（万件）	衬衫（万件）	针织服装（万件）	棉化纤针织衫裤（万件）	毛针织衫裤（万件）
全国农垦	**435**	**14 191**	**11 008**	**5 714**	**334**	**24**	**5 743**	**558**	**21**
北　　京									
天　　津									
河　　北		237	215				36	22	
山　　西									
内 蒙 古									
辽　　宁		304							
吉　　林		53		53					
黑 龙 江		7					7		
上　　海									
江　　苏			266		266		3 629		
浙　　江									
安　　徽		340	340						
福　　建	2	94	47				3		
江　　西		6 457	5 985	5 184			114		
山　　东									
河　　南									
湖　　北		4 340	2 953	477	31	24	1 386	18	
湖　　南		379							
广　　东		831	831						
广　　西		475	236				29		
海　　南									
重　　庆									
四　　川									
贵　　州									
云　　南									
陕　　西									
甘　　肃									
青　　海									
宁　　夏									
新疆（兵团）	433	674	134		37		539	518	21
新疆（农业）									
新疆（畜牧）									
热 科 院									
广　　州									
南　　京									

6－3续表9

地　　区	皮革服装（万件）	鞣制毛皮（折羊毛皮）（张）	天然毛皮服装（件）	皮鞋（万双）	人造板（$米^3$）	胶合板（$米^3$）	纤维板（$米^3$）	刨花板（$米^3$）	人造板表面装饰板（$米^3$）
全国农垦	**15 321**	**986 300**	**1**	**1 587**	**3 043 467**	**1 000 879**	**947 964**	**578 198**	**3 193 051**
北　　京									
天　　津									
河　　北		960 800		54	101 234	101 234			
山　　西									
内 蒙 古									
辽　　宁				63		32 594		2	
吉　　林									
黑 龙 江					43 143			43 143	
上　　海									
江　　苏									
浙　　江									
安　　徽									
福　　建	15 321			698	88 002	77 682	10 320		1
江　　西				280	241 282	42 957	20 789	113 400	5 000
山　　东									
河　　南									
湖　　北				11	346 013	67 407	57 208		3 188 050
湖　　南					20 901	5 552	16 901	4 112	
广　　东					233 491	23 311	38		
广　　西		25 500		480	1 662 268	536 769	727 056	398 443	
海　　南					37 463	21 061			
重　　庆									
四　　川									
贵　　州									
云　　南						61 695			
陕　　西									
甘　　肃									
青　　海									
宁　　夏									
新疆（兵团）			1		269 670	29 617	115 652	19 098	
新疆（农业）						1 000			
新疆（畜牧）									
热 科 院									
广　　州									
南　　京									

6－3 续表 10

地　区	实木木地板（米²）	复合木地板（米²）	家具（件）	木质家具（件）	金属家具（件）	软体家具（件）	纸浆（原生浆及废纸浆）（吨）	机制纸及纸板（吨）	未染布印刷书写用纸（吨）
全国农垦	**56 370**	**292 423**	**21 880 754**	**17 707 888**	**3 022 096**	**171 570**	**172 812**	**572 949**	**2 923**
北　京									
天　津									
河　北			2 841 170		2 841 170			31 895	
山　西			700						
内蒙古									
辽　宁			856 600					54 745	
吉　林								36 900	
黑龙江			45 699	15 555				2 923	2 923
上　海							43 166		
江　苏									
浙　江			400						
安　徽									
福　建	7 020		10 386 985	10 354 855	32 130			3 520	
江　西	43 950	78 099	75 094	3 308			495	71 854	
山　东									
河　南									
湖　北		213 909	1 075 320	760 647	148 714	165 959		71 623	
湖　南			19 992	19 332				40 332	
广　东			3 933 000	3 933 000				16 990	
广　西			80 704	79 386	82	1 236	94 107	111 865	
海　南			28 000	28 000					
重　庆			2 198 962	2 198 962					
四　川									
贵　州									
云　南									
陕　西									
甘　肃									
青　海									
宁　夏									
新疆（兵团）	5 400	415	338 128	314 843		4 375	35 044	130 302	
新疆（农业）									
新疆（畜牧）									
热科院									
广　州									
南　京									

6-3续表11

地　　区	卫生用纸原纸（吨）	箱纸板（吨）	纸制品（吨）	瓦楞纸箱（吨）	单色印刷品（令）	多色印刷品（对开色令）	原油加工量（吨）
全国农垦	**52 347**	**107 717**	**1 699 385**	**424 052**	**629 338**	**3 607 767**	**2 550 012**
北　　京							
天　　津			17 622	16 185			
河　　北		25 950	23 725	75			2 550 012
山　　西							
内 蒙 古							
辽　　宁							
吉　　林							
黑 龙 江							
上　　海						11 240	
江　　苏							
浙　　江							
安　　徽					6 250		
福　　建			21 345		18 926	1 480	
江　　西			1 004 383	1 150		6	
山　　东							
河　　南					60 000		
湖　　北			333 970	281 043	435 745	2 870 700	
湖　　南			30 575	30 575			
广　　东		16 966					
广　　西	34 831	673	118 178	13 000			
海　　南							
重　　庆							
四　　川							
贵　　州							
云　　南							
陕　　西							
甘　　肃							
青　　海			1 708				
宁　　夏							
新疆（兵团）	17 516	64 128	147 879	82 024	108 417	724 341	
新疆（农业）							
新疆（畜牧）							
热 科 院							
广　　州							
南　　京							

6－3续表12

地　区	汽油（吨）	煤油（吨）	柴油（吨）	燃料油（吨）	溶剂油（吨）	液化石油气（吨）	石油沥青（吨）	焦炭（吨）	机焦（吨）
全国农垦	**378 270**	**605 037**	**283 377**	**215 518**	**408**	**1 859 785**	**112 731**	**7 298 150**	**7 296 901**
北　京									
天　津									
河　北	376 210	605 037	281 412	195 231		1 470 508	11 545		
山　西									
内蒙古									
辽　宁	2 060		1 965				101 186		
吉　林									
黑龙江									
上　海									
江　苏									
浙　江									
安　徽									
福　建									
江　西					408			1 249	
山　东				20 287		389 277			
河　南									
湖　北									
湖　南									
广　东									
广　西									
海　南									
重　庆									
四　川									
贵　州									
云　南									
陕　西									
甘　肃									
青　海									
宁　夏									
新疆（兵团）								7 296 901	7 296 901
新疆（农业）									
新疆（畜牧）									
热科院									
广　州									
南　京									

6－3 续表 13

地　　区	硫酸（吨）	盐酸（氯化氢，含量 31%）（吨）	氢氧化钠（烧碱）（吨）	离子膜法烧碱（折 100%）（吨）	碳化钙（电石，折 300 升/千克）（吨）	合成氨（吨）	农用氮、磷、钾化学肥料总计（折纯量）（吨）	氮肥（吨）
全国农垦	**22 625**	**231 607**	**947 543**	**947 463**	**2 260 922**	**611 775**	**815 825**	**613 462**
北　　京								
天　　津								
河　　北							1 820	495
山　　西							1 300	
内 蒙 古								
辽　　宁							4 450	
吉　　林								
黑 龙 江						91 598	88 661	80 274
上　　海								
江　　苏							967	139
浙　　江								
安　　徽								
福　　建			80					
江　　西	5 726						8 274	1 841
山　　东		4 017						
河　　南							3 290	
湖　　北	16 899						87 923	
湖　　南								
广　　东								
广　　西						59 560	102 745	77 077
海　　南								
重　　庆								
四　　川								
贵　　州								
云　　南							3 260	
陕　　西								
甘　　肃							9 319	
青　　海								
宁　　夏								
新疆（兵团）		227 590	947 463	947 463	2 260 922	460 617	503 816	453 636
新疆（农业）								
新疆（畜牧）								
热 科 院								
广　　州								
南　　京								

6-3 续表 14

地　区	尿素（折含氮 100%）（吨）	磷肥（吨）	钾肥（吨）	磷酸一铵（实物量）（吨）	化学农药（折有效成分 100%）（吨）	杀虫剂原药（吨）	杀菌剂原药（吨）
全国农垦	**451 736**	**122 140**	**74 797**	**14 910**	**5 479**	**5 016**	**30**
北　京							
天　津							
河　北		1 004	321				
山　西					2 900	2 900	
内蒙古							
辽　宁		3 513	937		33		
吉　林							
黑龙江		4 634	3 753				
上　海							
江　苏		652	176				
浙　江							
安　徽							
福　建							
江　西	41	5 442	125	710	150	120	30
山　东							
河　南		3 290					
湖　北		77 724	10 199		400		
湖　南							
广　东							
广　西	2 334	13 827	11 841				
海　南							
重　庆							
四　川							
贵　州							
云　南							
陕　西							
甘　肃		9 319					
青　海							
宁　夏							
新疆（兵团）	449 361	2 735	47 445	14 200	1 996	1 996	
新疆（农业）							
新疆（畜牧）							
热科院							
广　州							
南　京							

6-3续表15

地　　区	涂料（吨）	建筑涂料（吨）	初级形态的塑料（吨）	聚氯乙烯树脂（吨）	合成橡胶（吨）	乙二醇（吨）	煤制乙二醇（吨）	化学试剂（吨）
全国农垦	**194 387**	**49 556**	**1 391 464**	**1 391 373**	**173 794**	**233 001**	**233 001**	**20 866**
北　　京	1 253	1 253						
天　　津								
河　　北								
山　　西								
内 蒙 古								
辽　　宁			71					
吉　　林								
黑 龙 江								
上　　海								
江　　苏								
浙　　江								
安　　徽								
福　　建	27 865	27 015	20		6 790			
江　　西					52			26
山　　东								
河　　南								
湖　　北	55 202	10						
湖　　南								
广　　东								
广　　西	95 167	11 572			166 952			
海　　南								
重　　庆								
四　　川								
贵　　州								
云　　南								
陕　　西								
甘　　肃								
青　　海								
宁　　夏								
新疆（兵团）	14 900	9 706	1 391 373	1 391 373		233 001	233 001	20 840
新疆（农业）								
新疆（畜牧）								
热 科 院								
广　　州								
南　　京								

6-3 续表 16

地　区	多晶硅（千克）	合成洗涤剂（吨）	化学原料药（吨）	中成药（吨）	化学纤维用浆粕（吨）	化学纤维（吨）	人造纤维（纤维素纤维）（吨）	粘胶短纤维（吨）
全国农垦	**13 068 566**	**827**	**41 738**	**62 878**	**70 704**	**114 802**	**114 692**	**108 333**
北　京								
天　津								
河　北		47						
山　西								
内蒙古								
辽　宁								
吉　林				1 500				
黑龙江			1 057	1 796				
上　海								
江　苏			11 329	366				
浙　江								
安　徽				361				
福　建				91		110		
江　西			10 671	16 547	1 700			
山　东								
河　南				2 125				
湖　北			18 659	38 998				
湖　南								
广　东								
广　西								
海　南								
重　庆								
四　川								
贵　州								
云　南								
陕　西								
甘　肃								
青　海								
宁　夏								
新疆（兵团）	13 068 566	780	22	1 094	69 004	114 692	114 692	108 333
新疆（农业）								
新疆（畜牧）								
热科院								
广　州								
南　京								

6－3 续表 17

地 区	合成纤维（吨）	锦纶（吨）	轮胎外胎（吨）	塑料制品（吨）	塑料薄膜（吨）	农用地膜（吨）	塑料板、片（吨）	塑料管及其附件（吨）	滴灌管带（吨）
全国农垦	**10 107**	**10 107**	**18 740**	**1 487 916**	**143 385**	**121 251**	**170 249**	**676 036**	**414 417**
北 京									
天 津				10 058					
河 北				19 573	2 713	780			
山 西									
内 蒙 古				1 348		1 348			
辽 宁				70		70			
吉 林									
黑 龙 江									
上 海				18 613	12 957				
江 苏				2 036					
浙 江	10 107	10 107		4 987					
安 徽				980					
福 建			5 800	34 079					
江 西				32 246	4 880	970			
山 东									
河 南				1 600					
湖 北				342 782	3 862			3 000	
湖 南				204					
广 东				3 745					
广 西				234 489			156 145	156 145	
海 南				513		258	258		
重 庆									
四 川									
贵 州									
云 南									
陕 西									
甘 肃									
青 海									
宁 夏									
新疆（兵团）			12 940	779 093	118 971	117 825	13 846	516 855	414 417
新疆（农业）				1 500				36	
新疆（畜牧）									
热 科 院									
广 州									
南 京									

6-3续表18

地　　区	塑料条、棒、型材（吨）	塑料丝、绳及编织品（吨）	泡沫塑料（吨）	塑料包装箱及容器（吨）	日用塑料制品（吨）	硅酸盐水泥熟料（吨）	窑外分解窑水泥熟料（吨）
全国农垦	**27 191**	**127 159**	**22 868**	**60 651**	**126 720**	**10 479 261**	**9 264 080**
北　　京							
天　　津				10 058			
河　　北		40		188	4 813		
山　　西							
内 蒙 古						1 080 000	1 080 000
辽　　宁							
吉　　林		14 200					
黑 龙 江						37 638	37 638
上　　海				3 109			
江　　苏							
浙　　江							
安　　徽							
福　　建	337	26	319		14 543	6	
江　　西	5 890	70			17 144	958 675	
山　　东							
河　　南							
湖　　北		4 074	12 430		5		
湖　　南							
广　　东		1 825					
广　　西		13 581			64 763		
海　　南		250					
重　　庆							
四　　川							
贵　　州							
云　　南							
陕　　西							
甘　　肃						256 500	
青　　海							
宁　　夏							
新疆（兵团）	20 964	93 093	10 119	47 296	26 082	8 146 442	8 146 442
新疆（农业）							
新疆（畜牧）							
热 科 院							
广　　州							
南　　京							

6-3续表19

地　　区	水泥（万吨）	强度等级42.5水泥（含R型）（吨）	强度等级52.5水泥（含R型）（吨）	商品混凝土（米³）	水泥混凝土排水管（千米）	水泥混凝土压力管（千米）	水泥混凝土电杆（根）	预应力混凝土桩（米）
全国农垦	**20 164 741**	**8 841 902**	**119 775**	**30 141 448**	**33 054**	**5**	**131 563**	**937 016**
北　　京				217 487				
天　　津								
河　　北	309 684	309 684		629 000	62			689 000
山　　西								
内 蒙 古	460 000	360 000	100 000					
辽　　宁	826 838							
吉　　林	678 345	678 345						
黑 龙 江	407 380	407 380						
上　　海								
江　　苏								
浙　　江	304 100							
安　　徽								
福　　建	833 457	833 457		1 929 550	48			7 200
江　　西	156 612	156 612		1 169 020	19			
山　　东								
河　　南								
湖　　北	2 732 983	21 600		1 888 153	416			
湖　　南								
广　　东	293 584							
广　　西	202 000	202 000		2 987 871	30 086		23 260	
海　　南		659 000						
重　　庆								
四　　川								
贵　　州								
云　　南	238 406							
陕　　西								
甘　　肃	368 200							
青　　海								
宁　　夏								
新疆（兵团）	12 353 152	5 213 824	19 775	21 320 367	2 423	5	108 303	240 816
新疆（农业）								
新疆（畜牧）								
热 科 院								
广　　州								
南　　京								

6-3续表20

地　　区	石膏板（万米²）	砖（万块）	瓦（万片）	瓷质砖（米²）	炻瓷砖（米²）	细炻砖（米²）	陶质砖（米²）	天然大理石建筑板材（米²）	天然花岗石建筑板材（米²）
全国农垦	**174**	**1 643 072**	**23 858**	**46 760**	**1 722**	**3 220**	**8 176 665**	**780 822**	**406 599**
北　　京									
天　　津									
河　　北		360							
山　　西									
内 蒙 古		22 925							
辽　　宁		8 461	450						
吉　　林									
黑 龙 江		67 920	8						
上　　海									
江　　苏		24 680							
浙　　江		1 260							
安　　徽		1 570							
福　　建	34	10 226	55	46 760	1 722		26 540	25 000	122 040
江　　西		62 376	2 047			3 220		16 000	190 500
山　　东		18 805							
河　　南		3 740							
湖　　北		298 877	13 987					447 936	21 800
湖　　南		38 998	7 133						
广　　东		55 275							
广　　西	98	153 670					8 150 125		
海　　南		11 858							18 280
重　　庆									
四　　川									
贵　　州									
云　　南		3 489							
陕　　西									
甘　　肃									
青　　海									
宁　　夏		30 418							
新疆（兵团）	42	828 164	178					291 886	53 979
新疆（农业）									
新疆（畜牧）									
热 科 院									
广　　州									
南　　京									

6-3 续表 21

地　区	沥青和改性沥青防水卷材（米²）	平板玻璃（重量箱）	钢化玻璃（米²）	夹层玻璃（米²）	中空玻璃（米²）	日用玻璃制品（吨）	玻璃包装容器（吨）	玻璃保温容器（万个）	纤维增强塑料制品（吨）
全国农垦	**1 281 986**	**16 071 910**	**151 068**	**20 330**	**110 556**	**15 571**	**69 835**	**1 015**	**307**
北　京									
天　津									
河　北		2 400 122							
山　西									
内蒙古									
辽　宁									
吉　林									
黑龙江									
上　海									
江　苏									
浙　江									
安　徽									
福　建	42 770								
江　西	25 000					15 571		1 015	
山　东									
河　南									
湖　北		10 941 640	1 162						
湖　南		134 232	100 881	20 330	5 010				
广　东									
广　西									
海　南									
重　庆									
四　川									
贵　州									
云　南									
陕　西									
甘　肃									
青　海									
宁　夏									
新疆（兵团）	1 214 216	2 595 916	49 025		100 546		69 835		307
新疆（农业）									
新疆（畜牧）									
热科院									
广　州									
南　京									

6－3 续表 22

地　区	卫生陶瓷制品（件）	耐火材料制品（吨）	石墨及碳素制品（吨）	生铁（吨）	钢（吨）	铸铁管（吨）	铸钢件（吨）	成品钢材（吨）
全国农垦	**1 667 294**	**69 760**	**1 154 180**	**2 812 965**	**2 725 770**	**50 077**	**353 205**	**2 796 836**
北　京								236
天　津						1 903		
河　北	705 000			2 099 000	2 047 000			1 599 008
山　西								
内蒙古								
辽　宁						3 300		1 000
吉　林								
黑龙江								
上　海								
江　苏								
浙　江								
安　徽						6 464		
福　建	82 550			8 600	4 508	602	14 537	238 260
江　西	879 744					2 461		
山　东								
河　南								
湖　北						3 341		
湖　南								
广　东								
广　西		7 924	58 240	15 600		17 766	330 723	155 672
海　南								
重　庆								
四　川								
贵　州								
云　南								
陕　西								
甘　肃								
青　海								
宁　夏						532		
新疆（兵团）		61 836	1 095 940	689 765	674 262	13 708	7 945	802 660
新疆（农业）								
新疆（畜牧）								
热科院								
广　州								
南　京								

6－3续表23

地　　区	中小型型钢（吨）	钢筋（吨）	线材（盘条）（吨）	特厚板（吨）	热轧窄钢带（吨）	电工钢板（带）（吨）	无缝钢管（吨）
全国农垦	**1 768**	**217 039**	**441 741**	**1 302 000**	**173 394**	**152**	**95 824**
北　京							
天　津							
河　北				1 302 000	173 394		
山　西							
内蒙古							
辽　宁							
吉　林							
黑龙江							
上　海							
江　苏							
浙　江							
安　徽							
福　建							
江　西						152	152
山　东							
河　南							
湖　北							
湖　南							
广　东							
广　西							95 672
海　南							
重　庆							
四　川							
贵　州							
云　南							
陕　西							
甘　肃							
青　海							
宁　夏							
新疆（兵团）	68	217 039	441 741				
新疆（农业）							
新疆（畜牧）							
热科院							
广　州							
南　京	1 700						

6－3续表24

地 区	焊接钢管（吨）	其他钢材（吨）	用外购国产钢材再加工生产的钢材（吨）	铁合金（吨）	硅铁（折合含硅75%）（吨）	十种有色金属（吨）
全国农垦	**34 134**	**143 397**	**541 792**	**25 275**	**3 850**	**2 783 753**
北京						
天津						
河北	17 218		173 394			
山西		6 500				
内蒙古						
辽宁						
吉林						
黑龙江						
上海						
江苏						
浙江						
安徽						
福建		10 000	224 466			
江西						
山东						
河南						
湖北						
湖南						
广东						
广西						
海南						
重庆						
四川						
贵州						
云南						
陕西						
甘肃						
青海						
宁夏						
新疆(兵团)	16 916	126 897	143 932	25 275	3 850	2 781 673
新疆(农业)						
新疆(畜牧)						
热科院						
广州						
南京						2 080

6-3续表25

地区	原铝（电解铝）（吨）	镁（吨）	黄金（千克）	铜材（吨）	铝材（吨）	金属切削工具（万件）	不锈钢日用制品（吨）	锻件（吨）
全国农垦	**2 761 954**	**19 719**	**4 012**	**37 446**	**753 909**	**1 414**	**14 310**	**1 023**
北京								
天津								
河北							346	1 023
山西								
内蒙古								
辽宁								
吉林								
黑龙江								
上海							3 630	
江苏								
浙江								
安徽								
福建								
江西			4 012	6 328		2		
山东								
河南								
湖北				7 155				
湖南								
广东					1 658			
广西				21 591	1 326		10 326	
海南								
重庆								
四川								
贵州								
云南								
陕西								
甘肃								
青海								
宁夏								
新疆（兵团）	2 761 954	19 719		2 372	750 925	1 412	4	
新疆（农业）								
新疆（畜牧）								
热科院								
广州								
南京								

6－3 续表 26

地　区	电站锅炉（蒸发量，吨）	工业锅炉（蒸发量，吨）	发动机（千瓦）	汽车用发动机（千瓦）	铸造机械（台）	金属成形机床（台）	泵（包括工业泵和农用水泵）（万台）	真空泵（台）	液压元件（件）	阀门（个）
全国农垦	**5 732**	**1 516**	**1 226 520**	**981 216**	**26**	**187**	**16 680**	**6 505**	**5 058**	**18 848**
北　京										
天　津										
河　北							8 680		5 058	
山　西										
内蒙古										
辽　宁										
吉　林										
黑龙江										
上　海										
江　苏										
浙　江		1 196								
安　徽										
福　建										14 775
江　西										
山　东							8 000			
河　南										
湖　北						187				3 673
湖　南										
广　东										
广　西			1 226 520	981 216						
海　南										
重　庆										
四　川										
贵　州										
云　南										
陕　西										
甘　肃										
青　海										
宁　夏										
新疆(兵团)	5 732	320			26			6 505		
新疆(农业)										
新疆(畜牧)										
热科院										
广　州										
南　京										400

6-3续表27

地　区	风机（台）	衡器（秤）（台）	金属密封件（万件）	矿山专用设备（吨）	石油钻井设备（台、套）	金属冶炼设备（吨）	炼油、化工生产专用设备（吨）	模具（套）	农产品初加工机械（台）	饲料加工机械（台）	收获机械（台）
全国农垦	**12 143**	**544**	**17**	**15 026**	**1 500**	**1 626**	**5 550**	**37 993**	**1 453**	**10**	**3 408**
北　京											
天　津											
河　北				14 000		1 626					
山　西											
内蒙古											
辽　宁											
吉　林											
黑龙江											830
上　海											
江　苏											
浙　江											
安　徽								37 256			
福　建											
江　西											
山　东											
河　南											
湖　北	11 777				1 500	10		737	65	10	
湖　南											
广　东											
广　西									889		735
海　南				134							
重　庆											
四　川											
贵　州											
云　南											
陕　西											
甘　肃											
青　海											
宁　夏											
新疆（兵团）	366	544	17	1 026			5 550		499		1 843
新疆（农业）											
新疆（畜牧）											
热科院											
广　州											
南　京											

6－3续表28

地区	玉米收获机械（台）	棉花加工机械（台）	小型拖拉机（台）	环境污染防治专用设备台（套）	改装汽车（辆）	电动自行车（辆）	发电机组（发电设备）（千瓦）		风力发电机组（千瓦）
								水轮发电机组（千瓦）	
全国农垦	**123**	**476**	**47 922**	**595**	**435**	**7 558**	**403 453**	**5 375**	**384 000**
北京									
天津									
河北									
山西									
内蒙古									
辽宁									
吉林									
黑龙江									
上海									
江苏									
浙江									
安徽					160				
福建				260		4 350	14 080		
江西							5 373	5 375	
山东									
河南									
湖北			47 922						
湖南									
广东									
广西									
海南									
重庆									
四川									
贵州									
云南									
陕西									
甘肃									
青海									
宁夏									
新疆（兵团）	123	476		335	275	3 208	384 000		384 000
新疆（农业）									
新疆（畜牧）									
热科院									
广州									
南京									

6－3 续表 29

地区	变压器（千伏安）	互感器（台）	电力电容器（千法）	高压开关板（面）	低压开关板（面）	通信及电子网络用电缆（对千米）	电力电缆（千米）	绝缘制品（吨）	碱性蓄电池（只）	锂离子电池（只）	铅酸蓄电池（千伏安时）	房间空气调节器（台）
全国农垦	**5 794 162**	**7 353**	**41 955**	**18 865**	**5 619**	**1 326 610**	**263 985**	**10 000**	**12 540**	**30 725 038**	**476 300**	**3 160 493**
北京							54 642					
天津												
河北												
山西												
内蒙古												
辽宁												
吉林												
黑龙江												
上海												
江苏												
浙江												
安徽												
福建									12 540			
江西							14 500	10 000				125 400
山东												
河南												
湖北	4 241 322					1 272 933	57 808			30 285 705	476 300	3 035 093
湖南												
广东												
广西	909 772						61 061			439 333		
海南												
重庆												
四川												
贵州												
云南												
陕西												
甘肃												
青海												
宁夏												
新疆（兵团）	321 534	7 353	41 955	18 865	5 619	53 677	75 974					
新疆（农业）												
新疆（畜牧）												
热科院												
广州												
南京												

6－3 续表 30

地　　区	汽车仪器仪表（台）	家用电热烘烤器具（台）	太阳能热水器（米^2）	灯具及照明装置套(台、个)	移动通信手持机（手机）（台）	集成电路（万块）	光电子器件（万只）	电子元件（万只）	其中：射频元器件（万只）	工业自动调节仪表与控制系统台（套）	光学仪器台（个）
全国农垦	**33 432**	**37 500**	**2 004 665**	**22 861**	**34 100 000**	**3 442**	**17 860**	**65 497**	**11 537**	**637**	**31 374**
北　　京								17			
天　　津											
河　　北				18 000							
山　　西											
内　蒙　古											
辽　　宁											
吉　　林											
黑　龙　江											
上　　海											
江　　苏			1 996 032					46 326			
浙　　江											
安　　徽											
福　　建								2			31 374
江　　西		37 500	1 600		34 100 000	330	17 860	12 327	11 537		
山　　东											
河　　南											
湖　　北								313			
湖　　南											
广　　东											
广　　西	33 432					2 475		6 512			
海　　南											
重　　庆											
四　　川											
贵　　州											
云　　南											
陕　　西											
甘　　肃											
青　　海											
宁　　夏											
新疆（兵团）			7 033	4 861		637				637	
新疆（农业）											
新疆（畜牧）											
热　科　院											
广　　州											
南　　京											

6-3续表31

地　　区	船舶修理（载重吨）	发电量（万千瓦时）	#火电（万千瓦时）	水电（万千瓦时）	风力发电量（万千瓦时）	太阳能发电（万千瓦时）	生物质能发电（万千瓦时）	供热量（万吉焦）	煤气生产量（米³）	自来水生产量（万米³）
全国农垦	**431 876**	**7 938 584**	**7 136 521**	**216 033**	**116 699**	**176 158**	**19 688**	**22 411**	**20 389**	**35 180**
北　　京										
天　　津										
河　　北		195 337	190 962	4 375						
山　　西										
内 蒙 古		8 400			8 400			64		122
辽　　宁										
吉　　林		30 000			30 000				2 600	
黑 龙 江		154 676	116 006		35 750			2 925		5 428
上　　海										
江　　苏										
浙　　江		45 463	45 463							
安　　徽										205
福　　建		15 151		15 151						258
江　　西		73 709		73 709						424
山　　东										
河　　南										
湖　　北	431 876	39 690	13 000	1 502		5 500	19 688			10 954
湖　　南		6 893		6 893						
广　　东		15 715	13 906	1 809						
广　　西		14 110	12 532	1 578						
海　　南		10 861	100	4 161		6 600				
重　　庆										
四　　川		2 220		2 220						
贵　　州		120		120						
云　　南		40 517								
陕　　西										
甘　　肃		26		26						
青　　海										
宁　　夏										
新疆（兵团）		7 285 696	6 935 514	108 863	42 549	164 058		9 711	17 789	21 201
新疆（农业）										
新疆（畜牧）										
热 科 院										
广　　州										
南　　京										

6－4 农垦大中型工业

企业名称	行业类别	中型	增加值（现价）（万元）	排序
＊光明乳业股份有限公司	乳制品制造	龙头	408 615	1
江苏正大天晴药业股份有限公司	医药	大型	391 801	2
新疆生产建设兵团农八师天山铝业有限公司	铝冶炼	大型	372 621	3
黑龙江省九三粮油工业集团有限公司	植物油制造	大型	348 372	4
新疆农六师铝业有限公司	铝冶炼	大型	330 672	5
天能化工有限公司	初级形态塑料及合成树脂制造	大型	322 534	6
＊上海良友（集团）有限公司	企业总部管理	龙头	222 551	7
湖北省益海嘉里（武汉）粮油工业有限公司	粮食加工	中型	203 156	8
河北省中海石油中捷石化	石油制品	大型	186 699	9
天伟化工有限公司	初级形态塑料及合成树脂制造	大型	165 384	10
新疆天富能源股份有限公司	火力发电	大型	163 724	11
光明乳业股份有限公司	乳制品制造	大型	145 650	12
＊广西农垦糖业集团股份有限公司	农副食品加工业	大型	143 880	13
新疆梅花氨基酸有限责任公司	其他调味品、发酵制品制造	大型	141 919	14
＊上海农垦农工商超市（集团）有限公司	超级市场零售	龙头	139 048	15
北京三元食品股份有限公司	安全系统监控服务	大型	128 485	16
新疆伊力特实业股份有限公司	白酒制造	大型	127 501	17
天辰化工有限公司	初级形态塑料及合成树脂制造	大型	127 219	18
河北省新启元能源开发有限公司	石油制品	大型	120 239	19
湖北省凌云科技集团有限责任公司	制造	大型	110 860	20
南京正大天晴制药有限公司	医药	中型	106 501	21
湖北省武汉玛丽文化用品有限公司	文化用品	中型	102 830	22
河北省蒙牛乳业（察北）有限公司	乳制品加工	中型	98 685	23
湖北省 TCL 空调器（武汉）有限公司	空调制造	大型	95 526	24
新疆大全新能源有限公司	信息化学品制造	大型	90 715	25
新疆西部合盛硅业有限公司	其他稀有金属冶炼	大型	84 302	26
广西中国重汽集团柳州运力专用汽车有限公司	汽车制造业	中型	83 416	27
黑龙江省完达山乳业股份有限公司	生产奶粉	大型	80 183	28
河北省蒙牛塞北乳业有限公司	乳制品加工业	中型	76 952	29
湖北省武汉双汇食品有限公司	食品加工	大型	70 953	30
新疆天康畜牧生物技术股份有限公司	饲料加工	大型	65 020	31
广西柳州市威鹏汽车配件制造有限公司	汽车制造业	中型	65 018	32
＊上海都市农商社有限公司	其他企业管理服务	龙头	60 219	33
湖北省蒙牛乳制品武汉有限责任公司	乳制品业	中型	59 008	34
江西共青场鸭鸭股份公司	机织服装制造	中型	58 320	35
新疆如意纺织服装有限公司	机织服装制造	大型	57 842	36

企业、龙头企业一览表

总产值（现价）（万元）	排序	销售产值（万元）	排序	年末资产总额（万元）	排序	固定资产原值年末数（万元）	排序	年平均从业人员（人）	排序
1 352 271	3	1 389 416	3	2 532 059	2	625 971	8	143 553	3
910 218	8	910 002	6	782 242	15	184 855	26	37 895	10
1 239 431	5	1 189 854	5	3 245 436	1	1 103 737	2	5 300	53
3 210 124	1	3 296 824	1	2 354 289	3			330 794	1
472 072	17	472 072	14	898 361	12	924 493	4	1 014	227
1 755 656	2	1 765 058	2	1 398 237	7	1 005 465	3	2 877	95
565 569	12	591 164	10	2 093 310	4	652 196	7	59 166	6
958 281	7	712 075	8	237 140	42	72 044	69	640	302
1 329 095	4	1 317 543	4	230 237	43	875	432	1 094	216
308 917	27	310 084	27	915 696	11	616 630	9	3 012	89
203 073	39	213 396	36	609 810	19	530 066	10	2 734	100
498 990	14	500 081	13	1 040 840	9	232 628	23	42 890	8
303 607	28	353 760	25	708 472	18	401 621	12	33 010	17
441 184	19	441 184	18	1 827 492	5	827 659	6	2 608	105
10 129	364	9 811	367	885 764	13	308 055	19	102 511	4
528 487	13	550 463	11	759 988	16	369 283	14	7 368	41
417 461	21	418 421	21	728 156	17	833 624	5	3 500	79
171 326	45	171 368	45	244 266	39	32 452	144	1 810	152
477 628	15	461 261	15	227 815	44	672	438	561	322
441 148	20	440 669	19	552 357	21	151 857	32	3 457	81
212 688	36	185 390	39	139 631	73	39 975	124	25 759	19
376 803	25	263 764	29	122 535	81	23 477	186	760	277
240 695	33	239 775	33	34 875	221	24 700	175	517	338
569 965	11	436 340	20	240 389	41	8 487	298	1 374	181
461 318	18	456 683	17	1 412 685	6	1 540 871	1	3 751	75
135 881	59	120 909	62	277 296	34	157 385	31	377	388
229 500	34	218 025	35	102 041	96	21 300	196	1 731	158
382 552	23	375 610	23	364 809	31			201 237	2
265 353	31	242 488	32	116 154	83	34 270	140	300	441
275 866	29	277 202	28	101 314	98	43 996	108	1 547	171
136 531	58	130 300	58	375 723	30	315 773	17	1 224	196
176 826	44	167 985	47	50 442	163	19 400	211	1 842	148
103 732	78	108 341	74	223 138	45	118 545	40	16 356	23
250 672	32	250 672	31	47 129	172	27 384	163	458	362
621 673	10	523 120	12	128 238	78	224 686	24	13 432	24
377 034	24	377 034	22	284 819	33	107 808	44	3 822	73

6-4 续表 1

企业名称	行业类别	中型	增加值（现价）（万元）	排序
*上海蔬菜（集团）有限公司	企业总部管理	龙头	56 556	37
新疆叶河源果业股份有限公司	水果和坚果加工	大型	52 347	38
湖北省武汉中海粮油工业有限公司	食用植物油加工	中型	51 963	39
湖北省武汉娃哈哈恒枫饮料有限公司	饮料	中型	51 164	40
河北省华岳化工有限公司	石油制品	大型	50 147	41
新疆天润乳业股份有限公司	乳制品制造	大型	49 397	42
广东省广前糖业发展有限公司	林业	大型	48 654	43
广西柳州双飞电器汽车配件制造有限公司	通用设备制造业	中型	48 593	44
上海农垦云南德宏英茂糖业有限公司	制糖业	大型	47 528	45
湖北省武汉统一企业食品有限公司	食品饮料	大型	46 237	46
新疆新越丝路有限公司	针织或钩针编织品制造	大型	46 148	47
广东广垦糖业集团有限公司	林业	大型	46 108	48
广西柳州市动力宝电源科技有限公司	通用设备制造业	中型	45 196	49
黑龙江省北大荒肉业有限公司	分割肉产品	大型	43 458	50
湖南正虹科技发展有限公司	饲料加工业	大型	43 321	51
新疆六孚纺织工业园有限公司	棉纺纱加工	大型	42 931	52
湖北省联塑科技发展（武汉）有限公司	塑料制造	中型	42 921	53
湖北省武汉虹之彩包装印刷有限公司	包装印刷	中型	41 472	54
河北省张家口察哈尔乳业有限公司	乳制品加工	中型	41 469	55
*光明米业（集团）有限公司	米、面制品及食用油批发	龙头	40 075	56
北京市华都峪口禽业有限责任公司	农业	大型	38 325	57
广西康明斯工业运力有限公司	汽车制造业	中型	38 242	58
湖北省东风（武汉）实业有限公司	汽车零部件及配件制造	中型	38 074	59
湖北省武汉航达航空科技发展有限公司	航空科技	中型	37 449	60
湖北省武汉百事可乐饮料有限公司	食品饮料	大型	37 271	61
湖北省东风扬子江汽车（武汉）有限公司	汽车零部件及配件制造	中型	37 166	62
湖北省周黑鸭食品工业园有限公司	食品加工	中型	36 684	63
江西上饶市新岗山场新岗山异 VC 钠厂	化工	中型	36 270	64
湖北省潜江市金松纱业有限公司	纺织	中型	36 040	65
湖南正虹海原绿色食品有限公司	肉制品加工业	中型	36 005	66
广西农垦糖业集团防城精制糖有限公司	农副食品加工业	中型	35 948	67
江苏正大丰海制药有限公司	医药	中型	35 833	68
湖北省全有家私潜江有限公司	家具 制造	中型	33 076	69
奎屯锦孚纺织有限公司	棉纺纱加工	大型	30 306	70
广东省广垦橡胶集团有限公司	农业	大型	29 660	71
广东省燕塘乳业股份有限公司	林业	中型	29 587	72
湖北省伟福科技工业（武汉）有限公司	高新科技	中型	28 829	73

总产值（现价）（万元）	排序	销售产值（万元）	排序	年末资产总额（万元）	排序	固定资产原值年末数（万元）	排序	年平均从业人员（人）	排序
				251 272	37	142 119	34	22 583	22
69 929	115	69 929	113	172 774	57	128 893	38	665	295
225 929	35	220 765	34	168 549	59	99 146	47	2 100	135
199 624	40	149 690	51	32 198	237	43 173	113	171	459
207 947	38	200 243	38	45 862	176	319	456	247	453
168 580	46	178 308	44	375 749	29	212 415	25	694	290
87 448	93	76 522	102	125 536	79	99 412	46	2 051	139
122 512	67	116 387	68	80 260	116	6 400	320	8 385	35
166 584	47	179 843	43	188 161	52	124 832	39	8 519	33
180 401	43	180 401	41	116 759	82	96 436	48	2 407	116
165 684	49	158 542	49	383 577	26	85 974	55	1 446	177
184 061	41	184 061	40	246 791	38	61 594	77	2 697	103
122 334	68	116 218	69	25 304	272	9 900	284	1 770	155
315 084	26	321 348	26	146 929	66	56 358	84	76 240	5
166 001	48	180 001	42	65 323	137	90 355	54	9 202	31
101 318	81	101 272	77	45 846	177	27 464	162	381	386
150 284	53	153 227	50	112 469	85	42 362	116	480	354
151 966	52	126 604	59	199 693	47	29 319	155	540	327
118 482	72	107 467	75	28 499	257	26 872	165	252	452
122 986	66	118 436	67	599 130	20	167 119	28	22 654	21
120 159	70	120 159	63	100 452	99	92 710	50	3 365	83
99 590	82	94 611	81	12 575	349	35 000	138	735	282
159 973	51	159 973	48	147 897	64	33 555	142	563	320
181 002	42	168 743	46	86 345	106	18 045	219	393	383
145 420	55	146 839	52	48 348	168	20 644	202	1 273	192
147 834	54	28 627	225	240 472	40	29 972	150	988	233
142 629	57	142 629	54	70 736	128	14 031	249	940	243
107 705	76	60 000	129	14 605	330	8 156	304	537	331
126 183	64	123 449	60	33 895	227	13 800	252	3 356	84
44 895	172	40 775	178	16 201	319	10 425	279	727	285
91 876	88	95 517	80	106 555	93	48 487	99	2 280	121
80 250	100	80 020	94	66 626	133	22 041	194	6 080	48
115 807	74	111 610	71	13 896	339	9 314	286	2 060	138
275 830	30	255 141	30	376 015	28	308 080	18	3 833	71
134 103	60	118 574	65	811 802	14	105 903	45	2 486	109
107 363	77	118 828	64	107 476	92	22 107	193	755	278
121 131	69	121 131	61	89 678	105	58 097	83	800	271

6-4续表2

企业名称	行业类别	中型	增加值（现价）（万元）	排序
广西柳州市双飞汽车电器配件制造有限公司	汽车制造业	大型	28 729	74
江西共青场江西回圆服饰有限公司	机织服装制造	中型	27 445	75
天津光明梦得乳品有限公司	乳制品制造	中型	27 050	76
湖北省际华三五零六纺织服装有限公司	纺织	中型	26 612	77
新疆锦域纺织有限公司	棉纺纱加工	大型	26 513	78
江西共青城赛龙通信技术有限责任公司	通信中端设备	中型	26 354	79
黑龙江红兴隆农垦弘盛粮油加工有限公司	谷物加工	中型	25 978	80
阿拉尔新农棉浆有限责任公司	化纤浆粕制造	大型	25 859	81
广西农垦糖业集团昌菱制糖有限公司	农副食品加工业	中型	25 748	82
广西柳州市永兴赛福机械制造有限公司	通用设备制造业	中型	24 738	83
上海石库门酿酒有限公司	黄酒制造	中型	24 437	84
上海冠生园食品有限公司	糖果、巧克力制造	中型	24 363	85
上海农垦广西凤糖生化股份有限公司	制糖业	大型	24 156	86
上海农垦广州光明乳品有限公司	乳制品制造	大型	23 697	87
江西上饶市大茅山场金山金矿	黄金采选业	中型	23 560	88
湖北省武汉采之韵服饰有限公司	服装	大型	23 343	89
湖北省武汉森六汽车配件有限公司	汽车配件	中型	23 311	90
新疆昆仑钢铁有限公司	钢压延加工	大型	23 137	91
上海农垦广西上上糖业有限公司	制糖业	中型	22 847	92
广西东正木业有限公司	木材加工和木竹藤棕草制品业	中型	22 080	93
*广西农垦明阳生化集团股份有限公司	农副食品加工业	大型	21 350	94
河北省新天绿色能源围场有限公司	风力发电	大型	21 245	95
上海农垦武汉光明乳品有限公司	乳制品制造	中型	21 216	96
新疆天智辰业化工有限公司	合成纤维单（聚合）体制造	大型	20 743	97
新疆大黄山鸿基焦化有限责任公司	炼焦	大型	20 626	98
广西农垦糖业集团红河有限公司	农副食品加工业	中型	20 306	99
*广西农垦国有金光农场	农业	大型	20 267	100
湖北省潜江市宝龙水产食品有限公司	水产	中型	20 242	101
宁夏回族自治区西夏嘉酿啤酒有限公司	精制茶加工	大型	19 972	102
新疆农六师煤电有限公司	火力发电	中型	19 861	103
广东广垦畜牧集团股份有限公司	农业	大型	19 657	104
新疆西部天富合盛热电有限公司	火力发电	中型	19 620	105
江西共青场江西深傲服装有限公司	机织服装制造	中型	19 558	106
新疆生产建设兵团第四师电力有限责任公司	电力供应	中型	19 196	107
上海乳品四厂有限公司	乳制品制造	中型	19 137	108
湖北省华润雪花啤酒（武汉）有限公司	食品饮料	大型	19 127	109
新疆农六师碳素有限公司	石墨及碳素制品制造	中型	19 078	110

总产值（现价）（万元）	排序	销售产值（万元）	排序	年末资产总额（万元）	排序	固定资产原值年末数（万元）	排序	年平均从业人员（人）	排序
75 207	105	75 207	103	20 000	294	15 890	239	9 830	28
472 275	16	459 503	16	128 541	77	94 889	49	13 146	25
127 028	62	135 351	56	109 263	90	47 791	102	2 200	129
97 410	84	77 806	98	66 792	132	18 120	218	1 151	209
86 954	94	87 311	87	21 521	288	21 212	199	780	274
723 410	9	701 390	9	269 113	35	284 057	20	9 573	29
92 295	86	92 295	82	45 000	179			5 589	51
89 537	89	73 317	106	83 526	112	48 302	100	1 026	223
64 394	124	60 345	128	140 451	72	83 660	57	3 073	88
69 060	118	65 607	120	57 694	148	8 408	299	998	230
89 050	90	88 674	85	155 077	63	74 282	64	4 267	62
53 428	149	51 252	150	143 752	70	3 637	372	6 147	47
67 884	119	65 607	119	98 771	102	62 613	76	7 502	39
67 820	120	67 597	115	44 627	180	25 246	172	8 168	36
87 594	92	60 000	129	39 460	202	16 807	231	2 280	121
85 441	95	85 441	89	30 221	245	10 901	274	1 017	226
97 946	83	97 946	79	65 752	135	52 568	92	516	339
74 699	106	72 967	108	177 846	55	161 326	30	567	318
163 354	50	73 227	107	60 351	144	59 401	79	4 232	64
62 432	127	57 958	136	11 037	367	8 937	293	1 842	148
53 378	150	143 864	53	536 614	22	163 648	29	7 864	37
28 786	225	28 786	224	261 706	36	244 460	22	21	481
58 625	135	77 631	99	52 892	155	19 078	213	3 491	80
54 939	147	53 253	147	41 980	187	36 714	132	368	396
83 842	97	77 996	96	115 149	84	59 794	78	1 485	174
55 072	146	60 865	126	59 949	145	49 470	96	2 452	112
32 925	206	24 765	244	147 000	65	19 709	208	3 862	69
72 293	111	72 293	109	14 401	334	4 860	350	1 580	167
48 099	166	47 538	159	62 299	142	49 097	97	3 189	86
80 212	101	80 104	93	19 972	295	8 076	305	575	313
81 282	99	70 540	112	109 975	87	54 638	87	847	259
131 679	61	132 472	57	80 659	114	141 087	35	698	289
386 151	22	372 337	24	46 239	173	34 134	141	2 775	99
58 424	136	87 410	86	480 623	24	325 299	16	821	265
57 937	139	57 946	137	29 418	251	17 900	221	3 854	70
55 650	143	55 401	141	128 729	76	58 343	81	2 108	134
73 350	109	73 325	105	21 848	287	13 643	255	585	310

6－4 续表 3

企 业 名 称	行 业 类 别	中型	增加值（现价）（万元）	排序
广西南宁明源木业有限公司	木材加工和木竹藤棕草制品业	中型	18 863	111
湖北省湖北福好医疗用品有限公司	医疗	中型	18 781	112
河北省唐山市蓝欣玻璃有限公司	非金属矿物制造业	中型	18 609	113
湖北省武汉光明乳品有限公司	乳制品业	中型	18 274	114
广西南宁市恒丰化肥有限责任公司	化学原料和化学制品制造业	中型	18 217	115
新疆元昊新能源有限公司	炼焦	中型	17 889	116
北京丘比食品有限公司	其他未列明食品制造	中型	17 802	117
铁门关市新兴纺织有限公司	棉纺纱加工	中型	17 695	118
新疆生产建设兵团第三师电力有限责任公司	电力供应	中型	17 568	119
广西农垦糖业集团柳兴制糖有限公司	农副食品加工业	中型	17 563	120
湖北省友芝友乳业有限责任公司	乳制品业	中型	17 505	121
首农集团河北滦平华都食品有限公司	农业	大型	17 451	122
广州风行乳业股份有限公司	液体乳及乳制品	中型	17 327	123
江西省桑海场江西南昌济生制药厂	中成药	中型	17 200	124
阿拉尔市金鲁纺织有限责任公司	棉纺纱加工	中型	16 848	125
湖北省荷贝克电源系统（武汉）有限公司	电力制造	中型	16 549	126
湖北省本田制锁（武汉）有限公司	制造	中型	16 523	127
新疆鑫立植物蛋白科技有限公司	饲料加工	中型	16 111	128
＊广西农垦永新畜牧集团有限公司	畜牧业	大型	15 935	129
＊广西农垦永新畜牧集团西江有限公司	畜牧业	中型	15 935	129
广东省华海糖业发展有限公司	农业	中型	15 564	131
石河子开发区天业化工有限责任公司	初级形态塑料及合成树脂制造	中型	15 560	132
河南省焦作市方面厂	食品	大型	15 488	133
广东省丰收糖业发展有限公司	林业	大型	15 121	134
甘肃莫高实业发展股份有限公司	制造业	中型	14 952	135
河北省三川化工有限公司	有机化学原料制造	中型	14 922	136
湖北省武汉艾帕克汽车配件有限公司	汽车配件	中型	14 660	137
湖北省武汉电信光电科技有限公司	电信	中型	14 612	138
湖北省潜江市乐水林纸股份有限公司	纸业	中型	14 571	139
江西共青城金源服装有限公司	机织服装制造	中型	14 491	140
湖北省康地饲料（中国）有限公司	饲料加工	中型	14 400	141
上海联豪食品有限公司	畜牧屠宰	中型	14 354	142
光明乳业（德州）有限公司	乳制品制造	中型	13 890	143
江苏正大清江制药有限公司	医药	中型	13 798	144
湖北省武汉径河化工有限公司	化工	中型	13 488	145
河北省华润电力风能（御道口）有限公司	风力发电	大型	13 254	146
湖北省潜江市茂昌纺织有限公司	纺织	中型	13 209	147

总产值（现价）（万元）	排序	销售产值（万元）	排序	年末资产总额（万元）	排序	固定资产原值年末数（万元）	排序	年平均从业人员（人）	排序
55 177	145	53 565	145	35 239	220	29 000	157	3 686	76
67 075	123	63 719	122	16 415	316	8 816	294	1 236	195
57 972	138	56 349	139	47 139	171	48 301	101	1 484	175
77 631	103	77 631	99	51 161	160	17 967	220	491	348
50 162	158	50 162	152	4 714	427	5 514	340	998	230
74 662	107	65 029	121	33 961	226	24 809	174	338	416
47 252	167	45 714	163	27 446	263	18 723	216	576	312
58 344	137	58 600	134	33 073	232	35 095	137	573	314
23 947	246	27 465	229	98 835	101	58 394	80	1 018	224
48 818	160	54 899	143	110 349	86	66 539	72	4 234	63
74 362	108	74 362	104	39 909	197	23 430	187	422	370
115 953	73	118 573	66	73 496	125	53 464	91	2 530	108
59 932	132	59 515	132	81 608	113	21 351	195	12 610	26
50 168	157	50 140	153	16 255	318	10 853	277	5 100	56
49 400	159	46 899	161	29 918	248	27 500	161	325	427
69 622	116	67 093	116	41 794	189	22 245	191	489	352
62 944	126	62 533	123	34 842	222	13 642	257	643	301
50 840	154	37 471	191	188 326	51	90 809	53	2 201	127
67 510	121	66 160	118	52 714	156	20 276	204	2 802	98
33 737	201	33 062	206	14 543	332	6 908	313	1 070	220
20 417	270	17 990	291	14 903	324	29 321	154	347	407
103 125	79	103 125	76	469 130	25	482 119	11	870	257
59 808	133	59 787	131	22 372	284	7 234	310	6 880	44
50 404	156	4 990	423	35 635	218	22 635	189	879	256
20 000	274	21 600	265	131 039	75	63 367	73	6 913	42
84 031	96	84 742	90	67 628	130	380 378	13	457	363
61 599	129	61 599	124	63 581	141	80 879	60	503	345
59 159	134	59 159	133	20 038	293	3 130	387	331	420
52 039	153	53 671	144	30 827	243	21 020	200	1 200	200
126 359	63	110 490	73	16 521	315	2 622	396	563	320
54 900	148	54 900	142	42 062	186	5 588	337	367	397
31 825	212	39 115	183	15 019	322	3 536	376	3 121	87
109 314	75	113 959	70	59 267	146	29 978	149	2 915	93
42 100	180	41 042	176	21 488	289	9 955	283	3 674	77
61 225	130	61 173	125	27 997	260	5 682	335	345	409
14 217	331	14 217	324	83 541	111	92 418	51	29	476
47 175	168	44 909	167	41 099	196	12 012	264	2 468	111

6-4 续表 4

企业名称	行业类别	中型	增加值（现价）（万元）	排序
湖北省武汉金鼎食品有限公司	食品	中型	13 050	148
新疆锦龙电力有限责任公司	火力发电	中型	12 924	149
黑龙江省农垦总局建三江分局电业局	电力供应	中型	12 822	150
河北省华能承德风力发电有限公司	风力发电	大型	12 656	151
新疆庆回归化肥有限公司	复混肥料制造	中型	12 624	152
云南农垦电力公司	水力发电	中型	12 491	153
上海农垦江苏淮安苏食肉品有限公司	畜牧屠宰	中型	12 476	154
黑龙江省建三江农垦三江热电有限责任公司	火力发电	中型	12 437	155
辽宁省大成（铁岭）农牧有限公司	农业生产加工	中型	12 234	156
新疆依耐特新能源有限公司	其他非金属矿物制品制造	中型	12 174	157
北京金星鸭业有限公司	农业	中型	12 129	158
新疆中硅科技有限公司	其他稀有金属冶炼	中型	12 097	159
湖北省建华建材（湖北）有限公司	建材	中型	11 937	160
上海梅林食品有限公司	肉、禽类罐头制造	中型	11 632	161
*天津农垦中法合营王朝葡萄酿酒有限公司	饮料制造业	中型	11 612	162
上海农垦黑龙江省光明松鹤乳品有限责任公司	乳制品制造	中型	11 572	163
广西农垦糖业集团良圻制糖有限公司	农副食品加工业	中型	11 548	164
河北省唐山市三元食品有限公司	食品制造业	中型	11 340	165
广西柳州市华侨紧固件厂	汽车制造业	中型	11 285	166
库尔勒金川矿业有限公司	烟煤和无烟煤开采洗选	中型	11 252	167
湖南伟业农牧发展有限公司	饲料加工	中型	11 221	168
新疆一和生物有限责任公司	淀粉及淀粉制品制造	中型	11 209	169
河北省雪川农业发展股份有限公司	农业	中型	11 133	170
新疆生产建设兵团第一师电力有限责任公司	电力供应	中型	11 123	171
湖北省武汉长利玻璃（汉南）有限公司	平板玻璃制造	中型	11 100	172
江西南昌市桑海场江西南昌桑海制药厂	中成药	中型	10 940	173
湖北省武汉富拉司特汽车零部件有限公司	汽车制造	中型	10 878	174
奎屯锦疆化工有限公司	氮肥制造	中型	10 862	175
新疆天昆百果果业股份有限公司	水果和坚果加工	中型	10 701	176
新疆动力源生物科技有限公司	酒精制造	中型	10 692	177
新疆宇硅科技有限公司	其他稀有金属冶炼	中型	10 567	178
湖南大通湖口口香米业	食品加工业	中型	10 523	179
湖北省纽兰药业有限公司	药业	中型	10 506	180
黑龙江省北大荒丰缘集团有限公司	面粉加工	大型	10 250	181
河北省精晶药业股份有限公司	化学药品原料药制造	中型	10 207	182
贵州省贵阳三联乳业有限公司	乳制品	中型	10 194	183
黑龙江省牡丹江垦区兴凯湖电业局	电力供应	中型	10 185	184

总产值（现价）（万元）	排序	销售产值（万元）	排序	年末资产总额（万元）	排序	固定资产原值年末数（万元）	排序	年平均从业人员（人）	排序
48 749	162	34 342	200	11 627	359	5 572	339	200	456
83 200	98	83 200	91	359 867	32	347 787	15	752	279
35 758	196	35 758	194	53 450	154	67 434	71	42 746	9
16 770	304	16 770	306	146 541	67	143 368	33	33	472
62 385	128	43 810	171	56 747	149	11 982	265	301	440
28 509	226	28 509	226	32 332	236	41 803	121	3 832	72
144 449	56	136 984	55	32 387	234	16 097	236	2 926	92
26 282	236	26 282	238	45 978	175	54 623	88	36 970	12
77 942	102	77 942	97	28 642	255	615	441	1 700	159
42 371	179	42 371	174	49 794	165	32 145	145	578	311
48 501	163	48 501	157	39 639	200	8 543	295	975	238
40 745	184	40 388	179	23 237	282	23 650	184	376	391
44 708	173	44 708	169	28 598	256	16 162	235	408	376
57 572	140	52 255	148	30 933	242	19 807	207	3 806	74
30 235	220	30 812	215	143 915	69	78 986	61	5 592	50
67 109	122	79 636	95	99 876	100	40 351	123	2 149	132
33 027	205	35 279	195	47 727	169	18 944	215	2 395	118
43 215	176	44 149	170	12 126	351	17 461	225	682	292
29 541	222	29 541	222	8 600	389	8 520	296	4 343	61
48 477	165	48 477	158	144 705	68	41 992	120	1 350	187
40 021	187	40 001	180	20 552	291	581	445	421	371
43 916	175	49 730	154	105 430	94	38 895	126	824	264
31 310	214	24 316	246	47 383	170	14 287	248	800	271
56 476	141	56 587	138	109 686	89	72 288	68	1 643	165
55 829	142	58 056	135	102 915	95	54 442	89	4 002	65
41 828	181	38 848	186	16 735	313	5 442	343	5 134	55
45 707	169	47 201	160	41 808	188	20 613	203	525	336
32 739	207	33 127	204	972 251	10	111 340	43	1 074	219
60 724	131	60 724	127	75 453	120	70 879	70	609	304
25 003	241	25 156	242	193 251	49	111 759	42	818	267
27 443	232	27 443	230	29 116	253	46 501	103	180	457
44 910	171	44 922	166	109 225	91	42 020	119	980	236
39 437	188	39 922	181	9 726	380	4 513	360	325	427
102 607	80	100 986	78	380 740	27			56 154	7
18 704	287	22 534	259	52 572	157	25 812	171	377	388
72 106	113	71 500	111	191 909	50	36 243	134	1 574	168
22 147	262	22 147	262	42 628	185	58 098	82	35 408	15

6-4续表5

企业名称	行业类别	中型	增加值（现价）（万元）	排序
上海农垦云南西双版纳英茂糖业有限公司	制糖业	中型	10 092	185
新疆天业节水灌溉股份有限公司	塑料板、管、型材制造	中型	9 986	186
辽宁省阜新鲁花浓香花生油有限公司	食品加工业	中型	9 958	187
湖北省三叶士林电机（武汉）有限公司	制造	中型	9 955	188
江西九江市共青场共青焕利实业有限公司	机织服装制造	中型	9 895	189
新疆青松建材化工（集团）股份有限公司	水泥制造	中型	9 562	190
广西南宁市横县君盈纸业公司	造纸和纸制品业	中型	9 536	191
石河子天富农电有限责任公司	电力供应	中型	9 281	192
新疆昌平矿业有限责任公司	烟煤和无烟煤开采洗选	中型	9 239	193
新疆锦宏科技发展有限公司	其他稀有金属冶炼	中型	9 182	194
新疆天富天源燃气有限公司	燃气生产和供应业	中型	9 152	195
*河北省唐山市腾龙畜禽养殖有限公司	畜牧业	龙头	9 147	196
上海光明森源生物科技有限公司	饼干及其他焙烤食品制造	龙头	8 976	197
湖北省武汉非凡电源有限公司	锂离子电池制造	中型	8 950	198
广西柳州商泰机械零部件有限公司	通用设备制造业	中型	8 774	199
新疆大安特种钢有限责任公司	钢压延加工	中型	8 546	200
上海梅林股份（绵阳）有限公司	肉、禽类罐头制造	中型	8 535	201
湖南常德汇美农业科技有限公司	食品加工业	中型	8 532	202
上海农垦南京光明乳品有限公司	乳制品制造	中型	8 503	203
广西农垦糖业集团黔江制糖有限公司	农副食品加工业	中型	8 411	204
新疆绿翔糖业有限责任公司	制糖业	中型	8 345	205
*上海东穗现代农业发展有限公司	谷物、豆及薯类批发	龙头	8 321	206
新疆华桉纺织有限公司	棉纺纱加工	中型	8 253	207
上海农垦广西凤糖罗城制糖有限责任公司	制糖业	中型	8 243	208
上海农垦无锡市振太酒业有限公司	黄酒制造	中型	8 127	209
广西农垦糖业集团金光制糖有限公司	农副食品加工业	中型	8 023	210
上海思乐得不锈钢制品有限公司	金属制餐具和器皿制造	中型	7 875	211
河北省现代牧业察北有限公司	畜牧养殖	中型	7 873	212
新疆燕京啤酒有限公司	啤酒制造	中型	7 852	213
上海农垦广西凤糖鹿寨制糖有限责任公司	制糖业	中型	7 812	214
湖北省武汉市科达云石护理材料有限公司	石材	中型	7 737	215
*上海牛奶（集团）有限公司	企业总部管理	龙头	7 734	216
河南省中亨纺织有限公司	纺织	中型	7 728	217
湖北省武汉艾特纸塑包装有限公司	包装	中型	7 700	218
华芳石河子纺织有限公司	棉纺纱加工	中型	7 685	219
新疆若羌子母河枣业有限公司	水果和坚果加工	中型	7 613	220
北京荷美尔食品有限公司	肉制品及副产品加工	中型	7 536	221

总产值（现价）（万元）	排序	销售产值（万元）	排序	年末资产总额（万元）	排序	固定资产原值年末数（万元）	排序	年平均从业人员（人）	排序
38 601	192	40 984	177	37 489	211	39 168	125	2 842	96
22 590	260	22 590	258	74 258	123	62 974	75	463	360
120 142	71	111 334	72	18 344	301	12 468	259	1 353	185
41 828	182	39 027	184	24 447	277	6 313	321	314	433
13 622	339	11 839	348	16 123	320	52 164	93	883	255
55 403	144	55 403	140	65 688	136	55 025	85	912	248
38 808	190	38 808	187	9 755	379	4 800	351	1 827	150
92 442	85	88 830	84	180 730	54	90 841	52	831	263
23 287	252	38 248	189	58 766	147	43 585	112	540	327
42 499	178	42 491	173	12 040	352	9 198	289	608	305
18 927	284	19 810	280	70 972	127	24 635	176	1 012	228
17 303	299	17 303	298	13 212	343	5 212	345	131	467
29 365	223	30 499	218	109 885	88	37 600	128	5 488	52
37 287	193	36 871	192	38 419	208	20 963	201	6 209	46
22 897	257	21 752	264	18 232	302	8 000	308	1 734	157
62 963	125	66 683	117	93 035	104	75 564	63	977	237
30 210	221	31 863	209	23 396	280	11 816	270	2 728	101
32 102	210	31 958	208	18 102	303	3 443	379	2 201	127
36 605	195	36 605	193	36 819	213	14 909	244	2 421	115
23 725	248	27 439	231	33 686	230	17 083	228	2 005	140
31 934	211	31 408	212	13 669	341	6 836	316	511	342
14 166	332	14 166	325	30 060	246	19 119	212	0	484
40 594	186	34 755	197	12 278	350	10 913	273	318	430
30 750	218	31 495	210	41 669	192	26 646	169	2 068	137
16 097	313	15 726	313	11 823	357	6 190	327	2 242	124
30 262	219	31 276	213	77 375	117	43 771	110	2 597	106
28 256	228	27 331	234	14 902	325	5 208	346	2 952	91
123 521	65	51 430	149	157 459	61	138 702	36	526	335
15 757	316	15 757	312	70 240	129	50 596	95	340	413
24 850	242	24 335	245	31 470	241	24 487	178	2 142	133
31 491	213	31 491	211	7 342	396	1 777	408	338	416
10 259	363	10 164	361	480 672	23	246 695	21	4 741	59
40 676	185	39 802	182	31 664	239	11 828	269	1 249	194
28 215	229	28 215	227	22 316	285	4 720	355	366	398
30 954	215	30 954	214	156 843	62	77 243	62	409	375
23 866	247	23 851	250	16 680	314	9 970	282	490	349
35 112	197	35 084	196	27 764	262	17 674	224	412	374

6-4续表6

企业名称	行业类别	中型	增加值（现价）（万元）	排序
江西九江市芙蓉场天祥科技	高新技术产品加工业	中型	7 398	222
新疆乌鲁木齐正大畜牧有限公司	饲料加工	中型	7 357	223
黑龙江省红兴隆电业局	电力供应	中型	7 300	224
乌鲁木齐西城热力有限公司	热力生产和供应	中型	7 299	225
湖北省广泽精机（武汉）有限公司	汽车零部件及配件制造	中型	7 080	226
黑龙江省人和米业有限公司	稻米加工	中型	7 065	227
辽宁省振兴生态造纸有限公司	纸制造业	中型	7 009	228
广东省湛江市金丰糖业有限公司	林业	中型	6 993	229
四川省宜宾市叙府酒业股份有限公司	工业	中型	6 982	230
湖北省武汉新世界制冷工业有限公司	空调制造	中型	6 899	231
新疆蒙鑫水泥有限公司	水泥制造	中型	6 822	232
新疆阿拉尔新农塑业有限公司	塑料薄膜制造	中型	6 799	233
伊犁青松南岗建材有限责任公司	水泥制造	中型	6 738	234
新疆顶益食品有限公司	方便面及其他方便食品制造	中型	6 737	235
江西九江市芙蓉场振兴纺织	纺织加工业	中型	6 597	236
广东省东方剑麻集团有限公司	农业	中型	6 587	237
新疆天山盈达碳素有限公司	石墨及碳素制品制造	中型	6 521	238
湖北省江苏新程（武汉）汽车零部件公司	汽车零部件及配件制造	中型	6 471	239
新疆唐成棉业有限公司	棉纺纱加工	中型	6 438	240
新疆利华绿原新能源有限责任公司	燃气生产和供应业	中型	6 419	241
黑龙江省宝泉岭电业局	电力供应	中型	6 297	242
湖南常德天宏纸业有限公司	造纸业	中型	6 201	243
新疆石河子八棉纺织有限公司	棉纺纱加工	中型	6 179	244
*广西农垦国有源头农场	农业	中型	6 167	245
黑龙江省北大荒马铃薯集团有限公司	马铃薯淀粉的生产	中型	6 098	246
新疆兵团农五师电力公司	电力供应	中型	6 051	247
湖北省武汉智迅创源科技发展股份有限公司	电池能源	中型	6 047	248
湖北省航达科技有限公司	科技能源	中型	6 013	249
内蒙古自治区呼伦贝尔合适佳食品有限公司	加工业	中型	6 001	250
新疆屯南煤业有限责任公司	烟煤和无烟煤开采洗选	中型	5 976	251
*黑龙江省益华米业有限公司	谷物磨制	龙头	5 956	252
五家渠恒信铝业有限公司	铝压延加工	中型	5 846	253
江西九江市芙蓉场德润油脂	油脂加工业	中型	5 844	254
新疆农垦现代糖业有限公司	制糖业	中型	5 809	255
*黑龙江省建三江农垦荣氏粮油工贸有限公司	食品加工	龙头	5 719	256
湖北省武汉市东西湖自来水公司	公益事业	中型	5 719	257
广西柳州市利威车业橡胶机械制造有限公司	通用设备制造业	中型	5 629	258

总产值（现价）（万元）	排序	销售产值（万元）	排序	年末资产总额（万元）	排序	固定资产原值年末数（万元）	排序	年平均从业人员（人）	排序
38 941	189	38 941	185	6 885	402	5 000	349	462	361
20 099	273	20 517	272	124 719	80	81 195	59	667	293
26 932	235	26 932	237	33 784	229	44 081	107	30 003	18
33 980	199	34 060	201	24 698	276	24 005	181	439	365
30 803	216	30 199	219	17 822	308	5 338	344	2 206	126
25 575	239	25 575	239	39 575	201	24 434	179	5 670	49
44 949	170	44 929	165	11 900	353	795	437	1 960	142
27 915	231	27 915	228	13 129	345	12 184	260	1 105	215
21 036	266	20 941	269	52 270	159	6 875	314	1 873	147
24 319	243	24 888	243	54 482	153	22 145	192	529	333
92 078	87	89 590	83	142 214	71	84 441	56	1 203	199
69 452	117	68 711	114	174 919	56	81 527	58	571	315
33 566	202	33 233	203	36 524	215	31 457	147	893	250
20 904	267	20 904	270	29 516	250	16 995	229	295	444
34 726	198	34 726	198	35 326	219	8 261	303	540	327
19 695	277	9 868	366	64 103	139	28 686	158	2 699	102
16 097	312	11 396	351	38 816	206	44 515	106	803	270
32 356	208	29 633	221	26 466	265	20 010	206	2 696	104
27 341	233	27 341	233	74 886	122	53 652	90	730	284
9 360	371	12 011	344	67 071	131	54 933	86	761	276
23 959	245	23 959	248	34 494	224	46 161	104	37 861	11
23 005	256	21 401	267	8 701	386	9 001	291	751	280
16 367	309	16 367	309	21 065	290	6 837	315	441	364
11 270	358	11 191	356	32 350	235	6 140	328	3 510	78
50 819	155	45 792	162	194 432	48			34 523	16
14 708	324	17 648	293	22 092	286	11 875	268	387	384
19 806	275	20 802	271	22 728	283	6 620	318	569	317
29 061	224	23 820	251	30 272	244	9 304	287	304	436
41 237	183	27 412	232	76 256	118	23 204	188	2 968	90
23 481	250	22 748	257	80 474	115	49 034	98	841	262
33 093	204	33 093	205	18 789	298	5 162	347	1 690	160
8 578	384	8 578	383	169 706	58	18 665	217	552	323
30 763	217	30 763	216	10 783	370	3 641	371	360	400
27 000	234	11 302	353	33 873	228	2 971	390	395	382
25 996	238	29 421	223	18 415	300	6 105	330	660	296
13 210	343	13 210	338	201 224	46	34 679	139	405	378
14 230	330	13 519	334	7 984	391	6 200	326	1 109	214

6-4续表7

企业名称	行业类别	中型	增加值（现价）（万元）	排序
图木舒克市前海棉纺织有限责任公司	棉纺纱加工	中型	5 626	259
奎屯天北矿业投资有限责任公司	烟煤和无烟煤开采洗选	中型	5 624	260
新疆汇祥农业发展有限公司	其他未列明农副食品加工	中型	5 601	261
新疆天富阳光生物科技有限公司	兽用药品制造	中型	5 587	262
湖北省武汉祥恒包装有限公司	包装	中型	5 558	263
江西上饶市旭光场旭光造纸厂	造纸	中型	5 554	264
和布克赛尔县和什托洛盖一三七团煤矿	烟煤和无烟煤开采洗选	中型	5 548	265
河南省孟州市华兴有限责任公司	制造业	中型	5 494	266
哈密中虎矿业有限公司	铁矿采选	中型	5 494	267
*上海黄海种业有限公司	种子批发	龙头	5 397	268
广西农垦糖业集团星星制糖有限公司	农副食品加工业	中型	5 392	269
湖北省武汉市华宇泰新型墙体材料有限公司	墙体涂料	中型	5 330	270
新疆天富煤业有限公司	烟煤和无烟煤开采洗选	中型	5 257	271
湖北省武汉源香食品有限公司	食品	中型	5 250	272
*黑龙江省宝泉岭农垦龙门福地酒业有限责任公司	白酒加工	龙头	5 200	273
*上海星辉蔬菜有限公司	食品制造业	龙头	5 196	274
上海农垦广西凤糖六塘制糖有限责任公司	制糖业	中型	5 112	275
新疆绿原糖业有限公司	制糖业	中型	5 010	276
新疆天宏新八棉产业有限公司	棉纺纱加工	中型	4 953	277
*安徽省皖垦种业有限公司	种子加工	龙头	4 942	278
光明集团浙江汇诚通用印务有限公司	包装装潢及其他印刷	中型	4 909	279
宁夏回族自治区西夏王葡萄酒业有限公司	含乳饮料和植物蛋白饮料制造	中型	4 899	280
湖北省台玻武汉工程玻璃有限公司	化工玻璃	中型	4 892	281
黑龙江东隆化工有限公司	原煤生产	中型	4 880	282
河南宏展实业有限公司	饲料加工	中型	4 847	283
新疆华世丹药业股份有限公司	化学药品制剂制造	中型	4 840	284
云南农垦陇川农场糖厂	制糖业	中型	4 822	285
新疆北屯电力工业有限公司	水力发电	中型	4 811	286
辽宁省阜新小东北食品有限公司	食品制造业	中型	4 785	287
广西农垦集团天成纸业有限公司	造纸和纸制品业	中型	4 773	288
湖北省武汉古河汽车系统有限公司	汽车零部件及配件制造	中型	4 719	289
广西剑麻集团山圩剑麻制品有限公司	纺织业	中型	4 695	290
黑龙江北三峡食品有限公司	肉鸡屠宰	中型	4 691	291
新疆华茂阿拉尔纺织有限公司	棉纺纱加工	中型	4 653	292
辽宁省华丰食品（阜新）有限公司	食品制造业	中型	4 638	293
新疆美丰化工有限公司	氮肥制造	中型	4 635	294
*黑龙江红兴隆农垦小清河米业有限公司	谷物磨制	龙头	4 615	295

总产值（现价）（万元）	排序	销售产值（万元）	排序	年末资产总额（万元）	排序	固定资产原值年末数（万元）	排序	年平均从业人员（人）	排序
13 438	341	13 045	339	25 342	271	19 459	210	355	402
9 557	368	9 508	369	17 826	307	16 046	237	316	431
23 323	251	23 323	253	2 643	461	394	455	380	387
7 339	399	7 339	395	43 037	184	51 016	94	260	449
20 462	269	20 421	274	38 849	205	16 455	233	335	418
18 538	289	17 572	294	7 300	397	24 500	177	330	422
33 188	203	20 946	268	50 878	161	26 689	168	377	388
11 742	354	11 646	349	96 952	103	73 514	66	1 966	141
28 489	227	29 999	220	49 308	166	15 852	240	814	268
19 286	279	19 286	281	17 805	309	1 332	417	3 960	66
18 467	290	24 053	247	36 673	214	23 925	183	2 477	110
18 909	286	18 909	285	10 255	375	5 586	338	240	454
75 905	104	77 594	101	50 770	162	16 564	232	544	325
20 414	271	19 962	279	17 107	311	3 455	378	296	443
13 280	342	13 280	337	6 167	417	3 242	385	1 660	163
38 667	191	38 667	188	41 753	190	43 956	109	1 931	143
15 162	320	14 291	323	28 490	258	16 971	230	1 601	166
16 115	311	20 337	275	41 750	191	13 642	256	488	353
14 433	328	12 799	340	85 548	107	42 966	114	343	410
6 128	414	42 564	172	44 601	181	19 057	214	2 452	112
33 916	200	33 867	202	17 375	310	12 178	261	1 326	188
9 445	370	9 690	368	84 921	108	31 240	148	934	246
18 426	291	20 014	278	56 733	150	44 602	105	387	384
8 620	381	8 620	381	38 485	207	36 000	135	9 300	30
16 661	305	16 576	307	27 777	261	23 566	185	501	346
18 695	288	18 695	286	65 973	134	73 694	65	326	426
23 087	255	23 087	256			13 707	253	1 286	190
32 170	209	32 664	207	29 266	252	14 897	245	656	298
17 161	300	17 161	302	6 300	413	288	457	592	309
14 464	327	14 464	321	102 003	97	63 347	74	1 305	189
23 598	249	25 445	240	13 656	342	3 368	380	2 314	120
20 476	268	20 299	276	41 233	195	10 882	275	1 886	146
52 538	152	50 868	151	38 219	209	26 131	170	35 620	14
15 147	321	15 147	318	13 175	344	11 255	271	433	368
24 013	244	23 598	252	8 685	387	576	446	845	260
7 238	402	7 206	401	36 882	212	26 701	167	408	376
15 133	322	15 133	320	3 495	448	897	431	3 870	68

6-4 续表 8

企业名称	行业类别	中型	增加值（现价）（万元）	排序
上海光明饲料有限公司	饲料加工	中型	4 597	296
新疆嘉和毛纺织有限公司	毛织造加工	中型	4 587	297
铁门关市新恒立纺织有限公司	棉纺纱加工	中型	4 568	298
上海农垦广西凤糖融水和睦制糖有限责任公司	制糖业	中型	4 524	299
*广西农垦国有立新农场	农业	中型	4 502	300
江西扬子洲场江西德成制药有限公司	医药	中型	4 500	301
*河北省北粮农业股份有限公司	畜牧业	龙头	4 493	302
江西九江市芙蓉场义鑫服饰	服装加工业	中型	4 402	303
江西九江市芙蓉场顺昌塑料包装	熟食加工业	中型	4 390	304
上海农垦云南文山英茂糖业有限公司	制糖业	中型	4 351	305
燕京啤酒（阿拉尔）有限公司	啤酒制造	中型	4 319	306
黑龙江乌苏里江制药有限公司	刺五加注射液	中型	4 307	307
*黑龙江省农垦爱邦实业有限公司	谷物磨制	龙头	4 280	308
广西杨氏鲜果有限公司	农副食品加工业	中型	4 266	309
*广西杨氏鲜果有限公司	农副食品加工业	中型	4 266	309
辽宁省阜新杰超煤矸石热电有限公司	火力发电	中型	4 261	311
黑龙江省九三农垦电业局	电力供应	中型	4 221	312
*黑龙江省建三江农垦双盛米业有限责任公司	谷物磨制	龙头	4 188	313
辽宁省营口建华管桩有限公司	混凝土	中型	4 160	314
湖南大通湖三星养殖	肉制品加工业	中型	4 112	315
上海东辰粮油有限公司	食用植物油加工	中型	4 093	316
*黑龙江省牡丹江农垦绿源农业开发有限公司	谷物磨制	龙头	4 060	317
广西农垦糖业集团西江制糖有限公司	农副食品加工业	中型	4 024	318
湖北省武汉瀚兴日月电源有限公司	锂离子电池制造	中型	3 942	319
哈密特鑫矿产加工有限公司	铁矿采选	中型	3 897	320
湖北省武汉广佳汽车饰件有限公司	汽车零部件及配件制造	中型	3 830	321
*黑龙江农垦卉菊海林甜菊糖有限公司	甜菊糖甙加工	龙头	3 827	322
湖北省武汉五景药业有限公司	药业	中型	3 822	323
新疆绿华糖业有限责任公司	制糖业	中型	3 819	324
新疆兵团农五师新赛精纺有限公司	棉纺纱加工	中型	3 810	325
第二师天泰电力有限责任公司	电力供应	中型	3 797	326
新疆睿盛纺织有限公司	棉纺纱加工	中型	3 797	326
广西农垦糖业集团达华制糖有限公司	农副食品加工业	中型	3 796	328
湖北省武汉市江汉医疗制药设备有限公司	医疗设备	中型	3 788	329
新疆仁和纺织科技有限公司	棉纺纱加工	中型	3 715	330
*黑龙江省农垦龙兴米业有限公司	谷物磨制	龙头	3 708	331
吉林省吉春制药股份有限公司	医药制造业	中型	3 650	332

总产值（现价）（万元）	排序	销售产值（万元）	排序	年末资产总额（万元）	排序	固定资产原值年末数（万元）	排序	年平均从业人员（人）	排序
22 175	261	21 415	266	39 727	198	1 356	415	942	242
18 252	292	18 252	290	14 622	329	2 707	395	490	349
16 173	310	16 799	305	34 354	225	15 626	241	525	336
14 555	325	14 347	322	18 001	304	16 273	234	1 644	164
6 572	408	6 360	409	25 699	267	5 088	348	2 168	130
4 028	437	3 628	444	3 628	447	450	452	148	463
8 500	386	8 500	385	39 426	203	24 182	180	172	458
23 169	253	23 169	254	4 660	428	126	464	531	332
23 109	254	23 109	255	4 558	429	565	447	346	408
17 969	294	20 490	273	49 988	164	37 508	130	1 671	162
21 374	264	22 458	261	27 004	264	25 227	173	354	403
9 250	372	9 250	371	31 706	238	14 299	247	9 832	27
15 795	315	15 997	311	10 519	373	2 784	393	2 400	117
11 225	359	11 225	354	6 815	404	3 270	383	1 552	169
11 225	359	11 225	354	6 815	404	3 270	383	1 552	169
19 223	281	19 223	282	29 984	247	415	453	1 112	213
6 530	409	6 530	407	19 302	296	27 306	164	25 259	20
16 423	308	16 423	308	17 897	306	4 633	358	1 390	178
16 000	314	16 000	310	25 650	268	150	462	693	291
17 323	298	17 201	301	14 225	338	3 521	377	885	253
210 153	37	212 850	37	34 524	223	9 224	288	1 783	154
14 982	323	15 240	317	4 424	432	2 708	394	2 160	131
17 737	295	19 025	283	6 698	407	11 894	267	1 500	173
19 711	276	15 663	316	10 900	369	2 900	391	795	273
17 549	296	17 549	295	72 097	126	37 516	129	328	424
16 653	306	13 920	328	25 355	270	19 598	209	3 252	85
12 934	344	12 071	343	10 523	372			1 680	161
11 593	355	13 508	335	23 462	279	8 043	306	505	344
26 047	237	25 202	241	61 366	143	42 180	118	716	286
18 101	293	17 402	296	17 044	312	15 169	242	396	381
18 985	282	18 589	287	36 491	216	29 443	152	341	411
18 985	282	18 589	287	36 491	216	29 443	152	341	411
16 434	307	15 666	315	48 496	167	29 745	151	997	232
12 517	346	12 517	341	17 943	305	7 975	309	402	379
8 501	385	8 029	390	7 564	394	8 039	307	304	436
13 683	337	13 803	330	4 554	430	2 263	403	1 820	151
72 530	110	37 850	190	74 000	124	36 000	135	2 588	107

6-4 续表 9

企业名称	行业类别	中型	增加值（现价）（万元）	排序
新疆石河子银河纺织有限责任公司	棉纺纱加工	中型	3 582	333
河北省鑫泉石油化工有限公司	石油制品	中型	3 580	334
新疆汉帛纺织有限公司	棉纺纱加工	中型	3 555	335
广东省廉江市华南糖业有限公司	林业	中型	3 546	336
河北省华润电力风能（承德）有限公司	风力发电	大型	3 501	337
伊犁伊力特玻璃制品有限公司	玻璃包装容器制造	中型	3 457	338
*上海市海丰水产养殖有限公司	渔业	龙头	3 437	339
*黑龙江省建三江农垦金三江粮油工贸有限公司	稻米加工	龙头	3 415	340
湖北省武汉蓝盾门业有限公司	制造	中型	3 398	341
河南省焦作市博农乳业有限责任公司	食品	中型	3 390	342
*黑龙江省农垦龙王食品有限责任公司	乳粉、豆粉生产	龙头	3 385	343
上海农垦广西凤糖鹿寨纸业有限公司	非木竹浆制造	中型	3 340	344
*黑龙江省野宝药业有限公司	熊胆酒	龙头	3 272	345
黑龙江省牡丹江农垦春城粮油加工有限公司	谷物烘干	龙头	3 272	345
河北省华润电力风能（围场）有限公司	风力发电	大型	3 186	347
*广西农垦钦州企业总公司	渔业	中型	3 179	348
广西黄浦江制衣（贵港）有限公司	纺织服装、服饰业	中型	3 177	349
*黑龙江齐齐哈尔农垦大强米业有限责任公司	谷物磨制	龙头	3 089	350
上海向明轴承有限公司	轴承制造	中型	3 070	351
北京三元种业科技股份有限公司	饲料加工	中型	3 067	352
*黑龙江省建三江农垦宝丰米业有限责任公司	谷物磨制	龙头	3 056	353
*黑龙江省建三江农垦富油商贸有限责任公司	谷物磨制	龙头	3 033	354
河南省淅川县制药集团	制药	中型	3 002	355
上海海丰米业有限公司	谷物磨制	中型	2 996	356
湖北省武汉市帝元医用材料有限公司	纺织	中型	2 986	357
江西九江市共青场共青城兴龙实业有限公司	羽毛（绒）加工	中型	2 966	358
江苏省勤奋药业有限公司	医药	中型	2 895	359
江西抚州市长红场佰仕通	电子	中型	2 894	360
湖北省武汉市帝元柴田纸业有限公司	制造	中型	2 886	361
上海良友海狮油脂实业有限公司	食用植物油加工	中型	2 873	362
广西农垦集团华成纸业有限公司	造纸和纸制品业	中型	2 784	363
*黑龙江齐齐哈尔农垦学成米业有限责任公司	谷物磨制	龙头	2 756	364
广东省湛江碧丽华模压木制品有限公司	林业	中型	2 756	364
广西富川富隆果业有限公司	农副食品加工业	中型	2 741	366
*广西富川富隆果业有限公司	农副食品加工业	龙头	2 741	366
*上海海丰米业有限公司	谷物磨制	龙头	2 723	368
*黑龙江齐齐哈尔农垦金星米业有限责任公司	谷物磨制	龙头	2 685	369

总产值（现价）（万元）	排序	销售产值（万元）	排序	年末资产总额（万元）	排序	固定资产原值年末数（万元）	排序	年平均从业人员（人）	排序
14 017	334	13 335	336	19 173	297	17 398	226	570	316
1 205 220	6	848 654	7	1 155 157	8	43 767	111	418	373
4 549	425	4 549	430	18 735	299	31 712	146	340	413
14 155	333	14 155	326	12 911	348	11 143	272	987	234
4 440	428	4 440	432	28 828	254	40 614	122	26	478
17 027	302	17 027	304	45 986	174	10 299	281	480	354
48 791	161	48 791	156	44 129	182	14 550	246	1 068	221
13 660	338	13 660	331	9 122	383			2 076	136
13 523	340	13 523	333	11 479	362	459	451	334	419
8 698	380	8 705	378	5 832	418	4 765	352	1 155	208
16 933	303	17 351	297	32 492	233			8 400	34
13 947	335	13 918	329	11 836	356	13 953	250	2 212	125
10 900	361	10 941	360	2 598	462	1 906	404	1 380	180
12 074	348	12 340	342	7 983	392	3 604	373	1 530	172
3 789	442	3 789	442	28 211	259	33 096	143	29	476
8 131	391	5 573	419	6 484	411	4 763	353	1 282	191
9 079	375	9 079	373	5 333	421	1 158	423	1 352	186
22 818	259	22 513	260	10 226	376	9 533	285	6 882	43
7 230	403	8 674	380	6 863	403	2 610	398	1 891	145
53 340	151	53 340	146	26 091	266	838	434	167	460
11 985	349	11 985	345	2 477	464	529	449	490	349
11 894	352	11 894	347	2 585	463	617	440	820	266
14 271	329	13 921	327	41 392	194	17 236	227	3 927	67
10 088	365	11 025	358	84 027	109	28 147	159	1 171	204
12 368	347	7 319	396	4 365	434	6 210	324	910	249
11 389	357	11 389	352	11 592	360	2 500	401	658	297
4 358	432	4 358	434	5 331	422	2 894	392	1 082	218
6 950	405	5 840	416	11 171	365	3 900	367	742	281
11 962	350	7 214	399	4 132	436	6 111	329	892	251
72 192	112	72 192	110	39 679	199	10 865	276	1 756	156
8 830	379	8 830	376	75 402	121	72 496	67	1 186	201
8 610	382	8 484	386	4 110	437	3 925	366	160	462
8 249	388	6 341	410	14 262	337	22 307	190	302	439
7 250	400	7 250	397	4 008	439	2 600	399	939	244
7 250	400	7 250	397	4 008	439	2 600	399	939	244
10 088	365	11 025	358	84 027	110	28 147	159	1 171	204
8 885	378	8 760	377	5 581	419	6 059	331	4 816	58

6－4 续表 10

企业名称	行业类别	中型	增加值（现价）（万元）	排序
吉林省钓鱼台医药集团吉林天强制药股有限公司	医药制造业	中型	2 600	370
内蒙古自治区海拉尔麦福劳有限责任公司	加工业	中型	2 559	371
广西柳州延龙汽车有限公司	汽车制造业	中型	2 546	372
江西共青场江西省天翌光电有限公司	光电子器件及其他电子器件制造	中型	2 526	373
江西共青城雪狐服饰有限公司	机织服装制造	中型	2 502	374
图木舒克市天华纺织有限公司	棉纺纱加工	中型	2 490	375
云南农垦景洪农场木材厂	胶合板制造	中型	2 485	376
上海农垦安徽光明槐祥工贸集团有限公司	谷物磨制	中型	2 480	377
江西九江市共青场九江华达医用材料有限公司	卫生材料及医用品制造	中型	2 435	378
湖北省武汉昊诚能源科技有限公司	电池能源	中型	2 391	379
*黑龙江省建三江农垦雪那红米业有限责任公司	稻米加工	龙头	2 371	380
*上海鲜花港企业发展有限公司	蜜饯制作	龙头	2 312	381
广西博白县亿丰工艺制品有限公司	文教、工美、体育和娱乐用品制造业	中型	2 303	382
*广西平乐宏源农业发展有限公司	农副食品加工业	中型	2 295	383
首农集团承德三元金星鸭业有限责任公司	林业	中型	2 285	384
辽宁省北票电力电杆有限公司	水泥制造业	中型	2 264	385
黑龙江省建三江农垦鑫沅水稻专业合作社	谷物磨制	龙头	2 237	386
天津海河乳业有限公司	食品制造业	中型	2 230	387
河北省围场满、蒙自治县圣坤仁合光伏发电有限公司	太阳能发电	大型	2 202	388
阿拉尔盛源热电有限责任公司	火力发电	中型	2 181	389
*黑龙江省大兴农场龙兴米业	大米加工	龙头	2 152	390
*上海大瀛食品有限公司	肉制品及副产品加工	龙头	2 099	391
上海农垦广西风糖雒容制糖有限责任公司	制糖业	中型	2 064	392
新疆伍怡天宇建筑工程有限公司	水泥制品制造	中型	2 011	393
上海乐惠米业有限公司	谷物磨制	中型	1 918	394
上海农垦广西风糖柳江制糖有限责任公司	制糖业	中型	1 912	395
江西共青场金淞电器（九江）有限公司	家用空气调节器制造	中型	1 884	396
伊犁南岗化工有限责任公司	初级形态塑料及合成树脂制造	中型	1 856	397
上海农垦广西田林和平糖业有限公司	制糖业	中型	1 824	398
新疆哈密瓜乡果业股份有限公司	水果和坚果加工	中型	1 793	399
湖北省武汉多美丽服饰有限公司	服饰	中型	1 780	400
*河北省唐山旺地种业有限公司	种植	龙头	1 778	401
*黑龙江省宝泉岭农垦香其酱业	大豆酱	龙头	1 722	402
*黑龙江瑞丰源米业有限公司	大米加工	龙头	1 702	403
黑龙江省宝泉岭农垦宝泉酱业有限公司	大豆酱	龙头	1 700	404
湖北省武汉顺威电器有限公司	家用空气调节器制造	中型	1 677	405
上海农垦广西风糖融安制糖有限责任公司	制糖业	中型	1 655	406

总产值（现价）（万元）	排序	销售产值（万元）	排序	年末资产总额（万元）	排序	固定资产原值年末数（万元）	排序	年平均从业人员（人）	排序
6 500	411	6 079	413	14 847	326	6 258	322	812	269
3 259	449	5 844	415	14 276	336	17 714	223	1 222	197
6 469	412	6 147	412	10 916	368	5 500	342	766	275
14 554	326	11 126	357	9 956	377	3 862	368	942	241
19 255	280	17 303	298	2 726	459	1 784	407	1 018	224
36 672	194	34 722	199	139 233	74	130 039	37	667	293
4 528	426	5 275	420			4 406	362	931	247
20 355	272	17 218	300	39 152	204	13 650	254	945	240
27 947	230	27 063	235	13 030	346	6 619	319	633	303
10 058	367	10 058	364	11 262	364	4 509	361	350	404
9 483	369	8 393	387	9 268	382	4 569	359	1 057	222
15 276	319			65 249	138	42 312	117	565	319
7 352	397	7 199	402	4 040	438	3 715	369	1 162	206
9 200	373	9 200	372	5 550	420	2 430	402	469	358
13 746	336	13 655	332	16 378	317	8 320	301	327	425
7 214	404	7 214	399	6 300	413	100	466	400	380
8 950	377	8 950	375	1 992	470	1 195	421	480	354
48 479	164	41 967	175	31 630	240	21 233	197	5 256	54
2 168	459	2 168	459	45 071	178	38 770	127	30	474
22 860	258	23 874	249	44 092	183	8 298	302	137	465
7 686	394	7 686	391	7 281	398	3 338	381	1 012	228
1 658	470	1 658	470	11 408	363	5 605	336	1 181	203
8 205	389	8 689	379	24 723	275	12 966	258	1 364	182
42 952	177	44 766	168	165 572	60	42 429	115	1 250	193
44 305	174	49 523	155	37 525	210	1 301	419	732	283
9 083	374	9 258	370	23 249	281	13 826	251	1 784	153
15 700	317	15 700	314	12 964	347	6 784	317	1 183	202
25 351	240	30 568	217	63 679	140	20 016	205	474	357
17 520	297	17 758	292	52 433	158	37 385	131	1 383	179
4 861	422	4 842	426	8 946	384	4 067	364	303	438
6 514	410	7 102	403	11 841	355	6 244	323	369	395
2 967	451	2 967	452	1 352	475	858	433	22	479
5 889	416	5 110	422	6 898	401	5 935	333	4 980	57
7 500	396	8 550	384	8 650	388	1 163	422	8 590	32
7 822	393	7 470	393	13 684	340	10 522	278	7 520	38
8 388	387	10 069	362	9 950	378	3 600	374	1 900	144
10 697	362	9 937	365	14 844	327	21 219	198	1 354	184

6-4续表11

企业名称	行业类别	中型	增加值（现价）（万元）	排序
江苏省金象传动设备股份有限公司	机械	中型	1 637	407
*黑龙江省北大荒亲民有机食品有限公司	蔬菜加工	龙头	1 577	408
辽宁省东港市港珠食品有限公司	农副食品加工业	中型	1 576	409
云南农垦茶叶公司	精制茶加工	中型	1 563	410
上海农垦广西凤糖白沙制糖有限责任公司	制糖业	中型	1 539	411
江西九江市共青场江西春蕾服饰有限公司	机织服装制造	中型	1 524	412
吉林省四平慧良牧业有限公司	农副食品加工业	中型	1 500	413
广西农垦南宁金光淀粉公司	农副食品加工业	中型	1 465	414
广西贵港市冠峰制药有限公司	医药制造业	中型	1 465	414
广东省农垦集团进出口有限公司	畜牧业	大型	1 445	416
辽宁省本溪寨香生态股份有限公司	农副食品加工业	大型	1 432	417
辽宁省营口海宇农水产品有限公司	脱水蔬菜和海产品	中型	1 350	418
云南农垦钢板弹簧厂	其他建筑、安全用金属制品制造	中型	1 278	419
云南农垦南湖橡胶厂	橡胶鞋制造	中型	1 274	420
云南农垦天使食品厂	饼干及其他焙烤食品制造	中型	1 264	421
江西共青场鸿奕实业（九江）有限公司	皮鞋制造	中型	1 257	422
辽宁省阜新市驰宇石油机械有限公司	石油钻采专用设备制造	中型	1 213	423
*河北省唐山市芦台喜氏兴米业有限公司	大米加工	龙头	1 191	424
湖南德科纺织有限公司	纺织业	中型	1 175	425
阿克苏新农乳业有限责任公司	乳制品制造	中型	1 145	426
江西共青场中南（共青城）科技有限公司	家用美容、保健电器具制造	中型	1 134	427
*黑龙江省建三江农垦嘉良米业有限责任规上	大米加工	龙头	1 120	428
*上海光明特种水产有限公司	内陆养殖	龙头	1 100	429
云南农垦热作机械公司	橡胶加工专用设备制造	中型	1 089	430
*黑龙江省建三江农垦伍峰工贸有限公司	水稻加工	龙头	1 055	431
江西共青城欧唯诺太阳能科技股份有限公司	光伏设备及元器件制造	中型	1 009	432
*黑龙江省建三江农垦北农粮油工贸有限公司	谷物磨制	龙头	978	433
*广西农垦茶业集团有限公司	酒、饮料和精制茶制造业	中型	865	434
*黑龙江省建三江农垦北斗星粮油工贸有限责任公司	谷物磨制	龙头	857	435
*黑龙江省建三江农垦万顺米业有限责任公司	稻米加工	龙头	856	436
*黑龙江省建三江农垦阿祥粮油工贸有限公司	谷物加工	龙头	853	437
吉林省四平市种鹿场有限公司	农副食品加工业	中型	828	438
河南省黄泛区天鹰缸套公司	机械	中型	820	439
*黑龙江省建三江农垦鑫盛源粮油工贸有限规上	大米加工	龙头	808	440
*黑龙江省北安农垦永兴亚麻有限公司	亚麻加工	龙头	806	441
云南农垦维克达公司	汽车零部件及配件制造	中型	804	442
*黑龙江省北大荒绿洲米业有限公司	生产大米	龙头	789	443
*上海农垦江苏东越生物科技股份有限公司	食用菌种植	龙头	744	444
黑龙江红兴隆农垦宝利采金有限公司	金矿采选	中型	738	445

总产值（现价）（万元）	排序	销售产值（万元）	排序	年末资产总额（万元）	排序	固定资产原值年末数（万元）	排序	年平均从业人员（人）	排序
6 768	406	6 768	405	29 695	249	29 234	156	1 218	198
4 516	427	4 516	431	11 060	366	8 344	300	7 430	40
6 700	407	6 700	406	2 240	467	120	465	850	258
2 075	464	10 058	363	7 480	395	1 348	416	699	288
7 345	398	8 055	389	6 330	412	8 505	297	1 126	210
17 148	301	17 148	303	5 283	423	9 045	290	466	359
11 570	356	27 027	236	11 570	361	6 205	325	315	432
4 388	429	4 355	435	6 693	408	4 646	356	370	393
4 388	429	4 355	435	6 693	408	4 646	356	370	393
2 143	460	82 234	92	55 440	152	497	450	67	471
5 115	420	4 890	425	2 195	468	410	454	98	468
4 987	421	4 987	424	3 800	445	180	459	307	435
4 663	424	4 631	428	3 441	450	1 125	424	528	334
6 371	413	7 062	404	14 371	335	3 190	386	1 481	176
3 769	444	2 097	462	4 265	435	1 612	410	845	260
21 967	263	21 967	263	8 197	390	3 989	365	4 493	60
3 800	441	2 890	453	3 851	442	277	458	330	422
11 917	351	11 917	346	5 064	424	1 895	405	30	474
3 230	450	3 212	451	1 921	471	1 108	425	889	252
7 683	395	7 585	392	15 611	321	12 069	262	419	372
21 239	265	18 963	284	11 873	354	23 932	182	1 363	183
4 725	423	4 725	427	4 398	433	832	435	18	482
8 579	383	8 579	382	6 900	400	3 014	389	498	347
5 386	418	5 907	414	2 858	455	1 541	412	434	367
4 358	431	4 358	433	33 084	231	11 982	266	651	299
88 945	91	86 670	88	76 044	119	177 078	27	312	434
4 042	436	4 042	438	3 825	444	155	461	509	343
2 586	453	2 620	456	25 233	273	15 987	238	2 898	94
3 541	445	3 541	447	6 604	410	3 688	370	348	406
3 541	446	3 541	448	2 671	460	799	436	320	429
3 526	447	3 526	449	4 841	426	1 695	409	987	234
12 545	345	3 580	446	6 700	406	2 612	397	1 123	211
2 576	454	2 634	455	7 588	393	7 084	311	513	341
3 382	448	3 382	450	3 976	441	1 270	420	598	308
833	477	830	477	2 463	465	908	430	550	324
2 397	456	3 935	440	11 752	358	3 588	375	516	339
1 254	474	1 347	473	55 852	151			2 424	114
3 968	438	3 968	439	8 710	385	8 985	292	704	287
3 784	443	4 589	429	5 063	425	4 072	363	6 318	45

6－4 续表 12

企业名称	行业类别	中型	增加值（现价）（万元）	排序
江西省九江市芙蓉场芳湖米业	粮食加工业	中型	732	446
江西鹰潭市青年场大地公司	农业	中型	717	447
*安徽省倮倮米业有限公司	碾磨业	龙头	666	448
黑龙江省农垦胜利粮油食品有限责任公司	粮食加工	龙头	665	449
安徽省雁湖面粉有限公司	碾磨业	中型	644	450
*黑龙江红兴隆农垦新兴机械制造有限公司	种植机械制造	龙头	642	451
*上海一只鼎食品有限公司	水产品罐头制造	龙头	629	452
*黑龙江北珠精米加工有限公司	谷物磨制	龙头	626	453
*河北省围场满、蒙自治县风阳光伏发电有限公司	太阳能发电	龙头	594	454
*黑龙江省富坤粮食加工有限公司	谷物磨制	龙头	583	455
*安徽省农业服务股份有限公司	农服	龙头	526	456
*安徽省安禽有限公司	禽业养殖	龙头	521	457
*黑龙江省建三江农垦建三江米业有限公司	谷物加工	龙头	515	458
江西九江市共青场江西羽博服饰有限公司	机织服装制造	中型	492	459
*黑龙江省农垦胜利东北黑蜂开发有限公司	蜂蜜加工	龙头	477	460
新疆芳婷针纺织有限责任公司	针织或钩针编织服装制造	中型	452	461
*黑龙江农垦伟业食品冷冻有限责任公司	速冻玉米	龙头	450	462
*黑龙江省建三江农垦宝裕丰米业有限责任公司	谷物磨制	龙头	426	463
*安徽省青草湖酒业公司	酿酒	龙头	405	464
*黑龙江省建三江农垦七星粮油工贸有限责任公司	谷物磨制	龙头	385	465
克拉玛依市润泰纺织有限公司	棉纺纱加工	中型	340	466
*黑龙江省宝泉岭农垦山林粮食加工有限责任公司	稻米加工	龙头	337	467
*黑龙江省建三江农垦稻福米业有限公司	谷物磨制	龙头	326	468
吉林省嘉仁花生食品有限公司	食品制造业	中型	325	469
辽宁省东港市江源机械有限公司	交通运输设备制造业	大型	320	470
云南农垦云南咖啡厂	茶饮料及其他饮料制造	中型	311	471
新疆绿翔牧业有限责任公司	牲畜屠宰	中型	310	472
河南省黄泛区农场绿原化工公司	化工	中型	236	473
*安徽省绿魁茶业有限公司	茶叶	龙头	233	474
黑龙江北大荒农业股份有限公司浩良河化肥分公司	氮肥制造业	中型	224	475
辽宁省东港市五四农场米业加工厂	农副食品加工业	大型	190	476
*黑龙江农垦北大荒南华糖业有限公司	机制糖	龙头	177	477
*黑龙江省铁力农场农垦人酿酒厂	白酒制造	龙头	170	478
上海瀛丰五斗米业有限公司	谷物磨制	中型	129	479
宁夏贺兰山清真牛羊肉产业集团公司	禽类屠宰	中型	103	480
北京百年栗园生态农业有限公司	农业	中型	101	481
*黑龙江省绥化农垦晨环生物科技有限责任公司	复合肥	龙头	50	482
*黑龙江省佳木斯市羽琨食品有限公司	生产松花火腿	龙头	28	483
哈密市盛镁镁业有限公司	镁冶炼	中型	24	484
*黑龙江省北安农垦洪昌饮品有限公司	谷物磨制	龙头	18	485

总产值（现价）（万元）	排序	销售产值（万元）	排序	年末资产总额（万元）	排序	固定资产原值年末数（万元）	排序	年平均从业人员（人）	排序
3 860	439	3 860	441	762	481	600	443	143	464
2 360	457	139	479	1 138	478	1 058	426	270	446
5 865	417	5 584	418	10 545	371	3 041	388	356	401
4 211	433	4 330	437	6 226	416	5 510	341	2 805	97
15 575	318	15 135	319	7 000	399	4 758	354	541	326
1 834	466	1 834	465	411	482	133	463	650	300
5 258	419	5 215	421	6 244	415	1 504	414	955	239
1 840	465	1 808	466	3 062	454	601	442	601	307
990	476	990	476	25 109	274	17 858	222	22	479
2 081	463	2 081	463	3 130	453	1 026	427	540	327
526	480	7 454	394	10 340	374	88	469	437	366
2 891	452	2 813	454	1 463	474	954	429	265	448
2 136	461	2 136	460	2 361	466	1 314	418	374	392
9 058	376	9 058	374	3 421	451	15 000	243	885	253
1 761	468	1 761	468	1 822	472	982	428	31	473
7 934	392	6 382	408	14 405	333	7 061	312	331	420
1 088	475	1 088	475	1 537	473			2 280	121
1 782	467	1 782	467	1 204	477	560	448	340	413
573	479	1 131	474	2 818	456	599	444	254	450
1 625	471	1 625	471	3 295	452				
3 829	440	3 731	443	2 732	458	54	470	253	451
5 962	415	6 307	411	20 356	292	5 799	334	2 340	119
1 359	473	1 359	472	1 347	476	643	439	350	404
4 145	435	5 721	417	4 427	431	1 547	411	161	461
2 570	455	2 570	457	2 005	469	100	466	270	446
18 924	285	18 429	289	3 825	443	3 306	382	423	369
70 737	114	45 425	164	181 917	53	115 264	41	1 120	212
1 422	472	2 351	458	9 704	381	10 312	280	298	442
2 250	458	2 020	464	3 711	446	1 865	406	132	466
19 410	278	20 099	277	23 938	278			36 062	13
2 100	462	2 100	461	1 000	479	89	468	72	470
771	478	0	482	14 548	331	26 837	166	3 422	82
1 712	469	1 712	469	3 453	449			1 085	217
11 816	353	11 535	350	25 422	269	1 505	413	603	306
				14 917	323	5 941	332	80	469
8 142	390	8 142	388	14 689	328	12 021	263	362	399
172	481	328	478	2 741	457			1 162	206
122	482	122	480	56	483			278	445
4 195	434	3 625	445	41 475	193	36 336	133	203	455
37	483	37	481	921	480	169	460	12	483

建筑业、交通运输业、批发零售贸易、餐饮业

7－1 建筑业基本情况

（2016 年）

地区	年末单位个数（个）		有工作量的单位个数（个）		年末从业人员（人）		全年从业人员报酬（万元）	
		国有（个）		国有（个）		国有（人）		国有（万元）
全国农垦	**4 236**	**516**	**3 914**	**504**	**377 525**	**150 910**	**2 162 233**	**991 331**
北京	4	3	4	3	106	67	988	624
天津	2	2	2	2	72	72	1 314	1 314
河北	107	5	96	2	7 306	278	21 781	1 018
山西								
内蒙古	259	1	258	1	6 851	299	16 572	1 600
辽宁	354	6	354	6	17 791	379	87 332	1 982
吉林	26		23		1 042		2 929	
黑龙江	330	40	330	40	19 349	1 123	71 879	2 965
上海	9	9	9	9	1 099	1 099	13 103	13 103
江苏	68	6	68	6	2 499	196	25 467	1 391
浙江								
安徽	153	3	123	3	3 758	2 340	11 559	8 128
福建	254		164		2 554		5 928	
江西	82	16	57	11	6 429	784	15 123	2 187
山东	6	2	6	2	388	59	1 546	140
河南	10	1	10	1	1 100	600	4 022	2 846
湖北	778	16	667	15	95 616	63 743	791 536	471 208
湖南	291	88	291	88	13 101	4 821	23 185	10 330
广东	225	11	225	11	5 593	412	31 696	7 949
广西	448	29	448	29	33 013	4 243	145 167	21 464
海南	510	187	510	187	9 648	353	30 635	8 007
重庆	1	1	1	1	78	78	722	722
四川								
贵州								
云南	37	3	31	2	473	21	1 359	72
陕西								
甘肃	3	3	2	2	662	162	1 727	384
青海								
宁夏	17	2	12	2	1 663	357	4 582	2 792
新疆（兵团）	194	81	188	80	144 102	69 169	835 792	428 848
新疆（农业）	10	1	7	1	686	255	2 649	2 257
新疆（畜牧）	58		28		2 546		13 640	
热科院								
广州								
南京								

7-1续表1

地　　区	年末固定资产原值（万元）		年末拥有机械设备总台数（台）		全年施工房屋建筑面积（万米²）	
		国有（万元）		国有（台）		国有（万米²）
全国农垦	**3 448 391**	**1 254 179**	**86 474**	**34 335**	**17 718**	**10 613**
北　　京	1 247	899	16	16	29	6
天　　津	449	449	20	20	10	10
河　　北	29 001	4 194	3 692	676	211	
山　　西						
内 蒙 古	33 353	3 500	1 397	165	54	1
辽　　宁	121 260	562	2 357	37	366	1
吉　　林	1 489		210		9	
黑 龙 江	314 821	61 643	6 894	2 867	340	158
上　　海	4 944	4 944	62	62	137	137
江　　苏	48 952	4 259	766	49	18	3
浙　　江						
安　　徽	2 349	512	228	46	108	98
福　　建	953		323		45	
江　　西	20 554	1 160	3 402	304	181	10
山　　东	6 106	4	163	30	2	…
河　　南	1 173	888	413	317	30	28
湖　　北	606 168	253 642	26 081	10 081	9 197	5 915
湖　　南	32 368	15 525	6 889	4 522	210	70
广　　东	26 742	9 618	744	58	70	14
广　　西	1 030 809	107 225	9 834	1 002	739	70
海　　南	316 883	130 485	1 301	3	166	86
重　　庆	2 096	2 096	6	6	50	50
四　　川						
贵　　州						
云　　南	860	31	115	15	7	3
陕　　西						
甘　　肃	2 270	330	102	102	11	11
青　　海						
宁　　夏	1 587	764	428	233	51	16
新疆（兵团）	814 445	645 934	20 494	13 662	5 356	3 920
新疆（农业）	5 576	5 515	82	62	15	7
新疆（畜牧）	21 936		455		307	
热 科 院						
广　　州						
南　　京						

7-1续表2

地　区	本年新开工面积（万米²）	国有（万米²）	单位工程竣工个数（个）	国有（个）	房屋建筑竣工面积（万米²）	国有（万米²）
全国农垦	**7 029**	**2 940**	**21 541**	**2 052**	**8 269**	**4 054**
北　京	1	1	1	1	3	3
天　津					2	2
河　北	155		177		94	
山　西						
内蒙古	46	1	2 278	75	42	
辽　宁	166	1	341	1	237	1
吉　林	6		515		8	
黑龙江			4 023	482	213	32
上　海	39	39	147	147	118	118
江　苏	11	3	349	82	36	20
浙　江						
安　徽	2		18	12	55	45
福　建	17		115		30	
江　西	61	8	3 319	171	134	10
山　东					2	
河　南	4	3	18	5	4	3
湖　北	2 962	1 211	2 112	192	4 363	2 141
湖　南	126	21			195	15
广　东	56	13	2 692	523	63	14
广　西	379	70	388	121	167	18
海　南	104	32	979	33	95	28
重　庆	18	18	3	3	18	18
四　川						
贵　州						
云　南	5	3	213	153	23	2
陕　西						
甘　肃	9	9	37	37	8	8
青　海						
宁　夏	1		3			
新疆(兵团)	2 546	1 500			2 327	1 570
新疆(农业)	11	7	25	14	8	5
新疆(畜牧)	304		3 788		23	
热科院						
广　州						
南　京						

7－2 交通运输业基本情况

（2016 年）

地区	年末单位个数（个）	国有（个）	年末从业人员（人）	国有（人）	全年从业人员报酬（万元）	国有（万元）	年末固定资产原值（万元）	国有（万元）
全国农垦	**32 871**	**191**	**227 645**	**32 667**	**1 335 909**	**144 220**	**2 607 536**	**586 043**
北京	3	3	2 312	2 312	6 708	6 708	21 246	21 246
天津	1	1	7	7	64	64	13	13
河北	5 988	3	17 845	36	369 184	96	193 189	214
山西	45		99		246		613	
内蒙古	1 756		3 979		12 867		104 003	
辽宁	5 539		17 096		64 268		101 815	
吉林	357		3 289		10 335		9 622	
黑龙江	235	71	17 364	4 712	45 917	17 646	395 062	129 732
上海	48	48	21 082	21 082	97 376	97 376	376 218	376 218
江苏	35		2 365		18 546		21 131	
浙江								
安徽	576		922		4 018		7 477	
福建	1 062		1 799		6 268		6 751	
江西	283	4	1 787	212	5 094	447	11 332	780
山东	2		224		1 464		5 106	
河南								
湖北	11 350	4	27 558	261	124 718	763	937 829	2 811
湖南	562	11	4 112	638	9 010	997	17 869	3 021
广东	855	11	4 242	1 040	20 893	7 655	31 145	11 431
广西	14	4	11 259	76	54 707	434	105 875	2 522
海南	7	5	6 837	200	20 962	1 104	25 927	7 000
重庆	2	2	185	185	490	490	990	990
四川								
贵州								
云南	2 105	11	2 947	105	7 759	482	54 516	5 794
陕西								
甘肃	92	1	133	6	512	58	529	8
青海								
宁夏	812		1 287		3 984		7 053	
新疆(兵团)	66	10	76 484	1 795	441 160	9 900	152 863	24 263
新疆(农业)	441	2	680		1 515		6 922	
新疆(畜牧)	634		1 733		7 800		12 297	
热科院								
广州								
南京	1		18		45		142	

7-2 续表 1

地　区	年末拥有主要运输工具（台）		载货汽车（辆）		载货汽车（吨位）	
		国有（台）		国有（辆）		国有（吨位）
全国农垦	**371 120**	**18 784**	**131 144**	**3 177**	**705 078**	**13 510**
北　京	1 742	1 742	115	115	253	253
天　津	49	49				
河　北	10 536	18	9 192	18	167 076	216
山　西	40		24		247	
内蒙古	3 210		1 642		10 662	
辽　宁	11 741		5 246		42 020	
吉　林	3 306		3 105		42 101	
黑龙江	26 131	1 325	9 026	372	122 520	6 282
上　海	11 407	11 407	727	727	2 618	2 618
江　苏	985		727		9 941	
浙　江						
安　徽	646		503		3 596	
福　建	1 203		887		3 800	
江　西	1 033	74	940	10	4 346	60
山　东	40		30		1 970	
河　南						
湖　北	25 174	215	23 585	22	202 931	770
湖　南	2 122	639	1 599	550	7 110	2 945
广　东	2 712	1 072	1 205	15	8 623	67
广　西	9 300	33	4 714	8	47 846	120
海　南	2 646	35	2 198	28	11 938	110
重　庆	126	126	126	126		
四　川						
贵　州						
云　南	7 968	326	1 531	50	7 416	69
陕　西						
甘　肃	90		55		523	
青　海						
宁　夏	932		348		3 529	
新疆(兵团)	246 132	1 723	62 728	1 136		
新疆(农业)	583		310		1 490	
新疆(畜牧)	1 248		573		2 482	
热科院						
广　州						
南　京	18		8		40	

7-2续表2

地区	年末拥有主要运输工具			
	载客汽车（辆）		载客汽车（客位）	
		国有（辆）		国有（客位）
全国农垦	**231 093**	**15 372**	**310 251**	**90 496**
北京	1 627	1 627	6 508	6 508
天津	49	49	196	196
河北	1 252		8 428	
山西	16		214	
内蒙古	590		2 075	
辽宁	1 563		31 260	
吉林	191		3 848	
黑龙江	14 744	889	121 396	7 719
上海	10 680	10 680	64 446	64 446
江苏	258		1 172	
浙江				
安徽	85		1 223	
福建	69		650	
江西	93	64	797	692
山东	10		165	
河南				
湖北	1 589	193	20 410	2 069
湖南	505	82	8 402	2 195
广东	1 507	1 057	11 938	5 285
广西	412	24	5 448	860
海南	448	5	6 583	250
重庆				
四川				
贵州				
云南	625	29	6 942	276
陕西				
甘肃	35		386	
青海				
宁夏	584		4 845	
新疆(兵团)	193 404	673		
新疆(农业)	273		984	
新疆(畜牧)	474		1 905	
热科院				
广州				
南京	10		30	

7-2续表3

地 区	年末货运量（吨）	国有（吨）	年末客运量（万人）	国有（万人）	年末营业	国有（万元）	营业网点个数（个）	国有（个）
全国农垦	**284 471**	**110 912**	**51 833**	**5 082**	**5 948 372**	**999 224**	**3 997 200**	**210 947**
北 京	16	16	1 119	1 119	22 002	22 002	8 639	8 639
天 津			115	115	59	59		
河 北	61 609	20 438	994		221 715	907	182 341	907
山 西	20		33		637		403	
内 蒙 古	1 648		377		53 205		42 428	
辽 宁	28 623		3 177		158 394		103 161	
吉 林	91		173		5 469		1 522	
黑 龙 江	17 088	1 011	14 870	2 060	1 049 235	311 596	406 205	24 273
上 海	137	137			573 676	573 676	135 986	135 986
江 苏	251		112		110 473		64 028	
浙 江								
安 徽	288		183		9 653		6 757	
福 建	1 659		771		15 785		13 520	
江 西	66	1	53	45	2	0	1	0
山 东	110		1		11 104		11 104	
河 南								
湖 北	8 291	2 211	1 708	363	427 902	4 481	379 966	
湖 南	3 788	286	371	89	21 105	5 754	13 632	2 680
广 东	3 096	4	713	249	79 210	6 775	50 074	1 500
广 西	5 759	52	1 191	57	364 106	2 107	297 843	468
海 南	969	47	672	3	54 909	14 500	37 137	301
重 庆	86 140	86 140			2 300	2 300	2 300	2 300
四 川								
贵 州								
云 南	3 636	1	1 601		36 542		17 484	
陕 西								
甘 肃	81	5	32		1 455	201	591	
青 海								
宁 夏	150		375		9 048		4 857	
新疆（兵团）	58 215	563	22 723	983	2 690 894	54 866	2 208 856	33 893
新疆（农业）	170		153		18 059		6 048	
新疆（畜牧）	2 557		312		11 284		2 250	
热 科 院								
广 州								
南 京	14		6		150		68	

7－3 批发零售业基本情况

（2016年）

地区	年末单位个数（个）	国有（个）	年末从业人员（人）	国有（人）	全年从业人员报酬（万元）	国有（万元）	营业网点个数（个）	国有（个）
全国农垦	**87 536**	**1 486**	**579 879**	**74 098**	**2 321 285**	**468 470**	**225 741**	**8 575**
北京	11	10	734	710	7 577	7 428	96	94
天津	24	24	2 239	2 239	37 781	37 781	313	313
河北	6 239	13	20 881	311	48 486	433	8 285	17
山西	878	3	3 212	68	6 444	87	980	8
内蒙古	3 472	31	10 212	742	27 085	4 368	2 058	62
辽宁	9 733	65	36 187	798	86 342	1 232	8 612	210
吉林	3 785	2	26 726	3	78 530	81	3 657	
黑龙江	675	260	49 604	10 725	167 093	64 793	27 922	1 578
上海	272	272	45 769	45 769	263 083	263 083	4 988	4 988
江苏	4 156	3	12 582	567	68 382	2 849	2 718	3
浙江	29		108		303		27	
安徽	1 905	19	6 196	401	13 761	3 076	2 497	30
福建	2 303	24	5 622	106	7 694	363	2 069	53
江西	2 347	21	16 590	392	39 629	492	4 905	11
山东	154	4	689	53	1 207	179	219	15
河南	220	10	1 279	339	2 760	1 157	199	35
湖北	35 599	15	64 932	2 577	212 809	26 122	24 165	29
湖南	5 038	9	17 885	46	22 335	95	5 899	13
广东	2 670	76	7 736	717	42 488	6 051	2 543	68
广西	124	29	24 206	459	108 263	2 213	8 480	33
海南	30	29	23 598	1 180	62 068	13 415	11 789	120
重庆	2	2	15	15	123	123		
四川								
贵州								
云南	1 192	9	8 435	381	20 188	2 283	5 185	17
陕西	28	28	63	63	123	123	22	22
甘肃	254	4	514	99	1 924	544	170	5
青海	3				21			
宁夏	1 261	3	2 686	236	6 815	927	1 390	54
新疆（兵团）	3 244	226	187 608	3 444	966 180	23 134	94 972	758
新疆（农业）	756	256	1 618	1 536	5 376	5 376	719	2
新疆（畜牧）	1 092		1 821		15 711		823	
热科院	1		10		42		2	
广州	2	2	35	35	408	408		
南京	37	37	87	87	254	254	37	37

7-3 续表

地　区	年末固定资产原值（万元）		年末营业用房面积（米²）		销售总额或营业收入（万元）	
		国有（万元）		国有（米²）		国有（万元）
全国农垦	**4 523 010**	**1 981 409**	**18 159 637**	**2 548 866**	**69 619 185**	**23 462 957**
北　京	28 532	27 692	77 807	77 049	530 615	526 416
天　津	109 113	109 113	199 795	199 795	929 307	929 307
河　北	130 265	55 404	208 764	28 070	2 052 687	130 858
山　西	3 232	167	41 824	2 508	358 536	1 681
内蒙古	69 400	18 670	318 906	69 498	284 583	170 957
辽　宁	265 604	2 856	777 287	4 532	645 000	1 625
吉　林	34 535	45	989 244		265 936	
黑龙江	980 042	531 255	2 464 245	562 393	7 919 078	4 843 508
上　海	591 425	591 425	1 028 612	1 028 612	7 641 262	7 641 262
江　苏	93 306	15 012	378 617	6 832	741 383	41 236
浙　江	243		1 298		1 345	
安　徽	39 025	20 398	177 548	15 088	172 055	52 362
福　建	13 427	641	100 383	1 450	115 272	25 143
江　西	37 682	1 462	306 549	10 543	168 104	2 097
山　东	1 813	56	12 281	1 310	11 286	1 476
河　南	10 712	8 946	30 510	17 338	48 982	25 548
湖　北	526 948	125 583	1 185 240	34 182	7 148 747	1 604 105
湖　南	20 332	38	152 901	2 898	102 221	1 233
广　东	154 759	118 367	186 398	15 986	1 787 041	1 327 937
广　西	215 641	27 436	511 194	23 902	2 429 039	299 366
海　南	80 029	68 998	441 154	19 989	1 288 316	837 723
重　庆	5 760	5 760	6 700	6 700	10 348	10 348
四　川						
贵　州						
云　南	50 971	15 578	229 270	42 474	1 311 907	1 183 890
陕　西	251	251	2 751	2 751	385	385
甘　肃	3 465	1 810	15 730	694	44 880	19 682
青　海						
宁　夏	11 938	3 395	49 588	3 171	35 217	13 391
新疆（兵团）	1 005 689	198 569	8 151 458	354 789	33 413 506	3 664 589
新疆（农业）	32 100	32 100	23 030	11 400	60 352	22 600
新疆（畜牧）	6 346		84 043		17 461	
热科院	43		1 598		102	
广　州	66	66	642	642	81 998	81 998
南　京	316	316	4 270	4 270	2 234	2 234

7－4 餐饮业基本情况

（2016 年）

地 区	年末单位个数（个）	国有（个）	年末从业人员（人）	国有（人）	全年从业人员报酬（万元）	国有（万元）	营业网点个数（个）	国有（个）
全国农垦	**19 073**	**297**	**207 670**	**20 499**	**771 076**	**86 958**	**53 682**	**886**
北 京	10	9	8 995	8 630	43 187	39 764	294	293
天 津	4	4	265	265	1 196	1 196	4	4
河 北	1 369	5	9 904	642	31 436	1 989	1 675	5
山 西	170		385		872		176	
内 蒙 古	1 886	5	5 822	180	14 958	559	710	3
辽 宁	2 168	25	17 585	324	43 206	512	2 023	25
吉 林	720		3 292		6 942		692	
黑 龙 江	64	50	23 622	1 692	61 222	4 729	9 902	76
上 海	16	16	2 990	2 990	13 623	13 623	217	217
江 苏	467	2	2 245	156	10 009	640	268	1
浙 江	23	6	57	3	157		32	16
安 徽	463	7	2 092	352	6 246	1 659	667	7
福 建	493	5	1 841	14	4 545	52	801	50
江 西	749	3	7 345	30	15 121	59	726	2
山 东	59	1	286	11	366	37	61	1
河 南	81		439		705		68	
湖 北	6 884	9	15 720	96	56 319	392	5 072	5
湖 南	889	7	4 315	30	11 221	55	1 315	9
广 东	564	19	4 538	873	19 190	4 419	547	18
广 西	22	6	6 504	158	29 516	506	1 254	6
海 南	26	22	7 327	907	18 357	3 537	2 003	22
重 庆	2	2	375	375	2 298	2 298	3	3
四 川	1	1	17	17	74	74	1	1
贵 州								
云 南	403	27	4 293	487	10 644	1 517	1 522	27
陕 西	22	22	215	215	240	240	22	22
甘 肃	67	6	321	147	1 251	844	54	4
青 海	3	1	69	24	347	59	2	1
宁 夏	393	6	1 893	517	3 516	1 070	393	6
新疆（兵团）	113	29	73 091	1 352	301 130	7 074	22 508	60
新疆（农业）	97		383		674		56	
新疆（畜牧）	819		1 394		62 363		588	
热 科 院	2	1	13	11	47	39	2	1
广 州								
南 京	24	1	37	1	97	14	24	1

7-4续表

地　区	年末固定资产原值（万元）		年末营业用房面积（米²）		销售总额或营业收入（万元）	
		国有（万元）		国有（米²）		国有（万元）
全国农垦	**1 975 583**	**633 262**	**5 917 349**	**954 544**	**4 066 396**	**499 924**
北　京	173 012	131 709	109 032	64 292	326 866	310 942
天　津	1 360	1 360	5 273	5 273	3 809	3 809
河　北	40 833	3 149	131 511	2 274	210 691	7 642
山　西	228		2 974		69 417	
内蒙古	25 943	1 915	235 093	21 638	29 713	1 692
辽　宁	84 815	2 648	284 902	3 452	143 049	978
吉　林	25 576		327 725		25 112	
黑龙江	297 703	104 944	1 276 077	212 921	544 972	29 406
上　海	84 570	84 570	214 555	214 555	59 666	59 666
江　苏	18 342	1 802	59 289	3 648	37 411	4 736
浙　江	994	373	7 004	5 124	687	57
安　徽	38 592	28 439	110 915	62 244	20 618	5 712
福　建	21 880		94 953		14 943	
江　西	23 643	350	121 003	8 137	111 360	233
山　东	938	304	7 684	2 000	1 850	81
河　南	1 602		14 121		8 257	
湖　北	90 673	2 190	500 176	9 442	477 767	4 423
湖　南	13 235	42	57 321	490	24 665	440
广　东	39 710	18 330	151 758	57 332	89 424	9 334
广　西	72 144	11 527	280 926	13 035	278 067	5 130
海　南	156 016	100 246	280 426	102 166	54 660	9 219
重　庆	8 982	8 982	31 200	31 200	5 244	5 244
四　川	385	385	3 600	3 600	183	183
贵　州						
云　南	191 931	15 938	281 648	42 724	45 178	6 542
陕　西	1 661	1 661	40 185	40 185	1 213	1 213
甘　肃	9 869	9 253	14 449	8 621	3 740	2 494
青　海	3 857	357	18 406	1 406	430	125
宁　夏	18 397	14 687	49 842	14 583	9 370	2 686
新疆(兵团)	402 356	86 589	1 106 987	17 896	1 414 124	27 586
新疆(农业)	370		20 724		1 012	
新疆(畜牧)	124 214		67 457		51 621	
热科院	164	85	3 118	1 306	270	235
广　州						
南　京	1 589	1 427	7 015	5 000	1 006	116

7－5 服务业基本情况

（2016 年）

地 区	年末单位个数（个）	国有（个）	年末从业人员（人）	国有（人）	全年从业人员报酬（万元）	国有（万元）	营业网点个数（个）	国有（个）
全国农垦	**28 682**	**806**	**204 455**	**53 725**	**734 064**	**280 229**	**72 073**	**966**
北 京	75	75	3 214	3 214	33 415	33 415	43	43
天 津	28	28	1 175	1 175	12 720	12 720	28	28
河 北	5 772	2	17 651	73	72 070	246	5 794	
山 西	50		328		439		104	
内 蒙 古	1 431	13	4 038	313	7 703	1 568	825	4
辽 宁	3 651	15	22 151	235	47 996	465	3 651	15
吉 林	685	2	2 517	68	6 406	256	669	2
黑 龙 江	117	85	7 990	7 048	44 459	39 173		
上 海	64	64	2 517	2 517	26 774	26 774	21	21
江 苏	1 983	6	9 796	3 096	63 522	4 138	1 026	3
浙 江	18	1	58	8	195	49	17	
安 徽	820	42	2 156	210	4 913	875	857	17
福 建	651	2	1 749	11	4 577	55	773	2
江 西	646	2	4 037	32	12 399	60	508	2
山 东	16		335		924		96	
河 南	56	1	248	19	352	11	50	
湖 北	5 032	2	13 670	27	36 233	103	5 537	2
湖 南	3 463	10	5 899	452	11 485	591	3 715	17
广 东	1 500	46	6 958	1 850	36 213	12 896	1 484	40
广 西	45	15	7 219	347	25 758	1 099	1 413	15
海 南	44	23	8 474	1 531	20 295	5 660	2 962	55
重 庆	2	2	215	215	1 863	1 863		
四 川	2	2	54	54	77	77	2	2
贵 州								
云 南	602	93	6 633	701	18 124	4 120	3 303	100
陕 西	18	18	162	162	418	418	45	45
甘 肃	85	7	261	113	922	485	77	3
青 海	2	2	66	66	957	957	238	238
宁 夏	650	5	2 569	932	8 574	4 783	650	5
新疆(兵团)	460	230	69 008	29 107	227 470	125 840	37 500	300
新疆(农业)	283		1 371		3 147		275	
新疆(畜牧)	339		1 674		1 853		325	
热 科 院	1		3		30			
广 州	12	12	70	70	1 287	1 287		
南 京	79	1	189	79	495	245	85	7

7－5 续表

地　　区	年末固定资产原值（万元）		年末营业用房面积（米²）		销售总额或营业收入（万元）	
		国有（万元）		国有（米²）		国有（万元）
全国农垦	**2 834 189**	**1 493 280**	**7 782 131**	**3 876 583**	**4 395 952**	**2 079 325**
北　　京	171 197	171 197	289 489	289 489	722 844	722 844
天　　津	185 673	185 673	608 047	608 047	389 389	389 389
河　　北	133 879	180	192 393	160	535 843	250
山　　西	374		2 060		20 507	
内 蒙 古	16 354	4 773	58 553	4 938	39 462	25 510
辽　　宁	66 506	1 120	196 071	1 780	137 101	1 789
吉　　林	9 279	5 588	42 817	6 500	19 806	3 207
黑 龙 江	770 892	449 706	2 111 203	1 283 244	882 665	396 107
上　　海	292 147	292 147	12 586	12 586	276 509	276 509
江　　苏	146 869	23 340	216 374	100 120	370 606	38 439
浙　　江	465	137	785		470	103
安　　徽	9 926	2 720	29 186	3 920	16 505	4 263
福　　建	6 625	1 457	47 155	555	9 117	209
江　　西	8 298	549	53 174	2 360	107 919	337
山　　东	1 056		4 818		820	
河　　南	3 371	1 648	16 589	7 823	3 637	44
湖　　北	44 217	4 333	262 295	50 800	86 399	870
湖　　南	12 220	2 157	41 132	1 158	23 821	732
广　　东	60 135	40 642	339 227	255 659	144 304	48 303
广　　西	39 109	7 419	256 343	12 732	173 009	18 276
海　　南	88 724	78 012	291 747	175 580	51 926	27 070
重　　庆	14 727	14 727	65 900	65 900	5 599	5 599
四　　川	123	123	2 200	2 200	159	159
贵　　州						
云　　南	451 902	18 226	400 597	61 444	112 495	39 691
陕　　西	3 552	3 552	10 600	10 600	3 167	3 167
甘　　肃	12 134	4 085	10 800	8 665	1 719	427
青　　海	9 858	9 858	70 752	70 752	3 408	3 408
宁　　夏	51 103	46 525	42 008	19 802	22 047	15 100
新疆（兵团）	215 000	120 000	1 905 000	690 000	220 000	52 000
新疆（农业）	2 101		18 019		4 477	
新疆（畜牧）	459		35 196		2 073	
热 科 院	2 223		17 326		418	
广　　州	3 366	3 366	129 369	129 369	4 988	4 988
南　　京	325	20	2 320	400	2 745	535

商品量、出口、物资

8－1 农业商品产值及商品量

（2016 年）

地区	农业商品产值（万元）	主要农产品商品量						
		粮豆合计（吨）	大豆（吨）	棉花（吨）	油料（吨）	肉类（吨）	猪肉（吨）	肉猪（万头）
全国农垦	**31 089 924**	**32 200 395**	**1 618 123**	**1 870 260**	**740 386**	**2 372 492**	**1 429 050**	**1 762.07**
北京	473 054	485			7	77 330	5 713	6.25
天津	96 381	14 845		40		2 441	1 414	1.33
河北	900 549	448 765	136	6 812	1 708	66 279	40 279	41.65
山西	18 695	28 974	227	32	115	3 286	1 041	1.08
内蒙古	736 000	1 569 183	94 557		184 907	76 565	16 853	12.47
辽宁	1 392 188	1 173 095	12 724		12 629	265 340	119 650	118.58
吉林	296 631	795 329	6 127		14 347	45 793	18 036	23.33
黑龙江	8 251 383	19 441 301	1 398 860		12 744	251 863	113 218	148.80
上海	701 639	268 929			2 433	91 965	89 995	118.41
江苏	586 271	974 938	251	2	121	45 182	15 640	19.76
浙江	30 608	5 374	906	34	110	5 346	5 309	7.11
安徽	176 631	298 658	19 820	1 194	1 117	14 270	6 237	6.73
福建	179 534	36 119	1 644		3 737	34 937	29 375	39.84
江西	484 908	617 945	5 516	3 072	16 470	84 865	76 844	84.42
山东	105 442	87 709	1 319	1 688	166	8 204	1 902	1.47
河南	225 052	275 170	16 295	430	20 432	48 689	47 549	65.75
湖北	1 480 496	777 767	17 102	10 124	75 867	187 537	157 477	196.80
湖南	553 350	624 965	2 731	14 112	62 247	164 377	154 686	182.00
广东	945 387	44 181	263		3 631	115 193	90 752	106.35
广西	900 191	10 500	338		2 185	157 694	143 542	205.06
海南	1 162 037	122 530	736		4 532	94 830	75 129	84.00
重庆	121 890					12 080	12 080	8.90
四川	9 116	1 223	3		20	1 748	182	0.21
贵州	42 785	4 290	12		610	340	116	0.10
云南	576 352	53 171				11 358	5 989	7.52
陕西	35 696	65 920	1 484	575	614	1 051	986	1.10
甘肃	196 339	141 039	515	4 527	22 553	3 934	1 133	1.18
青海	27 472	20 630			4 210	1 170	221	0.37
宁夏	267 866	331 554	172		2 608	8 126	3 226	4.77
新疆（兵团）	9 273 186	2 700 000	24 000	1 490 000	234 000	411 000	185 293	258.04
新疆（农业）	333 544	406 879	1 171	140 035	10 930	13 214	6 679	5.69
新疆（畜牧）	489 596	858 927	11 214	197 583	45 336	65 973	2 107	2.45
热科院	3 971					425	398	0.55
广州	14 350							
南京	1 336					87		

8－2 出口商品总金额

计量单位：万元

地区	总金额				其中：工业品金额		
	2016年	2015年	2016年比2015年增长（%）	排序	2016年	2015年	2016年比2015年增长（%）
全国农垦	**6 654 251**	**8 226 148**	**－19.1**		**6 246 624**	**7 547 177**	**－17.2**
北京	33 607	55 366	－39.3	12	17 019	17 805	－4.4
天津	13 856	14 838	－6.6	15	13 856	14 838	－6.6
河北	170 126	164 525	3.4	5	161 934	155 001	4.5
山西							
内蒙古	330	95	247.4	21	330	95	247.4
辽宁	62 368	271 804	－77.1	9	49 591	217 045	－77.2
吉林	240			23			
黑龙江	55 600	371 021	－85.0	10	35 152	160 379	－78.1
上海	66 888	99 593	－32.8	8	64 480	96 541	－33.2
江苏	20 228	16 029	26.2	14	14 514	9 088	59.7
浙江	106 165	25 512	316.1	7	92 837	25 512	263.9
安徽							
福建	47 982	42 009	14.2	11	26 607	21 611	23.1
江西	367 814	339 962	8.2	4	366 782	338 971	8.2
山东							
河南	8 250	2 829	191.6	16			
湖北	448 392	462 203	－3.0	3	363 748	386 099	－5.8
湖南	26 285	25 897	1.5	13	18 810	18 700	0.6
广东	764 445	692 905	10.3	2	730 484	652 650	11.9
广西	106 344	93 788	13.4	6	91 811	81 791	12.3
海南	2 378	4 650	－48.9	19	1 618	4 530	－64.3
重庆	306	867	－64.7	22	306	867	－64.7
四川							
贵州							
云南		2 001	－100.0			2 001	－100.0
陕西							
甘肃	889	4 139	－78.5	20	17	3 053	－99.5
青海							
宁夏	3 150	3 405	－7.5	17			
新疆（兵团）	4 345 509	5 517 835	－21.3	1	4 196 728	5 340 601	－21.4
新疆（农业）	3 100	12 676	－75.5	18			
新疆（畜牧）							
热科院							
广州		2 199	－100.0				
南京							

8－3 外贸出口供货商品量

（2016 年）

种类和地区	计量单位	出口供货商品数量
大豆	**吨**	**853**
黑龙江		853
食用油籽	**吨**	**1**
新疆兵团		1
莲子	**吨**	**262**
湖南		262
芸豆	**吨**	**115**
黑龙江		115
蔬菜	**吨**	**66 930**
黑龙江		1 159
上海		1 225
江苏		4 232
浙江		6 907
福建		44 066
湖南		6 310
宁夏		3 031
新鲜蔬菜	**吨**	**44 374**
黑龙江		188
上海		1 225
福建		22 351
湖北		11 269
湖南		6 310
宁夏		3 031
速冻蔬菜	**吨**	**243 667**
黑龙江		847
浙江		6 907
福建		16 613
脱水蔬菜	**吨**	**9 458**
黑龙江		124
江苏		4 232
福建		5 102
水果	**吨**	**22 899**
广西		22 139
海南		760
柑桔	**吨**	**21 457**
湖南		5 200
广西		16 257
甜橙	**吨**	**6 123**
湖南		701
广西		5 422
苹果	**吨**	**482**
新疆农业		482
咖啡豆	**吨**	**944**
调味产品	**吨**	**1 400**
辽宁		1 400
猪	**头**	**714 884**
河北		50 500
吉林		50 500
上海		50 500
浙江		50 500
河南		35 855
湖北		47 559
湖南		22 785
广东		34 858
广西		18 327
海南		50 500
重庆		50 500
甘肃		50 500
瘦肉型猪	**头**	**714 884**
河北		50 500
吉林		50 500
上海		50 500
浙江		50 500
河南		35 855
湖北		47 559
湖南		22 785
广东		34 858
广西		18 327
海南		50 500
重庆		50 500
甘肃		50 500
鸭	**只**	**3 500**
河北		3 500
猪肉	**吨**	**3 745**

8-3 续表 1

种类和地区	计量单位	出口供货商品数量
广东		3 745
鲜猪肉	**吨**	**3 745**
广东		3 745
冻猪肉	**吨**	**31**
北京		31
家禽肉	**吨**	**6 582**
北京		6 582
鸡肉	**吨**	**5 698**
北京		5 698
鸭肉	**吨**	**884**
北京		884
肠衣	**把**	**2 011 230**
黑龙江		2 011 230
猪肠衣	**把**	**2 011 230**
黑龙江		2 011 230
鱼类	**吨**	**13 043**
河北		1 500
湖南		10 683
广东		860
海水鱼	**吨**	**1 500**
河北		1 500
淡水鱼	**吨**	**11 543**
湖南		10 683
广东		860
虾类	**吨**	**18 602**
辽宁		9 400
广东		9 202
对虾	**吨**	**18 602**
辽宁		9 400
广东		9 202
龙虾	**吨**	**1 187**
江西		1 187
原料药	**吨**	**66**
黑龙江		66
大米	**吨**	**10 750**
黑龙江		10 750
食用油类	**吨**	**240**
江西		240
味精	**吨**	**778**
上海		778
淀粉	**吨**	**6 185**
河北		50
广西		6 135
再制蛋	**吨**	**821**
湖北		821
咸蕨菜	**吨**	**397**
黑龙江		397
西红柿酱	**吨**	**22 764**
天津		12 764
新疆农业		10 000
罐头	**吨**	**195 370**
河北		5 249
内蒙古		5 249
吉林		5 249
上海		13 402
浙江		5 249
湖南		10 812
海南		5 249
甘肃		5 249
新疆农业		108 168
猪肉罐头	**吨**	**12 837**
上海		12 837
鱼肉罐头	**吨**	**382**
上海		382
水果罐头	**吨**	**183**
上海		183
酒类	**吨**	**1 924**
天津		2
上海		1 922
葡萄酒	**吨**	**2**
天津		2
黄酒	**吨**	**1 922**
上海		1 922
茶叶	**吨**	**2 047**

8-3 续表 2

种类和地区	计量单位	出口供货商品数量	种类和地区	计量单位	出口供货商品数量
浙江		1 800	**纸板**	**吨**	**1**
福建		93	新疆兵团		1
湖南		9	**雕花家具**	**件**	**850 000**
广西		145	辽宁		850 000
绿茶	**吨**	**9**	**地毯**	**平方米**	**56 504**
湖南		9	辽宁		4
精制红茶	**吨**	**1 004**	广东		56 500
福建		23	**服装**	**万件**	**929**
广西		145	河北		100
精制花茶	**吨**	**10**	辽宁		30
福建		10	江苏		30
豆饼	**吨**	**4 630**	浙江		154
黑龙江		4 630	江西		479
豆粕	**吨**	**3 768**	湖北		119
黑龙江		3 768	广东		17
饲料	**吨**	**7 143**	**工艺品**	**万件**	**1 040**
黑龙江		7 143	福建		1 040
松香	**吨**	**509**	**胶鞋**	**万双**	**102**
广东		509	福建		102
柳编织品	**万件**	**34**	**活性炭**	**吨**	**5 215**
黑龙江		34	江西		5 215

8－4　主要物资消费

（2016年）

地　区	钢材（吨）	木材（米³）	水泥（吨）	纯碱（吨）	烧碱（吨）	化肥（实物量）（吨）	聚乙烯、聚丙烯（吨）
全国农垦	**4 301 027**	**2 572 554**	**17 084 296**	**49 388**	**53 835**	**4 191 710**	**283 912**
北　京	4 581	2 300	1 127			2 084	
天　津	1 500	1 000	5 625	2	3	1 632	
河　北	46 535	49 319	263 235	16 764	2 035	29 503	5 242
山　西	7 152	137	2 574			2 634	2
内蒙古	31 683	40 877	298 616	180		241 921	1 069
辽　宁	95 841	102 291	327 880	11 385	2 255	130 463	4 335
吉　林	5 603	6 161	68 021	4 100	310	99 604	650
黑龙江							
上　海	115 902	44 702	230 807			48 652	12 784
江　苏	48 598	5 617	340 619		700	176 507	283
浙　江	100	89	1 248	1		4 101	703
安　徽	52 547	14 109	93 067			65 653	67
福　建	21 436	6 590	101 143	1 310	40	27 759	524
江　西	81 822	81 530	295 314	1 743	136	93 822	2 981
山　东	29 911	5 239	131 698		240	10 841	17
河　南	6 018	674	22 165	151	376	69 409	398
湖　北	444 170	703 798	915 943	708	949	542 152	89 834
湖　南	113 365	183 002	623 155	5 706	305	153 250	308
广　东	62 506	66 110	248 894	1 450	162	237 365	458
广　西	1 256 522	154 253	1 831 729		17 166	183 095	1 263
海　南	51 981	32 265	954 367			184 402	
重　庆	27 623		29 821				
四　川	477	142	181	1		487	8
贵　州	46	22	760			9 820	
云　南	21 841	230 153	36 501	6	2	71 819	20
陕　西	18 852	104	13 671			9 427	39
甘　肃	2 635	1 082	4 059	3	489	78 817	154
青　海	22		178			14 367	
宁　夏	5 530	654	42 197	2	35	84 810	33
新疆(兵团)	1 722 522	815 505	10 058 496	5 666	26 061	1 554 493	162 403
新疆(农业)	1 968	7 799	10 473		2 521	42 334	80
新疆(畜牧)	14 758	16 912	76 664	210	49	19 075	258
热科院	5 371	119	54 069			1 413	
广　州							
南　京	1 610						

8-4 续表 1

地　区	原煤（吨）	原煤（吨标准煤）	焦炭（吨）	焦炭（吨标准煤）	汽油（吨）	汽油（吨标准煤）
全国农垦	**67 878 954**	**45 555 106**	**2 546 273**	**2 487 567**	**1 171 472**	**1 701 252**
北　京	67 825	48 448			7 753	11 394
天　津	10 522	7 516			819	1 205
河　北	608 931	441 289	879 801	870 839	10 787	15 305
山　西	14 734	10 524	7 100	6 897	584	859
内蒙古	622 463	433 127		470	29 966	25 481
辽　宁	849 311	606 663	22 102	21 470	140 450	206 658
吉　林	29 136	21 599	632	569	37 685	53 415
黑龙江	4 011 715	2 639 403	73	70	181 148	266 355
上　海	86 324	61 661			103 631	152 483
江　苏	22 570	16 115			11 575	17 015
浙　江	544 293				5 509	
安　徽	15 440	11 029			1 646	2 422
福　建	5 603	2 150	32	27	8 202	6 289
江　西	159 990	31 812	1 818	389	24 477	16 602
山　东	6 916	6 832			1 688	2 412
河　南	92 699	66 215	20	19	4 573	6 728
湖　北	3 335 842	239 792	12 278	11 927	126 702	186 429
湖　南	365 133	267 882			30 133	44 011
广　东	32 317	23 083			24 742	36 405
广　西	464 278	281 198	6 300	5 507	26 832	39 481
海　南	45	30			15 326	26 988
重　庆	1 345	1 345			369	523
四　川	775	529			80	118
贵　州	460	460			513	755
云　南	43 197	30 856			5 342	7 860
陕　西	3 812	2 723	10	10	1 361	2 003
甘　肃	85 671	61 194	575	559	606	891
青　海	19 231	13 157			17 704	26 004
宁　夏	96 942	69 245	2	2	2 282	3 359
新疆(兵团)	56 014 225	40 010 961	1 614 972	1 568 784	312 319	459 546
新疆(农业)	74 448	5 374	528		10 268	15 146
新疆(畜牧)	192 742	142 880	30	27	25 925	36 746
热科院					425	339
广　州					39	30 010
南　京	19	14			11	16

8-4 续表 2

地　区	柴油（吨）	柴油（吨标准煤）	电力（万千瓦时）	电力（吨标准煤）	其他燃料（吨标准煤）
全国农垦	**2 047 247**	**2869 929**	**10 289 356**	**14 936 983**	**1 503 929**
北京	7 447	10 848	61 083	75 072	24 749
天津	1 019	1 485	13 905	1 709	
河北	22 455	32 578	523 886	605 263	1 931
山西	899	1 310	16 404	20 160	
内蒙古	90 340	49 545	34 108	608 636	
辽宁	135 628	197 623	140 886	173 149	11 544
吉林	37 717	54 957	47 588	58 486	1 601
黑龙江	454 696	662 516	336 154	1 357 923	1 031 261
上海	18 515	26 978	163 861	201 385	132 219
江苏	39 008	56 951	48 114	59 132	
浙江	4 790		29 297		
安徽	12 532	18 261	9 665	11 879	
福建	6 767	7 819	15 577	15 440	94
江西	27 130	17 520	105 516	54 889	2 308
山东	1 364	1 984	4 058	4 986	
河南	6 000	8 743	19 350	23 781	
湖北	84 283	122 809	429 506	1 416 374	30
湖南	21 508	31 338	77 995	95 885	
广东	37 760	55 019	62 029	69 480	137 679
广西	42 028	61 239	96 366	118 434	86 521
海南	15 537	22 639	56 655	69 629	
重庆	4 137	6 108	13 317	16 279	
四川	48	70	811	2 643	
贵州	2 210	3 215	22 750	27 871	
云南	4 339	6 323	22 319	27 431	1 059
陕西	5 204	7 583	2 349	2 887	
甘肃	6 763	9 854	19 815	24 352	
青海	14 859	21 416	500	62 265	
宁夏	15 618	22 757	12 140	14 920	75
新疆（兵团）	893 347	1 301 695	7 567 572	9 300 545	
新疆（农业）	12 761	18 747	90 317	115 583	72 858
新疆（畜牧）	19 641	28 620	242 076	297 511	
热科院	58	54	1 168	822	
广州	836	1 322	2 010	1 923	
南京	2	3	210	258	

8－4 续表 3

地　区	燃气消费（米³）	其中工业用气（米³）	#天然气（米³）	其中农业用气（米³）	#天然气 2（米³）
全国农垦	**755 372 209**	**378 468 804**	**378 159 338**	**9 447 821**	**9 612 834**
北　京	23 159 077	16 916 372	16 914 820	1 903 392	1 903 392
天　津	7 614 726	7 465 314	7 454 573	18 719	18 719
河　北	40 680 559	37 354 482	35 268 482	567 216	807 216
山　西					
内蒙古	85 435		81 031	81 031	81 031
辽　宁	24 781	24 636	22 062	145	25
吉　林					
黑龙江	46 140 000	7 620 000	7 620 000	1 860 000	1 860 000
上　海	52 767 887	41 579 865	41 579 865	2 571 093	2 571 093
江　苏					
浙　江	53	53			
安　徽	10 000			3	
福　建	27 284	20 763	1 603	6 500	6 500
江　西	495 933	81 226	3 250		
山　东					
河　南					
湖　北	105 664 569	56 193 482	56 193 345	1 989	17 560
湖　南					
广　东	10 797	6 570	585	4 227	1 292
广　西	3 972				
海　南	561 648	561 648	561 648		
重　庆	20 132 875	19 765 699	19 765 699	987 369	987 369
四　川	932 163	932 163	932 163		
贵　州	640 000	640 000			
云　南	2 142	2 142	2 142		
陕　西	8 400		2 200		
甘　肃	2 115 952	2 114 286	2 114 286	1 666	1 666
青　海	200 000				
宁　夏	5 148 500	5 148 500	5 148 500		
新疆(兵团)	446 300 458	182 020 600	182 020 600	1 292 956	1 292 956
新疆(农业)	60 000	3		60 000	60 000
新疆(畜牧)	112 515	21 000		91 515	4 015
热科院	9 800		9 800		
广　州	2 462 684		2 462 684		
南　京					

8－4 续表 4

地　区	热力消费			
	供热耗热量（万千焦耳）	供热耗热量 2（吨标准煤）	供冷耗冷量（万千焦耳）	供冷耗冷量 2（吨标准煤）
全国农垦	**553 952 138**	**1 528 925**		
北　京	16 685 176	2 526		
天　津				
河　北	140 174 931	124 149		
山　西				
内蒙古	112 137 163	45 501		
辽　宁	38 826 159	13 240		
吉　林				
黑龙江	36 061 078	1 229 663		
上　海	123 167 200	42 025		
江　苏				
浙　江	916 615			
安　徽				
福　建				
江　西				
山　东	728 823			
河　南				
湖　北				
湖　南				
广　东				
广　西				
海　南				
重　庆				
四　川				
贵　州				
云　南				
陕　西				
甘　肃				
青　海				
宁　夏	475	40 485		
新疆（兵团）	85 247 874	29 070		
新疆（农业）				
新疆（畜牧）	6 642	2 266		
热科院				
广　州				
南　京				

8-4续表5

地区	水消费（米³）				
	工业用水总量	#地表水源用水量	地下水源用水量	其他水源用水量	工业废水排放量
全国农垦	**871 323 691**	**549 549 128**	**177 847 999**	**104 627 641**	**137 022 879**
北京	4 458 369	2 624 357	1 697 567	48 248	1 917 249
天津	1 552 849	194 535	838 296	520 018	648 968
河北	32 699 338	176 874	19 531 205	12 991 259	2 584 834
山西	67 000		67 000		12 000
内蒙古	392 433	130 023	497 647		84 722
辽宁	208 317 332	202 991 253	437 198	4 888 881	1 258 328
吉林	51 209	1 200	50 009		1 990
黑龙江	42 498 664				
上海	28 054 540	11 799 029	6 111 400	10 144 111	19 672 757
江苏	2 084 369	1 180 234	904 135		704 128
浙江	6 636 449	2 108 644	19 900	4 507 875	2 721 779
安徽	410 720	47 480	347 955	15 285	1 411
福建	459 565	227 718	37 079	194 768	91 347
江西	4 446 662	3 188 303	671 572	507 071	983 917
山东	95 000				
河南	2 249 430	753 000	1 206 430	290 000	1 052 147
湖北	89 474 641	53 419 535	1 389 816	17 901 871	11 764 761
湖南	164 003	162 301			141 115
广东	9 708 521	7 126 977	2 466 604	114 940	2 003 987
广西	35 507 542	29 663 515	2 628 339	3 215 688	16 965 048
海南	1 282 695	844 647	398 599	39 449	350 688
重庆	5 673 421	5 673 421			3 985 477
四川	216 341	216 341			103 182
贵州	142 000	142 000			
云南	14 641 232	13 940 572	8 135	692 525	1 522 607
陕西	6 000 000	6 000 000			
甘肃	67 999 766	59 025 552	8 788 562	185 652	1 581 994
青海	2 640 000	2 640 000	2 660 000		
宁夏	1 331 828		1 331 828		495 967
新疆(兵团)	268 670 000	112 160 000	108 140 000	48 370 000	66 150 000
新疆(农业)	84 920	84 920	17 520 100		
新疆(畜牧)	33 005 320	32 906 697	98 623		
热科院					
广州	487 532				349 476
南京					

8-4 续表 6

地　　区	水消费（米³）			
	农业用水总量	# 地表水源用水量	地下水源用水量	其他水源用水量
全国农垦	**21 930 300 762**	**11 599 568 832**	**3 407 860 582**	**173 419 697**
北　　京	2 669 889	299 530	2 372 609	75 419
天　　津	2 224 131	762 120	1 462 011	
河　　北	111 035 332	43 334 717	67 696 615	4 000
山　　西	3 460 173	532 500	2 927 673	
内 蒙 古	340 620 062	240 472 166	95 747 896	501 000
辽　　宁	593 245 945	456 081 361	37 125 555	100 039 029
吉　　林	754 128 293	635 063 000	119 065 293	
黑 龙 江	6 168 294 104			
上　　海	90 763 995	82 518 553	1 848 044	6 397 398
江　　苏	110 234 658	110 024 639	210 019	
浙　　江	12 969 930	12 969 930		
安　　徽	71 509 301	26 992 058	44 517 243	
福　　建	1 547 936	1 283 342	149 594	115 000
江　　西	15 116 245	7 834 571	419 647	200 000
山　　东	10 490 000	7 460 000	3 030 000	
河　　南	51 058 076	8 885 378	42 151 806	20 892
湖　　北	418 034 795	353 728 682	1 639 051	2 126 660
湖　　南	375 702	369 113		
广　　东	12 903 214	7 809 535	4 918 340	175 339
广　　西	42 917 362	35 096 518	6 586 537	1 234 307
海　　南	34 980 320	16 573 067	4 552 841	13 854 412
重　　庆	1 658 961	1 435 206	223 755	
四　　川	71 090	60 890	4 000	6 200
贵　　州				
云　　南	18 984 589	18 312 067	24 500	648 022
陕　　西				
甘　　肃	353 912 816	152 157 362	165 781 637	35 973 817
青　　海	679 194 732	47 309 932	121 800 000	
宁　　夏	543 182 653	527 446 242	15 736 411	
新疆（兵团）	11 015 051 600	8 480 430 400	2 534 621 200	
新疆（农业）	87 601 873	49 600 673	38 001 200	
新疆（畜牧）	381 091 353	273 982 592	95 060 559	12 048 202
热 科 院	656 936	460 842	153 696	
广　　州	314 696	281 846	32 850	
南　　京				

8-4 续表 7

地　区	附记			
	供暖面积（万米²）	集中供暖面积（万米²）	供冷面积（万米²）	集中供冷面积（万米²）
全国农垦	**554 825**	**548 914**	**20**	**5**
北　京	3 894	206	18	3
天　津				
河　北	524 378	524 264	1	1
山　西	24	24		
内蒙古	211	177		
辽　宁	462	315		
吉　林	65	2		
黑龙江	7 870	6 539		
上　海				
江　苏				
浙　江				
安　徽				
福　建				
江　西				
山　东	2	2		
河　南				
湖　北				
湖　南				
广　东				
广　西				
海　南				
重　庆				
四　川				
贵　州				
云　南				
陕　西				
甘　肃	74	62		
青　海	17 033	17 029		
宁　夏	265	263	1	1
新疆（兵团）				
新疆（农业）	10	10		
新疆（畜牧）	537	21		
热科院				
广　州				
南　京				

科研、教育、卫生

9－1 农垦科研基本情况

（2016 年）

地区	个数（个）	从业人员（人）			科技经费（万元）				实验地面积（公顷）
			科技人员（人）	其他人员（人）		国家拨款（万元）	省地局自筹（万元）	企业自筹（万元）	
全国农垦	**330**	**33 881**	**26 155**	**7 726**	**368 433**	**50 993**	**107 603**	**205 042**	**13 987**
北京	5	216	204	12	20 745	1 263	495	18 987	1
天津	3	116	45	71	350	185		165	
河北	5	98	64	34	2 549	2 433	63	53	126
山西	1	8	2	6	26			26	20
内蒙古	7	91	33	58	131			131	448
辽宁	22	487	281	206	570	120	247	203	43
吉林	1	7	5	2	7			7	
黑龙江	19	599	455	144	11 465	9 545	1 427	493	199
上海	1	7	6	1					
江苏	24	1 062	757	305	136 653	594		136 059	475
浙江									
安徽	5	77	50	27	207	1		206	80
福建	1	26		26					
江西	7	700	412	288	3 288			2 928	383
山东	6	44	18	26	5 353	75	2 471	2 807	879
河南	14	474	198	276	512		229	283	1 306
湖北	31	1 104	411	693	1 802	430	137	1 235	483
湖南	22	761	383	378	879	198	66	615	1 889
广东	49	428	264	164	2 669	1 436	33	1 200	841
广西	2	587	272	315	4 099	4 013	80	6	328
海南	5	91	38	53	1 108	806	40	262	2 357
重庆	3	84	74	10	1 131	556		575	15
四川	1	86	75	11	280		30	250	
贵州									
云南	4	649	397	252	5 890	458	89	944	1 221
陕西									
甘肃	9	146	80	66	99		5	94	33
青海	2	53	31	22	109			74	1 215
宁夏	1	15	8	7	12	10		2	
新疆（兵团）	58	21 374	19 913	1 461	136 166		99 602	36 564	
新疆（农业）	6	533	18	515	43	3	1	39	250
新疆（畜牧）	1	45	42	3	520	500		20	70
热科院	15	3 913	1 619	2 294	31 771	28 367	2 589	815	1 325
广州									
南京									

9-2 部、省、地属科研单位基本情况

(2016年)

地区	个数(个)	从业人员(人)			科技经费(万元)				实验地面积(公顷)
			科技人员(人)	其他人员(人)		国家拨款(万元)	省地局自筹(万元)	企业自筹(万元)	
全国农垦	**81**	**9 029**	**5 390**	**3 639**	**124 120**	**47 777**	**53 445**	**18 498**	**3 661**
北京	2	24	22	2	806	775		31	
天津	3	116	45	71	350	185		165	
河北	1	54	40	14	2 496	2 433	63		93
山西									
内蒙古									
辽宁	1	184	120	64	350	120	230		35
吉林									
黑龙江	19	599	455	144	11 465	9 545	1 427	493	199
上海									
江苏									
浙江									
安徽									
福建									
江西									
山东									
河南	2	222	57	165	234		224	10	8
湖北	9	153	57	96	670	200		470	200
湖南									
广东	4	106	75	31	1 125	1 125			241
广西	2	587	272	315	4 099	4 013	80	6	324
海南									
重庆	1	20	18	2	556	556			15
四川									
贵州									
云南	4	649	397	252	5 890	458	89	944	1 221
陕西									
甘肃									
青海									
宁夏									
新疆(兵团)	18	2 402	2 213	189	64 308		48 744	15 564	
新疆(农业)									
新疆(畜牧)									
热科院	15	3 913	1 619	2 294	31 771	28 367	2 589	815	1 325
广州									
南京									

9－3 场属科研单位基本情况

（2016 年）

地区	个数（个）	从业人员（人）			科技经费（万元）				实验地面积（公顷）
			科技人员（人）	其他人员（人）		国家拨款（万元）	省地局自筹（万元）	企业自筹（万元）	
全国农垦	**249**	**24 852**	**20 765**	**4 087**	**244 313**	**3 216**	**54 158**	**186 544**	**10 326**
北京	3	192	182	10	19 939	488	495	18 956	1
天津									
河北	4	44	24	20	53			53	33
山西	1	8	2	6	26			26	20
内蒙古	7	91	33	58	131			131	448
辽宁	21	303	161	142	220		17	203	8
吉林	1	7	5	2	7			7	
黑龙江									
上海	1	7	6	1					
江苏	24	1 062	757	305	136 653	594		136 059	475
浙江									
安徽	5	77	50	27	207	1		206	80
福建	1	26		26					
江西	7	700	412	288	3 288			2 928	383
山东	6	44	18	26	5 353	75	2 471	2 807	879
河南	12	252	141	111	278		5	273	1 298
湖北	22	951	354	597	1 132	230	137	765	283
湖南	22	761	383	378	879	198	66	615	1 889
广东	45	322	189	133	1 544	311	33	1 200	600
广西									4
海南	5	91	38	53	1 108	806	40	262	2 357
重庆	2	64	56	8	575			575	
四川	1	86	75	11	280		30	250	
贵州									
云南									
陕西									
甘肃	9	146	80	66	99		5	94	33
青海	2	53	31	22	109			74	1 215
宁夏	1	15	8	7	12	10		2	
新疆（兵团）	40	18 972	17 700	1 272	71 858		50 858	21 000	
新疆（农业）	6	533	18	515	43	3	1	39	250
新疆（畜牧）	1	45	42	3	520	500		20	70
热科院									
广州									
南京									

9-4 农垦各类学校基本情况

（2016年）

地区	学校数（所）	教职工（人）		在校学生合计（人）		当年毕业生人数（人）
			教师（人）		新招生（人）	
全国农垦	**1 280**	**90 117**	**73 443**	**983 882**	**255 529**	**248 715**
北京	1	6				
天津	2	325	240	6 123	2 063	1 495
河北	97	4 428	4 051	48 602	12 364	12 934
山西						
内蒙古	23	857	724	3 754	920	776
辽宁						
吉林						
黑龙江	163	21 230	15 897	168 840	43 025	48 940
上海	1	210	146	3 911	640	677
江苏						
浙江						
安徽						
福建						
江西	52	1 067	912	12 953	3 761	2 461
山东	1	57	40	510	82	121
河南	35	594	515	7 894	1 356	1 290
湖北	262	11 200	9 728	130 873	33 202	29 614
湖南	143	6 375	5 125	65 329	11 277	10 716
广东	143	4 697	3 618	80 969	19 865	22 929
广西	4	1 664	1 274	31 013	13 181	8 665
海南						
重庆	1	311	246	4 256	1 503	1 323
四川	2	4	4	30	28	
贵州						
云南						
陕西	1	24	24	1 766	752	55
甘肃	2	141	107	10 302	4 160	2 920
青海	9	249	232	1 332	176	174
宁夏						
新疆（兵团）	332	36 520	30 438	403 599	106 690	103 216
新疆（农业）						
新疆（畜牧）						
热科院	6	158	122	1 826	484	409
广州						
南京						

9-5 普通高等学校基本情况

（2016 年）

地区	学校数（所）	教职工（人）		在校学生合计（人）		当年毕业生人数（人）
			教师（人）		新招生（人）	
全国农垦	**13**	**9 114**	**6 101**	**126 142**	**40 024**	**36 902**
北京						
天津						
河北						
山西						
内蒙古						
辽宁						
吉林						
黑龙江	3	2 407	1 595	30 124	9 043	9 041
上海						
江苏						
浙江						
安徽						
福建						
江西						
山东						
河南						
湖北						
湖南						
广东	1	801	380	19 682	6 169	7 112
广西	3	1 252	907	23 493	9 853	7 145
海南						
重庆						
四川						
贵州						
云南						
陕西						
甘肃						
青海						
宁夏						
新疆(兵团)	6	4 654	3 219	52 843	14 959	13 604
新疆(农业)						
新疆(畜牧)						
热科院						
广州						
南京						

9－6 成人高等学校基本情况

（2016年）

地区	学校数（所）	教职工（人）		在校学生合计（人）		当年毕业生人数（人）
			教师（人）		新招生（人）	
全国农垦	**7**	**1 317**	**955**	**36 366**	**12 928**	**12 174**
北京	1	6				
天津						
河北	1	37	34			
山西						
内蒙古						
辽宁						
吉林						
黑龙江	1	147	94	1 549	271	1 587
上海				728		118
江苏						
浙江						
安徽						
福建						
江西						
山东						
河南						
湖北	1	102	76	1 786	861	1 124
湖南						
广东						
广西						
海南						
重庆						
四川						
贵州						
云南						
陕西						
甘肃	1	109	83	9 000	3 600	2 800
青海						
宁夏						
新疆（兵团）	2	916	668	23 303	8 196	6 545
新疆（农业）						
新疆（畜牧）						
热科院						
广州						
南京						

9－7　普通中等专业学校基本情况

（2016 年）

地　区	学校数（所）	教职工（人）		在校学生合计（人）		当年毕业生人数（人）
			教师（人）		新招生（人）	
全国农垦	**32**	**2 965**	**2 102**	**53 867**	**17 466**	**18 446**
北　京						
天　津	2	325	240	6 123	2 063	1 495
河　北	2	49	42	1 448	443	415
山　西						
内 蒙 古						
辽　宁						
吉　林						
黑 龙 江	2	370	233	4 384	1 170	2 726
上　海	1	210	146	3 183	640	559
江　苏						
浙　江						
安　徽						
福　建						
江　西	1	116	90	2 630	981	754
山　东						
河　南						
湖　北	3	238	184	7 102	2 729	1 782
湖　南						
广　东	1	166	130	7 118	1 762	2 237
广　西						
海　南						
重　庆						
四　川						
贵　州						
云　南						
陕　西						
甘　肃						
青　海						
宁　夏						
新疆（兵团）	20	1 491	1 037	21 879	7 678	8 478
新疆（农业）						
新疆（畜牧）						
热 科 院						
广　州						
南　京						

9－8 成人中等专业学校基本情况

（2016年）

地　　区	学校数（所）	教职工（人）		在校学生合计（人）		当年毕业生人数（人）
			教师（人）		新招生（人）	
全国农垦	**7**	**720**	**440**	**15 677**	**4 366**	**4 444**
北　　京						
天　　津						
河　　北	1	6	5	56	7	3
山　　西						
内 蒙 古	1	97	25	123	88	61
辽　　宁						
吉　　林						
黑 龙 江	1	369	221	4 079	775	2 460
上　　海						
江　　苏						
浙　　江						
安　　徽						
福　　建						
江　　西						
山　　东						
河　　南						
湖　　北						
湖　　南						
广　　东	2	132	95	3 565	648	1 800
广　　西						
海　　南						
重　　庆						
四　　川						
贵　　州						
云　　南						
陕　　西						
甘　　肃	1	32	24	1 302	560	120
青　　海						
宁　　夏						
新疆（兵团）	1	84	70	6 552	2 288	
新疆（农业）						
新疆（畜牧）						
热 科 院						
广　　州						
南　　京						

9－9 普通中学基本情况

（2016 年）

地区	学校数（所）	教职工（人）		在校学生合计（人）		当年毕业生人数（人）
			教师（人）		新招生（人）	
全国农垦	**561**	**43 532**	**35 813**	**327 950**	**104 698**	**104 236**
北京						
天津						
河北	18	1 762	1 587	16 147	5 373	5 872
山西						
内蒙古	3	151	130	900	299	326
辽宁						
吉林						
黑龙江	124	15 647	11 938	69 942	21 306	21 690
上海						
江苏						
浙江						
安徽						
福建						
江西	4	233	224	1 759	465	299
山东						
河南	5	191	163	1 690	454	483
湖北	79	5 646	4 748	44 176	14 978	14 741
湖南	31	1 542	1 240	25 018	4 228	4 225
广东	43	1 443	1 149	16 571	5 289	5 938
广西	1	412	367	7 520	3 328	1 520
海南						
重庆	1	311	246	4 256	1 503	1 323
四川						
贵州						
云南						
陕西						
甘肃						
青海	2	109	109	620	52	53
宁夏						
新疆（兵团）	249	15 985	13 846	138 672	47 171	47 483
新疆（农业）						
新疆（畜牧）						
热科院	1	100	66	679	252	283
广州						
南京						

9－10 职业中学基本情况

（2016年）

地　　区	学校数（所）	教职工（人）		在校学生合计（人）		当年毕业生人数（人）
			教师（人）		新招生（人）	
全国农垦	**13**	**704**	**561**	**8 794**	**2 708**	**2 536**
北　　京						
天　　津						
河　　北	2	324	247	3 754	992	1 859
山　　西						
内 蒙 古						
辽　　宁						
吉　　林						
黑 龙 江	6	139	111	943	401	166
上　　海						
江　　苏						
浙　　江						
安　　徽						
福　　建						
江　　西	1	62	45	595	208	175
山　　东						
河　　南						
湖　　北	1	43	39	425	115	78
湖　　南	2	112	95	1 311	240	203
广　　东						
广　　西						
海　　南						
重　　庆						
四　　川						
贵　　州						
云　　南						
陕　　西	1	24	24	1 766	752	55
甘　　肃						
青　　海						
宁　　夏						
新疆（兵团）						
新疆（农业）						
新疆（畜牧）						
热 科 院						
广　　州						
南　　京						

9－11 小学基本情况

（2016 年）

地　　区	学校数（所）	教职工（人）		在校学生合计（人）		当年毕业生人数（人）
			教师（人）		新招生（人）	
全国农垦	**646**	**31 765**	**27 471**	**415 075**	**73 304**	**69 972**
北　　京						
天　　津						
河　　北	73	2 250	2 136	27 197	5 549	4 785
山　　西						
内 蒙 古	19	609	569	2 731	533	389
辽　　宁						
吉　　林						
黑 龙 江	26	2 151	1 705	57 819	10 059	11 270
上　　海						
江　　苏						
浙　　江						
安　　徽						
福　　建						
江　　西	46	656	553	7 969	2 107	1 233
山　　东	1	57	40	510	82	121
河　　南	30	403	352	6 204	902	807
湖　　北	178	5 171	4 681	77 384	14 519	11 889
湖　　南	110	4 721	3 790	39 000	6 809	6 288
广　　东	96	2 155	1 864	34 033	5 997	5 842
广　　西						
海　　南						
重　　庆						
四　　川	2	4	4	30	28	
贵　　州						
云　　南						
陕　　西						
甘　　肃						
青　　海	6	140	123	701	89	116
宁　　夏						
新疆（兵团）	54	13 390	11 598	160 350	26 398	27 106
新疆（农业）						
新疆（畜牧）						
热 科 院	5	58	56	1 147	232	126
广　　州						
南　　京						

9－12　农垦卫生事业基本情况

（2016 年）

地　区	医疗单位个数（个）			病床（张）	职工合计（人）		
		医院（个）	疗养院（个）			医务人员（人）	
							医生（人）
全国农垦	**4 351**	**989**	**8**	**66 606**	**75 261**	**62 206**	**25 278**
北　京	1	1		20	14	10	4
天　津	3	3		40	25	25	16
河　北	92	39		1 760	1 872	1 496	760
山　西	16	6		130	126	77	35
内蒙古	309	74	2	1 619	2 072	1 758	949
辽　宁	440	53		2 927	2 523	1 621	902
吉　林	76	31		661	696	576	313
黑龙江	1 205	124	1	11 706	15 175	12 717	6 014
上　海	2	2		1 408	631	497	89
江　苏	17	17		1 087	998	584	414
浙　江							
安　徽	76	18		1 055	655	545	278
福　建	85	12		151	219	198	79
江　西	36	26		307	286	244	146
山　东	7	2		46	52	40	25
河　南	76	30		666	571	494	259
湖　北	462	84	5	8 714	8 803	7 507	2 954
湖　南	108	51		1 685	2 534	1 677	712
广　东	60	53		6 096	4 971	4 069	1 537
广　西	11	11		400	498	437	161
海　南	62	62		3 295	2 762	2 137	811
重　庆							
四　川							
贵　州							
云　南							
陕　西	12	12		242	152	103	49
甘　肃	37	29		584	334	248	106
青　海	4	4		43	41	35	13
宁　夏							
新疆（兵团）	1 111	209		21 390	28 804	24 711	8 482
新疆（农业）	13	13		350	167	167	89
新疆（畜牧）	29	22		224	268	223	77
热科院	1	1			12	10	4
广　州							
南　京							

9－13 省局、地区属卫生事业基本情况

（2016 年）

地 区	医疗单位个数（个）			病床（张）	职工合计（人）		
		医院（个）	疗养院（个）			医务人员（人）	
							医生（人）
全国农垦	**123**	**72**	**2**	**26 851**	**29 340**	**24 643**	**7 928**
北　京							
天　津							
河　北							
山　西							
内蒙古	2	2		576	775	661	326
辽　宁							
吉　林							
黑龙江	10	9	1	6 503	6 295	5 137	1 885
上　海	1	1		1 361	590	487	85
江　苏							
浙　江							
安　徽							
福　建							
江　西							
山　东							
河　南							
湖　北	34	33	1	3 789	3 800	3 370	1 003
湖　南							
广　东	4	4		2 374	2 514	2 064	666
广　西							
海　南							
重　庆							
四　川							
贵　州							
云　南							
陕　西	1	1		100	51	35	16
甘　肃							
青　海							
宁　夏							
新疆（兵团）	69	20		12 111	15 283	12 857	3 929
新疆（农业）	2	2		37	32	32	18
新疆（畜牧）							
热科院							
广　州							
南　京							

9－14 场（厂）属卫生事业基本情况

（2016 年）

地　区	医疗单位个数（个）			病床（张）	职工合计（人）		
		医院（个）	疗养院（个）			医务人员（人）	
							医生（人）
全国农垦	**2 994**	**797**	**6**	**35 761**	**41 734**	**34 400**	**15 584**
北　京	1	1		20	14	10	4
天　津	3	3		40	25	25	16
河　北	34	24		1 302	1 391	1 083	509
山　西	11	5		126	108	66	30
内蒙古	94	60	2	940	1 100	903	470
辽　宁	64	53		1 711	1 493	1 099	560
吉　林	20	14		579	606	496	244
黑龙江	1 195	115		5 203	8 880	7 580	4 129
上　海	1	1		47	41	10	4
江　苏	17	17		1 087	998	584	414
浙　江							
安　徽	10	9		322	160	145	72
福　建	41	12		117	153	136	69
江　西	17	13		288	248	216	126
山　东	6	2		42	51	39	24
河　南	25	22		457	432	357	169
湖　北	175	50	4	4 267	3 985	3 271	1 480
湖　南	50	29		1 335	2 022	1 315	600
广　东	54	49		3 722	2 447	1 999	865
广　西	11	11		400	498	437	161
海　南	62	62		3 295	2 762	2 137	811
重　庆							
四　川							
贵　州							
云　南							
陕　西	8	8		139	96	65	31
甘　肃	22	22		537	305	225	91
青　海	5	5		56	52	41	17
宁　夏							
新疆(兵团)	1 042	189		9 279	13 521	11 854	4 553
新疆(农业)	7	7		283	103	103	71
新疆(畜牧)	18	13		167	231	195	61
热科院	1	1			12	9	3
广　州							
南　京							

9-15 分场属卫生事业基本情况

(2016年)

地区	医疗单位个数(个)	医院(个)	疗养院(个)	病床(张)	职工合计(人)	医务人员(人)	医生(人)
全国农垦	**1 176**	**115**		**3 364**	**3 749**	**2 805**	**1 620**
北京							
天津							
河北	58	15		458	481	413	251
山西	4	1		4	18	11	5
内蒙古	213	12		103	197	194	153
辽宁	376			1 216	1 030	522	342
吉林	56	17		82	90	80	69
黑龙江							
上海							
江苏							
浙江							
安徽	7	3		74	40	34	26
福建	44			34	66	62	10
江西	19	13		19	38	28	20
山东	1			4	1	1	1
河南	51	8		209	139	137	90
湖北	253			658	1 018	866	471
湖南	58	22		350	512	362	140
广东	2				10	6	6
广西							
海南							
重庆							
四川							
贵州							
云南							
陕西	3	3		3	5	3	2
甘肃	15	7		47	29	23	15
青海	1	1		16	6	3	3
宁夏							
新疆(兵团)							
新疆(农业)	4	4		30	32	32	
新疆(畜牧)	11	9		57	37	28	16
热科院							
广州							
南京							

附　录

附录一　中华人民共和国 2016 年国民经济和社会发展统计公报

中华人民共和国 2016 年国民经济和社会发展统计公报[1]

中华人民共和国国家统计局

2017 年 2 月 28 日

2016 年，面对复杂多变的国际环境和国内繁重艰巨的改革发展稳定任务，在以习近平同志为核心的党中央坚强领导下，各地区各部门全面贯彻党的十八大和十八届三中、四中、五中、六中全会精神，认真落实党中央、国务院决策部署，统筹推进“五位一体”总体布局和协调推进“四个全面”战略布局，坚持稳中求进工作总基调，坚持新发展理念，以推进供给侧结构性改革为主线，适度扩大总需求，坚定推进改革，妥善应对风险挑战，引导形成良好社会预期，经济社会保持平稳健康发展，实现了“十三五”良好开局。

一、综合

初步核算，全年国内生产总值[2] 744 127 亿元，比上年增长 6.7%（图 1）。其中，第一产业增加值63 671亿元，增长 3.3%；第二产业增加值 296 236 亿元，增长 6.1%；第三产业增加值 384 221亿元，增长 7.8%。第一产业增加值占国内生产总值的比重为 8.6%，第二产业增加值比重为 39.8%，第三产业增加值比重为 51.6%，比上年提高 1.4 个百分点（图 2）。全年人均国内生产总值53 980元，比上年增长 6.1%。全年国民总收入[3]742 352 亿元，比上年增长 6.9%。

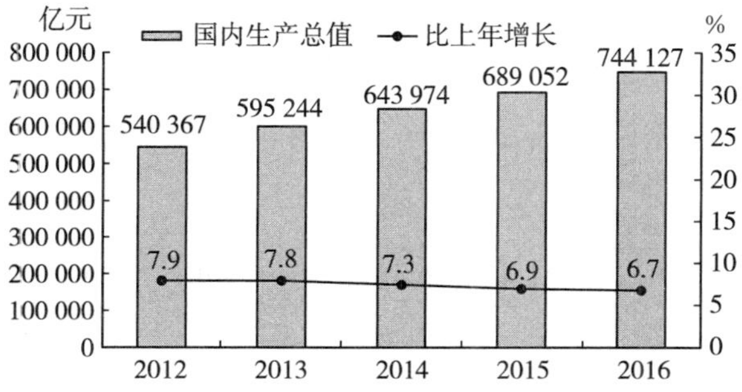

图 1　2012—2016 年国内生产总值及其增长速度

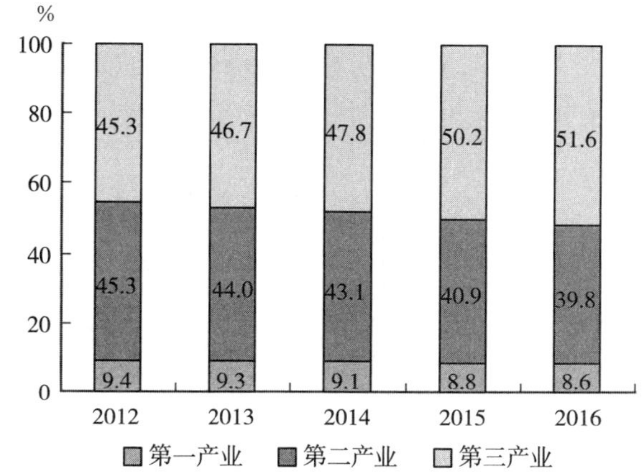

图 2　2012—2016 年三次产业增加值占国内生产总值比重

年末全国大陆总人口 138 271 万人，比上年末增加 809 万人，其中城镇常住人口 79 298 万人，占总人口比重（常住人口城镇化率）为 57.35%，比上年末提高 1.25 个百分点（表 1）。户籍人口城镇化率为 41.2%，比上年末提高 1.3 个百分点。全年出生人口 1 786 万人，出生率为 12.95‰；死亡人口 977 万人，死亡率为 7.09‰；自然增长率为 5.86‰。全国人户分离的人口[4]2.92 亿人，其中流动人口[5]2.45 亿人。

表 1　2016 年年末人口数及其构成

指　　标	年末数（万人）	比重（%）
全国总人口	138 271	100.0
其中：城镇	79 298	57.35
乡村	58 973	42.65
其中：男性	70 815	51.2
女性	67 456	48.8
其中：0～15 岁（含不满 16 周岁）[6]	24 438	17.7
16～59 岁（含不满 60 周岁）	90 747	65.6
60 周岁及以上	23 086	16.7
其中：65 周岁及以上	15 003	10.8

年末全国就业人员 77 603 万人，其中城镇就业人员 41 428 万人。全年城镇新增就业 1 314 万人（图 3）。年末城镇登记失业率为 4.02%。全国农民工[7]总量 28 171 万人，比上年增长 1.5%。其中，外出农民工 16 934 万人，增长 0.3%；本地农民工 11 237 万人，增长 3.4%。

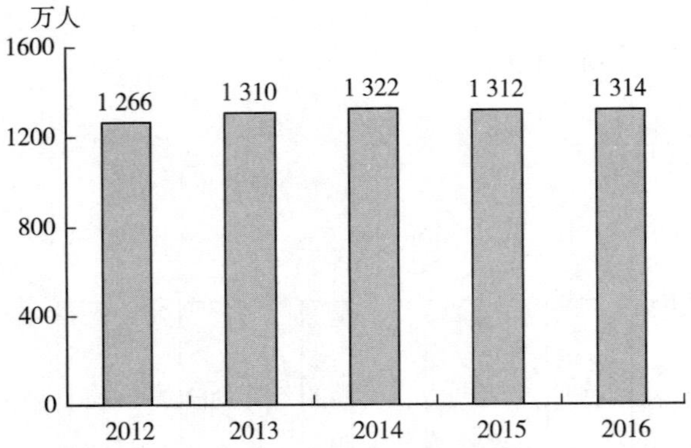

图 3　2012—2016 年城镇新增就业人数

全年全员劳动生产率[8]为 94 825 元/人，比上年提高 6.4%（图 4）。

全年居民消费价格比上年上涨 2.0%（表 2、图 5）。工业生产者出厂价格下降 1.4%。工业生产者购进价格下降 2.0%。固定资产投资价格下降 0.6%。农产品生产者价格[9]上涨 3.4%。

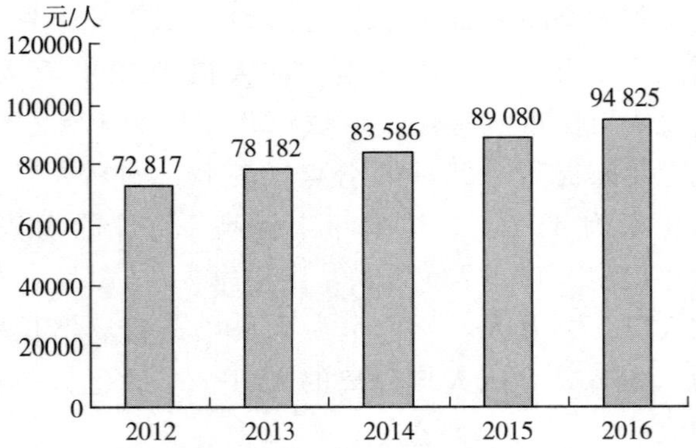

图 4　2012—2016 年全员劳动生产率

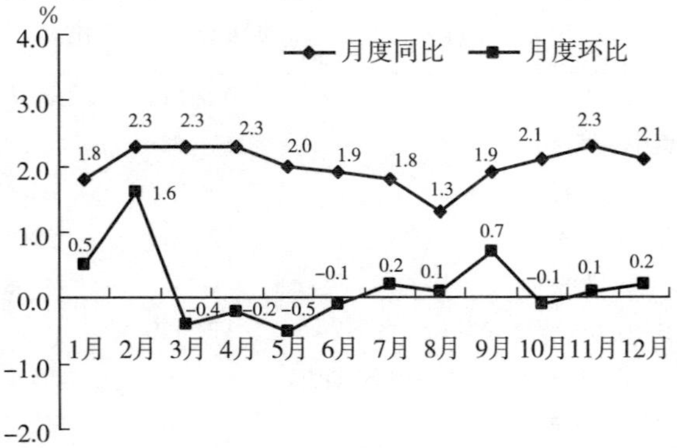

图 5　2016 年居民消费价格月度涨跌幅度

表 2　2016 年居民消费价格比上年涨跌幅度

单位：%

指　　标	全国	城市	农村
居民消费价格	2.0	2.1	1.9
其中：食品烟酒	3.8	3.7	4.0
衣着	1.4	1.5	1.3
居住[10]	1.6	1.9	0.6
生活用品及服务	0.5	0.5	0.2
交通和通信	−1.3	−1.4	−1.1
教育文化和娱乐	1.6	1.5	1.9
医疗保健	3.8	4.4	2.5
其他用品和服务	2.8	2.9	2.2

12 月份 70 个大中城市新建商品住宅销售价格月同比上涨的城市个数为 65 个，下降的为 5 个；月环比上涨的城市个数为 46 个，比年内高点减少 19 个，持平的为 4 个，下降的为 20 个（图 6）。

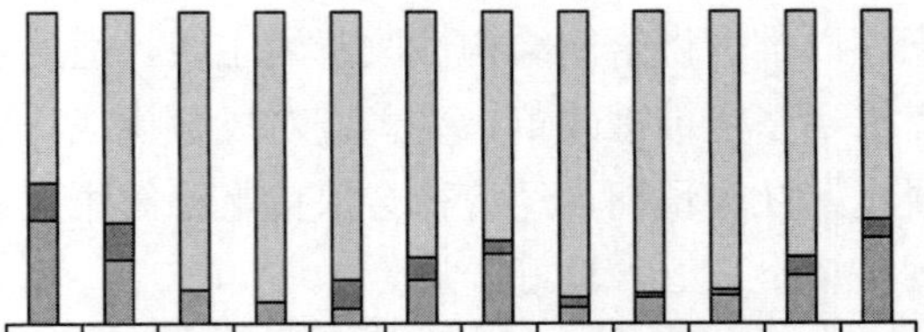

	1月	2月	3月	4月	5月	6月	7月	8月	9月	10月	11月	12月
上涨	38	47	62	65	60	55	51	64	63	62	55	46
持平	8	8	0	0	6	5	3	2	1	1	4	4
下降	24	15	8	5	4	10	16	4	6	7	11	20

图 6　2016 年新建商品住宅月环比价格上涨、持平、下降城市个数变化情况

全年全国一般公共预算收入 159 552 亿元，比上年同口径[11]增加 6 828 亿元，增长 4.5%，其中税收收入 130 354 亿元，增加 5 432 亿元，增长 4.3%（图 7）。

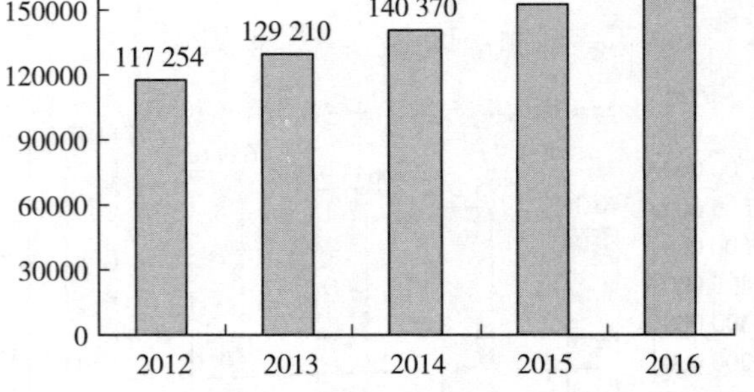

图 7　2012—2016 年全国一般公共预算收入

注：图中 2012—2015 年数据为全国一般公共预算收入决算数，2016 年为执行数。

年末国家外汇储备 30 105 亿美元，比上年末减少 3 198 亿美元（图 8）。全年人民币平均汇率为 1 美元兑 6.642 3 元人民币，比上年贬值 6.2%。

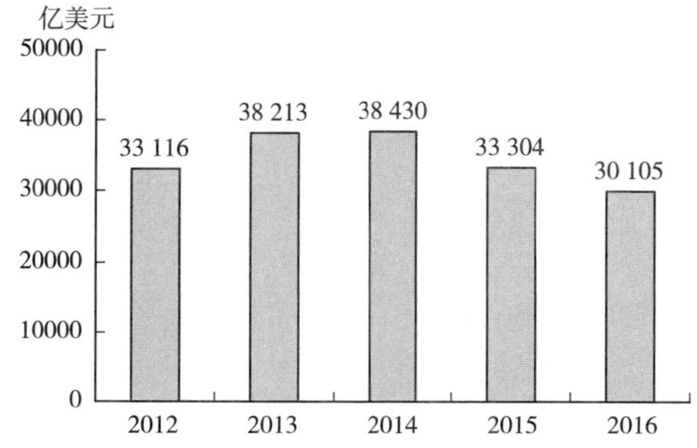

图 8　2012—2016 年年末国家外汇储备

二、农业

全年粮食种植面积 11 303 万公顷，比上年减少 31 万公顷。其中，小麦种植面积 2 419 万公顷，增加 5 万公顷；稻谷种植面积 3 016 万公顷，减少 5 万公顷；玉米种植面积 3 676 万公顷，减少 136 万公顷。棉花种植面积 338 万公顷，减少 42 万公顷。油料种植面积 1 412 万公顷，增加 8 万公顷。糖料种植面积 168 万公顷，减少 6 万公顷。

全年粮食产量 61 624 万吨，比上年减少 520 万吨，减产 0.8%（图 9）。其中，夏粮产量 13 920 万吨，减产 1.2%；早稻产量 3 278 万吨，减产 2.7%；秋粮产量 44 426 万吨，减产 0.6%。全年谷物产量 56 517 万吨，比上年减产 1.2%。其中，稻谷产量 20 693 万吨，减产 0.6%；小麦产量 12 885 万吨，减产 1.0%；玉米产量 21 955 万吨，减产 2.3%。

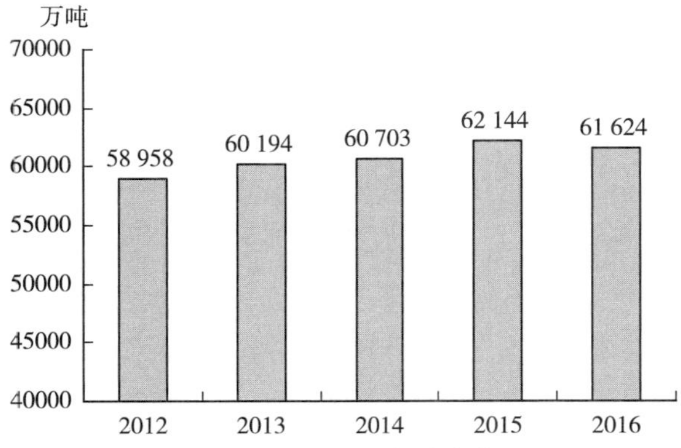

图 9　2012—2016 年粮食产量

全年棉花产量 534 万吨，比上年减产 4.6%。油料产量 3 613 万吨，增产 2.2%。糖料产量 12 299万吨，减产 1.6%。茶叶产量 241 万吨，增产 7.4%。

全年肉类总产量 8 540 万吨，比上年下降 1.0%。其中，猪肉产量 5 299 万吨，下降 3.4%；牛肉产量 717 万吨，增长 2.4%；羊肉产量 459 万吨，增长 4.2%；禽肉产量 1 888 万吨，增长 3.4%。禽蛋产量 3 095 万吨，增长 3.2%。牛奶产量 3 602 万吨，下降 4.1%。年末生猪存栏 43 504 万头，下降 3.6%；生猪出栏 68 502 万头，下降 3.3%。

全年水产品产量 6 900 万吨，比上年增长 3.0%。其中，养殖水产品产量 5 156 万吨，增长 4.4%；捕捞水产品产量 1 744 万吨，下降 1.0%。

全年木材产量 6 683 万米^3，比上年下降 7.0%。

全年新增耕地灌溉面积 118 万公顷，新增节水灌溉面积 211 万公顷。

三、工业和建筑业

全年全部工业增加值 247 860 亿元，比上年增长 6.0%（图 10）。规模以上工业增加值增长 6.0%。在规模以上工业中，分经济类型看，国有控股企业增长 2.0%；集体企业下降 1.3%，股份制企业增长 6.9%，外商及港澳台商投资企业增长 4.5%；私营企业增长 7.5%。分门类看，采矿业下降 1.0%，制造业增长 6.8%，电力、热力、燃气及水生产和供应业增长 5.5%。

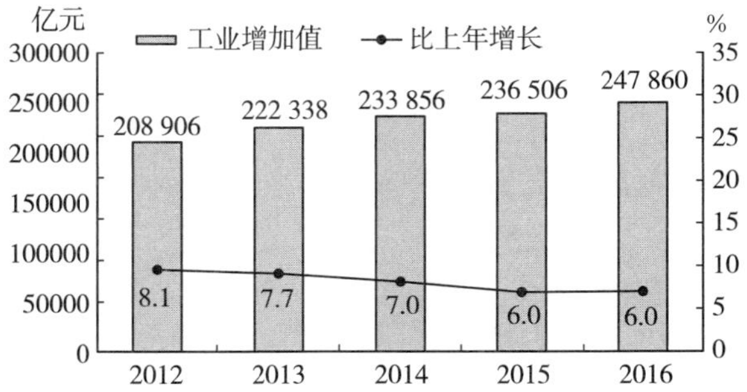

图 10　2012—2016 年全部工业增加值及其增长速度

全年规模以上工业中，农副食品加工业增加值比上年增长 6.1%，纺织业增长 5.5%，化学原料和化学制品制造业增长 7.7%，非金属矿物制品业增长 6.5%，黑色金属冶炼和压延加工业下降 1.7%，通用设备制造业增长 5.9%，专用设备制造业增长 6.7%，汽车制造业增长 15.5%，电气机械和器材制造业增长 8.5%，计算机、通信和其他电子设备制造业增长 10.0%，电力、热力生产和供应业增长

4.8%。工业战略性新兴产业[12]增加值增长 10.5%。高技术制造业[13]增加值增长 10.8%，占规模以上工业增加值的比重为 12.4%。装备制造业[14]增加值增长 9.5%，占规模以上工业增加值的比重为 32.9%。六大高耗能行业[15]增加值增长 5.2%，占规模以上工业增加值的比重为 28.1%（表 3）。

表 3　2016 年主要工业产品产量及其增长速度

产品名称	单　位	产　量	比上年增长（%）
纱	万吨	3 732.6	5.5
布	亿米	906.8	1.6
化学纤维	万吨	4 943.7	2.3
成品糖	万吨	1 443.3	−2.1
卷烟	亿支	23 825.8	−8.0
彩色电视机	万台	15 769.6	8.9
其中：液晶电视机	万台	15 713.6	9.2
其中：智能电视	万台	9 310.1	11.1
家用电冰箱	万台	8 481.6	6.1
房间空气调节器	万台	14 342.4	1.0
一次能源生产总量	亿吨标准煤	34.6	−4.2
原煤	亿吨	34.1	−9.0
原油	万吨	19 968.5	−6.9
天然气	亿立方米	1 368.7	1.7
发电量	亿千瓦时	61 424.9	5.6
其中：火电[16]	亿千瓦时	44 370.7	3.6
水电	亿千瓦时	11 933.7	5.6
核电	亿千瓦时	2 132.9	24.9
粗钢	万吨	80 836.6	0.6
钢材[17]	万吨	113 801.2	1.3
十种有色金属	万吨	5 310.3	3.0
其中：精炼铜（电解铜）	万吨	843.6	6.0
原铝（电解铝）	万吨	3 187.3	1.5
水泥	亿吨	24.1	2.3
硫酸（折 100%）	万吨	8 889.1	−1.0
烧碱（折 100%）	万吨	3 283.9	8.7
乙烯	万吨	1 781.1	3.9
化肥（折 100%）	万吨	7 128.6	−4.1
发电机组（发电设备）	万千瓦	13 218.4	6.3
汽车	万辆	2 811.9	14.8
其中：基本型乘用车（轿车）	万辆	1 211.1	4.1
运动型多用途乘用车（SUV）	万辆	914.4	51.8
其中：新能源汽车	万辆	45.9	40.0
大中型拖拉机	万台	63.0	−8.5
集成电路	亿块	1 318.0	21.2
程控交换机	万线	1 457.7	−22.5
移动通信手持机	万台	205 819.3	13.6
其中：智能手机	万台	153 764.1	9.9
微型计算机设备	万台	29 008.5	−7.7
工业机器人	台（套）	72 426.0	30.4

年末全国发电装机容量 164 575 万千瓦，比上年末增长 8.2%。其中[18]，火电装机容量 105 388 万千瓦，增长 5.3%；水电装机容量 33 211 万千瓦，增长 3.9%；核电装机容量 3 364 万千瓦，增长 23.8%；并网风电装机容量 14 864 万千瓦，增长 13.2%；并网太阳能发电装机容量 7 742 万千瓦，增长 81.6%。

全年规模以上工业企业实现利润 68 803 亿元，比上年增长 8.5%。分经济类型看，国有控股企业实现利润 11 751 亿元，比上年增长 6.7%；集体企业 477 亿元，下降 4.2%，股份制企业 47 197 亿元，增长 8.3%，外商及港澳台商投资企业 17 352 亿元，增长 12.1%；私营企业 24 325 亿元，增长 4.8%。分门类看，采矿业实现利润 1 825 亿元，比上年下降 27.5%；制造业 62 398 亿元，增长 12.3%；电力、热力、燃气及水生产和供应业 4 580亿元，下降 14.3%。全年规模以上工业企业每百元主营业务收入中的成本为 85.52 元，比上年下降 0.1 元。年末规模以上工业企业资产负债率为 55.8%，比上年末下降 0.4 个百分点。

全年全社会建筑业增加值 49 522 亿元，比上年增长 6.6%（图 11）。全国具有资质等级的总承包和专业承包建筑业企业实现利润 6 745 亿元，增长 4.6%。其中，国有控股企业 1 879 亿元，增长 6.8%。

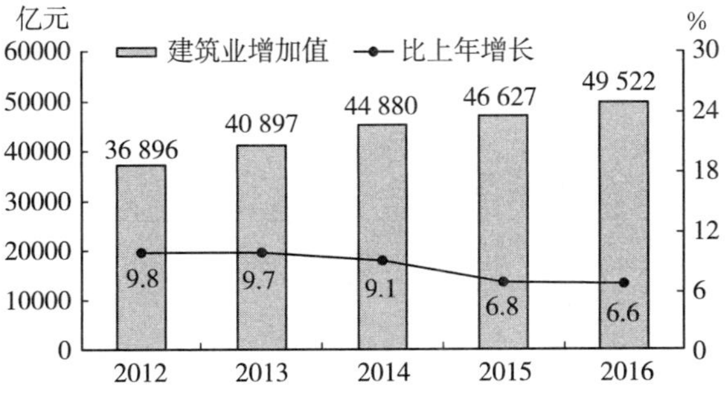

图 11　2012—2016 年建筑业增加值及其增长速度

四、固定资产投资

全年全社会固定资产投资 606 466 亿元，比上年增长 7.9%，扣除价格因素，实际增长 8.6%（图 12）。其中，固定资产投资（不含农户）596 501亿元，增长 8.1%。分区域看[19]，东部地区投资 249 665 亿元，比上年增长 9.1%；中部地区投资 156 762 亿元，增长 12.0%；西部地区投资 154 054 亿元，增长 12.2%；东北地区投资 30 642 亿元，下降 23.5%。

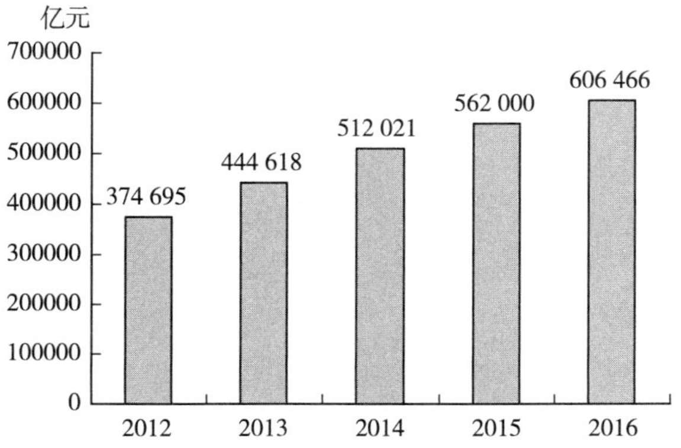

图 12　2012—2016 年全社会固定资产投资

在固定资产投资（不含农户）中，第一产业投资 18 838 亿元，比上年增长 21.1%；第二产业投资 231 826 亿元，增长 3.5%；第三产业投资 345 837 亿元，增长 10.9%。基础设施投资[20] 118 878亿元，增长 17.4%，占固定资产投资（不含农户）的比重为 19.9%。民间固定资产投资[21] 365 219 亿元，增长 3.2%，占固定资产投资（不含农户）的比重为 61.2%。高技术产业投资[22] 37 747亿元，增长 15.8%，占固定资产投资（不含农户）的比重为 6.3%。六大高耗能行业投资 66 376亿元，增长 3.1%，占固定资产投资（不含农户）的比重为 11.1%。农林牧渔业、水利、环境保护等短板领域投资快速增长。

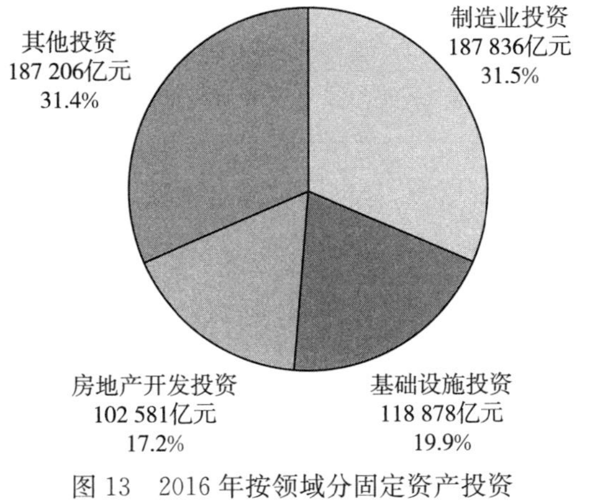

图 13　2016 年按领域分固定资产投资（不含农户）及其占比

表 4　2016 年分行业固定资产投资（不含农户）及其增长速度

行　　业	投资额（亿元）	比上年增长（%）
总计	596 501	8.1
农、林、牧、渔业	22 774	19.5
采矿业	10 320	−20.4
制造业	187 836	4.2
电力、热力、燃气及水生产和供应业	29 736	11.3
建筑业	4 577	−6.5
批发和零售业	17 939	−4.0
交通运输、仓储和邮政业	53 628	9.5
住宿和餐饮业	5 947	−8.6
信息传输、软件和信息技术服务业	6 319	14.5
金融业	1 310	−4.2
房地产业[23]	135 284	6.8
租赁和商务服务业	12 316	30.5
科学研究和技术服务业	5 568	17.2
水利、环境和公共设施管理业	68 647	23.3
居民服务、修理和其他服务业	2 677	1.8
教育	9 324	20.7
卫生和社会工作	6 282	21.4
文化、体育和娱乐业	7 830	16.4
公共管理、社会保障和社会组织	8 188	4.3

表 5　2016 年固定资产投资新增主要生产与运营能力

指　　标	单位	绝对数
新增 220 千伏及以上变电设备	万千伏安	24 336
新建铁路投产里程	千米	3 281
其中：高速铁路[24]	千米	1 903
增、新建铁路复线投产里程	千米	3 612
电气化铁路投产里程	千米	5 899
新改建公路里程	千米	324 898
其中：高速公路	千米	6 745
港口万吨级码头泊位新增吞吐能力	万吨	32 436
新增民用运输机场	个	8
新增光缆线路长度	万千米	554

全年房地产开发投资 102 581 亿元，比上年增长 6.9%（表 6）。其中，住宅投资 68 704 亿元，增长 6.4%；办公楼投资 6 533 亿元，增长 5.2%；商业营业用房投资 15 838 亿元，增长 8.4%。年末商品房待售面积 69 539 万平方米，比上年末减少 2 314 万平方米。年末商品住宅待售面积 40 257 万平方米，比上年末减少 4 991 万平方米。

全年全国城镇棚户区住房改造开工 606 万套，棚户区改造和公租房基本建成 658 万套。全年全国农村地区建档立卡贫困户危房改造 158 万户[25]。

表 6　2016 年房地产开发和销售主要指标及其增长速度

指　　标	单　　位	绝对数	比上年增长（%）
投资额	亿元	102 581	6.9
其中：住宅	亿元	68 704	6.4
其中：90 米^2 及以下	亿元	24 772	0.5
房屋施工面积	万米^2	758 975	3.2
其中：住宅	万米^2	521 310	1.9
房屋新开工面积	万米^2	166 928	8.1
其中：住宅	万米^2	115 911	8.7
房屋竣工面积	万米^2	106 128	6.1
其中：住宅	万米^2	77 185	4.6
商品房销售面积	万米^2	157 349	22.5
其中：住宅	万米^2	137 540	22.4
本年到位资金	亿元	144 214	15.2
其中：国内贷款	亿元	21 512	6.4
个人按揭贷款	亿元	24 403	46.5

五、国内贸易

全年社会消费品零售总额 332 316 亿元，比上年增长 10.4%，扣除价格因素，实际增长 9.6%（图 14）。按经营地统计，城镇消费品零售额 285 814亿元，增长 10.4%；乡村消费品零售额 46 503亿元，增长 10.9%。按消费类型统计，商品零售额 296 518 亿元，增长 10.4%；餐饮收入额 35 799亿元，增长 10.8%。

图 14　2012—2016 年社会消费品零售总额

在限额以上企业商品零售额中，粮油、食品、饮料、烟酒类零售额比上年增长 10.5%，服装、鞋帽、针纺织品类增长 7.0%，化妆品类增长 8.3%，金银珠宝类与上年持平，日用品类增长 11.4%，家用电器和音像器材类增长 8.7%，中西药品类增长 12.0%，文化办公用品类增长 11.2%，家具类增长 12.7%，通讯器材类增长 11.9%，建筑及装潢材料类增长 14.0%，汽车类增长 10.1%，石油及制品类增长 1.2%。

全年网上零售额[26] 51 556 亿元，比上年增长 26.2%。其中网上商品零售额 41 944 亿元，增长 25.6%，占社会消费品零售总额的比重为 12.6%。在网上商品零售额中，吃类商品增长 28.5%，穿类商品增长 18.1%，用类商品增长 28.8%。

六、对外经济[27]

全年货物进出口总额 243 386 亿元，比上年下降 0.9%。其中，出口 138 455 亿元，下降 1.9%；进口 104 932 亿元，增长 0.6%（图 15）。货物进出口差额（出口减进口）33 523 亿元，比上年减少 3 308 亿元。对"一带一路"[28]沿线国家进出口总额 62 517 亿元，比上年增长 0.5%。其中，出口 38 319 亿元，增长 0.5%；进口 24 198 亿元，增长 0.4%（表 7）。

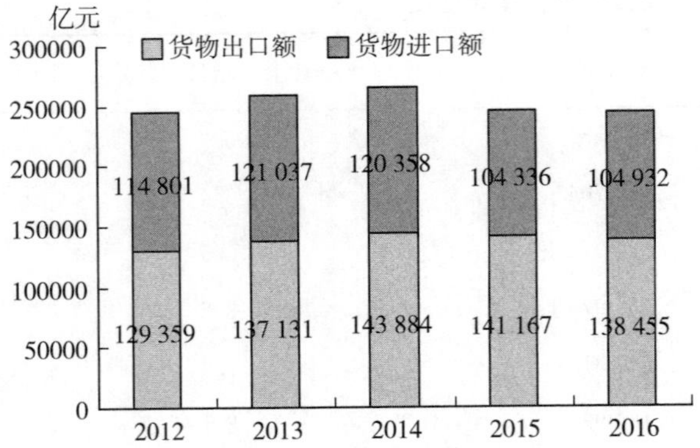

图 15　2012—2016 年货物进出口总额

表 7　2016 年货物进出口总额及其增长速度

指　标	金额（亿元）	比上年增长（%）
货物进出口总额	243 386	−0.9
货物出口额	138 455	−1.9
其中：一般贸易	74 601	−1.1
加工贸易	47 237	−4.6
其中：机电产品	79 820	−1.9
高新技术产品	39 876	−2.1
货物进口额	104 932	0.6
其中：一般贸易	59 398	3.7
加工贸易	26 223	−5.5
其中：机电产品	50 985	1.9
高新技术产品	34 618	1.8
货物进出口差额（出口减进口）	33 523	—

表 8　2016 年主要商品出口数量、金额及其增长速度

商品名称	单位	数量	比上年增长（%）	金额（亿元）	比上年增长（%）
煤（包括褐煤）	万吨	879	64.6	46	48.0
钢材	万吨	10 849	−3.5	3 587	−7.8
纺织纱线、织物及制品	—	—	—	6 925	1.9
服装及衣着附件	—	—	—	10 413	−3.7
鞋类	万吨	422	−5.6	3 113	−6.2
家具及其零件	—	—	—	3 151	−3.8
自动数据处理设备及其部件	万台	159 257	−7.1	9 068	−4.1
手持或车载无线电话	万台	127 192	−5.3	7 643	−0.9
集装箱	万个	199	−26.7	279	−41.2
液晶显示板	万个	190 569	−16.9	1 700	−11.6
汽车	万辆	79	9.4	709	1.8

表 9　2016 年主要商品进口数量、金额及其增长速度

商品名称	单位	数量	比上年增长（%）	金额（亿元）	比上年增长（%）
谷物及谷物粉	万吨	2 199	−32.8	375	−35.5
大豆	万吨	8 391	2.7	2 247	4.1
食用植物油	万吨	553	−18.3	276	−11.5
铁矿砂及其精矿	万吨	102 412	7.5	3 809	7.0
氧化铝	万吨	303	−35.0	58	−43.1
煤（包括褐煤）	万吨	25 551	25.2	938	25.1
原油	万吨	38 101	13.6	7 698	−7.5

（续）

商品名称	单位	数量	比上年增长（%）	金额（亿元）	比上年增长（%）
成品油	万吨	2 784	−6.5	735	−16.6
初级形状的塑料	万吨	2 570	−1.5	2 731	−2.2
纸浆	万吨	2 106	6.2	808	2.1
钢材	万吨	1 321	3.4	869	−2.3
未锻轧铜及铜材	万吨	495	2.9	1 741	−3.3
汽车	万辆	107	−2.4	2 942	6.1

表 10　2016 年对主要国家和地区货物进出口额及其增长速度

国家和地区	出口额（亿元）	比上年增长（%）	占全部出口比重（%）	进口额（亿元）	比上年增长（%）	占全部进口比重（%）
欧盟	22 369	1.3	16.2	13 747	5.9	13.1
美国	25 415	0.0	18.4	8 887	−3.2	8.5
东盟	16 894	−1.9	12.2	12 978	7.4	12.4
中国香港	19 009	−7.6	13.7	1 107	39.2	1.1
日本	8 529	1.3	6.2	9 626	8.4	9.2
韩国	6 185	−1.7	4.5	10 496	−3.2	10.0
中国台湾	2 665	−4.3	1.9	9 203	3.4	8.8
印度	3 850	6.6	2.8	777	−6.4	0.7
俄罗斯	2 466	14.2	1.8	2 128	3.1	2.0

全年服务进出口[29]总额 53 484 亿元，比上年增长 14.2%。其中，服务出口 18 193 亿元，增长 2.3%；服务进口 35 291 亿元，增长 21.5%。服务进出口逆差 17 097 亿元。

全年吸收外商直接投资（不含银行、证券、保险）新设立企业 27 900 家，比上年增长 5.0%。实际使用外商直接投资金额 8 132 亿元（折 1 260 亿美元），增长 4.1%。其中“一带一路”沿线国家对华直接投资新设立企业 2 905 家，增长 34.1%；对华直接投资金额 458 亿元（折 71 亿美元）。

表 11　2016 年外商直接投资（不含银行、证券、保险）及其增长速度

行　业	企业数（家）	比上年增长（%）	实际使用金额（亿元）	比上年增长（%）
总　计	27 900	5.0	8 132.2	4.1
其中：农、林、牧、渔业	558	−8.4	123.2	30.0
制造业	4 013	−11.0	2 303.0	−6.1
电力、燃气及水生产和供应业	311	18.0	139.8	0.3
交通运输、仓储和邮政业	425	−5.4	329.2	26.7
信息传输、计算机服务和软件业	1 463	11.6	540.4	128.0
批发和零售业	9 399	2.7	1 011.1	36.0
房地产业	378	−2.3	1 264.4	−29.4
租赁和商务服务业	4 631	3.7	1 045.9	67.8
居民服务和其他服务业	245	13.0	33.0	−25.8

全年对外直接投资额（不含银行、证券、保险）11 299 亿元，按美元计价为 1 701 亿美元，比上年增长 44.1%。其中，对“一带一路”沿线国家直接投资额 145 亿美元（表 12）。

表 12　2016 年对外直接投资额（不含银行、证券、保险）及其增长速度

行　业	对外直接投资金额（亿美元）	比上年增长（%）
总　计	1 701.1	44.1
其中：农、林、牧、渔业	29.7	45.0
采矿业	86.7	−20.1
制造业	310.6	116.7
电力、热力、燃气及水生产和供应业	25.3	−9.2
建筑业	53.1	18.0
批发和零售业	275.6	72.0
交通运输、仓储和邮政业	36.2	17.1
信息传输、软件和信息技术服务业	203.6	252.2
房地产业	106.4	17.4
租赁和商务服务业	422.7	1.4

全年对外承包工程业务完成营业额 10 589 亿元，按美元计价为 1 594 亿美元，比上年增长 3.5%。其中，对“一带一路”沿线国家完成营业额 760 亿美元，增长 9.7%，占对外承包工程业务完成营业额比重为 47.7%。对外劳务合作派出各类劳务人员 49 万人，下降 6.8%。

七、交通、邮电和旅游

全年货物运输总量 440 亿吨，比上年增长 5.7%。货物运输周转量 185 295 亿吨公里，增长 4.0%。全年规模以上港口完成货物吞吐量 118.3 亿吨，比上年增长 3.2%，其中外贸货物吞吐量 37.6 亿吨，增长 4.1%。规模以上港口集装箱吞吐量 21 798 万标准箱，增长 3.6%（表 13）。

表 13　2016 年各种运输方式完成货物运输量及其增长速度

指　标	单　位	绝对数	比上年增长（%）
货物运输总量	亿　吨	440.4	5.7
铁路	亿　吨	33.3	−0.8
公路	亿　吨	336.3	6.8
水运	亿　吨	63.6	3.7
民航	万　吨	666.9	6.0
管道	亿　吨	7.0	5.3
货物运输周转量	亿吨公里	185 294.9	4.0
铁路	亿吨公里	23 792.3	0.2
公路	亿吨公里	61 211.0	5.6
水运	亿吨公里	95 399.9	4.0
民航	亿吨公里	221.1	6.3
管道	亿吨公里	4 670.6	5.7

全年旅客运输总量 192 亿人次，比上年下降 1.2%。旅客运输周转量 31 306 亿人公里，增长 4.1%（表 14）。

表 14　2016 年各种运输方式完成旅客运输量及其增长速度

指　标	单　位	绝对数	比上年增长（%）
旅客运输总量	亿人次	192.0	−1.2
铁路	亿人次	28.1	11.0
公路	亿人次	156.3	−3.5
水运	亿人次	2.7	0.1
民航	亿人次	4.9	11.8
旅客运输周转量	亿人公里	31 305.7	4.1
铁路	亿人公里	12 579.3	5.2
公路	亿人公里	10 294.8	−4.2
水运	亿人公里	72.0	−1.4
民航	亿人公里	8 359.5	14.8

年末全国民用汽车保有量 19 440 万辆（包括三轮汽车和低速货车 881 万辆），比上年末增长 12.8%，其中私人汽车保有量 16 559 万辆，增长 15.0%。民用轿车保有量 10 876 万辆，增长 14.4%，其中私人轿车 10 152 万辆，增长 15.5%。

全年完成邮电业务总量[30] 43 344 亿元，比上年增长 52.7%。其中，邮政行业业务总量 7 397 亿元，增长 45.7%；电信业务总量 35 948 亿元，增长 54.2%。邮政业全年完成邮政函件业务 36.2 亿件，包裹业务 0.3 亿件，快递业务量 312.8 亿件（图 16）；快递业务收入 3 974 亿元。电信业全年新增移动电话交换机容量[31] 7 318 万户，达到 218 384万户。年末全国电话用户总数 152 856 万户，其中移动电话用户 132 193 万户。移动电话普及率上升至 96.2 部/百人。固定互联网宽带接入用户[32] 29 721 万户，比上年增加 3 774 万户，其中固定互联网光纤宽带接入用户[33] 22 766 万户，比上年增加 7 941 万户；移动宽带用户[34] 94 075 万户，增加 23 464 万户（图 17）。移动互联网接入流量 93.6 亿 G，比上年增长 123.7%。互联网上网人数 7.31 亿人，增加4 299万人，其中手机上网人数[35] 6.95 亿人，增加 7 550 万人。互联网普及率达到 53.2%，其中农村地区互联网普及率达到 33.1%。软件和信息技术服务业[36] 完成软件业务收入 48 511 亿元，比上年增长 14.9%。

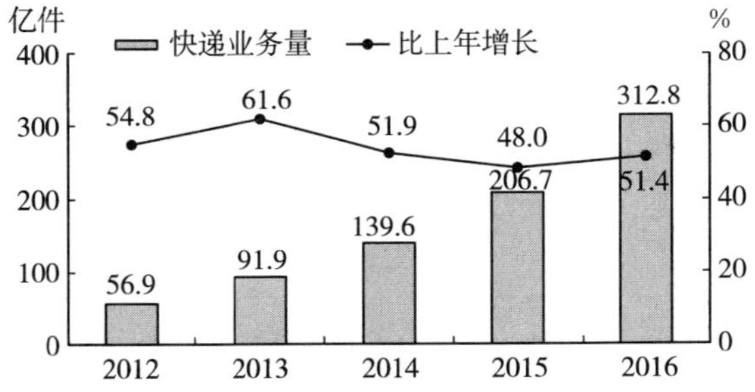

图 16　2012—2016 年快递业务量及其增长速度

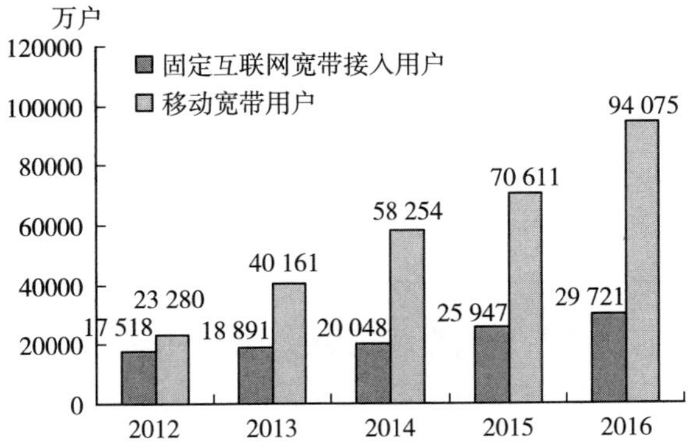

图 17　2012—2016 年年末固定互联网宽带接入用户和移动宽带用户数

全年国内游客 44 亿人次，比上年增长 11.2%，国内旅游收入 39 390 亿元，增长 15.2%。入境游客 13 844 万人次，增长 3.5%。其中，外国人 2 813 万人次，增长 8.3%；香港、澳门和台湾同胞 11 031 万人次，增长 2.3%。在入境游客中，过夜游客 5 927 万人次，增长 4.2%。国际旅游收入 1 200 亿美元，增长 5.6%。国内居民出境 13 513万人次，增长 5.7%。其中因私出境 12 850 万人次，增长 5.6%；赴港澳台出境 8 395 万人次，下降 2.2%。

八、金融

年末广义货币供应量（M_2）余额 155.0 万亿元，比上年末增长 11.3%；狭义货币供应量（M_1）余额 48.7 万亿元，增长 21.4%；流通中货币（M_0）余额 6.8 万亿元，增长 8.1%。

全年社会融资规模增量[37] 17.8 万亿元，比上年多 2.4 万亿元。年末全部金融机构本外币各项存款余额 155.5 万亿元，比年初增加 15.7 万亿元，其中人民币各项存款余额 150.6 万亿元，增加 14.9 万亿元。全部金融机构本外币各项贷款余额 112.1 万亿元，增加 12.7 万亿元，其中人民币各项贷款余额 106.6 万亿元，增加 12.6 万亿元（表 15）。

表 15　2016 年年末全部金融机构本外币存贷款余额及其增长速度

指　　标	年末数（亿元）	比上年末增长（%）
各项存款	1 555 247	11.3
其中：境内住户存款	606 522	9.9
其中：人民币	597 751	9.5
境内非金融企业存款	530 895	16.6
各项贷款	1 120 552	12.8
其中：境内短期贷款	380 020	3.6
境内中长期贷款	635 052	17.8

年末主要农村金融机构（农村信用社、农村合作银行、农村商业银行）人民币贷款余额 134 219 亿元，比年初增加 13 895 亿元。金融机构境内住户人民币消费贷款余额 250 472 亿元，增加 60 998 亿元。其中，短期消费贷款余额 49 313 亿元，增加 8 347 亿元；中长期消费贷款余额 201 159 亿元，增加 52 651 亿元。

全年上市公司通过境内市场累计筹资 23 342 亿元，比上年增加 5 088 亿元。其中，首次公开发行 A 股 248 只，筹资 1 634 亿元；A 股现金再融资（包括公开增发、定向增发[38]、配股、优先股）13 387亿元，增加 4 618 亿元；上市公司通过沪深交易所发行公司债、可转债筹资 8 321 亿元，增加 414 亿元。全年全国中小企业股份转让系统[39]新增挂牌公司 5 034家，筹资 1 391 亿元，增长 14.4%。

全年发行公司信用类债券[40] 8.22 万亿元，比上年增加 1.50 万亿元。

全年保险公司原保险保费收入[41] 30 959 亿元，比上年增长 27.5%。其中，寿险业务原保险保费收入 17 442 亿元，健康险和意外伤害险业务原保险保费收入 4 792 亿元，财产险业务原保险保费收入 8 725 亿元。支付各类赔款及给付 10 513 亿元。其中，寿险业务给付 4 603 亿元，健康险和意外伤害险赔款及给付 1 184 亿元，财产险业务赔款 4 726亿元。

九、人民生活和社会保障

全年全国居民人均可支配收入[42] 23 821 元，比上年增长 8.4%，扣除价格因素，实际增长 6.3%（图 18）；全国居民人均可支配收入中位数[43] 20 883 元，增长 8.3%。按常住地分，城镇居民人均可支配收入 33 616 元，比上年增长 7.8%，扣除价格因素，实际增长 5.6%；城镇居民人均可支配收入中位数 31 554 元，增长 8.3%。农村居民人均可支配收入 12 363 元，比上年增长 8.2%，扣除价格因素，实际增长 6.2%；农村居民人均可支配收入中位数 11 149 元，增长 8.3%。按全国居民五等份收入分组[44]，低收入组人均可支配收入 5 529元，中等偏下收入组人均可支配收入 12 899 元，中等收入组人均可支配收入 20 924 元，中等偏上收入组人均可支配收入 31 990 元，高收入组人均可支配收入 59 259 元。贫困地区[45]农村居民人均可支配收入 8 452 元，比上年增长 10.4%，扣除价格因素，实际增长 8.4%。全国农民工人均月收入3 275元，比上年增长 6.6%。

全国居民人均消费支出 17 111 元，比上年增长 8.9%，扣除价格因素，实际增长 6.8%。按常住地分，城镇居民人均消费支出 23 079 元，增长 7.9%，扣除价格因素，实际增长 5.7%；农村居民人均消费支出 10 130 元，增长 9.8%，扣除价格因素，实际增长 7.8%（图 19）。恩格尔系数为 30.1%，比上年下降 0.5 个百分点，其中城镇为 29.3%，农村为 32.2%。

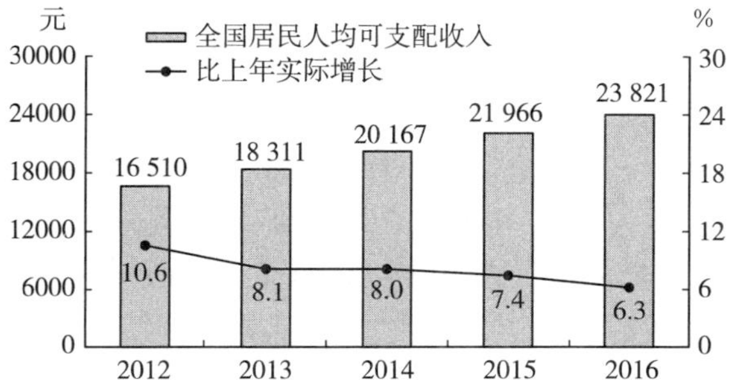

图 18　2012—2016 年全国居民人均可支配收入及其增长速度

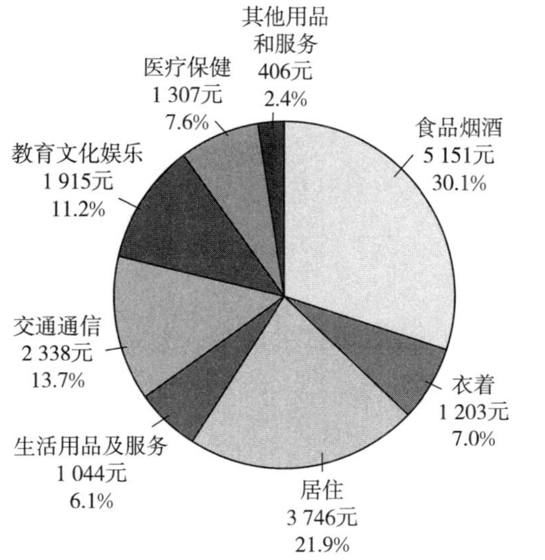

图 19　2016 年全国居民人均消费支出及其构成

年末全国参加城镇职工基本养老保险人数 37 862万人，比上年末增加 2 501 万人。参加城乡居民基本养老保险人数 50 847 万人，增加 375 万人。参加城镇基本医疗保险人数 74 839 万人，增加 8 257 万人。其中，参加职工基本医疗保险人数 29 524 万人，增加 631 万人；参加城镇居民基本医疗保险人数 45 315 万人，增加 7 626 万人。参加失业保险人数 18 089 万人，增加 763 万人。年末全国领取失业保险金人数 230 万人。参加工伤保险人数 21 887 万人，增加 455 万人，其中参加工伤保险的农民工 7 510 万人，增加 21 万人。参加生育保险人数 18 443 万人，增加 672 万人。年末全国共有 1 479.9 万人享受城市居民最低生活保障，4 576.5万人享受农村居民最低生活保障，496.9 万人享受农村特困人员[46]救助供养。全年资助 5 620.6万人参加基本医疗保险，医疗救助 3 099.8 万人次。国家抚恤、补助各类优抚对象 877.2 万人。按照每人每年 2 300 元（2010 年不变价）的农村贫困标准计算，2016 年农村贫困人口 4 335 万人，比上年减少 1 240 万人[47]。

十、教育、科学技术和文化体育

全年研究生教育招生 66.7 万人，在学研究生 198.1 万人，毕业生 56.4 万人。普通本专科招生 748.6 万人，在校生 2 695.8 万人，毕业生 704.2 万人。中等职业教育[48]招生 593.3 万人，在校生 1 599.1万人，毕业生 533.7 万人。普通高中招生 802.9 万人，在校生 2 366.6 万人，毕业生 792.4 万人（图 20）。初中招生 1 487.2 万人，在校生 4 329.4万人，毕业生 1 423.9 万人。普通小学招生 1 752.5 万人，在校生 9 913.0 万人，毕业生 1 507.4万人。特殊教育招生 9.2 万人，在校生 49.2 万人，毕业生 5.9 万人。学前教育在园幼儿 4 413.9万人。九年义务教育巩固率为 93.4%，高中阶段毛入学率为 87.5%。

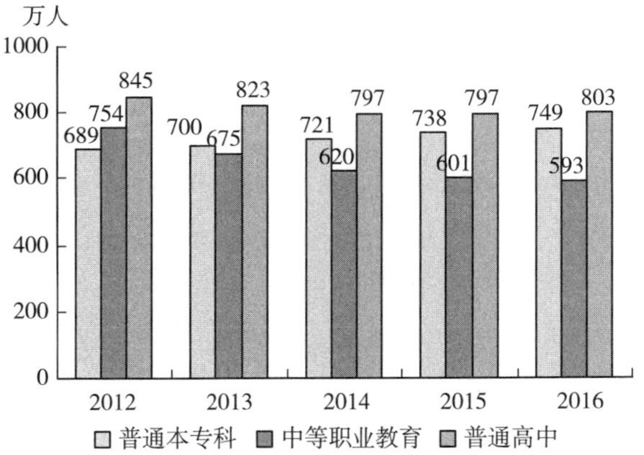

图 20　2012—2016 年普通本专科、中等职业教育及普通高中招生人数

全年研究与试验发展（R&D）经费支出 15 500亿元，比上年增长 9.4%，与国内生产总值之比为 2.08%，其中基础研究经费 798 亿元（图 21）。全年国家重点研发计划共安排 42 个重点专项 1 163 个科技项目，国家科技重大专项共安排 224 个课题，国家自然科学基金共资助 41 184 个项目。截至年底，累计建设国家重点实验室 488 个，国家工程研究中心 131 个，国家工程实验室 194 个，国家企业技术中心 1 276 家。国家科技成果转化引导基金累计设立 9 支子基金，资金总规模 173.5 亿元。全年受理境内外专利申请 346.5 万件，授予专利权 175.4 万件。截至年底，有效专利 628.5 万件，其中境内有效发明专利 110.3 万件，每万人口发明专利拥有量 8.0 件（表 16）。全年共签订技术

合同 32.0 万项，技术合同成交金额 11 407 亿元，比上年增长 16.0%。

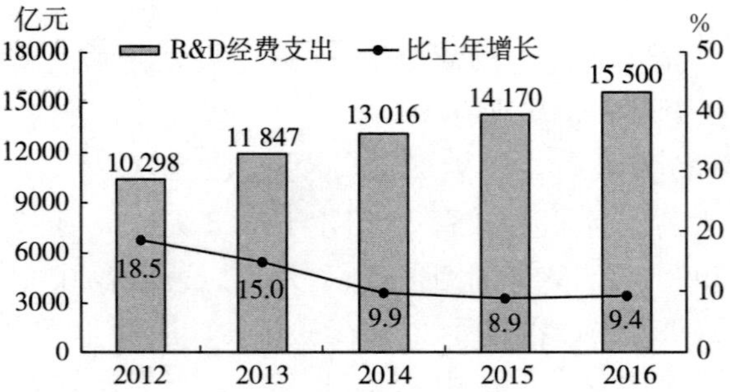

图 21　2012—2016 年研究与试验发展（R&D）经费支出及其增长速度

表 16　2016 年专利申请受理、授权和有效专利情况

指　　标	专利数（万件）	比上年增长（%）
专利申请受理数	346.5	23.8
其中：境内专利申请受理	328.1	25.4
其中：发明专利申请受理	133.9	21.5
其中：境内发明专利	119.3	24.7
专利申请授权数	175.4	2.1
其中：境内专利授权	161.2	2.1
其中：发明专利授权	40.4	12.5
其中：境内发明专利	29.5	15.0
年末有效专利数	628.5	14.7
其中：境内有效专利	540.6	15.7
其中：有效发明专利	177.2	20.4
其中：境内有效发明专利	110.3	26.6

全年完成 22 次宇航发射。长征五号、长征七号新一代运载火箭成功首飞；天宫二号空间实验室、神舟十一号载人飞船成功发射，航天员在轨驻留 30 天并安全返回；新一代静止轨道气象卫星风云四号、合成孔径雷达卫星高分三号、3 颗北斗导航卫星等成功发射。

年末全国共有产品检测实验室 34 487 个，其中国家检测中心 681 个。全国现有产品质量、体系认证机构 312 个，已累计完成对 152 525 个企业的产品认证。全国共有法定计量技术机构 3 933 个，全年强制检定计量器具 7 878 万台（件）。全年制定、修订国家标准 1 763 项，其中新制定 1 255 项。

年末全国文化系统共有艺术表演团体 2 046 个，博物馆 3 060 个。全国共有公共图书馆 3 172 个，总流通[49] 64 781 万人次；文化馆 3 338 个。有线电视实际用户 2.23 亿户，其中有线数字电视实际用户 1.97 亿户。年末广播节目综合人口覆盖率为 98.4%，电视节目综合人口覆盖率为 98.9%。全年生产电视剧 330 部 14 768 集，电视动画片 119 895分钟。全年生产故事影片 772 部，科教、纪录、动画和特种影片[50] 172 部。出版各类报纸 394 亿份，各类期刊 27 亿册，图书 86 亿册（张），人均图书拥有量[51] 6.27 册（张）。年末全国共有档案馆 4 193 个，已开放各类档案 13 388 万卷（件）。

全年我国运动员在 23 个运动大项中获得 107 个世界冠军，共创 9 项世界纪录。在里约奥运会上，我国运动员共获得 26 枚金牌，奖牌总数 70 枚，位列奥运会金牌榜第三位，奖牌榜第二位。全年我国残疾人运动员在 17 项国际赛事中获得 237 个世界冠军。在里约残奥会上，我国运动员共获得 107 枚金牌，蝉联金牌榜和奖牌榜第一位。

十一、卫生和社会服务

年末全国共有医疗卫生机构 99.3 万个，其中医院 2.9 万个，在医院中有公立医院 1.3 万个，民营医院 1.6 万个；基层医疗卫生机构 93.1 万个，其中乡镇卫生院 3.7 万个，社区卫生服务中心（站）3.5 万个，门诊部（所）21.7 万个，村卫生室 64.2 万个；专业公共卫生机构 2.9 万个，其中疾病预防控制中心 3 484 个，卫生监督所（中心）3 138 个。年末卫生技术人员 844 万人，其中执业医师和执业助理医师 317 万人，注册护士 350 万人（图 22）。医疗卫生机构床位 747 万张，其中医院 575 万张，乡镇卫生院 123 万张。全年总诊疗人次[52] 78.0 亿人次，出院人数[53] 2.2 亿人。

图 22　2012—2016 年卫生技术人员人数

年末全国共有各类提供住宿的社会服务机构

3.1万个，其中养老服务机构2.8万个，儿童服务机构713个。社会服务床位[54]716.6万张，其中养老服务床位680.0万张，儿童服务床位10.0万张。年末共有社区服务中心2.4万个，社区服务站13.0万个。

十二、资源、环境和安全生产

全年全国国有建设用地供应总量[55]52万公顷，比上年下降2.9%。其中，工矿仓储用地12万公顷，下降3.2%；房地产用地[56]11万公顷，下降10.3%；基础设施等用地29万公顷，增长0.2%。

全年水资源总量30 150亿米^3。全年平均降水量730毫米。年末全国监测的614座大型水库蓄水总量3 409亿米^3，比上年末蓄水量略有减少。全年总用水量6 150亿米^3，比上年增长0.8%。其中，生活用水增长2.7%，工业用水减少0.4%，农业用水增长0.7%，生态补水增长1.9%。万元国内生产总值用水量[57]84米^3，比上年下降5.6%。万元工业增加值用水量53米^3，下降6.0%。人均用水量446米^3，比上年增长0.2%。

全年完成造林面积679万公顷，其中人工造林面积381万公顷，占全部造林面积的56.1%。森林抚育面积837万公顷。截至年底，自然保护区达到2 750个，其中国家级自然保护区446个。新增水土流失治理面积5.4万千米^2，新增实施水土流失地区封育保护面积1.6万千米^2。

初步核算，全年能源消费总量43.6亿吨标准煤，比上年增长1.4%。煤炭消费量下降4.7%，原油消费量增长5.5%，天然气消费量增长8.0%，电力消费量增长5.0%。煤炭消费量占能源消费总量的62.0%，比上年下降2.0个百分点；水电、

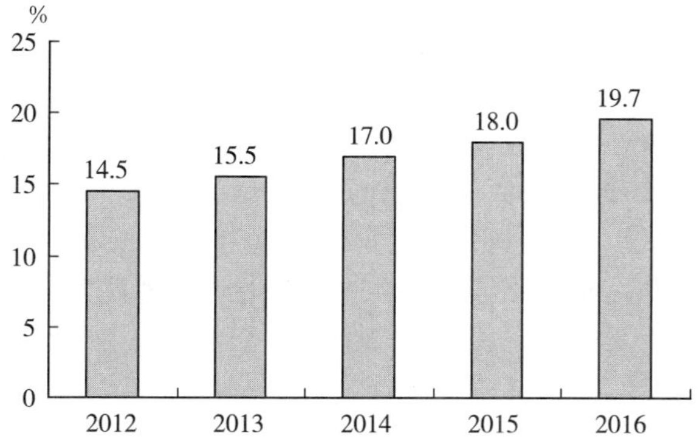

图23 2012—2016年清洁能源消费量占能源消费总量的比重

风电、核电、天然气等清洁能源消费量占能源消费总量的19.7%，上升1.7个百分点（图23）。全国万元国内生产总值能耗下降5.0%。（图24）工业企业吨粗铜综合能耗下降9.45%，吨钢综合能耗下降0.08%，单位烧碱综合能耗下降2.08%，吨水泥综合能耗下降1.81%，每千瓦时火力发电标准煤耗下降0.97%。

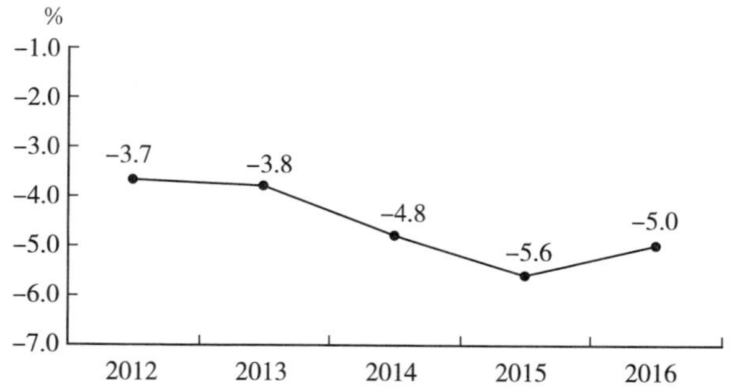

图24 2012—2016年万元国内生产总值能耗降低率

近岸海域417个海水水质监测点中，达到国家一、二类海水水质标准的监测点占73.4%，三类海水占10.3%，四类、劣四类海水占16.3%。

在监测的338个城市中，城市空气质量达标的城市占24.9%，未达标的城市占75.1%。细颗粒物（PM2.5）未达标地级及以上城市年平均浓度52微克/米^3，比上年下降8.8%。

在监测的322个城市中，城市区域声环境质量好的城市占5.0%，较好的占68.3%，一般的占26.1%，较差的占0.6%。

全年平均气温为10.49℃，比上年下降0.13℃。共有8个台风登陆。

年末城市污水处理厂日处理能力14 823万米^3，比上年末增长5.6%；城市污水处理率为92.4%，提高0.5个百分点。城市生活垃圾无害化处理率为95.0%，提高0.9个百分点。城市集中供热面积70.7亿米^2，增长5.2%。城市建成区绿地面积197.1万公顷，增长3.3%；建成区绿地率为36.44%，提高0.08个百分点；人均公园绿地面积13.45米^2，增加0.10米^2。

全年农作物受灾面积2 622万公顷，其中绝收290万公顷。全年因洪涝和地质灾害造成直接经济损失3 134亿元，因旱灾造成直接经济损失418亿元，因低温冷冻和雪灾造成直接经济损失179亿元，因海洋灾害造成直接经济损失50亿元。全年大陆地区共发生5.0级以上地震18次，成灾16次，造成直接经济损失67亿元。全年共发生森林

火灾 2 034 起，森林火灾受害森林面积 0.6 万公顷。

全年各类生产安全事故[58]共死亡 43 062 人。亿元国内生产总值生产安全事故死亡人数 0.058 人，按可比口径比上年下降 10.8%；工矿商贸企业就业人员 10 万人生产安全事故死亡人数 1.702 人，按可比口径下降 2.3%；道路交通事故万车死亡人数 2.1 人，与上年持平；煤矿百万吨死亡人数 0.156 人，下降 3.7%。

注释：

[1] 本公报中数据均为初步统计数。各项统计数据均未包括香港特别行政区、澳门特别行政区和台湾省。部分数据因四舍五入的原因，存在着与分项合计不等的情况。

[2] 国内生产总值、各产业增加值和人均国内生产总值绝对数按现价计算，增长速度按不变价格计算。

[3] 国民总收入，原称国民生产总值，是指一个国家或地区所有常住单位在一定时期内所获得的初次分配收入总额。它等于国内生产总值加上来自国外的净要素收入。

[4] 人户分离的人口是指居住地与户口登记地所在的乡镇街道不一致且离开户口登记地半年及以上的人口。

[5] 流动人口是指人户分离人口中扣除市辖区内人户分离的人口。市辖区内人户分离的人口是指一个直辖市或地级市所辖区内和区与区之间，居住地和户口登记地不在同一乡镇街道的人口。

[6] 2016 年年末，0～14 岁（含不满 15 周岁）人口为 23 008 万人，15～59 岁（含不满 60 周岁）人口为 92 177 万人。

[7] 年度农民工数量包括年内在本乡镇以外从业 6 个月及以上的外出农民工和在本乡镇内从事非农产业 6 个月及以上的本地农民工两部分。

[8] 全员劳动生产率为国内生产总值（以 2015 年价格计算）与全部就业人员的比率。

[9] 农产品生产者价格是指农产品生产者直接出售其产品时的价格。

[10] 居住类价格包括租赁房房租、住房保养维修及管理、水电燃料等价格。

[11] 为推进财政资金统筹使用，2016 年起将政府住房基金等 5 个项目从政府性基金预算转列一般公共预算，将从国有资本经营预算调入一般公共预算的资金由直接列为一般公共预算收入调整列为财政调入资金。因此，上年基数中考虑了上述因素影响，并以此为基础计算同口径增减额和增减幅。

[12] 工业战略性新兴产业包括节能环保产业，新一代信息技术产业，生物产业，高端设备制造产业，新能源产业，新材料产业，新能源汽车产业等七大产业。

[13] 高技术制造业包括医药制造业，航空、航天器及设备制造业，电子及通信设备制造业，计算机及办公设备制造业，医疗仪器设备及仪器仪表制造业，信息化学品制造业。

[14] 装备制造业包括金属制品业，通用设备制造业，专用设备制造业，汽车制造业，铁路、船舶、航空航天和其他运输设备制造业，电气机械和器材制造业，计算机、通信和其他电子设备制造业，仪器仪表制造业。

[15] 六大高耗能行业包括石油加工、炼焦和核燃料加工业，化学原料和化学制品制造业，非金属矿物制品业，黑色金属冶炼和压延加工业，有色金属冶炼和压延加工业，电力、热力生产和供应业。

[16] 火电包括燃煤发电量，燃油发电量，燃气发电量，余热、余压、余气发电量，垃圾焚烧发电量，生物质发电量。

[17] 钢材产量数据中含企业之间重复加工钢材约 35 443 万吨。

[18] 少量发电装机容量（如地热等）公报中未列出。

[19] 固定资产投资按东部、中部、西部和东北地区计算的合计数据小于全国数据，是因为有部分跨地区的投资未计算在地区数据中。其中，东部地区是指北京、天津、河北、上海、江苏、浙江、福建、山东、广东和海南 10 省（直辖市）；中部地区是指山西、安徽、江西、河南、湖北和湖南 6 省；西部地区是指内蒙古、广西、重庆、四川、贵州、云南、西藏、陕西、甘肃、青海、宁夏和新疆 12 省（自治区、直辖市）；东北地区是指辽宁、吉林和黑龙江 3 省。

[20] 基础设施投资是指建造或购置为社会生产和生活提供基础性、大众性服务的工程和设施的支出。公报中的基础设施投资包括交通运输、邮政业，电信、广播电视和卫星传输服务业，互联网和相关服务业，水利、环境和公共设施管理业投资。

[21] 民间固定资产投资是指具有集体、私营、个人性质的内资企事业单位以及由其控股（包括绝对控股和相对控股）的企业单位建造或购置固定资产的投资。

[22] 高技术产业投资包括医药制造、航空航天器及设备制造等六大类高技术制造业投资和信息服务、电子商务服务

等九大类高技术服务业投资。

[23] 房地产业投资除房地产开发投资外，还包括建设单位自建房屋以及物业管理、中介服务和其他房地产投资。

[24] 高速铁路是指最高营运速度达到200千米/小时及以上的铁路。

[25] 数据来源为各省（区、市）汇总上报截至2016年12月底建档立卡贫困户农村危房改造实际开工数。

[26] 网上零售额是指通过公共网络交易平台（包括自建网站和第三方平台）实现的商品和服务零售额。其中，网上零售额包括的服务，以及少部分用于生产经营用或被转卖的商品不统计在社会消费品零售总额中。

[27] 货物贸易、服务贸易、吸收外资采用人民币计价。对外投资和对外承包工程由于技术原因仍主要沿用美元计价。

[28] “一带一路”是指“丝绸之路经济带”和“21世纪海上丝绸之路”。

[29] 服务进出口按照《国际收支手册（第六版）》标准统计，不含政府服务，增速按可比口径计算。

[30] 邮电业务总量按2010年价格计算。

[31] 移动电话交换机容量是指移动电话交换机根据一定话务模型和交换机处理能力计算出来的最大同时服务用户的数量。

[32] 固定互联网宽带接入用户是指报告期末在电信企业登记注册，通过xDSL、FTTx+LAN、FTTH/0以及其他宽带接入方式和普通专线接入公众互联网的用户。

[33] 固定互联网光纤宽带接入用户是指报告期末在电信企业登记注册，通过FTTH或FTTO方式接入公众互联网的用户。

[34] 移动宽带用户是指报告期末在计费系统拥有使用信息，占用3G或4G网络资源的在网用户。

[35] 手机上网人数是指过去半年通过手机接入并使用互联网的6周岁及以上中国居民数量。

[36] 软件和信息技术服务业包括软件开发，信息系统集成服务，信息技术咨询服务，数据处理和存储服务，集成电路设计服务和其他信息技术服务等行业。

[37] 社会融资规模增量是指一定时期内实体经济从金融体系获得的资金总额。

[38] 定向增发不含资产认购部分。

[39] 全国中小企业股份转让系统又称“新三板”，是2012年经国务院批准设立的全国性证券交易场所。

[40] 公司信用类债券包括非金融企业债务融资工具、企业债券以及公司债、可转债等。

[41] 原保险保费收入是指保险企业确认的原保险合同保费收入。

[42] 全国居民收入增速快于分城乡居民收入增速的原因是：在城镇化过程中，一部分在农村收入较高的人口进入城镇地区，但在城镇属于较低收入人群，他们的迁移对城乡居民收入均有拉低作用。但无论在城镇还是农村，其收入增长效应都会体现在全体居民收入增长中。

[43] 人均收入中位数是指将所有调查户按人均收入水平从低到高（或从高到低）顺序排列，处于最中间位置调查户的人均收入。

[44] 全国居民五等份收入分组是指将所有调查户按人均收入水平从低到高顺序排列，平均分为五个等份，处于最高20%的收入群体为高收入组，依此类推依次为中等偏上收入组、中等收入组、中等偏下收入组、低收入组。

[45] 贫困地区包括集中连片特困地区和片区外的国家扶贫开发工作重点县，共832个县，其中国家扶贫开发工作重点县共计592个。

[46] 农村特困人员是指无劳动能力，无生活来源，无法定赡养、抚养、扶养义务人或者其法定义务人无履行义务能力的农村老年人、残疾人以及未满16周岁的未成年人。

[47] 减贫人口等于当年贫困人口减去上年贫困人口，也相当于当年脱贫人口减去当年返贫人口。

[48] 中等职业教育包括普通中专、成人中专、职业高中和技工学校。

[49] 总流通人次是指本年度内到图书馆场馆接受图书馆服务的总人次，包括借阅书刊、咨询问题以及参加各类读者活动等。

[50] 特种影片是指那些采用与常规影院放映在技术、设备、节目方面不同的电影展示方式，如巨幕电影、立体电影、立体特效（4D）电影、动感电影、球幕电影等。

[51] 人均图书拥有量是指在一年内全国平均每人能拥有的当年出版图书册数。

[52] 总诊疗人次指所有诊疗工作的总人次数，包括门诊、急诊、出诊、预约诊疗、单项健康检查、健康咨询指导（不含健康讲座）人次。

[53] 出院人数指报告期内所有住院后出院的人数，包括医嘱离院、医嘱转其他医疗机构、非医嘱离院、死亡及其他人数，不含家庭病床撤床人数。

[54] 社会服务床位数除收养性机构外，还包括救助类机构、社区类机构以及军休所、军供站等机构的床位。

[55] 国有建设用地供应总量是指报告期内市、县人民政府根据年度土地供应计划依法以出让、划拨、租赁等方式将土地使用权提供给单位或个人使用的国有建设用地总量。

[56] 房地产用地是指商服用地和住宅用地的总和。

[57] 万元国内生产总值用水量、万元工业增加值用水量和万元国内生产总值能耗按 2015 年价格计算。

[58] 2016 年起，安全监管总局对生产安全事故统计制度进行改革，由于排除了非生产经营领域的事故，事故统计口径发生变化，数据同比按照可比口径计算。

资料来源：

本公报中户籍人口城镇化率、民用汽车、交通事故数据来自公安部；城镇新增就业、登记失业率、社会保障、技工学校数据来自人力资源社会保障部；财政数据来自财政部；外汇储备、汇率、货币金融、公司信用类债券数据来自人民银行；水产品产量数据来自农业部；木材产量、林业、森林火灾数据来自林业局；灌溉面积、水资源数据来自水利部；发电装机容量、新增 220 千伏及以上变电设备数据来自中电联；新建铁路投产里程、增新建铁路复线投产里程、电气化铁路投产里程、铁路运输数据来自铁路总公司；新改建公路里程、港口万吨级码头泊位新增吞吐能力、公路运输、水运、港口货物吞吐量数据来自交通运输部；新增民用运输机场、民航数据来自民航局；新增光缆线路长度、电话交换机容量、电话用户、宽带用户、移动互联网接入流量、上网人数、互联网普及率、软件业务收入等数据来自工业和信息化部；农村地区互联网普及率数据来自中国互联网络信息中心；棚户区住房改造、农村地区建档立卡贫困户危房改造、城市污水处理、城市垃圾处理、城市集中供热面积、建成区绿地数据来自住房城乡建设部；货物进出口数据来自海关总署；服务进出口、外商直接投资、对外直接投资、对外承包工程、对外劳务合作等数据来自商务部；管道数据来自中石油、中石化、中海油；邮政业务数据来自邮政局；旅游数据来自旅游局、公安部；上市公司数据来自证监会；保险业数据来自保监会；城乡低保、农村特困人员救助供养、社会服务、农作物受灾面积、洪涝地质灾害造成直接经济损失、旱灾造成直接经济损失、低温冷冻和雪灾造成直接经济损失来自民政部；教育数据来自教育部；重点研发计划、科技重大专项、国家重点实验室、科技成果转化引导基金、技术合同等数据来自科技部；自然科学基金项目数据来自自然基金委；国家工程研究中心、企业技术中心等数据来自发展改革委；专利数据来自知识产权局；宇航发射数据来自国防科工局；质量检验、国家标准制定修订等数据来自质检总局；艺术表演团体、博物馆、公共图书馆、文化馆数据来自文化部；广播电视、电影、报纸、期刊、图书数据来自新闻出版广电总局；档案数据来自档案局；体育数据来自体育总局；残疾人运动员数据来自中国残联；卫生数据来自卫生计生委；国有建设用地供应数据来自国土资源部；自然保护区、环境监测数据来自环境保护部；平均气温、登陆台风数据来自气象局；海洋灾害造成直接经济损失数据来自海洋局；地震次数、地震灾害直接经济损失数据来自地震局；安全生产数据来自安全监管总局；其他数据均来自国家统计局。

附录二　中国农业统计资料选编

全国主要农作物面积和产量增减情况

面积：千公顷
单位：总产：粮食：万吨，其他：吨
单产：千克

项　　目	2016年			2015年			2016年比2015年增减			
	播种面积	总产量	公顷产量	播种面积	总产量	公顷产量	播种面积	总产量		公顷产量
								绝对数	%	
农作物总播种面积	**166 649.55**			**166 373.81**			**275.7**			
一、粮食作物合计	113 034.48	61 625.05	5 452	113 342.93	62 143.92	5 483	−308.4	−518.9	−0.8	−31
其中：夏收粮食	27 632.50	13 920.31	5 038	27 625.32	14 088.12	5 100	7.2	−167.8	−1.2	−62
秋收粮食	79 782.09	44 427.10	5 569	80 002.84	44 687.07	5 586	−220.8	−260.0	−0.6	−17
（一）谷物	94 393.99	56 538.12	5 990	95 635.91	57 228.06	5 984	−1 241.9	−689.9	−1.2	6
1. 稻谷	30 178.24	20 707.51	6 862	30 215.74	20 822.52	6 891	−37.5	−115.0	−0.6	−29
2. 小麦	24 186.85	12 884.50	5 327	24 141.37	13 018.52	5 393	45.5	−134.0	−1.0	−66
3. 玉米	36 767.69	21 955.15	5 917	38 119.31	22 463.16	5 893	−1 351.6	−508.0	−2.3	24
（二）豆类合计	9 699.87	1 730.76	1 784	8 868.27	1 589.80	1 793	831.6	141.0	8.9	−9
其中：大豆	7 202.29	1 293.75	1 796	6 506.11	1 178.54	1 811	696.2	115.2	9.8	−15
（三）薯类（折粮）	8 940.61	3 356.17	3 754	8 838.75	3 326.06	3 763	101.9	30.1	0.9	−9
其中：马铃薯	5 625.97	1 947.74	3 462	5 518.23	1 897.22	3 438	107.7	50.5	2.7	24
二、油料作物	14 138.40	36 294 966	2 567	14 034.60	35 369 790	2 520	103.8	925 176	2.6	47
其中：花生	4 727.49	17 289 811	3 657	4 615.70	16 439 656	3 562	111.8	850 155	5.2	95
油菜籽	7 331.05	14 545 604	1 984	7 534.36	14 930 677	1 982	−203.3	− 385 073	−2.6	2
三、棉花	3 344.74	5 299 489	1 584	3 796.69	5 603 415	1 476	−452.0	− 303 926	−5.4	108
四、糖类合计	1 696.19	123 406 500	72 755	1 736.54	124 999 643	71 982	−40.3	−1 593 143	−1.3	773
（一）甘蔗	1 526.82	113 824 624	74 550	1 599.65	116 968 001	73 121	−72.8	−3 143 377	−2.7	1 429
（二）甜菜	165.79	9 566 589	57 703	136.87	8 031 643	58 680	28.9	1 534 946	19.1	−977
五、蔬菜类	22 328.28	79 780	35 730	21 999.67	78 526	35 694	328.6	1 254	1.6	36
六、瓜果类	2 602.00	10 232	39 322	2 549.49	9 895	38 813	52.5	337	3.4	509

注：本数据取自《全国农业统计提要》，正式数据请以国家统计局出版的《中国统计年鉴》为准。

各地区主要农作物播种面积和产量（一）

地　　区	农作物总播种面积（千公顷）	一、粮食作物合计			（一）谷　物		
		播种面积（千公顷）	产量（万吨）	公顷产量（千克）	播种面积（千公顷）	产量（万吨）	公顷产量（千克）
全国合计	**166 649.55**	**113 034.48**	**61 625.05**	**5 452**	**94 393.99**	**56 538.12**	**5 990**
北　京	151.36	87.33	53.69	6 148	83.08	52.31	6 296
天　津	479.17	357.25	196.37	5 497	350.72	194.23	5 538
河　北	8 716.64	6 327.41	3 460.24	5 469	5 903.26	3 321.86	5 627
山　西	3 720.81	3 241.42	1 318.51	4 068	2 716.19	1 232.90	4 539
内　蒙	7 921.90	5 784.79	2 780.25	4 860	4 446.54	2 492.25	5 605
辽　宁	4 064.10	3 231.40	2 100.63	6 501	2 974.99	2 017.13	6 780
吉　林	5 676.32	5 021.66	3 717.21	7 402	4 615.13	3 601.60	7 804
黑龙江	12 426.54	11 804.74	6 058.50	5 132	8 542.97	5 435.20	6 362
上　海	294.70	140.07	99.16	7 079	137.08	98.56	7 190
江　苏	7 676.92	5 432.70	3 466.01	6 380	5 073.01	3 360.58	6 624
浙　江	2 274.44	1 255.40	752.20	5 992	980.75	655.99	6 689
安　徽	8 893.61	6 644.50	3 417.40	5 143	5 603.90	3 252.50	5 804
福　建	2 327.31	1 176.73	650.87	5 531	829.80	496.05	5 978
江　西	5 560.67	3 686.21	2 138.11	5 800	3 367.11	2 029.85	6 028
山　东	10 973.18	7 511.45	4 700.71	6 258	7 166.30	4 505.19	6 287
河　南	14 472.32	10 286.15	5 946.60	5 781	9 521.13	5 776.97	6 068
湖　北	7 843.51	4 436.87	2 554.12	5 757	3 931.44	2 428.47	6 177
湖　南	8 793.28	4 890.60	2 953.20	6 039	4 497.50	2 805.20	6 262
广　东	4 830.83	2 509.33	1 360.22	5 421	2 077.29	1 170.76	5 636
广　西	6 145.31	3 032.61	1 521.30	5 031	2 594.34	1 420.59	5 476
海　南	823.26	360.38	177.86	4 936	289.31	149.19	5 157
重　庆	3 600.74	2 250.05	1 166.00	5 182	1 260.93	806.24	6 394
四　川	9 728.61	6 453.90	3 483.50	5 398	4 649.50	2 846.60	6 122
贵　州	5 596.81	3 113.26	1 192.38	3 830	1 816.47	855.51	4 710
云　南	7 164.46	4 481.17	1 902.89	4 246	3 254.97	1 567.69	4 816
西　藏	257.90	182.94	101.91	5 571	176.25	99.80	5 663
陕　西	4 276.52	3 068.71	1 228.29	4 003	2 548.70	1 114.15	4 371
甘　肃	4 253.84	2 813.95	1 140.59	4 053	1 966.86	883.13	4 490
青　海	561.33	281.05	103.45	3 681	159.44	61.09	3 832
宁　夏	1 275.24	778.32	370.60	4 762	579.94	331.78	5 721
新　疆	5 867.52	2 401.13	1 512.28	6 298	2 297.10	1 474.75	6 420

各地区主要农作物播种面积和产量（二）

地　区	其中：稻谷			（二）豆类合计			其中：大豆		
	播种面积（千公顷）	产量（万吨）	公顷产量（千克）	播种面积（千公顷）	产量（万吨）	公顷产量（千克）	播种面积（千公顷）	产量（万吨）	公顷产量（千克）
全国合计	**33 178.24**	**20 707.51**	**6 862**	**9 699.87**	**1 730.76**	**1 784**	**7 202.29**	**1 293.75**	**1 796**
北　京	0.17	0.12	6 721	2.87	0.51	1 767	2.31	0.44	1 895
天　津	17.86	13.36	7 557	5.15	1.19	2 314	4.60	1.08	2 351
河　北	81.52	54.72	6 712	145.61	32.04	2 200	105.74	24.66	2 332
山　西	0.70	0.49	7 000	321.42	36.93	1 149	191.61	23.86	1 245
内　蒙	98.44	63.15	6 415	791.45	120.00	1 516	615.60	100.50	1 633
辽　宁	562.53	484.59	8 615	149.71	30.70	2 051	132.42	28.24	2 133
吉　林	780.67	654.10	8 379	328.33	62.50	1 904	200.31	39.85	1 991
黑龙江	3 203.33	2 255.30	7 040	3 045.28	622.52	1 716	2 883.89	503.57	1 746
上　海	95.13	81.81	8 600	2.17	0.50	2 293	1.22	0.32	2 605
江　苏	2 294.82	1 931.39	8 416	306.23	72.64	2 372	201.73	47.11	2 336
浙　江	818.34	593.75	7 256	140.89	32.75	2 325	89.15	21.65	2 428
安　徽	2 265.50	1 401.80	6 188	905.40	135.00	1 491	830.10	125.30	1 509
福　建	769.39	471.47	6 128	88.65	24.00	2 707	69.18	18.45	2 667
江　西	3 316.61	2 012.60	6 069	167.60	33.78	2 016	104.60	24.90	2 380
山　东	105.76	88.08	8 328	143.75	38.37	2 669	132.68	35.72	2 692
河　南	655.00	542.15	8 277	415.67	56.55	1 360	368.04	50.61	1 375
湖　北	2 130.97	1 693.52	7 947	184.26	28.94	1 571	134.83	20.90	1 550
湖　南	4 085.50	2 602.30	6 370	168.80	36.50	2 162	91.70	21.20	2 312
广　东	1 888.60	1 087.06	5 756	80.98	22.25	2 748	63.78	17.04	2 672
广　西	1 959.82	1 137.25	5 803	154.72	24.66	1 594	97.29	14.94	1 536
海　南	289.13	149.13	5 158	6.48	2.04	3 146	2.48	0.63	2 540
重　庆	692.05	510.55	7 377	242.60	48.37	1 994	105.87	21.21	2 004
四　川	1 990.00	1 558.20	7 830	520.60	105.80	2 032	232.40	53.30	2 293
贵　州	674.26	430.48	6 384	330.27	35.02	1 060	139.58	17.78	1 274
云　南	1 130.00	671.90	5 946	552.60	138.66	2 509	125.00	31.50	2 520
西　藏	1.02	0.51	4 936	5.67	1.49	2 629	0.08	0.03	3 976
陕　西	122.72	91.93	7 491	188.40	27.64	1 467	111.49	17.93	1 608
甘　肃	4.65	3.12	6 710	173.18	31.39	1 813	89.32	13.60	1 523
青　海				28.50	6.02	2 112			
宁　夏	75.05	63.00	8 394	29.53	3.42	1 158	17.00	2.22	1 306
新　疆	69.18	59.68	8 627	73.09	18.59	2 543	58.47	15.20	2 600

各地区主要农作物播种面积和产量（三）

地　区	（三）薯类（折粮）			二、油料作物			其中：油菜籽		
	播种面积（千公顷）	产量（万吨）	公顷产量（千克）	播种面积（千公顷）	产量（吨）	公顷产量（千克）	播种面积（千公顷）	产量（吨）	公顷产量（千克）
全国合计	**8 940.61**	**3 356.17**	**3 754**	**14 138.40**	**36 294 966**	**2 567**	**7 331.05**	**14 545 604**	**1 984**
北　京	1.38	0.87	6 347	2.21	5 570	2 523			
天　津	1.39	0.95	6 851	6.69	16 002	2 394	0.09	209	2 299
河　北	278.54	106.34	3 818	468.32	1 565 043	3 342	18.74	30 980	1 653
山　西	203.81	48.68	2 388	114.70	154 346	1 346	4.70	8 293	1 763
内　蒙	546.80	168.00	3 072	1 026.76	2 200 239	2 143	304.31	414 625	1 362
辽　宁	106.70	52.80	4 948	288.99	813 279	2 814	0.75	1 412	1 876
吉　林	78.20	53.11	6 792	317.08	825 407	2 603			
黑龙江	216.49	100.79	4 655	112.53	217 465	1 932			
上　海	0.82	0.10	1 184	4.19	8 976	2 144	3.39	6 924	2 042
江　苏	53.45	32.80	6 135	438.63	1 319 336	3 008	336.04	936 013	2 785
浙　江	133.76	63.46	4 744	141.11	290 915	2 062	117.56	229 324	1 951
安　徽	135.20	29.90	2 212	731.13	2 148 295	2 938	500.67	1 168 279	2 333
福　建	258.28	130.82	5 065	120.05	310 317	2 585	12.93	19 470	1 506
江　西	151.50	74.48	4 916	729.17	1 220 179	1 673	534.20	718 141	1 344
山　东	201.40	157.15	7 803	757.06	3 267 838	4 316	8.94	22 980	2 572
河　南	349.35	113.08	3 237	1 624.76	6 190 857	3 810	324.38	816 693	2 518
湖　北	321.17	96.71	3 011	1 452.91	3 297 545	2 270	1 150.43	2 416 298	2 100
湖　南	242.30	111.50	4 602	1 438.03	2 428 705	1 689	1 306.84	2 105 699	1 611
广　东	351.06	167.21	4 763	379.08	1 132 919	2 989	7.09	8 875	1 252
广　西	274.55	76.05	2 770	257.21	689 471	2 681	26.73	27 902	1 044
海　南	64.58	26.63	4 123	40.02	111 770	2 793			
重　庆	746.52	311.39	4 171	319.97	627 208	1 960	251.97	491 912	1 952
四　川	1 283.80	531.10	4 137	1 307.07	3 112 929	2 382	1 034.27	2 411 481	2 332
贵　州	966.52	301.85	3 123	594.50	1 034 267	1 740	529.97	902 474	1 703
云　南	673.60	196.54	2 918	355.81	685 002	1 925	293.03	586 553	2 002
西　藏	1.02	0.61	6 035	22.61	62 133	2 748	22.48	61 750	2 746
陕　西	331.61	86.50	2 609	304.60	637 968	2 094	203.85	423 917	2 080
甘　肃	673.91	226.07	3 355	331.97	760 153	2 290	162.28	342 315	2 109
青　海	93.11	36.34	3 903	142.61	300 353	2 106	140.06	296 198	2 115
宁　夏	168.85	35.40	2 097	68.42	146 533	2 142	1.12	2 552	2 279
新　疆	30.94	18.94	6 120	240.21	713 946	2 972	33.98	93 801	2 760

各地区主要农作物播种面积和产量（四）

地区	三、棉花			四、糖类合计		
	播种面积（千公顷）	产量（吨）	公顷产量（千克）	播种面积（千公顷）	产量（吨）	公顷产量（千克）
全国合计	**3 344.74**	**5 299 489**	**1 584**	**1 696.19**	**123 406 500**	**72 755**
北京	0.05	58	1 164			
天津	14.19	23 297	1 641			
河北	288.57	299 500	1 038	19.26	931 417	48 363
山西	7.05	10 324	1 464	0.65	33 244	50 980
内蒙	0.15	219	1 493	63.57	2 674 400	42 071
辽宁	0.09	163	1 753	1.86	94 017	50 628
吉林				0.30	14 133	47 908
黑龙江				3.32	113 877	34 273
上海	0.31	345	1 098	0.10	5 545	54 201
江苏	63.39	73 849	1 165	1.48	90 251	60 980
浙江	11.24	16 524	1 470	9.49	620 824	65 419
安徽	183.44	184 632	1 006	5.27	203 607	38 650
福建	0.11	81	769	6.79	370 168	54 533
江西	49.32	73 296	1 486	14.52	657 504	45 298
山东	465.22	548 260	1 178			
河南	100.06	97 500	974	3.41	234 696	68 826
湖北	202.51	188 459	931	8.98	375 059	41 766
湖南	103.57	122 730	1 185	13.41	661 990	49 365
广东				161.86	14 792 892	91 396
广西	2.24	2 526	1 127	951.03	74 613 239	78 455
海南				32.32	2 046 015	63 307
重庆				2.36	96 990	41 055
四川	9.05	8 843	977	12.94	496 031	38 399
贵州	1.62	1 219	754	20.94	1 178 082	56 268
云南	0.09	118	1 341	282.17	17 384 010	61 608
西藏						
陕西	24.07	33 819	1 405	0.11	1 632	14 836
甘肃	13.25	19 904	1 502	2.90	166 285	57 340
青海				0.03	561	21 914
宁夏						
新疆	1 805.15	3 593 823	1 991	77.13	5 549 850	71 956

各地区主要农作物播种面积和产量（五）

地　　区	五、蔬菜类			六、瓜果类		
	播种面积（千公顷）	产量（吨）	公顷产量（千克）	播种面积（千公顷）	产量（吨）	公顷产量（千克）
全国合计	**22 328.28**	**79 780**	**35 730**	**2 602.00**	**10 232**	**39 322**
北　　京	47.45	184	38 688	4.25	17	39 524
天　　津	83.24	450	54 106	6.17	29	47 188
河　　北	1 236.19	8 193	66 279	113.60	614	54 043
山　　西	256.96	1 295	50 377	24.34	87	35 698
内　　蒙	291.61	1 502	51 515	63.99	255	39 895
辽　　宁	419.33	2 257	53 835	51.14	232	45 411
吉　　林	200.43	852	42 531	56.56	190	33 617
黑 龙 江	241.33	937	38 819	61.34	207	33 701
上　　海	107.94	334	30 965	6.82	22	32 033
江　　苏	1 430.36	5 594	39 108	157.08	597	37 987
浙　　江	633.21	1 865	29 455	101.85	287	28 185
安　　徽	920.25	2 775	30 152	192.88	738	38 273
福　　建	767.39	1 952	25 432	37.57	92	24 540
江　　西	606.64	1 420	23 410	79.28	212	26 745
山　　东	1 869.27	10 327	55 247	286.72	1 527	53 254
河　　南	1 772.53	7 808	44 048	351.44	1 949	55 444
湖　　北	1 248.03	4 002	32 064	104.09	361	34 651
湖　　南	1 420.30	4 196	29 546	158.40	457	28 868
广　　东	1 414.84	3 569	25 226	48.70	136	27 936
广　　西	1 269.74	2 929	23 066	132.58	357	26 951
海　　南	267.79	580	21 650	32.55	104	31 906
重　　庆	747.06	1 875	25 100	23.42	53	22 644
四　　川	1 379.42	4 389	31 815	49.43	129	26 055
贵　　州	1 050.44	1 878	17 883	35.34	82	23 092
云　　南	1 040.14	1 969	18 926	26.79	62	23 173
西　　藏	23.02	71	30 702			
陕　　西	527.04	1 896	35 978	84.38	304	36 013
甘　　肃	546.96	1 951	35 679	53.46	232	43 308
青　　海	50.36	170	33 761	1.63	3	16 764
宁　　夏	132.47	593	44 776	87.09	208	23 878
新　　疆	326.56	1 966	60 218	168.97	690	40 849

全国牧业主要产品生产情况

项 目	计量单位	2016年	2015年	2016年比2015年增长	
				绝对数	%
一、牲畜存栏量					
(一) 大牲畜存栏	万头	11 906.4	12 195.7	−289.3	−2.4
1. 牛	万头	10 667.9	10 817.3	−149.4	−1.4
2. 马	万头	550.7	590.8	−40.1	−6.8
3. 驴	万头	456.9	542.1	−85.2	−15.7
4. 骡	万头	192.9	210.0	−17.1	−8.1
5. 骆驼	万头	38.1	35.6	2.5	7.0
(二) 猪	万头	43 503.7	45 112.5	−1 608.8	−3.6
(三) 羊	万只	30 112.0	31 099.7	−987.7	−3.2
二、肉类总产量	万吨	8 537.8	8 625.0	−87.2	−1.0
其中：猪牛羊肉产量	万吨	6 475.3	6 627.4	−152.1	−2.3
1. 猪肉产量	万吨	5 299.1	5 486.5	−187.4	−3.4
2. 牛肉产量	万吨	716.8	700.1	16.7	2.4
3. 羊肉产量	万吨	459.4	440.8	18.6	4.2
三、其他畜产品产量					
1. 牛奶产量	万吨	3 602.2	3 754.7	−152.5	−4.1
2. 山羊毛产量	吨	55 604.9	56 203.1	−598.2	−1.1
3. 绵羊毛产量	吨	427 237.3	427 464.1	−226.8	−0.1
其中：细羊毛	吨	133 906.7	134 953.8	−1 047.1	−0.8
半细羊毛	吨	147 409.7	143 370.9	4 038.8	2.8
4. 蜂蜜产量	万吨	48.1	47.7	0.4	0.8
5. 禽蛋产量	万吨	3 094.9	2 999.2	95.7	3.2

全国主要农业机械年末拥有量

项　　目	计量单位	数　量	项　　目	计量单位	数　量
一、农业机械总动力	万千瓦	97 245.59	2. 排灌动力机械动力	万千瓦	14 671.41
1. 柴油发动机动力	万千瓦	75 220.35	3. 农用水泵	万台	2 241.29
2. 汽油发动机动力	万千瓦	3 640.67	4. 节水灌溉类机械	万套	226.04
3. 电动机动力	万千瓦	18 299.66	（四）田间管理机械		
4. 其他机械动力	万千瓦	84.90	1. 机动喷雾（粉）机	万台	629.69
二、拖拉机及配套机械			2. 茶叶修剪机	万台	40.22
（一）拖拉机	万台	2 317.02	（五）收获机械		
	万千瓦	37 407.06	1. 联合收获机	万台	190.20
1. 大中型	万台	645.35	2. 割晒机	万台	46.27
	万千瓦	21 057.62	3. 其他收获机械	万台	171.97
2. 小型	万台	1 671.61	（六）收获后处理机械		
	万千瓦	16 349.43	1. 机动脱粒机	万台	1 063.79
（二）拖拉机配套农具			2. 谷物烘干机	万台	9.33
1. 大中型	万部	1 028.11	3. 种子加工机械	万台	4.05
2. 小型	万部	2 994.03	4. 保鲜贮藏设备	万台（套）	12.96
三、种植业机械			（七）设施农业设备		
（一）耕整地及种植机械			1. 水稻工厂化育秧设备	万套	1.79
1. 耕整机	万台	998.35	2. 温室	千公顷	2 128.88
2. 机引犁	万台	121.13	**四、农产品初加工机械**		
3. 旋耕机	万台	632.91	（一）农产品初加工动力机械	万台	1 555.76
4. 深松机	万台	26.77		万千瓦	9 024.59
（二）种植施肥机械			（二）农产品初加工作业机械	万台	1 449.60
1. 播种机	万台	650.18	**五、畜牧养殖机械**	万台	743.19
其中：免耕播种机	万台	96.74		万千瓦	2 379.74
精少量播种机	万台	403.61	**六、渔业机械**	万台	433.28
2. 水稻种植机械				万千瓦	1 827.07
（1）水稻直播机	万台	2.33	**七、林果业机械**	万台	46.07
（2）水稻插秧机	万台	77.10		万千瓦	159.58
3. 化肥深施机	万台	82.96	**八、农田基本建设机械**	万台	50.63
4. 地膜覆盖机	万台	59.87	**九、农用飞机**	架	3 103
（三）农用排灌机械			**十、农业机械原值**	亿元	9 117.01
1. 排灌动力机械数量	万台	2 326.40	**十一、农业机械净值**	亿元	6 582.91

附录三　全国农垦系统实施无公害食品发展情况

绿色、有机食品、无公害农产品生产情况（一）

（2016 年）

项　目	认证个数（个）	带动农户数量（户）	已认证绿色食品				已认证有机食品		已认证无公害农产品	
			A 级		AA 级					
			面积（公顷）	产量（吨）	面积（公顷）	产量（吨）	面积（公顷）	产量（吨）	面积（公顷）	产量（吨）
一、种植业										
（一）主要农作物	1 225	389 022	1 870 928	10 681 269			124 569	749 834	2 275 448	15 681 492
1. 水稻	293	128 277	993 137	5 575 469			56 511	342 699	1 324 293	10 784 905
2. 小麦	57	28 326	70 671	310 145			15 607	73 235	56 043	202 779
3. 玉米	106	45 720	367 733	2 735 596			18 135	134 566	306 654	2 286 703
4. 大豆	90	48 716	239 591	430 213			23 948	61 535	174 934	342 142
5. 油料	15	26 052	50 114	460 994					11 000	9 421
6. 糖料	15	17 569	37 526	298 800			922	48 400	3 870	110 042
7. 药材	6	470	200	300					329	1 269
8. 蔬菜	520	76 120	37 666	733 082			948	51 924	339 673	1 729 930
9. 其他	123	17 772	74 289	136 671			8 498	37 476	58 652	214 301
（二）茶叶	72	45 889	5 119	2 373	14	22	2 094	1 156	3 509	6 000
（三）水果	212	66 909	70 038	822 378	1 958	76 000	1 046	16 799	26 521	597 373
1. 香蕉	2	1 530	240	6 480					600	24 000
2. 苹果	27	2 670	10 855	106 098			50	1 018	3 343	12 803
3. 柑橘、橙、柚	27	7 909	1 158	17 898	1 425	68 000	23	250	1 661	52 770
4. 梨	13	15 974	8 798	139 296			4	11	467	3 771
5. 桃	12	5 888	2 489	16 326			3	8	268	7 907
6. 葡萄	38	8 835	22 695	294 530			826	14 608	1 832	34 046
7. 菠萝	8	3 600	1 100	8 600					1 300	30 000
8. 荔枝	5	3 103							1 586	7 030
9. 龙眼	6	1 046	333	8 000					607	5 200
10. 芒果	8	6 603	667	20 000	533	8 000			7 857	156 242
11. 西瓜	20	7 350	4 347	45 357					6 130	202 030
12. 其他水果	46	2 401	17 356	159 788			140	904	870	61 575
（四）食用菌	23	1 255	2 406	81 876					174	722
二、渔业										
1. 淡水鱼	109	17 617	3 269	40 093			43 834	2 280	23 147	82 075
2. 海水鱼	1	82							450	451
3. 虾	11	870							2 731	23 799
4. 蟹	11	3 189	3 160	3 073			465	340	875	610
5. 甲鱼	2	500							302	103
6. 贝										
7. 其他水产品	18	2 208	1 146	7 726	4	60	2	30	24	180

绿色、有机食品、无公害农产品生产情况（二）

（2016 年）

项　　目	认证个数（个）	带动农户数量（户）	已认证绿色食品				已认证有机食品		已认证无公害农产品	
			A 级		AA 级					
			数量（万头、万只）	产量（吨）	数量（万头、万只）	产量（吨）	数量（万头、万只）	产量（吨）	数量（万头、万只）	产量（吨）
三、畜牧业										
（一）家畜类	3 158	32 013	6 236	546 410	114	1 100	80	153 331	99 810	840 965
1. 生猪	60	19 895	6 216	1 450	20	1	70	1 020	99 781	179 594
2. 肉牛	10	350	6	512	21	450	1	814	2	3 228
3. 奶牛	673	11 008	9	543 657	22		2	150 362	14	654 461
4. 羊	2 407	760	6	791	27	649	7	1 135	13	3 683
5. 其他家畜	8				24					
（二）禽类	77	2 280	258	15 662	2 780	34 562	37	192	43 695	144 275
1. 肉鸡	15	889			26	1	21	79	2 883	55 481
2. 蛋鸡	30	741	235	15 600	27	1	16	113	37 576	53 564
3. 鸭	18	642	23	60	2 698	34 560			3 176	35 110
4. 其他禽类	14	8	0	2	29				60	120
四、加工品										
1. 面粉加工类	66	1 034		16 340	31			6 545		
2. 蔬菜加工类	6	5	5 385	64 200	32			3 600		
3. 饮品类	68	232	2 333	10 800	33	130 000		1 038		
4. 乳制品	20	4 001	9	104 931	34		5	13 290		
5. 果脯类										
6. 酒类	66	7 783	1 909	8 909				447		

附录四　西藏国有农场基本情况

西藏国有农场基本情况统计表（一）

（2016 年）

项　目	计量单位	合计	八一农场	察隅农场	米林农场	易贡茶场
农场总数	个	4	1	1	1	1
一、人口情况						
农场总户数	户	1 299	320	123	327	529
农场总人口数	人	3 464	830	496	630	1 508
其中：在职职工人数	人	322	81	39	82	120
离、退休职工人数	人	1 036	204	127	255	450
年末从业人员数	人	467	81	39	227	120
二、土地总面积	亩	270 678	14 378	6 500	9 800	240 000
其中：耕地面积	亩	56 035	5 360	3 069	5 600	42 006
牧草面积	亩	5 390	2 390			3 000
林地面积	亩	5 901	2 350	3 431		120
果园面积	亩	4 480	100		3 640	740
茶园面积	亩	4 020				4 020
橡胶园面积	亩					
水面面积	亩					
其他土地面积	亩	194 852	4 178		560	190 114
三、生产总值	万元	9 978	96	1 670	6 151	2 061
其中：第一产业增加值	万元	4 719	96	1 670	1 292	1 661
所占比重	%	47	100	100	21	81
第二产业增加值	万元	3 101			2 891	210
所占比重	%	31			47	10
第三产业增加值	万元	2 158			1 968	190
所占比重	%	22			32	9
四、收入情况						
职均年收入	元	39 615	72 098	17 000	28 632	32 545
年人均纯收入	元	8 677	5 727	4 500	10 607	10 869
从业人员年均收入	元	30 221	72 098	17 000	16 320	32 545
五、主要财务指标情况						
年末资产总额	万元	52 049	32 110	3 538	10 341	6 060
年末负债总额	万元	15 215	7 962	598	3 387	3 268
年末所有者权益	万元	36 834	24 148	2 940	6 954	2 792
营业总收入	万元	3 151	2 054	150	610	337
营业总支出	万元	1 285	153	125	311	696
利润总额（+、−）	万元	810	842	25	301	−358
农场办社会职能支出总额	万元	112	32		80	
其中：财政补助	万元					
企业自筹	万元	112	32		80	
六、生产、生活情况						
农机总动力	千瓦	11 451	72	50	65	11 264
高标准农田面积	亩	3 494	844			2 650
有效灌溉面积	亩	10 330	3 300	400	5 600	1 030
场内道路里程	千米	98	56		7	35
其中：硬化里程	千米	86	54		7	25
符合生活饮用水卫生标准人数	人	3 464	830	496	630	1 508
年末实有住房面积	米^2	143 980	42 330	36 000	25 770	39 880
人均占有面积	米^2	42	51	73	41	26
七、贫困户数、人口情况						
年人均纯收入低于 3 000 元户数	户	94	38	31		25
其中：纳入地方建档立卡户数	户	63	38			25
年人均纯收入低于 3 000 元人数	人	305	78	102		125
其中：纳入地方建档立卡人数	人	203	78			125

西藏国有农场主要农产品生产情况表（二）

（2016 年）

项　目	计量单位	合计	八一农场	察隅农场	米林农场	易贡茶场
一、种植业						
（一）农作物播种面积	亩	16 737	1 524	4 169	4 645	6 399
1. 粮豆作物播种面积	亩	11 834	700	3 069	4 165	3 900
总产量	吨	3 557	80	540	1 624	1 313
亩产量	千克	301	114	176	390	337
2. 棉花播种面积	亩					
总产量	吨					
亩产量	千克					
3. 油料作物播种面积	亩	2 079			180	1 899
总产量	吨	312			27	285
亩产量	千克	150			150	150
4. 糖料作物播种面积	亩					
总产量	吨					
亩产量	千克					
5. 蔬菜种植面积	亩	700	100			600
总产量	吨	452	212			240
亩产量	千克	646	2 120			400
6. 其他农作物播种面积	亩	2 124	724	1 100	300	
其他农作物总产量	吨	173	63	87	23	
（二）干胶总产量	吨					
（三）水果总产量	吨	483			483	
（四）茶叶总产量	吨	57				57
二、养殖业						
当年出栏畜禽数	头（只）	102 366	157	38 500	62 500	1 209
年末存栏畜禽数	头（只）	92 856	1 300	6 000	81 350	4 206
肉类总产量	吨	1 460	3	85	1 322	50
禽蛋总产量	吨	1 050			1 050	
水产品总产量	吨					
牛奶总产量	吨	97			3	94

西藏国有农场当年新增生产能力情况表（三）

（2016 年）

项　目		计量单位	西藏	西藏拉萨市八一农场	西藏林芝地区察隅农场	西藏林芝地区米林农场	西藏林芝地区易贡茶场
中低产田改造	亩						
新增灌溉面积	亩	1 030				1 030	
改善灌溉面积	亩						
农机具购置	台（套）	16	1			15	
水泥晒场	$米^3$						
机耕路	千米	17	2			15	
植树造林	亩	130			10	120	
机电井（灌溉用）	眼						
输电线路	千米						
仓储设施	$米^2$						
排灌渠系	千米						
饮水井	眼						
供水管线（饮水用）	千米						
供水设施	台（套）						
公路	千米						
桥涵、闸	座	1	1				
草原建设（含草场改良）	亩						
危旧房改造	$米^2$	3 688				3 688	
设施农业面积	亩						
种植业技术推广	亩	1 030				1 030	
实用技能培训	人次	260			30	230	
畜禽养殖标准用房	$米^2$						
农副产品加工、生产线	条						

附录五 内蒙古海拉尔农牧场管理局2016年基本情况

内蒙古海拉尔农牧场管理局2016年主要经济指标表

指标名称	计量单位	数 量	指标名称	计量单位	数 量
一、基本情况	×	×	小麦播种面积	公顷	103 648
单位个数	个	22	公顷产量	千克	3 017
其中：国有农场	个	16	小麦总产量	吨	312 845
总人口	人	85 718	四、畜牧业生产指标	×	×
职工人数	人	11 119	牧业年度牲畜总头数	头（匹、只）	1 012 510
土地总面积	公顷	1 424 209	其中：大畜存栏	头、匹	158 790
其中：耕地面积	公顷	311 157	小畜存栏	只	806 935
草原面积	公顷	649 389	生猪存栏	口	46 785
农业机械总动力	千瓦	664 324	梅花鹿存栏	只	
大中型农用拖拉机	台	5 163	年末牲畜总头数	头（匹、只）	812 164
小型农用拖拉机	台	10 216	其中：大畜存栏	头、匹	112 685
联合收割机	台	922	小畜存栏	只	685 363
二、综合指标	×	×	生猪存栏	口	14 116
生产总值	万元	246 520	梅花鹿存栏	只	
其中：第一产业增加值	万元	177 320	五、特色养殖	×	×
第二产业增加值	万元	25 384	年末实有獭兔	只	1 392
其中：工业增加值	万元	10 056	年末实有貂	只	
第三产业增加值	万元	43 816	年末实有貉	只	
自营经济增加值	万元	98 266	六、畜产品产量	×	×
农垦人均纯收入	元/人	26 257	肉类总产量	吨	18 041
农牧场人均收入	元/人	26 153	牛奶总产量	吨	137 119
人均生产总值	元/人	28 737	绵羊毛产量	吨	1 408
职均收入	元/人	57 825	山羊绒产量	吨	1
利润总额	万元		禽蛋总产量	吨	1 569
固定资产投资	万元	83 919	蜂蜜总产量	吨	1 306
其中：国有投资	万元	71 737	七、工业产品产量	×	×
工农业总产值（现行价）	万元	432 436	马铃薯雪花全粉	吨	
其中：农业总产值	万元	399 130	面粉	吨	525
工业总产值	万元	33 306	植物油	吨	65
三、农作物总播种面积	公顷	295 071	干酪素	吨	
粮食大豆播种面积	公顷	183 367	奶粉	吨	3 220
公顷产量	千克	2 480	奶油	吨	
粮豆总产量	吨	454 787	混合饲料	吨	4 650
油菜播种面积	公顷	78 645	石灰	吨	
公顷产量	千克	1 358	红砖	万块	4 511
油菜总产量	吨	106 796			

内蒙古海拉尔农牧场管理局 2016年经济和社会发展统计公报

2016年，海拉尔垦区认真贯彻中央决策部署，贯彻落实全国和自治区农业工作会议、农垦专业会议精神，认真贯彻落实党的十八届五中、六中全会精神，以科学发展观统揽全局，冷静沉着、创新思路，战胜了各种自然灾害，较好地完成各项经济指标，为经济平稳发展、维护社会和谐稳定做出了重大贡献。

一、综合

2016年海拉尔垦区实现总产值623 629万元，同比下降12.6%，其中：第一产业总产值399 130万元，同比下降4.2%；第二产业总产值103 892万元，同比下降37.6%；第三产业总产值120 607万元，同比下降7.8%。实现国内生产总值246 520万元，同比下降18.1%，其中：第一产业增加值177 320万元，同比下降15%；第二产业增加值25 384万元，同比下降39.3%；第三产业增加值43 816万元，同比下降13.2%。实现人均生产总值28 737元，同比下降19.3%。人均收入26 257元，同比增长0.8%，职均收入57 825元，同比增长21.4%。

二、农牧业

2016年，海拉尔垦区认真贯彻落实中央1号文件精神及中央支持农业特别是粮食生产的政策措施，极大地调动了广大职工群众的积极性，面对各种不利因素的影响，垦区上下采取措施，积极应对，将负面影响降到了最低，为垦区今后经济的发展奠定了坚实的基础。

2016年垦区实现农业总产值（现行价）399 130万元，同比下降4.2%。其中：种植业产值208 839万元，与上年持平；牧业产值182 770万元，同比下降2.2%。

农业坚持以防灾减灾为中心，进一步提升现代农业发展水平，加大结构调整力度，引进试验推广先进的科学技术，为发展现代农业提供了强大的技术支撑。2016年总播种面积29.5万公顷，同比增长1.5%。粮豆油总产量56.3万吨，同比下降29%，其中：粮豆总产量45.4万吨，同比下降29.4%，油料总产量10.9万吨，同比下降30.7%。其中小麦播种面积10.4万公顷，同比增长3.5%（表1）。

表1　2016年垦区主要农产品产量

产品名称	计量单位	2016年实际	同比增长（%）
粮豆油合计	万吨	56.3	−29.0
1. 粮豆合计	万吨	45.4	−29.4
其中：小麦	万吨	31.2	5.8
大麦	万吨	2.8	−51.6
大豆	万吨	1.9	24.8
2. 油料	万吨	10.9	−30.7

海拉尔垦区农业生产从育种到粮食销售实现全程机械化，农业机械化装备程度不断提高，进一步改善了垦区农业生产条件，以满足农业生产的需要。2016年机械总动力66.4万千瓦，同比增长2.2%；拥有大中型拖拉机5 163台；联合收割机922台，全年化肥施用量（折纯量）4.8万吨。

2016年海拉尔垦区进一步加大对畜牧业的政策扶持和项目带动，畜牧业快速发展的基础和机制已经形成。年内各类牲畜存栏81.2万头（匹、只），同比下降11.5%，各类牲畜出栏率52%，同比增长20.9%（表2）。

表2　2015年牲畜存栏头数及主要畜产品产量

产品名称	计量单位	2016年实际	同比增长（%）
年末牲畜存栏	头（匹、只）	812 164	−11.5
其中：牛	头	97 459	−25.9
羊	只	685 363	−9.2
猪	头	14 116	−23.7
各类牲畜出栏	头（匹、只）	473 218	27.0
出栏率	%	52	20.9
肉类总产量	吨	18 041	−0.1
牛奶总产量	吨	137 119	−40.4
羊毛总产量	吨	1 408	−9.0

三、工业、商贸

工业生产态势下降。2016 年垦区实现工业增加值（现价）10 056 万元，同比下降 44.7%，完成工业总产值（现价）33 306 万元，同比下降 54.9%。2016 年主要工业产品产量见表 3。

表 3　2016 年主要工业产品产量

产品名称	计量单位	2016 年实际	同比增长（%）
红砖	万块	4 511	－16.3
奶粉	吨	3 220	1.5
植物油	吨	65	30.0

四、固定资产投资

2016 年垦区固定资产投资较上年大幅下降。垦区全年完成固定资产投资 83 919 万元，同比下降 41.3%，当年新增固定资产 64 990 万元，同比增长 12.04%。其中：用于第一产业的投资 73 641 万元，占总投资的 88%；用于第二产业的投资 1 145万元，占总投资的 2%；用于第三产业的投资 9 133 万元，占总投资的 11%。

2016 年垦区自主投资进一步增强，在固定资产投资中，自筹资金 53 532 万元，占总投资的 64%，占投资比重最大。

五、非国有经济

随着垦区企业改制的进一步深入，非国有经济经营范围不断扩展，一、二、三产业中的非国有经济成分逐步扩大，垦区经济结构进一步优化，2016 年完成非国有经济生产总值 98 266 万元，占垦区经济总量的 40%。

附录六　内蒙古大兴安岭农场管理局2016年基本情况

内蒙古大兴安岭农场管理局2016年主要经济指标表

指标名称	计量单位	数　量	指标名称	计量单位	数　量
一、基本情况			①小麦播种面积	公顷	6 964
1. 单位个数	个	18	公顷产量	千克	3 736
其中：国有农场	个	8	总产量	吨	26 020
2. 总人口	人	63 959	②玉米播种面积	公顷	25 961
3. 在岗职工人数	人	7 975	公顷产量	千克	3 028
4. 土地总面积	公顷	1 269 430	总产量	吨	78 616
其中：耕地面积	公顷	83 530	③大豆播种面积	公顷	121 773
5. 农业机械总动力	千瓦	211 120	公顷产量	千克	724
6. 大中型拖拉机	台	363	总产量	吨	88 208
7. 小型拖拉机	台	4 359	四、畜牧业生产指标		
8. 联合收割机	台	417	1. 牧业年度牲畜存栏	头（匹、只）	257 670
二、综合指标			其中：大畜存栏	头	5 475
1. 生产总值	万元	64 684	小畜存栏	只	247 207
其中：第一产业增加值	万元	30 570	生猪存栏	口	4 988
第二产业增加值	万元	12 173	2. 年末牲畜存栏	头（匹、只）	185 803
第三产业增加值	万元	21 941	其中：大畜存栏	头	4 111
2. 自营经济增加值	万元	39 769	小畜存栏	只	178 028
3. 人均收入	元/（人·年）	12 029	生猪存栏	口	3 664
4. 职均收入	元/（人·年）	34 986	五、畜产品产量		
5. 人均生产总值	元/（人·年）	10 029	1. 肉类总产量	吨	3 805
6. 固定资产投资	万元	48 757	2. 绵羊毛产量	吨	644
其中：国有投资	万元	29 852	3. 禽蛋产量	吨	996
7. 工农业总产值	万元	130 528	4. 鹿茸产量	吨	230
其中：工业总产值	万元	21 733	5. 蜂蜜产量	吨	67
农业总产值	万元	108 795	六、工业产品产量		
三、农业生产指标	万元		1. 植物油	吨	2 103
1. 总播种面积		159 987	2. 豆粕	吨	12 138
2. 粮食作物播种面积	公顷	159 170	3. 红砖	万块	2 357
公顷产量	公顷	1 255	4. 塑窗	米^2	62
粮食总产量	千克	199 821	5. 饲料	吨	1 955

内蒙古大兴安岭农场管理局 2016 年经济和社会发展统计公报

一年来，在农业部农垦局、呼伦贝尔市委的领导下，紧紧围绕“稳农、兴牧、强工、搞活流通、大力发展旅游业”的发展思路，主动适应经济发展新常态，在困难与压力叠加、机遇与挑战并存的严峻形势下，垦区党政一班人团结带领广大干部职工克服了重重困难，在大灾之年取得了较好的成绩。

一、综合

2016 年，垦区经济健康发展，产业结构调整进一步优化，经济运行质量进一步提高，实现经营总收入 20.8 亿元，同比下降 40.1%，生产总值 6.5 亿元，同比下降 53.6%，其中第一产业增加值 3.1 亿元，同比下降 68.7%，第二产业增加值 1.2 亿元，同比下降 31.5%，第三产业增加值 2.2 亿元，同比下降 8.6%，三次产业比重分别为 47.7%、18.5%、33.8%；人均收入 12 029 元/人，同比下降 19.8%，职均收入 34 986 元/人，同比下降 34.5%。固定资产投资 4.87 亿元。总播种面积 159.9 千公顷（外部流转 76.5 千公顷），与上年持平；粮食总产量 19.9 万吨（外部流转粮食总产量 7.2 万吨），同比下降 63%；粮食平均公顷产量 1 255千克，同比下降 61.8%；可供商品粮 15.6 万吨，商品率为 78.3%；牧业年度牲畜存栏 25.76 万头（只）。

二、农牧业

2016 年垦区认真贯彻落实中央 1 号文件精神以及中央支持农业的政策措施，极大地调动了广大职工群众的积极性，面对各种不利因素的影响，垦区上下采取措施，积极应对，以增加粮食产量为抓手，以更新先进农机装备为支撑，着力抓好农业结构调整，推广农业增产新技术，完善农业基础设施建设，实验探索农作物专用性种植，发展优质、绿色、安全、环保生态农业。

2016 年实现农业总产值 10.87 亿元，完成农林牧渔业增加值 3.1 亿元，播种面积 159.9 千公顷，粮食产量实现 19.9 万吨，可供商品量 15.6 万吨，粮食商品率为 78.3%。

（1）农业生产灾情严重，现代农业发展持续推进。今春阶段性低温、夏初冰雹、盛夏高温干旱、冰冻、阴雨高湿等历史罕见的连续性超强度自然灾害，造成垦区 159.9 千公顷播种面积全部受灾，因灾经济损失 10.9 亿元。在这种严峻形势下，垦区坚定农业转型升级、打造大健康产业的决心和信心，作物种植结构逐步向调优、调高、调特方向转变，在集约化种植方面进行了大胆探索。“三品一标”认证规模逐年扩大，农产品质量追溯体系建设稳步发展，2016 年取得了 48.4 千公顷绿色食品 A 级认证证书，有机大豆种植技术基本成熟，黑小麦完全达标并取得有机产品认证书、无公害农产品认证证书，“两降一加”等五项核心技术得到推广，农机标准化作业、科学化管理迈上新水平，农业综合实力显著提升。尤为可喜的是，垦区又成功争取了两个大项目：一是农业部生态循环农业建设项目；二是农业部批准的发展循环经济、打造可持续发展试验示范区项目。

（2）农业“走出去”战略成果显著。在做优、做顺现有耕地存量的基础上，加快“走出去”战略，积极推进整镇、整乡、整村土地向垦区流转。同时积极推行和完善大农场套小农场、统分结合的双层经营体制，增加了集体积累，彰显了农垦优势，凸显了农机标准化作业水平。

（3）农业科技创新步伐加快。一是加大培训力度。培训技术人员 1 500 多人次。二是开展有机试验种植。试验示范 2.4 千公顷有机农作物种植，为今后大面积推广复制积累了经验。三是绿色食品认证工作扎实开展，为申报农产品质量追溯项目奠定了基础。四是加强生态农业建设。推广“两降一加”技术，更换喷头和滤网 3 500 多套，降低农药 40%左右的用量，直接为农业生产降低成本 2 000 万元，同时有效规避了药害的发生，确保了农产品的品质。五是购置大中型农机具 300 台（套），农机力量不断壮大。

全面落实各项惠农政策，垦区职工群众得到了实惠，2016 年垦区享受各项惠农政策补贴总计达到 33 228 万元，其中：粮食直补、农资综合补贴、良种补贴 14 437 万元，大豆目标价格补贴 8 067 万元、玉米价补分离补贴 5 046 万元、玉米产业结构调整补贴 3 578 万元、耕地深松补贴 600 万元、农机补贴 500 万元，通过惠农政策补贴的实施，极大地提高了职工群众种粮的积极性，解除了职工群众的后顾之忧，降低了农业生产成本，为职工群众增收致富提供了保障。

（4）以龙头基地为引领，生态畜牧业发展步伐加快。在畜产品价格走低、饲草饲料紧缺、饲养成本增加的情况下，发展思路向“清洁、循环、优质、高效”升级版转变，坚持“立草为业，抓好肉牛、肉羊两条主线”，走提档升级的建设性养畜之路。巴彦种羊园实现提档升级，并取得了自治区颁发的种羊经营许可证，欧肯河农场引进了百头安格斯肉牛。与中国科学院植物研究所合作的生态草牧业试验示范区标准化建设有序推进，尝试 133 公顷燕麦、甜燕麦、甜高粱、豌豆种植，提高了牧草种植技术水平，粮改饲进程不断加快，畜牧业循环经济发展迈出新步伐。

三、工业和建筑业

以鄂伦春旗工业园区为基地，加大战略招商力度，与吉林巨润集团合作的大豆深加工项目，相继完成了呼伦贝尔金生、大生、元生三家合作公司的注册，计划实施大豆油、蛋白肽、低聚糖、酱油项目，目前上述四个加工项目整体可研报告编制工作已经完成。与黑龙江八一农垦大学国家杂粮工程技术研究中心建立杂粮加工产业园项目合作关系，相继完成垦区杂粮产业发展规划、项目可行性研究报告编制等工作。同时完成了呼伦贝尔芸生科技有限公司的注册和项目备案工作。计划年产 1 000 吨纯粮白酒项目的可行性研究报告已编制完成。成立了呼伦贝尔中垦商粮有限公司，在有机产品试验种植、认证、市场营销领域取得了可喜成效。积极与海天酱油、山东禹王加工企业洽谈并达成合作意向，为今后解决卖粮难、粮价低、加快商贸流通业发展奠定了坚实基础。

2016 年建筑业 121 个，从业人员 2 301 人，全年实现建筑业产值 2.51 亿元，建筑业增加值 0.6 亿元。新建和改造房屋面积 10.5 万米^2，建筑业企业年末固定资产原值 0.55 亿元，全年承包的施工单位单项工程 136 个。

四、运输业、批发零售贸易业、服务业

运输业年末 677 个，从业人员 875 人，从业人员劳动报酬 0.3 亿元，全年完成货运周转量 251 万吨，客运周转量 83 万人次，实现营业总收入 0.84 亿元，完成运输业增加值 0.34 亿元。

批发零售贸易业、餐饮业、服务业共有营业单位总数 1 380 个，拥有固定资产原值 2.13 亿元，营业用房面积 12.5 万米^2，从业人员 4 174 人，从业人员报酬 0.9 亿元，完成商品销售收入 4.43 亿元，完成商业、餐饮业和服务业增加值 1.09 亿元。

五、固定资产投资

2016 年垦区完成固定资产投资 4.87 亿元，其中：第一产业投资 4.76 亿元，占投资总额的 97.7%；第三产业投资 0.11 亿元，占投资总额的 2.3%。全年国有固定资产投资 2.99 亿元，占投资总额的 61.3%。

2016 年垦区固定资产总投资 4.87 亿元，其中：公益性建设投资 0.32 亿元、安全饮水投资 0.06 亿元、以工代赈项目投资 0.06 亿元、财政专项扶贫投资 0.14 亿元、“十个全覆盖”建设投资 3.63 亿元、危房改造和危房基础设施配套建设项目投资 0.66 亿元、危房改造 4 430 户，通过项目资金的投入，极大地改善了职工群众生产生活条件。

新增固定资产主要是：大型拖拉机 15 台、中小型拖拉机 169 台、联合收割机 9 台，大中型配套农具 251 台（套），新建楼房 1.9 万米^2。垦区实施了“十个全覆盖”项目，极大地改善了职工生产生活环境。

六、文化、卫生

（1）文化事业稳步发展。全局电视实现了数字网络，电视人口覆盖率 100%。

（2）农垦旅游业发展开局良好，创新成果初步显现。以夏日小镇为引领，主题农场、品色小镇功能日趋完善，一批特色鲜明、产业突出、生态完好的旅游示范区已初现端倪，成功举办了垦区第二届“我爱我家”自驾游、首届美食大赛、首届中秋采

摘、首届旅游业发展培训班等活动。据不完全统计，全年共接待游客 14 523 人次。大健康理念成为思想主导，呼伦贝尔“品生态”品牌得到广泛宣传，旅游兴、兴百业战略深入人心，以旅游业为带动，垦区知名度、美誉度和影响力日益彰显。

（3）成功迎办三个重要会议，彰显垦区知名度和影响力。垦区成功举办了全区农垦贯彻落实中央、自治区农垦改革文件工作座谈会、中国·大兴安岭大豆产业发展高峰论坛、呼伦贝尔农垦集团第四届党建工作现场会，这三个会议是 2016 年垦区的重头戏，在全体同志的共同努力和密切配合下，会议取得圆满成功，垦区两个文明建设成果大放异彩，农垦综合实力、文化魅力和对外影响力得到充分验证，达到了以会促建、以会促创的良好效果。

（4）社会事业全面发展。进一步加强社会治安管理，建立打防控立体化体系，推进“平安和谐垦区”建设，社会治安综合治理取得明显成效，职工群众安全感持续增强。安全生产保持了平稳发展态势。积极稳妥地落实离退休人员政策待遇，在第一个老年节到来之际，垦区投入 150 万元，为 2 400 多名 70 岁以上老人发放了米面油等生活物资，充分体现了老有所养的社会保障制度。

（5）垦区卫生事业得到加强。医疗卫生条件进一步改善，初步建立起了疫情等突发公共卫生应急机制。垦区现有卫生医疗机构 60 个，其中：医院 9 所，生产队卫生室 51 所。垦区医疗卫生单位拥有病床 274 张，其中医院拥有病床 223 张，生产队卫生室拥有病床 51 张。年末拥有职工 456 人，其中：卫生技术人员 404 人，其中医院拥有卫生技术人员 356 人，生产队卫生室拥有卫生技术人员 48 人。垦区十分重视卫生工作。2016 年投资 1 000 万元解决了医院专业设备不强的问题，使职工群众就医更加舒心快捷。提高了整体医疗水平，为垦区职工群众就医创造良好的医疗环境。垦区中心医院被呼伦贝尔市确定为肾病专科定点医院。

七、人口、人民生活和社会保障

人口自然增长率继续在较低水平。2016 年垦区人口出生率为 4.28‰，人口死亡率为 3.22‰，人口自然增长率为 1.06‰。年末垦区总人口 63 959人。

垦区居民生活水平明显提高，由于各项增资措施的出台，加之社会保障资金的落实到位，使职工工资和福利提高，2016 年职均收入 34 986 元/人，人均纯收入 12 029 元/人。居民住房条件进一步改善，人均住房 20 米^2。

垦区职工共享受优农、惠农补贴资金达 33 228 万元，在职职工养老保险、医疗保险、工伤保险、计划生育保险、失业保险全面启动，覆盖面达 100%。

社会保障体系逐步建立。新增了生育保险和失业保险，到 2016 年年底垦区在职职工 7 975 人，离退休 8 522 人，垦区企业离退休人员每年可享受养老金 3.2 亿元，真正实现了老有所养。

2016 年，在农业部农垦局和呼伦贝尔市委、政府的正确领导下，以党的十八届五中、六中全会精神和科学发展观为指导，按照“稳农、兴牧、强工、搞活流通、大力发展旅游业”的发展思路，主动适应经济发展新常态，不断深化改革、加快发展、强化管理、维护稳定，紧紧依靠广大干部职工，垦区上下人心顺，干劲足，经济社会等各项事业取得了丰硕成果，形成社会进步、政治稳定的良好局面，取得显著的经济效益和社会效益。

附录七 全国农垦2016年大事记

全国农垦2016年大事记

1 月

2日 云南省委副书记钟勉到云南省热带作物科学研究所调研。

6日 上海市副市长时光辉一行参观了光明食品集团长江旗下明锦畜牧一场。

6日至7日 中国农垦经济研究会年会暨学术研讨会在云南昆明召开。农业部农垦局局长、研究会第八届理事会理事长王守聪出席会议。

8日 中国辣木产业联盟正式成立。联盟的成立有助于规范辣木行业行为，促进辣木产业持续健康发展，推动辣木企业抱团经营、做强做优做大。农业部农垦局局长王守聪出席大会并讲话。

9日 甘肃省副省长杨子兴对甘肃农垦报送《关于进一步推进甘肃农垦改革发展的实施意见》（代拟稿）报告批示："农垦改革综合性强，牵扯面广，建议请省委农办牵头，有关部门参加，加强调研尽快拿出改革方案。"

16日 海南省委副书记李军在省委常委、三亚市委书记张琦的陪同下，深入三亚片区农垦农场调研。

18日 黑龙江省委副书记陈润儿在大庆市委书记赵铭、市长韩立华等领导陪同下，考察黑龙江八一农垦大学国家杂粮工程技术研究中心。

18日 由广西农垦局亚热带作物研究所承办的21世纪全球木薯合作团队第3次会议暨国际块根类作物学会第17次会议在南宁召开，广西壮族自治区副主席黄日波出席开幕式并致辞；自治区副主席张秀隆看望慰问自治区优秀专家、广西农垦永新畜牧集团总经理吴志君。

22日 宁夏农垦集团召开2016年农垦工作会议暨一届三次职代会，自治区副主席曾一春出席会议并讲话。

27日 广西壮族自治区副主席张秀隆出席广西农垦局与来宾市政府合作发展座谈会。

28日 安徽农垦集团首次登陆直接融资市场，首期5亿元中期票据以集中簿记建档方式在银行间市场成功发行，中标年利率4%，低于三年期银行贷款基准利率75个基点。

2 月

1日 海南省人大常委会副主任、省总工会主席陈海波赴海南农垦商贸置业集团慰问困难职工。

2日 陕西省副省长冯新柱春节前来到陕西农垦沙苑农场看望慰问困难职工。

4日 黑龙江省副省长孙东生在总局党委书记王兆力的陪同下到完达山乳业股份有限公司，调研食品安全工作。

4日 海南省委副书记李军，省委常委、组织部长李秀领出席2016年海垦控股集团老干部迎春茶话会。

4日 江西省省长鹿心社对江西省农垦事业管理办公室报送的2015年工作报告作出批示："好，调研时实地了解一下农垦改革发展情况。"

15日 海南省委副书记李军在《关于传达贯彻落实全国农垦工作会议精神情况的报告》上批示："要加强与部农垦局沟通汇报工作，落实试点事项，全力推进；招商引资引才工作要有务实的成果。"

16日 江西省人大常委会副主任洪礼和对江西省农垦事业管理办公室报送的2015年工作报告作出批示："新年打算很有气魄。"

22日 重庆市政府副市长刘强同志到重庆农投集团调研。

22日 甘肃省委副书记欧阳坚在《农业部情况通报》第4期《汪洋副总理在全国农垦改革发展电视电话会议上的讲话》上批示："请省农工办、农垦总公司学习、贯彻。"

25日至26日 全国农垦贯彻落实中央农垦改革发展文件工作座谈会在北京召开，农业部党组成员杨绍品、农业部农垦局局长王守聪出席并讲话。

3 月

3日 江西省政协副主席、省委宣传部部长姚亚平一行到江西农垦华林山垦殖场考察产业发展。

8日 安徽省副省长杨振超到安徽农垦集团调研推进改革发展工作。

8日 湖北省委常委、宣传部部长梁伟年到湖北农垦汉南农管局调研。

10日 湖北省副省长甘荣坤在《推进国际农业合作开发再造海外新农垦》上作出批示："联丰公司'走出去'的做法和经验，值得我省企业学习借鉴。"

17日 海南省委书记罗保铭在全省领导干部大会上要求："要加快推进新一轮农垦改革，这是今年深化改革的重头戏，既体现中央要求，又有海南特色，一定要迈出体制机制创新的关键一步，取得让大家看得见、有效益、赢得广大农垦职工支持的改革成果。"

21日 第七届亚洲葡萄酒质量大赛结果揭晓，宁夏农垦玉泉国际葡萄酒庄2012干红葡萄酒（珍藏）荣获金奖。

22日 农业部部长韩长赋一行在海南听取南滨国家南繁生物育种专区项目建设情况汇报。

23日 经安徽省委省政府决定：李卓民任农垦集团党委书记、董事长，刘超同志任总经理、党委副书记。

24日至25日 农业部农垦局在上海垦区举办全国农垦农机标准化农场建设培训班，部署和讲解2016年农垦农机标准化农场建设思路、重点任务和有关要求，正式启动了全国农垦农机标准化农场建设活动。

25日 全国农垦扶贫开发工作座谈会在京召开。会议全面总结了"十二五"农垦扶贫开发成效，研究部署了"十三五"贫困农场精准扶贫、精准脱贫工作。农业部党组成员杨绍品出席会议并讲话。

28日 海南省委副书记李军赴海南农垦东昌农场调研改革试点工作。

30日 海南省委副书记李军专题听取农垦改革和"八八"战略推进情况汇报。

30日 广东省广垦橡胶集团有限公司与马来西亚婆联木业公司合作种植橡胶扩大项目签字仪式在广州举行。

4 月

1日 河北省政协党组成员、秘书长郭大建到察北牧场旗帜乳品公司就乳品产业发展进行调研。

11日 海南省委副书记李军在《关于解决海南农垦土地项目历史遗留问题的建议》上批示："解决农垦土地项目遗留问题要有多项措施，关键靠各市县政府，或帮助调整宗地规划，或予以置换。这一轮'多规合一'属重大机遇，农垦项目要设法进入地方规划。"

12日 江西省副省长、省公安厅厅长郑为文一行到江西农垦大茅山集团公司调研。

14日 黑龙江省副省长孙永波到牡丹江农垦管理局，就环兴凯湖地区适宜发展养老服务业的政府闲置资产情况调研。

15日 经广东省人民政府批准：叶长江同志挂任广东省农垦总局副局长，任期2年。

16日 捷克共和国参议院副议长、捷克社会民主党前副主席兹德涅克·什克罗马赫率领捷克参议院代表团访问中捷农场，河北省人大常委会副主任王雪峰会见什克罗马赫一行。

18日 海南省委副书记李军在《关于创新垦地合作实现互利共赢的建议》上批示："促进垦地合作，十分有利于'八八'战略，要鼓励。省委省政府现有的关于支持农垦发展的各项政策要落实到位。农垦控股要逐项以项目为抓手推动落实。"

18日至20日 湖北省政协主席张昌尔率湖北省经济代表团对津巴布韦进行了友好访问，期间考察了湖北农垦联丰海外集团公司津巴布韦基地，并对农垦农业"走出去"工作给予了充分肯定。

21日 中央对外联络部部长宋涛一行参观宁夏农垦沙湖自然保护区，自治区党委副书记崔波等陪同。

26日 《中共云南省委 云南省人民政府关于

深化农垦改革发展的实施意见》（云发〔2016〕15号）正式印发。

27日　《内蒙古自治区党委 自治区人民政府关于进一步推进农垦改革发展的实施意见》（内党发〔2016〕7号）正式印发。

27日　新疆维吾尔自治区党委常委、自治区常务副主席、中国工程院院士黄卫在宁夏农垦沙湖自然保护区调研。

5　月

4日　江西省省长鹿心社一行赴江西农垦云山集团调研农垦改革情况。

4日　全国人大常务委员会副委员长陈竺率全国人大常委会执法检查组一行到完达山乳业股份有限公司检查《中华人民共和国食品安全法》贯彻落实情况。

4日　河北省农业厅党组研究决定：邓祥顺同志任省农垦局局长。

4日至6日　黑龙江省委书记王宪魁到黑龙江农垦建三江管理局调研。

5日　农业部在京组织召开了贯彻落实中央农垦改革发展文件重点举措分工方案工作会议，农业部党组成员杨绍品主持会议并讲话。中央组织部、中央编办，外交部、国家发展改革委、教育部、科技部、工业和信息化部、民政部、财政部、人社部、国土资源部、环境保护部、住房和城乡建设部、水利部、商务部、国家卫生计生委、中国人民银行、中国证监会、中国银监会，国务院国资委，海关总署，国家工商总局，国家旅游局，国务院法制办，国务院扶贫办，食品药品监管总局，国家粮食局，全国总工会等文件落实牵头配合单位参会。

15日　江西省委常委、常务副省长毛伟明赴江西农垦金坪华侨农场调研。

15日　农业部农垦局局长王守聪一行赴湖北黄冈八里湖农场调研指导农垦改革发展工作。

17日　河北省省长张庆伟在信息专报105期《推进央企进河北战略合作项目文安鲁能生态区建设的思考与启示》长篇综合信息上做出批示：“文安鲁能生态区项目是我省与国家电网公司合作的重点项目，省发改委会同廊坊市要加强调度，早日发挥效益。”

18日　黑龙江省政协主席、党组书记杜宇新到完达山阳光乳业股份有限公司，就如何振兴东北老工业基地、做大做强龙江食品产业等问题进行专题调研。

18日至19日　甘肃省委副书记欧阳坚赴省农垦集团，调研农垦改革发展情况。

20日　海南省副省长何西庆出席2016年第七届海南（屯昌）农博会开幕式，并考察海南农垦馆。

24日　云南省委副书记钟勉专题听取云南省农业厅和省农垦局关于落实省委15号文件的情况汇报，对云南深化农垦改革发展工作作出指示要求。

24日　海南省委副书记李军主持召开新一轮海南农垦改革农场企业化工作专题会议。

24日至25日　农业部党组成员杨绍品、农业部农垦局局长王守聪等一行对御道口牧场发展规划进行实地考察。

25日　宁夏农垦集团与宁夏回族自治区固原市政府签订战略合作框架协议，自治区党委常委、固原市委书记纪峥出席签约仪式并讲话。

26日至27日　农业部农垦局在山东垦区兰陵农场举办2016年全国农垦夏粮生产和小麦绿色高效模式示范观摩交流活动。

28日至29日　海南农垦“八八”战略项目招商暨人才招聘大会在海南国际会展中心举行，海南省委副书记李军、副省长何西庆等出席开幕仪式。

28日　国务院参事室副主任王卫民、农业部原总经济师张玉香等资深参事一行考察调研津巴布韦安徽农垦皖津公司。

30日　江西省委副书记刘奇一行赴江西农垦桑海集团调研。

31日　海南省委副书记李军在省委农办关于《海南农垦改革发展宣传报道情况报告》上作出批示：“省委宣传部对农垦改革宣传报道组织得很好。这些报道极大地鼓舞了农垦干部职工的士气。”

6　月

3日　中国关工委主任顾秀莲在黑龙江省关工委呈报的《黑龙江省农垦总局九三管理局开展党史国史教育的做法》报告上作出批示：“九三管理局开展党史国史教育很有特色，做到了充分准备、提高认识、抓住重点、创新方法、结合实际、因材施教、协调资源、整体发力、思想明确、工作扎实、贴近实际，效果很好。这种做法值得赞扬。望注意总结经验，使‘两史’教育越做越好。”

6日 海南省委副书记李军主持召开研究省农垦农场公司制改革有关文件专题会议。

8日 海南省委书记罗保铭在省委农办关于《海南农垦改革发展宣传报道情况报告》上作出批示：“农垦改革近来很有起色、看好。农垦同志们付出了心血，辛苦了！全省和省直部门、各市县在医疗、公安、教育等社会职能移交地方和由省社保统筹农垦退休职工且发放标准和全省一致等方面，为农垦轻装改革作出很大的贡献，也包括省纪委和省检院付出的巨大努力。所以，农垦的同志们仍需加倍努力，聚焦矛盾，较真碰硬，推进改革。在媒体宣传上，我始终没见到解决土地症结，包括‘三过’问题、职工分配改革、收入提高等方面的成效报道！是不是报纸、电视台给漏了?”

14日 海南省委副书记李军在《关于北京广东广西农垦改革发展情况的考察报告》上批示：“（1）充分借鉴三地农垦发展经验；（2）所有对外合作必须以市场为导向，以效益为目的。淡化行政色彩。”

14日至16日 农业部党组成员杨绍品、农业部农垦局局长王守聪一行5人先后来到黑龙江农垦宝泉岭、绥化、北安管理局调研农垦改革、管委会运行、白羽鸡养殖、农业废弃物综合利用、经特作物种植、精准扶贫、农产品生产及营销等工作。

15日 海南省海口市琼山区大坡镇东昌居揭牌仪式暨现场观摩活动在东昌农场举行，海南省委副书记李军、副省长何西庆出席活动。

15日 宁夏回族自治区政协副主席张学武赴宁夏农垦巴浪湖农场调研。

16日 宁夏回族自治区副主席曾一春一行在宁夏农垦平吉堡现代农业示范园调研指导工作。

17日 上海市副市长周波，市政府副秘书长、市国资委党委书记、主任金兴明等一行到光明食品集团调研。

20日 海南省委副书记李军主持召开深化海南农垦管理体制改革领导小组全体会议。海南省委常委、组织部长李秀领出席会议。

20日 河北省政协副主席曹素华带领省政协、省发改委、省工信厅相关负责人到河北农垦中捷农场考察。

21日 农业部在宁夏银川组织召开全国深化农垦改革专项试点工作启动会，会议旨在全面贯彻落实中央农垦改革发展文件、习近平总书记5月25日在视察黑龙江时对农垦改革作出的重要指示、汪洋副总理在农业部上报的中央农垦改革发展文件贯彻落实情况的报告上的批示精神，部署开展改革专项试点的重点工作。农业部党组成员杨绍品出席会议并讲话。

22日 黑龙江省副省长吕维峰到宝泉岭管理局的共青、宝泉岭农场及局直地区，调研产业发展、农业生产和农垦改革等工作。

23日 农业部党组成员杨绍品调研宁夏农垦巴浪湖农场。

24日 海南省委副书记李军在海口会见来琼考察的上海光明集团董事长是明芳、总裁董勤一行，就推进海南农垦与光明集团合作深入交流。

29日 海南农垦东昌农场有限公司挂牌运行，海南省委副书记李军为公司揭牌。

7 月

5日 河北省副省长张杰辉一行赴光明食品集团五四有限公司所属上海光明森源生物科技有限公司旗下的河北光明九道菇生物科技有限公司调研。

6日 海南省委副书记李军在《关于省委李军副书记对海垦控股集团批示落实情况的报告》上批示：“对我所提要求，省农垦控股领导班子能认真对待，抓紧落实，这体现了‘马上就办’的良好作风。希望再接再厉，高效地推进农垦改革发展各项艰巨工作。要使‘马上就办’作风在全垦区蔚然成风。”

7日 《中共江苏省委 江苏省人民政府关于进一步推进农垦改革发展的实施意见》（苏发［2016］29号）正式印发。

7日 黑龙江省人大常委会副主任朱清文一行赴黑龙江农垦宁安农场，调研垦区美丽乡村建设情况。

8日 河北省副省长王晓东赴河北农垦中捷农场调研。

8日至9日 农业部农垦局在内蒙古自治区包头市召开了农垦牛肉羊肉产业发展交流座谈会。

11日至13日 黑龙江省委书记王宪魁到黑河市和农垦北安管理局调研农业生产、产业项目、水利工程和重大基础设施建设等情况。

13日至14日 中国奶业协会会长高鸿宾，副秘书长邓荣臻等一行到上海农垦光明乳业调研和指导工作。

15日 青海省人大常委会主任陈世庆调研青海农垦三角城种羊场绵羊育种工作情况。

19日 中央政治局委员、上海市委书记韩正一行在宁夏农垦玉泉营农场、玉泉国际葡萄酒庄考察农垦集团葡萄产业，宁夏回族自治区政协主席齐同生、政协秘书长刘卉等陪同。

20日 全国人大常委会副委员长张平率全国人大环保法执法检查组来到黑龙江垦区，先后到完达山乳业股份有限公司和闫家岗农场，就贯彻落实《环境保护法》、发展生态农业、环境保护等方面情况检查指导。

21日 海南省委副书记李军在《关于赴东方市学习破解土地“三过”问题工作经验的情况报告》上批示：“把东方经验学习、运用好。采取坚决措施，确保农垦‘土改’不走过场。”

25日 中国奶业协会会长高鸿宾在黑龙江省农垦总局局长王有国的陪同下，到完达山乳业股份有限公司调研。

26日 以国台办副主任李亚飞为团长，中国记协书记处书记王冬梅，国台办新闻局局长、新闻发言人马晓光为副团长的“2016海峡两岸记者龙江行”采访团参观黑龙江农垦北大荒博物馆。

27日 中国残联党组书记、理事长鲁勇率调研组到黑龙江垦区调研。

27日 2016年中国农垦种业联盟第二次主席联席会议暨垦区小麦良种推广交流活动在江苏举行。

28日 农业部农垦局在江苏盐城大丰区上海农场召开农垦生态循环农业现场交流会。

29日 海南省委副书记李军在《关于赴泰国正大集团（中国）学习考察农牧食品产业发展的报告》上批示：“启示和思考很有深度。具体的项目要坚持以效益为导向。三个对标提得好，要成为海垦‘浴火重生’的奋斗目标。”

8 月

1日 海南省委副书记李军在《关于2016年上半年经营情况的报告》上的批示：“海垦今年上半年各项工作成效显著，应予肯定。下半年工作思路符合实际，望全力以赴落实。要在全垦区开展‘我为扭亏保盈做贡献’活动，努力实现年度经营目标。对业绩突出者要重奖，对业绩平庸甚至造成新的亏损者要处罚。”

3日 全国人大常委会委员、中国劳动学会副会长、中国社会保险学会副会长郑功成一行到黑龙江农垦完达山乳业股份有限公司，调研企业社会保障工作。

5日 中共青海省委、青海省人民政府印发《青海省推进农垦改革发展实施方案》的通知（青发〔2016〕21号）。

5日 黑龙江省委常委、组织部部长杨汭到黑龙江农垦建三江管理局，调研“两学一做”学习教育开展情况。

10日 河北省省委副书记赵勇一行赴光明食品集团五四有限公司所属上海光明森源生物科技有限公司旗下河北光明九道菇生物科技有限公司调研。

10日至11日 黑龙江省委副书记黄建盛赴黑龙江农垦建三江管理局就农业“三减”与水稻测深施肥等情况调研。

15日 河北省委常委、省纪委书记陈超英一行在沧州市委、市政府及渤海新区领导陪同下对河北农垦中捷农场重点项目建设进行调研。

16日 中国农垦教育培训联盟正式成立。联盟立足培育农垦国际大粮商，以提高现代农业人才支撑保障能力为核心，整合优化教育培训资源，力求打造具有社会影响力和市场竞争力的专业化中国农垦开放大学。

22日 广西自治区党委书记、自治区人大常委会主任彭清华对中国·印度尼西亚经贸合作区建设作出批示：“对广西农垦集团承建的中国·印尼经贸合作区通过国家确认考核表示祝贺！望以此为契机，加快推进二期工程建设，高起点规划、高效率建设、高标准配套、高质量服务，努力建成高水平的境外经贸合作园区。”自治区主席陈武、副主席张秀隆也分别对合作区建设作出批示，对合作区建设提出了新要求。

23日 中宣部常务副部长、中央文明办主任黄坤明到黑龙江农垦二道河农场，调研垦区现代化大农业发展情况。

23日至24日 宁夏回族自治区党委副书记崔

波、政府副主席曾一春一行调研宁夏农垦改革发展工作并召开座谈会。

25 日 中国（宁夏）—以色列现代农业技术合作示范基地及现代农业技术合作培训中心在宁夏农垦平吉堡现代农业示范园区揭牌，农业部副部长屈冬玉，宁夏回族自治区党委副书记崔波、自治区政府副主席曾一春、以色列驻华大使马腾等出席仪式并揭牌。

25 日 海南省人大常委会副主任、省总工会主席陈海波一行到海南农垦宏达实业公司回访慰问去年金秋助学资助的困难职工子女。

26 日 广东省广垦橡胶集团有限公司与泰国泰华树胶（大众）有限公司在曼谷举行战略合作签约仪式。

27 日 农业部于康震副部长到河北农垦察北牧场调研。

27 日 团中央书记处书记汪鸿雁到黑龙江农垦共青农场，就弘扬北大荒精神、发展现代农业等方面进行调研。

27 日至 28 日 黑龙江省委书记王宪魁赴黑龙江农垦山市种奶牛场等地调研。

29 日 中共西藏自治区委员会办公厅、西藏自治区人民政府办公厅印发《关于进一步推进全区农垦改革发展的实施意见》的通知（藏党办发［2016］35 号）。

29 日 中国糖业产业园规划建设座谈会在广西农垦九曲湾农场召开，自治区副主席张秀隆出席并讲话。

30 日 中共甘肃省委、甘肃省人民政府印发《关于进一步推进农垦改革发展的实施意见》（甘发［2016］26 号）。

8 月 30 至 9 月 1 日 黑龙江省委书记王宪魁到哈尔滨、佳木斯和农垦建三江管理局调研“两学一做”学习教育、重大基础设施和产业项目建设等工作，黑龙江省委常委、哈尔滨市委书记陈海波等人陪同。

9 月

1 日 由重庆农垦作为主发起人，安徽、河北、广西等 8 个垦区和北京财信等企业共同发起设立的中垦融资租赁股份有限公司在重庆成立。

3 日至 4 日 黑龙江省委副书记黄建盛到黑龙江农垦红兴隆、宝泉岭管理局调研产业项目建设、农业抗灾夺丰收、民生事业发展等工作。

6 日 《中共辽宁省委 辽宁省人民政府关于进一步推进农垦改革发展的意见》（辽委发［2016］32 号）正式印发。

7 日 农业部部长韩长赋一行调研上海光明荷斯坦牧业有限公司金山种奶牛场。

8 日 黑龙江农垦完达山乳业股份有限公司获亚洲十大最具影响力品牌大奖。

9 日 中共安徽省委、安徽省人民政府印发《关于进一步推进农垦改革发展的实施意见》（皖发［2016］32 号）。

10 日 新疆维吾尔自治区副主席钱智到安徽农垦调研。

13 日 经重庆市委市政府批准：何勇同志任重庆市农业投资集团有限公司党委书记、董事长；王义昭同志退休，不再担任重庆市农业投资集团有限公司党委书记、董事长职务。

14 日 海南省深化海南农垦管理体制改革领导小组召开全体会议，海南省委副书记李军主持会议，省委常委、组织部长李秀领，副省长何西庆出席会议。

15 日 广东省广垦橡胶集团有限公司并购泰国泰华树胶（大众）有限公司项目正式交割。按照最终合作协议，广东省广垦橡胶集团有限公司控股泰国泰华树胶（大众）有限公司 60．45％的股份，并购项目总投资约 18．8 亿元。

18 日 海南省委副书记李军在《关于全面推进农垦企业“去行政化”管理的通知》上批示：“这项去行政化的改革措施意义重大、要坚决推进。媒体可予报道。”李军在《关于集团“八八”战略人才招聘大会工作总结的报告》上批示：“这次人才招聘工作做得很好。今后要坚持市场化聘任原则，分层级进行，给予各类企业最大限度用人的自主权。”

18 日至 23 日 由农业部、财政部、国土资源部、国家粮油信息中心、国家食品药品监督管理总局、中国改革报社等部门 19 名青年干部组成的“根在基层”2016 年中央国家机关青年干部调研团走进广东农垦。

19 日 海南省委副书记李军在《关于赴光明食品（集团）有限公司学习考察并购业务发展的报告》上批示：“海航等经验证明，国际并购是企业快速发展的有效途径，但前提是自身在经营管理、人才队伍等方面具有优势。建议目前海垦集中精力苦练内功、提升素质，特别是应在国企弊端方面下足功夫。先‘借船出海’，比如参与海航等优秀企业的国际并购活动，积累人才和经验，特别是规避风险。在条件成熟时，扩展独立的国际并购业务。”

20日 国际和平纪念日政要团斯里兰卡代表团一行11人参观宁夏农垦沙湖自然保护区，宁夏回族自治区党委常委、纪委书记许传智等陪同考察。

21日 宁夏回族自治区副主席李锐在宁夏农垦集团《关于申请人才经费的请示》上批示：“农垦集团在自治区党委的坚强领导下，各方面的工作都取得了很大成绩，工作艰辛，困难较多，请扶贫办并人社厅予以支持。”

21日至22日 全国人大常委会副委员长、中国老科协会长陈至立在黑龙江省人大常委会原副主任、中国老科协副会长、省老科协会长申立国的陪同下，到黑龙江农垦建三江和牡丹江管理局，调研现代化农业发展等情况。

21日 农业部副部长屈冬玉调研广东省广垦橡胶集团有限公司和广东广垦绿色农产品有限公司。

21日 农业部党组成员杨绍品一行到广西良圻农场对广西农垦永新源生猪健康养殖（核心）示范区建设工作进行调研。

22日 海南省委副书记李军到海南农垦新中农场南林分场调研扶贫工作。

22日 内蒙古自治区政府召开全区农垦改革发展工作电视电话会议，自治区副主席王玉明出席会议并讲话。

22日 国际和平纪念日政要团厄瓜多尔代表团、日本代表团参观宁夏农垦沙湖自然保护区，宁夏回族自治区党委常委、副主席李锐，农垦集团副总经理段志强陪同考察。

23日 中国农垦农场联盟成立大会暨项目签约仪式在安徽滁州市举行。

23日 海南省召开海南农垦机构调整和人员安排工作会议，海南省委副书记李军，省委常委、组织部长李秀领出席并讲话，副省长何西庆主持会议。

24日至25日 农业部党组成员杨绍品、农垦局局长王守聪一行到安徽垦区龙亢、淮南农场调研指导工作。

26日 全国农垦对外合作工作会议在安徽垦区召开，农业部党组成员杨绍品作讲话，会议由农业部农垦局局长王守聪主持。

26日 陕西省委常委、延安市委书记徐新荣到南泥湾农场调研南泥湾景区建设情况。

27日 海南省委副书记李军到海垦五指山茶业集团白沙茶业股份有限公司白沙绿茶展销中心O2O体验形象店调研。

28日 海垦控股集团举行海南农垦草畜科技股份有限公司、海南农垦南繁产业投资有限公司、海南农垦商贸物流产业集团有限公司、海南农垦南平医疗养生产业园开发建设投资有限公司揭牌仪式，海南省委副书记李军出席揭牌仪式并讲话。

29日 辽宁省政府召开“全省农垦改革发展电视电话会议”，辽宁省副省长赵化明出席会议并作重要讲话。

10 月

8日 宁夏自治区党委书记李建华主持召开专题会议，研究宁夏农垦集团在澳大利亚投资建设牧场发展肉牛养殖业有关事宜。

13日 河北省副省长沈小平在《关于农垦体制改革专题组工作情况的报告》上批示：“按既定工作安排扎实推进。”

17日 海南省委副书记李军在《农业部关于部署开展深化农垦改革专项试点工作的通知》上批示：“扎实推进我省农垦改革发展确保试点工作走在全国前列。”

18日 深圳市人大常委会副主任高振怀一行到河北农垦察北牧场就产业发展、项目建设等进行考察。

19日 安徽省委书记李锦斌看望慰问农垦老红军刘耀东，现场颁发长征胜利80周年纪念章和发放一次性生活补助。省委常委、省委秘书长唐承沛等陪同慰问。

22日 河北农垦中捷农场成功举办《强农兴邦中国梦品牌农业中国行之走进沧州》大型农业交流推广活动。全国政协委员，原农业部党组成员、中央纪委驻农业部纪检组组长，中国优质农产品开发服务协会会长朱保成出席开幕式。

25日 中国奶业协会会长高鸿宾一行到广州

风行牛奶有限公司调研考察。

25日 经宁夏回族自治区党委、政府批准：张存平同志任宁夏农垦集团党委书记，提名董事长人选；金生平同志任宁夏农垦集团党委副书记，提名总经理人选。

26日 中国奶业协会会长高鸿宾一行到广东燕塘乳业股份有限公司调研。

26日 江西省副省长郑为文率全省镇村建设规划管理改善镇村人居环境工作现场推进会与会人员到金坪华侨农场，实地参观了该场新民村，听取该场近年来乡村建设规划工作情况汇报。

30日 《中共河北省委 河北省人民政府关于进一步推进农垦改革发展的实施意见》（冀发［2016］38号）正式印发。

31日 海南省委副书记李军在《海垦改革信息（第23期）》上批示："请省改革办认真地督促农场医疗卫生机构移交工作按期完成。"

11 月

4日 湖北省政协常务副主席陈天会到武汉市武湖农场的湖北农垦海外技术人员实训基地调研湖北农垦"走出去"专项工作。

4日 宁夏农垦"沙湖"牌阳光稻场珍品长粒香米荣获第十四届中国国际粮油产品及设备技术展示交易会金奖。

6日 安徽农垦倮倮米业公司生产的"倮倮"牌硒米在第十四届中国国际粮油产品及设备技术展示交易会上夺得金奖。

7日至13日 著名经济学家、全国政协常委、北京大学光华管理学院名誉院长厉以宁教授一行，应邀到广东农垦考察。

8日 宁夏农垦南梁"碧宝"枸杞荣获第十四届中国国际农产品交易会参展产品金奖。

9日 安徽省国资委党委决定：李丰荣同志任安徽省农垦集团有限公司纪委书记、党委委员。

10日 农业部农垦局、北京大学管理科学中心在广东召开了新形势下农垦改革发展重大战略问题研讨会。著名经济学家、全国政协常委、北京大学光华管理学院名誉院长厉以宁教授出席会议并讲话。

15日 海南省委副书记李军到海南农垦红光农场调研农业用地规范管理工作进展情况。

16日 海南省委副书记李军在海口会见海南农垦战略咨询顾问委员会主任曹树民一行。

18日 海南农垦果业集团的芒果胚胎试管随神舟十一号载人飞船顺利返回，这是我国首次探索芒果航天育种方法，创造了世界芒果史航天育种记录。

22日 江西省省长刘奇到江西农垦金坪华侨农场新民村调研，省委常委、副省长尹建业等陪同。

22日至25日 2016年京津沪渝穗五垦区改革发展研讨会成功举办，大会主题是"抓住新时期农垦改革发展的政策红利，推动农垦企业新一轮快速发展"，来自北京、天津、上海、重庆及广州五垦区的领导代表等20余人参加了会议。

23日 中央农村工作领导小组副组长袁纯清到安徽农垦龙亢农场考察农业全程社会化服务和土地制度改革工作。

25日 经广东省委批准：陈少平同志任省农垦集团公司（省农垦总局）党组书记。

12 月

1日 海南省委副书记李军到海南省万宁市委了解农场项目建设、农业用地规范管理以及扭亏保盈工作情况。

1日至3日 2016年中国农垦乳业联盟成员大会暨第五届中国乳业可持续发展论坛在广东湛江召开。

5日 农业部在北京召开深入贯彻中央文件精神深化农垦改革工作会议，农业部部长韩长赋作重要讲话。会议由农业部党组成员杨绍品主持，来自全国各省（市）区和计划单列市农垦主管部门及新疆生产建设兵团农业局的负责同志参会，参与落实中央农垦改革发展文件的28个部委司局代表应邀参会。

5日 海南省委副书记李军在《关于对海南农垦九个农场农业用地规范管理工作的督查报告》上批示："这个报告内容很好，肯定了成绩，指出了问题和差距。望在下一步工作中切实巩固成绩，真正解决问题，确保'土改'达到我多次强调过的预期目标。对'三类地'处理，将在合适时候专门组织行动，予以推进。"

8日 海南省委书记罗保铭在《关于张韵声同

志率团赴泰国新加坡考察调研情况的报告》上批示：“（1）150万头生猪和300万只蛋鸡要上深加工产业链项目。（2）虾项目必须做好水污染防治，要有水污染防治设施投资。”

9日　云南省副省长张祖林深入云南农垦红河垦区南溪农场红心柚种植基地实地调研，与农场干部职工亲切交谈。

12日　宁夏回族自治区党委书记李建华在农垦集团《关于澳洲凯拉拉牧场项目进展情况汇报》上批示：“咸辉、崔波、超超、李锐同志：上次党政专题会议后，宁夏农垦集团及有关部门积极推进澳洲凯拉拉牧场项目，取得初步成效和成果。考虑到该项目重大，推动难度大和不确定因素多。应组织全区及有关部门力量做好项目推动工作。建议政府召开一次专题办公会研究一下。项目投资及融资问题请超超同志牵头负责；具体工作请李锐同志牵头协调方方面面，争取国家部委支持（上次专题会曾明确曾一春同志负责）。以上建议请酌。”

12日　经四川省委同意，四川省农业厅农场管理局局长雷茂民同志到龄退休，何强同志被任命为四川省农业厅农场管理局局长。

14日　海南省委副书记李军实地考察海口桂林洋国家热带农业公园项目现场，并主持召开第五次桂林洋国家热带农业公园项目现场推进会。

15日　宁夏农垦集团举行沙湖环保治理及生态修复工程启动仪式，宁夏回族自治区党委常委、自治区副主席李锐出席启动仪式。

15日至16日　海南省省政协主席于迅率省政协视察团赴海口、澄迈、琼中等市县垦区农场、企业，视察新一轮农垦改革工作。

16日　广东农垦热带作物科学研究所等《橡胶工厂化育苗技术推广》项目获2014—2016年度全国农牧渔业丰收奖农业技术推广成果奖一等奖；广东省农垦科技中心等《低成本和低功耗的大棚综合信息系统研究与推广应用》项目获2014—2016年度全国农牧渔业丰收奖农业技术推广成果奖三等奖；湛江农垦东方红农场杨荣、詹亚玲获2014—2016年度全国农牧渔业丰收奖农业技术推广贡献奖。

18日　广西壮族自治区人大常委会副主任高雄，自治区政协副主席沈北海、温卡华，自治区人民检察院党组书记、检察长崔智友一行到广西明阳农场调研。

19日至22日　马来西亚科技创新部部长马迪尤斯·当澳一行访问广东农垦。

19日　《中共江西省委 江西省人民政府关于进一步推进农垦改革发展的实施意见》（赣发［2016］23号）正式发布。

23日　海南省委副书记李军主持召开专题会议，研究部署省农垦老干部服务管理工作。

26日　中共吉林省委、吉林省人民政府下发《中共吉林省委吉林省人民政府印发〈关于进一步推进农垦改革发展的实施意见〉及其重点任务分工方案的通知》（吉发［2016］44号）。

27日　海南省委副书记李军在海垦控股集团“2017扭亏保盈决战年”动员大会上作讲话，并为海垦金融控股公司和海垦草畜产业公司揭牌。

28日　《中共贵州省委 贵州省人民政府关于进一步推进农垦改革发展的实施意见》（黔党发［2016］33号）正式印发。

图书在版编目（CIP）数据

2016中国农垦统计年鉴 / 中华人民共和国农业部农垦局．中国农垦经济发展中心编．—北京：中国农业出版社，2017.11
ISBN 978-7-109-23342-3

Ⅰ.①2… Ⅱ.①中… ②中… Ⅲ.①农垦地区－统计资料－中国－2016－年鉴 Ⅳ.①C832-54

中国版本图书馆CIP数据核字（2017）第222237号

中国农业出版社出版
（北京市朝阳区麦子店街18号楼）
（邮政编码100125）
责任编辑 郑 君

中国农业出版社印刷厂印刷 新华书店北京发行所发行
2017年11月第1版 2017年11月北京第1次印刷

开本：889mm×1194mm 1/16 印张：30.25 插页：16
字数：921千字
定价：300.00元